I0091722

HISTOIRE

DES

ENFANTS ABANDONNÉS

ET DÉLAISSÉS

HISTOIRE

DES

ENFANTS ABANDONNÉS

ET DÉLAISSÉS

ÉTUDES SUR LA PROTECTION DE L'ENFANCE

AUX DIVERSES ÉPOQUES DE LA CIVILISATION

PAR

LÉON LALLEMAND

OUVRAGE COURONNÉ

PAR

L'ACADÉMIE DES SCIENCES MORALES ET POLITIQUES

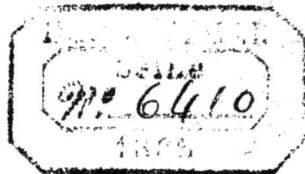

PARIS

ALPHONSE PICARD | GUILLAUMIN ET Cⁱᵉ
82, RUE BONAPARTE | RUE DE RICHELIEU, 14

1885

A

MONSIEUR CHARLES VERGE

MEMBRE DE L'INSTITUT

HOMMAGE DE RECONNAISSANCE

ET

DE RESPECTUEUSE AFFECTION

AVANT-PROPOS

Au mois de juillet 1882, l'Académie des sciences morales et politiques, qui venait de couronner un Mémoire sur l'organisation des établissements hospitaliers et charitables en France, que nous avions présenté pour le prix Félix de Beaujour (1), mettait au concours le sujet suivant :

« *De la protection de l'enfance, au point de vue des enfants trouvés et assistés, ou délaissés par leur famille.*

« *Rechercher comment, soit dans l'antiquité, soit chez les peuples modernes, a été résolu le problème de la protection des enfants trouvés et assistés, ou délaissés par leur famille. Indiquer quels seraient aujourd'hui les meilleurs moyens de le résoudre.* »

Six Mémoires furent déposés le 31 décem-

(1) Ce Mémoire sera imprimé prochainement.

bre 1884 pour le concours; l'Académie, tout en regrettant que notre travail ne présentât pas, d'une manière plus développée, les questions philosophiques se rattachant à l'enfance abandonnée, lui a accordé, avec le premier rang, une médaille de 3,000 fr. (1).

C'est ce Mémoire que nous publions aujourd'hui, après avoir tenu compte des observations bienveillantes de nos juges.

L'ouvrage se divise, conformément au programme, en deux grandes parties :

1° Exposition de la situation faite à l'enfance abandonnée et délaissée par les mœurs et la législation des différents peuples :

2° Discussion des questions multiples se rattachant à ce vaste problème et concernant le mode d'admission, d'éducation et de patronage des enfants mis à la charge de la bienfaisance publique.

Deux projets de loi complètent nos conclusions.

Pour la partie historique, nous avons toujours voulu remonter aux sources en nous entourant des renseignements les plus précis à l'aide de documents inédits tirés des archives, d'ouvrages étrangers et de notes manuscrites fournies avec une extrême obli-

---

(1) Au moment où notre livre paraît, le rapport de M. Baudrillart, l'éminent rapporteur de la commission, n'est pas encore publié. Nous avons ainsi le regret de ne pouvoir placer ce rapport en tête de ces études.

geance par des personnes parfaitement au courant de la situation de leur pays.

Notre règle constante a été de procéder à une véritable enquête, et de marcher, sans idées préconçues, à la découverte de la vérité.

16 octobre 1885.

LÉON LALLEMAND.

L'ANTIQUITÉ

CHAPITRE PREMIER

LES PEUPLES DE L'ORIENT

Avant d'étudier le sort fait à l'enfance chez les peuples grecs et romains, il est possible maintenant, grâce aux progrès de la science moderne, de se rendre compte de l'organisation de la famille dans l'ancienne Egypte, et même d'entrevoir, d'une manière un peu confuse il est vrai, la constitution intime de ces sociétés puissantes qui fondèrent Ninive et Babylone.

Nous ne sommes plus réduits, en effet, aux seuls témoignages des historiens de la Grèce, et les documents, avec leur irrécusable éloquence, viennent chaque jour éclairer des points encore douteux.

§ 1er. — L'ÉGYPTE.

La terre gouvernée par les Pharaons et arrosée par le Nil nous apparaît comme un pays privilégié, renfermant en abondance tout ce qui est nécessaire à l'accroissement et à la conservation de l'espèce humaine. Suivant la légende, on s'était servi de farine au lieu de craie pour tracer, en présence de son fondateur, les alignements des rues d'Alexandrie [1].

De plus, le climat sec, toujours tempéré, permettait de se loger et de se vêtir à peu de frais. Il n'est donc pas surprenant de voir, dans ce pays, les mariages se former de bonne heure et rester longtemps féconds.

D'un autre côté, ainsi que le constate Diodore de Sicile [2], « dans le but d'augmenter la population, dont l'accroissement est un élément de prospérité pour les campagnes et pour les villes, les parents étaient tenus de nourrir tous leurs enfants. Aucun d'eux n'était réputé illégitime alors même qu'il devait le jour à une femme achetée à prix d'argent. Ils pourvoyaient, continue cet auteur, à la nourriture de leurs enfants sans aucune dépense et avec une facilité incroyable en leur donnant des aliments très simples, tels que les rejetons du papyrus cuits sous les cendres, ou les racines et les tiges de plusieurs autres plantes croissant spontanément dans les marais, tantôt crues, tantôt bouillies ou rôties. »

Comme les enfants allaient pour la plupart sans chaussures et presque nus par suite de l'heureuse température de la contrée, les parents n'évaluaient pas au delà de 20 drachmes[3] par tête la dépense qu'ils occasionnaient jusqu'à la puberté.

Ce qui frappe également dans les documents c'est la situation faite à la femme égyptienne, situation exceptionnelle déjà signalée il est vrai par Hérodote, Sophocle et Diodore de Sicile [4].

Les femmes, égales de l'homme quant à la capacité légale,

---

[1] Strab. 17, 792. Amm. Marcel. 22, 16, 7. Lumbroso, *Recherches sur l'économie politique de l'Egypte sous les Lagides*; in-8°, Turin 1870, chap. III, p. 47.

[2] Diodore de Sicile. L. I. LXXX.

[3] Il s'agit ici, selon toute probabilité, de la drachme ptolémaïque valant 0 fr. 80 en poids d'argent, c'est-à-dire un vingtième d'argenteus ou le quart du sekel ou tétradrachme ptolémaïque. Ces équivalences sont prouvées par des bilingues démotiques et grecs. Voir Eugène Révillout, **Revue Egyptologique**, passim.

[4] Hérodote *passim*. Sophocle, *OEdipe à Colone*, 339. Diodore, *ut supra*.

s'occupaient librement de toutes les affaires de la maison et étaient propriétaires indépendantes de leur mari ; ce n'est que sous le règne de Ptolémée Philopator (222-205) qu'elles ne purent aliéner leurs biens sans le consentement du mari[1].

Dans tous les contrats de mariage, indépendamment de la dot apportée par la femme et de son don nuptial, qui devaient lui revenir en cas de répudiation, le divorce étant autorisé, il était toujours stipulé, pour cette hypothèse, une amende à son profit. « Quant à l'enfant qui avait pu résulter du mariage, son sort était assuré, et il devenait l'héritier, ou, selon l'énergique expression du démotique, le maître de tous les biens présents et à venir de son père[2]. »

Voici la formule habituelle de ces contrats :

« Je t'ai prise pour femme, je t'ai donné (tant) d'argenteus pour ton don nuptial. Si je te méprise, si je prends une autre femme que toi, je te donnerai (tant) d'argenteus en dehors de ceux que tu as reçus pour ton don nuptial ; la totalité de mes biens présents et à venir est garantie des paroles ci-dessus[3]. »

Nous avons également de nombreux exemples de répara-

[1] Eug. Révillout, **Cours de droit égyptien**, leçon du 10 janvier 1883.
[2] *Journal asiatique*, année 1877, tome II, p. 280. Lettre de M. E. Révillout à M. Chabas sur les contrats de mariage égyptiens.
[3] *Revue égypt.*, 2ᵉ année, nᵒˢ 2 et 3, 1881, p. 270. Le nombre d'argenteus ainsi promis variait naturellement avec la fortune des conjoints : un, deux, dix ; on a même un exemple de 100 argenteus. Papyrus de Turin, nᵒˢ 167-13 de l'an II de Philométor : « Je t'ai prise pour femme, je t'ai donné 10 argenteus en sekel 50, 10 argenteus en tout pour ton don nuptial de femme. Que je te donne 24 labites (grande mesure de blé), 60 argenteus, en sékels 300, d'huile fine, etc. pour ta pension alimentaire d'une année. Je t'établirai comme femme ; que je te méprise, que je prenne une autre femme que toi, je te donnerai 100 argenteus en sekels 500, 100 argenteus en tout en dehors des 10 argenteus que je t'ai donnés pour ton don nuptial, ce qui fait 110 argenteus. » Suit la description des biens meubles de la femme apportés par elle avec leur estimation : vêtements, chaînes, anneau etc. (*Mélang. d'égyptologie*, par Eug. Révillout, p. 89.)

Dans un contrat du temps de Darius, qui porte à Berlin le nᵒ 78, tout est en sens inverse ; c'est la femme qui s'adresse à son mari et qui lui promet une amende si elle aime un autre homme ; « ce papyrus, dit M. Révillout *ut suprà*, prouve la complète égalité de la femme e de

tions pour séduction, se traduisant par un abandon de biens destiné à assurer l'éducation de l'enfant, avec stipulation que la jeune fille restera cependant libre dans la suite[1].

On reconnaissait aussi des enfants par mariage subséquent, « en régularisant alors la situation sans faire de novation proprement dite. Le mari gardait ainsi sa liberté, il pouvait même quitter sa femme sans lui payer l'amende stipulée ordinairement en cas de divorce. Si le mari s'en allait, le sort de la famille était assuré, puisque la succession du père était garantie aux enfants et que la mère voyait ses droits couverts par une dette hypothécaire fictive et par une pension alimentaire qui donnait le pain de chaque jour. Toutes ces dispositions avaient pour réel objectif les enfants, et n'étaient prises, les contrats nous le prouvent, que quand ils existaient[2]. » En outre, comme l'indique Diodore, les devoirs de la paternité étaient reconnus même à l'égard de l'enfant qu'un maître avait eu d'une esclave[3].

l'homme en Egypte, égalité telle qu'elle permettait de retourner en quelque sorte les droits stipulés dans un contrat de mariage. »

[1] Eug. Révillout, *Cours de droit égyptien*, leçon du 31 janv. 1883.

[2] *Revue Egypt.* 2e année, 2 et 3, 1881, p. 89. (Voir aussi nos 2 et 3, 1880, p. 114).

Il n'y avait pas, en Egypte, de bâtards avec l'épithète infamante en usage chez nous, il n'y avait que des enfants ayant une mère seule ou un père et une mère. Dans la civilisation primitive l'enfant paraît, en effet, quelquefois se rattacher directement à sa mère. « La famille, dit M. Giraud-Teulon (*Les Origines de la famille*, in-12, Genève et Paris, 1874, p. 13), chez certaines populations de l'Océanie, de l'Amérique et de l'Afrique, se présente à l'Européen sous un aspect assez étrange ; elle repose, non sur le principe de la descendance paternelle, mais sur celui de la naissance maternelle. Dans cette famille, le lien de consanguinité qui unit deux individus dépend exclusivement de leur généalogie utérine. »

« En Egypte on a remarqué ce fait important, écrit M. Lumbroso (p. 54), que dans les papyrus et les inscriptions de l'ancien empire et de la basse époque, l'individu est désigné tantôt par sa mère, tantôt aussi par son père, mais que la première forme est celle qui domine surtout dans les écritures égyptiennes. » Dans les contrats démotiques, la double filiation est toujours indiquée.

[3] Voir Robiou, *Mém. sur l'écon. polit. et la législation en Egypte au temps des Lagides*; in-8°, 1875, p. 60.

Quant à la puissance paternelle, elle ne présentait pas en Egypte le caractère de dureté que lui imprima la loi romaine. Les fils et les filles, loin d'être *in manu*, gardaient leurs droits et une part légitime d'influence. Sous les Lagides les pères cédaient même souvent de leur vivant leurs biens aux enfants. Un vieux texte hiératique les engageait cependant à réserver ces biens et à n'en disposer qu'après la mort ; mais ces cessions étaient si fréquentes que l'on rencontre des actes passés par le père pour ses enfants encore jeunes, déjà maîtres de la fortune, et portant cette mention : « Un tel qui pour ses fils... » Dans les ventes de maisons, en désignant les tenants et aboutissants, on se sert souvent en démotique de cette formule : « la maison tient d'un côté à la propriété de... *qui pour ses fils...* »

Les enfants même en bas âge figuraient toujours dans les contrats [1].

En dehors des questions d'héritage il est recommandé aux parents de ne pas châtier leurs fils avec violence, de ne leur faire prendre qu'une femme selon leur cœur, et le traité de morale du scribe Phat-Hotep, vivant peut-être trois mille ans avant notre ère, célèbre en termes lyriques les vertus filiales fondées sur l'affection réciproque et non sur la crainte [2].

Diodore nous apprend en outre [3] « que les parents qui avaient fait périr un de leurs enfants n'encouraient pas il est vrai la peine capitale, mais qu'on les obligeait à tenir embrassés pendant trois jours et trois nuits le cadavre de cet enfant. Un garde préposé par l'autorité publique veillait à l'exécution du châtiment. Le motif de cette loi

---

[1] Eug. Révillout, *Cours de droit égypt.*, leçon du 3 janv. 1883.

[2] Bibl. orientale, tome II, p. 173, in-8°, 1872.

« C'est un bienfait que l'obéissance d'un fils. Le fils qui reçoit la parole de son père deviendra vieux à cause de cela. Un fils obéissant à son père, c'est la joie ; le fils dont on dit cela est agréable en tout.

« Elève ton fils en homme docile. Le mérite d'un homme se découvre dans l'obéissance. Tout homme prêche par la manière dont il accomplit les préceptes qui lui ont été donnés dans l'enfance. »

[3] Diod. de Sicil., I. LXXVII.

était qu'il ne paraissait pas juste de priver de la vie ceux qui l'avaient donnée à leurs fils et qu'une telle mesure pouvait imprimer aux coupables une terreur assez forte pour les détourner à l'avenir de pareils excès.

Tout dans la législation et les mœurs concourait donc à la production et à la conservation de l'espèce humaine sur le sol de l'Egypte, et les gouvernements apportaient la plus grande attention à ce que les recensements constatant les progrès de la population fussent faits avec une rigoureuse exactitude.

Il y avait des recensements par provinces; les registres de l'état civil étaient tenus et on y inscrivait probablement jusqu'aux fœtus abortifs [1].

De ce qui précède on peut conclure qu'en règle générale la vie de l'enfant était sauvegardée, que l'abandon et l'infanticide devaient être des faits exceptionnels, la honte de la maternité naturelle n'existant pas, et la subsistance des enfants se trouvant assurée très facilement. Un texte découvert récemment parle néanmoins d'avortements volontaires. Il s'agit d'une inscription énumérant les amendes que doi-

---

[1] Ces fœtus étaient certainement l'objet du même culte funéraire que les autres morts; nous en trouvons la preuve dans un contrat fort curieux passé l'an VIII de Ptolémée Aulète, entre des choachites de Memphis et de Thèbes. Les choachites étaient une espèce de prêtres qui célébraient (moyennant rétribution) des rites funéraires en l'honneur des morts dont la garde leur était confiée et qu'ils tenaient déposés dans des tombeaux leur appartenant (Lumbroso, p. 136). Ces choachites de Memphis et de Thèbes se partagent donc, au point de vue des bénéfices futurs, les familles existant dans la contrée. Suivant que l'on mourait dans tel ou tel endroit, on devenait la propriété de tels ou tels choachites. Or ils s'assurent réciproquement dans ce contrat le tiers des hommes, des femmes, des esclaves, etc. « et la part du tiers de leurs fœtus abortifs, de leurs fœtus monstrueux, de leurs fœtus non divisés (sans division du sein de la mère avant la mort de celle-ci). » *Revue égypt.*, 2ᵉ année, 1881, nᵒˢ 2 et 3, planche 35. Une femme enceinte, condamnée à mort, ne devait être exécutée qu'après être accouchée (Lumbroso, p. 48). On ne peut tirer aucune conclusion des ordres donnés par le Pharaon dont parle l'Ecriture sainte (*Exode*, chap. 1ᵉʳ), et relatifs à l'exposition des enfants mâles des Israélites; cette mesure doit être considérée comme un fait exceptionnel prescrit au nom d'une prétendue raison d'Etat.

vent payer les personnes entrant dans le temple sans être purifiées. D'un autre côté les mœurs du peuple égyptien étaient douces. L'esclave, traité avec bienveillance, avait une personnalité propre, une famille [1]; ce n'était point une chose, mais un homme.

On voit la bienfaisance, l'hospitalité, l'aumône érigées en devoirs dès les plus anciens temps pharaoniques [2]. Dans une stèle du musée du Louvre décrite par M. Chabas, sur laquelle une longue inscription proclame les louanges d'un haut fonctionnaire nommé Eutef, il est désigné comme l'asile de l'orphelin [3]. Le rituel funéraire, avec sa confession du mort, nous fournit également des renseignements précieux à ce sujet, et il faut remarquer que cette vaste compilation remonte, dans ses parties les plus anciennes, au moins à la XIe dynastie, c'est-à-dire à la période thébaine.

Le mort a été conduit à la salle de la vérité, afin de le séparer de ses péchés et de lui faire voir la face des dieux. Il présente sa défense.

V. « Je n'ai pas, comme chef d'hommes, fait jamais travailler au delà de la tâche.

VI. « Il n'y a eu par mon fait ni craintif, ni pauvre, ni souffrant, ni malheureux.

« Je n'ai point fait maltraiter l'esclave par son maître.

« Je n'ai point fait avoir faim, je n'ai point fait pleurer.

IX. « *Je n'ai point éloigné le lait de la bouche du nourrisson.* »

XXXVIII. — Alors les assistants du juge proclament « que le mort s'est concilié Dieu par son amour » (peut-être peut-on traduire par sa charité).

« Il a donné, disent-ils, du pain à celui qui avait faim, de l'eau à celui qui avait soif, des vêtements à celui qui était nu [4]. »

Paroles empruntées au fond des traditions primitives

[1] E. Révillout, *Cours de droit égypt.*, leçon du 3 janvier 1883.

[2] Lumbroso, p. 49. Voir aussi les inscriptions rapportées par M. Brugsch, *die Ægyptische Gräbervelt*, 1868, p. 5, 31, 32.

[3] Chabas, *Études égyptologiques*, p. 9.

[4] Paul Pierret, *Le livre des morts des anciens Egyptiens*, in-18. Leroux 1882, chap. cxxv (une des plus anciens), p. 370 et suivantes.

confiées par Dieu à l'humanité, et qui, après que le monde les eut mises en oubli, devaient revivre avec l'Evangile.

En dehors de ces idées générales on ne trouve trace il est vrai d'aucune institution en faveur de l'enfance, la facilité des moyens d'éducation les rendant probablement inutiles.

Il est fait toutefois mention d'enfants élevés aux frais de l'Etat, instruits dans un but politique pour servir de garde d'honneur au fils du souverain et de pépinière d'officiers ou bien encore nourris dans des collèges de prêtres [1].

Ajoutons qu'au point de vue de l'instruction primaire il existait une école dans chaque bourg.

Malheureusement, à côté de ces principes élevés et généreux on doit signaler une grande dépravation de mœurs, la prostitution « pour laquelle il y avait des maisons publiques obligées très probablement de donner à l'Etat une partie du profit pour la protection qu'il leur accordait » ; le développement des vices contre nature [2] ; en un mot, la démoralisation, suite de la liberté si grande accordée dans ce pays à la femme et de la pratique prolongée du divorce et de la polygamie [3]. Comme le fait remarquer avec juste raison M. Baudrillart, « la femme égyptienne abusa trop souvent pour le luxe et pour la licence de cette indépendance qui lui permettait d'échapper à une surveillance jalouse. Mêlée à la vie sociale, aux spectacles, aux festins, aux concerts, aux jeux mondains, elle court des périls que la femme orientale ne connaît ailleurs que bien rarement.

« Ne nous étonnons pas qu'on nous présente des tableaux en apparence contradictoires ; rien de plus grave et de plus chaste, de plus adonné aux vertus domestiques, que la femme égyptienne, nous dit-on, et d'un autre côté il est

---

[1] Letronne, *Recueil des inscript. de l'Egypte*, 1842, tome Ier, p. 415.

[2] Lumbroso, *ut suprà*, p. 64, 65. Voir aussi Hérodote, *passim.* le roman de Setnau et les auteurs suivants : Dévéria, Ebers, Wilkinson.

[3] « L'union sans formalités, l'émancipation absolue de la femme, l'indépendance des enfants sont autant de conséquences ordinaires, sinon nécessaires de la polygamie. On ne connaissait même aucune prohibition de mariage résultant de la parenté. » R. Dareste, *Journal des savants*, mars 1883.

peu de pays où les femmes soient accusées si souvent d'avoir violé la foi conjugale » [1].

Cette démoralisation trop évidente a pu il est vrai influer dans bien des circonstances sur le sort d'enfants ne trouvant pas chez une mère adonnée à la volupté une assistance efficace ; c'est là un fait commun à tous les peuples et que l'on rencontre même chez nous ; mais il ne détruit pas les données que nous mentionnons ci-dessus et tendant à prouver que l'enfance était protégée par les institutions et les habitudes sociales ; de plus, il faut le répéter, à aucune époque on ne trouve dans la vallée du Nil ces coutumes sanglantes, ces sacrifices barbares, si fréquents chez les peuples qui entouraient la terre des Pharaons, et dont les traditions se sont perpétuées durant toute l'antiquité grecque et romaine.

On constate que c'est sous cette domination romaine que les pratiques de la magie mêlent, pour la première fois en Egypte, les enfants aux enchantements ; ils en sont même quelquefois les victimes, fait que l'on ne rencontre pas dans les documents hiératiques.

§ 2. — PEUPLES CHALDÉENS.

En quittant l'Egypte nous rencontrons les nations établies sur les bords de la Méditerranée, en cette terre de Chanaan demeure première des patriarches hébreux et qui devint la contrée promise à leur postérité.

L'occupation des Israélites ne fut cependant pas complète ; les Phéniciens, les Philistins, les Moabites, les Ammonites, les Amalécites restèrent les voisins immédiats du peuple juif et se trouvèrent ainsi mêlés constamment à son histoire. Ce n'est donc que par la Bible, en y joignant quelques passages d'auteurs grecs ou latins, que nous pouvons pénétrer dans la vie intime de ces royaumes s'étendant primitivement de l'Euphrate à la mer, du Taurus à

---

[1] Baudrillard, *Hist. du luxe*, in-8, 1880-1881, tome Ier, liv. II, chap. III, p. 263.

la Mésopotamie [1], et qui n'ont laissé derrière eux ni monuments ni traditions écrites.

Au temps des patriarches la vie pastorale paraît surtout en usage ; le chef de la famille a autorité sur tous, femmes, enfants et serviteurs [2] ; le droit d'aînesse existe, et il suffit de lire l'Ecriture sainte [3] pour constater que ces nombreux personnages qu'elle désigne sous le nom de rois n'étaient en réalité que les chefs de petites tribus. Avec le temps ces tribus devinrent plus puissantes, habitèrent des villes fortifiées, et à leur retour d'Egypte les descendants des patriarches eurent à combattre de véritables peuples.

Il est difficile de connaître l'organisation de la famille chez ces nations ; il résulte seulement des livres sacrés que leurs mœurs étaient dissolues, et sous ce rapport leurs villes, Byblos notamment, conservèrent dans toute l'antiquité une triste célébrité [4]. On peut constater aussi l'habitude des sacrifices sanglants en l'honneur des dieux, et ce sont les enfants qui se trouvent généralement victimes de ces superstitions barbares. De grands dangers ou de grands malheurs pesaient-ils sur la Syrie, le sort indiquait celui dont le trépas expiatoire désarmerait le ciel en courroux [5]. Voyant prévaloir les ennemis qu'il avait inutilement essayé de repousser, un roi des Moabites offre son fils aîné en holocauste sur les murailles de la cité [6].

Le législateur des Hébreux ne manque pas de les pré—

---

[1] De Pastoret, *Hist. de la législ.*, tome Ier, p. 512, note A.

[2] « On sait que dans la haute antiquité le chef de famille avait le droit de vie et de mort sur ses enfants. Il en était encore ainsi du temps de notre patriarche Jacob, auquel son fils Rouben dit : Si je ne ramène pas Benjamin, tu pourras tuer mes deux fils. » *Genèse*, XLII, 37.
J. M. Rabbinowicz, *Lég. civ. du Talmud*, tome Ier, 1880, introduction, p. xxiv.

[3] *Genèse*, passim.

[4] Lucien. Déesse de Syrie.

[5] Eusèbe, *Prép. évangel.* IV.

[6] Quo   cum vidisset rex Moab, prævaluisse scilicet hostes... Arripiensque filium suum primogenitum, qui regnaturus erat pro eo, obtulit holocaustum super murum : et facta est indignatio magna in Israël. (*IV Reg.* III, v. 26-27.)

munir contre ces abominables coutumes. « Quand le Seigneur votre Dieu aura exterminé devant vous les nations dont vous allez posséder le pays, que vous en serez en possession et que vous habiterez dans leurs terres ; prenez bien garde de ne pas imiter ces nations, après qu'elles auront été détruites à votre entrée, et de vous informer de leurs cérémonies, en disant : je veux suivre moi-même le culte dont elles ont honoré leurs dieux. Vous ne rendrez point de semblable culte au Seigneur votre Dieu ; car elles ont fait pour honorer leurs dieux toutes les abominations que le Seigneur a en horreur, en leur offrant leurs fils et leurs filles, en les brûlant dans le feu [1] ». Suivant les traditions talmudiques, « la statue de Moloch était de bronze, on la chauffait d'en bas, elle avait les mains tendues, et lorsqu'elles étaient brûlantes, on y plaçait l'enfant destiné au sacrifice et il se consumait avec des cris lamentables. Les prêtres battaient des tambours, afin que le père ne s'émût pas de la voix de son fils...

« Ces sacrifices avaient lieu surtout dans les grandes calamités. Alors les princes et les grands devaient immoler leurs enfants pour le salut de la nation. Les larmes et les cris des victimes étaient étouffés par les caresses ; les mères elles-mêmes devaient assister au sacrifice sans verser une larme, sans donner un signe de douleur [2]. Moloch était le dieu protecteur des Ammonites, mais son

[1] *Deut.* XII, v. 29-31. La Bible revient à maintes reprises sur ces holocaustes. *Ps.* CV, v. 37. *Jerem.* XIX, v. 5 ; XXXII, v. 35. *Ezéch.* XVI, v. 20.

[2] *Univers pittor.* Palestine, par Munk, p. 90 et suivantes. On trouve dans Selden *de Diis Syris* (Syntagma, I, cap. VI. p. 78 de l'édition de Londres, 1617) la description suivante de l'idole : « Adjungam, « doct. P. Fagii verba de Moloch, in Chaldæam paraphrasin Levitici « scripta et ex Ebræorum etiam monimentis sumpta. Fuit autem « Moloch imago concava habens septem conclavia. Unum aperiebant « similæ offerendæ ; aliud turturibus ; tertium ovi ; quartum arieti ; « quintum vitulo ; sextum bovi ; qui vero volebat offerre filium huic « aperiebatur septimum cubiculum et facies hujus idoli erat ut facies « vituli. Manus plane dispositæ ad recipiendum ab astantibus. Et salta- « bant interim quo pueri in idolo succenso igne cremabatur, percu- « tientes tympana ne pueri ejulatus audiretur. »

culte se trouvait répandu dans toute la Syrie, ainsi que chez les Phéniciens. »

Suivant Lucien [1], il y avait une autre manière de sacrifier. « On couronne, dit-il, les victimes vivantes, puis on les précipite du haut des propylées, et elles meurent de leur chute. Il y en a qui précipitent ainsi leurs propres enfants, non pas absolument comme des animaux, mais enfermés dans un sac. Ils les conduisent au temple par la main et invectivent contre eux pendant la route, en leur disant qu'ils ne sont pas des enfants, mais des bœufs... Ceci se passe, ajoute-t-il, en Syrie, non loin de l'Euphrate, dans une ville nommée Hiéra. »

Mais comme la Bible, indépendamment des sacrifices humains, défend de consacrer les enfants aux idoles en les faisant passer à travers deux monticules de bois embrasés [2], un grand nombre de rabbins, et parmi eux le célèbre Moïse Maymonide, ont mis en doute l'existence des coutumes que nous venons de décrire [3], en prétendant que tout se bornait à une sorte de lustration inoffensive « Idcirco (dit May- « monide) servitores ignis in tempore suo fecerunt homines « scire, quod qui non traducerent filium suum vel filiam « per ignem, morerentur filii vel filiæ : et sine dubio « propter illud quod audiebant, quilibet festinebat illud fa- « cere, quia multum timebant super filios suos et propter « facilitatem operis, quia non erat nisi traducere illos per « ignem, non quod comburerent ipsos [4]. »

Ces opinions paraissent facilement conciliables. Il est évident, en effet, que l'immolation était le sacrifice par excellence destiné à apaiser la colère des dieux, ou à se concilier leur faveur. Toutefois, à l'imitation de ce sacrifice, les peuples de la Chaldée recouraient à une sorte de

[1] Lucien. Déesse de Syrie.
[2] *Deut.* xviii, v. 10. « Nec inveniatur in te qui lustret filium suum, « aut filiam, ducens per ignem. » Voir aussi *Levit.* xviii, v. 21; xx. v. 2. *IV Reg.* xvi, v. 3; xxi, v. 6; xxiii, v. 10.
[3] Selden, *ut suprà*, p. 76.
[4] Moses Maïmonides *more Nebochim*, lib. III, cap. xxxviii, cité par Selden, p. 76.

purification, ayant lieu également par le feu, et c'est cette initiation qui se trouve sévèrement défendue aux Israélites, aussi bien que les holocaustes humains trop formellement indiqués par la Bible pour pouvoir être mis en doute, et que nous retrouverons d'ailleurs en vigueur à Carthage, colonie phénicienne ayant transporté sur les rivages de l'Afrique les usages de la mère patrie [1].

Suivant certains auteurs, les Perses vainqueurs des Syriens consacrèrent leur domination par la défense d'immoler des hommes [2] et on voit les Tyriens assiégés par Alexandre sur le point de faire couler, à l'imitation de leurs ancêtres, le sang d'un enfant afin de se rendre les dieux favorables [3]; nouvelle preuve de l'universalité de cette coutume chez les peuples dont nous venons de nous occuper.

§ 3. — L'ASSYRIE.

Les Chaldéens, envahis plusieurs fois par leurs puissants voisins d'Assyrie, subirent enfin la domination complète de ces rois, dont les capitales, Ninive et Babylone, jetèrent tant d'éclat.

Réunis ou séparés, ces deux empires occupent une place prépondérante dans l'histoire des nations de l'Orient, mais on ne connaît encore que quelques grandes lignes de leur vie sociale, et il est impossible, malgré les découvertes de la science moderne, de retracer les institutions en vigueur dans ces contrées, soit sous les fondateurs des dynasties primitives jusqu'à l'invasion égyptienne, soit sous le régime des Sargonides, des Mèdes et enfin des Perses.

Il ressort cependant des inscriptions fastueuses racon-

---

[1] En parlant des Carthaginois, Tertullien s'exprime ainsi (*Apul.* cap. IX) : « Cum propriis filiis Saturnus non pepercit, extraneis utique « non parcendo perseverabat, quos quidem ipsi parentes sui offere- « bant, et libentes respondebant, et *infantibus blandiebantur ne lacry- « mantes immolarentur.* »

[2] De Pastoret, *ut supra*, tome Ier, p. 505.

[3] Quint. Curt. lib. IV. ch. III.

tant les guerres de leurs rois, qu'ils abusaient cruellement de la victoire ; fait malheureusement commun à tous les peuples de cette époque. « J'ai pris la ville de Sour, fait-on dire à Sardanapale III, des dépouilles de toutes sortes, nombreuses comme les étoiles du ciel, des enfants sans nombre ; j'emmenai tout cela. Je fis écorcher les grands Ammar et je couvris le mur de leurs peaux..... »

Pour une autre ville, il est écrit : « Je fis de ma main beaucoup de prisonniers vivants ; je coupai aux uns les mains et les pieds, aux autres le nez et les oreilles... Je déshonorai leurs fils et leurs filles, je détruisis la ville, je la démolis, je la brûlai par le feu. » Dans tout le reste de l'inscription, il n'est question que de pyramides de têtes coupées, et cette expression « je déshonorai leurs fils et leurs filles » revient à chaque instant [1].

La Bible nous montre également Nabuchodonosor, roi de Babylone, prenant Jérusalem après un siège de deux ans, faisant périr les fils du roi Sédécias devant leur père, et ordonnant de mettre à mort les personnages les plus considérables d'entre les Juifs [2].

Leurs mœurs paraissent également avoir été toujours licencieuses [3] ; ils ne semblent pas cependant avoir eu l'habitude des sacrifices humains. « Jamais, suivant M. de Pastoret, le sang des hommes n'arrosa les autels des divinités du Tigre et de l'Euphrate. Loin de voir dans leurs dieux de féroces tyrans, les Assyriens y voyaient les auteurs et les soutiens de la vie et de la fécondité [4]. »

Le dépouillement des textes de contrats privés inscrits sur la brique n'est pas encore assez avancé, pour que l'on

[1] Oppert, *Voyage en Mésopotamie*, 2 vol. in-4° et Atlas, 1862. Tome Ier, liv. III, chap. IV, p. 315, inscription des temples de Calach.

[2] *Jérémie*, cap. LII, v. 1-27.

[3] Voir Hérodote *passim* et notamment liv. I, XCIV, CXCV, CXCIX. Quint.-Curt. lib. V, cap. I. Sur Sémiramis et Sardanapale toute l'antiquité : Athénée, Plutarque, Diodore, etc.

[4] De Pastoret, *ut suprà*, liv. Ier, chap. III, p. 164.

Dans l'histoire de Daniel, ce sont des offrandes de cette nature que l'on dépose devant l'idole de Bel et que les prêtres s'approprient ensuite durant la nuit. (*Daniel*, chap. XIV.)

puisse arriver à la connaissance de la vie intime des peuples assyriens, ainsi que cela a eu lieu pour l'Egypte, grâce aux papyrus démotiques que nous possédons[1].

Au point de vue particulier des enfants, il est fréquemment question dans les légendes et traditions des Assyriens et des Perses, d'expositions de nouveau-nés; Sémiramis passait pour avoir été abandonnée, et Hérodote nous montre Astyage voulant faire périr son petit-fils Cyrus, dont à la suite d'un songe il redoutait la compétition future [2].

Un document plus certain est du reste venu jusqu'à nous : on a découvert dans les tablettes assyriennes un texte paraissant être le fragment d'un poème populaire relatif à un enfant trouvé, reconnu plus tard par son père.

Les interprètes varient dans les détails de traduction, tout en étant d'accord pour le fond [3]. Voici ce curieux document, suivant M. Oppert :

« C'est lui qui n'a ni père ni mère, c'est lui qui n'a connu

[1] On possède beaucoup de ces contrats depuis le IXe jusqu'au VIIe siècle avant l'ère chrétienne, mais ils sont ordinairement dans un style officiel et très peu varié, de sorte que les noms propres et les dates en forment la partie la plus importante. Ceux de Ninive sont fréquemment relatifs à des ventes de familles entières d'esclaves amenés par des Phéniciens.

En Babylonie, les contrats de mariage, de ventes de maisons, etc., se chiffrent par milliers; leur traduction ne permet pas encore cependant l'établissement de données juridiques précises. On est toutefois autorisé à penser que la condition sociale des Assyriens et des Babyloniens ne différait pas sensiblement de celle des Perses et peut-être même des Egyptiens.

[2] Hérodote, liv. I, CIX, CXIX. Ce même auteur représente du reste les Perses comme aimant leurs enfants et veillant à leur éducation. *Clio*, cap. CXXXVI. « Montrer beaucoup de fils est, chez eux, après valeur guerrière, la meilleure marque de virilité; chaque année le roi envoie des présents à celui qui en a le plus. L'éducation des enfants commence à cinq ans pour finir à vingt... Avant cinq ans, l'enfant ne paraît jamais devant son père; il ne sort pas de l'appartement des femmes. Ils ont établi cette coutume afin que, si l'enfant vient à mourir en bas âge, il ne soit pas pour son père un sujet de chagrin. » (Traduct. Giguet).

[3] Rawlinson, *Inscript. cunéif.*, vol. II, p. 10. Lenormant, *Etudes accadiennes*, tome III. Oppert et Menant, *Documents juridiques de l'Assyrie et de la Chaldée*, in-4°, 1877, p. 42 à 48.

ni son père ni sa mère ; sa souvenance se rattache à la citerne ; il en est fait mention dans les chemins ; on l'a arraché de la gueule des chiens ; on l'a enlevé du bec des corbeaux ; on la déposé devant le devin.

« D'après la marque de ses pieds il a dressé devant lui la table de sa généalogie ; on l'a donné à une nourrice ; pendant trois ans on a donné à sa nourrice une coiffure et des vêtements ; chaque jour, à quelque époque que ce soit, on lui a caché son origine ; son mariage a été avantageux, il atteignit l'âge d'homme et il a été reconnu pour son fils ». Le reste est encore fort obscur.

Telles sont les indications peu nombreuses que nous possédons sur ces régions autrefois si peuplées et ensevelies maintenant dans une mystérieuse solitude, mais il n'est pas douteux qu'en raison des efforts de la science la lumière ne se fasse rapidement sur des nations qui ont joué un si grand rôle dans l'histoire de l'humanité.

§ 4. — CARTHAGE.

On est réduit également à des conjectures sur la situation faite à l'enfance chez les peuples orientaux dont nous ne nous sommes pas encore occupés ; quelques traditions vagues, douteuses, nous ayant seules été conservées par les auteurs anciens.

Ce n'est que pour Carthage que nous avons des faits plus précis. Cette colonie phénicienne dut à son origine l'usage de l'immolation des enfants.

Ille suos divis mos sacrificare puellos,

dit Ennius [1]. Les Carthaginois, écrit aussi Quinte-Curce [2], avaient reçu de leurs ancêtres l'usage de ce sacrilège, qu'il faut ainsi appeler plutôt que sacrifice, et ils l'ont toujours pratiqué depuis jusqu'à la destruction de leur ville. Vaincus par Agathocle, ils firent périr 200 enfants nobles

---

[1] Cité par Nonius Marcellus, v° *Puellis*.
[2] *De rebus gestis Alexandri*, lib. IV, cap. III.

pour apaiser les dieux irrités [1], et Plutarque ajoute que ceux qui manquaient de fils en achetaient aux citoyens pauvres, afin de fournir des victimes pour le sacrifice.

Tertullien affirme que dans le nord de l'Afrique ces sanglants holocaustes, durèrent publiquement jusqu'au proconsulat de Tibère [2]. Diodore de Sicile les décrit de la manière suivante : « Il y avait chez les Carthaginois, une statue de bronze représentant Kronos ; elle avait les mains tendues et inclinées vers la terre, de sorte que l'enfant qu'on y mettait tombait en roulant dans un gouffre plein de feu [3]. »

Pour terminer ce chapitre et se rendre compte de la durée de ces sacrifices, il faut bien comprendre qu'ils firent partie intégrante de tout le culte d'une partie des peuples de l'antiquité. « La notion plus générale encore que l'on entrevoit, dit M. Lenormand [4], est celle que l'établissement

---

[1] Pescennus Festus, apud Lactantium, *Divin. Instit.* I, cap. xxi. Voir aussi Diodore, liv. XIII, lxxxvi. Suivant Justinus, lib. XIX, c. i, il vint à Carthage (l'an de Rome 260) des ambassadeurs de Darius, roi de Perse, qui apportaient un décret de ce prince par lequel il défendait aux Carthaginois d'immoler des victimes humaines. Plutarque (*de Just. div.*) attribue également à Gélon un traité interdisant ces holocaustes.

Silius Italicus (chap. iv) dit que les enfants ainsi sacrifiés étaient désignés chaque année par le sort qui tomba sur le fils unique d'Annibal, alors vainqueur des Romains en Italie ; on lui en porta la nouvelle et il répondit qu'à la place de cet enfant il enverrait dans les temples des dieux les plus nobles victimes du sang de Quirinus.

> Mos fuit in populis, quos condidit advena Dido,
> Poscere cœde deos veniam, ac flagrantibus aris
> Infandum dictu! parvos imponere natos.
> Urna reducebat miserandos annua casus,
> Sacra Thoanteæ ritus qui imitata Dianæ.

[2] Tertul. *Apologet.* cap. ix.

« ... Infantes penes Africam Saturno immolabantur palam usque ad « proconsulatum Tiberii, qui ipsos sacerdotes in eisdem arboribus « templi sui obumbratricibus scelerum, votibus crucibus exposuit, « teste militia patriæ nostræ, quæ idipsum munus illi proconsuli « functa est. Sed et nunc in occulto perseveratur hoc sacrum facinus. »

[3] Rapprocher ce passage d'un autre cité plus haut.

[4] *Les Origines de l'hist. d'après la Bible*, 2 vol. in-8°, 1880-1882, tome Ier, p. 144.

d'une ville devait être accompagné d'une immolation humaine. Il serait facile de suivre la trace de cette idée dans les traditions populaires de toutes les nations. Notons seulement, parce qu'elles nous maintiennent dans le cercle du monde sémitique ou syro-euphratique, les curieuses légendes que l'auteur anonyme de la *Chronique Pascale* (tome Ier, p. 71 et 77, édit. de Bonn) nous a conservées sur la fondation de Tarse de Cilicie et de Gortyne de Crète, deux villes d'origine phénicienne. Le fondateur héroïque de chacune d'elles immole sur son emplacement une jeune vierge que cette immolation même divinise et qui devient la fortune de la cité. »

Il resterait à expliquer par quelle mystérieuse influence l'enfance, avec ses grâces et son innocence, parut presque toujours la victime la plus propre à apaiser la colère de la divinité, car c'est ce sang si pur qui coulait, comme on vient de le voir, sur les autels de Moloch, en Syrie et à Carthage.

CHAPITRE II

LE PEUPLE JUIF

§ 1er. — FÉCONDITÉ DU PEUPLE D'ISRAEL. — SOINS DONNÉS AUX ENFANTS.

Au milieu des nations diverses dont nous venons de nous occuper se trouvait le peuple juif, qui, malgré sa dispersion, a conservé sa physionomie particulière et dont les plus terribles bouleversements n'ont pu briser la puissante personnalité.

Ce qui frappe au premier abord chez les Hébreux, c'est l'honneur dont ils entouraient la fécondité. Tout : histoire, espérances, traditions, contribuait à produire ces heureux effets, qui attirèrent, comme on le sait, l'attention de Tacite[1]. Le Seigneur leur avait promis que, s'ils restaient fidèles à sa loi, il n'y aurait point de créature stérile en Israël[2], et dans son alliance avec Abraham figure l'assurance d'une postérité multipliée jusqu'à l'infini[3]. L'Écriture sainte ne cesse de louer les familles nombreuses[4]; suivant l'auteur inspiré des *Proverbes*, « si la multitude du peuple est l'honneur du roi, le petit nombre des sujets en est la honte[5], » et le Talmud considère comme morts : « le pauvre, le lépreux,

[1] Tacit. *Hist.*, v. 5.
[2] *Exod.* XXIII, 26. *Deut.* VII, 14.
[3] *Genes.* XVI et XVII.
[4] *Judic.* X, 4; XII, 14. XIII, 2. *Psal.* CXXVII.
[5] *Prov.* XIV, 28.

l'aveugle, *celui qui n'a point d'enfants*[1] ». Aussi les regrets inspirés à la femme par la stérilité étaient-ils d'une telle
vivacité, que chez les patriarches l'épouse frappée de cette
malédiction préférait partager ses droits conjugaux avec
une servante, dont elle adoptait ensuite les enfants[2].

Une naissance était donc un des événements les plus
joyeux qui pût arriver dans une famille juive, surtout si
c'était un fils, dans lequel le père voyait une garantie pour
la conservation de sa race; on se réjouissait moins à la
naissance d'une fille[3]. Si le mari mourait sans descendants,
la loi, confirmant les anciennes coutumes[4], obligeait le
frère survivant à épouser la veuve et à donner ainsi des
enfants à son frère mort[5]. Le premier-né de ce mariage
portait le nom du parent qu'on avait perdu, afin que ce
nom ne s'éteignît pas, et il succédait aux biens laissés
par lui, à l'exclusion de son propre père[6].

Les mères allaitaient, en général, elles-mêmes leurs
enfants; il est fait cependant mention de nourrices dans la
Bible, lorsqu'il s'agit notamment de princes ou de personnages riches[7]. On lit aussi dans la *Ghemara* (f° 61) : « Si la
femme veut nourrir son enfant, le mari ne peut pas l'en
empêcher, car elle a besoin d'allaiter pour que le lait ne lui
fasse pas de mal. Si, au contraire, c'est la femme qui se
refuse d'allaiter son enfant, en motivant son refus par l'habitude de sa famille de prendre des nourrices, le mari ne
peut pas l'y forcer[8].

---

[1] Schab (Moïse), *Sentences et prov. du Talmud et du Midrasch;* in-8°,
Imp. Nation., 1878, p. 92.

[2] *Gen.* XVI. *Gen.* XXX. « Habeo, inquit (Rachel), famulam Balam :
ingredere ad illam, ut pariat super genua mea, et habeam ex illa
filios. »

[3] *Univers pitt.* Palestine, par Munck, p. 374. — E. Cellérier, *Esprit de
la législation mosaïque*, tome Ier, p. 35.

[4] *Gen.* XXXVIII.

[5] *Deut.* XXV.

[6] De Pastoret, *Hist. de la législat.*, tome IV, p. 12.

[7] *Gen.* XXIV, 59; XXXV, 8. *Num.* XI, 12. *II Reg.* IV, 4. *IV Reg.* XI, 2.

[8] Dr Rabbinowicz, *Législ. civ. du Talmud*, première part. : traité
Kethouboth, p. 41.

Cet allaitement, qui se prolongeait souvent pendant plusieurs années,[1] rentrait dans les travaux que la femme était tenue d'accomplir. « Elle doit, dit la Mischnah, moudre, cuire le pain, blanchir le linge, faire la cuisine, donner le sein à son enfant, faire le lit du mari et travailler à la laine. Si elle a une servante à sa disposition, elle n'est plus obligée de moudre ni de cuire le pain, ni de blanchir le linge. Si elle a deux servantes, elle n'est même pas obligée de faire la cuisine, ni de donner le sein à son enfant. Si elle en a trois, elle n'a plus besoin de faire le lit et de travailler à la laine. Si elle en a quatre, elle n'a plus besoin de rien faire[2]. »

La femme devenue veuve ne devait pas se remarier pendant l'allaitement, de peur en devenant enceinte de donner à l'enfant une nourriture corrompue[3] : Il était recommandé également aux nourrices de ne pas manger de choses pouvant altérer la quantité ou la qualité de leur lait[4], et on leur défendait de se charger de deux nourrissons à la fois.

---

[1] *II Mach.* vii, 27.

[2] Dr Rabbinowicz, *ut suprà*, p. 39.

[3] *Id.*, p. 41. On lit dans une beraïtha * : Une veuve qui a un enfant à la mamelle ne doit pas se fiancer, ni se marier, jusqu'à ce que l'enfant ait atteint l'âge de vingt-quatre mois, car, dit Raschi, elle peut devenir enceinte, ce qui l'obligerait de sevrer l'enfant, et son mari étranger à l'enfant ne voudra peut-être pas lui acheter des œufs et du lait. »
On lit dans une autre beraïtha : « Si elle a donné l'enfant à une nourrice, ou si elle l'a sevré, ou si l'enfant est mort, elle peut se marier. » Cependant le Talmud rend la décision que la femme ne se mariera pas si elle a sevré l'enfant, « car, dit Raschi, elle a pu l'avoir sevré pour se marier. »
Il est utile de remarquer ici que ces prescriptions talmudiques paraissent s'appliquer surtout à la période qui s'étend de la captivité des Juifs à la destruction du temple de Jérusalem par les Romains. Cette observation générale est vraie pour l'ensemble des citations empruntées aux anciens rabbins.

[4] On lit dans une beraïtha : « Une nourrice ne doit pas nourrir en même temps un autre enfant, ni son propre enfant; si les parents ne donnent pas à la nourrice une nourriture suffisante, celle-ci doit

---

* Ce mot *Baraïtha* indique un recueil de sentences des docteurs, prédécesseurs ou contemporains du rédacteur de la *Mischnah*, et qui ne figurent pas dans ce recueil.

Est-il besoin d'ajouter que la législation et les mœurs s'unissant pour protéger la vie des enfants, l'avortement et l'infanticide entraînaient la peine de l'homicide, par voie de conséquence et suivant la tradition rabbinique, car ces crimes ne se trouvent pas désignés expressément dans la loi mosaïque. La femme qui tuait le fruit qu'elle portait dans son sein était, selon la remarque de Josèphe, regardée comme doublement coupable en causant la mort de son enfant et en diminuant sa race (Adv. App. 2.24); on pouvait cependant dans un accouchement laborieux, et pour sauver la mère, tuer l'enfant dont la tête n'était pas encore visible (Tert. *de Anim.* 25). Si néanmoins il montrait déjà sa tête, on ne pouvait le sacrifier même pour sauver la mère [1].

Quant à ces crimes secrets qui avaient pour but d'entraver ce précepte divin : *Crescite et multiplicamini*, le Seigneur s'en réservait à lui-même le châtiment[2].

« La loi, dit Philon, défendait en outre quelque chose de plus grave que l'avortement; je veux parler de l'exposition des enfants qui, chez beaucoup de nations à cause de l'inhumanité naturelle, est une impiété vulgaire; car, s'il faut veiller à ce que les fœtus ne souffrent aucune violence dans les entrailles de leurs mères avant le temps fixé pour la naissance, à combien plus forte raison ne doit-on pas conserver ceux déjà nés et qui sont comme de nouveaux colons ajoutés aux autres hommes, afin de jouir ensemble des dons de la nature. »

Ce serait cependant une erreur de croire que l'abandon des enfants n'existait pas en Judée. On trouve dans le Talmud plusieurs allusions à des faits de cette nature [3].

---

acheter le reste à ses frais, afin de donner assez de lait à l'enfant qu'elle s'est engagée à nourrir, » Dr Rabbinowicz, *ut suprà*, p. 41.

[1] De Pastoret, *ut suprà*, tome IV, p. 184, et Dœllinger, *Paganisme et Judaïsme* (4e vol., liv. X, chapitre ier, p. 174.)

[2] *Gen.* XXXVIII, 1-10.

[3] Quant aux enfants bâtards, nous les voyons privés des droits civils dans la cité. (*Deut.* XXIII, 2.) Il ne faudrait pas du reste prendre le terme de bâtard dans l'acception que nous lui attribuons; cette qualification ne s'appliquait qu'aux enfants nés d'un commerce adultérin ou incestueux (mamzer, hoc est, d scorto natus).

Le lieu de l'abandon déterminait la catégorie dans laquelle devaient rentrer ces enfants. Ceux qui étaient trouvés exposés sous un arbre près de la ville, dans une place publique, enveloppés de langes, circoncis, étaient considérés comme légitimes. L'arbre était-il au loin, l'enfant était-il suspendu à ses rameaux, l'avait-on exposé au milieu d'un chemin : on le déclarait illégitime [1].

Au point de vue des aliments à fournir à l'enfant, on se préoccupait également de sa qualité présumée de païen ou de Juif. Si la majorité de la population du lieu de l'exposition était païenne ou juive, le pauvre petit être abandonné suivait le culte du plus grand nombre. Dans le cas de partage égal il était réputé israélite [2]. Notons enfin que l'enfant trouvé dont l'origine païenne paraissait évidente pouvait être destiné à l'esclavage par l'Hébreu qui l'élevait ; mais le code talmudique permettait aussi de lui attribuer le titre de prosélyte et de lui assurer ainsi la liberté sous les auspices des magistrats, représentant en cette circonstance le père inconnu [3].

Bien que la prostitution fût sévèrement prohibée, l'exposition existait donc chez les Juifs, mais à titre tout à fait exceptionnel, et les lois ainsi que les habitudes proscrivaient cette barbare coutume.

§ 2. — LA PUISSANCE PATERNELLE.

Il faut examiner maintenant de quelle manière s'exerçait la puissance paternelle. Nous avons vu que chez les premiers patriarches le père avait le droit de vie et de mort, étant à la fois le protecteur et le magistrat de la famille ;

[1] De Pastoret, *ut suprà*, tome III, p. 508.

[2] Dr Rabbinowicz, *Législation civile du Talmud*, 1880, tome Ier, p. 49. — *Joma*, fol. 84. Il est malheureusement impossible d'assigner une date à ces dispositions pour les *exposés*, puisque les traditions qui font la base du Talmud ont pris naissance au moins deux siècles avant le christianisme et se sont développées en même temps que lui, pendant 5 ou 600 ans. *Journal des savants*, 1872, p. 550, article de M. Franck sur le traité Berakhoth du Talmud de Jérusalem.

[3] Zadoc Kahn, *l'Esclavage selon la Bible et le Talmud ;* in-8°, Paris, Guérin, 1867, p. 53.

mais lorsque le peuple hébreu se fut multiplié et que les tribus ne formèrent plus qu'un seul état, Moïse restreignit ce pouvoir illimité [1] et obligea les pères à faire juger par les anciens les enfants dont ils avaient à se plaindre. « Si un homme (*Exod.* XXL, 18-20) a un fils rebelle et insolent, qui ne se rende au commandement ni de son père ni de sa mère, et qui, en ayant été repris, refuse avec mépris de leur obéir; ils le prendront et le mèneront aux anciens de sa ville et à la porte où se rendent les jugements. Et ils leur diront : Voici notre fils qui est un rebelle et un insolent; il méprise et refuse d'écouter nos remontrances, et il passe sa vie dans les débauches, dans la dissolution et dans la bonne chère. Alors le peuple de cette ville le lapidera et il sera puni de mort. »

Ce pouvoir s'étendait sur les fils même majeurs et mariés, sur les femmes et les enfants de ces fils et sur les filles non mariées; les vœux prononcés par ces dernières sans le consentement paternel étaient nuls [2]. De plus, les filles pouvaient être vendues par leur père *in famulam* (*Exod.* XXI, v. 7), c'est-à-dire qu'avant l'âge nubile ils avaient le droit de les engager pour six ans en qualité de servantes [3].

« C'est là sans doute encore, écrit fort justement M. Zadoc-Kahn [4], une de ces concessions faites par le législateur à des habitudes enracinées avec lesquelles il fallait compter. D'ailleurs le pouvoir accordé ici au père était soumis à des restrictions telles qu'il n'avait rien de tyrannique ni d'exorbitant. A vrai dire le père ne *vendait* jamais sa fille pour la livrer en esclavage, mais plutôt pour la marier; il lui donnait un époux, non un maître.

« Pour défendre, en effet, la jeune fille ainsi introduite dans une maison étrangère contre tous les dangers de sa

---

[1] Glaire, *Introd. aux liv. de l'Ancien et du Nouv. Test.*, 2e édit. tome II, p. 364.

[2] *Nomb.* cap. XXX. *Univers pitt.* Palestine, par Munk, p. 206-208.

[3] Franck (A.), *Etudes orientales*, in-8°, 1864. Du droit chez les anciennes nations de l'Orient, ch. V : le droit chez les Juifs.

[4] Zadoc Kahn, *l'Esclavage selon la Bible et le Talmud*, ut supra, p. 40 et suivantes.

position, la loi faisait du maître lui-même son protecteur, le gardien de sa vertu. En l'acquérant il acceptait l'engagement tacite, mais formel de l'épouser. Il est vrai que c'était une obligation purement morale, la loi n'avait pas de force coërcitive sous ce rapport; mais l'homme généreux n'hésitait jamais à payer ce qui était pour lui une dette de convenance.

« ... Le maître pouvait aussi, au lieu d'épouser lui-même sa servante, la donner comme épouse à son fils... Il ne pouvait pas la revendre, ni la faire passer, par toute autre transaction, dans une maison différente; il lui était même interdit, suivant la tradition, de la marier à un membre de sa famille autre que son fils. »

La Bible et le Talmud n'accordaient ce privilège de vente qu'au père, à l'exclusion de la mère[1], et une pauvreté extrême pouvait seule justifier cet acte. Dès que la position du chef de famille s'améliorait, lui permettant de faire quelques sacrifices, il était obligé d'indemniser le maître et de reprendre sa fille. Il perdait en outre tout droit à la majorité de celle-ci (douze ans) et une seule vente émancipait la jeune fille[2].

« Il est permis de conclure de tout ce qui précède, dit Zadoc-Kahn, que la loi juive, sans sacrifier l'autorité nécessaire du père, a su se garder des excès qu'on peut reprocher à la loi romaine[3]. » Notons enfin que dans l'esprit des docteurs l'éducation physique des enfants ne se séparait

---

[1] Suivant Moïse Maïmonide, la vente se concluait moyennant espèces, ou encore par un acte écrit de la main du père sur du papyrus ou de la brique et consistant en ces mots : « Je déclare que ma fille t'est vendue, t'est acquise. » (Cité par Zadoc-Kahn, p. 43.)

[2] Le Psalmiste (Ps. LXXI, v. 4) place parmi les éloges d'un bon roi l'action de racheter les enfants des pauvres, et, pour user de ce droit de vente, il fallait n'avoir pas d'effets mobiliers, ni de vêtements pour se couvrir. (Voir de Pastoret, Hist. de la législ., tome III, p. 485.)

[3] Zadoc-Kahn, ut suprà, p. 45. Le respect des enfants pour leurs parents se trouvait sévèrement commandé. (Deut. XXI, 18-19. Exod. XXI, 15, 17. Lev. XX, 9.) La bénédiction d'un père était regardée comme un avantage inappréciable et sa malédiction comme un malheur réel.

pas de leur éducation intellectuelle et religieuse [1], suivant ce précepte : avez-vous des fils, instruisez-les bien et accoutumez-les au joug dès leur enfance [2].

§ 3. — DE LA PROTECTION ACCORDÉE AUX ORPHELINS.

La défense, la protection, l'assistance de la veuve et de l'orphelin sont rappelées constamment, comme on le sait, dans la loi mosaïque, non pas seulement à titre d'obligation pour un peuple déterminé, mais comme faisant partie des préceptes applicables à tout le genre humain, et la violation de ces commandements se trouve également réprimée de la façon la plus sévère [3].

Il est donc certain que les orphelins étaient assistés d'une manière très efficace par les fidèles observateurs de la loi et par ces caisses de bienfaisance, si nombreuses, destinées à venir en aide aux pauvres en leur fournissant des aliments [4] et des vêtements [5].

[1] *Journal des savants*, 1874, p. 118, article de M. Franck sur la législ. civ. du Talmud.

[2] *Ecclesiastic.* VII, 25.

[3] *Exod.* XXII, 22 : Viduæ et pupillo non nocebitis. *Deut.* X, 18 : Facit judicium pupillo et viduæ. *Deut.* XVI, 11, 14. *Deut.* XXVII, 19 : Maledictus qui pervertit judicium advenæ, pupilli et viduæ. *Psalt.* LXVII, 6 : Cantate Deo... patris orphanorum. *Psalt.* CXLV, 9 : Dominus custodit advenas, pupillum et viduam suscipiet. *Ecclesiast.* XXXV, 16, 17 : Non accipiet Dominus personam in pauperem, et deprecationem læsi exaudiet ; non despiciet preces pupilli. *Isai.* I, 17 : Judicate pupillo. *Jerem.* VII, 6 : Advenæ, et pupillo, et viduæ non feceritis calumniam. *Jerem.* XXII, 3 : Hæc dicit Dominus, et advenam et pupillum et viduam nolite contristare. *Zach.* VII, 10. *Malach.* III, 5 : Et accedam ad vos judicio et ero testis velox, et qui calumniantur mercedem mercenarii, viduas, pupillos... *II Machab.* VIII, 30.

[4] « On remarque dans ces sociétés, dit M. Franck, une certaine organisation de l'assistance, une marmite pour les pauvres ; une caisse administrée par les personnages les plus éminents en Israël. La marmite ne paraît avoir été réservée qu'aux indigents réduits à vivre au jour le jour, car toute personne ayant des moyens de subsistance en était exclue. Elle fournissait au pauvre nomade les trois repas qui étaient en usage le jour du sabbat. Les autres jours on lui fournissait du pain et un gîte pour la nuit. » (*Journal des savants*, 1878, p. 709.)

[5] Les aliments se distribuaient tous les jours, la caisse de bienfaisance faisait ses distributions tous les vendredis.—Rab Joudah dit :

Il y avait en effet chez le peuple juif trois sources de bienfaisance, au moins depuis le retour de la captivité de Babylone : l'aumône individuelle, louée à maintes reprises par les Livres saints et déclarée plus tard sans limite par le Talmud [1] ; les fruits de la terre, que l'on devait réserver pour l'étranger, l'orphelin et la veuve [2] ; enfin les caisses de bienfaisance, formées des cotisations imposées à chaque citoyen. Les lois rabbiniques établissaient que celui qui demeure dans une ville depuis trente jours devait donner sa part des aliments distribués aux pauvres ; il fallait un séjour de trois mois pour être obligé de contribuer à la caisse communale de bienfaisance, de six mois pour la dis-tribution des vêtements et de neuf mois pour les frais d'enterrement des pauvres [3].

Ces sociétés de bienfaisance ou même quelquefois les villes fournissaient à l'orpheline qui se mariait une dot d'au moins 50 zouzes ; mais s'il y avait de l'argent dans la caisse, on lui donnait une dot selon sa position ou sa di-gnité [4].

« Si un pauvre vient demander un vêtement, il faut s'informer s'il est réellement pauvre ; mais s'il demande à manger, on lui donne la nourriture sans examen. (J.M. Rabbinowicz, *Législ. civile du Talmud*, traité Baba-Bathra, tome IV. Introduction, p. xvij.

[1] *Exod.* xxiii, 10 et 11. *Lev.* xxv. *Deut.* xv, 1-19. *Tobias*, i, 19, 20 ; iv, 7-20 ; xii, 8-10 ; xiv, 11, 12. *Job.* xxx, 25. *Proverb.* xi, 17 ; xiv, 21, 31 ; xxii, 22. *Eccles.* vii, 19. *Ecclesiast.* vii, 22-23 ; xviii, 15-18 ; xxxv, 14-20. *Isaias*, x, 1-5 ; lviii, 6-13. *Daniel*, iv, 24.

Schwab (M.), traduct. du Talmud, tome II, p. 5.

[2] *Levit.* xxv. *Deut.* xxv, 19, 21.

[3] Dr Rabbinowicz, *Législ. civ. du Talmud*, traité Baba-Bathra, intr., p. xviij.

Les orphelins étaient en général exemptés de ces contributions : *Orphanis non imponent eleemosynarum largitionem licet sint pro redemptione captivorum, licetque habeant illi facultates amplissimas.* Moses Maïmonides, *de jure pauperis et peregrini apud Judæos.* In-4º, Oxonii, 1879, p. 73. (Texte hébreu et traduction latine.)

[4] On lit dans une beraïtha : « Si un orphelin et une orpheline demandent l'aumône pour leur entretien, celle-ci passe avant celui-là, car la mendicité est plus pénible pour une femme que pour un homme. Si un orphelin ou une orpheline veulent se marier, celle-ci passe avant celui-là, car le célibat est, au point de vue de la considération, plus pénible pour la femme que pour l'homme. » On lit dans une autre

Mais ce n'était pas tout, il fallait se préoccuper aussi des enfants de l'Hébreu réduit en esclavage. « Qu'allaient devenir ces malheureux pendant son absence prolongée ? La loi assurait leur sort ; elle forçait le maître de les soutenir, de pourvoir à leurs besoins. Cela résulte clairement du texte de la Bible (*Exod.* XXI, 3. *Levit.* XXV, 41) : car, à moins de supposer que les magistrats eussent le droit de vendre la femme et les enfants du voleur, ce qui aurait été contraire à toute justice, il faut admettre que, si la famille de l'Hébreu esclave avait quelques rapports avec le maître, c'étaient uniquement ceux qui lient l'obligé à son bienfaiteur ; c'est ce que la tradition affirme d'une façon catégorique. Ainsi l'esclave n'avait pas la douleur de voir les siens abandonnés pendant son absence et en proie aux souffrances de la misère [1]. »

Le peuple juif, conformément aux préceptes de sa législation divine, tenait donc la fécondité en grand honneur ; tout contribuait à conserver la vie des enfants ; l'infanticide, l'avortement étaient sévèrement punis, et la puissance paternelle contenue dans de justes limites. De plus, l'assistance des orphelins se trouvait assurée, comme celle des pauvres.

Il est nécessaire de reposer un instant son esprit sur ce spectacle consolant, avant de pénétrer dans l'étude des mœurs de ces sociétés païennes de la Grèce et de Rome, où l'existence des enfants fut trop souvent sacrifiée aux calculs d'un prétendu intérêt social et aux inspirations mauvaises des passions humaines.

beraïtha : « Si un orphelin demande à se marier, on lui donne d'abord une chambre et on lui fournit un lit et tous les meubles nécessaires, et puis on lui donne une femme. »
Rabbinowicz, *Lég. civ. du Talmud*, p. 45 et 46.
[1] Zadoc-Kahn, *ut suprà*, p. 23.

CHAPITRE III

LE PEUPLE GREC

Les Egyptiens et les Israélites honoraient également la
fécondité et donnaient naissance à une nombreuse postérité ; des mœurs différentes vont se dérouler sous nos yeux,
sur ce sol de la Grèce où l'esprit humain a atteint, en littérature et dans les arts, des hauteurs qui nous étonnent
encore.

Ce que l'on doit constater chez le peuple hellénique, c'est
le petit nombre d'enfants par famille, la subordination fréquente du pouvoir paternel à l'omnipotence de l'Etat ; les
abandons multipliés, et enfin les doctrines funestes profes-
sées à ce sujet par des hommes de génie, desquels on était en
droit d'attendre des sentiments plus conformes à l'humanité.

§ 1er. — DE LA SITUATION FAITE AUX ENFANTS PAR LES USAGES ET LES LÉGISLATIONS [1].

Les mariages en Grèce étaient peu féconds ; on se crut
obligé à Athènes de régler législativement les relations des
époux [2] ; à Sparte, un père ayant deux ou trois fils était
officiellement récompensé.

[1] Nous devons nous borner à parler uniquement, pour ainsi dire, des
législations de Sparte et d'Athènes ; l'organisation des autres peuples
de la péninsule étant fort peu connue encore, malgré les travaux
accomplis et les découvertes précieuses de l'épigraphie moderne.

[2] Plut. *Vie de Solon.*

Indépendamment de la facilité qu'il y avait, en raison des mœurs, à trouver au dehors la satisfaction de toutes les passions et de cet amour, né dans les palestres, et qui, suivant l'expression de Plutarque, insultait à l'amour conjugal [1], les considérations relatives au maintien de l'intégrité des patrimoines ont dû contribuer à amener ce résultat [2]. A Sparte, en raison de l'indivisibilité des parts de propriété, on vit même, au dire de Polybe, plusieurs frères se contenter d'une seule femme [3].

A Athènes les enfants légitimes, seuls héritiers, se trouvaient forcément peu nombreux, puisque, pour obtenir cette qualité, ils devaient naître, non seulement d'un père, mais encore d'une mère ayant droit de cité [4].

Pour l'enfant délaissé, illégitime, aucun droit de succession ou de cité [5].

Quant à la puissance paternelle, il faut distinguer soigneusement entre la législation de Sparte et celle d'Athènes. Dans cette dernière ville les enfants légitimes étaient soumis jusqu'à l'âge de seize ans à l'autorité de leur père ; cette autorité n'avait du reste rien de comparable à la *patria potestas* des Romains ; c'était un simple pouvoir de protection et de défense, comme le dit Aristote, un pouvoir royal [6], uni au devoir d'élever convenablement l'enfant,

---

[1] Plut. *Mor. De amore.*

[2] Lehrbuch der Griechischen Privatalterthümer von Dr. K. F. Hermann. Vierter Band. Freiburg und Tübingen, 1882, p. 278.

[3] Polyb. xii, 6.

[4] Athenæus xiii. Pollu iii, 21. Télfy, *Corpus juris attici*. Græce et latine Pestini et Lipsiæ fascic. i-viii, 1868, nos 1342-1343. Samuelis Petiti *Leges atticæ*. Lugd. batav., 1741, p. 11.

[5] Sam. Pet. *ut suprà*, p. 12. Arist. *Aves*, v. 1642 et sequent. « Les enfants illégitimes, dit M. Dareste, νόθοι, n'ont aucun droit de succession. La loi les exclut de la famille et permet seulement de leur faire un legs jusqu'à concurrence de mille drachmes. Toutefois la recherche de la paternité est permise aux enfants nés d'une mère athénienne, et s'ils font la preuve à leur charge, le père peut les légitimer en les présentant à la gens et à la curie. (*Journal des savants*, 1874, p. 613 et suivantes.)

[6] R. Dareste, *Journal des savants*, ut suprà. Hermann *ut suprà*, p. 76. (Die Kinder des Hauses) dit qu'en général, le père de famille était considéré comme le tuteur et l'administrateur du patrimoine commun.

car Solon fit une loi qui dispensait un fils de l'obligation de nourrir son père, quand il ne lui avait pas fait apprendre un métier. (Plutarque, *Vie de Solon*, xxx.)

Mais, en dehors même de l'exposition et de la vente, un citoyen athénien avait deux moyens tout à fait légaux d'interdire à l'un de ses descendants l'entrée de la famille, ou de l'en faire sortir en le privant de tous les avantages auxquels il pouvait avoir droit.

Il dépendait uniquement, en effet, du bon vouloir du père d'accueillir ou de repousser l'enfant que sa femme venait de mettre au jour.

« A titre de maître et de gardien viager du foyer, de représentant des ancêtres, il devait prononcer si le nouveau venu était ou n'était pas de la famille. La naissance ne formait que le lien physique; cette déclaration constituait le lien moral et religieux [1]. »

Avait-il reconnu son fils, le père pouvait plus tard l'exhéréder. Ce droit comportant certaines restrictions nous est révélé par le traité des *Lois* de Platon, et par un chapitre de Lucien. « Ce qui paraît résulter du rapprochement de ces témoignages, dit M. Caillemer, c'est que l'*abdication* ne pouvait pas avoir lieu sans motif, qu'elle devait être pré-

[1] Fustel de Coulanges, *La Cité antique*, liv. II, chap. III. Voir également sur les cérémonies prescrites lors de la naissance d'un enfant : Barthélemy, *Voyage du jeune Anacharsis*, chap. XXVI. De Pastoret, *Hist. de la législ.*, tome VI, chap. VII, p. 306-307. Hermann, *ut suprà*, p. 281-282. Menandre paraît baser cet usage sur l'incertitude de la paternité. *Mater*, dit-il, *magis amat liberos quam pater ; suum enim ipsa filium certo cognovit, ille putat.* Stobæi, LXXIV, p. 451. La loi de Gortyne, en Crète, récemment découverte et remontant au moins à 600 ans avant l'ère chrétienne, renferme ce passage fort curieux : « Lorsqu'un enfant est né après le divorce, la mère se transporte au domicile de celui qui a été son mari et lui présente l'enfant devant trois témoins. S'il refuse de se charger de l'enfant, la mère peut, *à son choix, élever cet enfant ou l'abandonner. Mais si elle le fait périr* avant de l'avoir présenté, elle paie une amende. » Si la mère est de la classe des colons, la présentation de l'enfant, né après divorce ou hors mariage, doit être faite au maître, et la loi règle les diverses hypothèses qui peuvent se présenter. (Voir la savante communication de M. R. Dareste, à l'Académie des sciences morales et politiques; mai-juin 1885, p. 926 et suivantes.)

cédée d'une délibération d'un conseil de famille, et homologuée par les tribunaux ; qu'elle s'accomplissait avec une certaine solennité. L'abdication n'était pas d'ailleurs irrévocable et le père pouvait consentir à replacer l'enfant dans la famille [1]. »

A Lacédémone, l'éducation des enfants n'appartenait pas au père ; on n'était pas libre d'élever son fils chez soi, de l'instruire soi-même, ou de lui donner un précepteur.

« Dès l'âge de sept ans, les enfants étaient pris par l'Etat, distribués en classes et instruits en commun par des maîtres que la cité avait choisis [2]. » Le citoyen qui refusait de se soumettre à ces prescriptions, perdait ses droits de cité [3]. Il n'est donc pas surprenant, que le pouvoir de décider du sort de l'enfant à sa naissance fût attribué alors, non plus aux parents, mais aux anciens de la ville, ainsi que nous le constaterons dans la suite.

En dehors de ces cas de non reconnaissance et d'abdication, qui faisaient perdre à l'enfant sa famille, en compromettant gravement son avenir, l'avortement, l'infanticide, l'exposition et la vente, étaient quatre moyens fort usités chez les différents peuples de la Grèce, commandés même en certaines circonstances, et qui devaient contribuer dans une large mesure à restreindre le chiffre de la population, déjà diminuée par des guerres continuelles.

§ 2. — DE L'AVORTEMENT.

L'avortement, ἄμβλωσις, avait lieu fréquemment, ce point est hors de doute, reste à savoir s'il était puni par les lois. Beaucoup de savants tiennent pour la négative, et considèrent la législation comme muette à cet égard. D'autres

---

[1] Caillemer, *Le droit de succession légitime à Athènes ;* in-8°, Paris, Thorin, 1879 ; chap. Ier, sect. 1, § 3, p. 25. Télfy, *ut suprà* (n° 1329).

[2] Fustel de Coulanges, *Etude sur la propriété à Sparte,* mém. lu à l'Acad. des sciences mor. et polit. nov.-déc. 1879. Tirage à part, 1880 ; chap. IV, p. 33.

[3] *Journal des savants,* mars, 1826, p. 131, article de Raynouard.

pensent que l'affaire pouvait venir devant les tribunaux chargés d'examiner alors, comme question de fait, si en raison de la durée de la gestation il y avait lieu d'appliquer les peines portées contre l'homicide [1].

Il paraît plus probable cependant que ce crime était prohibé par des dispositions législatives précises, restant hélas! trop souvent sans application dans la pratique. On trouve en effet chez Cicéron la mention d'une femme milésienne condamnée à mort pour s'être fait avorter à la sollicitation des héritiers de son mari [2]. Pour la Grèce proprement dite, Gallien affirme que « Lycurgue et Solon, disciples des dieux, ont dans leurs lois prononcé des peines contre l'auteur de l'avortement [3] ». Cette opinion est en outre corroborée par un passage de Musonius, qui indique que les législateurs avaient prohibé, dans l'intérêt de la population, l'usage de tout médicament abortif [4], et par l'ancien serment, attribué à Hippocrate, exigé de tous les médecins et dans lequel ceux-ci s'engageaient à ne pas provoquer d'avortements. Ces manœuvres criminelles étaient néanmoins accomplies fréquemment, soit pour détruire dans son germe la menace d'une famille trop nombreuse, soit pour écarter tout obstacle à une vie de plaisir, soit même dans la crainte de ternir par les fatigues de la maternité des charmes dont on était fière [5].

§ 3. — LES SACRIFICES HUMAINS ET L'INFANTICIDE.

En dehors de l'avortement, le meurtre de l'enfant venu à terme pouvait dans certaines parties de la Grèce être

---

[1] Hermann *ut suprà*, p. 76. Voir aussi l'article ἀμβλώσεως γραφή de M. Caillemer, dans le *Dict. d'antiquités grec. et romain.*, de Saglio, p. 224. C'était une question fort controversée chez les anciens de savoir si le fœtus dans le sein de sa mère appartenait à l'espèce humaine. Plut., *Opinions des philosophes*, xv.

[2] Cicero, *pro Cluentio*, xi, 32.

[3] Gall. xix.

[4] Stobæi *Sententiæ ex thesauris Græcorum delectæ*, LXXIII, p. 449-450 de l'édition de 1609.)

[5] Théoc., *Idyl.* xxvii.

commandé quelquefois par les lois ou les traditions religieuses.

« Le culte des Pélasges, dit M. A. Maury [1], était à l'origine aussi simple que leur mythologie ; ils offraient aux
dieux quelques libations, les prémices des champs. Toutefois, comme chez presque tous les peuples sauvages, des
sacrifices humains déshonoraient ce culte simple et naïf.

« Dans le Péloponèse ces sacrifices subsistaient, quoique
moins fréquents, du temps de la guerre de Messénie....
(Pausar. iv. c. 9, § 2 et 3). Ils n'avaient plus lieu alors dans
les temples et n'étaient offerts que dans des cas exceptionnels d'épidémie, etc. Les dernières traces de ces rites
paraissent avoir disparu seulement vers le milieu du
ive siècle avant notre ère [2]. »

Ces victimes étaient le plus souvent des adolescents. Dans
un autre ordre d'idées, en Laconie, la raison d'État, toujours seule écoutée, ordonnait le meurtre de tous les enfants
mal conformés et dont on n'espérait pas pour l'avenir des
citoyens forts et vigoureux.

« Le père, dit Plutarque, n'était pas maître d'élever son
fils. Dès qu'il était né, il le portait dans un lieu appelé
Lesché, où s'assemblaient les plus anciens de chaque tribu.
Ils le visitaient, et, s'il était bien conformé, s'il annonçait
de la vigueur, ils ordonnaient qu'on le nourrît, et lui assi-
gnaient pour son héritage une des 9.000 parts [3] ; s'il était
contrefait, ou de faible complexion, ils l'envoyaient jeter
dans un gouffre voisin du mont Taygète et qu'on appelait
les *Apothètes*. Ils pensaient qu'étant destiné dès sa naissance à être privé de force et de santé, il n'était avantageux ni pour lui-même ni pour l'État de le laisser vivre [4]. »

---

[1] M. Maury, *Hist. des religions de la Grèce antique*, tome Ier, p. 182-
84, et tome II, p. 103.

[2] Voir aussi de Pastoret, *Hist. de la législ.*, tome VIII, p. 170, et
t. V. ch. viii, p. 399-402.

[3] M. Fustel de Coulanges pense qu'il s'agissait ici, non de l'attribu-
tion de terres, mais bien de l'inscription dans la tribu. *Etude sur la
propriété à Sparte*, ut suprà, chap. ii, p. 15.

[4] Plut. *in Lycurg.* cap. xxv.

Les sages-femmes, pour éprouver ensuite la constitution des enfants, les lavaient avec du vin, croyant que ce liquide ferait périr tous ceux qui, considérés au premier abord comme sains, se trouvaient cependant d'un tempérament maladif.

On prétend que Lycurgue abolit à Sparte les sacrifices humains, en l'honneur d'Artémis-Orthia, et que c'est en vue de les remplacer qu'il faisait fouetter jusqu'au sang les enfants devant la statue de la déesse; quelquefois ces infortunés expiraient sous les coups [1].

Chez les Athéniens, où la famille jouissait d'une très grande indépendance, on ne trouve aucune prescription législative concernant les enfants mal conformés; tout était laissé sous ce rapport à la volonté du père [2].

D'un autre côté, les parents qui répugnaient à enlever la vie à leurs descendants, quoique ne voulant pas les conserver, trouvaient une solution facile dans la pratique de l'exposition.

§ 4. — DE L'EXPOSITION DES ENFANTS.

Ce mode d'abandon était continuel; il y est fait mainte allusion dans les historiens et les auteurs tragiques ou comiques dont les œuvres sont le reflet des usages en vigueur à leur époque; et parmi ces auteurs on peut compter Plaute et surtout Térence, véritables traducteurs de pièces grecques accommodées seulement au goût des Romains.

Nous avons vu que le père avait le droit de repousser tout enfant né de sa propre épouse sans aucune autre raison que son caprice du moment. On connaît à ce sujet cette

[1] Plut. *Quest. græc.* § 39. Pausanias, III, c. 10, § 7. Voir aussi Mathon de la Cour. *Pour quelles causes les lois de Lycurgue se sont altérées*, in-8°. Paris, 1767 p. 5. Barthélemy, *Voyage du jeune Anacharsis*, chap. XLIV. Cicér., *Tuscul.* l. II, c. 14. Senec. (L. Ann.), *de Prov.* IV.

[2] Denis, *Hist. des théories et des idées morales dans l'antiquité.* 2e édit. 1879. 2 vol. in-8°, tome II, p. 107.

réponse conservée par Aristippe : « Une femme reprochait vivement à son mari de rejeter son fils et lui disait : « Cependant il est né de toi. » Celui-ci cracha par terre en ajoutant : « Ceci aussi est sorti de moi, mais je n'en ai que « faire [1]. »

Les filles étaient en Grèce, comme partout dans l'antiquité païenne, soumises principalement à cet ostracisme paternel [2]. Plutarque paraît à ce sujet presque excuser les indigents. « Quand les pauvres, dit-il (*de l'Amour que l'on doit à ses propres enfants*, in fine) n'élèvent pas leurs enfants, c'est qu'ils craignent d'en faire de misérables esclaves, plus condamnés à l'ignorance qu'il ne convient et déshérités de tout ce qu'il y a de beau ; comme, à leurs yeux, la pauvreté est le plus grand mal, ils ne se sentent pas le courage de transmettre à leurs enfants l'héritage d'une si cruelle et si funeste maladie. » Mais il ne s'agit pas seulement du pauvre ; ces abandons, fréquemment suivis de mort, avaient lieu sous les prétextes les plus futiles de la part des riches. Dans le roman de Longus, les parents de Daphnis et de Chloé indiquent les motifs qui les ont poussés à les exposer : l'un, estimant que trois enfants lui suffisaient, avait fait porter le quatrième dans une caverne. « Mon dessein, ajoute-t-il, n'était pas de le reconnaître un jour en faisant mettre à côté de lui quelques ornements précieux ; c'était afin d'indemniser ceux qui voudraient bien lui rendre les derniers devoirs. » L'autre avait dépensé la plus grande partie de ses revenus en armements, en jeux publics, lorsqu'il lui naquit une fille ; n'espérant pas alors lui assurer un sort assez brillant, il l'abandonna dans la grotte des nymphes, avec l'espérance que le hasard et la protection de ces divinités

---

[1] Stobæi, LXXIV, p. 451.

[2] « La naissance de la fille ne remplissait pas l'objet du mariage, En effet, la fille ne pouvait pas continuer le culte, par la raison que, le jour où elle se mariait, elle renonçait à la famille et au culte de son père. La famille ne se continuait, comme culte, que par les mâles ; c'était donc le fils qui était attendu, qui était nécessaire, c'était lui que la famille, les ancêtres, le foyer réclamaient. » Fustel de Coulanges, *Cité antique*, liv. II, chap. III.

amèneraient la rencontre d'une personne disposée à se charger de son éducation [1].

Un autre roman de la même époque (IVᵉ siècle environ après l'ère chrétienne), celui d'Héliodore, montre l'héroïne, Chariclée, exposée à sa naissance, parce que, fille de la reine d'Éthiopie, elle était entièrement blanche et que sa mère craignait d'être accusée d'adultère pour cette cause [2].

Il paraît ressortir du reste de l'ensemble des faits que les pères dans leur pensée condamnaient généralement à mort, par voie de conséquence, les enfants qu'ils rejetaient, et que les mères, émues de pitié pour ce fruit de leurs entrailles, atténuaient cette mesure cruelle en changeant la nature de l'abandon, et en faisant choisir, à l'insu de leur mari, un lieu fréquenté où l'enfant pouvait être recueilli encore vivant; ne se préoccupant pas de ce qu'il deviendrait dans la suite, mais voulant avant tout lui conserver la] vie. La langue grecque avait même deux termes différents pour exprimer ces deux modes d'exposition [3].

Une scène de l'*Heautontimorumenos*, de Térence, peint parfaitement cette situation et, le prologue nous l'apprend, elle est tirée tout entière d'une comédie grecque. Le dia-

---

[1] Longus, lib. IV. On trouve dans ce même ouvrage la preuve de la fréquence des abandons et du peu d'étonnement qu'ils causaient. Le père de Daphnis, désirant retrouver le père de Chloé qui va épouser son fils, n'imagina rien de mieux que de convoquer à un grand festin tous les notables de la ville, et le « soir, lorsqu'on était prêt à sortir de table, et que l'on buvait la dernière coupe en l'honneur de Mercure, un serviteur apporta sur un plat d'argent les ajustements d'enfants que l'on avait trouvés à côté de Chloé et les montra de rang en rang à tous les convives. » Il s'agit, nous le savons bien, d'une scène de roman, mais encore fallait-il qu'elle fût rendue vraisemblable par les mœurs.

[2] Liv. II, chap. IX. Liv. IV. chap. III. Liv. X, chap. III.

[3] Il faut distinguer en effet entre ἔκθεσις et ἀπόθεσις. Ἔκθεσις c'est l'exposition de l'enfant dans un lieu où il peut être recueilli; ἀπόθεσις c'est l'abandon dans un lieu où il doit mourir. *Politique* d'Aristote, traduite par Barthélemy-Saint-Hilaire; in-8°, 1837, tome II, p. 110 en note.

logue est entre le père, Chrémès, et sa femme, Sostrate
(act. IV, sc. i.)

Sost. — Ah! mon mari.

Chrémès. — Ah! ma femme.

Sost. — Je vous cherchais.

Chrémès. — Parlez : que me voulez-vous?

Sost. Je vous prie d'abord d'être bien convaincu que je n'ai
osé rien faire contre vos ordres.

Chrémès. — Vous voulez que je croie cela, bien que cela soit
incroyable? Soit, je le crois.

Sost. — Vous rappelez-vous que, dans une de mes grossesses
vous m'avez formellement déclaré que si j'accouchais d'une fille,
vous ne vouliez pas qu'on l'élevât?

Chrémès. — Je devine ce que vous avez fait; vous l'avez élevée.

Sost. — Point du tout. Il y avait ici une vieille femme de
Corinthe, dont la conduite était honorable; je lui remis l'enfant
pour l'exposer.

Chrémès. — Juste ciel! quelle sottise... Vous auriez beau dire le
contraire, il n'en est pas moins certain que vous ne savez jamais
calculer ni ce que vous dites ni ce que vous faites. Avez-vous
montré assez de sottises dans cette seule affaire! D'abord et en
premier lieu, si vous aviez voulu mettre à exécution mes ordres,
il aurait fallu tuer cette enfant au lieu de prononcer contre elle
un arrêt de mort équivoque qui lui laissait en réalité l'espérance
d'être sauvée. Mais passons : la pitié, la tendresse maternelle...
passons encore. Vous avez fait vraiment un beau chef-d'œuvre de
prévoyance; voyons, quel a été votre but? vous avez livré pleinement votre fille à cette vieille, et vous avez été cause qu'elle a
trafiqué de ses charmes ou qu'elle l'a vendue à l'enchère. Voici,
j'imagine, votre raisonnement : « Tout ce qu'on voudra, pourvu
qu'elle vive? »

Sostrate remet enfin à son mari la bague qu'elle avait
déposée dans les langes de sa fille et qui vient d'être re-
trouvée en la possession d'une jeune personne qu'elle a
rencontrée par hasard aux bains; comme Chrémès consent
à ce qu'on fasse des recherches au sujet de cette affaire,
elle s'écrie : « Quel changement inespéré! je craignais
bien, insensée que j'étais, de vous trouver aussi inexorable
qu'autrefois! » et Chrémès répond : « L'homme n'est pas
toujours ce qu'il veut être; les circonstances l'en empê-

chent souvent. Aujourd'hui je me trouve en position de désirer une fille, je ne désirais rien moins alors. »

Ces paroles que Térence met dans la bouche du père :

Nempe anui illi prodita abs te filia est planissime;
Per te vel uti quæstum faceret, vel uti veniret palam.

indiquent bien dans leur concision le sort trop fréquent des enfants exposés; la mort, la prostitution ou l'esclavage constituaient les alternatives cruelles qui les attendaient. Il était peu fréquent en effet de les voir recueillir dans une autre vue, sinon pour les cas exceptionnels où l'on désirait opérer une substitution d'enfant ou une simulation de grossesse [1].

« J'avais fait présent de cet enfant, dit une femme dans la *Cistellaria* de Plaute (act. Iᵉʳ, sc. ii), à une courtisane de mes amies, qui m'avait souvent priée de lui donner un petit garçon ou une petite fille, quand j'en trouverais, afin de l'adopter. Aussitôt que l'occasion s'est présentée, je me suis empressée de satisfaire à son désir. Lorsqu'elle eut reçu cet enfant de mes mains, elle se mit à en accoucher sans le secours d'une sage-femme, sans souffrances, ne voulant pas imiter celles qui feignent de grandes douleurs en pareilles circonstances... »

Ces abandons étaient, au dire des historiens, prohibés en une seule contrée de la Grèce, chez les Thébains. « Là, si le père était très pauvre, il devait prendre l'enfant, garçon ou fille, aussitôt après sa naissance, et le porter, enveloppé de ses langes, chez les magistrats. Ceux-ci le recevaient et le donnaient pour une somme modique à quelque citoyen, qui se chargeait de le nourrir, par un acte solennel portant expressément que l'enfant devenu grand le servirait, afin que les services qu'il lui rendrait ainsi dans l'avenir compensassent la nourriture qu'il lui fournirait dans sa jeunesse [2]. »

[1] Voir au sujet de ces expositions et substitutions : Plaute, *Cistellaria*, act. II et III; *Turculentus*, act. I, sc. ii et v. Térence, *Andria*, passim *Hecyra*, sc. iii. Eurip. trag. *Jon.* Aristophane, etc.
[2] Ælian. *Hist. var.* II, cap. vii.

Cette vente publique de l'enfant était ainsi entourée de certaines garanties. A Athènes, au contraire, les parents avaient, à l'origine, le droit absolu de vente sans aucune restriction; ce fut Solon, suivant Plutarque, qui leur enleva cette faculté [1] en la restreignant à certains cas déterminés : *Ne liceat*, dit le législateur, *filias sororesque vendere, nisi quæ in stupro deprehensa fuerit* [2].

§ 5. — ENFANTS RÉDUITS EN ESCLAVAGE.

En dehors même de l'abandon, l'enfance était soumise dans le monde grec à des dangers d'une autre nature, qu'il est nécessaire de résumer brièvement pour compléter ce tableau.

Le massacre des hommes, l'incendie des maisons, la captivité des enfants et des femmes, tels étaient la coutume et le droit commun lors de la prise des villes ennemies, et on rencontrait rarement des citoyens compatissants tels que Bias qui, ayant racheté de jeunes Messéniennes captives, les éleva comme ses filles, les dota et les renvoya en leur pays [3].

La piraterie s'exerçait continuellement aussi sur les côtes helléniques, en vue du butin et du recrutement des marchés d'esclaves; et de plus, au sein même des villes, une classe de voleurs désignés sous le nom d'andrapodistes se livraient au métier odieux de ravisseurs d'enfants, principalement dans la confusion des jeux et

---

[1] Plut., *Vie de Solon*, XXXI.

[2] Dans cette scène si connue de la comédie des *Acharniens*. Lorsque le Mégarien vend ses filles, et dit : « Tu auras l'une pour une botte d'ail, et l'autre pour une mesure de sel, » s'écriant ensuite, le marché conclu : « Voilà qui va bien. Mercure, dieu du gain, fais que je vende aussi ma femme et ma mère. » Aristophane n'a certainement pas l'intention de prendre des usages ordinaires de la vie, il veut seulement montrer, par des traits saisissants, l'excessive misère à laquelle la guerre du Péloponèse avait réduit les populations. Toute sa pièce est un plaidoyer en faveur de la paix.

[3] Diog. Laerce, I. v. 82. Wallon, *De l'esclavage*, 2e édit. tome I, liv. Ier, chap. v, p. 166.

des fêtes. Des lois furent rendues à ce sujet, et dans la capitale de l'Attique le tribunal des onze avait au nombre de ses attributions le soin de rechercher et de punir ce crime; afin d'en arrêter les suites, il était permis d'intervenir judiciairement au nom des personnes entraînées de cette manière en esclavage pour leur assurer une liberté provisoire [1].

§ 6. — DES SECOURS ET DE LA PROTECTION
ACCORDÉS AUX ORPHELINS.

Au milieu de ces périls sans nombre qui menaçaient de toute part l'enfance et la jeunesse, on aimerait à rencontrer des institutions chargées de venir en aide à ces victimes de la cruauté de leurs parents ou des caprices de la force; malheureusement ces institutions ne paraissent pas avoir existé en Grèce; on n'en trouve aucune trace dans les documents de toute nature que nous a légués l'antiquité.

La législation ne s'occupait que des enfants légitimes, comptant au nombre des citoyens, maintenus dans leur famille, et devenus orphelins; elle leur nommait alors des tuteurs chargés de défendre leurs intérêts [2]. A Athènes, on élevait même jusqu'à dix-huit ans les enfants des citoyens morts à la guerre; l'État les faisait instruire et leur allouait un équipement complet; encore Bœck remarque-t-il que

---

[1] Wallon, *ut suprà*, p. 169.

[2] « L'inscription de Munychie découverte récemment au Pirée, dit M. Egger (*Journal des savants*, année 1873, p. 333 et suivantes), est un document important remontant à 306 ans avant Jésus-Christ. M. Caillemer en a fait avec raison la base principale de ses recherches; sur le contrat de louage; il y rattache fort heureusement, à propos de la location des biens des pupilles, les textes de deux bornes hypothécaires d'origine attique qu'il traduit ainsi : Borne du champ et de la maison, gage pour le fils orphelin de Diogiton de Probalinthe... Il y a une autre inscription remontant à 302 ans avant Jésus-Christ, que l'on peut traduire : « Sous l'archontat de Nicoclès, borne des terrains de la maison et de l'eau, appartenant aux deux parts des terrains, gage pour les enfants orphelins de Charias, fils d'Isotélès, Charippus et Charrias. Voilà, ajoute l'éminent historien, un témoignage de plus de la sollicitude des législateurs pour le droit des orphelins. » Mais on peut ajouter des orphelins ayant droit de cité.

cette adoption par la République était spéciale à cette partie de la péninsule, car la compassion ne formait nullement une vertu des Grecs [1].

On s'occupait plus de l'instruction de la jeunesse libre, et au nombre des inscriptions trouvées à Delphes, figure une libéralité de 18,000 drachmes consenties dans ce but par Attale II de Pergame, qui régna de 159 à 136 avant l'ère chrétienne.

Un décret fut rendu par la ville pour perpétuer ce don et en régler l'emploi [2]. Rien dans cette disposition généreuse ne se rattache à l'assistance proprement dite ; elle paraît plutôt rentrer dans cet ensemble de sacrifices pécuniers faits aux derniers siècles en faveur de l'instruction, et qui ont alors donné naissance à ces éphébies, sortes de collèges où l'éducation était fort variée. Allons-nous découvrir du moins, chez les grands génies auxquels cette terre privilégiée a donné naissance, la défense de l'enfance abandonnée ? C'est ce qu'il reste à examiner.

§ 7. — DU SORT DE L'ENFANCE SELON PLATON ET ARISTOTE.

Toutes les fois que dans une nation on rencontre des coutumes barbares, affligeantes pour le cœur, c'est un soulagement que de voir des hommes appartenant à cette nation s'élever au-dessus des préjugés vulgaires de leur temps, devancer la marche de la civilisation, et protester par la parole et par l'exemple contre des préjugés qu'ils ne peuvent déraciner encore, il est vrai, mais que leur conduite courageuse contribue du moins à ébranler.

On devrait donc s'attendre à trouver dans les œuvres de Platon et d'Aristote, au moment le plus glorieux de la puissance hellénique, alors que le sol était couvert de ces monuments, de ces statues qui forcent notre admiration, une revendication vivante, des droits de l'humanité outra-

---

[1] Bœck, *Economie politique des Athéniens*, tome Ier, chap. XVII, p. 359.

[2] *Bulletin de correspondance hellénique*, VII, VIII, 5e année, juillet à décembre 1881, p. 157 et suivantes.

gée par ces avortements, ces infanticides légaux, ces expositions sans nombre, ces ventes d'enfants libres, conduits à la honte et à l'esclavage. Malheureusement ces revendications n'ont pas eu lieu.

Platon, dans sa république idéale, place au premier rang des prescriptions la limitation du nombre des enfants, pour éviter les incommodités de la pauvreté ou de la guerre [1]. Afin d'obtenir la plus grande quantité possible d'enfants forts et vigoureux, il veut que les femmes soient communes, et que les magistrats, suivant les principes adoptés pour l'élevage des chiens de chasse, « veillent à ce que les rapports des sujets d'élite de l'un ou de l'autre sexe soient très fréquents, et ceux des sujets inférieurs très rares » ; de plus, « selon lui, il faut élever les enfants des premiers et non ceux des seconds, si on veut que le troupeau ne dégénère point. (*Rep.* liv. V.) Plus loin, il limite l'âge pendant lequel les hommes et les femmes pourront fournir des enfants à la patrie. Tout enfant né en dehors des conditions fixées sera exposé.

Dans les *Lois* (lib. VI), où cependant Platon suit moins les rêves de son imagination et se rapproche des lois de son temps, nous trouvons encore comme prescriptions la séparation légale des époux dont l'union est stérile et une surveillance constante ordonnée sur les rapports les plus intimes des maris et femmes, toujours en vue de favoriser la naissance de rejetons bien constitués [2]. Telle est la thèse dans toute sa brutalité ; elle dépasse de beaucoup la pratique ; il ne faudrait pas cependant en tirer des conclusions excessives contre son auteur. Ainsi que l'a parfaitement dit M. Nourrisson [3] : « Trompé par sa haine de la démocratie athénienne et par son engouement pour Lacédémone, abusé par ses propres conceptions, Platon n'a-t-il pas rêvé, célébré une promiscuité monstrueuse, où la propriété serait supprimée, la pu-

[1] *Rep.* lib. II.
[2] Voir aussi Platon, *Théétète* et *Timée*, passim.
[3] Tableau des progrès de la pensée humaine, depuis Thalès jusqu'à Hégel, 4e édition, 1867, p. 71 et 72.

deur proscrite, le meurtre des enfants nés infirmes érigé en
loi, la vie humaine odieusement réglementée dans ses détails
les plus secrets, toute une nation assimilée à un bétail? »

« On ne saurait nier, continue M. Nourrisson, que ce plan
de république ne semble conseillé par Platon; néanmoins,
si on va jusqu'au bout de sa pensée et qu'on lise le contexte
de ses écrits, on ne tarde pas à décharger d'une grande partie de cette imputation flétrissante, l'auteur de la *République* et des *Lois* : car, en se complaisant dans le roman
d'une communauté imaginaire, que se propose Platon, si
ce n'est d'établir avec insistance que la prospérité d'un État
a pour condition l'unité de l'Etat, et que l'unité de l'État dépend de l'unité des intérêts de ceux qui le composent...
Tels sont les principes en soi excellents qu'il exagère jusqu'à
l'hyperbole. »

Il est bien certain en effet, que Platon n'a voulu faire qu'un
roman, que ses contemporains tournaient même en dérision à cause de cette exagération dans les couleurs; mais
il n'en est pas moins vrai que l'idéal du grand philosophe
est un idéal grec, composé d'éléments grecs, et surtout
d'éléments doriques. C'est le gouvernement de Lacédémone[1]
et de Crète idéalisé[1]; il n'a donc pas su avec tout son
génie réagir contre les étranges coutumes de son temps,
et elles ont laissé dans ses écrits une empreinte profonde,
alors que, sur d'autres points, il savait s'élever aux plus
sublimes conceptions de l'esprit.

Un reproche analogue peut être fait à son disciple Aristote; il a moins que Platon, mais trop encore pour la vérité, sacrifié l'individu à l'Etat[2].

« Pour distinguer les enfants qu'il faut élever et ceux qu'il
faut abandonner, dit-il, il conviendra de défendre par une
loi de prendre soin de tous ceux qui naissent difformes ; et
quant au nombre des naissances, si les mœurs répugnent à
l'abandon complet et qu'au-delà du terme formellement
imposé à la population quelques mariages deviennent

---

[1] P. Janet, liv. 1er, chap. II, p. 148.
[2] P. Janet, *ut supra*, tome Ier, p. 251.

féconds, il faudra provoquer l'avortement avant que l'embryon ait reçu le sentiment et la vie.

Le crime ou l'innocence de cette action dépend absolument de cette condition [1]. »

Telles sont les opinions émises par Aristote. Plutarque lui-même, vivant à une époque plus rapprochée de nous, ne formule aucune thèse générale contre les mœurs ou les actes législatifs énumérés brièvement dans ce chapitre. A côté de passages fort beaux sur l'éducation intellectuelle de l'enfance, on le voit dans les vies de Lycurgue et de Solon approuver la promiscuité des femmes, et raconter, sans aucune protestation indignée, le meurtre juridique des enfants débiles.

Les philosophes et les grands génies étaient donc radicalement impuissants à défendre la vérité méconnue et la faiblesse outragée dans l'enfant et dans l'esclave; ainsi que le dit M. Van der Rest. « L'esprit froid et logique d'Aristote et l'âme ardente de Platon les menaient tous deux à une même solution, et les faisaient l'un et l'autre aboutir à une violation à peu près égale des droits de l'humanité. »

Voyons dans quelle mesure le monde Romain a su respecter ces droits sacrés, que la Grèce avait mis trop en oubli.

---

[1] Aristot. traduct. Barthélemy Saint-Hilaire, liv. VII, chap. xiv, § 10, tome II, p. 110 et 111.

CHAPITRE IV

LE MONDE ROMAIN

DE LA FONDATION DE ROME A CONSTANTIN

Un des caractères distinctifs du peuple romain est la consécration par les lois d'une puissance sans limites attribuée au père de famille sur ses enfants ; nous aurons donc à constater ici les conséquences légales de cette *patria potestas*, ces infanticides et ces abandons sans nombre tolérés ou encouragés même par la civilisation païenne, et enfin ces essais d'institutions de bienfaisance dus aux empereurs du IIe siècle.

§ 1er. — LA PATRIA POTESTAS.

L'existence de la puissance paternelle chez les Romains, son étendue, sont parfaitement connues, mais il est assez difficile de lui assigner un point de départ déterminé et un terme précis, résultant de textes de lois.

L'ancien droit romain était déjà obscur pour Cicéron, et nous sommes presque réduits, sur le sujet qui nous occupe, au témoignage de Denys d'Halicarnasse.

Dans le Latium, comme chez tous les peuples primitifs, le père avait, sans nul doute, le droit de vie et de mort sur ses enfants. Romulus imposa aux habitants de la ville qu'il venait de fonder l'obligation d'élever tous les enfants mâles et la première-née d'entre les filles, en défendant de mettre à mort aucun enfant âgé de moins de trois ans, excepté ceux qui au moment de la naissance étaient estropiés ou de véritables monstres. De plus, pour pouvoir rejeter ces enfants monstrueux, il fallait soumettre l'affaire à cinq de ses voisins et avoir leur approbation. Des peines pécuniaires ¦ étaient portées contre ceux qui n'obéissaient pas à ces prescriptions. (Denys d'Hal. II, 15.) Ce même législateur maintint cependant au père, pendant toute la vie de ses enfants, le pouvoir de les jeter en prison, de les flageller, de les retenir enchaînés aux travaux rustiques, de les vendre (II. 26, 27). Suivant les traditions, Numa aurait défendu toutefois d'user de cette faculté à l'égard des fils mariés.

Cette législation fut reproduite avec certaines modifications par les décemvirs. La table IVᵉ confère en effet des pouvoirs analogues aux chefs de famille. Seulement l'enfant monstrueux ou difforme doit être tué nécessairement aussitôt sa naissance, et, à l'égard du fils vendu, si l'acheteur l'émancipe, il faut une triple vente pour épuiser le droit paternel [2].

Denys d'Halicarnasse indique ce fait, confirmé par d'autres auteurs, que ce pouvoir paternel s'étendait jusque sur le citoyen occupant les plus hautes fonctions de la République, ou rendu célèbre par ses talents. Au point de vue des effets légaux, cette triple vente ne procurait l'émancipation du fils qu'en le dépouillant de l'héritage

[1] On trouve une allusion à cette prescription dans Cicéron, de Leg. III, 8; il fait dire à son frère, en parlant de la puissance des tribuns plébéiens :

« Nam mihi quidem pestifera videtur, quippe quæ in seditione et ad seditionem ñata sit; cujus primum ortum si recordari volumus, inter arma civium, et occupatis et obsessis urbis locis procreatum videmus. Deinde *quum esset cito ablegatus* (d'autres lisent : *necatus, letatus*), *tanquam ex XII tabulis insignis ad deformitatem puer*, brevi tempore recreatus, multoque tœtrior et fedior natus est. »

[2] Ulp. *Reg.* tit. X, 1. Gaius. *Inst.* c. I, § 132, c. IV, § 79.

Papinien se réfère à cette loi de Romulus qu'il appelle *lex regia* : « Cum patri lex regia dederit in filiam vitæ necisque potestatem. » *Mos. et Rom. legum collatio*, t. IV, VIII.

paternel et en lui infligeant la *capitis diminutio* [1], alors que le père conservait encore sur lui les droits du manumissor.

Il faut remarquer en outre que les enfants soumis à la *patria potestas* étaient ceux nés de *justæ nuptiæ ;* les autres ne pouvaient invoquer que la filiation maternelle, aux yeux de la loi civile ils n'avaient pas de père [2], mais en revanche la génération naturelle pouvait être remplacée par l'adoption et l'adrogation, actes faisant passer, comme on le sait, l'adopté au rang de fils, admis au foyer et à la religion privée de l'adoptant.

C'est toujours en effet au culte domestique qu'il faut demander le secret de cette organisation de la famille, ainsi que l'a fort bien fait ressortir M. Fustel de Coulanges [3]. « Grâce à la religion domestique, la famille était un petit corps organisé, une petite société qui avait son chef et son gouvernement. Dans cette antiquité le père n'est pas seulement l'homme fort qui protège et qui a aussi le pouvoir de se faire obéir : il est le prêtre, il est l'héritier du foyer, le continuateur des aïeux, la tige des descendants, le dépositaire des rites mystérieux du culte et des formules secrètes de la prière. Toute la religion réside en lui. »

Dans ces conditions l'expression de paterfamilias pouvait parfaitement s'appliquer à un homme sans enfants ou non marié : *Patresfamiliarum sunt,* dit Ulpien, *qui sunt suæ potestatis, sive puberes, sive impuberes.* (Dig. I, VI, 4.)

Ceci posé, on doit se demander à quelle époque a pris fin ce pouvoir du père comprenant notamment pour toute la durée de la vie de l'enfant les droits de vie et de mort, de vente même trans-tibérim, d'abandon noxal en réparation d'un préjudice causé. La question est difficile à ré-

---

[1] Gaius, c. I.

[2] Voir la savante dissertation de M. P. Gide, sur la condition de l'enfant naturel dans la législation romaine. (Acad. des sc. morales et politiques. Paris, 1880.)

[3] *La Cité antique,* liv. II, p. 96-97 de la 8e édition.

soudre. Au siècle dernier elle a été agitée par deux jurisconsultes de mérite, Gérard Noodt et Bynkershoek [1], qui ont
épuisé tous les arguments que l'on peut présenter sur ce
point. G. Noodt prétend que les empereurs Valentinien,
Valens et Gratien, en défendant l'exposition, furent les premiers qui enlevèrent au père le droit de tuer ses enfants;
le second auteur soutient au contraire que ces mesures res-
trictives de la *patria potestas* remontent aux règnes de Trajan, d'Adrien et d'Antonin le Pieux. Bouchaud, dans son
commentaire de la loi des XII tables, pense qu'il faut dans
cet ordre d'idée s'arrêter au règne d'Alexandre Sévère [2].

Il est vrai que nous trouvons au Digeste [3] un texte de
Papinien indiquant que Trajan força un père qui maltrai-
tait son fils à l'émanciper.

Suivant Marcianus [4], peu affirmatif du reste, Adrien relé-
gua dans une île un citoyen pour avoir tué à la chasse son
fils, accusé d'entretenir un commerce criminel avec sa
belle-mère.

Gaïus [5] fait honneur à Antonin le Pieux d'une constitution par laquelle quiconque avait tué sans motif son esclave était considéré comme ayant tué l'esclave d'autrui,
et tenu à la peine portée par la loi Cornélia *de Sicariis*; on
en tire un argument en faveur des enfants.

Alexandre, par une loi rapportée au Code (VIII. XLVII),
paraît d'un autre côté restreindre le pouvoir paternel au
droit de correction, et ordonner, dans le cas où les châtiments ne suffiraient pas pour ramener le fils à de bons
sentiments, de le conduire devant le gouverneur de la pro-

---

[1] Gerardi Noodt *Opera*. Julius Paulus, *sive de partus expositione et
nece apud veteres liber singularis*. Amica responsio ad difficultates
Julio Paulo nupermotas a viro amp. Cornelio van Bynkershoek...
Cornelii Bynkershoek *Opera*. Opusculum de jure occidendi, vendendi
et exponendi liberos apud veteres. — Romanos 15. Curæ secundæ de
jure occidendi et exponendi liberos ad virum clav. Ger. Noodt.

[2] Tome Ier, p. 463 et suivantes.

[3] Lib. XXXVII, titul. XII : si a parente quis manumissus sit.

[4] Lib. XLVIII, tit. IX : de lege Pompeia de parricidiis, 5.

[5] C. I, § 48-53.

vince, qui alors prononcerait la sentence que le père aurait dictée.

Bynkershoek s'appuie sur ces divers textes; mais ses adversaires lui répondent qu'en présence des termes si précis de la loi des XII tables et de son application certaine pendant de longs siècles, on est en droit d'exiger une abrogation formelle, et que cette abrogation n'existe pas dans la législation des empereurs païens.

Il nous paraît possible cependant de concilier ces diverses opinions en faisant une distinction.

La *patria potestas,* comportant le droit de vie et de mort, de vente, etc., s'appliquait, comme il a été dit, dès l'origine à l'enfant né de justes noces [1], quel que soit son âge; ce point est incontestable et nous en trouvons de nombreux exemples dans l'histoire romaine [2]; mais, plus tard, ce pouvoir exercé sur des citoyens parvenus à l'âge d'hommes pouvant être revêtus de dignités, parut exorbitant dans la pratique, et Sénèque rapporte [3] que, de son temps, un chevalier romain ayant fait périr son fils sous les verges fut poursuivi dans le forum à coups de stylet par les pères et les fils irrités et ne dut son salut qu'à l'autorité de César.

On peut donc admettre que, limitée en fait dans l'empire et notamment à dater des Antonins, par l'esprit public et les mœurs, la *patria potestas* ne conserva sa véritable force qu'à l'égard des enfants nouveau-nés, ou du moins encore fort jeunes, car il n'est pas douteux que l'exposition et la vente de ces enfants durèrent jusqu'aux empereurs chrétiens, puisque Constantin en fit l'objet d'une de ses lois permettant la vente des enfants *sanguinolenti.* C'est ce côté de la question qu'il convient d'étudier en nous appuyant exclusivement sur des auteurs païens dont on ne peut contester les témoignages.

---

[1] Gaius, c. I, § 55.

[2] Valer. Max. V, VIII, 2. Sallust. *Catil.* 39. Senec. *de Clement.* XV. Plutarque (*Vie de Publicola,* XI) dit que Brutus condamna son fils, non comme consul, mais comme père.

[3] Senec. *de Clement.* I, XIV.

§ 2. — DE L'AVORTEMENT ET DE L'INFANTICIDE LÉGAL.

Avant de commencer l'étude des crimes commis si souvent dans la Rome républicaine ou impériale contre l'enfance, on doit constater d'abord que toutes les grandes villes sont souillées par des faits de même nature et que nos cités sont loin d'en être exemptes.

D'un autre côté il serait injuste d'attribuer à toute une population les mœurs flétries avec tant de verve par Ovide, Martial, Juvénal. Il faut faire aussi la part de l'hyperbole familière aux poètes et aux poètes satiriques surtout [1]; mais après ces réserves il est permis de conclure de l'ensemble des documents que la pratique de l'avortement, de l'infanticide et de l'exposition désolait ces contrées et était sinon admise, du moins tolérée par les mœurs, alors que dans nos sociétés modernes il y a au-dessus des fautes commises par les individus une législation formelle et une conscience publique, réprouvant avec une égale énergie tout ce qui est accompli contre les préceptes de la morale et de l'humanité.

C'est ce criterium qui a manqué à la société antique où chacun pouvait dire avec la *Phèdre* d'Ovide :

Jupiter esse pium statuit, quodcumque juvaret [2],

alors qu'étant donnée la triste dépendance des esclaves beaucoup de citoyens étaient en droit de s'écrier en parlant de ces êtres asservis : *Memento omnia mihi et in omnes licere.* Paroles que Caligula appliquait à tout le peuple romain [3].

De plus, en raison du développement sans limites des jeux du cirque, à Rome aussi bien que dans les provinces,

---

[1] « Juvénal parla peut-être avec d'autant plus de passion qu'il s'était plus longtemps contenu. » (Martha, *des Moralistes sous l'empire romain*, p. 321.)

[2] Ovid. *Héroïd.* epist. IV.

[3] Suet. *Calig.* XXIX.

les esprits s'accoutumaient à la vue du sang, se familiarisaient avec des scènes cruelles ; et cet endurcissement de toute une nation ne pouvait que favoriser les coutumes les plus barbares, surtout si l'on y joint un dérèglement universel des mœurs [1]; dérèglement à la ville et même à la campagne.

En restant dans le sujet qui nous occupe, combien la vie de l'enfant comptait peu alors! « Qu'un petit enfant meure, lit-on dans les *Tusculanes*, on s'en console. Qu'il en meure un au berceau, on n'y songe seulement pas. *Si vero in cunis, ne querendum quidem* [2].

Quant au fœtus, les anciens avaient bien en droit la formule *infans conceptus pro nato habetur quoties de commodis ejus interest;* mais en théorie les philosophes ne considéraient guère l'enfant comme recevant la vie qu'au moment de la naissance ; de là l'abus des pratiques abortives encouragées par l'indifférence générale.

Juvénal reproche aux femmes riches de ne plus vouloir devenir mères, tant on connaît de médicaments pour empêcher les grossesses [3], et Ovide nous montre les nourrices chargées trop souvent de procurer les avortements au moyen de breuvage [4].

Les femmes avaient recours à ces pratiques criminelles pour faire disparaître la preuve de relations coupables [5], ou afin de ne pas subir les fatigues de la maternité.

---

[1] Horace, *Od.* III, 11.

> Fecunda culpæ sæcula nuptias
> Primum inquinavere, et genus, et domos :
> Hoc fonte derivata clades
> In patriam populumque fluxit.

Friendlander, tout en constatant que l'on a visé à l'effet, en parlant de la mauvaise conduite des femmes, ajoute qu'il faut conclure cependant à des progrès alarmants de la corruption. (*Des Mœurs romaines sous les Antonins*, trad. Vogel, tome Ier, p. 374).

[2] Cicér. *Tuscul.* I, xxxiv.

[3] Juven. *Sat.* vi. Plin. *Hist. nat.*, lib. XXIX, 27.

[4] Ovid. *Héroïd.* epist. xi.

[5] Ovid. *ut suprà*. Juv. *Sat.* ii, v. 32 et 33.

Sous le climat de l'Italie une fille nubile à douze ans était déjà vieille à vingt-cinq ou trente, et, en vue de conserver plus longtemps ses attraits, sa seule puissance dans une société où dominaient les idées matérialistes, elle ne reculait quelquefois devant aucune mesure. Pour maintenir, dit Ovide (*Nux.* v. 23 et 24), sa beauté, la femme ne craint pas de corrompre le germe de sa fécondité, et il en est peu dans notre siècle qui veuillent bien être mères. Et Sénèque, adressant ses consolations à Helvia, la félicite de n'avoir jamais étouffé dans ses entrailles les espérances, déjà conçues, de sa postérité [1].

Qui songerait à notre époque à donner un pareil éloge à une mère de famille?

Ovide s'indigne quelquefois contre ces excès, mais en s'attachant toujours à montrer aux femmes les dangers que leur font courir ces pratiques abortives.

> Sæpe, suos utero quæ necat, ipsa perit,
> Ipsa perit ferturque toro resoluta capillos,
> Et clamant *merito* qui modo cumque vident [2].

Est-ce ce *clamant merito* qui a fait affirmer à M. Denis [3], « que même dans les plus mauvais jours de l'empire l'avortement ne fut jamais autorisé par la conscience publique, quoique la coutume en fût assez répandue. »

Une coutume réprouvée par l'opinion n'aurait pu prendre un tel développement.

Qu'attendre du reste d'une société d'où la pudeur et la foi conjugales étaient souvent absentes? « Quelle femme rougit aujourd'hui d'être répudiée, écrit Sénèque, depuis qu'il se trouve des matrones nobles et illustres qui comptent leurs années non par le nombre des consuls, mais par celui de leurs maris; qui divorcent pour se marier, se marient pour divorcer? On a redouté ce scandale aussi longtemps qu'il a été rare. Mais depuis qu'aucune de nos audiences ne

---

[1] Sen. consol ad Helviam, xvi.
[2] Ovid. *Amor.* lib. II, eleg. xiv.
[3] Denis, *ut suprà*, tome II, p. 7.

se passe sans un divorce, à force d'en entendre parler, on a appris à en user... La chasteté n'est plus qu'une preuve de laideur [1]. »

On dira il est vrai que ces sanglants reproches s'appliquent principalement à Rome ; mais lorsqu'une capitale est aussi corrompue, le mal envahit rapidement les provinces ; nous avons des exemples frappants de cette triste vérité dans les combats de gladiateurs qui n'ont pas tardé à se propager jusque chez les Gaulois à peine conquis, et antérieurement sous la République, vers l'an 180 avant l'ère chrétienne, lors de la fameuse répression des bacchanales, le consul Posthumius est obligé de constater que ces honteuses débauches avaient des sectateurs dans toute l'Italie. « Cette lèpre hideuse aurait même, au dire de Tite-Live, passé de l'Etrurie à Rome [2]. »

D'un autre côté il y avait pour le citoyen tant d'avantages à rester sans enfants légitimes que la tentation était grande [3]. « On gagne, dit Sénèque, à voir mourir ses enfants, plus de crédit que l'on n'en perd. Autrefois, c'était la ruine d'un vieillard que de rester seul ; maintenant c'est un si beau titre à la puissance, que l'on en voit feindre de la haine contre leur fils, désavouer leurs enfants et vider leurs maisons par le crime. »

Mais que l'on ait ou non essayé de contrarier l'œuvre de la nature, l'enfant est né :

> Ah ! nimium vivax admotis restitit infans
> Artibus, et tecto tutus ab hoste fuit [4].

Ici se présente la question de l'infanticide, et il faut distinguer entre l'infanticide légal et celui abandonné à la volonté des parents.

Nous avons vu que la loi des XII tables enjoignait de faire disparaître au plus vite les enfants mal conformés ou

---

[1] Senec. *de Benif.* III, XVI.
[2] Tit. Liv. liv. XXXIX, 8-20.
[3] Consul ad Marc. XIX. Plin. jun. lib. IV, epist. XV.
[4] Ovid. *Héroïd.* epist. XI.

monstrueux. Cette pratique se perpétua et les auteurs nous en fournissent de nombreux exemples, et encore faut-il admettre que ces historiens ne parlent que par hasard d'une coutume générale et qui n'excitait aucun étonnement. Lorsque la famille n'avait pas sacrifié l'enfant à sa naissance, l'autorité religieuse ou civile se chargeait de l'exécution pour le salut de tous, écartant ainsi des présages considérés comme funestes [1].

Sénèque écrit à ce sujet [2] : « Nous assommons les chiens enragés ; nous tuons les taureaux farouches et indomptables ; nous égorgeons les brebis malades de peur qu'elles n'infectent le troupeau ; nous étouffons les enfantements monstrueux ; même les enfants, s'ils sont débiles et difformes, nous les noyons. Ce n'est pas de la colère, mais de la raison, que de séparer de parties saines celles qui peuvent les corrompre. »

Quelquefois, au lieu de noyer ces enfants, on les brûlait [3].

Un fait rapporté par Suétone montre du reste jusqu'où pouvaient s'étendre ces infanticides légaux. Sous César, le Sénat, effrayé d'un prodige qui lui paraissait signifier que la nature était en travail d'un roi pour le peuple romain, défendit d'élever les enfants qui naîtraient dans l'année, et, ajoute l'historien, l'intérêt seul des pères dont les femmes étaient enceintes et qui espéraient tous donner le jour à ce roi empêcha que ce sénatusconsulte fût porté aux archives et reçût force exécutoire [4].

En dehors de ces circonstances particulières où la loi agissait par elle-même, le droit à l'infanticide rentrait dans les attributs de la *patria potestas* et se liait en quelque sorte avec l'exposition, car, ainsi que le remarque le jurisconsulte Julius Paulus : *necare videtur non tantum, is qui partum perfo-*

---

[1] Tit. Liv. XXVII, c. xxxvii; XXXIX, c. xxii. Tacit. *Hist.* etc.

[2] Sen., *de Irâ*, I, xv.

[3] Tib. *Eleg.* Lucan. *Pharsal.*, I, v. 589.

[4] Suet. in *Octav.* xciv.

cat, sed et is qui abjicit; et qui alimonia denegat; et is qui
publicis locis, misericordiæ causa exponit, quam ipse non
habet [1].

§ 3. — DE L'EXPOSITION DES ENFANTS.

« Dans les unions légitimes, dit M. Duruy [2], la puissance du
père saisit l'enfant au sortir du sein maternel. Le nouveau-
né est étendu aux pieds de son juge. S'il est relevé, c'est-
à-dire reconnu, il vivra; s'il est laissé à terre, c'est que le
père le rejette [3]. Alors on l'emporte et on le dépose à quelque carrefour où il ne tarde pas à mourir, à moins qu'un
marchand d'esclaves ne recueille le pauvre délaissé pour
l'élever et le vendre un jour. En l'absence du père de
famille, le jugement est suspendu jusqu'à son retour et on
nourrit provisoirement le nouveau-né. » Quelquefois le père
donnait ses intructions avant de partir, en ordonnant de ne
garder l'enfant que si c'était un fils :

Pater peregre proficiscens mandavit uxori suæ ut si sexus
sequioris edidisset fœtum... necaretur [4].

Cette pratique de l'exposition se liait en quelque sorte
aux origines mêmes du peuple romain, puisque, suivant la
légende, Rémus et Romulus avaient été abandonnés par
ordre de leur oncle [5], et il en est fait constamment mention
dans les historiens et les poètes.

En Italie, ainsi qu'en Grèce, ces abandons avaient lieu
parce que le père soupçonnait, à tort ou à raison, sa femme
d'adultère [6]; pour éviter les charges d'une famille trop
nombreuse, etc.

A Rome, on déposait principalement les nouveau-nés

---

[1] Dig. XXV, III, 4.
[2] Duruy, *Hist. des Romains*, tome V, p. 7.
[3] Sur cette expression *tollere puerum*, voir : Terent. *Andrien*, Plaut.
Amph. I, sc. III. Juven. *Sat.* v. Cicero, *passim*.
[4] Apul. *Metam.* X. Ovid. *Metam.* IX, 9.
[5] Tit. Liv. I. (3-4.)
[6] Suet. *Claud.* XXVII.

autour du lac Vélabre près de l'Aventin [1], ou à la colonne *Lactaria* dans le marché aux herbes [2]. Il est bien évident que l'exposition s'appliquait aux enfants, qu'ils fussent ou non issus de justes noces, l'arbitraire des parents étant sanctionné par la loi, la coutume ou les mœurs.

Le plus souvent, ces pauvres petits êtres, garçons et filles, étaient réservés, par ceux qui les élevaient, à la prostitution ou aux écoles de gladiateurs; d'autres fois ils servaient à ces substitutions ou suppositions dont parlent Plaute et Térence. On se rappelle à ce sujet les vers si connus de Juvénal [3].

Enfin, s'il faut en croire Horace [4], ces enfants devenaient les victimes des enchantements de prétendues sorcières, et, étant donné le caractère superstitieux des Romains, il est à craindre que ces scènes épouvantables aient existé dans la réalité et ne soient pas de simples fictions, filles de l'imagination du poète; nous avons sur ce point, comme il a été dit au chapitre premier, l'indication des documents démotiques.

D'un autre côté, Sénèque le rhéteur nous montre des hommes cruels, torturant les membres débiles de ces abandonnés [5]; mais il ne faut pas oublier que ses récits ne sont que des amplifications de rhétorique sur un sujet déterminé, et que tout ayant un fonds de vérité, ils ne peuvent passer pour une page d'histoire.

Les auteurs font honneur à Domitien d'avoir interdit par une loi de rendre les enfants eunuques :

Ne faceret steriles sæva libido viros [6].

Que pouvait cette défense, étant données les mœurs du peuple et de ses princes?

---

[1] Ovid. *Fast.* vi, v. 395 et seq.
[2] Festus, *de Verborum significatione.*
[3] Juv. sat. vi *Mulieres*, v. 602-609.
[4] Horat. V. *in Canidiam.* Juvénal, vi, v. 551.
[5] Senec. *Controv.* lib. V. 33.
[6] Voir Suetonius. *Domit.* vii ; *Mart.* ix, 9. Amm. Marcel. xviii. 4. Stat. *Sylv.* iii, 4 ; iv, 3.

Ces expositions fréquentes, jointes aux autres causes déjà énumérées, arrêtaient tellement les progrès de la population que l'on se crut obligé de recourir à des mesures législatives, et on sait le peu de résultats qu'obtint Auguste par ses lois écrites partout, excepté dans les cœurs [1], et qui, en vue de favoriser l'accroissement du nombre des citoyens, outrageaient la morale, loin de la réformer. Trois enfants nés hors mariage donnaient à la femme latine la cité romaine, par suite le droit aux distributions. « C'était, ajoute M. Duruy [2], encourager la prostitution; mais les anciens n'avaient pas toujours nos délicatesses de sentiment, et les empereurs voulaient, par tous les moyens, recruter cette classe des hommes libres qui diminuait tous les jours. » Il nous faudra arriver aux empereurs chrétiens pour voir prohiber ces expositions, se changeant trop souvent en arrêts de mort, ainsi que nous l'avons vu constater par le jurisconsulte Julius Paulus, réprouvant déjà il est vrai sous Sévère et Caracalla ces mesures cruelles, mais parlant au nom de l'humanité et non appuyé sur des textes de lois, ainsi que l'a parfaitement démontré Gérard Noodt dans son savant commentaire. Ce serait cependant méconnaître les bons sentiments qui, au milieu de la plus grande dépravation, subsistent toujours à l'état d'exception plus ou moins grande, que de ne pas admettre que ces délaissés rencontraient quelquefois des cœurs compatissants les élevant comme leurs propres enfants. Épictète, qui vivait seul, prit à son service une pauvre femme pour confier à ses soins un enfant abandonné qu'il avait recueilli [3], et des inscriptions romaines parvenues jusqu'à nous contiennent l'expression de la douleur de *nutritores* ayant perdu leurs *alumni* ou bien d'*alumni* témoignant leur gratitude à leurs bienfaiteurs [4] (nos 2799-4847).

---

[1] Dion. Cassius, liv. VI.
[2] Duruy, *Hist. des Romains*, V, p. 9.
[3] C. Martha, *les Moralistes sous l'empire romain*, p. 195.
[4] Orellius, *Inscript. latin. coll.* supp. G. Henzen, 3 vol. in-8°, Turici 1838-1856.

D'autres recommandent à leur héritier d'affranchir l'enfant qu'ils ont élevé (n° 4359).

Des inscriptions sont faites à la mémoire d'*alumni* de quelques années seulement (Vixit ann. II m. IIII d. XII h. VII) (n°ˢ 4673-2798).

On est en droit de se demander cependant si ces témoignages en faveur d'un *alumnus dulcissimus*, d'un *alumnus domino dilectus*, d'une *alumna asiatica* etc. étaient toujours dus à une affection pure. En présence des mœurs romaines, ce doute peut parfaitement être exprimé.

§ 4. — ASSISTANCE DONNÉE A L'ENFANCE SOUS LES EMPEREURS PAÏENS.

Les Romains s'occupaient fort peu des pauvres ; les riches pratiquaient en général ces maximes d'un personnage de Plaute :

De mendico male meretur, qui ei dat quod edit aut quod bibat;
Nam et illud quod dat, perdit, et illi producit vitam ad miseriam [1].

et, sauf d'heureuses inconséquences, les historiens et les philosophes professaient trop souvent les mêmes principes.

Il avait fallu cependant à la fin de la République donner du pain à la multitude affamée et qui ne voulait pas chercher dans le travail des champs un remède à sa misère. Rome n'était plus alors peuplée de vrais Romains, mais d'affranchis, de fils d'étrangers, d'intrigants de toutes nations, et un jour qu'ils interrompaient Scipion Émilien par leurs clameurs, celui-ci avait pu leur dire avec une noble fierté : « Vous ne ferez pas que je craigne, une fois libres, ceux que j'ai amenés à Rome chargés de fer. [2] »

Tout ce peuple pouvait donc faire courir des dangers à l'État ; aussi avait-on institué les distributions de blé et de vivres pour nourrir les corps et les combats de gladiateurs pour occuper les esprits. Ainsi que le remarque

[1] Plaut. *Trinummus*, act. II, sc. II.
[2] Valer. Max. VI, II, 3. Aur. Victor. *De Vir. ill.*, 58.

M. Naudet, « en récapitulant les faits qui concernent les secours publics chez les Romains pendant les sept premiers siècles, on voit le Sénat, dans toutes les mesures qu'il prend, ne se déterminer que par les calculs de son intérêt ou par le mouvement de la peur, jamais par un sentiment de compassion et de générosité [1] ».

Les Césars, une fois entrés dans cette voie fatale, se trouvèrent impuissants à enrayer le mouvement ; tout se borna à des réductions partielles du nombre des ayants droit aux distributions ; faibles barrières renversées presque aussitôt par la cupidité croissante de la foule. Nous n'avons pas à examiner le détail de ces prodigalités, il suffit de constater qu'habituellement elles ne s'appliquaient ni aux femmes ni aux enfants.

Suétone fait cependant remarquer qu'Auguste n'excluait quelquefois pas des congiaires les enfants du plus bas âge, quoique la coutume fût de ne les y comprendre qu'à partir de onze ans [2] ; cette largesse rentrait dans son système de favoriser à tout prix l'accroissement de la population.

Quant aux enfants trouvés proprement dits, il n'était rien fait pour eux ; une correspondance fort curieuse échangée entre Pline et Trajan éclaire ce point important d'une vive lumière.

Pline le Jeune avait un esprit droit, un cœur généreux, et de son temps, suivant la remarque si juste de M. Villemain, « l'empreinte du christianisme était déjà sur le monde [3] ; » ceux même qui persécutaient ses disciples en subissaient malgré eux la bienfaisante influence. Aussi, nommé gouverneur de la Bithynie, écrit-il à l'empereur au sujet de la conduite à tenir vis-à-vis des enfants exposés réduits en esclavage par ceux qui les recueillaient [4], même ceux de naissance libre, par suite de l'impossibilité où ils

[1] Des secours publics chez les Romains, Mém. acad. inscript. et b. lettres, tome XIII.

[2] Suet. Oct. Augustus, XLI.

[3] Mélanges, tome III, p. 279.

étaient généralement de faire constater, une fois arrivés
à l'âge d'homme, leur origine libre.

« Comme je n'ai trouvé, dit-il, dans les constitutions de
vos prédécesseurs, aucune décision sur ce sujet, ni particulière pour ma province, ni même générale, j'ai cru devoir
la chercher dans vos ordres ; car je ne pense pas qu'il me
soit permis de me gouverner par des exemples dans ce qui
ne doit être réglé que par votre autorité. »

Trajan répond : « On a souvent traité la question qui
regarde les enfants nés libres, exposés, recueillis ensuite et
élevés dans l'esclavage. Mais parmi les constitutions de mes
prédécesseurs il ne s'en trouve aucune sur ce sujet qui soit
générale pour toutes les provinces. Il est vrai que l'on voit
des lettres de Domitius à Avidius Nigrinus et à Arménius
Brocchus, sur lesquelles on pourrait peut-être se régler.....
Je ne crois donc pas, ni que l'on doive refuser la liberté à
ceux qui la réclameront sur un tel fondement, ni qu'on les
puisse obliger à la racheter par le remboursement des
aliments qu'on leur aura fournis. » Cette mesure marque
un réel progrès dans les mœurs ; c'est à ce règne de
Trajan que paraît remonter également une institution con-
tinuée par ses successeurs et qu'il faut étudier avec quelque
détail ; nous voulons parler des *tabulæ alimentariæ*.

Un peu avant sa mort, Nerva avait songé à aider les
parents pauvres, de condition libre, à élever leurs enfants [1].
Trajan reprit ce dessein. Nous savons par Pline [2] qu'à
Rome il y avait 5,000 enfants, de condition libre également,
que la munificence de ce prince avait adoptés et qui étaient
élevés aux frais de l'État pour en être l'appui dans la guerre,
l'ornement dans la paix.

Ces données un peu vagues de l'admirateur de Trajan
ont été complétées par la découverte aux environs de Plaisance, en 1747, d'une longue inscription relative à ce mode
d'assistance ; depuis, on a retrouvé d'autres *tabulæ alimenta-*

---

[1] Inscript. ap. Orelli, n° 784. Aur. Victor, epist. XII 4.
[2] Paneg. XXVIII.

riæ et des médailles dans diverses parties de l'Italie, jusque
dans les Abruzzes, et ce point de l'histoire est parfaitement
fixé à l'heure actuelle. Il est facile d'en retracer avec certitude les lignes principales, d'après le savant mémoire
publié en 1854 par M. Ernest Desjardins [1]. Voici les bases
de ces fondations :

« L'empereur prêtait à un faible intérêt (5 0/0 à Veleia,
2 1/2 0/0 dans la colonie des Ligures-bébiens) un capital
considérable à des propriétaires de telle ou telle cité.
Ceux-ci, en retour, hypothéquaient leur domaine pour une
valeur égale à la somme prêtée, ayant soin de déclarer les
hypothèques antérieures, et donnant en outre l'estimation
d'ensemble et celle du détail des terres, afin que cette valeur, étant de beaucoup supérieure à la portion hypothé-
quée, le capital de l'empereur fût à couvert. Cela fait, les
propriétaires versaient le revenu de la somme prêtée, non
entre les mains de l'empereur, mais dans la caisse municipale, pour qu'elle fût appliquée à l'entretien alimentaire
des enfants pauvres des deux sexes. Dans la table de Veleia,
Trajan prête 1,044,000 sesterces sur hypothèque à 51 propriétaires de fonds, dont l'estimation n'est pas moindre de
13 à 14 millions de sesterces; l'intérêt à 5 0/0 de la somme
prêtée, 52,000 sesterces, est consacré à l'alimentation de
300 enfants pauvres, dont 263 garçons légitimes, 35 filles
légitimes, 1 garçon et 1 fille illégitimes. »

L'empereur atteignait ainsi le double but de venir au
secours de la petite propriété et des enfants pauvres. Cette
institution s'étendait vraisemblablement sur beaucoup de
points de l'Italie, et il faut remarquer que ce subside était
destiné à fournir aux parents une aide dans l'éducation de
leur jeune famille et non à pourvoir entièrement aux besoins de celle-ci. Les garçons recevaient en effet par an
192 sesterces (48 francs environ), les filles 144 (36 francs);

---

[1] *De tabulis alimentariis disput. histor.*, in-4°, Durand 1854. Du
même auteur, article *Alimentarii pueri* dans le *Dict. des ant. grecques
et latines*, p. 182 et suiv.

les enfants naturels avaient moins : 144 et 120 sesterces [1]. Il est probable que ces fondations se trouvaient appliquées à un nombre déterminé de personnes à assister ; nombre qui ne variait pas, tant que de nouvelles libéralités n'étaient pas venues s'adjoindre à la première. On voit en effet de riches particuliers, parmi lesquels Pline le Jeune [2], suivre l'exemple du prince.

Cette institution se trouva développée par Adrien, qui en étendit le bienfait pour les garçons jusqu'à 18 ans et pour les filles jusqu'à 14 [3].

Antonin augmenta le nombre des filles assistées et leur donna le nom de sa femme Faustine [4]. Marc-Aurèle eut aussi ses *Faustinianœ* [5], et Alexandre-Sévère, en l'honneur de sa mère, des *Mammœanœ* et des *Mammœani* [6]. Vers cette époque, on voit apparaître des *quœstores alimentorum* et des *prœfecti alimentorum*, chargés probablement de veiller sur les distributions faites au peuple et sur les fondations spéciales en faveur des enfants ; fondations qui, supprimées en raison de la pénurie du Trésor public sous le règne de Pertinax [7], mais rétablies par ses successeurs, semblent avoir duré, bien qu'amoindries, jusque vers le règne de Dioclétien, disparaissant alors, comme tant d'autres institutions, au milieu des calamités qui fondirent sur l'Italie.

Reste à examiner la portée et le but des sacrifices pécuniaires accomplis ainsi par Trajan et les autres empereurs. Il faut d'abord remarquer que la somme attribuée pour chaque enfant fut toujours très modique, puisqu'elle ne paraît pas avoir dépassé 192 sesterces par an ; que, d'un

---

[1] Consulter sur ce point la belle dissertation de M. Duruy, *Hist. des Romains*, tome IV, p. 273 en note.

[2] Epist. VI.

[3] Digest. XXXIV, I, 14.

[4] Capitolinus, VIII. Puellas alimentarias in honorem Faustinæ, Faustinianas constituit.

[5] Capitolinus, XXVI.

[6] Lamprid. LVI.

[7] Julius Capitolinus, IX.

autre côté, il s'agit presque uniquement d'enfants légitimes de familles pauvres jouissant du droit de cité.

Aussi M. Duruy dit-il avec raison [1] : « A première vue, on serait tenté de croire que cette institution est née du sentiment de charité que la philosophie et le christianisme infiltraient au cœur de la société païenne. Mais, en considérant que parmi les enfants secourus se trouvait seulement un dixième de filles, il faut reconnaître que la loi alimentaire de Trajan avait le même but que les lois d'Auguste *de prole augenda :* elle était un encouragement donné à la population libre, et on se rappelle que déjà le premier empereur avait admis à Rome les enfants à ses distributions. »

En résumé, pendant toute la durée de la République romaine et de l'Empire, la *patria potestas*, adoucie avec le temps à l'égard des fils devenus grands, pesa lourdement sur le sort des nouveau-nés, livrés par la loi à la volonté de leur père légitime, et par la coutume à l'arbitraire des parents naturels.

La dépravation des mœurs, toujours croissante, favorisa dans une large mesure le développement des avortements et des infanticides, et plus tard la misère universelle, engendrée par la mauvaise administration impériale, la dilapidation des revenus de l'État et les premières invasions des barbares, ne purent que multiplier les expositions si funestes pour la vie ou l'avenir des pauvres créatures qui en étaient les victimes. Heureusement le monde païen, aux temps de Dioclétien, portait déjà dans son sein, depuis près de trois siècles, avec le christianisme naissant, les gages de la civilisation future.

---

[1] *Hist. des Romains*, tome IV, p. 274.

CHAPITRE V

LES PEUPLES BARBARES OCCIDENTAUX

JUSQU'AU IIIᵉ SIÈCLE

Nous avons eu pour nous guider jusqu'ici de nombreux documents : l'Égypte a laissé comme témoignages de sa civilisation ses monuments et ses papyrus ; les tablettes assyriennes, les inscriptions cunéiformes, ont survécu à Ninive et à Babylone ; la Bible et le Talmud permettent de faire revivre l'ancienne Judée ; enfin le souvenir des Grecs et des Romains, indépendamment des traces si nombreuses qu'ils ont imprimées partout, se perpétue au moyen de ces auteurs, poètes ou historiens, dont nous possédons de si précieux fragments.

En ce qui concerne les Gaulois et les Germains, rien de semblable ; ces peuples habitant des huttes de bois et de chaume, n'ayant ni inscriptions ni traditions écrites parvenues jusqu'à nous, ne peuvent être connus que par les trop courts récits que leur ont consacrés César, Tacite et quelques écrivains grecs.

Nous allons donc essayer, à l'aide de cette lumière incertaine, de donner une idée de la situation faite à l'enfance dans cette partie de l'univers. Encore faut-il remarquer que dès le IIIᵉ siècle la Germanie de Tacite avait presque disparu pour faire place à de nouvelles confédérations barbares que cet historien ne connaissait pas [1].

---

[1] Voir Duruy, *Hist. des Romains*, VI, p. 290 et suivantes.

Cette mer immense, qui venait battre à chaque instant les retranchements romains, participait en quelque sorte, par sa mobilité et sa variété, à la nature des flots; des invasions successives remplaçant les premiers ennemis écartés momentanément.

Ceci posé et en s'occupant principalement des nations gauloises et germaniques pendant les premiers siècles de l'ère chrétienne, on constate une certaine analogie entre leurs constitutions et leurs coutumes.

En effet, dit Strabon (IV),« par leur caractère et par leurs institutions politiques, ces deux peuples se ressemblent et sont frères; de plus, ils habitent des contrées limitrophes, que sépare seul le cours du Rhin et qui presque à tous égards se rapprochent l'une de l'autre. »

« L'organisation sociale a beaucoup d'analogie chez les deux races, ajoute M. Henri Martin [1], la famille, la tribu, le canton, la nation, la confédération d'une part, la clientèle ou l'association guerrière, y compris l'institution des *dévouements*, de l'autre, sont constitués et se gouvernent à peu près de la même manière, ainsi que les divers degrés de l'état des personnes. » Il y a des différences évidemment entre tous ces peuples [2], mais elles ne sont pas suffisantes pour nous empêcher de réunir le peu que nous savons sur le sort de l'enfance des deux côtés du grand fleuve.

Dans l'ancienne Gaule la puissance paternelle était absolue : *Viri in uxores sicut in liberos vitæ necisque habent potestatem*, écrit César au lendemain de la conquête. Cependant ce droit ne paraît avoir été réservé que pour certains crimes dont le père seul devait être le vengeur; et de plus, à l'égard de la femme adultère, Tacite nous montre en Germanie [3] le mari assisté au moment de l'exécution de la sentence par des

[1] Tome I", liv. V, p. 207, édit. de 1878. Voir aussi Strabon, VII. *Ext. des auteurs grecs concernant l'histoire des Gaules* (Coll. de la Société de l'hist de France, tome I", p. 133 et p. 209).

[2] Voir Henri Beaune, *Introd. à l'étude historique du droit coutumier français*, in-8°, 1880, liv. I", chap. I" : les Celtes, p. 39.

[3] Tacit. *Germ.* XIX.

proches parents de son épouse, *coram propinquis,* qui ont déjà prit part à la cérémonie des fiançailles[1]. « Ces indications, dit M. Geffroy, décèlent probablement l'existence légale d'une sorte de conseil de famille en possession de limiter, ou tout au moins de contenir l'autorité du père [2].

« Si l'on ne veut pas reconnaître ici un progrès, continue l'éminent académicien, mais plutôt une trace persistante de l'autorité de la tribu pénétrant au sein même de la famille, un pareil doute ne subsistera plus en présence de cette autre information que nous donne Tacite : « Le meurtre des nouveau-nés est un acte que l'esprit public flétrit et réprouve, et les bonnes mœurs ont là plus d'empire que n'ont ailleurs les bonnes lois. *Quemquam ex agnatis necare flagitium habetur; plusque ibi boni mores valent quam alibi bonæ leges.* (Germ. XIX.)

« Voilà nettement accusé ce progrès des mœurs qui va en avant des lois, et, sans rompre ouvertement ni avec ces lois, ni avec la tradition ancienne, s'en empare cependant et y substitue peu à peu des usages bientôt impérieux, puis une légalité et même une tradition moins barbares. On ne peut mieux désigner cet état de transition pendant lequel les mœurs interdisent déjà des violences que les lois n'ont pas commencé de proscrire. »

Quelques auteurs pensent cependant qu'il faut faire une distinction au sujet de l'enfant ; le père aurait eu dans certaines parties de la Germanie, notamment chez les Frisons, le droit de le tuer et de l'exposer tant qu'il n'avait pris aucune nourriture ; dès que cet enfant avait bu du lait et mangé du miel, il ne pouvait plus être mis à mort par ses parents [3].

---

[1] Tacit. *Germ.* XVIII.

[2] Geffroy (A.), *Rome et les Barbares*, in-8°, Didier, p. 195, 197.

[3] Consulter Wilda, *das Strefvecht der Germanen* (Halle, 1842, n° 725). Voir Jacob Grimm, *Deutsche Rechtsalterthümer* (Gottingen, 1854, p. 458). Julien (Orat. II, epist. XVI) et Claudien (in *Ruf.* II) parlent d'une coutume barbare qui aurait existé chez des peuplades des bords du Rhin, consistant à abandonner les nouveau-nés aux ondes du fleuve, dans la croyance que les fruits de l'adultère seraient seuls

En laissant de côté ce point contestable, on voit Tacite faire en outre honneur aux Germains de ne pas limiter le nombre de leurs enfants : *numerum liberorum finire*. Il constate que les mères nourrissaient leurs descendants, « *sua quemque mater uberibus alit, nec ancillis ac nutricibus delegantur* (cap. xx). »

On a dit, pour infirmer ces passages, que l'historien romain avait voulu faire la satyre des mœurs de son temps par la comparaison d'une Germanie idéale, mais rien ne permet de tenir en doute des indications aussi précises, et M. A. Geffroy, dans son bel ouvrage : *Rome et les Barbares* (ch. ii), a fait pleinement justice de cette assertion.

Étant donnée la conformité des mœurs, on est en droit d'appliquer à la Gaule des éloges analogues, et Strabon (iv) confirme ce fait : « On voit, écrit-il, combien nombreuse était la population de la Celtique et combien est vraie la supériorité des femmes de ce pays comme mères et comme nourrices. »

En Germanie, les enfants restaient habituellement sous la garde de leur mère jusqu'au moment où ils pouvaient être armés et prendre part à la vie active de la tribu ; ce fait constituait évidemment pour eux une garantie d'existence. De plus, suivant tous les documents, l'autorité du père était, on ne saurait trop le répéter, un *mundium* ou une protection et non un pouvoir absolu comme à Rome. Le *mundium* exprimant l'idée de la défense, par le chef de famille, de tous les membres de sa parenté trop faibles pour se soutenir par eux-mêmes.

A côté de ces coutumes favorables à l'enfance on trouve cependant l'usage des sacrifices [1]. En vue d'apaiser la divinité et de sauver un être cher, on immolait une ou plusieurs victimes humaines devant tenir la place de la per-

engloutis, alors que les enfants légitimes surnageraient; mais il faut constater que le philosophe empereur écrivait au ive siècle, et qu'il oublie d'indiquer à quelle nation particulière on doit rapporter cette épreuve superstitieuse qui a pu se présenter à titre d'exception chez quelques petites tribus riveraines du fleuve.

[1] César, *De bello gallico*, vi. 16, 19. Strabon, iv. Pomp. Mela, iii, 2.

sonne menacée par les dieux. Afin de procurer au défunt, dans l'autre vie, les services auxquels il était accoutumé, on brûlait à côté de sa tombe ses chevaux, ses esclaves et peut-être même quelquefois, bien qu'aucun texte ne le dise expressément, sa propre femme. Si César n'indique pas que les enfants étaient compris au nombre des victimes, on peut l'admettre par analogie avec ce qui se passait chez les peuples de la Syrie et du nord de l'Afrique. Du reste, lors de l'arrivée de saint Patrice, en Irlande, au v° siècle, on sacrifiait encore, dans cette île, les premiers-nés à l'idole Crom-Cruach, et le lieu de ces sanglantes cérémonies s'appelait Magh-Sleacth, c'est-à-dire le lieu de l'adoration, *campus adorationis* [1].

Laissant de côté ces immolations barbares qui jettent une ombre funeste sur le tableau, les auteurs anciens sont d'accord pour attribuer à la femme gauloise ou germaine une certaine part à la vie de famille, une situation honorable [2].

Quant aux enfants, si leur éducation première était grossière (Tacite, xx), elle développait leur vigueur et au moins on ne les exposait pas sous de futiles caprices à tous les dangers de l'abandon.

Nous n'avons maintenant pour ainsi dire aucun détail sur les mœurs des peuples qui préludèrent par l'envahissement de la Germanie et de la Gaule au renversement de l'empire romain. A l'exception des Huns, dont le passage fut rapide, les Goths, les Vandales, les Hérules devaient tenir de près aux Germains en ce qui concerne les habitudes et la législation. Mais si l'on est épouvanté des ruines accumulées sous leurs pas, on doit songer à la religion chrétienne qui est venue saisir ces farouches vainqueurs pour les transformer, en même temps qu'elle apprenait la charité au vieux monde croulant sous le poids de ses vices.

---

[1] Moore, *Hist. of Ireland*, cité par M. Maury, *Religion de la Grèce*, tome Ier, p. 183, et *Annals of the Kingdong of Ireland* (Dublin 1851), tome Ier, p. 43.

[2] Henri Martin, *Hist. de France*, tome Ier, liv. II, p. 37.

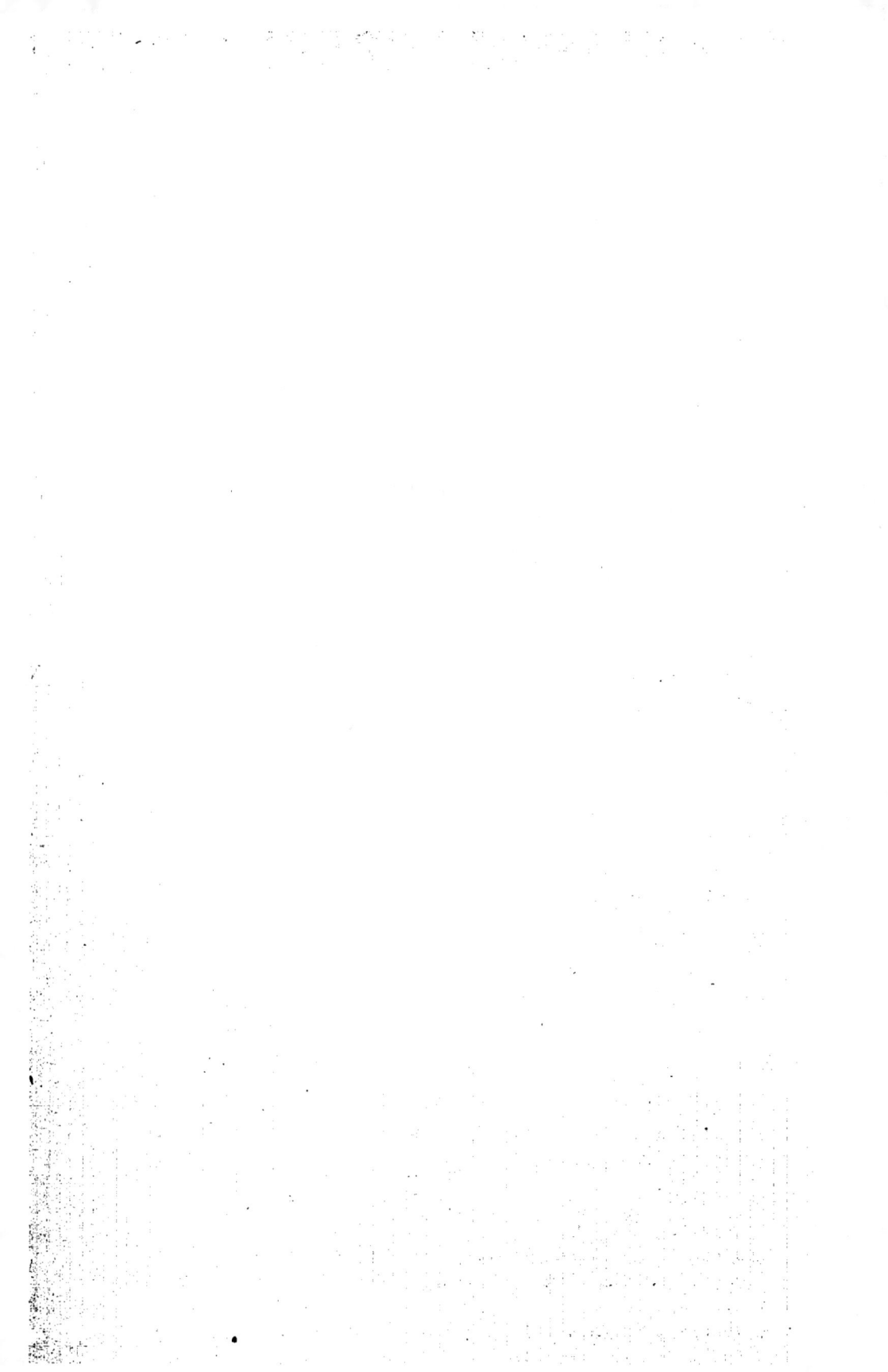

LIVRE DEUXIÈME

LES PREMIERS SIÈCLES

DE L'ÈRE CHRÉTIENNE

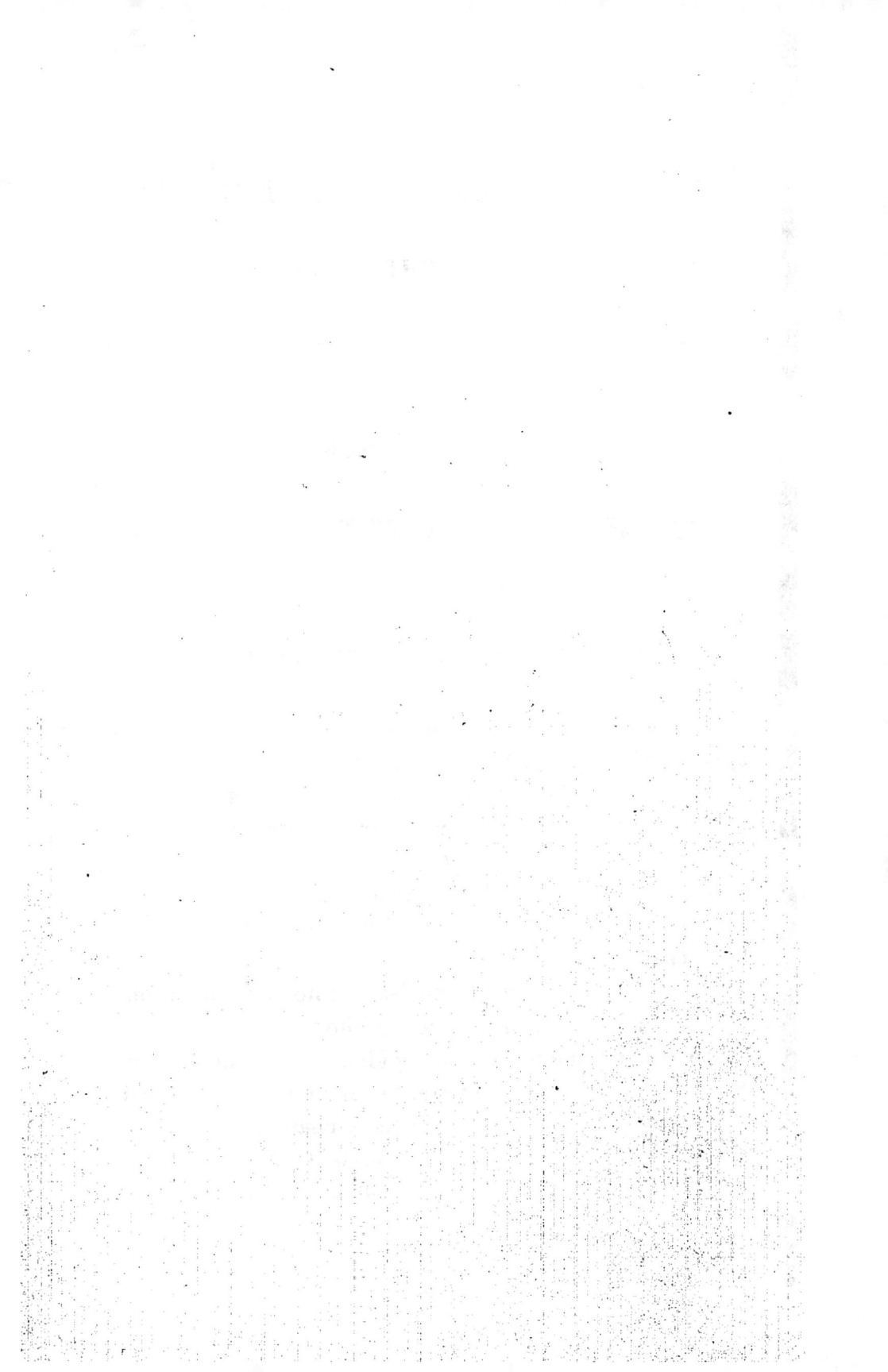

LES PREMIERS SIÈCLES

DE L'ÈRE CHRÉTIENNE

CHAPITRE PREMIER

L'ORIENT DE CONSTANTIN A JUSTINIEN

---

§ 1er. — L'ÉGLISE PENDANT LES PERSÉCUTIONS.

Dans la première partie de ce travail, nous n'avons fait appel au témoignage d'aucun auteur chrétien pour retracer la condition sociale de l'empire romain; il est temps de placer en lumière les revendications courageuses des disciples du Christ, sachant mettre d'accord leur conduite et leurs doctrines, et prêchant partout la *Bonne Nouvelle*, la religion fondée sur l'amour de Dieu et la charité envers le prochain.

« A l'orgueil des sages le christianisme oppose la vertu de l'humilité et l'impuissance de l'homme sans la grâce divine; à la sensualité et à la cupidité de la foule, la continence et la pauvreté volontaire. Le monde païen est attaqué en face dans son esprit et dans sa chair [1]. »

Les prescriptions du divin législateur vont même au delà des actes; la pensée du mal est condamnée. Quelle transfor-

---

[1] Henri Martin, *Hist. de France*, tome Ier, liv. V: La Gaule romaine, p. 250.

mation cette morale si pure et si sublime ne devait-elle pas amener dans une société fondée sur la déification des passions humaines.

Au point de vue de l'enfance, sa protection devenait naturellement un des premiers soucis des chrétiens, auxquels l'Evangile montrait le Sauveur entouré d'enfants [1]; glorifiant ces pauvres petits [2] si méprisés par les sages de l'antiquité; déclarant que recevoir en son nom un d'entre eux c'était le recevoir lui-même [3], et qu'il vaudrait mieux être mort que de scandaliser leur innocence [4].

L'épître attribuée à saint Barnabé, et en tout cas remontant à une haute antiquité, défend sévèrement l'avortement, l'infanticide [5]; il en est de même des anciennes constitutions, dites apostoliques [6]. On ne doit donc pas être surpris de voir les apologistes des premiers siècles reprocher aux païens leurs crimes envers les enfants et faire ressortir à ce sujet la pureté des mœurs chrétiennes, défigurées par l'imagination populaire, voulant trouver dans les saints mystères des abîmes de dépravation et de cruauté.

Saint Justin au IIe siècle s'écrie avec indignation [7] : « On expose les enfants, et ceux qui les recueillent les élèvent pour la prostitution... Nous ne nous marions qu'en vue de nourrir notre famille ; abandonner ces nouveau-nés, c'est le propre des hommes pervers. » « Chacun de nous, ajoute Athénagore, lorsqu'il prend une femme, ne se propose que d'avoir des enfants, et imite le laboureur qui attend la moisson avec patience... Nous avons renoncé à vos spectacles cruels, pensant qu'il n'y a guère de différence entre repaître ses yeux de la vue d'un meurtre et en être coupable. Nous considérons comme homicides les femmes qui se font

---

[1] Marc, x, 14. Luc, xviii, 16.
[2] Matth. xviii, 2, 3, 4. Marc, ix, 35. Luc, ix, 47.
[3] Matth. xviii, 5. Luc, ix, 48.
[4] Luc, xvii, 2.
[5] Epist. cath. 13.
[6] viii, 3.
[7] Apol., i, 27, 29.

avorter, et nous disons qu'exposer un enfant c'est le tuer [1]. »

Minutius Félix (*Oct.* c. 30-31), Clément d'Alexandrie (*Pædag.* III, 3), saint Cyprien (ep. 7 et 39), Origène (*contra Cels.* VIII, 55), ne parlent pas différemment ; mais il suffit pour les résumer de citer un passage emprunté à Tertullien [2] : « Je m'adresse maintenant au peuple ; combien d'entre vous, hommes altérés du sang des chrétiens, combien de vos magistrats, si équitables pour vous, si rigoureux contre nous, je pourrais confondre par des reproches trop fondés d'avoir ôté la vie à leurs enfants au moment de leur naissance ! vous ajoutez encore à la cruauté par le genre de mort : vous les noyez, vous les faites mourir de froid ou de faim ; vous les donnez à manger aux chiens [3], ce serait une mort trop douce de périr par le fer. Pour nous, à qui tout homicide est défendu, il nous est également défendu de détruire le fruit d'une mère dans son sein ; avant même que l'homme soit formé c'est un homicide anticipé que d'empêcher la naissance. »

Ces revendications constantes ne pouvaient manquer de faire impression sur les esprits susceptibles d'entendre la voix de la vérité. « L'ascendant du christianisme n'est sans doute, ainsi que le remarque Troplong, qu'indirect et détourné ; il ne plane pas encore comme le soleil du midi qui réchauffe la terre de ses rayons ; il est plutôt semblable à une aube matinale qui se lève sur l'horizon à cette heure où, n'étant plus déjà nuit, il n'est pas encore tout à fait jour ; mais enfin son influence réelle est palpable, elle s'insinue par toutes les fissures d'un édifice chancelant ; elle prend graduellement la place du vieil esprit quand il s'en va ; elle le modifie quand il reste. »

---

[1] *Leg. pro christ.*, 35.

[2] Apol., IX.

[3] Dans l'ouvrage d'astrologie attribué, à tort probablement, à Julius Firmicus Maternus, mais remontant au IVe ou Ve siècle, l'auteur, examinant l'influence des conjonctions des astres sur le sort des enfants exposés, s'exprime ainsi éd. de MDLI, lib. VII, p. 193 à 195 : ... *Si vero malevolæ stellæ respexerint expositus a canibus consumetur.*

Les chrétiens ne se contentaient pas de protester contre les excès du paganisme ; ils agissaient et jetaient les bases de ces établissements destinés plus tard à couvrir le monde. Cette étude ne comporte pas le tableau de ces diaconies où les pauvres recevaient des secours ; de cet élan qui portait les premiers fidèles à n'avoir qu'un cœur et qu'une âme et à venir au secours de leurs frères souffrants. Les Actes des apôtres racontent en termes touchants cette charité mutuelle [1], « et, quand un enfant chrétien, garçon ou fille, reste orphelin, disent les Constitutions apostoliques (IV. 1), c'est une bonne œuvre si un frère privé de descendants l'adopte et le traite comme son enfant. Si un riche repousse l'orphelin qui est membre de l'Eglise, le père des orphelins veillera sur ce délaissé et il enverra au riche la punition de son avarice. »

« Alors que l'adoption des orphelins baptisés était recommandée en termes si pressants, dit M. Allard dans son bel ouvrage *sur l'esclavage* (chap. II, § 11), à plus forte raison les chrétiens durent-ils se sentir poussés à recueillir les enfants exposés par la barbarie païenne ; il s'agissait en effet d'arracher ces derniers, non seulement à la misère et aux privations, mais aux chiens, aux oiseaux de proie, à quelque chose de pire encore, à ces êtres immondes qui s'emparaient d'eux pour les dresser, avec un art infernal, à d'infâmes emplois, et trafiquer plus tard de leur force ou de leur beauté [2]. » M. Allard nous montre à l'appui de cette opinion de nombreuses inscriptions des catacombes portant ce mot *Alumnus*, qui perdait sans doute le sens d'esclave, pour ne rappeler que l'idée d'adoption charitable. « Un grand nombre de chrétiens des premiers siècles portent le nom de *Projectus*, *Projecta*, *Projectilius* ; pour la plupart, c'était un souvenir humblement conservé de leur origine. »

---

[1] II, 41, 47 ; IV, 32, 37 ; V, 1, 11.

[2] Dans une inscription, un prêtre de Mithra se vante d'avoir fait vivre les *alumni* recueillis par lui au milieu des baisers, des jeux et des voluptés, *qui basia, voluptatem, jocum alumnis suis dedit.* Mélanges d'archéologie des PP. Martin et Cahier, tome IV, p. 51.

Cette peinture du zèle des disciples du Christ allant au milieu des persécutions rechercher les abandonnés est séduisante. « Que de fois, ajoute-t-il, le pallium du prêtre, le voile de la diaconnesse, la tunique d'un humble fidèle dut rapporter dans ses plis un pauvre être arraché à la dent d'une bête cruelle, peut-être l'héritier inconnu de quelque grande famille romaine recueilli dans les ténèbres à la porte d'un palais ! »

Il est certain que ce fait devait se produire ; mais est-il possible d'admettre dans toute son étendue l'action charitable dont parlent quelques auteurs modernes ? nous ne le pensons pas. Il est bien loin de notre pensée de ne pas admettre que les chrétiens des premiers siècles n'auraient pas désiré sauver ces créatures infortunées, les élever dans la foi ; nous croyons que ce mode de charité n'était pas en leur pouvoir. Il faut remarquer, en effet, que ces actes ne sont mentionnés dans aucun texte. Les apologistes reprochent aux païens leurs abandons, leurs avortements ; ils tracent en regard les mœurs du peuple chrétien. Tertullien[1] déclare que les disciples du Christ dépensent plus en aumônes dans les rues que leurs persécuteurs en offrandes dans les temples. Nulle part il est dit : « Ces enfants que vous exposez, nous les recueillons et nous les élevons. » Il faut arriver à saint Augustin pour trouver une indication de cette nature[2]. Cela se conçoit, en ses grossières superstitions le peuple, toujours prêt à crier : Les chrétiens, aux lions ! les accusait quelquefois d'immoler un enfant au milieu de leurs mystères et de se repaître de sa chair palpitante[3]. Les apologistes luttent contre ce préjugé odieux. Si donc il avait été prouvé que les fidèles recueillaient habituellement les enfants exposés, quelle base pour cette accusation ! et

---

[1] Apol., XLII.

[2] Epist. 23 ad Bonif. : *Aliquando etiam quos crudeliter parentes exposuerunt, nutriendi a quibuslibet, nonnumquam a sacris virginibus colliguntur, et ab eis afferuntur ad baptismum.*

[3] Voir notamment Minut. Félix, *Oct.* IX, 28. Just. 2 apol. 12. Iren. *Adv. hæres.* I, 6.

on en trouverait évidemment la trace dans les interrogatoires des martyrs.

Prêtres et fidèles étaient tenus à une grande prudence sous ce rapport. Nous verrons plus loin, en Chine et en Perse, le fait seul de sauver un enfant devenir le signal de persécutions sanglantes ; il devait se trouver également à Rome des fanatiques préférant de beaucoup voir périr le nouveau-né ou le savoir élevé par des païens, fussent-ils de mœurs méprisables, que de le sentir au pouvoir des partisans d'une religion qu'ils maudissaient. Il semble donc que c'est sortir de la vérité historique que d'admettre, d'une manière générale, l'éducation des enfants trouvés au nombre des premières œuvres chrétiennes. Etant donnée la situation des fidèles durant les persécutions, ce mode si excellent d'assistance nous apparaît comme une exception heureuse, forcément limitée par les causes diverses que nous venons de mentionner [1].

§ 2. — LES LOIS DE L'EMPIRE SOUS CONSTANTIN ET SES SUCCESSEURS.

L'ère des persécutions cesse enfin. Constantin place la croix sur ses étendards, et une liberté plus grande est accordée à l'Eglise pour faire le bien. Lactance, précepteur d'un fils de l'empereur, lui dédie son livre des *Institutions divines*, et ne manque pas de joindre sa protestation indignée à celle des apologistes qui l'ont précédé.

« Il est impossible, dit-il (lib. VI, cap. xx), d'accorder que les pères aient le droit de faire mourir leurs enfants nouveau-nés, car c'est là une très grande impiété ; Dieu créé les âmes pour la vie et non pour la mort. Comment se fait-il donc qu'il y ait des hommes qui ne pensent pas souil-

---

[1] Les mots *projectus, projecta* n'indiquent point une condition particulière des individus ; presque toujours ils expriment un sentiment d'humilité, de mépris de soi-même, en opposition avec les titres pompeux des épitaphes païennes ; quant aux *alumni*, ils pouvaient être des orphelins chrétiens recueillis ou des enfants d'esclaves.

ler leurs mains en enlevant à des êtres à peine formés la
vie qui vient de Dieu et qu'ils ne leur ont pas donnée? Epar-
gneront-ils le sang étranger, ceux qui n'épargnent pas leur
propre sang?... Que dirai-je aussi de ceux qu'une fausse
affection porte à exposer leurs enfants? Peut-on considérer
comme innocents ceux qui offrent en proie aux chiens
leurs propres entrailles et les tuent plus cruellement encore
que s'ils les étranglaient...

« Quand même il arriverait que l'enfant exposé trouvât
quelqu'un qui se chargeât de le nourrir, le père serait-il
moins coupable pour avoir livré son propre sang à la servitude et à la prostitution? .... Oui, autant tuer son enfant
que de l'exposer... Il est vrai que ces pères homicides se
plaignent de leur pauvreté et prétendent qu'ils ne peuvent
suffire à élever plusieurs enfants ; mieux vaut en ce cas
demeurer continent dans le mariage que de détruire par
ses mains l'œuvre de Dieu... »

Ces exhortations pressantes et les enseignements de
l'Eglise incitèrent évidemment Constantin à prendre des
mesures à l'égard des enfants abandonnés.

« L'année 315, écrit M. Troplong [1], qui vit l'abolition du
supplice de la croix et tant d'autres témoignages de l'alliance de l'empire et de la religion chrétienne, Constantin
rendit pour l'Italie un édit ainsi conçu [2]: « Que toutes les
villes de l'Italie aient connaissance de cette loi, dont le but
est de détourner la main des pères du parricide, et de leur
inspirer de meilleurs sentiments. Si donc quelque père a
des enfants auxquels sa pauvreté l'empêche de donner des
aliments et des vêtements, ayez soin que notre fisc et
même notre domaine privé leur en procurent sans délai:
car les secours à donner aux enfants qui viennent de naître
ne comportent pas de retard. »

Quelques années après (318) il condamne à la peine du

---

[1] *De l'infl. du christ. sur le droit civil des Romains*, 2ᵉ partie,
chap. IX.
[2] Cod. Theod., XI, XXVII, 1.

parricide [1] quiconque sera meurtrier de ses enfants, et, voulant atteindre le mal jusque dans ses racines, il étend à l'Afrique les mesures tutélaires réservées primitivement à l'Italie. « Nous avons appris, dit l'empereur [2], que des habitants de cette province, pressés par le manque d'aliments, vendent ou donnent en gage leurs enfants ; nous voulons en conséquence que ceux dont l'indigence sera constatée reçoivent dans toute l'Afrique des secours de notre fisc, afin de ne pas se voir contraints à cette affreuse nécessité... *Abhorret enim nostris moribus ut quemquam fame confici vel ad indignum facinus prorumpere concedamus.*

Cet effort généreux était trop grand pour l'état moral et matériel de l'empire ; il ne put être continué ; dès l'an 329 Constantin autorisa, en raison de leur extrême misère, les pères à vendre leurs enfants nouveau-nés, *sanguinolenti* [3]. De plus (année 331) un enfant exposé a-t-il été recueilli par un tiers : celui-ci le conserve *in mancipio ;* nulle personne, pas même le père, ne peut le réclamer. Le *nutritor* conserve l'enfant, ajoute le texte, *sub eodem statu quem apud se recollectum voluerit agitare, hoc est sive filium sive servum eum esse maluerit* [4].

En présence des calamités commençant à fondre sur la nation, Constantin avait jugé qu'entre la mort et la perte possible de la liberté il fallait encore mieux, dans l'intérêt des enfants exposés, choisir ce dernier parti. Cette législation se trouva modifiée en sens divers par la suite et n'aboutit que graduellement à une émancipation définitive.

Valentinien, Valens et Gratien, déclarent (374) homicide l'homme ou la femme qui tuent un enfant quel que soit son âge [5], et, en ce qui concerne l'abandon simple, ajoutent la punition à la privation des droits paternels. « Que chacun

---

[1] C. Just. IX, t. XVII, *De his qui parentes vel liberos occiderunt.*
[2] L. 2, Cod. Theod. *ut supra.*
[3] Cod. Theod. V. t. VIII, *De his qui sanguin. empt. vel nutriend. acceperint.* Cod. Just. IV, t. XLIII, 2.
[4] Cod. Theod. V, t. VII, 1.
[5] Cod. Theod. IX, tit. XIV *De infanticidii pœna.*

nourrisse ses enfants ; s'il les expose, qu'il soit puni conformément à la loi ; si des personnes remplies de miséricorde les recueillent, il ne pourra plus les réclamer, il ne
doit plus compter comme siens ceux qu'il a dédaignés lorsqu'ils allaient périr [1]. »

En 391 Valentinien, Théodose et Arcadius permettent
par une autre loi à l'enfant de naissance ingénue vendu
par son père de retourner à l'état d'homme libre après le
temps le plus court de servitude sans rembourser intégralement le prix de la vente [2]. Les commentateurs tirent
d'une autre loi rendue par Honorius et Théodose (409), en
faveur des Romains qui avaient été vendus à d'autres Romains, que le temps d'esclavage dont il vient d'être parlé
était de cinq ans. Néanmoins 21 années après les empereurs
Honorius et Théodose (412) confirmèrent la défense établie
par Constantin en ce qui concerne la revendication d'enfants exposés et recueillis par des personnes ayant fait
constater l'acte charitable par l'évêque : *Si modo testes
episcopalis subscriptio fuerit subsecuta de qua nulla penitus ad
securitatem possit esse cunctatio* [3].

Enfin en 451 Valentinien III, revenant dans une certaine
mesure sur la concession faite par la loi de 391, exige que
le *nutritor* reçoive une indemnité indépendante des années
de services et la fixe au cinquième en sus du prix d'achat
payé par lui. Quant à ceux qui avaient fait aux barbares
des ventes prohibées, et qui avaient acheté une personne
libre pour la transporter au delà des mers, ils sont condamnés à payer au fisc 6 onces d'or [4].

Il faut franchir maintenant un siècle et arriver à Justinien pour trouver établis définitivement les droits naturels
de l'enfant exposé ; encore doit-on remarquer que l'em-

[1] Cod. Just. l. VIII, t. LII, 1. 2.
[2] Cod. Theod. III, tit. III, *De patrib. qui filios distraxerunt.*
[3] Cod. Theod. V, tit. VII, *De expositis.* Les conciles de Vaison (442),
d'Arles (452), d'Agde (505) s'occupèrent de cette question, et réglemen-
tèrent les dispositions législatives prises par Honorius et Théodose.
[4] Cod. Theod. nov. xi.

pire d'Occident n'existe plus et que cette législation s'applique seulement aux provinces qui forment de leurs débris l'empire romain d'Orient. « Sancimus (dit Justinien, en « 529) nemini licere sive ab ingenuis genitoribus puer « parvulus procreatus, sive a libertina progenie, sive servili « conditione maculatus expositus sit : eum puerum in « suum dominum vindicare, sive nomine dominii, sive ad-« scriptitiæ, sive colonariæ conditionis... Qui itaque ad eum « modum in ecclesia, aut vicis publicis, aut aliis locis pro-« jecti fuisse comprobati erunt (ajoute l'empereur dans « une autre loi) hos omnibus modis liberos esse præci-« pimus [1]. »

Telles sont, en résumé, les alternatives diverses que subit, avec la législation des empereurs des premiers siècles, la question si grave des enfants exposés, et il ne pouvait en être différemment en raison de la situation du pays ; les mœurs et les usages du paganisme étaient encore tout puissants sous Constantin et ses successeurs, la tentative de Julien le démontre suffisamment ; la corruption continuait à faire ses ravages dans tous les rangs de la société [2] ; le fisc augmentait par ses exigences la misère publique et forçait des pères infortunés à vendre leurs enfants pour payer le tribut de la quatrième année [3] ; enfin les barbares étendaient chaque jour davantage leurs conquêtes, et au temps de Justinien il fallait lutter en Italie, en Afrique, en Asie, avec des succès incertains, contre ces envahisseurs qui allaient quelques années plus tard (593), faire le siège de la ville de Constantinople.

On s'explique donc facilement les efforts tentés pour assurer aux enfants trouvés une situation meilleure, puis ces retours à des dispositions moins favorables, ces incer-

---

[1] Cod. Just. VIII, 1. LII, leg. 3, 4, Auth. collat. IX, XXXVI, *De inf. expositis*, novel. const. CLIII.

[2] Amm. Marcel. lib. XXVIII, IV.

[3] S. Basil., hom. 41, c. 4. S. Ambr., in Tobia, III, 9, 11 ; v, 16, 20 ; VI, 23, 24. Theodoret, ep. 23, 42. S. Grég. Nazian., orat. 19, c. 16. Socrat. *Hist. eccl.* VII, 17.

titudes de tous les moments en présence des inconvénients résultant dans la pratique de lois excellentes, mais que les mœurs rendaient impuissantes. De son côté, l'Église travaillait à assurer le sort de ces infortunés et elle fondait pour eux des institutions rendant possibles les intentions généreuses, mais trop souvent stériles, des empereurs.

§ 3. — DES ACTES DE L'ÉGLISE EN FAVEUR DES ENFANTS A DATER DU IIIᵉ SIÈCLE.

S'adressant à des néophytes à peine sortis du paganisme et encore tout empreints de son esprit, l'Église naissante dut marquer par des pénitences, quelquefois de toute la vie, l'horreur que lui inspiraient ces habitudes d'avortements et d'infanticides si profondément enracinées [1].

Les évêques font entendre à ce sujet les plus graves avertissements et s'efforcent de former ainsi sur toute la surface de l'empire des familles chrétiennes pratiquant les vertus de renoncement, de charité et de sacrifice inconnues à toute l'antiquité.

En même temps défenseurs intrépides du troupeau qui leur est confié, ils arrêtent dans la mesure du possible les barbares envahisseurs, et vendent jusqu'aux vases sacrés pour racheter ces multitudes de captifs : hommes, femmes et enfants, que chaque incursion venait ravir aux diverses provinces [2]. « C'est la meilleure de toutes les charités, dit saint Ambroise, de racheter des captifs, d'arracher des hommes à la mort, des femmes au déshonneur, de rendre des enfants à leurs parents, des citoyens à la patrie, de les enlever à ces barbares dont l'inhumanité n'est tempérée que par l'avarice. »

---

[1] S. Basil. ep. can. I, 2; II, 23. S. August., *De Nuptiis*, I, 17. Concile d'Ancyre (314), 20, 21. Concile d'Elvire (305), 60. S. Ambr. *in Tobia*, V, 19, etc.

[2] Lact. *Div. inst.* VI, 2. S. Ambr. *De off.* II, c. 15, c. 28, § 136. S. Basil. ep. 70. S. Cyp. ep. 60. *Vita S. Cæsari* apud Surium, 27. Cassiodorus, *Variar.* XII, ep. 29.

Enfin l'Église, aussitôt sa liberté conquise, fonde partout des hôpitaux, des asiles pour les petits, créations ignorées précédemment et qui, selon toute apparence, surgirent d'abord en Orient, à Jérusalem même. Saint Ephrem, saint Basile, saint Jean Chrysostome figurent au premier rang de ces fondateurs.

Il est fait mention d'hôpitaux à Sébaste, dans le Pont, vers 355. Saint Epiphane assure qu'ils étaient communs de son temps, mais le plus célèbre fut celui que saint Basile fonda à Césarée vers 372 ; saint Grégoire décrit avec admiration cet établissement ouvert à tous les genres d'infortunes (*oratio* XLIII). Ces asiles prennent alors des noms indiquant leur destination : *nosocomia,* pour les malades ; *brephotrophia,* pour les enfants pauvres ; *orphanotrophia,* pour les orphelins, etc.

La législation civile favorise ces fondations et les place sous la direction supérieure des évêques [1]. Nous trouvons notamment en ce qui concerne les établissements consacrés à l'enfance des dispositions assimilant les directeurs, *orphanotrophes,* aux tuteurs, les mettant à l'abri de toute vexation, avec dispense de tous frais pour formalités judiciaires. « *Grave enim,* dit l'empereur, *atque iniquum est, callidis quorumdam, si ita contigerit, machinationibus eos vexari, qui propter timorem Dei, parentibus absque substantiis destitutos minores sustentare, atque velut affectione paterna educare festinant* [2]. »

« Ainsi que le remarque M. Etienne Chastel, en fait d'ins-

[1] Cod. Just. I, tit. III, l. 42. *Ibid.* I, tit. II, l. 15 ; tit. III, l. 46, etc. Voir sur l'ensemble de ces fondations et le mouvement charitable des premiers siècles que nous ne pouvons qu'indiquer ici très sommairement : Naudet, *Des secours publics chez les Romains.* Mongez, *Dissertation sur l'antiquité des hôpitaux.* Troplong, *De l'influence du christianisme sur le droit civil des Romains.* E. Chastel, *Études historiques sur l'influence de la charité durant les premiers siècles chrétiens.* Schmidt, *Essai historique sur la société civile dans le monde romain.* F. de Champagny, *La charité chrétienne dans les premiers siècles de l'Église.* Tollemer, *Des origines de la charité catholique* (3ᵉ édition 1884), etc.

[2] Cod. Just. I, tit. III, loi 32 et le titre tout entier *passim.*

titutions charitables, le rôle des premiers princes chrétiens fut bien moins de fonder eux-mêmes que de reconnaître, de régulariser, de garantir, quelquefois aussi d'enrichir de leurs dons particuliers, ce que l'Eglise avait fondé. Partout c'était la charité religieuse qui avait l'initiative, et elle remplissait glorieusement sa mission [1]. »

Ces lois de Justinien ne furent pas sensiblement modifiées par ses successeurs, mais l'empire romain d'Orient ne devait pas tarder à être démembré par les coups des barbares et des sectateurs de Mahomet; en dehors même de ces causes, les hérésies, trop favorisées par le génie grec, paralysèrent bientôt l'essor des fondations pieuses, qui allaient, à la même époque, se développer en Occident avec une richesse et une abondance dont nous sommes les heureux témoins.

---

[1] E. Chastel, *Etudes hist. sur l'influence de la charité*, liv. II, chap. x, p. 344.

CHAPITRE II

L'OCCIDENT DU IIIe AU Xe SIÈCLE

Nous venons de voir l'empire romain refoulé en Orient par les invasions et réduit à quelques provinces en Occident. Ostrogoths, Visigoths, Gépides, Langobards, Vandales, Burgondes, Alamans, Francs et Saxons, après avoir forcé par leur marche en avant les races les plus rapprochées des frontières de l'empire à envahir son territoire, n'avaient pas tardé, en effet, à déborder à leur tour sur le sol de l'Italie et de la Gaule, en demandant des terres pour s'y établir. Presque toutes ces invasions, à l'exception des Huns, véritable torrent roulant au hasard ses eaux dévastatrices, formèrent rapidement des nations plus ou moins puissantes.

Si ce mouvement n'avait pas été arrêté à l'origine par la destruction des Cimbres et des Teutons, la civilisation romaine aurait été complètement détruite et remplacée par des Etats barbares; mais, à dater du IIIe siècle, les envahisseurs se trouvent en présence d'une force morale qui courbe leurs fronts, adoucit leurs mœurs et, unissant les éléments pleins de sève et de vigueur des peuples du nord à la savante organisation des peuples latins, fonde les nations dont les descendants occupent encore l'Europe.

Les apôtres, comme Boniface et Augustin, s'avancent en Germanie et chez les Anglo-Saxons. Plus tard, soumis à leur tour par les Francs convertis, les Frisons, les Franconiens, les Thuringiens, les Saxons, les Bavarois, entrent dans la famille chrétienne.

« L'Eglise sut alors ménager à la fois l'esprit des deux législations, en ôtant à la législation romaine ce qu'elle avait de formaliste et d'égoïste, à la législation germanique ce qu'elle avait de dur et de sauvage, et en introduisant comme règles de la vie commune, comme préceptes de la vie sociale, les graves principes de morale que le Christ avait proclamés. L'Evangile fut la grande loi, l'idéal législatif admis par tous les peuples romano-germaniques [1]. »

Les textes législatifs parvenus jusqu'à nous présentent souvent des incertitudes, des divergences ; aussi, sans entrer dans aucune discussion, nous résumerons leurs dispositions principales relatives à l'enfance, en prenant le sens généralement adopté. Ce qu'il importe de montrer ici, c'est la tendance de ces textes, plutôt que des points de détail pouvant être douteux.

§ 1er. — LE WERGELD DES ENFANTS ET DES FEMMES ENCEINTES.

Ce qui frappe au premier abord dans cette législation, c'est le wergeld, *composition* que doit payer le coupable pour échapper à la punition de son crime ou de sa faute. Ce wergeld, d'origine germanique, s'étendait à l'enfant même simplement conçu. Quant au pouvoir paternel, c'est le *mundium*, mot générique applicable, comme nous l'avons déjà dit, à tous les cas de protection exercés par un être plus fort au profit d'un être plus faible, et différant ainsi de la *patria potestas*, il s'adoucit encore avec les mœurs. De plus l'infanticide, l'avortement sont punis ; l'influence permanente de l'Eglise est visible.

Ceci dit, les tableaux suivants résument les principaux textes concernant le wergeld de l'enfant chez les différents peuples dont nous nous occupons.

---

[1] Laboulaye, *Recherches sur la condition de la femme depuis les Romains jusqu'à nos jours*, in-8°, 1843, préface.

WISIGOTHS	BAVAROIS	ALAMANS	FRANCS SALIENS	FRANCS RIPUAIRES	LANGOBARDS	ANGLO-SAXONS
(Sources) : x Romana Wisigoth. astraxit Hænel, VIII. IV liv. XVI, Davoud-ghlou, t. 1er, p. 34 et 35.	(Sources) : Lex Baiuwariorum (Pertz, t. III), VII, 19, Davoud-Oghlou, t. 1er, p. 235.	(Sources) : Lex Alamanorum Karolina LXXVII (Pertz, t. III), Davoud-Oghlou, t. 1er, p. 332.	(Sources) : Lex salica edidit Berhend. XX.V. Davoud-Oghlou, t. 1er, p. 491. (Le montant des amendes varie avec les manuscrits).	(Sources) : Lois des Francs, par Peyré, XIII-XXXVI, 10. Davoud-Oghlou, tome 1er, p. 612.	(Sources) : Pertz (t. IV), Leges Lango-bardorum, art. 75. Davoud-Oghlou, t. II, p.44	(Sources) : Die Gesetze der Angel-Sachsen von R. Schmid. Davoud-Oghlou, t. II.
Donner à une mme une potion ur la faire avor-: peine de mort. Une femme qui ra demandé une tion de cette na-re deviendra es-ve de la per-me que le roi signera; si c'est e esclave, on lui ministrera 200 aps.	Quand une femme donne à une autre une potion pour la faire avorter, elle deviendra l'esclave de qui le duc voudra; si elle-même est esclave, elle recevra 200 coups. Si quelqu'un a fait avorter une femme (par un moyen médical), il paiera d'abord 12 sous, et après sa mort ses héritiers paieront un sou chaque automne jusqu'à la 7e génération de père en fils, et si une seule année ce paiement est négligé, il y aura répétition des 12 sous et le paiement du sou continuera.		Si une femme fait à une autre femme maléfices par herbes, dans le but de la rendre stérile, 62 sous.			Les femmes qui, après avoir forniqué, détruisent leur part, et celles qui agissent de telle façon qu'elles se procurent un avortement, devaient être, suivant les anciennes prescriptions, écartées pour toute leur vie de l'Eglise. Maintenant, en vertu de mesures plus clémentes, elles n'en sont plus éloignées que pendant 10 ans. Une femme qui se sera fait avorter avant le 40e jour de la conception fera pénitence durant 3 ans; si l'enfant était animé, ce sera considéré comme un homicide et la pénitence durera 7 ans (lois attribuées à Henri 1er, LXX, 15.

WISIGOTHS	BAVAROIS	ALAMANS	FRANCS SALIENS	FRANCS RIPUAIRES	LANGOBARDS	ANGLO-SAXONS
Quiconque frappe une femme enceinte ou la fait avorter de sorte qu'elle en meure, sera puni comme homicide.	Si quelqu'un fait, par un coup, avorter une femme enceinte, il le paiera comme homicide.					
Si l'enfant seul est tué, si la femme est libre et que l'homme ou la femme qui l'a frappée soit libre également, on paiera 200 sous lorsque l'enfant était déjà formé ; 100 sous s'il ne l'était pas encore.	Si de ce coup l'enfant seul est détruit, quand il n'avait pas encore commencé à vivre, 20 sous ; mais s'il vivait déjà le wergel entier de 53 sous 1/3 devra être payé.	Donner un coup au ventre d'une femme enceinte de sorte qu'elle accouche et que l'enfant ne vive pas 8 jours, 40 sous ; ou se disculper avec 12 jurés élus, pour la moitié.	Frapper du poing ou du pied une femme enceinte, 200 sous ; si à la suite de ce coup elle accouche d'un enfant mort, 600 sous ; si elle meurt aussi, 900. Si cette femme était in verbo regis (sous la tutelle particulière du roi) 1200 sous, si cette femme était miltunia ou lita ou romaine, ce sera la moitié.	Tuer une femme enceinte et l'enfant qu'elle porte, 700 sous.	Celui qui, involontairement, tue un enfant dans le ventre d'une femme libre, paiera la moitié du wergeld de la femme selon sa noblesse ; mais si elle-même en est morte, il le paiera avec tout son wergeld selon la naissance.. De plus, l'enfant mort dans son ventre sera aussi payé comme on vient de le dire et aucune faida n'aura lieu, parce que le crime a été commis involontairement.	Si quelqu'un tue une femme enceinte avec l'enfant, il paiera le plein wergeld de l'enfant, il paiera le plein wergeld de la femme et pour l'enfant la moitié du mari (loi d'Alfred le Grand IX).
Si une personne libre a agi ainsi envers une esclave, elle paiera 20 sous au maître. Si c'est un esclave à l'égard d'une personne libre, 200 sous publiquement et de plus il en deviendra l'esclave.	Quand par un coup on fait avorter une esclave, si l'enfant n'était pas vivant, 4 sous ; s'il l'était, 10 sous et une autre esclave.	Si l'on a fait avorter une femme avant terme, on paiera 12 sous si l'on reconnait que l'enfant est mâle, ou 24 sous si c'est une fille (le wergeld de la femme étant le moitié de celui de l'homme de sa classe).	Si ce fœtus était un garçon, pour ce garçon 600 sous.	Tuer un enfant dans les entrailles de sa mère ou un nouveau-né avant qu'il ait reçu un nom, 100 sous.		Dans les lois attribuées à Henri Ier (LXX, 14 et 15), on distingue entre l'enfant qui a donné des signes de vie et celui qui n'était pas encore vivant ; dans le premier cas, on payait le plein wergeld et dans le second, le demi-wergeld.
Si c'est un esclave vis-à-vis d'une esclave, 200 coups, et le maître du premier paiera 10 sous au maître de la femme esclave.		Tuer par un coup un enfant dans le ventre d'une esclave inspectrice dans le cellarium et le gyneceum, 100 sous ; si c'est une esclave simple, 62 sous.			Si quelqu'un frappe une esclave enceinte de sorte qu'elle en avorte, il paiera 3 sous ; mais si elle en meurt, il paiera l'esclave et l'enfant mort dans son sein.	

WISIGOTHS	BAVAROIS	ALAMANS	FRANCS SALIENS	FRANCS RIPUAIRES	LONGOBARDS	ANGLO-SAXONS
Toute personne libre ou esclave qui fait mourir son enfant, quand il n'est pas encore né, sera punie de mort, ou au moins on lui crèvera les yeux ; si un mari a permis ou ordonné un tel crime à sa femme, il sera puni de la même manière.						Si un enfant tue quelqu'un ou s'il est tué, que cet enfant ait déjà ou non reçu son nom, la pleine wera devra être payée (lois attribuées à Henri Ier, LXX, 14). Celui qui en secret procrée un enfant et le cache, ne recevra point le wergeld, si cet enfant est tué ; ce sera son hlaford et le roi qui y auront droit LXXVIII, 4, Jua 27). Si quelqu'un tue un enfant qui lui avait été confié pour l'élever, ou qu'il l'écrase en dormant, il le paiera comme s'il avait tué un homme ; mais si quelqu'un tue *involontairement* son propre enfant, il ne sera tenu à aucune peine ni pécuniaire ni corporelle, (lois Henri, LXXXVIII, 7 et 8).

[1] Nous avons omis à dessein la loi des Frisons où il est question d'infanticide, parce que ce point fournit matière à controverse ; ainsi au titre V, *de hominibus qui sine compositione occidi possunt*, l'édition ancienne dite Lindenbrogiana donne le texte suivant : « Qui.... et infantem ab utero matris sublatum enecat ». « Celui qui tue un enfant nouvellement né enlevé au sein de sa mère peut aussi être tué sans que l'on paye son wergeld » Voir Davoud-Oghlou, t. II, p. 232). D'autres éditions, notamment celle de Richthofen, page 8, et note 68, p. 51, indiquent cette autre rédaction : « Qui..... et infans ab utero sublatus et enecatus a matre ». Ce qui ne peut se traduire que par ces mots : « Il n'y a pas lieu à wergeld pour l'enfant tiré du sein de sa mère et tué par celle-ci ». L'infanticide commis par la mère n'aurait donc alors donné lieu à aucune pénalité, à la différence du meurtre de l'enfant de la part de toute autre personne, car le texte ajoute : « Et si hoc quælibet fœmina fecerit leudem suam regi componat, et si negaverit cum V juret ». Pénalité qui, suivant l'ancienne édition, s'applique à la mère également.

En présence de ces divergences dans les manuscrits, on pourrait peut-être admettre que la loi des Frisons a eu plusieurs rédactions successives, s'appliquant primitivement, vers 790, à une époque où ils étaient encore en majorité païens et où l'infanticide des nouveau-nés pouvait être tolérée et ensuite prohibant ces meurtres au nom du christianisme devenu religion dominante. Consulter : Lex Frisionum edente de Richthofen Leovardiæ 1866. Wilda das Strefrecht der Germanen (Halle 1842, p. 725). Von Jacob Grimm Deutsche Rechtsalterthümer (Gottingen, 1854, p. 458).

Il ressort de l'ensemble de ces dispositions que la vie de l'enfant se trouvait protégée chez tous ces peuples d'une manière efficace. De plus, la fécondité était honorée et faisait l'objet des préoccupations du législateur, car on voit chez les Francs Saliens, les Francs Ripuaires, les Thuringiens, le wergeld de la femme augmenter dès qu'elle est nubile et par conséquent susceptible de donner des enfants, et s'abaisser lorsque son âge la rend forcément stérile.

Il ne rentre pas dans notre sujet d'étudier les autres mesures protectrices de la femme et concernant le viol, le rapt, la fornication, etc.; elles abondent dans ces lois et existaient, bien qu'à un degré moindre, dans les coutumes antérieures au christianisme ; le simple attouchement du bras d'une femme libre *au-dessous du coude* est même puni d'une amende. Quant à la femme esclave, livrée par toute l'antiquité grecque et romaine, aux caprices des passions de ses maîtres, elle fait l'objet de dispositions tutélaires assurant la protection de sa pudeur.

A côté de cette législation, que l'on peut appeler civile, se trouvait le droit canonique, qui atteignait les coupables par ses excommunications et ses pénitences sévères, longues, et dont les extraits suivants, empruntés aux codes pénitentiaux des premiers siècles[1], suffisent à donner une idée.

Les manœuvres destinées à procurer la stérilité, l'avortement, quel que soit le mode usité, sont punis de une à plusieurs années (de une à trois) de pénitence, avec des jeûnes fréquents; la peine est plus ou moins élevée suivant que le fœtus a ou n'a pas atteint le terme de 40 jours. Le prêtre doit distinguer encore s'il s'agit d'une femme poussée à ce crime par une extrême pauvreté, ou si c'est seulement dans le but de cacher une faute[2].

---

[1] **Wasserschleben**, *Die Bussordnungen der abendlandischen Kirche nebst einer rechtsgeschichtlichen Einleitung.* Halle, in-8°, 1851. **Kunftmann**, *Die lateinischen Ponitentialbücher der Angelsachsen*, in-8°, Mainz, 1844.

[2] Pœnitentiale Vinniai, § 20, 21. Capitula Theodori. I, cap. Dacheriana, § 113. Pœnitentiale Theodori. XIV, 24. Pœnit. Beda, IV, 12. Pœnit. Pseudo-Beda, I, 30, XIV. Pœnit. Pseudo-Egberti, XXI. Pœnit.

S'agit-il du meurtre d'un enfant après sa naissance, dix années de pénitence peuvent être ordonnées, et la peine est toujours augmentée dans le cas où l'enfant n'est pas baptisé. On punit également les négligences ayant amené la mort [1].

Le chrétien qui a vendu son enfant est tenu de le racheter, et de faire une pénitence de sept semaines; s'il ne le peut pas, la pénitence est de vingt-huit semaines; certains pénitentiaux accordent cependant, en raison d'une grande pauvreté, la vente pour VII ans [2].

§ 2. — DES DISPOSITIONS CONCERNANT L'ABANDON ET L'ÉDUCATION DES ENFANTS TROUVÉS.

La loi des Wisigoths [3] emprunte en partie ses dispositions relatives aux enfants abandonnés à la législation romaine du code Théodosien avec certains adoucissements. Ainsi les parents ne peuvent ni vendre leurs enfants, ni les donner en gage; quiconque les achètera perdra le prix qu'il en aura donné.

Celui qui nourrit et élève un enfant exposé gagne la valeur d'un esclave, qui doit lui être donné ou payé par les parents quand ceux-ci réclament l'enfant.

Si les parents ne se présentent pas, mais qu'on parvienne

Pseudo-Romanum, § 23. Pœnit. Bobiense, XXXII. Pœnit. Bigotianum, IV, ɪɪ, 3. Pœnit. Cummeaoi, III, 23, VI, 3. Pœnit. XXXV capitulorum, III. Pœnit. Vigilanum, XXXVIII-XLI. Pœnit. Pseudo-Gregorii III, XVII. Corrector Burchardi, CXLVII, CL. Lib. pœnit. Theod. Cantuariensis ecclesiæ XXI. Prologus Bedæ presbyteri de remediis peccatorum, XIV.

[1] Capit. Dacheriana, 91. Canon. Gregorii, 103, 105. Theod. pœnitentiale, lib. I, 25-30. Pseudo-Beda, 31. Pœnit. Merseburgense, CXII. Pœnit. Cummeani, VI, 9, 11. Pœnit. Valicellanum, XXX. Pœnit. Mediolanense præcep. V. Lib. pœnit. Theod. XXXIII.

[2] Canones Gregorii, c. 183. Pœnit. Theodori, XIII, I. Pœnit. Pseudo-Egberti, XXVI. Le maître qui a eu un enfant d'une esclave ou d'une servante doit émanciper celle-ci, indépendamment de la pénitence attachée à son incontinence.

[3] Lex Romana Wisigothorum, instruxit Hænel. Voir aussi Davoud Oghlou, tome Iᵉʳ, p. 46.

à les trouver, le juge les forcera à payer et les condamnera à un exil perpétuel. N'ont-ils pas de quoi payer le prix, l'auteur de l'exposition de l'enfant deviendra esclave à la place de ce dernier, et les juges pourront intervenir d'eux-mêmes et condamner ainsi tout individu coupable d'un tel crime.

Si un ou une esclave expose son enfant à l'insu du maître, celui qui l'a nourri ne peut réclamer que le tiers de la valeur, après que le maître aura juré qu'il ignorait tout; mais si c'était à sa connaissance, l'enfant sera cédé à celui qui l'aura élevé.

Si les parents ont donné à quelqu'un un enfant à nourrir, ils paieront jusqu'à dix ans un sou par an; après sa dixième année l'enfant peut gagner de lui-même sa nourriture; si les parents ne paient pas ce qui est dû, leur fils deviendra esclave de celui auquel ils l'auront confié.

Les lois anglo-saxonnes contiennent également des passages se rapportant aux exposés; ils ne nous sont pas cependant parvenus avec une netteté suffisante pour qu'on puisse en tirer un texte précis.

Ainsi dans une loi d'Ina les frais de nourriture d'un enfant trouvé paraissent être pour la première année de 6 sc. pour la seconde de 12 sc., pour la troisième de 30 sc... On est autorisé également à déduire d'une loi d'Alfred, que si un enfant placé en nourrice était mort, celui qui l'élevait avait obligation de se disculper de toute faute à cet égard.

Les *formulæ andigavenses* et *turonenses* rédigées, vers le VIe siècle, d'après la *lex romana Wisigothorum*, nous font assister à la levée d'un enfant exposé, à la recherche de ses parents et finalement à sa vente par les inventeurs, vente faite sous la haute surveillance de l'Eglise. En voici le résumé.

Des pauvres inscrits sur les registres [1] de l'église de Saint-

---

[1] *Matricularii.* On lit dans le recueil des formules de M. de Roziere (Paris, Durand, 1859, 1re partie, tome Ier, p. 76, 77) : « Tous les traits (contenus dans la formule) ne peuvent évidemment convenir qu'aux

Martin d'Angers, *matricularii*, et autorisés à demander l'aumône à la porte [1], recueillent le matin un enfant exposé, nouveau-né, *sanguinolentum*, en danger de mort, enveloppé de haillons, *pannis involutum* ; ils s'informent pendant trois jours dans la ville de la personne à qui cet enfant appartient ; leurs recherches n'aboutissent pas, alors ils le font baptiser, *cui nomen ipsum imposuimus* ; ensuite avec le concours du prêtre gardien, *marterarius*, ils trouvent un homme consentant à se charger du pauvre petit être et à l'élever afin d'en tirer ultérieurement des services, s'il vit. « Illo ad nu- « triendum dedimus, ut, si Deo presule convaluerit, ipsum « in suis servitiis ac solatiis juxta legis ordinem retineat,» (Cet homme leur paie l'enfant un tiers d'as, et ils se partagent ce prix.) « Et accipimus pro ipso, sicut apud nos « consuetudo est, treanto vel triente uno cum nostro « pasto. »

Acte est dressé de tout ceci.

Cette manière de procéder est conforme aux décrets des conciles de Vaison et d'Agde que nous avons cités dans le chapitre précédent. Les évêques se trouvaient dans la même situation que Constantin; en présence des malheurs du temps, il fallait choisir entre la mort de l'enfant ou la perte possible de sa liberté future [2].

---

pauvres inscrits sur la *matricula*. C'est du reste le sens que les diplômes mérovingiens et les plus anciens auteurs donnent au mot *matricularii* ; ce n'est que plus tard que ce nom a été étendu aux prêtres chargés de la distribution des aumônes. »

On trouve dans S. Grégoire de Tours (*Hist. des Francs*, liv. VII, tome III, p. 78, édition de la Société de l'histoire de France) ce terme pris dans l'acception indiquée plus haut. Un meurtre a été commis dans la basilique de Saint-Martin, et S. Grégoire nous montre une troupe de *matricularii* et d'autres pauvres prêts à en tirer vengeance, et assaillant le lieu où se sont réfugiés les assassins. *Nonnulli etiam matriculariorum et reliquorum pauperum pro scelere commisso tectum cellulæ conantur evertere.*

[1] Il y avait non seulement des pauvres, mais bien des malades sollicitant à la porte des églises la compassion des fidèles.

[2] On peut induire aussi d'un texte reproduit par Baluze (*Cap.* t. Ier, col. 251) qu'à Trèves les enfants pouvaient être exposés dans une coquille de marbre placée à la porte de l'église. *Vita B. Goaris* a

Quelle époque terrible, en effet, que celle qui s'écoula du IIIe au IXe siècle. Les barbares ont occupé successivement les territoires envahis et ruinés par eux. Ils sont, il est vrai, soumis à des lois en partie chrétiennes, mais quel sang païen coule encore dans leurs veines ; pour ne parler que des Francs, les Mérovingiens se font remarquer par leur luxure ; Chilpéric épouse publiquement plusieurs femmes, même les deux sœurs [1].

La soif de la vengeance remplit bien des cœurs, et Grégoire de Tours ne redit dans son histoire que meurtres, que violences. Les enfants sont sacrifiés continuellement à des motifs ambitieux ; ce sont des mères qui se font les bourreaux de filles dont elles redoutent la beauté [2] ; Frédégonde ensanglante pendant cinquante ans la Neustrie, et l'évêque de Tours souffre à rappeler tant de guerres civiles qui écrasent le peuple et l'empire des Francs [3]. Joignez à cela des pestes continuelles, des famines pendant lesquelles les pauvres se mettent en servitude afin de recevoir du moins une faible portion d'aliments [4].

Heureusement qu'à côté d'évêques indignes de ce nom, ayant acheté leur siège par la simonie, il s'en trouvait de nombreux méritant pleinement les louanges données à Avitus de Clermont : « Après avoir reçu l'épiscopat, il se montra toujours grand aux yeux des hommes, juste envers les peuples ; il fut le bienfaiteur des pauvres, le consolateur des veuves, le plus ferme appui des orphelins... »

On voit dans les circonstances les plus graves, des évêques

Wandelberto diacono. « Moris tunc Trevirorum erat, ut cum casu quælibet femina infantem peperisset cujus nollet sciri parentem, aut certe quem præ inopia rei familiaris nequaquam nutrire sufficeret, ortum parvulum in quadam marmorea concha quæ ad hoc ipsum statúta erat, exponeret, ut in ea cum expositus infans reperiretur, existeret aliquis qui eum provocatus miseratione susciperet et nutriret. »

[1] S. Grégoire de Tours, *Hist. des Francs* (Société de l'hist. de France), liv. IV, 28.

[2] S. Gregoire, *id.* liv. III, 26.

[3] S. Gregoire, liv. V, *ut suprà*, prologue.

[4] S. Gregoire, *ut suprà*, VII, 45.

résister aux rois, leur arracher des exemptions d'impôts, s'opposer à maintes mesures iniques, et faire revivre par leur intrépide courage la tradition des saints et des martyrs qui, morts, protégeaient encore par le seul souvenir de leurs vertus et de leur puissance miraculeuse, les villes gardiennes de leur tombeau.

D'un autre côté, les conciles favorisaient le mouvement charitable que nous avons vu commencer en Orient. Suivant le premier concile d'Orléans (511), les revenus des héritages que le roi avait donnés, ou pouvait donner à l'avenir aux Eglises, durent être employés à la réparation des temples, à la nourriture des prêtres, des pauvres et au rachat des prisonniers.

Le canon 15e du cinquième concile tenu dans la même ville, en 549, confirme la fondation d'un hôpital établi à Lyon par le roi Childebert. Cet établissement ne paraît pas avoir été destiné à recevoir les enfants exposés, mais seulement les malades et les étrangers. Les Pères ordonnent en outre (canon 20) que l'archidiacre ou le prévôt de l'Eglise visite tous les dimanches les prisonniers, afin que leur misère soit, selon le commandement de Dieu, adoucie par la miséricorde [1].

Le synode de Tours (566 ou 567) invite chaque communauté d'habitants à nourrir ses indigents, et les évêques réunis à Tolède en 589 (canon 17e) enjoignent aux juges de s'employer avec les ecclésiastiques pour empêcher les pères et les mères de faire mourir les enfants dont ils se trouvent surchargés [2].

Une légende du pays de Galles nous fait connaître un de ces infanticides encore fréquents au sein d'une population à moitié païenne.

Il y avait, dit la légende, un homme de race noble, mais fort pauvre, qui avait chaque année un enfant, si bien qu'il ne pouvait plus suffire à les nourrir. Il alla donc trouver

[1] Héfélé, *Hist. des Conciles*, tome III.
[2] Guérin, *Somme des Conciles*, tome Ier, p. 491.

saint Téliaus [1] et lui demanda le remède à une aussi triste situation. Le saint lui répondit qu'il n'en voyait qu'un, c'était de garder la continence. Ce conseil fut suivi pendant sept années, mais au bout de ce temps il eut encore sept fils de suite; désespéré alors et voyant sa misère augmenter, il prit ses enfants et alla les noyer. Heureusement que saint Teliaus, apparaissant soudain, recueillit les pauvres petits et les fit élever en les formant à l'étude des lettres [2].

Ce récit montre ce qui devait se passer évidemment sur bien des points. L'Eglise sauvait par ses aumônes de jeunes victimes et les faisait entrer le plus souvent dans ses cloîtres, d'où ils sortaient pour évangéliser le peuple.

Mais on ne trouve en Occident, avant le IX° siècle, qu'un asile, ayant date certaine, affecté uniquement à l'enfance abandonnée; il est dû à l'archiprêtre Datheus de Milan, en 787, et, suivant le texte qui nous a été conservé par Muratori [3], cet asile était destiné principalement à empêcher les parents de tuer les enfants dont ils ne voulaient pas divulguer la naissance. Ces enfants exposés dans l'église étaient confiés à des nourrices; on les formait ensuite à l'apprentissage d'une profession, et une fois élevés ils restaient libres.

Tout récemment, une plaque commémorative a été apposée sur l'emplacement présumé de la pieuse fondation de l'archiprêtre milanais [4].

Cet asile est seul connu d'une manière assez complète; il devait cependant en exister d'autres [5]. De plus, dès

[1] S. Teliaus vivait vers la moitié du VI° siècle.
[2] *Liber Landavensis*, Dublin 1840, p. 120.
[3] *Ant. Ital. med. ævi*, tome III, p. 537.
[4] On lit dans la *Perseveranza di Milano*, febb. 1882. Egregio signor Fausto Bogotti-Valsecchi sta disponendo perche nella fonte della sua casa in via, Silvio Pellico n° 4, ove fu il primo brefotrofio di Milano, sia ricollocata la lapide al fondatore l'arciprete : *Nel secolo VIII l'Arciprete Dateo — Fondò in questo luogo — Il primo ricovero dei bambini esposti.*
[5] Comme témoignage plus ou moins certain de l'existence d'asiles

l'année 794, le concile de Francfort-sur-le-Mein (canon 40)[1], enjoignait aux évêques de faire élever les filles orphelines par des femmes chrétiennes, et ce mouvement charitable ne s'arrêtera plus.

§ 3. — CHARLEMAGNE.

Le VIIIe siècle suit son cours; les Mérovingiens, décimés par leurs excès et leurs crimes réciproques, font place à une nouvelle dynastie. Pépin et ses fils voient grandir leur autorité avec les services qn'ils rendent au pays; la barbarie musulmane est écrasée à Poitiers, et si l'Espagne reste en son pouvoir, Charles le Grand pourra du moins réunir sous son sceptre l'Austrasie, la Neustrie, l'Italie des Francs, les îles de la Méditerranée, et de nombreux peuples dépendants et tributaires [2].

Les préoccupations constantes de ce souverain, à la fois guerrier et législateur, se portèrent naturellement vers les pauvres et les petits; il seconda de cette manière le mouvement inauguré par l'Église, pendant qu'il donnait enfin aux populations une tranquillité et une sécurité qu'elles ne connaissaient plus, et dont elles devaient jouir si peu de temps.

En l'année 781, le *capitulare mantuanum* prescrit aux évêques, aux abbés, aux comtes, de rendre pleine justice aux églises, aux veuves, aux orphelins, car l'Empereur, après Dieu et les saints, est leur défenseur. « Ut sanctis ecclesiis « Dei, neque viduis, neque orphanis, neque peregrinis, « fraude vel rapinam vel aliquid injuriæ quis facere præ-« sumat; quia ipse domnus imperator, post Domini et

---

pour les enfants, on peut citer, d'après du Cange, un passage de la vie de S. Magnebodus, évêque d'Angers, de 606 à 654 : « Xenodochia et brephotrophia, diversæque mansionum habitacula ædificare procuravit. » (Du Cange, *Glos. lat.* Brephotrophium.)

[1] Guérin, *Somm. des Conciles* (2e vol.)

[2] Voir *Œuvres* d'Eginhard, coll. de la Société de l'hist. de France, éclaircissement, p. 410 et 411.

« sanctis ejus, eorum et protector et defensor esse consti-
« tutus est. » (*Capit. aquisgranense*, § 5, an. 802.)

Les comtes doivent évoquer les premières à leur tribunal
les causes des pupilles et des orphelins (*Capitulare generale*,
789, I). Les *missi dominici* sont chargés de veiller aux prescriptions de l'Empereur, lorsqu'il ne peut le faire lui-
même. « Ut ecclesiæ, viduæ, pupilli per bannum regis
« pacem habeant. Sin aliter, in praesentia nostra hoc
« veniat, si fieri potest. Sin autem, missi nostri investigent
« illud quomodo gestum sit. » (*Cap. aquisgranense*, § 2,
ann. 813.)

Eginhard nous montre en effet Charles toujours prêt à
secourir les pauvres ; ce n'était pas seulement, dit-il, dans
son pays et dans son royaume qu'il répandait ses libéralités gratuites , que les Grecs appellent aumônes, mais au
delà des mers, en Syrie, en Egypte, en Afrique, à Jérusalem, à Alexandrie, à Carthage ; partout où il savait que
des chrétiens vivaient dans la pauvreté, il compatissait à
leur misère et il aimait à leur envoyer de l'argent [1].

Ces dispositions protectrices furent continuées par Louis
le Débonnaire (*Cap. ad legat. missorum*, § 2, ann. 817, etc.) ;
ses capitulaires font mention d'*orphanotrophia* et de *brephotrophia* [2], et en 829 l'Empereur se proclame encore le défenseur des églises, des serviteurs de Dieu, des veuves, des orphelins et des autres pauvres [3] ; mais le pouvoir central va
décliner jusqu'au moment où, l'empire se séparant en plusieurs nations, la féodalité remplacera la législation uniforme des capitulaires par des coutumes ; ces coutumes ne
seront, il est vrai, sur bien des points, que la continuation
des dispositions législatives antérieures, d'autant plus qu'au

---

[1] *Œuvres* d'Eginhard, Vie de l'empereur Charles. XXVII, tome Ier,
p. 86, 87.

[2] Edit. Migne, tome Ier, p. 545 et 546 ; en ce qui concerne le recueil
des capitulaires, on peut se demander toutefois si les rédacteurs des
pièces officielles ne se sont pas contentés de prendre dans le texte des
Novelles une énumération d'asiles n'existant nullement en réalité.

[3] Const. Wormatienses (*Cap.* éd. Migne, p. 626, B).

milieu de ces divisions territoriales l'Eglise fera régner partout un même esprit, et favorisera la protection des faibles et des opprimés en adoucissant les mœurs et en développant de plus en plus ses institutions hospitalières.

L'unité dans la diversité, telle sera la devise de la bienfaisance au moyen âge.

LIVRE TROISIÈME

—

LA FRANCE

LA FRANCE

CHAPITRE PREMIER

LES ENFANTS TROUVÉS ET LES ORPHELINS

DU X° SIÈCLE

A LA FONDATION DES HOPITAUX GÉNÉRAUX

§ 1er. — OBSERVATIONS PRÉLIMINAIRES.

Avant d'examiner ce qui était fait en faveur des enfants trouvés ou délaissés, il est utile de se rendre compte des dispositions principales des lois et coutumes en ce qui concerne l'infanticide et la déclaration de grossesse.

Nous avons vu dans les chapitres précédents avec quelle sévérité l'Église punissait les crimes contre l'enfance. Cette législation canonique, « qui savait rester fidèle aux dogmes de la vérité éternelle sans rien refuser au génie des peuples ni aux exigences des temps [1], » se perpétue durant tout le moyen âge avec son influence salutaire sur les esprits. On retrouve également des traces de ces dispositions des lois barbares frappant d'une peine plus élevée le meurtrier d'une femme enceinte ou de l'enfant qu'elle portait. Ce délit spécial et caractérisé, portant le nom d'*encis*, figure

[1] Beugnot, *Introd. aux coutumes de Beauvoisis*, p. xlviij.

notamment dans la coutume d'Anjou, et il en est question dans le texte orléanais, *Jostice et Plet* [1]. Quant à l'infanticide proprement dit, « la coutume de Normandie, écrit M. P. Viollet [2], ne prononce pas la peine capitale contre le père ou contre la mère qui a tué son enfant : *quia filius de sanguine et visceribus patris exivit.* » Ailleurs, et c'est le cas en Anjou, on voile cette tolérance avec plus d'art. « Pour entendre cet artifice examinons ici, continue le même auteur, l'état de la législation romaine et de la législation canonique ; le droit romain, j'entends le droit romain secondaire, prononce la peine de mort contre l'infanticide ; quant à l'Eglise, elle ne saurait édicter cette peine contre la mère qui a tué son enfant, puisqu'elle ne condamne jamais à mort. Les peines canoniques atteignent le corps, mais n'enlèvent pas la vie. Si donc on répugne à traiter très sévèrement la mère qui tue son enfant, sans oser pourtant inscrire dans la loi civile une peine trop douce, un moyen fort simple se présente : on abandonnera à l'Eglise cette femme criminelle, et l'Eglise la traitera avec sa mansuétude habituelle..... En cas de récidive, le jurisconsulte angevin soustrait la femme coupable à la juridiction ecclésiastique et la justice laïque la condamne au feu. »

Nous voyons cette peine du feu prononcée, en 1383, à Abbeville, à l'occasion d'une mère qui avait jeté son enfant « en l'iaue, à l'abruvoir du Pont aux poissons [3] ».

Plus tard, en février 1556, Henri II dans son édit sur les recels de grossesse, avortements, etc., déclare homicide et soumise à la peine de mort « toute femme qui se trouvera deüement atteinte et convaincue d'avoir célé, couvert et occulté, tant sa grossesse que son enfantement, sans avoir déclaré l'un ou l'autre et avoir prins de l'un ou de l'autre tesmoignage suffisant, mesme de la mort ou de la vie de son

---

[1] Paul Viollet, *Les Etab. de S. Louis*, introduction, p. 242.
[2] *Ut suprà*, p. 249, 250.
[3] Recueil des monuments inédits de l'hist lu tiers-état, tome IV, p. 201.

enfant lors de l'issuë de son ventre, et après se trouve l'enfant avoir esté privé, tant du saint sacrement de baptême, que de sépulture publique et accoustumée [1] ».

Henri III ordonna, en 1585, qu'afin que « nulle femme, servante et chambrière, ou autre ne puisse prétendre cause d'ignorance, » l'ordonnance ci-dessus serait publiée et dénoncée au peuple au prône des messes paroissiales par les curés, de trois mois en trois mois [2]. La pénalité était évidemment excessive : on ne pouvait induire un homicide certain d'une simple dissimulation de part. Une foule d'arrêts interprétèrent sur ce point la généralité des termes des édits, destinés à frapper l'imagination populaire par la rigueur de la peine ; on en arriva même, au XVIIIᵉ siècle, à ne punir le recel de grossesse que quand l'enfant était privé du baptême et de la sépulture ecclésiastique [3].

[1] Voici le préambule de l'édit : « Parce que plusieurs femmes ayant conçeu enfans par moyens des honnestes, ou autrement, persuadées par mauvais vouloir et conseil, desguisent, occultent et cachent leurs grossesses, sans en rien descouvrir et déclarer. Et advenant le tems de leur part et délivrance de leur fruict, occultement s'en délivrent, puis le suffoquent, meurtrissant et autrement, suppriment, sans leur avoir fait impartir le saint sacrement de baptesme ; ce fait, les jettent en lieux secrets et immondes, et enfouyssent en terre profane... »

[2] Cette disposition fut confirmée par une déclaration royale du 25 février 1708 : « Enjoignons, dit le roi, ausdits curés et vicaires, de faire la dite publication et d'en envoyer un certificat signé d'eux à nos Procureurs des baillages et sénéchaussées dans l'étendue desquels leurs paroisses sont situées. »

Les évêques accompagnèrent cette déclaration de mandements. On lit dans celui de l'archevêque de Sens, du septième avril mil sept cent huit : « Comme la sévérité de la loy n'a point guéry le mal, soit par la corruption du siècle, soit parce que ces lectures ayant esté interrompues, les peuples ne sont plus informés des dispositions de cet édit, Sa Majesté vient de donner une déclaration qui ordonne les mêmes peines contre ces dites femmes... Nous ordonnons à tous curés, vicaires et autres desservans des paroisses des villes ou de la campagne, de lire exactement de trois mois en trois mois lesdits écrits. Qu'ils fassent réflexion que, faute d'y satisfaire, ils pourroient se rendre responsables de la vie des mères et du salut éternel des enfans qui, faute de cette précaution, mourroient sans baptême..... » (In-4°, 6 p., sans nom d'imprimeur.)

[3] Voir notamment sur ces divers points Papon, liv. XXII, tit. IV, n. 2 et 3. Brillon, *Dictionnaire des arrêts* (édit. de 1727), au mot *Gros-*

Il régnait du reste une certaine confusion sur la manière dont cette déclaration devait être faite. Les uns pensaient qu'il fallait l'intervention d'un notaire, d'autres du greffier de la justice du lieu où la fille était domiciliée. Des arrêts du parlement de Dijon admettaient comme suffisante la révélation faite à des personnes honorables ou au confesseur. Dans le ressort du Parlement de Paris, il était d'usage d'exiger, en province, la déclaration au procureur du Roi, à Paris, à un commissaire qui l'inscrivait sur un registre destiné à cet objet. Cette inscription avait lieu sous le sceau du secret et ne devait pas comporter la recherche du nom de l'auteur de la grossesse [1].

De plus, l'exposition, quoique universellement pratiquée jusqu'au xviiie siècle, était punie en principe. Les arrêts prononcent généralement contre les coupables la peine du fouet, l'amende honorable, le bannissement, en faisant la distinction entre l'abandon dans une église, une place publique, devant la porte d'une maison religieuse ou d'un hôtel, et l'exposition dans un lieu isolé [2].

Ceci posé, il faut étudier ce qui était fait en faveur des

sesse, tome III, p. 538 et 539. *Code pénal*, par M. des Essarts, avocat, 1777, in-8°, p. 235 à 238.

Une femme enceinte ne pouvait être exécutée qu'après son accouchement; arrêt du parlem. de Paris, 24 août 1451. Papon, liv. XXIV, tit. X, n° 18. arrêt du parlement de Dijon d'octobre 1557. Brillon, *ut supra*, p. 539.

[1] Fournel, *Traité de la séduction considérée dans l'ordre judiciaire*, 1781, 3e partie, chap. Ier, § 2, p. 370 et suivantes.

[2] Bouchel, v° *Exposez*. Arrêt du 24 octobre 1576, édit. de 1671, tome Ier, p. 1171. Fournel, *Traité de la séduction*, 3e partie, chap. III. Des Essarts, *Code pénal*, titre XXIX, *in fine*. Au point de vue de l'avortement, il était reçu en jurisprudence de faire une différence entre les mères qui tuaient un enfant déja formé et celles qui prévenaient « le temps de l'animation ». « A l'égard des femmes ou filles, dit Lacombe (*Mat. criminelles*), qui se procurent l'avortement à elles-mêmes expressément avec des potions ou de quelque manière que ce soit, elles sont punissables de mort *si leur fruit avoit pris vie*; sinon, elles doivent être condamnées au bannissement ou à quelque autre peine extraordinaire *citra mortem*. » On admettait généralement l'animation du fœtus après le 40e jour de la conception.

pauvres enfants trouvés ou orphelins, avant l'établissement des hôpitaux généraux, par les seigneurs justiciers, les communautés d'habitants et les administrations hospitalières.

§ 2. — LES ENFANTS TROUVÉS ET LES SEIGNEURS AYANT DROIT DE JUSTICE.

Ce serait une erreur de croire que le remplacement de la dynastie carlovingienne par les Capétiens permet, au point de vue social, d'établir une distinction nette et précise entre les coutumes que nous avons vues en usage dans les chapitres précédents et celles que nous découvrirons dans la suite. Ce n'est pas ainsi qu'il faut procéder lorsque l'on examine les mœurs et les habitudes populaires. Il y a des transformations successives provenant d'un ordre de choses nouveau sans que l'on puisse assigner à ces modifications une date certaine. C'est évidemment ce qui a lieu dans le sujet qui nous occupe ; le droit féodal en se développant entraîna des conséquences toutes naturelles qui s'établirent insensiblement avant de faire l'objet de textes formels.

Aux IXe, X^e et XIe siècles les dispositions contenues dans les formules angevines et empruntées au droit des Wisigoths et à la législation des conciles restèrent évidemment en vigueur dans la pratique. Du reste dans ces temps malheureux marqués constamment par des invasions, des guerres interminables, des famines incessantes, l'enfance fut peu protégée, et les chroniques, en parlant du dévouement des ordres religieux envers les pauvres et les malades, ne distinguent pas entre les enfants et les adultes, et ne peuvent ainsi jeter aucune lueur sur ce que fit alors l'Eglise pour la sauvegarde de ces petits [1]. A cette époque, comme on le

---

[1] Guill. de Nang. *Chronicon* (édition de la Société de l'histoire de France), tome Ier, p. 66. *Continuat.* tome II, p. 212 etc.

En 1035, pour ne pas remonter plus haut, un hiver d'une rigueur exceptionnelle fit périr un grand nombre de femmes et d'enfants; une famine terrible lui succéda : *Fames quoque magna regnum Franciæ devastavit.* En 1062, 1076, 1095, famines épouvantables; la dernière

sait, chacun devait se mettre sous la protection d'un plus puissant que soi ; les seigneurs, en compensation des services de protection qu'ils rendaient, s'attribuèrent des droits qui représentaient l'équivalent de charges réelles. Au nombre de ces droits figuraient presque universellement ceux d'é-paves, de confiscations, de possession du trésor trouvé [1], de déshérence et de bâtardise. Il est inutile d'entrer ici dans le détail des distinctions élevées au sujet de ce dernier droit par les coutumes et les jurisconsultes ; il suffit de l'indiquer d'une manière générale [2].

En effet, suivant ce principe de droit *ubi emolumentum ibi onus*, l'obligation de pourvoir à l'entretien des enfants trouvés dans l'étendue de leurs justices incomba logique-ment aux seigneurs, ces enfants se trouvant ainsi consi-dérés comme une épave onéreuse [3]. Par contre, du moment

---

dura quatre ans. Il faut joindre à ces fléaux des inondations répé-tées et tous les malheurs des invasions. (Guill. de Nang. *Chronique*, tome Ier, p. 14, 15, 59, 66, 105.)

On lit dans la *Chronique de Vendôme* (XIIe siècle), que pendant la famine de 1162, les mères, se voyant dans l'impossibilité de nourrir leurs enfants, venaient les déposer devant les portes du couvent des Cordeliers, et que l'abbé et les frères en prenaient soin. (De Trémault, *l'Assistance dans la ville de Vendôme avant 1789*, p. 3.)

[1] *Thrésor mussé* d'ancienneté dont on ne peut avoir connaissance à qui il puisse appartenir. Coutumes de Sens (rédact. de 1506), art. 1er, § VI. Coutumes d'Auxerre (réd. de 1561), tit. Ier, art. 1er, § XI (édition Bourdot de Richebourg).

[2] Dans la rédaction définitive des coutumes il faut habituellement, pour que le seigneur justicier succède au bâtard : 1° que ce bâtard soit né dans la terre du seigneur ; 2° qu'il y ait eu son domicile pendant sa vie ; 3° qu'il y soit décédé *ab intestat* sans laisser d'enfants légi-times. Les enfants du bâtard, les héritiers testamentaires et quelque-fois l'époux survivant excluent, en effet, le seigneur et le roi.

Il convient de remarquer aussi que, seigneurial à l'origine, ce droit devint insensiblement royal. A mesure que les bâtards furent mis hors de servitude dans toute l'étendue du royaume, ils firent pour la plu-part aveu au roi, afin de se placer sous sa protection ; c'est alors que surgirent ces limitations du droit des justiciers.

Voir le développement de ces principes dans la *Condition des per-sonnes* en droit coutumier par Henri Beaune, in-8°, 1882, p. 202 et sui-vantes.

[3] Voir Bacquet, *Des droits de justice*, ch. XXXII. De Boutaric, *Traité des droits seigneuriaux*, ch. III. De Livonière, *Traité des fiefs*, liv. VI,

que les coutumes ne leur accordaient pas ces droits de déshérence et de bâtardise, ils n'avaient pas la charge des trouvés, ainsi que nous le verrons dans la suite.

Cette règle ne s'appliquait pas seulement aux seignenrs hauts justiciers, mais bien aux seigneurs de moyenne et de basse justice, du moment qu'ils jouissaient de tout ou partie des droits sus-mentionnés [1].

C'est donc en conformité de cet usage que l'arrêt du parlement de Paris du 13 août 1552 imposa aux seigneurs hauts justiciers de contribuer , dans l'étendue de cette ville et des faubourgs, à l'entretien, subsistance et éducation des enfants trouvés. Il se présentait cependant dans ce cas particulier une question préjudicielle à résoudre.

Le chapitre de Notre-Dame s'occupait d'une manière plus ou moins directe de ces enfants, ainsi que le constatent les lettres patentes de Charles VII, du 4 août 1445, confirmatives de la fondation de la confrairie du Saint-Esprit en Grève : « ja soit ce que de tout ancienneté cen ait accoutumé pour les dits enfans ainsi trouvés et inconnus, quêter en l'Eglise de Paris, en certain lit étant à l'entrée de la dite Eglise, par certaines personnes, qui des aumônes et charités qu'ils en reçoivent, ils les ont accoutumé gouverner et nourrir, en criant publiquement aux passants, par devant le lieu où iceux enfants sont, ces mots : *faites bien à ces pauvres enfans trouvés* ».

Restait à décider en quelle qualité le chapitre exerçait

chap. v, § 3. Laplace, *Introduction aux droits seigneuriaux*, 1749, p. 279, etc., etc.

[1] « Les biens meubles des bastards ou aubains, et autres natifs du royaume, et qui décèdent sans hoir, appartiennent aux seigneurs, à chacun pourtant qu'il en est tenu en sa seigneurie, qui ont droit d'espave mobiliaire en leur terre. Et les héritages acquis par tels bastards appartiennent aux bas justiciers en la juridiction desquels ils sont assis. » (Coutumes générales du pays et comté du Maine, art. XLVIII.) Voir dans le même sens Coutumes générales des pays et duché de Bretagne, rédact. de 1539, chap. XX, art. CCCCL. Coutumes du pays de Normandie, art. CXLVII. Coutumes du duché d'Anjou, art. XLI. Anciennes coutumes du pays de Poitou, rédact. de 1514, tit. V, CCXXIX. Coutumes de Touraine, rédact. de 1559, tit. XXVIII, art. CCCXX, etc.

son action. Etait-ce comme seigneur haut justicier ou en vertu d'un titre de fondation concernant ces créatures infortunés ? Les autres seigneurs justiciers, désireux de s'affranchir de cette charge, prétendaient qu'il y avait fondation|; aussi, suivant acte du 3 juillet 1550, « maistre Vulfran Fouquet, chanoine de la dite Eglise de Paris, au nom et comme procureur des dits doyen, chanoines et chapitre, et de chacun d'eux, se purgea-t-il par serment qu'il n'y avait aucune fondation de l'office des Enfants trouvez en cette ville de Paris, dit les Enfants trouvez de la dite Eglise, qu'il n'en avoient veu ni sçeu aucune chose, et que par dol et fraude ils n'avoient délaissé à l'avoir et posséder. » Le Parlement enjoignit donc aux justiciers de participer proportionnellement à la dépense nécessitée par ces enfants dans la limite de neuf cent soixante livres parisis [1].

Il faut, nous le répétons, voir dans cet arrêt non une innovation, mais bien la consécration et l'application d'un principe admis presque partout.

Maintenant de quelle manière les seigneurs s'acquittaient-ils de leurs obligations sous ce rapport? C'est un point difficile à éclaircir. Ils devaient évidemment faire le moins de sacrifices possibles; leur résistance brisée par le parlement à Paris au XVIe siècle, n'est pas un fait isolé. Dès qu'il y a dans une ville des hôpitaux ayant des revenus suffisants, les seigneurs s'efforcent de faire re-

---

[1] « L'evesque de Paris, six vingts livres parisis par chacun an. Les dits doyen, chanoines et chapitre, trois cens soixante livres. L'abbé de Saint-Denis, en France, vingt-quatre livres. L'abbé de Saint-Germain-des-Prez, six-vingt livres. L'abbé de Saint-Victor, quatre-vingt-quatre livres. L'abbé de Saint-Magloire, vingt livres. L'abbé de Sainte-Geneviefve, trente-deux livres. L'abbé de Tyron, quatre livres. Les religieuses, abbesse et couvent de Montmartre, quatre livres. Le grand prieur de France et commandeur du Temple, quatre-vingt livres. Le prieur de Saint-Martin des Champs, soixante livres. Le prieur de Notre-Dame des Champs, huict livres. Le prieur de Saint-Denis de la Chartre, huict livres. Les doyen, chanoines et chapitre de Saint-Marcel, huict livres. Les cheveciers, chanoines et chapitre de Saint-Merry, seize livres. Les chanoines de Saint-Benoist-le-bien-tourné, douze livres. »

tomber sur eux les dépenses des *trouvés ;* habituellement la contestation finit par une transaction, l'établissement prend les enfants et le seigneur paie un abonnement [1].

Il existait évidemment des seigneurs qui s'intéressaient à ces abandonnés [2], et les faisaient élever avec soin, mais un système d'assistance qui repose exclusivement sur le bon ou le mauvais vouloir d'individus déterminés est mauvais.

Faute d'une organisation spéciale, il avait été nécessaire à l'origine de la constitution féodale de mettre tout à la charge de ceux qui avaient le pouvoir sur leurs terres [3]. C'était un pas en avant sur la période précédente où l'enfant trouvé était trop souvent vendu pour devenir esclave ; mais ce principe devait forcément subir des modifications, et ce fut un bien pour les pauvres délaissés.

§ 3. — LES ENFANTS TROUVÉS OU ORPHELINS ET LES COMMUNAUTÉS D'HABITANTS.

En Dauphiné les seigneurs, ne jouissant pas des droits mentionnés plus haut, n'avaient pas la charge des enfants ; plusieurs arrêts les exemptèrent d'une manière formelle et de

[1] Merlet, *Arch. maison de Dieu de Châteaudun,* introduction, p. xxxviii. Au xviiᵉ siècle, Mme de Longueville payait de ce chef 5 à 600 livres. Dʳ Missol, *Ancien hôtel-Dieu de Villefranche en Beaujolais,* 1882, p. 7. Les sires de Beaujeu donnaient au xiiiᵉ siècle, 12 livres ; ce chiffre fut augmenté successivement.

[2] En 1573, on voit *très haut* et puissant prince monseigneur Ludovico de Gonzague, duc de Nivernois et de Rethelois etc., et très haute et puissante princesse Mme Henriette de Clèves, faire une fondation destinée à marier dorénavant chacun an à perpétuité en leurs terres et seigneuries jusques au nombre de soixante pauvres filles destituées de toutes facultez et moyens. Il s'agit il est vrai ici de filles « réputées estre nées en *loyal mariage* », mais des seigneurs aussi charitables ne pouvaient négliger évidemment les enfants trouvés en leurs terres. Fondation etc., in-4°, MDCLXIII, 104 p. Recueil d'arrêts concernant cette fondation, 1640 à 1740, in-4°. Instruction extraite de la fondation pour servir aux officiers des terres sujettes à la fondation, et leur en faciliter l'exécution. Paris 1722, in-4°, 54 et 4 p.

[3] « Le fait de l'exposition des enfants est un fait de police, dit à ce sujet M. l'avocat général de Saint-Fargeau, c'est un trouble de l'ordre public ; c'est au seigneur à y pourvoir. Et en lui réservant son recours

tout temps la ville de Romans fournit à cet entretien, ainsi que le prouvent les comptes consulaires[1].

En Provence les communautés d'habitants agissaient de même et procédaient par voie d'abonnement avec les hôpitaux existants. Néanmoins les seigneurs possédaient dans cette province les droits de déshérence et de bâtardise; « sur quoi peut être fondée une exemption si favorable pour eux et si onéreuse aux communautés, inconnue dans les autres provinces? disent dans un mémoire célèbre les recteurs de l'hôpital général de la ville d'Aix (p. 170 et 171)[2]. Elle ne l'est ni sur le droit romain qui forme le droit commun du pays, on n'y trouve aucun texte qui impose aux communautés une semblable charge ; ni sur notre droit statutaire, il ne dispose point sur cette matière; ni sur des titres ou privilèges particuliers qui dérogent à la loi générale, ils ne fussent pas demeurés inconnus jusqu'à présent et on n'en trouve aucune trace. »

La base de l'argumentation à l'aide de laquelle les justiciers avaient fini en Provence par faire rejeter la dépense sur les habitants paraît être l'ordonnance de Moulins, dont l'art. 73 ordonne que chaque communauté nourrira ses pauvres; ils disaient aussi que le même usage existait en Bretagne. « Inutilement, répondent les recteurs (p. 173), opposoit-on que la cité doit nourrir l'enfant trouvé, sous prétexte qu'il naît pour elle. Le seigneur n'est pas moins membre de la cité que ses vassaux; il seroit même plus vrai de dire que l'enfant trouvé naît pour lui, puisqu'il lui succède, puisque son travail augmente le produit de ses directes, de ses tasques, sa consommation, celui de ses ban-

contre tous ceux que peut concerner la charge de la nourriture et de l'entretien des enfants exposés, il paraît indispensable de l'obliger d'en avancer les frais. » (*Traité des enfants naturels, adultérins, incestueux et abandonnés,* par Loiseau, p. 778, in-8°, Paris 1811).

[1] Ulysse Chevalier, *Essais hist. sur les hôp. de Romans,* in-8°, p. 259.

[2] Mémoire sur les enfants trouvés présenté à MM. les procureurs du pays de Provence par les recteurs de l'hôpital général Saint-Jacques de la ville d'Aix. Aix, David 1780, in-4°, 192 p.

nalités, etc. » Ils ajoutent que, tandis qu'en Bretagne la coutume porte que les enfants exposés seront à la charge des habitants des paroisses, on ne trouve rien de semblable dans les statuts de leur province, et qu'il paraît injuste d'exempter les ordres du clergé et de la noblesse d'une imposition qui pèse ainsi uniquement sur le tiers état.

Cette exception à la règle établie dans le paragraphe précédent n'était donc justifiée par aucun texte précis, mais par un usage remontant peut-être seulement au XVIᵉ siècle.

Il n'en est pas de même pour la Bretagne. Les coutumes générales [1] portaient en effet ce qui suit : « Tous enfans doivent estre pourveuz sur les biens du père ou de la mère au cas qu'ils n'ont sens, ne sçavoir pourvoir a leurs nécessitez; et au cas qu'ils n'auroient rien, Justice les doit faire pourveoir sur les biens de leurs prochains lignagers. Et si l'on ne sçavoit sur qui faire pourveoir les enfans comme s'ils avoient esté jettez ou exposez, les gens de la paroisse où ils sont trouvez, leur doivent faire pourveance par les thésauriers et fabricqueurs d'icelle, et y doivent estre contraints par Justice. »

Chaque *général* de paroisse [2] devait en conséquence confier à ses trésoriers en charge le soin de faire marché avec une nourrice pour la nourriture et l'entretien de l'enfant trouvé, sauf à se pourvoir ensuite à la cour pour y obtenir la permission de faire une levée et un *égail* ou répartition sur chaque contribuable de la somme ainsi dépensée. Mais, comme les trésoriers ne pouvaient pas assembler le *général* dès l'instant où l'enfant était recueilli, ils veillaient à sa subsistance et à son placement et faisaient

[1] Art. DVI et DVII de la rédaction de 1539, et DXXXII et DXXXIII de la rédaction de 1580.

[2] Le temporel d'une paroisse bretonne était administré par le *général*, composé de douze anciens trésoriers dont les comptes avaient été rendus, et des deux trésoriers en exercice. A ces 14 membres se joignaient le recteur et les juges de la juridiction.

plus tard leur rapport au *général* pour obtenir approbation définitive du marché conclu par eux [1].

Dans les <u>provinces du Nord</u>, nous trouvons également de nombreux exemples de l'assistance, par les communes, des enfants trouvés. Toutes les coutumes du riche pays de Flandre et des contrées avoisinantes contiennent en effet des dispositions destinées à assurer le sort des délaissés. « Pour gouverner le faict des mineurs demeurans en la dicte ville et banlieue, dit la coutume de Saint-Omer (rédaction de 1612), les dicts mayeur et eschevins selon leur institution et le pouvoir qu'ilz ont par icelle, ont accoustumé de créer, et créent par chacun an, deux souverains advoez ausdictz orphelins de deux de leurs compaignions d'eschevinages, lesquelz avecq deulz des dix jurez, pour la communaulté, aussi par eulx a ce ordonnez, ont la cognoissance du faict des dictz orphelins, de leur corps et de leurs biens, et ont accoustumé d'avoir ung greffier qui tient le livre des dicts orphelins... Les dicts souverains advoez ont accoutumé quand ils sçavent aucuns mineurs d'ans, enfans de bourgeois manans et habitans de la dicte ville, évocquer où faire évocquer par devant eulx les prochains parents d'iceulx mineurs d'ans... et par l'advis des dicts parens ont accoutumez commectre ausdicts mineurs deux advoez et tuteurs particuliers. Lesquels advoez et tuteurs ont l'administration particulière des biens d'iceulx mineurs d'ans et sont tenus par chacun an de rendre compte par devant les dictz souverains advoez de la dicte administration et de l'employ qu'ilz font, du boni et remanet, oultre les despens, debtes et charges... les quels comptes se gardent et mectent en la chambre des orphelins [2]. »

---

[1] *Introduction au gouvernement des paroisses, suivant la jurisprudence du parlement de Bretagne,* par Potier de la Germondaye, in-8°, 1777, part. III°, section V.

[2] Coutumes de Saint-Omer, art. IX à XI. Voir dans le même ordre d'idées les coutumes de Lessines, II, II; de Valenciennes, V, 25; de Tournehem (en Artois), XVIII; d'Hesdin, I, § 3; de Pernes en Ternois, art. XXII; de Mons, XXXVII. « Les biens des orphelins sont gouvernez par les maistres des orphelins d'icelle ville. » Dans ces coutumes on

A Metz (ordonnances de police de 1562, (art. XXII, XXIII), « il est enjoint d'envoyer aux escolles pour y apprendre leur créance, lire et escrire s'il y sont trouvez propres, tous pauvres jeunes enfants, masles ou femelles, orphelins ou autres. Lorsqu'ils seront venus en quelque aage de discrétion pour choisir quelque mestier et vocation pour gaigner leur vie, seront mis es maisons de quelques maistres ou maistresses pour estre enseignez au mestier que ils voudront choisir [1]. »

Dans les registres de comptes de la commune d'Amiens, on trouve un chapitre intitulé : *Deniers mis en warde*. Cette caisse semble avoir été ouverte par les magistrats de la cité dans un but analogue à celui des caisses de dépôts et consignations. Entre autres sommes, la commune y recevait les capitaux recueillis par les orphelins ; elle servait annuellement l'intérêt et remboursait le capital dès que les ayants droit avaient atteint leur majorité. On trouve des pièces relatives à cette manière de procéder dès l'année 1278. En effet, suivant « li usages de la cité d'Amiens (art. 66), li enfant qui sont orfelin de pere et de mere sont a le ville, a conseillier et au maieur et as eskievins [2]. »

A Lille, des officiers appelés gard'orphènes, veillaient aux intérêts des orphelins ; ils étaient nommés par les échevins et devaient être bourgeois de la ville. En février 1320, l'échevinage décidait que tout gard'orphènes qui serait convaincu d'avoir pris à intérêt l'argent des orphelins, ou servi de caution pour le prendre, ou souffert que ses collègues le fissent, sans venir le dénoncer aux échevins dans les trois jours, serait publiquement déclaré parjure et « escassé » de la bourgeoisie [3].

appelle du nom général de *mambourgs*, c'est-à-dire tuteurs ou curateurs, « ceux qui administrent le bien d'autruy par non puissance ».

[1] Bourdot de Richebourg, *Nouveau Coutumier général*, tome II, p. 394.

[2] Recueil des monuments inédits de l'hist. du tiers-état, tome Iᵉʳ, p. 125 et 143.

[3] Dans une très intéressante notice publiée par le Bulletin de la Société de protection des apprentis, 1876, tome IX, p. 149 à 155, M. Jules

Ce n'étaient pas seulement les orphelins légitimes qui faisaient l'objet des préoccupations des échevinages des pays du Nord : Flandres, Artois, etc., ils veillaient également sur les enfants trouvés.

Une charte de 1343 renfermant un accord passé entre « le maieur et esquevins et le ville d'Amiens d'une part, et les maistres, frérez et serveurs de l'ostelerie d'Amiens d'autre part, » nous montre que les enfants trouvés vivaient des aumônes de la commune et étaient reçus depuis longtemps déjà à l'Hôtel-Dieu de cette ville. Les parties déclarent mettre à néant la procédure à laquelle leurs contestations avaient donné lieu ; et conviennent que toutes les fois que des enfants abandonnés seront recueillis à Amiens, le maire et les échevins les enverront par leurs sergents à l'Hôtel-Dieu pour y être nourris, à moins que les administrateurs n'aiment mieux, comme cela se pratiquait jadis, les faire élever au dehors, « pourvu qu'il soyent nourrys souffisamment. »

De son côté, l'échevinage prend l'engagement de donner à l'hôpital les « courtoisies et amosnes, sur le même pied que par le passé[1]. »

Perrin a donné la traduction suivante du serment que prêtaient les gard'orphenes : « Vous promettez et jurez d'être gard'orphenes, droiturier et loyal; de veiller sur les biens des orphelins; de vérifier les comptes de leur avoir bien et loyalement, aussi bien du pauvre que du riche; que vous ne prendrez à intérêt l'argent des orphelins, directement ni sous le nom d'autrui; et que vous ne souffrirez qu'aucun de vos collègues le fasse; que vous ne serez caution pour personne qui prenne l'argent des orphelins à intérêt, et que vous ne manquerez à rien de ceci pour amour, pour haine, pour perte ni pour gain, ni pour aucune considération présente ou à venir. Que Dieu et tous les saints vous aident. »

[1] Recueil des monuments inédits du tiers-état, tome Ier, p. 499-502. Dans les comptes de la ville d'Amiens au chapitre : « Sommes payées pour les aumônes de la ville, » la première des dépenses inscrites est toujours destinée à l'entretien et à la nourriture des enfants trouvés (id. p. 749).

Suivant la coutume de Tournay, chap. XXIV, § 2, c'est à la ville « qu'échéent les biens du bastard non ayant enfans légitimes décédé intestat. » La ville devait donc aussi prendre la charge des trouvés. Du reste, l'édit de Charles-Quint du 7 octobre 1531 décida d'une manière générale que les communautés d'habitants devaient nourrir les enfants

Les textes retrouvés si heureusement par M. de la Fons de Melicocq [1] et consistant en mentions de dépenses faites par l'administration municipale lilloise, de 1420 à 1600, pour les enfants trouvés, permettent de se rendre compte facilement du mode d'assistance employé à leur égard.

Les municipalités ayant la charge de ces enfants abandonnés sur leur territoire, il y avait un intérêt évident pour elles à retrouver l'origine des enfants, afin de s'exonérer de dépenses relativement importantes. « Aussi, dit M. Desnoyers, résulte-t-il de plusieurs témoignages que, dans ce régime civil, cette recherche précédait tout autre acte administratif. On procédait à la constatation par proclamation et cri public en promenant l'enfant dans les rues et carrefours; on encourageait cette constatation par des récompenses accordées à ceux qui faisaient connaître les parents des enfants délaissés. »

En 1495, « on envoie devers les bailly et eschevins du pays de Laleue, afin de constraindre une fille y demourant, de reprendre son enfant qu'elle avoit délaissié en ladite ville de Lille, lequel y celle ville avoit fait garder certain temps. »

En 1527, on donne XXXIV s., y compris les dépenses de l'enfant, à un homme chargé de reconduire à Tournay un trouvé dont il avait dénoncé l'origine.

Quand la ville était contrainte d'accepter définitivement l'abandonné, n'ayant pu rien découvrir sur son origine, on le faisait baptiser et on le confiait à des nourrices ou gardes, habitant généralement la campagne. Les prix annuels constatés varient en un siècle de 9 à 72 livres, suivant l'âge des enfants et la dépréciation du signe moné-

exposés sur leur territoire, à moins d'un titre contraire portant obligation pour le décimateur, un établissement religieux ou hospitalier d'accomplir cet office. *Flandre et Artois*, organisation de la bienfaisance au xvie siècle, par De Croos; mémoires de la Société d'émulation de Cambray, tome XXXIV, p. 279.

[1] Bulletin du comité historique, tome III. Dans le même volume, rapport sur un document inédit concernant les dépenses faites par la ville de Lille pour les enfants trouvés du xve au xvie siècle, par M. Desnoyers.

taire [1]. La ville fournissait également les berceaux, literie, couches, langes, etc. Certains de ces enfants apprenaient un métier, et l'on trouve des mentions fréquentes de sommes accordées pour favoriser leur envoi aux *escolles*. La municipalité pourvoyait enfin aux frais de maladies et d'ensevelissement.

Reste à examiner maintenant dans quelle mesure les administrations hospitalières concouraient avec les seigneurs justiciers ou les communes à l'assistance de cette classe si intéressante des enfants délaissés.

§ 4. — LES ENFANTS TROUVÉS ET LES INSTITUTIONS HOSPITALIÈRES.

Dans la première partie du moyen âge, on peut affirmer d'une manière générale que les maisons de Dieu, sauf celles fondées par l'ordre du Saint-Esprit, ne recevaient pas les enfants trouvés. *Pueri inventi non recipientur in domo nostra*, disent les statuts de l'Hôtel-Dieu-le-Comte, de Troyes. (Art. LXXXIX). — *Quos si reciperemus, tanta afflueret copia puerorum, quod ad hoc non sufficerent bona domus ; et quod ad nos non pertinet sed ad parrochiales ecclesias ;* mêmes dispositions dans les règlements de Saint-Jean d'Angers [2].

Plus tard, en 1362 et 1445 les lettres patentes portant approbation de la confrérie dite du Saint-Esprit, et s'occupant des enfants pauvres de Paris, indiquent expressément « que

---

[1] M. Desnoyers a relevé les chiffres suivants : « En 1420, on voit payer 60ˢ pour 6 mois; en 1482, 62ˢ tous les trois mois; en 1495, 10 ou 12ˡ par an (l'argentier du conseil de ville fait observer que le grand nombre d'enfants exposés rend ces charges très lourdes); en 1503, on accorde 9ˡ, ou 12ˡ avec obligation d'envoyer l'enfant à l'école; en 1526, 26 à 28ˡ; en 1533, 12 à 19ˡ; en 1546, 22ˡ; en 1550, 72ˡ; en 1576, 30 à 36ˡ; en 1588, 50 à 72ˡ.

La garde d'un enfant innocent (insensé) est fixée à la somme énorme de 100ˡ en cette même année 1588.

[2] Pour ne pas laisser épuiser bientôt toutes les ressources de la maison par une charge sans cesse envahissante ; c'est la raison expresse que donne de cette exclusion, en la confirmant, une sentence de 1557 (Célestin Port, notice historique, p. 17).

la règle qui d'ancienneté a été gardée de recevoir au dit hospital du Saint-Esperit en Grève enfans approuvés estre nés en loyal mariage et non aultres, a été tout notoire d'ancienneté. » Sans cela, ajoutent ces lettres, si souvent citées, « si les revenus dudit hospital étaient employés à nourrir et gouverner lesdits enfants bastards, illégitimes, dont pourroit advenir qu'il y en auroit si grande quantité, parce que moult de gens s'abandonneroient et feroient moins de difficultez de eulx abandonner a pescher quand ils verroient que tels bastards seroient nourris davantage [1]. » Cette raison est toujours, comme on le voit, basée sur la crainte du grand nombre d'enfants à recevoir; il faut ajouter cependant que partout la règle ne s'appliquait pas aux enfants nés hors mariage, dont la mère mourait dans l'établissement : « Se la mère muert en la meson Dieu, ses enfes sera norriz des biens de la meson Dieu, meesmement s'il n'a point de père », disent les constitutions de l'hôpital de Vernon [2], et en 1536 François Iᵉʳ créa les *Enfants rouges* pour élever les orphelins dont les parents étrangers décédaient dans le grand asile de la cité parisienne.

Avec le temps ces dispositions exclusives de certains établissements cédèrent peu à peu, et en dehors des mai-

---

[1] Le manuscrit si curieux de la bibliothèque nationale contenant l'historique de cette fondation du Saint-Esprit (Fonds français n° 11,778, copie faite en 1537) confirme ces dispositions : « seconde cause de la fondation est pour nourrir pouvres enfans orphelins et orphelines qui n'ont père ne mere, ne aultres amyz charneulx ou aultres qui soient tenuz à leur nourriture, non *pour les trouvez que par les églises ou paroisses ou par les rues de la dicte ville sont gectez ou delaissez. Car iceulx trouvez estoient et sont secouruz aulcunement par les paroisses, églises ou rues ou ils sont trouvez.* Mais aultres povres et orphelins et orphelines sont dont il est trop plus que de trouvez. Et ce peult en scavoir considéré les guerres et mortalitez, et moult d'autres fortunes pour lesquelles les pauvres sont venuz de toutes pars a Paris au refuge et viennent chacun jour avec la grande multitude des povres habitans d'icelle..... »

[2] De Bouis, *Hôp. de Vernon*, p. 569. Guignard, *Hôtel-Dieu de Troyes*, p. 24, règlement latin, art. LXXXVII. « Etsi aliquis puer sub etatem annorum (?) in domo nostra remanserit sine parente, usque ad decem annos nutriantur, et si profuerit de bonis domus mariretur. »

sons hospitalières recevant les enfants trouvés à la suite de conventions pécuniaires avec les justiciers ou le fondateur; on voit ces pauvres petits admis au xiv° siècle à Malestroit, les administrateurs les désignent dans leurs comptes du xv° siècle, sous le nom de *getès à l'hospital*, ils les habillent, les nourrissent, soit dans la maison, soit au dehors [1]; et à Marseille, à l'imitation de l'hôpital du Saint-Esprit, les enfants trouvés sont reçus à l'hôpital de l'Annonciade et à Saint-Jacques de Galice [2].

En 1520 l'hôtel-Dieu Saint-Julien de la Ferté-Bernard élevait ces mêmes [3] enfants; à Bordeaux l'hôpital Saint-Jamme était destiné particulièrement « pour les enfants exposez n'estans advouez de pere ni mere [4] ».

A Issoudun dès la fin du xiv° siècle on les reçut également en les confiant ensuite à des nourrices ; suivant les circonstances, ils restaient à la campagne ou revenaient dans la maison pour être mis en métier [5].

Dans la visite faite le cinquième d'apvril 1546 à l'aumônerie Saint-Julien de Laval les commissaires enquêteurs trouvèrent « aultres paouvres appelés les enfans orphelins qui n'avoient adveu de pere ny de mere et etoient nouris et entretenus aux despens et du revenu d'icelle aulmosnerie et que pour le présent il y en avoit treze dont il en avoit deux qui étoient noury de mamelle, lesquels coustoient six livres tournois la pièce à noury [6]. »

---

[1] Rosenzweig, *Recher. hist. sur les arch. du Morbihan*, arch. hospit. 1er *fascicule*, p. 29.

[2] Fabre, *Hôp. de Marseille*, tome Ier, p. 382.

[3] Cauvin, *Recherches sur les étab. de charité du diocèse du Mans*, p. 15.

[4] Il existe des arrêts dans ce sens de 1542, 1572, 1582 ; anciens et nouveaux statuts de la ville et cité de Bordeaux, in-4°, 1612, p. 59. La tradition fait même remonter à l'année 1119 la fondation de cet établissement (Pellepo1t, *Etud. munic. sur la charité bordelaise*, tome Ier, p. 35.)

[5] *Hist. de l'Hôtel-Dieu et des étab. charit. d'Issoudun*, par le Dr Jugand, in-12, Issoudun, 1882, p. 273.

[6] *Notice hist. sur les hôp. de Laval*, par Léon Maitre, 1868, p. 25. L'auteur ajoute en note : « L'admission des enfants trouvés à l'Hôtel-

A Douai, l'hôpital des enfants trouvés devant Saint-Pierre
« passe pour avoir été fondé au XIIIᵉ siècle par MM. du Magistrat. Charles-Quint accorda à cette maison au mois
d'avril 1516 des lettres d'octroi et d'amortissement; on y
recevait les enfants exposés des deux sexes, ils étaient
nourris et élevés en la croyance de Dieu, et on leur apprenait à lire, écrire et travailler. » (Brossart, *Not. historique
sur les hôpitaux de Douai*, p. 27) [1].

A la même époque l'Aumône générale de Lyon était tenue
de recevoir les enfants trouvés élevés à l'Hôtel-Dieu aussitôt
qu'ils avaient assez de force pour s'habiller seuls, et les
abandons étaient suffisamment fréquents pour qu'en 1593 les
recteurs dussent requérir l'exécution d'une sentence obte-
nue par eux et portant des peines contre les personnes
qui exposeraient des enfants nouveau-nés à la porte de
l'hôpital [2].

On doit signaler cette particularité que l'adoption de ces
pupilles pouvait être faite par les administrateurs sans
le consentement des parents, et que leur succession
appartenait à l'établissement qui les avait élevés à l'exclusion de leurs héritiers. (Brillon, *Dict. des arrêts*, au

Dieu a donné naissance à de nombreux conflits entre les administrateurs et les officiers du comte. En juillet 1666, la question fut déférée
au Parlement, qui donna gain de cause aux administrateurs de Saint-
Julien, et chargea les seigneurs des fiefs des frais d'entretien de ces
enfants. »

[1] A Soissons, en 1583, la nourriture d'un trouvé coûte 40 sols; en
1653, 100 sols par mois (arch. hosp. invent. nᵒˢ 471-536).

[2] Dagier, *Hist. de l'hôpital général, grand Hôtel-Dieu de Lyon*,
tome Iᵉʳ, p. 150 à 160. Les églises lyonnaises avaient également des
fonds pour élever des trouvés.

15 janvier 1419 (n. s.)

« Qua die ad relacionem Domini A. Pererii fuit reperta una filia par-
vula porrecta in matutinis in ecclesia sancte Crucis a casu, quam
custodes fecerunt baptizari et vocatur Johanneta de sancta Cruce,
quam mandaverunt nutriri de bonis elemosine per manum Domini
A. Pererii, hinc quousque sit adulta, JUXTA BONUM MOREM ECCLESIE,
super elemosinam.

Arch. dép. du Rhône. — (Actes capitulaires de Saint-Jean, livres IX
et X, fᵒ 241 vᵒ.) — Note communiquée par M. G. Gigue.

mot *Adoption*. Voir aussi Henrys, tome 1er, liv. VI, chap. v, quest. 35).

Il y eut donc des exceptions de plus en plus nombreuses à la règle primitive posée plus haut et en vertu de laquelle les maisons-Dieu ne recevaient pas les trouvés ; en outre, à dater de la fin du xiie siècle, les hôpitaux fondés par les disciples de Guy de Montpellier généralisèrent cette assistance.

§ 5. — L'ORDRE HOSPITALIER DU SAINT-ESPRIT DE MONTPELLIER.

Le fondateur de cet ordre célèbre fut Guy, né a Montpellier, peut-être de la noble famille des Guillems, et qu'Innocent III appela à Rome en 1198 lors de la fondation de l'hôpital du Saint-Esprit in Sassia [1].

Le but de la milice hospitalière dont il fut le chef était le soulagement des pauvres et l'assistance des enfants délaissés. Les vœux prononcés par les frères comprenaient notamment l'engagement suivant : « Negotia curabo ad honorem Dei ad victum, vestitum, sustentationem pauperum infirmorum, peregrinorum et *infantium expositorum* [2]. »

Les bulles des souverains Pontifes, les édits et déclarations des rois de France font fréquemment mention de cette hospitalité accordée aux trouvés, et c'est un des caractères distinctifs de la famille religieuse de Guy ; caractère qu'elle conserva jusqu'à la fin du xviie siècle [3]. Le mouvement parti de

---

[1] A. Germain, *De la charité publique et hospitalière à Montpellier*, in-4°, p. 22, 23.

Les bulles d'Innocent sont des 23 et 24 avril 1198. Presque tous ses successeurs se sont occupés de cet ordre, dont les maisons étaient tantôt placées sous la direction exclusive du commandeur de Rome, tantôt, suivant les pays, sous celle du commandeur de *Rome* ou du commandeur de *Montpellier*. Consulter notamment *Diplomata ordini regulari S. Spiritus Montpeliensi concessa*, in-8°, 1723. P. Saulnier, *De capite S. ord. S. Spiritus dissertatio*, in-4°, 1649.

[2] Copie d'acte de profession du xive siècle. Recueil de lettres patentes, édits, etc., concernant l'ordre régulier et hospitalier du Saint-Esprit, in-folio, 1723, p. 265.

[3] Bulle de Sixte IV, 23 janv. 1476. Bulle de Léon X, 26 mars 1516, etc. Lettres patentes d'Henri IV, 21 mars 1608. Décision de Louis XIII,

Montpellier s'étendit rapidement, et on voit se fonder successivement, sous la direction des frères du Saint-Esprit, les hôpitaux de Marseille (1188), Besançon (1203), Dijon (1204), Gray (1230) etc. [1]. Ce sont les seigneurs, les municipalités, qui appellent nos hospitaliers ou favorisent leur établissement. Au XIe siècle une bulle du pape Grégoire XI (12 août 1372) enumère plus de cent maisons situées en France ; on trouve dans cette longue liste la mention suivante : *Domum conventualem, cum hospitali infantium expositorum Lutetiæ Parisiorum.* Faut-il entendre par ces mots l'hôpital du Saint-Esprit en Grève, comme le prétendent les mémoires des défenseurs de l'ordre? cela est douteux ; en effet l'origine de cet asile est connu, il n'y est fait aucune mention de l'ordre de Montpellier, et d'un autre côté les lettres patentes de 1445, en indiquant formellement l'exclusion des enfants trouvés dès la fondation de l'hôpital, dénotent bien qu'il n'appartenait pas au groupe d'établissements desservis par des disciples de Guy [2]. Il faut d'ailleurs se mettre en garde contre la plupart des documents des XVIIe et XVIIIe siècles concernant le Saint-Esprit ; au milieu de

---

29 août 1626, etc. Il est inutile de développer ici les causes diverses qui ont amené la déchéance assez rapide de cet ordre ; il suffira de les indiquer brièvement : rivalité constante entre la maison de Montpellier et celle de Rome ; désastres causés par les guerres de religion ; envahissement des maisons hospitalières par des séculiers qui veulent faire dégénérer l'ordre en une institution militaire, contrairement à ses statuts primitifs ; « supprimée canoniquement par Pie II en 1459, puis par Sixte IV en 1476, cette milice de pirates, dit M. Castan, disparut pendant quelque temps ; mais on la vit se relever bientôt à la faveur des perturbations du XVIe siècle ; les maisons de Dijon et de Besançon furent le boulevard et la forteresse de l'ordre. » (Notice sur l'hôpital du Saint-Esprit de Besançon, chapitre Ier). L'union momentanée du Saint-Esprit à l'ordre de Saint-Lazare, en 1672 consomma sa ruine.

[1] Fabre, *Hist. des hôp. de Marseille*, tome Ier, p. 44. Castan, *Hist. hôp. du Saint-Esprit de Besançon*. Peignot, *Hist. de la fond. des hôp. du Saint-Esprit de Rome et de Dijon*. Gauthier, *Notice historique sur l'hôp. du Saint-Esprit de Gray.*

[2] Voir Du Breul, *Théâtre des antiquitez de Paris* (édition de 1639, p. 740). Abbé Lebeuf (édition Cocheris), tome Ier, p. 334. Le savant historien pense qu'il peut y avoir eu deux maisons de ce nom, dont la première n'aurait pas tardé à disparaître.

la lutte entreprise pour faire revivre un ordre envahi par des étrangers, bouleversé par les guerres civiles, on ne craignit pas de fabriquer des titres qui n'existaient pas et de s'appuyer sur des pièces dont la fausseté a été établie par les travaux de la critique moderne.

Comment les enfants exposés étaient-ils reçus dans tous ces établissements hospitaliers, c'est un point curieux à examiner; malheureusement nous manquons de textes précis. A Marseille, on ne dressa qu'assez tard des procès-verbaux d'exposition; ce fut seulement en 1567 que ces actes reçurent une forme régulière [1].

Les enfants étaient exposés généralement à la porte des églises; plus tard, on les conduisit directement à l'hôpital. « Un procès-verbal de 1625 parle d'un enfant porté au *trou de la porte*, et les actes postérieurs s'expriment de la même manière. Celui du 29 juillet dit que c'est au *plus haut degré de la porte* qu'on a déposé l'enfant. Quelques procès-verbaux déclarent qu'on n'a ni frappé le marteau ni sonné la cloche, ce qui semblerait indiquer que cela se faisait ordinairement [2]. »

Le 27 septembre de la même année, un enfant fut déposé « alla fenestre accoustumée à quatre heures ou environ du matin. » Quelle était cette fenêtre? doit-on voir là un tour comme ceux usités alors en Italie? nous ne le pensons pas. Le tour avait un nom, qui existe encore, la *roda* ou la *ruota*; mais cette fenêtre pouvait être analogue à celles existant à la même époque dans certaines parties du centre de la péninsule italienne (Florence, Pistoie, etc.) et consistant en une ouverture munie de grilles disposées de manière à permettre de n'y glisser qu'un enfant nouveau-né (*un bambino di fresco nato*).

Nous savons bien que dans l'*Histoire de la fondation des hôpitaux du Saint-Esprit et de Notre-Dame de la Charité de Dijon*, imprimée en 1649, le mot *tour* est joint à celui

---

[1] Fabre, *ut supra*, tome Ier, p. 392 et suivantes.
[2] Idem, p. 400 et 401.

de *fenêtre*[1] ; toutefois il pouvait exister un tour véritable à Dijon, sans pour cela qu'il y en eût un à Marseille, et les documents si précis que nous produirons dans le chapitre suivant démontrent qu'à Paris l'exposition des enfants, et plus tard leur transfert direct au bureau des commissaires enquêteurs était le seul mode d'admission usité, ce qui permet d'affirmer d'une manière générale que le tour n'existait pas dans l'ancienne France, car ce n'est pas un mot placé isolément dans une phrase qui peut trancher la question et prévaloir contre des faits nombreux et incontestables.

Au point de vue de la situation des enfants admis dans les hôpitaux du Saint-Esprit, les renseignements extraits du règlement de Dijon (p. 44 à 46) en donnent une idée assez complète :

« Du devoir des trois religieuses qui ont charge de la nourricerie. Quand donc un enfant aura esté trouvé soit dans la fenestre ou autre part, ou qu'enfin il aura esté envoyé à l'hospital par l'ordre qui a esté dit (il s'agit alors des orphelins), elles le mettront entre les mains d'une nourrice après néantmoins avoir reconnu s'il est net...

« Au regard des trouvés elles doivent tascher doucement de descouvrir d'où ils peuvent avoir esté apportés et par qui ; et si elles en descouvrent quelque chose (le tenant secret à tout autre), le déclarer en particulier à MM. les

---

[1] In-4°, Dijon, 1649, p. 44. Les enfants reçus sont de deux sortes. « Aucuns sont envoyés, ou par délibération de la chambre des pauvres ou par billets de M. le maire, pauvres orphelins, qui n'ont ny pere ny mere en vie, au moins qui les puissent nourrir. Les autres sont trouvés exposés, *ou dans le tour et la fenestre de l'hôpital*, ou par la ville ; petites créatures que de mauvaises mères, comparables en cruauté aux corbeaux, ont abandonnées à la mercy d'une charité estrangère. Que si on n'emploie pas la rigueur des loix, ny contre elles, ny contre ceux qui les exposent en leur faveur ; c'est vraysemblablement pour éviter un plus grand mal et de peur que ces Médées en lubricité ne deviennent encore des meurtrières de leur fruit, comme trop souvent il arrive. » Les procès-verbaux constatant l'admission d'enfants à l'hôpital de Douai parlent d'expositions faites, le plus souvent, à la porte des églises (Brassart, *Hist. des chartes*, etc., *de la ville de Douai*, p. 97, n° 264.)

intendants, pour les faire prendre aux mères si elles ont de quoy; ou les obliger à les venir nourrir si elles sont pauvres; et afin de convenir ceux qui les auroient exposés pour l'indemnité de l'hospital........... S'il conste que ces enfans ne soient pas baptisés ; il les faut baptiser...

« Elles tiendront la main que dans un livre soient escrits les noms de tous les enfans, avec le lieu, jour, heure, mois et année qu'ils auront esté trouvés ou envoyés et baptisés; et l'aage que probablement ils peuvent avoir ; et si aucun billet ou marque s'est rencontrée sur eux, en registrer la teneur..... Auparavant que d'employer les nourrices, elles les feront visiter par l'un des chirurgiens qui seront en service, pour reconnaître si elles sont nettes et si elles ont suffisamment du laict. Que si, après avoir esté reconnuës nettes, elles venoient à prendre mal en alaittant quelque enfant de l'hospital, on les doit faire traitter et guérir aux frais de l'hospital mesme.

« Qu'elles veillent à ce que les nourrices ayent le soin qu'il faut des enfans qui leur sont commis... Elles ne leur permettront pas de donner du lait à d'autres enfans, soit dedans ou dehors l'hospital, qu'à ceux de l'hospital même...

« Quant les dits enfans auront esté sevrés de la mammelle, elles auront soin de leur bailler à manger, les habiller, les tenir nettement, et quand ils seront grandets, de leur donner telle impression de vertu et de piété que leur petit aage pourra permettre, les faisants prier Dieu matin et soir tous ensemble.

« Lorsqu'ils seront en l'aage de six à sept ans, ils seront renvoyés au département des enfermés sous la charge de l'ecclésiastique qui en a le soin... »

L'hôpital du Saint-Esprit de Marseille prenait également à l'égard des enfans confiés aux femmes destinées à les allaiter des précautions analogues; en l'année 1306 treize trouvés furent placés. Le salaire des nourrices était de quatre sols par mois. Chacune d'elles avait son compte à part et l'on mentionnait sur ce compte son nom et sa demeure, le nom et le sexe du nouveau-né, le jour où il

était remis, enfin toutes les circonstances jugées utiles
pour la bonne administration de l'établissement et la sauvegarde du pauvre petit abandonné[1]. L'augmentation du
salaire des nourrices fut rapide. Lorsque l'enfant était mal
soigné, les recteurs le retiraient pour le donner à une
autre femme[2].

Toutes ces dispositions, jointes à celles arrêtées par les
municipalités des pays du Nord, se rapprochent dans leur
ensemble des règlements en vigueur actuellement et
montrent une sollicitude évidente pour les *trouvés*, et
les documents que nous avons cités prouvent que l'on s'en
occupait efficacement. Évidemment leur état de bâtardise
étant un obstacle à l'admission pour les ordres sacrés[3], ils
devaient être admis moins facilement dans les écoles épis-
copales et autres institutions de même nature ; cependant
les paroisses, les municipalités leur viennent en aide, les
seigneurs assurent l'existence de ces *épaves* en vertu du droit
féodal et s'acquittent souvent de leur mission en fondant
ou en subventionnant des asiles où les pauvres abandonnés
sont reçus[4].

La charité n'avait donc pas attendu saint Vincent de
Paul pour s'occuper de ces êtres infortunés, rejetés par
leurs parents.

[1] M. Fabre (*ut supra*, tome Iᵉʳ, p. 383) donne la traduction d'un de
ces comptes de l'année 1306.

[2] Fabre, *ut supra*, p. 390. Voir aussi *Statistique du dép. des Bouches-
du-Rhône*, par le comte de Villeneuve, in-4°. Marseille, 1826, tome III,
passim.

[3] On lit à ce sujet, dans le *Traité de droit canon* de Ludovic Engel,
in-f°, Bénévent, 1760, liv. Iᵉʳ, titre XVII, § 5 : « Expositi possint ne
admitti ad ordines ? Quæritur utrum expositi seu in plateis aliis ve locis
reperti quorum parentes ignorantur, sint legitimi et habiles ad
ordines suscipiendos censendi ? Quidam affirmant, tum quod in dubio
pro legitimitate filii tamquam pro parte favorabiliori præsumatur.
Verum negativa probabilior videtur, eo quod præsumptio in dubio
desumatur ex illis, quæ communiter, et quasi certo accidunt, communiter autem, et ordinarie quotidiana experientia teste accidit, ut illi
tantum exponantur, qui ex illegitimis congressibus nati sunt. »

[4] Il était de jurisprudence que, du moment qu'un seigneur justicier
avait fondé et assuré l'avenir d'une maison recevant les *trouvés*, il se
voyait dégagé de ses obligations envers eux.

Loin de nous la pensée de vouloir diminuer la grandeur de l'œuvre de ce bienfaiteur de l'humanité, mais sa gloire est assez belle pour ne pas avoir besoin de rayons empruntés. Il a trouvé l'Ile-de-France, les provinces du Nord et de l'Est, ravagées par des guerres désastreuses; il a aidé par lui-même, ou par ses missionnaires intrépides, au relèvement de ces contrées, en méritant le titre de Père de la patrie. A Paris, les enfants trouvés étaient dans un état réel d'abandon, saint Vincent, après avoir organisé un hôpital destiné à les recevoir, leur a donné des mères en suscitant les Filles de la Charité; il a contribué enfin dans une large mesure au développement des hôpitaux généraux ; ce sont de grandes choses; mais il ne faut pas juger l'ancienne France avec nos idées centralisatrices. Les enfants trouvés étaient insuffisamment secourus à Paris, c'est un fait trop certain; cela n'empêchait pas, on ne saurait assez le répéter, qu'ils fussent placés en nourrice, surveillés, élevés par les soins des paroisses ou municipalités des Flandres, de l'Artois, du Dauphiné, de la Provence, de la Bretagne. Cela n'empêchait pas des maisons hospitalières de leur assurer un asile; et depuis le xii° siècle un ordre religieux avait, en vertu de ses statuts mêmes, l'obligation de les assister. Tout le mouvement ne partait pas alors de la capitale, il y avait heureusement de la vie dans les diverses parties du corps social, et on peut affirmer qu'en ce qui concerne les enfants trouvés, la cité parisienne ne fit que suivre, et tardivement encore, la voie qui lui était indiquée depuis plusieurs siècles par l'exemple de nombreuses villes.

CHAPITRE II

HISTOIRE DE LA MAISON DE LA COUCHE
A PARIS[1]

PREMIÈRE PARTIE

FONDATION. — ADMINISTRATION. — REVENUS.

§ 1er. — LES ENFANTS TROUVÉS A PARIS ET SAINT VINCENT DE PAUL.

A Paris, aux xve et xvie siècles, les doyens, chanoines et chapitre de Notre-Dame s'occupaient plus ou moins directement des enfants trouvés, « qu'ils ont accoutumé de recevoir et faire nourrir pour l'honneur de Dieu », disent les lettres patentes de 1536, portant création de l'hôpital des Enfants-Rouges.

L'arrêt de Parlement en date du 11 août 1552, obligeant les seigneurs justiciers de la ville et faubourgs à contribuer à l'entretien de ces enfants, décida que pour la régularité des opérations « les deniers adjugez pour ladite nourriture et autres qui seroient aumosnez ausdicts enfans seroient mis ès mains des maistres et gouverneurs de l'Hostel Dieu de la Trinité », à charge de commettre une femme pour recevoir les enfants exposés « soit en ladicte église de Paris

---

[1] Les quatre chapitres qui traitent de la maison de la Couche au parvis Notre-Dame à Paris étant composés de documents inédits, il nous a paru intéressant de les tirer à part, en y joignant les pièces justificatives qui en forment le complément. Ce modeste travail a été dédié par nous à nos collègues de la Société de l'histoire de Paris et de l'Ile-de-France. (1 vol. in-8°, Paris, H. Champion.)

ou ailleurs ». « Laquelle femme, continue l'arrêt, faira résidence et recevra lesdicts enfans en la forme et manière qui
par cy-devant a esté gardée en la dicte église de Paris, et iceux
par elle retirez seront par lesdicts administrateurs baillez
à sages femmes honnestes et connues pour iceux eslever et
nourrir. Et néantmoins a la dicte cour ordonné et ordonne
que le berseau et bouette estans en la dicte église de Paris
pour recevoir les enfans exposez[1] et aumosnes a eux faictes
demoureront en icelle église ; et que la femme que cy-devant
a eu la charge de recevoir lesdicts enfans exposez en la
dicte église, aura les salaires qui par cy-devant luy ont

---

[1] Ces mots pourraient faire croire qu'il s'agit d'un berseau destiné
à recevoir les enfants que leurs parents ne voulaient point exposer
dans la rue ou sous le porche de quelque église. Cette interprétation
serait inexacte. Les lettres patentes de 1445, citées précédemment,
font seulement allusion à des enfants déjà admis, et placés ainsi dans
la journée pour émouvoir les fidèles et solliciter leurs aumônes. On
lit, en effet, dans le testament de Denis de Mauroy, procureur général
du roi au parlement de Paris, daté du 16 octobre 1411, le passage
suivant : « Item à l'euvre de Nostre-Dame de Paris huit solz parisis,
aux povres enfans perdus de Nostre-Dame quatre solz parisis, aux
deux bassins qui sont en la dicte église où l'en pourchace saint Gra-
cien et les Quinze Vins au (sachet?) *devant les diz enfans perduz*, a chascun bassin deux solz parisis..... » (Testaments enregistrés au parlement
de Paris sous le règne de Charles VI, publiés par Tuetey, in-4°, 1880.)
« Bouchel, en son *Tresor du droit français*, édit. de 1671, tome Ier,
p. 1014, confirme ce fait : « Dedans la grande église de Nostre-Dame,
dit-il (au mot *Enf. trouvez*), à main gauche, il y a un bois de lit qui
tient au pavé, sur lequel, pendant les jours solennels, on met lesdits enfans trouvez, afin d'exciter le peuple à leur faire charité. Auprès duquel sont deux ou trois nourrices et un bassin pour recevoir
les aumosnes des gens de bien. Les dits enfans trouvez sont quelquefois demandez et pris par bonnes personnes qui n'ont point d'enfans,
en s'obligeant de les nourrir et élever comme leurs propres enfans. »
Il pouvait y avoir évidemment des enfants exposés à Notre-Dame,
comme ailleurs, mais il n'y avait point de berceau disposé pour les
recevoir. Il paraît cependant qu'au XVIe siècle, l'Hôtel-Dieu faisait
remettre aux personnes chargées de garder les enfants destinés à
attirer les aumônes par leur présence, les pauvres petits êtres délaissés
à la porte de l'hôpital. « Hôtel-Dieu de Paris, comptes de l'année 1543
(arch. assist. publique) ; comptes de frais de justice : « cinq sols tournois pour le sallaire d'un sergent à verge d'avoir porté au berseau de
l'église de Paris ung petit enfant qui avoit esté laissé à la porte dudict
Hostel Dieu. »

esté ordonnez par lesdicts doyen et chappitre, à la charge que s'il y a aucuns enfans mis et exposez en la dicte église, elle sera tenue iceux recevoir et faire apporter audict hospital de la Trinité [1]. »

Bouchel, qui vivait au commencement du xviiᵉ siècle, trace le tableau suivant de la manière dont se faisait la levée des enfants trouvés (édit de 1671, t. Iᵉʳ, p. 1013) :

« Quand il se trouve par les ruës de Paris quelque enfant exposé, il n'est loisible à personne de le lever, fors au commissaire du quartier, ou à quelque autre passant son chemin. Et se doit porter aux Enfants trouvez a Nostre-Dame, en la maison destinée pour les nourrir et allaicter, qui est auprès la maison épiscopale et fait le bas d'une ruelle decendante à la riviere... Et quant à lever l'enfant trouvé, si le commissaire ou autre ne s'en entremet, craignant la dérision et soupçon l'enfant estre de son fait, on envoye quérir la dame des enfans-trouvez qui ne fait difficulté de l'enlever, en luy payant cinq sols pour le domicilier, à la porte ou estau du quel ledit enfant aura esté trouvé [2]. »

---

[1] L'hôpital de la Trinité était fort ancien ; il en est fait mention dans des titres de 1217 ; destiné d'abord aux passants et pèlerins, il reçut plus tard (vers 1545), des enfants qui y apprenaient divers métiers ; détruit en 1789, cet établissement occupait l'emplacement du passage de la Trinité donnant de la rue Grénétat à la rue Saint-Denis. Lebeuf, édit. Cocheris, tome I, p. 137 et 274. Jaillot, *Quartier Saint-Denys*, p. 16 et suivantes.

[2] Il est intéressant de rappeler à ce sujet un arrêt du Parlement qui, sur la réquisition des doyen, chanoines et chapitre de l'église de Paris, permet à celui qui a la garde des enfants trouvés de constituer prisonniers ceux qui exposeront lesdits enfants. Ext. des registres du Parlement, 27 mai 1564. (Collection Lamoignon, arch. de la préfecture de police.)

« Veue par la Cour la requeste à elle présentée par les doyen, chanoines et chapitre de l'église de Paris, par laquelle, attendu le travail et moleste à eux faits et donnés par chacun jour de toutes parts de cette ville et fauxbourgs en la réception des enfans trouvez sans garder en les apportant la forme requise et accoutumée en telles réceptions ; lesquels enfans sont le plus souvent apportés par les femmes qui les ont enfantés, ou par d'autres en leur présence, aussy qu'aucuns sergens, pour gagner quelque somme d'argent, y apportent lesdits

Ces maisons du port Saint-Landry avaient été affectées à cette destination par le chapitre de Notre-Dame « moyennant récompense raisonnable », et en 1570 le Parlement, désirant rendre plus efficace son arrêt de 1552, fit visiter ces immeubles et ordonna des réparations, en décidant que les personnes ecclésiastiques, seigneurs justiciers de Paris, dénommées en l'arrêt précité, « s'assembleroient aux jours, lieux et heures qui leur seroient préfix et assignez par ledict evesque de Paris pour conférer et dresser mémoires et articles de la police qui leur sembleroit bonne et devoir estre gardée et observée pour la nourriture, gouvernement et administration desdicts enfans trouvez... »

Par manière de provision il était statué « que Marie de la Croix, veufve de feu Philippe le Jay, Anne Guyon, veufve de feu M. Pierre d'Estampes, docteur en médecine, et Catherine de Moussy, veufve de feu Denis Guillebon, cy devant nommées par ledict procureur général, auroient intendance sur la nourriture et entretenement desdicts enfans trouvez; et que Pierre Hotman, marchand orfevre bourgeois de Paris, recevroit les deniers ez quels les dénommez audict arrest avoient esté cottisez. » De plus le nommé Thibault Choisi devait continuer « la garde et nourriture desdicts enfans. » (Felibien et Lobineau, *Histoire de Paris*, preuves, t. II, p. 831.)

On peut présumer que ces sages dispositions du Parlement, déjà fort tardives en comparaison de ce qui se passait dans certaines provinces, tombèrent partiellement en désuétude au milieu des guerres sanglantes de la fin du

---

enfans sans autorité ni permission du prévost de Paris, ou son lieutenant civil ou criminel, même à heures indues, ils requéroient leur estre permis pour arrester prisonniers par celui qui a la garde desdits enfans, ceux qui les aporteront et exposeront, soit les meres ou autres jusques a ce qu'il soit connu d'où procèdent telles fautes.

« Ouy sur cela procureur général du roy et tout considéré,

« La Cour, ayant esgard à ladite requête, a permis et permet à celui qui a la garde des enfans trouvez constituer prisonniers ceux ou celles qui ainsi exposeront lesdits enfans, soit les mères ou autres, jusqu'à ce qu'il soit connu dont procède la faute, et exposition desdits enfans, et ce, sans demander aucune permission de justice. »

xvie siècle ; la Saint-Barthélemy est de 1572 et les sièges de Paris par Henri III et Henri IV n'étaient certainement pas faits pour permettre le développement des maisons du port Saint-Landry, près la rue d'Enfer, en la Cité ; aussi les historiens s'accordent-ils pour peindre au xviie siècle la situation des enfants exposés comme fort triste, et c'est alors qu'apparaît l'initiative et le dévouement de *Monsieur Vincent.*

La veuve qui avait succédé aux femmes désignées dans l'arrêt de 1570 s'occupait avec deux servantes du soin des *trouvés ;* le nombre en était grand, les ressources plus que minimes ; aussi ces pauvres petits mouraient-ils presque tous. Les servantes les soignaient du reste fort mal, leur donnant des narcotiques pour les faire dormir, les vendant même moyennant *vingt sols* à des mendiants, des bateleurs, des gens qui les faisaient servir à des opérations magiques[1].

Un pareil abandon émut l'âme compatissante de saint Vincent ; il envoya les dames qu'il formait à l'exercice des bonnes œuvres, visiter la maison de la Veuve. Le spectacle qu'elles eurent sous les yeux les épouvanta et elles décidèrent de se charger de quelques-uns de ces pauvres enfants. Une maison fut louée à la porte Saint-Victor, en 1638, et Mlle Legras en prit la direction avec ses Filles de la Charité. D'un autre côté le saint sut émouvoir la Cour, et Louis XIII, « quoiqu'il n'eût que la moindre de toutes les justices de la ville [2], » consentit à donner quatre mille livres prises sur le domaine de Gonesse [3] ; Louis XIV alloua plus tard huit mille livres sur le revenu des cinq grosses fermes [4]. Mais les dépenses croissaient chaque jour, et les dames, effrayées de leur tâche, étaient presque décidées à y

---

[1] Lettres patentes de juillet 1642 (préambule), code de l'hôp. gén., p. 307. *Vie de S. Vincent de Paul,* par un prêtre de la Mission (Collet), tome Ier, p. 460 et suivantes). *Vie de Mme de Miramion,* par Choisy, p. 140, etc.

[2] Félibien, tome II, p. 1500.

[3] Lettres patentes du 30 juillet 1642, code de l'hôp. gén., p. 307

[4] Lettres patentes de juin 1644, idem p. 308. fo 1er.

renoncer. C'est alors que se place cet épisode si connu de la vie de saint Vincent de Paul.

La délibération est ouverte ; il expose à l'assemblée qu'elle n'a pris aucun engagement ; il montre cependant le bien réalisé, les résultats plus consolants à obtenir encore, et enfin s'écrie, avec l'abondance de ce zèle qui a déjà fait tant de merveilles : « Or sus, Mesdames, la compassion et la charité vous ont fait adopter ces petites créatures pour vos enfants ; vous avez été leurs mères selon la grâce, depuis que leurs mères selon la nature les ont abandonnés ; voyez maintenant si vous voulez aussi les abandonner. Cessez d'être leurs mères pour devenir à présent leurs juges ; leur vie et leur mort sont entre vos mains ; je m'en vais prendre les voix et les suffrages ; il est temps de prononcer leur arrêt et de scavoir si vous ne voulez plus avoir de miséricorde pour eux. Ils vivront, si vous continuez d'en prendre un charitable soin, et au contraire ils mourront et périront infailliblement si vous les abandonnez ; l'expérience ne vous permet pas d'en douter [1]. »

L'assemblée répond par son acquiescement unanime, et la maison des enfants trouvés de Paris peut être considérée comme fondée.

On obtient du roi le château de Bicêtre ; l'air est trouvé trop vif pour ces poitrines délicates, on ramène les enfants dans Paris au faubourg Saint-Denis [2], puis dans deux maisons, sises l'une devant Notre-Dame, l'autre au faubourg Saint-Antoine. Ces dernières acquisitions, faites par les directeurs de l'hôpital général, appartiennent à la période administrative qui date de 1670 [3].

---

[1] Collet, *ut supra*, p. 463.

[2] Cette maison coûtait 1200 livres de loyer payé à MM. de Saint-Lazare. (Séance du 31 octobre 1670, regist. des délib. du bureau de la Couche.)

[3] Acquisition de la maison de la Marguerite, sise à Paris, rue Neuve Notre-Dame, 24 février 1672. — Acquisition d'une maison, rue Neuve Notre-Dame, « où pendoit autrefois pour enseigne l'image saint Victor, » 23 mars 1688. — Acquisition d'une grande maison et dépendances sise au faubourg Saint-Antoine, ayant sa principale entrée sur la rue de Charenton, 26 septembre 1674. (Code de l'hôp. gén. p. 313).

Antérieurement, les seigneurs hauts justiciers, vu les charges croissantes pour l'entretien des enfants, avaient été condamnés par le Parlement à payer quinze mille livres annuellement [1] ; nous sommes loin, comme on le voit, des 960 livres de l'arrêt de 1552. Le charité de saint Vincent avait su triompher de tous les obstacles.

§ 2. — L'ADMINISTRATION DE LA MAISON DE COUCHE DE 1670 A 1791 [2].

Jusqu'en 1670, l'administration de l'œuvre des enfants trouvés avait été laissée à l'initiative privée; pour en assurer le développement, il parut utile de la fondre en quelque sorte dans ce vaste rouage créé en 1656 et qui avait nom l'hôpital général.

L'édit du roi, de juin 1670, déclare cependant l'établisse- ment : « l'un des hôpitaux de notre bonne ville de Paris, » pouvant « agir, contracter, vendre, aliéner, acheter, acqué- rir, comparoir en jugement et y procéder, recevoir toutes donations et legs universels et particuliers, et généralement faire tous les autres actes dont les hôpitaux de notre dite ville et fauxbourgs sont capables. »

Afin donc de rattacher la maison de la Couche à l'hôpi- tal général, tout en lui laissant une vie propre, l'édit l'*unit*

---

[1] Arrêts du Parlement concernant la nourriture des enfants trouvés, 3 mars et 3 septembre 1667, 23 juin 1668 (code de l'hôp. gén. p. 310- 312). Les fermiers et receveurs desdits seigneurs étaient tenus de payer les sommes ci-dessus indiquées, et « à ce faire contraints par toutes voies dues et raisonnables, même par saisie et vente de leurs meubles (arrêt du 23 juin 1668, *in fine*). »

[2] Les documents manuscrits cités dans cet ouvrage sont empruntés aux sources suivantes : 1° Collection des délibérations du bureau de la Couche s'étendant, avec quelques lacunes, jusqu'en 1791. (Archives de l'adm. de l'Assist. publique). 2° Collection des procès-verbaux d'ad- mission des enfants, de 1639 à nos jours ; collection unique en France et dont tous les extraits sont absolument inédits. (Archives de l'hos- pice des enfants assistés de Paris). Malgré les pertes irréparables faites lors des incendies de 1871, les archives de l'Assistance publique offrent encore un intérêt puissant pour les travailleurs, qui sont assurés de trou- ver l'archiviste, M. Brièle, toujours empressé à faciliter leurs recherches.

à cette administration puissante. « Ordonnons, dit le roi, que la direction dudit hôpital des enfants trouvés sera faite par les directeurs de l'hôpital général, auquel nous l'avons uni et unissons par ces présentes. Mais comme cela ne désire pas un si grand nombre de personnes [1], voulons que le premier président, notre procureur général en notre parlement de Paris, en prennent soin, avec quatre directeurs dudit Hôpital Général, qui seront nommés au bureau d'icelui, ainsi que les commissaires des autres maisons dudit Hôpital Général et y serviront pendant trois ans, s'il n'est trouvé à propos de les continuer... et feront pendant ce temps toutes les choses nécessaires pour ladite administration, à la réserve néanmoins des acquisitions d'immeubles ou aliénations... lesquels ne pourront être arrêtées que dans le bureau dudit Hôpital Général. »

Il devait y avoir de plus un receveur rendant ses comptes au bureau de l'hôpital général, et les dames étaient exhortées à continuer « leurs zèle et charitables soins envers les enfans ».

Un arrêt du conseil d'État (21 juillet 1670) régla les bases de l'administration des directeurs conformément à l'édit de juin. La première séance eut lieu le 5 septembre 1670 « en la maison des Filles de la Charité où est la Couche des enfants trouvés vis-à-vis l'église de Notre-Dame, sur les deux heures de relevée ».

S'y étaient rendus : « Mesdames la duchesse d'Aiguillon, la présidente Nicolay, d'Aligre, Jolly, Violle, Teste et Petit. De la part de l'hospital général : Messieurs Loyseau, de Mouhers, Berryer et Pinette ; et M. Parent receveur.

« A esté commencée par la prière et l'invocation du Saint-Esprit et lesdites dames prirent leurs places à main droite et messieurs les directeurs à la gauche [2]. »

La séance du 16 septembre se tint « en la maison des

---

[1] Aux termes de l'édit d'établissement d'avril 1656, et des déclarations des 22 avril 1673 et janvier 1690 étaient chefs de la direction de l'hôpital général le premier président, le procureur général du parlement, l'archevêque de Paris, les premiers présidents des chambres des comptes et cour des aides, le lieutenant général de police et le prévôt des marchands, plus 26 directeurs ; au total 33 personnes.

[2] Registre des délibéra ons, 1er registre, fo 1er.

enfants trouvés au faubbourg Saint-Denis ». Plus tard ces
réunions devinrent hebdomadaires, mais les dames n'as-
sistaient souvent qu'à l'assemblée générale qui fut mensuelle [1]; deux d'entre elles se trouvaient cependant
« tous les mardy et après disné au bureau desdits enfans, rue Neuf Notre-Dame. » En 1676 elles établirent à ce
sujet une sorte de roulement pour ces séances du mardi [2].

L'édit de 1670 continua à régir l'hôpital des enfants
trouvés, jusqu'en 1791. Au nombre des attributions du
bureau non mentionnés dans les arrêts ou déclarations,
il faut indiquer qu'en vertu du règlement général de 1742,
et après entente avec le supérieur des Lazaristes, la nomination des sœurs supérieures des maisons de la Couche et de
Saint-Antoine, se faisait au choix de l'administration. En effet,
dit une délibération de 1782, « dans un hôpital tel que celui
des enfants trouvés les fonctions de supérieure ne se bornent
pas à régir simplement une communauté ; les premiers
soins doivent avoir pour objet la conservation des enfants
abandonnés ; il s'agit de maniment d'argent, de comptabilité
réglée, de correspondance avec les dames de charité et
autres personnes charitables ; sans compter la surveillance
pour faire observer les règlements et les délibérations du
bureau ; enfin il faut tenir plus à la chose même de l'hôpital qu'à l'observance de règles particulières, ou du moins
savoir allier les exercicees de communauté avec les règle-
mens hospitaliers [3]. »

---

[1] Séance du mardy 9 août 1702. « Il a esté arresté, pour faciliter aux
dames qui ont la charité de venir aux assemblées qui se tiennent
pour les enfans trouvez, de tenir une assemblée générale les premiers
mercredys de chacun mois de l'année, à dix heures précises du
matin, et de les faire advertir de la présente résolution. » En 1758,
nous voyons à ces réunions les noms de « Mesdames la première
présidente, la duchesse de Cossé, la duchesse de Saint-Aignan, la première présidente Pelletier, la comtesse de Cossé, Turgot, conseillère
d'Etat, la présidente Turgot, la présidente Talon, la marquise de Choiseul, la marquise des Barres, de Saint-Chamand, de la Garde ; Mlles de
Benoise, de Cossé, Hocquart et de Fénelon. »

[2] Séance du 25 février 1676.

[3] Regist. des délibérations, mardi 11 juin 1782.

§ 3. — PROPRIÉTÉS ET REVENUS DE L'HOPITAL.

Un asile aussi considérable que celui des enfants trouvés nécessitait des revenus importants ; ils provenaient de sources diverses : subventions royales; concessions de droits d'octroi et de loteries; réunions d'œuvres déjà existantes; dons et legs, quêtes et produits de propriétés foncières.

L'examen rapide de ces ressources permettra de se rendre compte de la fortune totale de la fondation de saint Vincent de Paul.

I

Subventions et concessions royales.

L'édit de 1670 portait confirmation expresse des donations antérieures, ainsi que de la part contributive mise à la charge des justiciers par les arrêts de 1667. Quatre ans plus tard, le 1er décembre 1674, le roi ayant par son édit du mois de février précédent réuni à la justice royale des Châtelets de Paris « toutes les hautes justices de l'archevêché, du chapitre de Notre-Dame et des abbayes, prieurés et chapitres dans la ville, fauxbourgs et banlieue de Paris », se chargea de l'acquittement des sommes dues de ce chef à l'hôpital des enfants trouvés, en portant la redevance à vingt mille livres, eu égard aux charges croissantes de l'établissement [1].

Cette libéralité maintenue jusqu'à la Révolution n'empêchait pas les dons extraordinaires dans les circonstances pressantes. Ainsi, le 9 mars 1767, comme il résultait de l'examen des états remis au contrôleur général qu'un secours de 120,000 livres était absolument nécessaire, le roi autorisa l'allocation annuelle de cette somme, indépendamment du secours de 150,000 livres déjà assigné le 1er jan-

[1] Arrêt du Conseil d'Etat du roi, 1er décembre 1674. Lettres patentes confirmatives, 12 février 1675. (Code de l'hôp. gén., p. 314 et 315.)

vier 1767 sur la caisse d'escompte et qui prit fin avec cette caisse en 1769 [1].

En vue de favoriser une maison d'une telle utilité, une part lui était attribuée également dans les droits perçus sur les objets entrant dans Paris.

L'arrêt du conseil (7 juin 1695) ordonne notamment qu'il sera opéré distraction au profit de l'hôpital des enfants trouvés sur l'octroi du vin (trente sols par muid), « la quatorzième partie de ce qui est touché par l'Hôtel-Dieu et la cinquième partie de ce qui est reçu pour l'hôpital général [2]. » Au siècle suivant ces droits furent étendus à maintes reprises concurremment avec ceux établis pour l'hôpital général. Une des dernières déclarations faites dans ce sens est du mois de juin 1783 [3].

Un des moyens le plus fréquemment employés au siècle dernier pour constituer, en dehors des octrois, des revenus aux établissements hospitaliers, était la concession de loteries. Ce mode de subvention, qui tend à reparaître en ce moment dans des proportions désastreuses, est condamné par l'expérience et la science économique. L'argent ainsi recueilli en vue d'un gain trompeur sert pour une forte part à solder les intermédiaires; il est prélevé sur l'épargne du pauvre; en outre l'espoir d'une chance favorable, continuellement entretenue par la fréquence des tirages, détruit

---

[1] Code de l'hôp. gén., p. 317.

[2] Code de l'hôp. gén., p. 147. Antérieurement, en 1691, sur les 380,000 livres provenant dudit octroi, les enfants trouvés recevaient la somme fixe de 34,000 livres, savoir 20,000 de l'Hôtel-Dieu et 14,000 de l'hôpital général.

[3] Code de l'hôp. gén., p. 173. Voir aussi les ordonnances ou déclarations du 25 décembre 1719, bois et charbons, plus le vingtième des autres droits; du 26 juillet 1771 : « A commencer du jour de la publication des présentes il sera perçu, pendant l'espace de trois années consécutives, au profit de l'hôpital général et des enfants trouvés de notre bonne ville de Paris, le doublement du vingtième accordé audit hôpital général, par déclaration du 3 janvier 1711, de tous les droits anciens et nouveaux qui se lèvent tant dans notre dite ville et faubourgs qu'aux entrées et sur les ports et quais, même dans les halles, places, foires et marchés, etc..... » Prorogation de ces droits, 12 décembre 1773, 22 juillet 1780, 22 juin 1783, etc.

chez lui toute idée de travail et de prévoyance, seul véritable moyen d'améliorer son sort.

Quoi qu'il en soit, la loterie était un moyen usité et les enfants trouvés eurent la leur.

Sur la demande faite en 1717 par M. de Mesmes, premier président du parlement de Paris et l'un des chefs de l'administration de l'hôpital général, basée sur les dépenses croissantes de la maison, le Roi, de l'avis de Monseigneur le duc d'Orléans, accorda une loterie à vingt-cinq sols le billet dont on devait retirer cinq sols au profit de l'établissement « digne d'une charité et d'une attention particulières » [1].

Cette disposition fut ensuite modifiée avant d'avoir été exécutée et la loterie ne commença en réalité qu'au mois de mai 1721. Le billet étant fixé à 20 sols avec 15 % de bénéfice pour les enfants trouvés [2] ce qui produisait annuellement, en moyenne, plus de 240,000 livres.

Un arrêt du conseil d'Etat attribua en outre à l'hôpital les lots non reclamés [3].

Cette situation prospère continua jusqu'en 1755, où les abbés et chanoines réguliers de Sainte-Geneviève dont l'église menaçait ruine obtinrent du roi que les billets des trois loteries qui se tiraient alternativement chaque mois dans laville de Paris en faveur de l'église Saint-Sulpice, des enfants trouvés et de plusieurs communautés religieuses [4] seraient augmentés d'un cinquième et fixés à 24 sols, « pour être le produit de la moitié de cette augmentation appliqué sans déduction d'aucun frais à la reconstruction de la dite église [5]. »

Cette mesure fut désastreuse et les recettes baissèrent dans des proportions énormes.

[1] Code de l'hôp. gén., p. 319.
[2] Délib. du 21 août 1759.
[3] Code de l'hôp. gén., p. 320.
[4] Une quatrième loterie avait été autorisée en faveur de l'Abbaye-aux-Bois ; elle prit fin en 1727. Délib. 21 août 1759.
[5] Code de l'hôp. gén., p. 322 ; arrêt du conseil du roi, 9 décembre 1754.

« Les sages et pieuses intentions de Sa Majesté (disent les administrateurs de la maison de la Couche [1]), pour la reconstruction d'une église précieuse aux habitants de la ville de Paris, la vénération et la confiance que ces habitants ont de tout temps euës dans la patrône de cette ville, sembloient promettre qu'ils redoubleroient leur ardeur et leur empressement à faire le fonds de ces loteries et à l'augmenter ; mais le public, attentif à son interrest particulier et à ce qui peut luy être avantageux... plusieurs dès le premier mois de l'établissement de cette augmentation ont borné leur interret, d'autres ont cessé de s'interresser à ces loteries, ce qui depuis la dite augmentation des quatre sols a occasionné une diminution considérable..... plus de 144,000 livres par année. »

Des palliatifs furent essayés sans succès, et en 1762 [2] l'hôpital devait à l'abbaye de Sainte-Geneviève pour les sept années écoulées depuis l'établissement de cette augmentation une somme totale de 584,258 l. 17 s. qu'il était dans l'impossibilité de payer, la réduction des recettes coïncidant avec une augmentation du chiffre des admissions, et les administrateurs ayant appliqué cet argent au fur et mesure des besoins à la subsistance des enfants et à leur placement en nourrice dans les provinces [3].

L'abbaye ainsi lésée se pourvut au Conseil, qui, en présence du texte formel de la concession, ne put que rendre des arrêts ordonnant le paiement (9 décembre 1754, 20 janvier 1762), les directeurs formèrent opposition le même jour, et répandirent un mémoire exposant leur triste situation financière. Des secours royaux comblèrent en partie le déficit, ainsi que nous l'avons vu plus haut, et en 1776 la question perdit de son intérêt par la suppression de toutes les loteries et la création d'une seule dite *loterie royale de France*, à laquelle était unie celle précédem-

---

[1] Délib. du 21 août 1759.
[2] Délib. du 20 avril 1762.
[3] Délib. du 21 août 1759.

ment accordée aux enfants trouvés [1]. La part faite à
l'hôpital, basée sur la moyenne des dix premières années
et qui ne devait être alors que de 97,602 l. 5 s. 4 d., fut, sur
les réclamations des directeurs, et afin de venir en aide à la
maison, augmentée et portée à 140,234 l. 17 s. 8 d. [2].

Ces loteries occasionnaient, en dehors de la part réservée
pour les lots, des frais très élevés : bureaux de placements
dans les provinces, remises, etc. Au moment le plus floris-
sant de l'institution, alors qu'elle produisait 240,000 livres
par an de bénéfices, il fallait placer 1,600,000 billets à 20 sols,
pour obtenir cette somme ; que d'argent inutilement employé,
au détriment de la fortune publique et de l'épargne du peuple!

II

Réunions d'œuvres préexistantes.

En dehors de ces donations royales, concessions de droits
d'octroi, etc., l'hôpital des enfants trouvés bénéficia de
1670 à 1791 de la cession qui lui fut faite de plusieurs établissements préexistants.

La première cession par ordre chronologique est celle
des revenus de la confrérie de la Passion et Résurrection
de Notre-Seigneur: confrérie autorisée primitivement par
lettres patentes du roi Charles VI (décembre 1402) à faire
représenter ces mystères en public dans l'église de la
Trinité, mais dont le but avait complètement dégénéré.
Louis XIV, « voulant pourvoir à ce que les dits biens et
revenus de la dite confrairie, qui sont sans aucune destination, ne soient dissipés en des dépenses inutiles et superflues,
et voulant pourvoir au contraire à ce qu'ils soient bien
et duement administrés, » ordonna, par arrêt du conseil du
14 avril 1676 [3], que l'entière administration de ces biens
serait unie à l'hôpital général « pour être employés (la

---

[1] Arrêt du conseil, 30 juin 1776. (Code de l'hôp. gén., p. 323.)

[2] Arrêt du conseil, 6 avril 1777. (Code de l'hôp. gén., p. 324.)

[3] Code de l'hôp. gén., p. 327.

charge du service divin déduite et satisfaite) à la nourriture et entretien des pauvres de l'hôpital des Enfants Trouvés ».

Quatre années plus tard, l'hôpital des Enfants-Dieu (dit Enfants-Rouges), fondé par François Iᵉʳ en 1536, pour recevoir principalement les enfants dont les parents étaient morts à l'Hôtel-Dieu, et autres orphelins de la ville et des villages environnants, fut uni également à la maison de la Couche (déclaration royale 20 mai 1680 [1]). Cet établissement subsista cependant jusqu'en 1772; il renfermait alors environ quatre-vingts pensionnaires [2], mais à cette époque il fut prouvé que les revenus de la maison étaient insuffisants, que depuis 1765 la dépense annuelle montait à 26,000 livres et la recette à 11,000 livres seulement, l'hôpital général devant fournir la différence; aussi les lettres patentes de mai 1772 autorisèrent-elles la translation des enfants existants, en mettant les biens à l'entière disposition des administrateurs des Enfants-Trouvés, à charge d'acquitter les fondations [3]. Le droit de quêter pour les Enfants Rouges accordé par François Iᵉʳ était néanmoins maintenu aux enfants trouvés, indépendamment de leurs anciennes quêtes particulières [4].

La troisième union est de l'année 1781 et s'applique aux biens de l'hôpital Saint-Jacques, avec cette clause particulière qu'au moyen de ces ressources nouvelles les administrateurs « étaient tenus d'acquérir un lieu qui par ses bâtimens et emplacemens pût être rendu propre à recevoir tous les enfants reconnus, soit par la visite et inspection, soit par les témoignages des accoucheurs et sages-femmes, pouvoir être atteints de maladies communicables... [5]. »

[1] Code de l'hôp. gén., p. 328.
[2] Délib. du 28 novembre 1758.
[3] Code de l'hôp. gén., p. 331.
[4] Cette maison des Enfants-Dieu était située au coin de la rue Portefoin, dans le quartier du Temple. La rue de la Corderie longeait l'église bâtie en 1545. Les prêtres de la doctrine chrétienne achetèrent, en 1777, les bâtiments, qui furent démolis en 1796 ; des rues s'ouvrirent sur leur emplacement. Dubreuil, édit. de 1639, livre III, p. 744. Lebeuf, édition Cocheris, tome II, p. 320 et 487.
[5] Lettres patentes de mai 1781. Code de l'hôp. gén., p. 333. Arrêt de

III

Fondations et aumônes.

Jusqu'ici nous n'avons parlé que des concessions de l'autorité royale ; il faut examiner les actes dus à la charité privée en faveur des pauvres trouvés.

À l'origine, nous voyons les dames fondatrices de la maison de la Couche fournir généreusement à tous les besoins ; l'établissement du faubourg Saint-Antoine est acheté, agrandi avec ces libéralités.

La première bienfaitrice est Mme d'Aligre ; « puis S. A. S. Mme la princesse de Condé eut la charité en 1709, M. Rousseau directeur général des monnoyes de France en 1718, et successivement plusieurs autres personnes de piété, de faire construire à leurs dépens les bâtiments qui forment les deux ailes, au moyen de quoi la maison pouvait contenir 6 à 700 enfans. [1]. » Plus tard, en 1758, « une personne de considération, » qui ne voulut jamais être nommée, proposa au bureau d'élever deux pavillons nouveaux, l'un pour les garçons, l'autre pour les filles [2]. Cette pieuse personne

---

parlement déboutant de leur appel les administrateurs de Saint-Jacques, 27 janvier 1784 (code, p. 335). La célèbre confrairie de Saint-Jacques aux pèlerins remontait au xive siècle. L'hôpital situé rue Saint-Denis avait été réuni en 1672 à l'ordre de Saint-Lazare, séparé en 1693, puis réuni de nouveau en 1722. Lebeuf, édit. Cocheris, tome 1er, p. 127 et 252. En 1676, d'après le travail de M. Bordier (Société de l'hist. de Paris, t, II, p. 385), les biens de la confrairie Saint-Jacques aux Pèlerins, consistaient en 45 maisons sises à Paris, 5 auvents ou échoppes adossés à l'église, quelques rentes et 50 arpents de terre environ à Mitry, diocèse de Meaux, le tout produisant en moyenne 24,000 livres. C'est par erreur que certains documents administratifs portent que l'hôpital du Saint-Esprit fut réuni aux Enfants-Trouvés. Cet établissement fut, au contraire, réuni à l'hôpital général. Déclaration du 23 mars 1680 (code de l'hôp. gén., p. 377).

[1] Délib. du 29 juillet 1760.

[2] Le pavillon des garçons coûta seul 62,073 l. de construction ; celui des filles fut élevé dans les mêmes conditions; le bienfaiteur anonyme souscrivit à tout. « Sous le bon plaisir du Bureau lui ai donné le susdit état, dit M. Duchesne receveur, montant au total de 62,073 l., dont il a paru satisfait et content. » Délib. du 10 juillet 1760.

paya non seulement toutes les dépenses de construction, mais encore celles des lits et des meubles nécessaires.

Voici maintenant quelques libéralités relevées au hasard dans les procès-verbaux et intéressantes par leur importance ou leur origine.

Le 26 janvier 1671, Mme Jolly apporte au bureau vingt louis d'or de « l'Aumosne du Roy ».

En 1673, Mme Amyot donne la somme nécessaire pour l'élévation des fonts baptismaux de la chapelle.

Le 10 septembre 1674, Mme de Guisse (sic) envoye « deux louis d'or pour faire prier Dieu pour monsieur d'Alençon lequel est malade ».

Le père Edmond Boutonné, de l'Oratoire de Gesù, donne deux mille livres, à condition qu'on lui servira une rente viagère de 153 livres (14 février 1674 [1]).

Mme Faverolles offre cent louis d'or, valant 1,100 livres, à charge de faire dire une messe pour le repos de l'âme de frère Faverolles, son fils, religieux profès à la Trappe (9 mars 1678).

Mme de Fromon fait envoyer au bureau soixante louis d'or, « provenant de la queste faite en la cour, à Pasques, par les soins de Mme de Maintenon » (20 may 1693).

Pierre Petit, enfant trouvé, décédé à la Charité, laisse à la maison où il avait été élevé ses habits, linges, hardes et 170 livres 10 sous 23 deniers (18 novembre 1693).

Le 10 avril 1720 on trouve dans un des troncs de l'église Notre-Dame un paquet cacheté contenant cinq billets de banque de mille livres chacun, « et estait escrit sur le papier servant d'enveloppe que l'intention de celuy qui donne ces billets est que messieurs les administrateurs en fassent apprendre des métiers aux enfants, et que l'on fasse dire 50 messes pour demander que le bon Dieu luy fasse miséricorde ».

---

[1] Le 1er mars 1747, la veuve d'un conseiller au parlement donna 6000 liv., à charge d'une rente viagère de 300 liv.

Le 16 février 1751, M. le marquis de Delassay fait don d'une somme de 100,000 livres. Deux ans plus tard M. Delahaye lègue 50,000 livres, moitié à l'hôpital général, moitié aux enfants trouvés (4 décembre 1753).

Un habitant de Saint-Domingue, paroisse du fort Dauphin, nommé Carcallier, comprend l'hôpital dans son testament pour 30,000 livres (10 juin 1755). En 1760 (1er juillet) on constate qu'après transaction avec les héritiers de M. de Bauve il reste du legs fait par ce bienfaiteur 304,077 liv. 15 sols 7 deniers[1]. Un sieur Martinet, chirurgien en chef de l'hôpital général, donne 12,000 livres (10 juin 1760). Enfin le 1er octobre 1781 on trouve mention de la rentrée d'une souscription relative à la publication de la musique posthume de Rousseau, l'éditeur ayant contracté l'engagement vis-à-vis du public d'appeler les enfants trouvés à profiter du bénéfice qui en résulterait.

Indépendamment de ces dons, les troncs placés dans les églises et les quêtes rapportaient des sommes assez élevées[2].

Dès l'année 1670 des troncs étaient mis en effet avec l'assentiment de l'archevêque dans les principales églises[3], et l'on continua pendant tout le XVIIIe siècle à placer dans berceau de la cathédrale, ainsi que nous l'avons vu plus haut, des enfants destinés à solliciter par leur présence la charité

---

[1] L'importance du legs était de 1,268,000 ; 2/3 à l'hôpital général, 1/3 aux enf. trouvés.

[2] Voici le relevé des chiffres constatés à ce sujet dans la séance du 31 décembre 1671. C'était, il est vrai, le temps de la première ferveur pour l'œuvre.

Bassin de la Couche	180[l] 15[s]
Quête du samedy	41[l] 5
Tronc de Notre-Dame	668[l] 14[s]
Plusieurs anonymes	230[l]
Legs de Mlle de Brasles	2,000[l]
Don de Mme la duchesse d'Aiguillon	1,000[l]
Queste de la paroisse Saint-Médéric	500[l]
Queste de Saint-Benoist	332[l]
M. le curé de Saint-André	69[l] 10[s]
Paroisse Saint-Christophe	43[l] 15[s]

[3] Délib. du 24 octobre 1670.

des fidèles [1]. La quête ainsi faite le dimanche de la Passion de cette même année 1671 produisit 59 liv. 17 sols [2]. En 1672 les quêtes de toute la semaine sainte fournirent 659 l. 2 s. [3].

Il est intéressant de noter que, lors de la réunion des justices seigneuriales à la justice royale des Chatelets (1674), les doyen et chapitre de Notre-Dame devaient un reliquat de 4,500 l. sur leur contribution annuelle ; il fut décidé par transaction que remise était faite de cette somme à condition qu'ils laisseraient établir « deux troncs nouveaux dans le milieu de la nef de leur église, l'un pour l'hôpital et l'autre pour celui des dits enfants trouvés, outre les cinq qui sont dans la dite église avec la couche » [4].

La maison des enfants trouvés était aussi chargée de fondations nombreuses avec destination spéciale. Nous trouvons d'abord le legs de M. Belin, trésorier de France, fait en 1697 et consistant en une rente de 550 l. assignée sur la ferme des postes « pour être employée à dotter les filles et les garçons de l'hôpital des enfans trouvez qui se trouveront en état de passer dans le mariage [5]. »

Dès l'année 1720 cette rente se trouvait déjà réduite a 182 l. 13 s. [6].

En 1697 M. Jacques le Beuf, conseiller du roy, receveur général et payeur des rentes sur le clergé, donna par contrat « 200 l. de revenu sur la ville, en principal au denier vingt de 4000 l., à la charge que les arrérages seraient employés annuellement à mettre en métier deux enfans » choisis par lui ou ses héritiers [7].

---

[1] Hurtaut et Magny, *Dict. de la ville de Paris*, tome III, p. 238 (note). Jaillot, *Rech. sur Paris*, tome Ier, quartier de la cité, p. 96.

[2] Délib. du 20 mars 1671.

[3] Délib. du 22 avril 1672.

[4] Délib. de l'hôp. gén., 16 juillet 1676 (code, p. 316).

[5] Délib. 10 fév. 1756.

[6] La rente avait été remboursée à l'hôpital en 1715, et il avait été fait remploi en une nouvelle, au denier 25, créée par l'édit de décembre 1713 ; mais, par arrêt du conseil du 4 juillet 1725, ladite rente s'était trouvée réduite du denier 25 au denier 40. (Délib. 15 mars 1727).

[7] Délib. 20 fév. 1759. Cette rente ne produisait plus que 120¹ en 1720 ; un seul enfant put alors être mis en apprentissage.

Dans le même ordre d'idées on voit des fondations dues à l'abbé Valôt [1] (1709), Jean-Baptiste Buchère écuyer conseiller secrétaire du roy (1717) [2], M⁰ Delusancy prêtre chanoine de l'Eglise de Paris (1756) [3].

D'un autre côté M. Etienne Braquet, avocat et directeur de l'hôpital général, avait légué aux enfants trouvés le quart de sa fortune, en obligeant les administrateurs à répartir chaque année 1500 l. « entre dix pauvres étudiants pour les élever dans les études et les rendre capables de servir l'Eglise [4] ».

IV

Revenus immobiliers.

La maison des enfants trouvés possédait enfin des revenus de propriétés foncières ; une seule de ces propriétés mérite notre attention ; elle provenait de la confrairie de la Passion et est indiquée dans l'arrêt du 14 avril 1676, sous le titre de « place et masure de l'hôtel de Bourgogne [5] » ; on y représentaient les mystères dès l'année 1548.

En 1716 la troupe italienne rétablie par ordonnance du roi (18 mai) sous le nom de « nouvelle troupe des comédiens italiens de Monseigneur le duc d'Orléans [6] », loua cette maison par bail passé devant M⁰ Dutartre notaire le 9 août 1717, moyennant le prix annuel de 3000 l. pour une durée de 9 ans de jouissance à compter du 1ᵉʳ juin 1716 [7]. Dix ans plus tard, les comédiens s'étant acquittés assez inexacte-

---

[1] Délib. 30 janvier 1726, 300¹ ramenées à 165¹.

[2] Délib. 20 fév. 1759, 150¹ ramenées à 93¹ 15ˢ.

[3] Délib. 30 oct. 1758, 542¹ 5ˢ 6ᵈ.

[4] Délib. 22 juillet 1724, 10 septembre 1748. Le chiffre des bourses dut être réduit à 6 au milieu du XVIIIᵉ siècle, afin d'en porter le montant à 250¹.

[5] Cet hôtel était en ruines depuis la mort du dernier duc de Bourgogne en 1477. (G. Brice, Descript. de Paris, édit. de 1725, tome 1ᵉʳ, p. 470).

[6] Germain Brice, ut supra, p. 468.

[7] Délib. 21 février 1728.

tement de leurs loyers, les administrateurs décident de commencer des poursuites contre eux[1]. Le receveur est chargé de les voir « dans la huitaine pour savoir s'ils s'arrangent pour le payement, et en cas qu'ils ne donnent pas de paroles positives pour donner de l'argent sera passé outre à l'exécution. » Le 21 février les comédiens comparaissent au bureau[2]; il est constaté que le total de la dette s'élève au 31 décembre 1727 à la somme totale de 34,750 l. sur laquelle il a été payé 30,250 l. « sur quoy ils promettent payer 1500 l. à la clôture de la dite comédie qui arrivera le dimanche de la Passion, ensemble les frais du bail et commandement fait en conséquence, et les autres 3000 l. dans le courant de l'année. » Le bureau se tient pour satisfait et le 3 avril suivant il agite la question de savoir s'il est opportun de convoquer à nouveau les comédiens italiens pour leur demander de passer un nouveau bail; mais un membre fait observer qu'ils pourraient demander des réductions « et qu'il seroit plus avantageux de les laisser jouir par tacite reconduction[3]. »

Au mois de septembre 1751[4] ces locataires sollicitent l'autorisation de percer une porte dans le mur mitoyen, vu que, pour faciliter leurs représentations, ils ont loué une petite maison contiguë appartenant à M. Parent, conseiller au Parlement[5]. Passée cette époque, les procès-verbaux ne parlent plus de cette location; ils ne contiennent pas non plus un état des propriétés appartenant à l'établissement des enfants trouvés[6], qui, toujours à bout de ressources, en

---

[1] Délib. 24 janv., 31 janv., 7 fév. 1728.

[2] Délib. de ce jour.

[3] Délib. de ce jour.

[4] Délib. du 7 septembre 1751.

[5] Ce conseiller ne pensait pas comme ses prédécesseurs de 1577, qui avaient refusé d'autoriser les premiers comédiens italiens amenés par le roi, vu que leurs pièces « n'enseignaient que paillardises et vilanies ». Germain Brice, p. 466.

[6] On trouve cependant, à la date du 28 février 1728, cette note assez curieuse : Des marchands louaient pour 4,000 l. plus 25 l. pour les boues et lanternes une maison sise au petit Pont. Ce loyer avait été fait en 1720 pour 9 années, et il y avait des loyers arriérés par suite de la sta-

cherchait une dans la faible rétribution allouée aux enfants conduits aux enterrements.

Il était d'usage alors de faire accompagner les convois par des orphelins appartenant à diverses œuvres, et les trois maisons de la Couche, du faubourg Saint-Antoine et des Enfants-Rouges fournissaient un large contingent sous ce rapport. On demandait en 1690 cinq sols par enfant[1] et vers la fin du xviie siècle ce droit rapportait environ 40 livres par semaine[2].

C'était évidemment une pensée pieuse mêlée d'un peu de vanité qui avait donné naissance à cet usage ; des parents désiraient entourer celui qui venait de mourir d'âmes innocentes pouvant prier pour lui ; d'autres y voyaient une pompe nouvelle au cortège funèbre ; quoi qu'il en soit, cette coutume ne pouvait être que déplorable pour les enfants ; aussi en 1754 un administrateur, M. Ravault, obtint-il la suppression de l'envoi des Enfants-Rouges ; les raisons excellentes qu'il donne à l'appui de sa proposition font regretter que la pénurie de la maison de la Couche ne permît pas de prendre à cet égard une mesure générale. « Nonobstant les soins et les attentions des maîtres, dit-il[3], les enfans n'apprennent que très imparfaitement à lire et à écrire, vu qu'yls sont continuellement dissipés soit par les convoys soit par les récréations. »

De plus les enfants étaient exposés à gagner des maladies par la fatigue et la chaleur, en revenant des convois, surtout des paroisses très éloignées, et pendant les mauvais temps[4].

gnation des affaires ; » on réduisit 800[l] sur l'ensemble de la dette par cette considération « que depuis la confection du bail le prix des loyers avait diminué de plus de moitié. » Cette maison est dénommée maison de l'Empereur au Petit-Pont.

[1] Délib. 20 septembre 1690.

[2] Délib. 16 décembre 1693.

[3] Délib. 12 septembre 1754.

[4] De 1742 à 1751, cette assistance avait produit pour les Enfants-Rouges seulement 9,771[l] 9[s], plus 1,244[l] 3[s] 6[d] pour la cire, soit 11,015[l] 12[s] 6[d]. Il y avait là de quoi compenser l'usure des habits dont parle aussi M. Ravault.

Telles étaient d'une manière générale les ressources de l'œuvre des enfants trouvés à Paris. On pourrait les croire suffisantes au premier abord ; mais, ainsi que nous le verrons, le chiffre des enfants admis grossissant d'année en année les dépenses dépassaient toujours les recettes, et cette situation dura jusqu'à la fin du XVIIIe siècle, les provinces environnantes formant un réservoir inépuisable de pauvres petits êtres que l'on amenait dans la capitale pour les mettre à la charge de la charité parisienne.

Il fallait donc constamment que l'hôpital général vînt avec ses propres revenus combler le déficit, en prenant les enfants au retour des placements ou en fournissant directement les sommes dues pour mois de nourrice. Dans la séance du 3 mai 1712 les administrateurs de l'hôpital général constatent qu'ils avaient déjà fourni de ce chef 288,000 livres. Ces sacrifices étaient continuels en raison de cet envahissement d'enfants étrangers à Paris, et même à l'Ile-de-France [1].

[1] Code de l'hôp. gén., p. 340.

CHAPITRE III

HISTOIRE DE LA MAISON DE LA COUCHE
A PARIS.

DEUXIÈME PARTIE

ADMISSION ET MISE EN NOURRICE DES ENFANTS TROUVÉS.

Nous avons vu dans le chapitre précédent qu'au
XVIe siècle les enfants trouvés étaient recueillis par les commissaires du Châtelet ou à leur défaut par la femme chargée
de la maison du port Saint-Landry; lors de la constitution
de la Couche, le même mode d'admission fut suivi et tous
les enfants envoyés dans cet établissement, en vertu de
procès-verbaux des commissaires enquêteurs. Le plus ancien procès-verbal conservé dans les archives de l'hospice
des enfants assistés est ainsi conçu :

« L'an mil six cent trente neuf le lundy septiesme jour de
novembre dix heures du matin, nous Jacques Autruy, commissaire et examinateur au chastelet de Paris, sur l'advis a
nous donné par Pierre Auger, marchand de bled demeurant
rue Mortellerie, sommes transporté en sa maison scise rue
Mortellerie, dans l'allée de laquelle aurions trouvé un
petit enffant nouveau nay exposé dans ces langes et linceux
que nous aurions faict lever par Catherine Pasquier et
developper dans la maison dudit Auger; aurions trouvé
dans son lange un billet cy attaché contenant ses mots: à
la requeste de Berthelemye Jolly, fille à marier, soit offert à

Pierre Auger, marchand de bled, l'enfant procréé de ses œuvres et de ladite Jolly, baptisé sous le nom de Nicolle Auger sur les fondz de l'église Saint-Paul, comme appert par l'extrait du baptistaire du vingtiesme jour d'octobre dernier, et ycelle faire instruire et élever en la foix catholique, apostolique et romaine; et ouï le dit Auger sur ce que dessus, après serment par lui fait, en tel cas requis et acoustumé, a dit que la dicte Berthelemie Jolly a cy devant esté à son service et qu'il y a quatre mois qu'il l'a mis hors de sa maison sur ce qu'il descouvroit quelle estoit de mauvaise vie, laquelle depuis l'a calomnieusement accusé par devant M. le lieutenant criminel d'avoir eu affaire a elle et d'estre enceinte de son fait et œuvre et pour c'est effet fait instance par devant le dit sieur lieutenant criminel, ou ledit Auger auroit été ouy et fait ses poursuittes à l'encontre d'elle pour avoir sa réparation; ce qu'il proteste d'abondant pour l'affront et le scandal que ladite Joly lui a fait d'avoir envoyé exposer ledit enfant dans l'allée de sa maison pendant son absence. Lequel enfant, qui est une petite fille, avons à l'instant fait porter à la Couche jusqu'a ce qu'il soit par nous plus amplement informé, et ordonné par monsieur le lieutenant criminel de ladite exposition. Et a signé en notre minutte. »

Une fois prévenu de l'abandon d'un enfant, le commissaire se transportait donc de sa personne et procédait à la levée. « Nous nous sommes transporté en une maison sise rue Saint-Antoine, dit un autre procès-verbal, où est demeurant M. Joly, bourgeois de Paris, en l'allée de laquelle nous avons trouvé un petit enfant nouveau-né exposé dans ses langes que nous avons fait développer dans la chambre du dit sieur Joly [1]. » Souvent en hiver on trouve cette mention : « démailloté devant le feu ». Généralement cette opération avait lieu dans la cuisine de la maison.

Il est pris note en marge de ces pièces, des sommes payées pour le transport à la Couche (10 sols, 16 sols, 20 sols, suivant la distance).

[1] Procès-verbal du 1ᵉʳ janvier 1655.

En dehors de cette source d'admission, on envoyait aux *trouvés* des enfants nés à l'hôtel-Dieu et dans les lieux de force de la Salpêtrière [1].

Voici un procès-verbal relatant une translation faite par le premier de ces établissements. « Les administrateurs de l'hostel Dieu de cette ville de Paris députés pour avoir soin des enfans dont les mères meurent dans iceluy, prient mesdames de la charité de faire recepvoir le nommé Charles Hochaut, natif de Montmorency, fils de..... et de Michelle Calais, qui est entrée malade au dit hostel-Dieu le 28 avril dernier (1658) et, où le dit Charles Hochaut son fils lui a esté apporté de Lime, proche de La Rocheguyon, le 3 may dessuivant et des suites de la dicte Michelle Calais est deceddée au dit hostel-Dieu ce jourd'huy, ainsy que de tout appert par le certificat y attaché ; fait à l'hostel-Dieu le premier de juin 1658. »

Ces envois étaient si fréquents que les dames de charité élevèrent des difficultés à ce sujet, et refusèrent en 1668 de recevoir ces orphelins [2].

Le lieutenant criminel donnait aussi des autorisations

---

[1] Ext. des délib. du bureau de l'hôp. gén., 7 janvier 1761 (code, p. 343).

[2] Délib. Hôtel-Dieu, 8 mai 1665 (arch. assist. pub.). « Les dames de la charité qui ont le soin des enfans trouvez sont venues au Bureau se plaindre du grand nombre d'enfans qui leur est envoyé de l'Hôtel-Dieu, et le peu de moyen qu'elles ont de les nourir, afin que le Bureau y pourvoye, comme il faisoit auparavant qu'elles se fussent chargées de les recevoir. Et leur a esté remontré que le nombre des femmes accouchées qui mouroient cy devant dans l'Hôtel-Dieu a donné lieu à cette augmention qui diminuera à l'avenir. » — 4 décembre 1665 : « Les dames de la charité ont dit que la misère du temps les a réduit à une telle extrémité de ne pouvoir plus entretenir les enfans orfelins dont l'Hôtel-Dieu est chargé ; c'est pourquoy elles viennent avertir le Bureau que de ce jourd'huy elles n'en recevront plus, sauf au Bureau à les récompenser du passé comme il jugera à propos. » — Le 11 décembre 1665 elles refusent décidément de recevoir ces enfants ; et le 12 février 1866, « sur la remontrance de M. Perreau, la compagnie a arresté que l'on mettra dans l'Hôtel-Dieu un écriteau portant ces mots : Tronc pour la nourriture et gages de toutes les nourrices qui allaitent les enfans qui sont à la charge de l'Hôtel-Dieu qui se mettoient autrefois aux enfans trouvez. » A dater de 1670, ces admissions recommencèrent comme par le passé.

de transfert à la Couche ; le bureau proteste même le 23 mai 1671 contre la fréquence de ces envois [1].

Quelquefois on trouvait avec l'enfant un billet destiné à faciliter sa reconnaissance ultérieure par ses parents [2] ; ces feuilles indiquant les noms et prénoms de l'enfant et l'espoir de le reprendre un jour se multiplient vers 1680. A partir de 1740, les billets trouvés avec les enfants sont pour ainsi dire la règle, et les procès-verbaux des commissaires portent cette mention imprimée : « dans les langes duquel s'est trouvé un billet que nous avons paraphé *ne varietur* et joint au présent. »

Généralement les enfants sont exposés dans des lieux fréquentés, à la porte d'églises, d'hôtels, de couvents ; en 1717, nous trouvons un procès-verbal relatant un abandon entouré de précautions particulières.

« De l'ordonnance de nous Nicolas Delamare, conseiller du roy, commissaire au Chastelet, a esté levé un garçon nouvellement né, trouvé exposé et abandonné dans une boette de bois de sapin, exposé dans le parvis Notre-Dame, sur les marches de l'église de Saint-Jean-le-Rond, lequel nous avons à l'instant fait porter à la Couche des enfans trouvez pour y estre nouri et allaité en la manière accou-

[1] Délib. 23 mai et 19 juin 1671.

[2] Archives des Enfants-Assistés. Année 1661. « Enfant baptizé quy se nomme Louis Vernay. »

14 janvier 1671. « Mon Dieu ce pitiez de ce pauvre enfant ; ge prie Dieu qu'il échoict dans les mains de quelque bonne personet e Dieu les réconpancera ; l'anfant et batisé e sapel Nicolast ; il est né la veil de la saint Michel du mois de sebtembre. »

9 février 1726. « Nous aurons, messieurs les administrateurs, non seulement l'honneur de vous remercier, mais de dédommager l'hôpital de toutes les dépenses qu'il aura fait ; nous vous demandons en grâce qu'on en ait un très grand soin et qu'on prenne garde de ne le point confondre avec d'autres. »

3 juin 1730. « Le père et la mère de cet enfant prie instament d'en avoir grand soin ; il est de naissance et bonne famille, il a quinze jours, il est batisé et s'appelle Jean, il a testé. Dans six mois au plus on ira le demander....... et l'on paiera tout ce que l'on pourra exiger..... »

6 novembre 1769. Les nom et prénoms de l'enfant sont écrits au dos d'une carte à jouer (un huit de cœur). »

tumée. Fait et délivré le seize novembre mil sept cent dix-sept, six heures du soir. Signé : Delamare. »

Cet enfant, baptisé le 17 novembre, et appelé *Jean le Rond*, est connu dans l'histoire sous le nom de D'ALEM-BERT [1].

Ces mots *de l'ordonnance* marquent une certaine modification dans la rédaction des procès-verbaux. Voici en effet ce qui s'était passé. Primitivement, alors que l'on comptait quelques admissions seulement, les commissaires pouvaient procéder eux-mêmes à la levée des enfants, et les procès-verbaux sont tous minutés à la main, sur papier timbré à 1 sol, 8 deniers, 6 deniers, suivant le format. Plus tard, vers 1680, le chiffre des admissions augmentant, on trouve des procès-verbaux dont le texte est rédigé d'avance, les blancs restant seuls à remplir. Enfin en 1683, apparaissent les formules imprimées, et en 1700 ces actes cessent d'être faits sur timbre.

Il y a des modèles préparés pour les divers modes de réception [2], et les envois de l'Hôtel-Dieu sont toujours assez nombreux pour nécessiter des imprimés spéciaux ; l'hôpital général seul fait porter directement, comme par le passé, les enfants provenant de la Salpêtrière.

Enfin les commissaires se trouvant dans l'impossibilité de se rendre par eux-mêmes aux endroits où les enfants étaient déposés, alors qu'il y avait quelquefois, comme en 1762, 15, 20 et même 30 abandons dans une nuit [3], délèguent un agent à cet effet, font apporter l'enfant à leur hôtel, et libellent le procès-verbal en mettant : « De l'ordonnance de nous..... »

Ces formules, qui commencent dès 1701, après s'être confondues pendant plus de 30 ans, dans les liasses avec les pro-

---

[1] Voir aux annexes n° I, les pièces prouvant que d'Alembert a été placé en nourrice en Picardie par les soins de la maison de la Couche, et rendu à ses parents au mois de janvier suivant (1718), par l'entremise de M. Molin, médecin du roi.

[2] Voir aux annexes n° II, les copies de divers procès-verbaux.

[3] Délib. 20 avril 1762.

cès-verbaux mentionnant la levée de l'enfant, deviennent peu à peu la majorité, et on peut affirmer qu'en 1736 les commissaires ne se dérangent plus.

En outre, vers cette époque, les personnes qui ont trouvé un enfant, l'apportent habituellement à l'hôtel du commissaire de leur quartier [1].

A l'origine, tous les enfants étaient donc exposés dans le sens réel du mot, sauf quelques-uns abandonnés chez des sages-femmes à la suite de manœuvres frauduleuses [2], et ceux provenant de l'Hôtel-Dieu, de l'hôpital général ou envoyés par le lieutenant criminel.

C'est seulement au milieu du XVIIIe siècle que se généralisent les abandons directs par les nourrices, les sages-femmes ou les parents.

Les procureurs fiscaux se mêlaient également d'envoyer des enfants à la maison de la Couche, car cette augmentation rapide du chiffre des admissions provient uniquement, on ne saurait trop le redire, de la tendance de plus en plus marquée de la province à se décharger sur Paris du soin de ces pauvres petits.

Le 22 novembre 1725, on voit le procureur fiscal de Vaugirard recevoir des mains de sa grand'mère et envoyer à la Couche un enfant légitime, dont les parents ont disparu. Le 12 juin 1747 une sage-femme jurée porte un enfant chez le commissaire de police du *baillage roïal* de Versailles, avec

---

[1] Voir aux annexes, no II, pièce no 8.

[2] 12 janvier 1678. Gens ayant présenté à la sage-femme un faux certificat de mariage.

15 janvier 1697. Enfant confié à une nourrice, à la demande de la mère, par une sage-femme ; les nourriciers non payés rapportent l'enfant, et au lieu de l'exposer, comme tant d'autres, ils le déposent chez la sage-femme ; les parents étant disparus, le commissaire enquêteur ordonne l'envoi à la Couche.

8 janvier 1703. Jean Mondon loue une chambre à une femme qui avait deux enfants, dont un à la mamelle. Cette femme arrêtée pour mendicité avec son dernier enfant est conduite à l'hôpital général ; il reste donc le plus âgé. Le propriétaire non payé de ses termes et ne pouvant le garder, comparaît devant le commissaire enquêteur qui envoie cet enfant à la Couche.

l'extrait de baptême, requérant son admission aux enfants trouvés. Le commissaire admet l'enfant et le fait porter à Paris par une *garde-malade*.

Le commissaire de cette ville envoie un enfant légitime (1755), « parce que la mère est dans une situation triste et hors d'état de nourrir le dit enfant, suivant qu'il est énoncé au certificat de M. le curé de la paroisse de Notre-Dame de Versailles ».

Le 30 novembre 1754 le lieutenant juge ordinaire civil criminel et de police de la prevosté du comté de Villepreux reçoit un enfant naturel qui lui est apporté par ses grands parents, déclarant que leur fille ne peut l'élever.

Paris suivit naturellement ce mouvement et les sages-femmes prirent l'habitude de se rendre à l'hôtel des commissaires enquêteurs [1] sans faire aucun mystère du nom des parents.

Ce sont des fils d'artisans, de bourgeois, d'un tailleur d'habits, d'un gendarme de la garde du roy, etc... Depuis 1774 les apports par les voituriers, les sages-femmes [2], deviennent la règle; on voit enfin des parents effectuer eux-mêmes l'abandon de leurs enfants.

Le système primitif d'exposition est décidément transformé et le délaissement dans les rues n'est plus qu'une exception.

Les derniers procès-verbaux d'admission rédigés par les commissaires enquêteurs au Châtelet sont de l'année 1790; mais les commissaires de police prennent leur place sans modifier en rien le mode d'admission, qui avait mis ainsi plus

---

[1] Le 1er décembre 1772, une sage-femme porte directement un enfant chez le commissaire enquêteur du quartier du Louvre.

[2] A Versailles, vers 1789, on voit les sages-femmes qui ont apporté l'enfant au commissaire se charger de le faire baptiser et conduire à Paris « et d'en rapporter le certificat de la dame supérieure ». Les commissaires ont même un imprimé spécial pour ces abandons.
A Paris, le même usage a lieu; « lequel enfant a été laissé à Mme May, sage-femme, qui s'en est chargée à l'effet de ce que dessus. » Les parents portent également leur enfant en vertu de l'ordre donné par le commissaire auquel ils l'ont présenté. Annexe n° II, pièce n° 13.

de 100 ans, depuis la fondation de la Couche, pour s'établir et passer complètement dans les mœurs.

Il faut remarquer cependant que jamais avant 1791 un enfant ne fut reçu dans cet établissement des mains d'un particulier sans un procès-verbal dressé par l'autorité compétente, et que le tour resta toujours une institution absolument inconnue à Paris avant le XIXᵉ siècle. A partir de 1795 on n'exige plus qu'un acte de naissance [1].

§ 2. — CHIFFRES DES ADMISSIONS.

Les modes d'admission usités favorisaient tous l'apport à Paris d'enfants étrangers à la capitale; aussi les administrateurs, effrayés du chiffre croissant des entrées et des charges qui en résultaient, sollicitèrent-ils à maintes reprises des prescriptions sévères empêchant les habitants des pays environnants de se décharger sur la maison de la Couche des enfants délaissés en nourrice ou abandonnés par leurs parents et dont le nombre augmentait constamment, ainsi que le constate le tableau suivant [2].

Périodes décennales	Total des admissions	Périodes décennales	Total des admissions
		Report......	84.840
1640-1649......	3.053	1720-1729......	20.632
1650-1659......	3.683	1730-1739......	26.718
1660-1669......	4.535	1740-1749......	32.917
1670-1679......	6.880	1750-1759......	44.574
1680-1689......	10.275	1760-1769......	56.110
1690-1699......	21.150	1770-1779......	67.033
1700-1709......	17.866	1780-1789......	57.139
1710-1719......	17.398		
			389.963
	84.840		

[1] Annexe n° II, pièce n° 18.
[2] Ces chiffres ont été publiés par Remacle, dans les documents statistiques joints à son livre sur les Enfants-Trouvés (1838) et par M. Lafabrègue, dans l'annuaire de la ville de Paris. Voir aux annexes (n° III) le tableau général des admissions à Paris de 1640 à 1884.

Ce résumé montre à la fois la marche rapide des entrées et, on peut le dire, le peu d'efficacité des défenses faites aux voituriers de se rendre les complices des abandons en se prêtant, moyennant salaire, au transport des enfants à Paris.

La première injonction est de l'année 1663, le 2 février. Le parlement, « sur ce qui lui a été remontré par le procureur du roi... savoir que les messagers, voituriers et conducteurs de coches, tant par eau que par terre, amenent tous les jours à Paris, presque de tous les endroits du royaume, des enfans de tous âges, de l'un et de l'autre sexe, qu'ils exposent dans les places publiques et dans les églises... fait tres expresses inhibitions et défenses à tous messagers, rouliers, voituriers et conducteurs de coches d'amener aucuns enfans, qu'ils n'en aient fait écrire les noms, surnoms sur leurs livres avec les noms, surnoms et demeures de ceux qui les auront chargés des dits enfans... à peine de punition corporelle et de mille livres d'amende au profit de l'hôpital général [1]. »

Le siècle suivant, 10 janvier 1779, un arrêt du conseil du roi s'exprime de même : « Sa Majesté est informée qu'il vient tous les ans à la maison des enfants trouvés plus de deux mille enfans nés dans des provinces très éloignées de la capitale ; ces enfans, que les soins paternels pourroient à peine défendre contre les dangers d'un âge si tendre, sont remis sans précaution et dans toutes les saisons à des voituriers publics distraits par d'autres intérêts et obligés d'être longtemps en route, de manière que les malheureuses créatures victimes de l'insensibilité de leurs parents souffrent tellement d'un pareil transport que près des neuf dixièmes périssent avant l'âge de trois mois [2]. »

---

[1] Code de l'hôp. gén., p. 309. V. arrêt 23 nov. 1695, p. 406.

[2] On lit à ce sujet dans le registre des délibérations du bureau de l'hôpital général, séance du lundi 14 décembre 1772 (code p. 353). « Ces enfans sont envoyés des généralités les plus éloignées, telles que d'Auvergne, de Bretagne, de Flandre, de Lorraine, d'Alsace, des trois évêchés, etc., non seulement par les pères et mères qui les abandonnent,

Nous avons relevé dans les liasses des procès-verbaux l'indication d'enfans apportés de Metz, Cambray, Rouen, Chartres, Bar-le-Duc, Mons-en-Hainault, Sedan, pays de Liège, Auxerre, etc. L'Auvergne et la Bretagne en fournissaient également.

On croyait que la plupart de ces pauvres petits étaient des enfants légitimes abandonnés par des parents que la misère réduisait à une pareille extrémité ; cette opinion, qui ne s'appuyait que sur quelques mots prononcés par un des directeurs de l'hôpital, est absolument fausse, les procès-verbaux de 1760 contenant les indications suffisantes ont permis de constater que sur 5,032 admissions il y avait eu 4,297 enfants illégitimes et seulement 735 légitimes, ce qui donne environ un septième pour cette dernière catégorie. (*Annuaire de la ville de Paris* 1880, p. 470.)

Alors comme toujours, c'était la débauche qui peuplait les hôpitaux d'enfants trouvés.

§ 3. — LE SÉJOUR DES ENFANTS A LA COUCHE.

Les chiffres d'admissions dont il vient d'être parlé ne s'appliquent toutefois, il faut le dire, qu'à des enfants en bas-âge, recueillis par la maison de la Couche, et ils sont loin de représenter le total des abandonnés effectivement

mais par les hauts justiciers qui seroient tenus de les élever, et par quelques hôpitaux même de ces provinces. On en charge des commissionnaires qui ne sont autorisés par aucuns juges, qui la plupart ne savent pas lire ; en sorte que, ou ils n'ont pas d'extraits baptistaires, ou ceux qu'ils rapportent, ne s'accordent ni avec l'âge ni avec le sexe de l'enfant ; que pendant ces longues routes qu'on leur fait faire dans des paniers ou dans des voitures ouvertes à toutes les injures de l'air, ils n'ont point de nourrices qui les allaitent, et ce n'est souvent qu'avec du vin qu'on les nourrit ; que cette barbarie en fait périr un grand nombre dans le chemin, et que les autres, épuisés par les fatigues du voyage, n'arrivent que languissants, et nous avons la douleur de voir qu'ils meurent en beaucoup plus grand nombre que ceux qui sont de Paris ; en sorte qu'outre la surcharge des hôpitaux de Paris et le dépeuplement des provinces que ce désordre entraîne, l'ordre public et l'humanité en souffrent également. »

par leurs parents. Une distinction très importante doit être faite à ce sujet.

La maison de la Couche « n'avait été établie en principe que pour les enfants nouveau-nés et privés de secours ».

On ne voulait même recevoir que les enfants voulant teter, sous le prétexte que les autres devaient être légitimes puisque leurs parents les avaient conservés pendan plusieurs mois.

« Sur l'advis qui a esté donné du bureau de cet hospital des enfants trouvés, dit la délibération du 22 février 1675, que tous les jours l'on exposoit des enfans sevrés et au-dessus d'un an, estant des enfans apparemment légitimes ; il a esté résolu que dores en avant pour empescher le grand nombre des enfans exposés, les sœurs garderont dans la maison de la chapelle de Jésus enfant notre Seigneur, tous les enfans de cet âge ne voulant plus tetter qui auront esté apportés ou envoyés par MM. les commissaires du Chastellet jusques à ce que quelqu'un de MM. les directeurs les ayent veus pour juger s'ils sont véritables objets de cet hospital ou de celui de l'hospital général. Les enfans exposés âgés de plus d'un an estant apparemment légitimes ne seront pas si volontiers exposés quand les pères et mères scauront que leurs enfans seront envoyés à la maison de la Salpêtrière. »

En 1757, un administrateur, M. Ravault, proposa, dans la séance du 21 juin, de modifier cet usage ; « après avoir rappelé qu'il voit avec douleur que les enfans de l'âge de deux, de trois et de quatre ans sont envoyés dans la maison de la Salpêtrière le même jour de leur entrée... il se croit obligé de représenter au bureau que cette délibération du 22 février 1675, qui a pour objet, en envoyant ces enfants à l'hôpital général, d'empêcher les pères et mères de les envoyer à cet âge aux enfants trouvés et en décharger la maison, mérite l'attention du bureau pour les inconvénients qui résultent de son exécution ; que ces enfants étant envoyés à cet âge dans la maison de la Salpêtrière et ne pouvant en soutenir l'air par la délicatesse de leur tempérament, ils y meurent presqu'aussitost qu'ils y sont reçeus, au lieu que s'ils étaient envoyés en sevrage dans les provinces jusqu'à l'âge de cinq à six ans, ils se fortifieroient et seroient en état à leur retour d'être envoyés dans les maisons de l'hôpital général et d'en soutenir l'air ; qu'en prenant ce party, cela pourroit augmenter le nombre des enfants et causer une augmentation à la dépense ordinaire chaque année pour leur nourriture et leur habillement pendant ce temps ; mais que leur conservation doit passer pardessus ces considérations ; que l'humanité le demande et que la religion l'exige...

« Le bureau, considérant les inconvénients qui résultent de l'exécution de la délibération du 22 février 1675 en envoyant les enfans exposés de l'âge de deux, de trois ou de quatre ans dans la maison de la Salpêtrière aussitôt leur réception dans celle des enfans trouvés, et la justice de procurer à ces enfans tous les secours nécessaires à leur conservation, a arrêté qu'à l'avenir les enfans exposés de l'âge de deux ans et jusqu'à quatre ans seront envoyez en sevrage jusqu'à l'âge de cinq à six ans dans les mêmes provinces où l'on envoyé les autres enfans, à moins qu'ils ne soyent attaqués de mauvaise maladie ; qu'ils seront confiés à des femmes de bonnes vie et mœurs ; que les mois de leur nourriture seront payés à raison de quatre livres dix sols, et qu'il leur sera fourni une robbe chaque année, suivant l'usage [1]. »

Cette délibération indique nettement, comme on le voit,

---

[1] Le bureau de l'hôpital général prit à ce sujet la délibération suivante, le lundi 19 juillet 1773; code, p. 360 :

« Le bureau a arrêté que les enfans au-dessous de cinq ans continueront d'être reçus aux Enfants-Trouvés, sur les procès-verbaux des commissaires ; et que, quant à ceux au-dessus de cinq ans, les commissaires indiqueront verbalement aux personnes qui les leur présenteront, de les conduire, savoir : les garçons à la Pitié, et les filles à la Salpêtrière ; lesquels garçons et filles y seront reçus par provision, par les économes et supérieurs des dites maisons, qui en feront leur rapport au bureau suivant, à la Pitié, où il sera procédé à la réception définitive de ceux qui sont dans le cas d'y être admis, et au renvoi de ceux qui n'ont pas lieu d'y prétendre. Et M. le lieutenant général

les catégories d'enfants reçues à la maison du Parvis Notre-Dame dont nous avons à nous occuper, et on procédait à leur égard de la manière suivante :

Aussitôt qu'un enfant est admis, dit le règlement du 18 octobre 1690, la sœur préposée à cet office « luy mettra le collier a l'instant et fermera dans le sachet qui y est attaché le procez-verbal du commissaire avant que de le porter dans la chambre des nourrices auxquelles elle aura soin de deffendre de changer les coliers ; et lorsqu'on portera l'enfant sur les fonds du baptesme [1], monsieur le chapelain retirera le procez-verbal de chascun pour y escrire le nom a l'instant, sans déplacer, et le remettra ensuitte dans le sachet pour éviter confusion ; certifiant en même tems le baptesme de l'enfant sur le billet que l'on donne aux nourrices lequel sera retiré par la sœur qui doit estre présente au baptesme.

« Lorsque l'on baptisera les enfans, le comis qui réside en la Couche, se mettra dans l'œuvre a costé des fonds pour y escrire les billetz contenant le nom et l'age des enfans qu'il mettra à l'instant dans le sachet en la place des procès-verbaux, qu'il aura soin de retirer aveq le billet que l'on donne aux nourisses après que le baptesme y aura esté certifié par M. le chapelain ; lequel petit billet il fera recoudre bien soigneusement dans les sachets, faisant bien comprendre

de police a été prié de donner ses ordres en conséquence aux commissaires du Châtelet.

Modèle de réception d'enfant à la Pitié, en l'année 1765 (pièce imprimée).

La Pitié. — La sœur supérieure de la Pitié y recevra comme bon pauvre   âgé de   fils de suivant son extrait baptistaire cy joint, de la paroisse de diocèse de   en date dn et dont la pauvreté est attestée par le cer-tificat aussi cy joint [*].

Fait à   par nous, directeur et administrateur de l'hôpital général, le   jour de mil sept cent soixante

[1] Voir, en ce qui concerne la chapelle de l'hôpital et ses transformations successives, les pièces publiées aux annexes.

---

[*] Le certificat d'indigence était délivré par le curé de la paroisse où habitait l'enfant.

aux nourrisses qu'il ne les faut pas changer et pour la conservation de ces billets il seroit nécessaire de les escrire sur le parchemin en gros carractère ; ledit commis résidant ayant retiré ces billets imprimez, il y écrira le nom de l'enfant [1], suivant qu'il aura esté certifié par monsieur le chapelain, comme aussy le nom de la nourrice qui en aura esté chargée, le nom de sa paroisse et de son diocèze et celuy de son mary. »

Il est dit qu'afin d'éviter toute substitution d'enfants, le procès-verbal était placé dans un sachet avant même de porter le pauvre petit être dans la chambre des nourrices. En effet, des nourrices dites sédentaires furent attachées dès l'origine à l'établissement, pour assurer l'allaitement immédiat des abandonnés en attendant l'arrivée des femmes de province.

En 1674 il y avait deux nourrices; on leur alloue comme supplément « une pinte de bière [2] ». En 1687 le nombre de ces femmes est porté à 4, en 1703 [3] à 5, et est augmenté de

[1] Voici comme exemple les noms donnés aux enfants lors des admissions de janvier 1673 :

Anne Gaubert, Christof Galleron, Jean Lange, Dominique Benoist, Marguerite Tournay, Charles Baltasar, Nicolas Belhomme, Françoise Misère, Marie Baltasar, Marie-Anne Gontaut, Claude Pillard, Etienne-Nicolas Granjan, François Monot, Pierre Nauvy, Charlotte Brier, Jean Doroy, Jacques-Guillaume Lebeau, Philippe Larencontre, Jacqueline-Marie Gaudin, Marie-Anne Desmars, Marie-Marguerite Vallet, Jeanne Goujons, Louys Dufour, Jeanne de Montmartre, Françoise Noyer, Françoise Mignard, Marie Mignon, Catherine Ménage, Jean Brisor, Magdelene Galier, Jean-Pierre Edme, Magdelene Gany, Catherine Lasnier, Sébastien Baron, Barbe Dumont, Charles Delaporte (abandonné sous la porte des Enfants-Trouvés), François Dumont.

[2] Délib. 4 avril 1674.

[3] Estat de la maison de la Couche, mercredy 23 may 1703.

83 enfans, dont 72 pour les convoys 4 à la mamelle, 7 pour la Couche	83
Ecclésiastiques	3
Portier	1
Garçon pour servir les ecclésiastiques	1
Sœurs	13
Nourrices pour la Couche	5
Nourrices des champs	22
	128

2 ou 3 dans la suite ; ce chiffre était encore insuffisant car, ainsi que le fait remarquer un administrateur le 30 mars 1756, « au temps de la moisson et de l'hiver, les nourices de la campagne ne venant pas fréquemment prendre des enfans, la maison se trouve chargée quelquefois de *180 enfans* à la mamelle, tandis qu'il n'y a que 7 à 8 nourices à gages pour les allaiter..... Ces nourices n'ayant que *soixante-quinze* livres de gages par an, il seroit juste de leur accorder chaque année une petite récompense. »

Le bureau se range de suite à cet avis et, « considérant que la conservation des enfants trouvés confiés à ses soins est l'objet principal de leur établissement, et qu'yl est de l'honneur de la religion, du bien de l'État et de l'administration de le remplir exactement, arrête :

« 1° Qu'yl y aura à l'avenir dans la maison quinze à vingt nourices à gages, y résidentes pour allaiter les enfants en attendant l'arrivée des nourices de la campagne, lesquelles nourices à gages seront visitées par le chirurgien de la maison suivant l'usage.

« 2° Que le nombre de ces nourices pourra être augmenté à mesure que celuy des enfans augmentera, si celles qui seront dans la maison ne sont pas suffisantes.

« ..... 4° Pour engager ces nourices a soigner les enfans avec toute l'exactitude et l'assiduité que demande leur service et reconnaître leurs bons soins auprès des enfans, le bureau arrête qu'yl sera donné a chacune d'elles, outre leurs gages ordinaires de 75 livres, une récompense de 15 livres par chaque année [1] et qu'elles seront noury de pain blanc. »

Cette organisation subsiste jusqu'en 1784 ; à cette époque on trouve qu'il est préférable de nourrir artificiellement les abandonnés durant leur séjour à Paris, pour éviter que les nourices sédentaires donnent leur lait simultanément à plusieurs enfants, et on tente un essai dans ce sens. Déjà

---

[1] En 1783, on accorde 216ˡ pour répartir entre 18 personnes à titre de gratification.

au xviie siècle (1677-1680) il avait été offert aux administrateurs d'élever les nourrissons avec certaines préparations[1]. Mais ces propositions n'eurent pas de suite. Elles furent reprises en 1784 et après quatre années d'expérience sur l'avis de l'Académie de médecine « approuvant les motifs qui déterminoient l'administration à supprimer les nourrices sédentaires, » le règlement du 28 mai 1788[2] prescrivit ce qui suit :

« Art. 1er. Les enfans nouveaux-nés qui seront apportés a cet hôpital continueront d'être déposés dans la salle qui leur a été destinée jusqu'à présent. — Art. 2. Ils y seront tous traités par le médecin et le chirurgien ordinaires de la maison, suivant le régime raisonné et méthodique dont ces officiers ont récemment fait l'essai. — Art. 3. Des femmes ou filles de service résidentes ou passagères seront chargées de les alimenter, les remuer et les changer le jour et la nuit sous l'inspection des sœurs. — Art. 4. Le nombre de ces femmes sera proportionné à celui des enfans qui se trouveront dans la salle de la crèche, tellement que chacune ne soit chargée de plus de trois enfans. — Art. 5. *A l'avenir on n'emploiera plus* de nourrices *sédentaires dans l'hôpital pour allaiter les enfans en commun.* — Art. 6. Douze heures après l'arrivée des nourrices de la campagne, les enfants qui seront jugés en état d'être allaités seront confiés à leurs soins. — Art. 7. Chacune ne pourra allaiter d'autre enfant que celui qui lui aura été confié. — Art. 10. Ces nourrices, ainsi que les femmes qui seront appelées auprès des enfans, n'auront d'autres fonctions que de les soigner, et toute occupation capable de les en distraire leur sera absolument interdite. — Art. 12. La nourriture des nourrices et des autres femmes appliquées aux soins des enfans consistera en potage gras ou maigre, en viande, œufs ou légumes, selon les jours, et leur boisson sera du vin, de l'eau et de la bierre,

---

[1] Délib. 4 juillet 1680. Félibien, tome V, p. 226.
[2] Délib. 28 mai 1788. Voir aussi aux annexes n° VI, délib. de l'Académie de médecine, manuscrit provenant des collections de l'auteur.

le tout ainsi que les officiers de santé le trouveront convenable. — Art. 13. Les femmes à demeure seront seules gagées, et ce à raison de 120 livres par année... »

Les événements ne permirent pas de constater les résultats de ce mode d'allaitement artificiel condamné par l'expérience moderne.

§ 4. — ENVOI DES ENFANTS EN PROVINCE : LES MENEURS ET MENEUSES.

La plus sérieuse des difficultés que rencontrèrent à toutes les époques les administrateurs de la maison de la Couche fut la pénurie des nourrices de province. L'hôpital payait peu, les chemins étaient difficiles, il fallait venir à Paris par les coches d'eau ou de mauvaises voitures ; les froids de l'hiver et les travaux de la moisson retenaient souvent chez elles les femmes de la campagne ; aussi dans plusieurs délibérations évalue-t-on à un tiers des enfans admis le chiffre de ceux qui meurent faute d'être pourvus assez promptement de nourrices [1].

Des intermédiaires s'offrirent pour faciliter ce recrute-

---

[1] Registre des séances du Bureau de l'hôpital général, 9 janvier 1704 (code, p. 339).

« Le Bureau, ayant été informé, tant par les sœurs de la Couche des Enfants-Trouvés que par MM. de l'Essart et de Paris, commissaires de cette maison, qu'à cause du dégel et de la mauvaise saison, les nourrices de la campagne n'osoient se mettre sur les chemins, cependant que mercredi dernier il s'etoit trouvé cinquante-sept enfans dans la maison de la Couche, et encore aujourd'hui cinquante qui souffroient beaucoup par le manquement des nourrices;

A délibéré que, pour secourir ces pauvres enfans, en pareille occasion, il sera cherché avec diligence des nourrices, dans la ville et fauxbourgs, qui puissent allaiter lesdits enfans, auxquelles sera payé ce qui sera jugé à propos par les dames qui ont la bonté et la charité d'en prendre soin. »

— Délib. de l'hôp. gén., 1er mars 1773 (code, p. 356).

« M. Josson a dit..... que la diminution des nourrices pour les enfans trouvés avoit causé la perte de 2650 enfans, qui étaient morts dans la maison en l'année 1772, sur 7676 qui y ont été reçus durant le cours de l'année dernière, ce qui fait près du tiers du nombre des enfans reçus... »

ment ; c'étaient ces meneurs et ces meneuses qui alimentaient déjà les bureaux des *recommandaresses* et procuraient des bonnes aux maisons parisiennes. Il fallut accepter leurs services ou voir la plupart des abandonnés périr sans secours ; et cependant ces agents laissèrent presque toujours beaucoup à désirer, pressurant les femmes qu'ils accompagnaient, trompant les administrateurs sur le chiffre des enfants à la pension, en un mot volant de toute part. Dans la séance du 24 août 1681, la *Belle Perrine*, meneuse, était convaincue d'avoir gardé l'argent des nourrices. Le 19 octobre suivant, il est arrêté « que la routte de Guaillon dont la *Guillaumette* est la meneuse et celle de Caïllouet (Calais ?) sous la conduitte de la *Belle Perrine*, seront changées, et les enfans qui se trouveront sur les dittes routtes seront transferez en d'autres routtes ».

Plus tard, le 27 septembre 1757, M. Ravault, un des directeurs, « dit que dans le voiage qu'yl vient de faire à sa terre de la Madeleine, près d'Evreux, il a examiné les plaintes rapportées au bureau contre X... meneur et sa femme, demeurant à Orgeville, diocèse d'Evreux, de la retenue qu'ils font aux nourrices tant de l'argent, que des habits et linge qu'on leur délivre au Bureau pour elles ; se servant de l'argent pour leurs affaires et ne le remettant aux nourices que plusieurs mois après qu'ils l'ont reçu au bureau ; de même que les habits et linge pour les enfans, en sorte que les nourices et les enfans souffrent de ce retardement, comme aussi de leur négligence à raporter au bureau les hardes et linge des enfans aussitost après leur déceds et leur extrait mortuaire. » M. Ravault ayant reconnu l'exactitude de ces faits, le sieur X. et sa femme sont révoqués, et on nomme à leur place Simon-Jacques Charpentier, de Vernon.

Les meneurs étaient donc un mal, mais un mal nécessaire, car, en raison des fonctions multiples dont on avait chargé ces agents, les administrateurs se trouvaient dans l'impossibilité de s'en passer. Ce n'est qu'en 1821, qu'à la suite de fraudes énormes, on accepta ce système si simple d'avoir des employés spéciaux domiciliés en province et placés chacun à la tête d'une circonscription.

La délibération prise par le bureau de l'hôpital général, dans la séance du 2 may 1713, tenue « en la maison de la Pitié [1], » résume parfaitement l'office de ces meneurs, qui auraient pu, avec du zèle et de l'intégrité, sauver la vie à des milliers d'enfants, au lieu de compromettre des intérêts aussi sacrés.

Les principes généraux posés par ce règlement subsistèrent, sauf quelques modifications de détail, pendant tout le xviiie siècle [2].

« Les meneurs, y est-il dit, doivent donner caution [3], pour estre receuz en cette qualité et faire élection de domicile à Paris [4].

---

[1] Voir délib. du Bureau de la Couche, 2e registre, fo 60, recto.

[2] Les principaux règlements ultérieurs concernant les meneurs sont du 24 septembre 1765 (code de l'hóp. gén., p. 348); 28 mars 1774 (code, p. 364).

[3] « Les cautionnements qui seront présentés par lesdits meneurs ne pourront être au-dessous de la somme de trois mille livres, pour ceux des meneurs dont le maniement en argent n'excéderoit pas la somme de douze mille livres annuellement ; et pour les meneurs dont le maniement annuel en argent seroit plus considérable, le Bureau se réserve d'en fixer le montant, de manière toutefois que le cautionnement ne soit jamais au-dessous du quart de ce qui seroit confié au meneur, soit en argent, soit en effets. Règlement du 10 avril 1776, art. III (code, p. 376). » Voir aux annexes n° VII un exemple de cautionnement à fournir par les meneurs.

[4] « A l'avenir, il ne sera nommé aucun meneur de nourrices pour les enfants trouvés, qu'au préalable ils n'aient fait, conjointement et solidairement avec leurs femmes, s'ils sont mariés, leur soumission et obligation devant notaire à Paris, conformément à l'art. 30 du règlement du 28 mars 1774 ; lesdits meneurs sont tenus de déclarer, par le même acte, leurs biens et ceux de leurs femmes, ainsi que les hypothèques dont ils pourront être grevés. (Code, p. 376.) » Art. 30 du règl. du 28 mars 1774 : « Ceux qui voudront exercer la commission de meneur de nourrice des enfans-trouvés se présenteront au bureau de l'administration dudit hôpital avec un certificat de M. le curé de leur domicile, légalisé du juge royal, attestant leurs vie, mœurs et religion, suffisance et capacité, qu'ils savent lire et écrire et qu'ils sont capables de remplir cette commission avec exactitude et fidélité; donneront un état de leur bien, avec bonne et suffisante caution pour les sommes, hardes et linges qui leur seront remis pour les

« Ils ne doivent prendre que le sol pour livre de l'argent qu'ils portent aux nourices, pour les nourritures des enfants, et cinq sols pour le port de chacque vestures [1].

« Quand ils emportent les enfants que les nourices viennent prendre à la Couche, ils ne doivent retenir que trente-six sols pour le port de chaque enfant, sur le premier mois qui est payé d'avance [2].

« Lorsque les enfants sont en age d'estre ramenées à l'hôpi-

<hr/>

enfans et pour les nourices, feront leur soumission devant notaires à Paris de se conformer au présent règlement, et feront élection de domicile à Paris. »

[1] Règlement du 24 sept. 1765, art. XVI. Règlement du 28 mars 1774, art. XLV-XLVI (mêmes dispositions). Règlement du 28 mai 1788. (Délib. 5ᵉ registre, f⁰ 175 verso.) Droits attribués aux meneurs. Art. 1ᵉʳ : «Pour tenir lieu aux meneurs *du sol pour livre* qu'ils ont retenu jusqu'à présent sur les salaires des nourices, il leur sera payé par l'hôpital le *vingtième* des sommes auxquelles se trouveront monter les bordereaux qui leur seront dressés pour les mois de nourices qui écheront depuis le 1ᵉʳ juillet prochain. — Art. 2 : Ce même droit sera aussi ajouté par eux aux articles particuliers, qui seront payés immédiatement aux nourices ou aux personnes qui se présenteront de leur part, excepté au premier mois qui doit être payé d'avance aux nourices qui viendront elles-mêmes. »

[2] Règlement du 24 septembre 1765, art. XIV. « Les meneurs continueront de retenir sur le premier mois 40 sols pour le port de chaque enfant qu'ils conduiront avec les nourices. Art. XV : A l'égard des enfans qui leur seront donnés pour les nourir qui ne pourront s'en charger elles-mêmes à Paris, les meneurs retiendront 6 l. sur les 7 l. du premier mois pour les indemniser des frais des femmes qu'ils amènent avec eux, et de leur retour dans leur domicile, et les 20 sols de surplus seront par eux donnés à la nourice à laquelle ils remettront l'enfant. »

Règlement 28 mars 1774, art. XLIV (même disposition).

Règlement du 28 mars 1788, section des meneurs, art. IV : « Il sera payé aux meneurs autres que ceux de la Champagne et de la Bourgogne 6 l. par tête de nourices qu'ils amèneront en état d'allaiter et munies de certificats en bonne forme. Art. V : Mais il ne leur sera attribué, comme par le passé, que 40 sols par tête de femmes autres que les nourices elles-mêmes, telles que celles qui lèveront des enfans sevrés, même des enfans nouveaux-nés, pour les élever au lait d'animaux, ou qui viendront de la part de nourices absentes. Art. VI. Les meneurs de la Champagne et de la Bourgogne ne recevront que le même droit de 40 sols pour toute femme indistinctement, nourice ou autre, attendu qu'ils n'ont d'autres frais à faire dans leurs voyages que ceux qui les regardent personnellement. »

tal, les nourices les remettent aux meneurs qui ne doivent prendre que trois livres pour la nouriture et port de chaque enfant pendant le voyage, et lorsque les nourices ramènent elles-mêmes les enfants à Paris, il n'est rien deub aux meneurs.

« Ils ne prendront aucunes bulles des nourices pour apporter à Paris et estre employées dans les bordereaux qui leur seront faits, qu'il n'y ait des certificats de vie ou de mort des enfants qui seront données par les curés des lieux, qui sont priez de les délivrer charitablement[1].

« Ils payeront les nourices en argent et non en bled, orge, ou autres d'enrées, le bureau n'aprouvant point ce commerce qui ne peut estre avantageux aux nourices.

« Ils apporteront chaque fois qu'ils viendront à Paris les bordereaux qui leur auront été faits le voyage précédent, afin qu'on puisse connaître s'ils ont payé les nourices ; au bas desquels bordereaux ils mettront leurs certificats en ces termes : Je certifie avoir payé aux nourices des enfants mentionnées au présent bordereau ce qu'il y a de marqué pour chacune d'elles.

« Ils remettront les bordereaux certifiez par eux au bureau pour y avoir recours en cas de besoin, et s'il y avoit quelques articles sur les dits bordereaux qu'ils n'eussent

---

[1] Règlement du 24 septembre 1765, art. XXIX : « En cas de décès des enfans, dont avis doit leur être donné par les nourrices, ils rapporteront, à leur premier voyage à Paris, les hardes et linges desdits enfans, leurs extraits mortuaires, les bulles imprimées et les billets en parchemin, afin que les registres dudit hôpital puissent être déchargés ; le tout à peine de restitution de la valeur desdits linges et hardes. »

Règlement du 28 mars 1774, art. XXIX : « Lesdits curés et desservans sont encore priés d'attester, aussi gratuitement, la vie ou le décès des enfans ; et, dans le premier cas, de faire leurs certificats sur les bulles, dans la colonne destinée à cet objet ; ce qu'ils pourront faire en peu de mots, à peu près en ces termes : « *l'enfant se porte bien,* ou *est malade* »... Quant aux certificats de mort, ils pourront les placer en tel endroit de la bulle qui leur plaira. »

L'hôpital ne devait pas délivrer aux parents d'actes de décès, mais seulement indiquer le lieu où l'enfant était mort. (Délib. 5 septembre 1711). Voir aux annexes n° VIII.

point payé après avoir fait toutes leurs diligences pour
sçavoir a qui l'argent est deub, ils remettront les sommes
non payées es mains de la sœur supérieure de la maison
de la Couche, qui les en deschargera, et la dite sœur payera
les personnes qui réclameront les dites sommes et a qui
elles se trouvent dües suivant l'examin qui en sera fait sur
les registres de la dite maison de la Couche et après en
avoir rendu compte au bureau [1].

« S'ils sont obligés de changer les enfants qui ne se trouveront pas bien chez ces nourices auxquelles ils ont été confiés, ils auront soin de les mettre chez d'autres nourices et
de marquer sur leurs bulles leurs noms, leurs demeures et
la datte du jour qu'ils leur auront donné les enfants, et
rapporteront le plustost que faire ce poura les dites bulles a
Paris pour faire marquer ces changements sur celles du
bureau et sur les registres; ils n'exigeront rien pour ces
sortes de changements [2].

« Tout ce que dessus sans préjudice de ce à quoy les dits

---

[1] Primitivement « le comis du Bureau » avait été chargé d'effectuer les paiements en province, mais on dut renoncer à ce système
lorsque le service eut pris de l'extension.

Délib. 13 may et 19 août 1672, 8 avril 1676.

Dans la délibération du 11 décembre 1728, il est dit : « sur les avis
donnés au Bureau, que les meneurs de nourices dont la fonction est
de recevoir de la sœur supérieure de la maison de la Couche les
deniers destinés pour le payement des nourices n'ont, jusqu'à présent,
et depuis qu'ils sont employés, rendu aucun compte desdits deniers
qui leur ont été remis entre les mains. La direction, pour remédier
à l'abus que pourroient faire lesdits meneurs desdits deniers, soit en
les détournant et ne les employant pas à l'usage destiné à cet effet; a
été d'avis que chacun desdits meneurs seroit tenu à l'avenir de rendre
un compte exact des sommes qui leur seront remis..... »

Suivant les articles XXXVII et XXXVIII du règlement du 28 mars 1774,
les meneurs devaient avoir deux sortes de registres, « attestés, para-
phés par premier et dernier feuillet par l'un de MM. les administrateurs, » l'un pour y inscrire les enfans envoyés en nourice et placés
à la pension dans leur arrondissement; l'autre pour y inscrire les
paiemens faits par eux aux nourices et autres personnes. Le premier était appelé *registre des envois*; le second, *registre des bordereaux.*

[2] Règlements : 24 septembre 1765, art. XXVII; 28 mars 1774,
art. XXXIV, dispositions analogues.

meneurs se sont obligés par l'acte de soumission qu'ils ont fait, comme d'amener le plus de nourices qu'ils pouront, de veiller sur celles de la campagne, de visitter les enfants de tems en tems pour voir s'ils sont bien et si les nourices en ont soin, de rapporter les certificats et les pacquets des enfants qui sont morts, au plus tard dans les deux mois après leur décès, et de ne garder aucune vêture chez eux après la mort des dits enfants pour les distribuer aux nourices, mais les rapporter toutes au bureau. »

« Ne pourront les meneurs, prendre ou exiger des nourices autres droits que ceux qui leur sont accordés par le présent règlement, à peine de révocation de leur commission et d'être poursuivis pour la restitution de ce qu'ils auroient pris et reçu au delà. (Règlement de 1763, art. XXXIV.)

« On ne pourra différer les départs des enfans en nourice, pour quelque cause et sous quelque prétexte que ce soit, quand il y en aura dans l'hôpital un nombre suffisant pour les nourices présentes. En conséquence, lors qu'un meneur aura au bureau, ou ailleurs, des affaires qui le retiendront et qui l'empêcheront de partir le jour où ses nourices pourront être pourvues d'enfans, alors, ou il laissera partir sa voiture, ou il cèdera son tour à un autre meneur [1]. » (Règlement de 1774, art. VII.)

[1] Règlement 24 septembre 1765.

« Art. XII : Chaque meneur sera tenu de chercher, amener et conduire audit hôpital le plus de nourices qu'il en pourra trouver dans les paroisses et hameaux des environs du lieu de sa demeure, dont l'arrondissement ne pourra être de plus de quatre à cinq lieues, à quoi l'étendue de son département demeurera borné pour la commodité et le soulagement des nourices.

« Art. XIII : Les meneurs viendront tous les quinze jours audit hôpital et y amèneront les nourices qu'ils auront trouvées.

« Art. XXIV : Ils feront au moins tous les six mois la visite des enfans.

« Art. XXV : Pour faciliter aux meneurs le moyen de faire la visite des enfans et leur ôter tout prétexte de s'en dispenser, il leur sera donné au Bureau, toutes les fois qu'ils amèneront des nourices, une feuille contenant les noms, surnoms et âges des enfans, les noms des nourices, de leurs maris, et le lieu de leur demeure, pour ladite feuille être par eux transcrite sur un registre qu'ils tiendront à cet effet, ainsi que les meneurs des enfans des bourgeois. »

Lorsque les nourrices amenées par les meneurs n'étaient point suffisantes, il fallait recourir à l'envoi des enfants *par commission*, système déplorable sur les inconvénients duquel les administrateurs ne se faisaient aucune illusion. Voici ce qu'on lit à ce sujet dans la délibération du 11 décembre 1728 : « Sur les avis donnés au bureau qu'il y a quelques femmes *commissionnaires*, connues des meneurs et venant de leur part, et pareillement de la Sœur supérieure, dont les fonctions sont de venir chercher les enfans pour des nourices, qui ne veulent se séparer de leurs maisons, mais disposées à prendre des nourissons, a été arresté qu'il sera donné aux commissionnaires au plus deux enfants et que les enfans a elles confiés seront de sexe différent pour éviter la confusion et le changement qui se peut faire par rapport aux dits enfans. »

Les femmes venant chercher un enfant à la maison de la Couche pour l'allaiter pouvaient être également autorisées à en emmener un second *par commission*. (Même délibération.)

Cet usage, que l'augmentation considérable des abandons nécessitait, fut toujours l'objet des préoccupations des directeurs, et dans le dernier règlement du 28 mai 1788 [1] ils

---

[1] On lit dans le préambule de ce règlement : « Il reste encore des réformes à faire dans l'envoy des enfans à la campagne. La rareté des nourrices a introduit, depuis longtems, l'usage de confier aux meneurs des enfans *par commission* Cet envoi est sujet à trop d'abus et d'inconvéniens pour que l'administration ne s'occupe pas des moyens de le supprimer, ou du moins de le réduire à un plus petit nombre d'enfans. Ces abus et ces inconvénients sont en très grand nombre ; on se contentera d'exposer ici les principaux. Les moyens que l'on proposera ont paru les plus propre à les prévenir : 1° cet usage n'est avantageux qu'aux meneurs, qui y trouvent un dédommagement des frais de leurs voyages. En effet, le premier mois des enfans envoyés de cette manière leur appartient en totalité ; il est fixé à 7 l. Calcul fait des enfans partis pendant les cinq dernières années ; il y en a eu 10,233 envoyés *par commission* et 9,100 seulement confiés à des nourrices pour être élevés à la mamelle, soit au lait d'animaux ; d'où il suit que les meneurs gagnent plus d'un côté que de l'autre, et que s'ils ne consultent que leur intérêt, ils n'amèneront pas en un seul voyage toutes les nourrices qu'ils auront trouvées, mais

décidèrent « qu'il ne seroit envoyé des enfans *par commission* que quand les nourrices et autres femmes présentes étant pourvues, il y auroit dans l'hôpital surabondance d'enfans en état de partir et que l'on ne prévoiroit pas pas l'arrivée prochaine de nouvelles nourrices. » On donnait alors à la personne emportant l'enfant des aliments pour un jour, préparés suivant la formule adoptée, avec la recette indiquée par les officiers de santé. (Art. 24-26.)

En conformité du règlement de 1774 (art. VIII) : « Les enfans tout nouvellement nés étaient confiés de préférence *par commission* ; ces enfans n'ayant pas un besoin si pressant d'être allaités et étant par conséquent plus en état de pouvoir mieux se passer de nourices durant le voyage, que ceux qui ont déjà quelques jours. »

§ 5. — ENVOI DES ENFANTS EN PROVINCE. LES NOURRICES.

Les nourrices amenées par les meneurs et pour lesquelles étaient aménagés des locaux spéciaux dans la maison de la Couche devaient être munies d'un certificat de MM. les curés ou desservans des paroisses, ou à leur défaut des syndics et de deux principaux habitants, certifié véritable par le meneur du département de leur domicile, « attestant leurs vie, mœurs et religion ; qu'elles étaient en état d'élever l'enfant qui leur serait confié et l'âge de leur dernier enfant ou de leur dernier nourrisson ». Celles qui se présentaient à l'hôpital avec de faux certificats devaient être dénoncées à la justice.

Aucune nourrice ne pouvait se charger de plus d'un

seulement un nombre suffisant pour obtenir autant d'enfans *de commission* qu'ils l'espèrent. Un autre inconvénient du même usage contre lequel réclament à la fois et l'équité et la sécurité des enfans, c'est que les nourrices ou les femmes qui se chargent de nourrir les enfans envoyés *par commission* ne reçoivent aucuns salaires pour le premier mois. Il ne reste à ces femmes que l'espoir d'être dédommagées par les salaires des mois suivants ; mais cet espoir est si souvent trompé, que beaucoup de ces enfans courent le risque de n'être point acceptés..... »

enfant à allaiter [1]. En cas de décès du nourrisson, un nouveau certificat était nécessaire pour en obtenir un autre [2].

Aussitôt arrivés à Paris, ces femmes étaient visitées par le chirurgien et la sœur afin de s'assurer de la qualité de leur lait [3]; si elles se trouvaient remplir les conditions voulues, on leur confiait un nourrisson.

Les enfants n'étaient pas placés en général dans la ville

[1] Modèle de ce certificat (code, p. 372).

Je soussigné *   de la paroisse de
        diocèse de   élection de
gabelle de   poste
certifie que la nommée   femme de
        est de la paroisse de   ; qu'elle et
son mari sont de la religion catholique, apostolique et romaine, et de bonnes mœurs; qu'elle est en état d'allaiter l'enfant qu'on voudra bien lui confier au Bureau des enfants trouvés; que l'âge de son lait est de   mois; qu'elle **   En foi de quoi j'ai signé.
A   ce   17

Voir règlement de 1765, art. I-IV; de 1774, art. I-VI; règlement de 1774, art. IX-XI. « Aucune nourrice ne pourra se charger de plus d'un enfant à allaiter; il ne lui en sera accordé aucun autre sur le même lait, que celui qu'elle nourrit actuellement n'ait au moins six mois et ne soit en état d'être sevré. Aucune nourrice ne pourra garder à la fois un nourrisson de l'hôpital et un nourrisson bourgeois, quand même l'un des deux serait sevré; mais elle sera obligée d'opter pour l'un ou pour l'autre. »

[2] Délib. 16 avril 1766;

« Sur l'avis donné au Bureau que les meneurs, sur le simple extrait mortuaire d'un enfant, délivraient à la même nourrice un second, un troisième et quelquefois un quatrième enfant, sans auparavant s'être instruit de la cause de mort des enfants; qu'un tel abus était non seulement contraire à la religion et à l'humanité, mais encore au bien public, les nourrices pouvant être coupables de la mort de ce enfants;

Il a été arrêté : que dans le cas du décéds des enfants chez les nourrices qui en sont chargées, celles qui en demanderont d'autres seront tenues de représenter un nouveau certificat que le Bureau de l'administration prie MM. les curés de délivrer *gratis* et conçu en ces termes : « On peut confier un autre enfant à la nourrice… »

[3] Voir, aux annexes n° IX, les délibérations relatives à cette visite des nourrices.

* Curé desservant ou syndic.
** N'a point de nourrisson, ou que l'âge du dernier nourrisson de l'hôpital qu'elle a chez elle est de   mois et qu'il est en état d'être sevré.

ou faubourgs de Paris [1], de peur, dit une délibération du 18 janvier 1675, « que cette facilité ne puisse faire commettre plusieurs abus, les pauvres mères après avoir exposé leurs enfans se les faisant donner à nourrir ». On autorisait cependant des femmes de province venant se fixer dans la capitale à garder leur nourrisson [2].

Avant le départ des enfants on prenait des précautions spéciales pour éviter toute substitution ; nous avons déjà vu qu'on ne pouvait donner en commission que deux trouvés d'un sexe différent. En 1682, « il est arresté qu'il leur sera pendu un billet au col avec un cachet » [3].

De plus, on remettait à la nourrice une feuille imprimée nommée vulgairement *bulle* [4], dont on conservait un double du bureau. « Une longue expérience a prouvé, dit le règlement de 1774, art. XIII, l'utilité de ces feuilles eu égard aux renseignements qu'elles contiennent, et elles tiendront lieu de billets de renvoi vis-à-vis de MM. les

---

[1] En cas de pénurie de nourrices, on était quelquefois forcé d'en prendre dans la ville. Bureau de l'hôpital général, séance du 9 janvier 1704 (code, p. 339) citée plus haut.

[2] Délib. du 22 février 1675.

« Françoise Dupuy, femme de Guillaume Lalloys, nourrisse de Jeanne Ursule Dulong depuis environ un an, s'est présentée au Bureau et a dique son mari, estant obligé de quitter le bourg de Clermont proche Lyancourt, à cause de leur pauvreté, et ne pouvant porter la charge de leur taxe à la taille, est venue demeurer dans cette ville et a pris logis à la rue Aux Mères (Aumaire ?) à l'Agnus, proche Saint-Nicolas des Champs, et a demandé par grâce que l'on luy laissat son enfant à nourrir, ce qui luy a esté accordé ayant vu son nourrisson en très bon estat et l'enfant ayant mal aux dents, nonobstant l'ordre que nous avons donné aux sœurs de ne plus donner d'enfans ni à la ville ni aux fauxbourgs de Paris. »

[3] Délib. 22 novembre 1682.

[4] Copie d'une bulle. Les mots en caractères romains sont imprimés sur l'original.

Ce jourd'huy *trantième mars* 1640, nous avons baillé à nourrir *Joseph Decheunin* à *Marguerite*, femme de *Pierre Hallart* demeurant à *la Follye dict Goumet*, pour 100 sols par mois ; le premier avancé, elle sera payée des autres par M.   en rapportant ce présent mémoire avec un certificat de M. le curé dudict lieu qui asseure de l'estat de l'enfant, et au cas que l'enfant vint à mourir, il sera enterré sans aucune cérémonie, et sera obligée ladite nourrisse d'apporter aussi un certificat du jour de son deceds avec les hardes dudict enfant. (Archives des Enfants-Assistés, liasse de mars 1640.)

curés, qui pourront se les faire représenter, soit pour connaître les enfans, soit pour attester leur existence ou leur décès. »

Aussi les nourrices étaient-elles tenues dans les huit jours de l'arrivée de l'enfant de présenter la *bulle* au curé qui y apposait son *visa*. En cas de perte, ces feuilles pouvaient être remplacées ; on avait seulement soin d'inscrire sur la nouvelle copie les paiements marqués sur la première [1].

Quant aux mois de nourrices, ils sont fixés à l'origine à 5 l. pour les 18 premiers mois, à 4 l. l'année suivante et à 3 l. pour les 18 autres mois de 2 ans 1/2 à 4 ans [2], ce qui donne un total de 192 l. et encore la pénurie de la caisse est telle qu'en 1676, 62,000 l. se trouvent dues de ce chef ; on propose aux nourrices de les payer par termes de l'arriéré, ou d'accepter, pour être soldées comptant, un tarif réduit [3].

En 1694, il faut augmenter ces prix. « Le 5 may, la sœur Desmarest ayant mandé que les nourrices chez lesquelles l'on laisse les enfans après qu'ils sont sevrés ne veulent point se contenter des 3 l. par mois qu'on leur donne pendant le temps présent que le bled est fort cher, a esté arresté que l'on luy donnera pouvoir de leur augmenter de 10 sols, à 3 l. 10 s. ou jusques à 4 l. pendant les mois suivans jusques et y compris le mois d'aoust. » Ces palliatifs temporaires, renouvelés probablement souvent, ne suffisant pas, on doit en 1720 porter les pensions à 6 l. pendant la première année, 5 l. la deuxième, 4 l. 10 s. la troisième et 3 l. 10 s. jusqu'à cinq ans [4]. »

Les plaintes arrêtées un moment par cette élévation recommencent ; le 10 février 1753 on entretient le bureau des réclamations des nourrices touchant « la modicité du prix des mois de nourriture durant les deux dernières an-

[1] Délib. 4 avril 1705.
[2] Délib. 26 décembre 1670.
[3] Délib. 13 décembre 1676.
[4] Délib. 11 décembre 1728.

nées des cinq que les enfans doivent rester en nourrice et
en sevrage, eu égard à la cherté du pain et des autres vivres ; des menaces qu'elles font de rendre les enfants à
l'âge de 3 ans,.... de l'état déplorable dans lequel on a
trouvé un grand nombre d'enfants de 3 ans et au dessus,
entre les mains de nourices dans la dernière misère, manquant de pain..... ».

L'affaire mise en délibération, les administrateurs décident qu'à commencer du 1ᵉʳ mars il sera payé aux nourriciers 4 l. 10 s. par mois pendant les deux dernières années,
et à MM. les curés 20 sols pour frais d'inhumation au
lieu de 10 sols [1]. Cette indemnité fut ensuite portée à 3 livres.

Le règlement de 1765 modifie ces prix; il est accordé
(art. V, Code p. 348) de la naissance à un an accompli
7 livres; d'un an à deux, 5 livres, et au-dessus 4 livres
10 sols. En vertu des délibérations des 5 septembre 1764 et
10 mars 1773, le premier mois était payé 8 l. aux nourrices
qui se présentaient elles-mêmes [2].

Ces nouveaux sacrifices ne suffisaient pas encore, M. Josson fait savoir au bureau de l'hôpital général le 1ᵉʳ mars 1773
(code p. 356) « que depuis près de deux ans le nombre des
nourrices étoit considérablement diminué ; que cette diminution étoit telle que ceux des meneurs qui, dans les années
précédentes, amenoient chaque voyage qu'ils faisoient à
Paris, vingt à trente nourrices, n'en amenoient que sept à
huit... Aussi, pour remédier à cette situation, la pension de
la deuxième année est-elle portée à 6 livres, et accorde-t-on
5 livres par mois jusqu'à la sixième et la septième année
que doit finir le temps du sevrage ».

De plus, le nombre des vêtements donnés aux enfants
est augmenté successivement [3]. En 1774 il y a des vêtures
pour les différents âges [4]. On veut faire mieux encore et

[1] 10 février 1753.
[2] Code de l'hôpital général, p. 365.
[3] Voir aux annexes nᵒ X les délibérations relatives à ces vêtements,
antérieurement au règlement de 1774.
[4] Règlement de 1774, art. XVII-XX. « Les vêtements des enfants consisteront, savoir :

exonérer les nourrices des frais multipliés qu'on laissait à leur charge et qui diminuaient dans une notable proportion leur salaire, déjà si peu élevé et payé d'une manière trop souvent irrégulière.

Dans la séance du 13 décembre 1676 il est constaté que si pendant les quatre premières années de la vie de l'enfant les nourrices recevaient 192 livres, « il falloit déduire 9 livres 12 s., à raison d'un sol par livre sur chacun de leurs payements, destiné pour les frais de justice et de commis comme aussy de récompense aux meneuses... plus 3 livres pour faux fraix ; en sorte que des 192 livres il ne leur en restoit que 179 livres 8 sols suivant le traicté fait avec elles depuis la fondation de l'hospital. »

En outre après décès des nourrissons, ces pauvres femmes étaient tenues, pour être payées, « de raporter au bureau de la Couche les hardes de l'enfant et le certifficat de sa mort[1]. » Ce n'est que dans le règlement de 1765

La layette, en une couverture de laine blanche, deux langes d'étoffe deux langes piqués, six couches, quatre bandes, quatre béguins, quatre tours-de-col, quatre chemises en brassières, une brassière d'étoffe blanche, quatre cornettes et un bonnet de laine.

La première robe en une piqûre de corps recouverte de droguet brun avec un jupon pareil, une chemisette de revêche blanche, quatre chemises, quatre béguins, quatre mouchoirs, quatre tours-de-col deux paires de bas de laine blanche, et en outre deux couches et deux langes.

La seconde robe en une piqûure recouverte comme ci-dessus, et un double jupon dont celui de dessous sera de tirtaine, deux chemises, deux béguins, deux mouchoirs de col, deux cornettes, un bonnet et deux paires de bas de laine.

La troisième et la quatrième seront composées comme la seconde.

La cinquième robe et les suivantes consisteront en une robe de chambre de droguet brun, comme les autres robes, une chemisette de revêche blanche, deux chemises, deux béguins, deux mouchoirs, un bonnet et une paire de bas de laine.

[1] Séance du 19 décembre 1691.

« A esté arresté que les nourrices des enfans qui meurent seront payez au Bureau de la Couche en raportant les hardes de l'enfant et le certifficat de sa mort ; et les personnes charitables qui dans les provinces en font le payement seront priez de ne les point payer et d'envoyer lesdites nourrices au Bureau pour raporter lesdites hardes et recevoir leur payement. »

(art. XXIX) que l'on voit les meneurs chargés de rapporter ces effets. Enfin les nourrices devaient à ces mêmes meneurs, cinq sols lors de la remise de chaque vêture [1].

Telles étaient les charges ordinaires, sans compter l'imprévu ; elles apportaient un sérieux obstacle au recrutement, aussi le 2 mai 1765 (Code p. 372) est-il décidé premièrement que les 40 sols donnés aux meneurs par les nourrices pour le port des enfants seront supportés par la maison ; en second lieu, que « pendant les mois de juillet et août de chaque année, tems ordinaire de la moisson, et pendant les mois de décembre, janvier, février... il sera payé quarante sols à chacune des nourrices à laquelle il sera à donné à nourrir et élever un enfant. »

Enfin le 28 mai 1788 le bureau adopte les résolutions suivantes :

I. Exemption définitive du sol pour livre payé aux meneurs.

II. Allocation d'une gratification de 6 livres à toute femme dont le nourrisson sera parvenu à l'âge de 3 mois révolus, « soit au moyen de l'allaitement, soit par tout autre régime ; et encore pareille gratification lorsque le même nourrisson sera, parvenu au neuvième mois, pourvu toutefois qu'il ait été levé dans le cours du premier mois de sa naissance pour les deux gratifications ou dans le cours du cinquième mois pour la seconde. »

III. Allocation d'un supplément de 4 l. au premier mois en faveur des nourrices de la Champagne et de la Bourgogne, « à cause des frais extraordinaires auxquels elles sont assujetties en voyageant par les coches d'eau [2]. »

---

[1] Règlement de 1765, article XXXIII.

[2] Tarif de ces coches, d'après le *Journal d'un citoyen*, in-8°, 1754, p. 436 :

De Paris à Melun	2ˡ 1ˢ	
— à Montargis	5ˡ	
— à Montereau	3ˡ 9ˢ	
— à Sens	4ˡ 11ˢ	
— à Auxerre	6ˡ 17ˢ	

Ce tarif était taxé en général sur le pied de 3ˢ 5ᵈ par lieue.

Cette délibération termine la série des dispositions relatives aux mois de nourrices et au placement des enfants nouveau-nés.

§ 6. — LA VISITE DES ENFANTS EN PROVINCE.

Dès l'origine il fallut procéder à la visite des pupilles dans leurs placements [1] ; les sœurs de la maison de la Couche sont d'abord chargées de ce soin, et les dépenses de leurs tournées s'élèvent à des chiffres minimes ; le procès-verbal du 30 juillet 1670, reproduit aux annexes (n° XI) [2], prouve l'efficacité de cette mesure. Il convient de remarquer que, comme il s'agit de rapports avec les diverses autorités des provinces, les commissions sont données, non par le Bureaux des enfants trouvés, mais par les administrateurs de l'hôpital général [3].

Il est enjoint aux sœurs [4] de se faire représenter les enfants, de retirer ceux mal placés, en recourant, si cela est nécessaire à l'aide « de messieurs les juges et autres officiers de justice et de police des lieux. »

L'art. XLIX du règlement de 1774 confirme ces dispositions, en spécifiant qu'il se fera tous les ans des tournées par les sœurs de la charité, ou autres personnes commises par le bureau d'administration, accompagnées par les meneurs, qui se trouveront défrayés entièrement de leur nourriture et du louage des chevaux pendant toute la durée de l'inspection. « Les sœurs, en arrivant dans une paroisse continue ce règlement, se transporteront d'abord chez M. le curé ou desservant, afin de recevoir ses avis ou les plaintes qu'on auroit à faire concernant les nourrices et le meneur, dont elles tiendront note. Elles profiteront de cette occa-

[1] Séances 6 août 1671, 6 septembre 1690.
[2] Voir aux annexes, sous ce même numéro, les différentes pièces relatives à ces visites.
[3] Délib. du bureau de l'hôp. gén. 21 juillet 1703 (code, p. 338).
[4] En 1693, le nombre des enfants augmentant, on adjoint aux sœurs des femmes veuves auxquelles on donne la rétribution modique de 40[l] par an. Annexe n° XI, pièces 2 et 3. Délib. des 5 avril 1682 et 13 mai 1693.

sion pour prier MM. les curés, de la part de l'administration, de vouloir bien étendre leurs soins charitables sur les enfants trouvés qui, étant abandonnés par leurs auteurs, n'en sont que plus dignes de la protection de l'Etat et de l'assistance de tous ses sujets. »

« Art. LI. L'inspection d'un meneur achevée, les sœurs renverront au bureau les rôles émargés de leurs observations...»

Plus tard, le chiffre des abandons devint si considérable que, suivant les termes de la délibération du 7 juin 1773 (code p. 358), on ne pouvait espérer avoir des sœurs en nombre suffisant pour les tournées. Les administrateurs de l'hôpital général firent alors appel aux inspecteurs préposés pour la surveillance des nourrissons, enfants des bourgeois de Paris, « qui pouvoient, sans déranger leurs marches, visiter en même temps les enfants trouvés, qui sont, pour la plupart, ou dans les mêmes paroisses de la campagne que les enfants bourgeois, ou du moins dans les paroisses voisines. »

Le règlement du 7 juin 1773, homologué par le parlement, arrêta leurs attributions conformément aux usages adoptés jusqu'alors.

Le concours des inspecteurs fut cependant fort restreint et de peu de durée, ainsi que le constate la délibération du bureau de l'hôpital général, en date du 31 janvier 1774 (code p. 363), où il est dit «que les quatre inspecteurs, dans l'espace de quatre mois, n'avaient visité que 2,305 enfants trouvés, tant de ceux en nourrice que de ceux placés chez les laboureurs, ce qui faisait douter de la possibilité de compléter une visite générale à moins de quatre années, eu égard au nombre de dix mille et plus d'enfants trouvés actuellement existans.

« Que la dépense occasionnée par ce petit nombre d'enfans montoit à une somme de 3,169 livres, savoir 2,305 livres pour 2,305 enfants visités, 564 livres pour la formation des registres et 300 livres pour le paiement de deux commis surnuméraires, ce qui démontre qu'il faudroit au moins 12,000 livres pour faire une visite générale...

« Qu'on croit donc devoir proposer au bureau de se contenter de l'essai qui vient d'être fait de la nouvelle inspection, qui, sans rien diminuer du travail ordinaire des commis et des meneurs, l'a augmenté d'une foule d'opérations superflues et qui contrariait à chaque instant l'ordre des opérations journalières, en y apportant un retard considérable ; et de suivre pour les visites l'ancienne forme qui, au moyen de quelques légers changements, sera moins dispendieuse et remplira les vues de l'administration.

« Que les sœurs chargées ci-devant de ce travail s'offrent à le reprendre à des conditions désintéressées ; qu'elles demandent qu'il leur soit alloué seulement leur dépense qu'elles évaluent en se procurant plus de commodités, qu'elles ne faisoient avant, à 2,400 livres seulement pour chaque visite générale ; ce qui fait le quart tout au plus de ce qu'il en couteroit pour l'inspection nouvelle, sans compter les frais de régie qui n'auroient plus lieu ; qu'on pense que les visites regardant principalement les nourrices et les enfans, semblent devoir être plus particulièrement du ressort des personnes du sexe ; que les sœurs par leur état dans l'hôpital ont une autorité immédiate sur les nourrices ; que par là elles sont dans le cas d'être plus respectées et mieux obéies ; qu'enfin l'administration est sûre de trouver en elles des personnes qui, n'ayant point d'intérêts à concilier, mais uniquement dévouées au bien de la chose, seront plus propresque d'autres à la seconder dans ses vues. »

Le règlement du 28 mars 1774 fut établi sur ces bases ; rien ne peut en effet remplacer le désintéressement fondé sur l'esprit de sacrifice et l'amour de ceux qui souffrent.

CHAPITRE IV

HISTOIRE DE LA MAISON DE LA COUCHE
A PARIS

´ TROISIÈME PARTIE

MISE EN PLACEMENT ET EN APPRENTISSAGE
DES ENFANTS-TROUVÉS.

Lors de la constitution de la maison de la Couche, il était établi que les « nourrises reporteroient les enfants apres trois années de l'aage des enfans [1], a peyne de perdre la rétribution des mois qui excederoient ledit aage ». On ne faisait d'exception que pour la saison d'hiver, décembre, janvier et février, les nourrissons ne devant être ramenés « que par un tems plus doux ».

En 1696 cette date de retour fut fixée à cinq années, afin d'encourager les nourrices et de laisser les enfants se

---

[1] Délib. 9 mars 1688 10 oct. 1670.

« Catherine Cochon est venue demander 114 liv. pour reste de la pension de quatre enfans, à laquelle a esté ordonné payement de 90 liv. seulement, attendu quelle a gardé un enfant 15 mois au delà du temps que lon luy avoit escrit de rapporter ledit enfant après les 42 mois du temps que les enfants sont au laict et en pansion à la campagne.

Il a esté proposé de ne rien payer pour les pensions des enfans que l'on aura ainsi retenus, si messieurs ne l'ordonnent, attendu que les enfans despensent bien moins à l'hospital et que les sœurs demeurantes à la Couche n'en sont payés que 20 liv. par an pour chacun. »

fortifier à la campagne [1], devenant aussi plus capables « de soutenir l'air des maisons de l'hôpital général » [2].

En effet la maison du faubourg Saint-Antoine destinée à ces élèves ne tarda pas à se trouver insuffisante, et il fallut recourir rapidement à la Pitié et à la Salpétrière [3].

Cette situation se modifia insensiblement ; d'abord, les ressources ne croissant pas proportionnellement aux charges, on dut laisser dans les provinces un grand nombre d'enfants, les maisons que nous venons de citer ne pouvant les contenir et le prix de journée augmentant à Paris ; on paya donc des pensions « jusqu'à ce qu'il y eût des lits vacants ». L'année 1760, « sur les 7000 abandonnés, dont l'hôpital était chargé en nourrice, il y en avait près de 1,200 au dessus de l'âge de cinq ans [4] ».

D'un autre côté, après les années désastreuses de la fin du règne de Louis XIV, le besoin de cultivateurs se faisait sentir ; en outre, au fur et à mesure que le service se développait et que les nourrissons restaient plus longtemps dans les familles, il se rencontra tout naturellement des cœurs dévoués disposés à leur faire une place au foyer domestique. On reconnut donc en 1761 la nécessité de changer le système existant et de ne pas ramener les enfants dans la Capitale.

Ce règlement nouveau fut soumis à une commission établie pour aviser aux moyens de soulager l'hôpital général et de diminuer ses charges tout en procurant la conservation des enfants trouvés.

« La commission a observé, dit le rapporteur, que ces enfants passant les premières années de leur enfance dans les campagnes ne connaissent d'autre patrie que les lieux où ils ont été élevés, que c'est les expatrier que de les en retirer à l'âge de cinq à six ans. Que l'expérience prouve que le changement d'air en fait périr un grand nombre ;... que le moyen le plus certain de procurer leur conservation et de

[1] Délib. du Bureau de l'Hospital général 8 may 1696.
[2] Délib. 21 juin 1757.
[3] Délib. de l'hôp. gén. (code, p. 353). Séance du 14 décembre 1772.
[4] Délib. 23 décembre 1760.

les rendre utiles à la patrie, c'est de les laisser dans les lieux où ils sont élevés dès leur naissance et de destiner les garçons, soit au labourage, soit à des métiers, ou à devenir soldats, et d'employer les filles à des ouvrages convenables à leur sexe; que la destination proposée pour les garçons est d'autant plus nécessaire que les campagnes sont désertes et la plupart des terres incultes, faute de cultivateurs ; que le feu roi Louis XIV en fondant l'hôpital des enfants trouvés les destinoit à être soldats, à servir dans les troupes, et à former des ouvriers et des habitants des colonies, et qu'en adoptant l'avis de la commission ce sera se conformer aux vues du fondateur. »

A la suite de ce rapport, le règlement du 7 janvier 1761 ut arrêté. Il accordait (art. 3) à ceux qui se chargeroient de l'éducation des élèves depuis l'âge de six ans, la somme de 40 livres par an pour chaque garçon jusqu'à douze ans, et 30 livres depuis douze ans jusqu'à quatorze ans accomplis. On payait pour les filles 40 livres par an jusqu'à seize ans. « Etant à présumer, dit ce règlement, que les garçons parvenus à quatorze ans et les filles à seize seront alors en état d'être utiles à ceux qui s'en chargeront. » Ils devaient rester chez leurs patrons, « bourgeois, laboureurs, marchands, artisans et autres, » tant qu'ils n'avaient pas vingt-cinq ans.

En vue de favoriser ces placements, le roi décida que tout chef de famille conservant un enfant trouvé mâle aurait la liberté de le présenter pour le tirage de la milice au lieu et place de celui de ses enfants propres, frères ou neveux vivants dans sa maison ou à sa charge, qu'il voudrait faire aussi exonérer [1].

La caisse de la maison de la Couche faisait l'avance des pensions remboursées par l'hôpital général, conformément à ce principe que *la Couche* n'avait la charge que des nouveau-nés.

Il était payé également par les enfants trouvés, *sans re-*

---

[1] Voir aux annexes, n° XII, le texte des décisions royales et des lettres de M. le duc de Choiseul relatives à ces exemptions.

cours sur l'hôpital général, la somme de *trente livres* pour chaque enfant lorsqu'il faisait sa première communion.

Les personnes se présentant pour se charger d'un ou plusieurs enfants s'adressaient au bureau, « en justifiant par le certificat de M. leur curé, duement légalisé, de leurs bonnes vie et mœurs, et qu'ils étaient en état de loger, nourrir et entretenir lesdits enfants, de leur apprendre ou faire apprendre un métier ou de les occuper à des ouvrages de campagne, convenables à leur sexe, et de leur donner une bonne éducation. »

Les meneurs servaient fréquemment d'intermédiaires pour ces placements et recevaient « six deniers pour livre » des sommes que leur remettait l'établissement à charge de les verser entre les mains des patrons [1].

Cette organisation, excellente en elle-même, avait un vice capital, la durée du temps de service imposé aux enfants. L'expérience de 11 années fit constater en 1772 qu'il n'était pas possible de les retenir jusqu'à vingt-cinq ans, sans leur donner d'autres gages que leur entretien ; « surtout des garçons auxquels l'amour de la liberté et l'envie de gagner de l'argent, faisoient bientôt oublier leur engagement avec ceux à qui ils étoient donnés, et les portoient à les quitter une fois arrivés à l'âge de seize à dix-huit ans [2]. »

On arrêta donc : 1º que l'engagement des enfants serait borné à vingt ans accomplis ; passé ce temps, ils devaient être gagés « suivant l'usage du pays », tout en restant sous l'autorité du bureau jusqu'à vingt-cinq ans ; 2º que la pension des garçons comme celle des filles serait de 40 livres par année.

Ce système si simple, si favorable à l'avenir des pauvres abandonnés, qui leur donne la possibilité de trouver une nouvelle famille d'adoption dans les villages où ils ont grandi, était donc définitivement créé, et dès l'année 1790 le comité de mendicité de l'Assemblée nationale en constata les

---

[1] Règlement du 24 septembre 1765, art. XVII.

[2] Délib. 3 août 1772 (code, p. 351). Il n'y avait alors que 645 garçons et 966 filles placés dans la campagne.

heureux résultats [1]. « Presque tous ces enfants, dit La Rochefoucauld-Liancourt, conservés par les nourrices par de là le premier terme fixé, sont gardés dans leur maison jusqu'à ce qu'ils se marient, y sont traités comme les propres enfans; le plus grand nombre tourne bien et ils deviennent de bons habitants des campagnes. »

2. — LA MISE EN APPRENTISSAGE DES ENFANTS RAMENÉS A PARIS.

Nous venons de voir avec quelle lenteur les administrateurs s'étaient décidés à laisser les enfants trouvés en province; il avait fallu plus de cent trente ans pour consacrer ce principe et encore d'une manière incomplète. L'objectif principal que l'on poursuivait, surtout à l'origine, était en effet de constituer avec ces enfants des recrues pour la population ouvrière des cités. « Les filles, dit M. Ravault dans la séance du 28 avril 1764, peuvent être très utiles, non seulement dans les campagnes pour les ouvrages des champs convenables à leur sexe, mais même dans les villes et bourgs où il y a des manufactures. »

Il est donc intéressant d'étudier ce qui fut fait en vue de cette destination spéciale touchant l'éducation professionnelle des enfants ramenés à Paris, et admis notamment à l'établissement du faubourg Saint-Antoine, considéré comme « un entrepôt destiné à recevoir et loger un certain nombre d'enfants à leur retour de nourrice et de sevrage, pour les accoutumer à l'air de Paris et les envoyer ensuite dans les maisons de l'hôpital général [2]. »

Cet asile, agrandi grâce aux libéralités de madame d'Aligre et d'autres bienfaiteurs, fut supprimé momentanément en 1689 pour des raisons qui ne sont pas mentionnées aux procès-verbaux parvenus jusqu'à nous, probablement à cause du manque de ressources; le 11 octobre, « les en-

---

[1] Rapport fait au nom du comité de mendicité par M. de la Rochefoucauld-Liancourt; in-8°, Paris 1790, p. 24.

[2] Séance du 29 juillet 1760.

fants qui y estoient, ont été transférés, scavoir les garçons à la Salpestrière au nombre de 95, et les filles à la Pitié au nombre de 7. Il est resté en ladite maison vingt personnes qui aydent à demennager et qui seront incessamment congédiées [1] ».

Le 29 novembre, on constate que la sœur de la Fresnaye « a, suivant l'ordre du bureau, fait délivrer à la sœur supérieure de la Salpestrière tous les meubles et ustensiles, » et le jardin est « donné en loyer à Charles Souves et sa femme, et à la veufve Mignan sa sœur, lesquels se sont obligez solidairement à fournir de légumes la maison de la Couche, celle des Enfants-Rouges, et celle du Saint-Esprit [2] ».

Une lacune existant dans les registres, ne permet pas de fixer la date précise à laquelle cet établissement reprit sa première destination; il en est fait de nouveau mention en l'année 1703, ou le 16 mai il renferme « 73 enfants masles et 30 filles [3]. » Plus tard, grâce aux dons généreux, dont il a été question précédemment, l'asile agrandi put contenir, durant toute la seconde moitié du xviiie siècle, de 800 à 900 personnes [4].

Le but que se proposaient les administrateurs lorsque la maison eut reçu un pareil développement était de donner à ces enfants une bonne instruction et de les placer ensuite en apprentissage; malheureusement ces intentions très louables ne furent atteintes que fort incomplètement.

En l'année 1677 l'ecclésiastique, servant de chapelain, faisait l'école tous les jours « depuis sept heures et demye du matin jusques à dix, et depuis deux heures de relevée jusques à cinq heures du soir. » Les enfants allaient alter-

---

[1] Séance du 18 oct. 1689. Il paraît y avoir ici une erreur de rédaction; car les filles étaient à la Salpétrière et les garçons à la Pitié.

[2] Délib. 16 mars 1691.

[3] On y plaçait alors de préférence les enfans ramenés infirmes de la campagne « pour y demeurer tant qu'ils étaient convalescens », et une fois rétablis les envoyer à l'hôpital général.

[4] Séance du 29 juillet 1760. Existants : 2 ecclésiastiques; 20 sœurs; 2 maîtres d'école; 1 sacristain; 1 maître de dortoir; 15 domestiques; total 41, sans compter le médecin et le chirurgien. — Garçons, 417; filles, 341; total 799.

nativement aux convois et à l'école [1], on leur enseignait également la « *natte* en plein chant [2] ». Le chapelain recevait le logement, 200 livres, 17 livres pour son blanchissage, et « la moitié du provenant des convoys, et si cette moitié ne produisait pas 100 livres, le bureau complétait la somme. » En 1683 le chapelain avait 300 livres [3].

Quarante ans plus tard, c'est encore un prêtre, « messire Daniel, du diocèse de Beauvais, » qui est chargé de l'école [4]. En 1729, l'un des administrateurs, M. Nègre, représente « qu'un des objets importans de l'administration étoit que non seulement les enfants fussent instruits et élevés chrétiennement, mais encore qu'ils reçussent, autant qu'il seroit possible, de bons principes dans la lecture et l'art de l'écriture, suivant les bonnes dispositions qui se trouveront en eux ; que cependant il avait été informé que depuis plusieurs années les enfants qui vont aux écoles ne reçoivent aucun principe de l'art de l'écriture, le maître ayant été supprimé et non remplacé, les ecclésiastiques enseignant seulement la lecture. » Il est aussitôt arrêté qu'on fera choix d'un maître écrivain [5]. Un maître pour enseigner l'aritmétique apparaît en 1747 [6]. Le nombre des enfans augmentant avec les constructions nouvelles, les ecclésiastiques ne suffisaient plus en effet à l'enseignement, et il avait été fait choix de maîtres résidants; mais le chiffre de ces maîtres, étant trop restreint, l'instruction laissait beaucoup à désirer. Le bureau s'étant transporté dans les classes, le 4 août 1761, [7] après avoir fait lire plusieurs enfans et examiné leurs cahiers d'écriture, constata avec douleur que le plus grand nombre était peu avancé tant dans la lecture que dans l'écriture ; « ce défaut

---

[1] Délib. 3 avril 1677.

[2] Délib. 2 may 1677 ; délib. 3 août 1683.

[3] Délib. 4 avril 1683.

[4] Délib. 10 may 1727.

[5] Délib. 9 février 1729.

[6] Délib. 11 décembre 1747. Le premier maître d'école et de plain-chant recevait 400 l. par an. Délib. 10 may 1756.

[7] Délib. 26 août 1761.

de progrès de la part des enfants, dit M. Ravault, peut venir de ce que chacun de ces maîtres est chargé d'un trop grand nombre d'enfants et qu'il n'est point possible, durant les deux heures d'école qu'ils emploient le matin et autant l'après-midi, qu'ils les fassent répéter les uns après les autres, le premier en ayant 84 dans sa classe, le second 180 et le troisième 160, ce qui fait au total 424 garçons. »

On arrête donc qu'à l'avenir il y aura pour les garçons cinq classes, en suivant l'âge des élèves [1], les filles continuant à être instruites par les sœurs.

Des dispositions analogues étaient prises en vue de favoriser l'instruction des Enfants-Rouges, avant leur suppression, et des 60 *enfants-trouvés* maintenus à la maison de la Couche pour les quêtes et convois [2].

Dans cette dernière maison un maître résidant fut entièrement chargé de leur direction, à l'exception des *petits bonnets* [3] placés sous l'autorité immédiate des sœurs.

---

[1] « La première classe sera composée de 84 enfans depuis l'âge de 6 ans jusqu'à 8 ; et a chargé le nommé Guillou pour leur apprendre leurs prières, l'alphabet, et leur répéter le catéchisme ; sans autres appointements que sa nourriture, son logement et son entretien.

La seconde sera composée de 90 enfans depuis l'âge de 8 ans jusqu'à 10, et le Bureau a nommé pour cette écolle le sieur Piat, pour leur apprendre à lire et leur répéter le catéchisme, et lui a accordé 300 livres d'appointements.

La troisième sera composée du même nombre de 90 enfans, de l'âge de 8 à 10 ans; a nommé pour cette écolle le sieur Boulanger, pour faire les mêmes exercices que ceux de l'écolle du sieur Piat, et a accordé audit sieur Boulanger 300 livres d'appointements.

La quatrième sera composée de 80 enfans depuis l'âge de 10 ans jusqu'à 12; a nommé pour cette écolle le sieur Dumesnil pour leur aprendre à lire, à écrire, l'arithmétique et leur répéter le catéchisme, et lui a accordé 300 livres d'appointements.

La cinquième sera composée du même nombre de 80 enfans depuis l'âge de 12 ans jusqu'à 15 et au-dessus; a nommé pour cette écolle le sieur Gallet pour leur apprendre à lire, à écrire, l'arithmétique, le plain-chant et leur répéter le catéchisme ; le Bureau lui a accordé 400 livres d'appointements pour chacune année. »

[2] Voir notamment délibération 17 décembre 1788.

[3] « Indépendamment des 41 enfans de chœur, il y a les *petits bonnets* qui sont destinés pendant leur enfance à être en spectacle dans la cathédrale, suivant un usage ancien et approuvé du chapitre ; cette

Un fait intéressant à signaler au point de vue de l'enseignement, c'est que, par une délibération du 18 mars 1785, le bureau d'administration de l'*Ecole royale gratuite dedessin* [1] décida la création d'une succursale dans le voisinage de l'hôpital du faubourg Saint-Antoine, « tant pour l'instruction des ouvriers de ce faubourg que des enfans trouvés [2]. »

Les administrateurs se préoccupèrent donc constamment de l'instruction, et, avec les ressources restreintes dont ils disposaient, firent au moins le possible ; mais, en ce qui concerne l'organisation du travail professionnel, ils échouèrent complètement. A Saint-Antoine, comme aux Enfants-Rouges, ils ne surent jamais employer leurs pupilles à autre chose « qu'à tricotter des bas et des bonnets pour leur entretien et pour celui des enfans en sevrage [3], » travail qui ne convenait en rien à des garçons de 12 à 16 ans ; aussi en 1767 fut-il décidé que ceux âgés de moins de 10 à 12 ans seraient seuls astreints à cette occupation, et les autres employés « au jardin et au marais de la maison pendant

sujétion est très pénible pour des enfans de leur âge, surtout en hiver ; ils ne peuvent la supporter qu'autant que leur assiduité est courte et peu fréquente. On croit en conséquence que le nombre des enfans de chœur ne pourrait être réduit à moins de 28 et celui des petits bonnets à 18. » La Rochefoucauld dit, *ut suprà*, p. 27, que ces enfans « destinés aux quêtes publiques dans certains jours de l'année étaient choisis parmi les plus jolis des deux sexes. »

[1] Délib. 20 décembre 1786, 28 février 1787.

[2] Cette école de dessin, établie par lettres patentes, en 1766, et devenue trop petite en raison du nombre des élèves, se tenait dans la maison de l'ancien amphithéâtre de Saint-Côme, rue des Cordeliers. Les enfans trouvés *mâles* pouvaient être admis dans la succursale dès l'âge de 7 ans ; une classe spéciale était faite pour eux. On avait organisé en outre, dans l'intérieur de l'établissement, une classe spéciale pour les filles.

[3] Délib. 9 avril 1767.

Les enfants de chœur faisaient du *tricot*. On lit à ce sujet dans la délibération du 17 décembre 1788 : « Les sœurs qui entendent parfaitement l'économie, et que le mouvement et la dissipation inquiètent, ont imaginé, pour tirer parti de ces enfants au profit de la maison et pour pouvoir les contenir plus facilement, de les occuper à tricoter dans l'intervalle des leçons ; industrie louable sans doute par son motif, mais on peut dire peu éclairée : 1° parce qu'une telle occupation s'oppose au développement dont la jeunesse a un besoin si urgent ;

huit jours alternativement, en choisissant toujours les plus grands dans le nombre de ceux qui se trouveraient assez robustes pour cet ouvrage ». Dans la pratique ils restaient beaucoup trop oisifs. « Au faubourg Saint-Antoine, écrit La Rochefoucauld, les petits garçons ne sont occupés à aucun travail, par les mêmes raisons de défaut de débouchés, de danger pour la santé ; par des raisons enfin puériles et qui ne peuvent être admises par la plus légère réflexion. Le travail des petites filles est un peu plus suivi et fait même partie du revenu de l'établissement [1]. »

On tolérait également dans cet asile le séjour des filles âgées de 18 à 23 ans qui n'avaient pu se maintenir dans leurs placements, et le bureau dut prendre le 25 octobre 1752 une délibération pour remédier à cet abus ; « attendu, y est-il dit, que s'yl est juste que les filles qui ont été élevées dans la maison y doivent leur service, il est raisonnable de ne pas attendre à les placer à un âge aussi avancé où on a plus de peine à les placer avantageusement étant encore moins dociles et soumises aux personnes à qui on les confie. »

En résumé, malgré les efforts tentés et les sacrifices pécuniaires accomplis, les résultats de cette éducation à Paris, dans un établissement fermé, furent très médiocres ; les administrateurs le reconnaissent eux-mêmes dans la séance du 9 avril 1767, où l'un d'eux, M. Josson, s'exprime ainsi : « Une grande partie des enfans placés en apprentissage, en exécution du règlement du 7 janvier 1761, avait été choisie et tirée de la maison du faubourg Saint-Antoine ; plusieurs de ces enfants garçons, quoique d'un âge raisonnable et paraissant assez robustes pour être employés aux ouvrages de la campagne, ont été renvoyés par ceux à qui on les avoit confiés, ne trouvant dans les uns ni goût ni amour du travail et dans les autres ni force ni courage ; ces défauts peuvent provenir de ce que depuis l'âge de 5 à 6 ans jusqu'à l'âge de 15 à 16 qu'ils sont élevés dans la maison, ils ne sont occu-

2° parce qu'elle ôte à ces enfans un temps qu'ils pourraient employer plus utilement, soit à l'avantage de l'âme, soit à celui du corps. »

[1] Ut suprà, p. 25 et 26.

pés qu'à tricotter des bas.......... ; que ce travail pour des garçons parvenus à dix et douze ans, loin de les fortifier et de les rendre robustes et courageux, les rend nonchalants et sans ardeur pour le travail ; qu'on avoit l'expérience au bureau que plusieurs de ces enfants donnés à des maîtres de Paris étoient rendus dans l'intervalle de leur essay et même après leurs engagements, parce qu'ils trouvoient les métiers trop rudes, ce qui étoit souvent de leur part un prétexte pour couvrir leur indolence et leur paresse. » Cet aveu prouve que les hommes si dévoués placés à la tête de l'hôpital général et de celui des enfants trouvés manquaient de l'expérience nécessaire pour organiser sérieusement ce travail manuel dans les immenses agglomérations d'enfants qu'ils accumulaient à Saint-Antoine, à la Pitié, à la Salpétrière et à Bicêtre : car il est prouvé par les rapports du comité de mendicité, que la maison du faubourg Saint-Antoine fut encore la mieux tenue de ces divers asiles [1].

Néanmoins les administrateurs désiraient constituer d'une manière efficace les placements en apprentissage. Cette matière fit l'objet de cinq règlements en date des 19 août 1733, 10 novembre 1742, 28 septembre 1751, 26 avril 1752, 16 mars 1762, et dont voici les dispositions principales. Pour obtenir un enfant il fallait s'adresser au bureau, produire un certificat du curé de sa paroisse attestant « les vie, mœurs et religion » du demandeur, « car, dit la délibération du 26 avril 1752, il est de l'attention de la direction de ne confier ces enfants, et principalement les filles, qu'à des gens connus et en état non seulement de leur donner de bons exemples et de leur enseigner leur métier, mais encore de leur donner à la fin de leur engagement une récompense proportionnée aux services qu'ils en peuvent retirer. »

On fournissait « à chaque garçon entrant en apprentissage un trousseau composé d'habits, hardes et linge à son usage pour servir à son entretien durant le temps de son

---

[1] « Cette maison, un peu plus soignée que celle de la Pitié, réunit cependant à peu près les mêmes inconvénients. » (Rapport, p. 25.)

engagement, et 18 fr. pour satisfaire aux frais de l'immatriculation du bureau de l'apprentissage ».

Un trousseau était également accordé aux filles, et les
personnes qui les prenaient s'engageaient par acte notarié à
s'en charger jusqu'à l'âge de 25 ans, à les nourrir, entretenir, tant en santé qu'en maladie, et à leur donner à la
fin de ce temps un trousseau, un lit garni et une somme
d'argent variant de 300 à 200 livres, suivant que l'enfant
avait été placé de 8 à 15 ans ou de 15 à 20 ans. Il était exigé
75 livres de gages annuels, « des maîtresses et ouvrières
tant en linge qu'en broderie, et autres personnes », en
faveur des filles mises en apprentissage de 20 à 25 ans.
Tout enfant quittant ses patrons avant le temps fixé perdait
son droit à l'indemnité.

Des inspecteurs étaient chargés de visiter les apprentis de
la ville et des faubourgs; remplissant le même office pour les
élèves de l'hôpital général du Saint-Esprit, ils recevaient
seulement, en 1752, une allocation de 60 livres; on leur
accorda ensuite 100 livres. Ces inspecteurs étaient tenus
« de se transporter tous les mois chez les maîtres desdits
enfants pour s'informer de leurs mœurs, de leur conduite,
de leur travail, de la manière dont ils étaient traités, et
de rendre compte au bureau de ce qu'ils apprendraient à
cet égard dans leurs tournées [1] ».

Indépendamment des pupilles restant ainsi à Paris [2], on
en envoyait dans certains établissements agricoles ou manufacturiers, situés en province, et il est bon, au point de vue
de l'histoire de l'industrie nationale, de dire quelques mots
de ces placements exceptionnels.

Les registres du bureau de la Couche font mention de
trois maisons avec lesquelles des traités furent passés.

En 1765, il est placé chez M. Moreau, « directeur des
fermes du Roy, en la ville de Melun, » 24 pupilles destinés à
composer le premier noyau d'une école royale d'agriculture

---

[1] Délib. 27 février 1766. -

[2] Quelques enfans étaient placés également en vertu des fondations
dont il a été parlé dans les chapitres précédents.

à la Rochette, près Melun. M. Moreau déclara trouver « beaucoup plus de douceur dans les enfants de la maison de Saint-Antoine que dans ceux de la Pitié [1] ». Trois ans plus tard, quarante élèves de 10 à 12 ans sont demandés par le même directeur; il désire seulement que le trousseau fourni la première fois en nature le soit à l'avenir en argent, « afin de les habiller dans le même uniforme que ceux qui lui ont été ci-devant donnés »; cette demande est accordée [2].

En 1770, le bureau entend M. l'abbé Pupil, auquel on avait confié 80 jeunes filles pour être employées dans la manufacture de *dentelle de soie* fondée par lui au Bourg Argental, près Lyon [3]. « M. Pupil dit que dans le nombre des enfants plusieurs étoient incapables de réussir à aucun travail des mains dans des manufactures; que d'autres étoient peu propres aux travaux de la campagne et encore trop jeunes pour être assujetis au travail utilement; que d'autres enfin se dégoutoient pour un temps et conservoient une répugnance violente pour un genre de vie qui les assujettit, et qu'ils auroient besoin alors d'être écartés pour un temps de la manufacture. » Il demande donc à être autorisé à placer directement dans les villages voisins de sa résidence les filles qui seraient reconnues impropres au travail

---

[1] Voir la lettre aux pièces justificatives n° XIII.

[2] Trousseau fourni en nature : un « surtout brun de tirtaine, une culote de même étoffe, une camisolle de revêche, un chapeau, deux paires de bas, une paire de souliers, un bonnet de laine pour la nuit, deux chemises, deux cols, deux mouchoirs de poche, un peigne de corne, un peigne de buis, une paire de boucles à souliers, une autre paire à jarretières. »

Séance du 19 may 1763. (R. quatrième f° 173, recto). Le Bureau arrête : « 1° que l'habit de la maison que l'enfant emporte en le plaçant en province en exécution du réglement du 7 janvier 1761 sera et demeurera fixé sçavoir : celui des garçons à 8 livres et celui des filles à 7 liv.; 2° que le trousseau que l'hôpital fournit en sus de cet habit, à chaque enfant aussi placé, sera et demeurera fixé à l'avenir pour les garçons relativement à la délibération du 8 mai 1765 à 26 livres, et pour les filles à 27 livres; 3° que, conformément à cette évaluation et dans le cas où le trousseau seroit demandé en argent, il sera fait déduction, dans le payement, de celui de la valeur de l'habit de la maison. »

[3] Délib. 19 mai 1768, 10 juillet 1770.

industriel ; cette permission lui est concédée, mais il reste entendu qu'elles ne participeraient pas alors aux avantages promis à celles qui resteraient à la fabrique [1].

Plus tard les entrepreneurs de l'établissement de tricot anglais établis dans l'ancien couvent des dames de Popaincourt s'adressèrent également au bureau pour obtenir quelques enfants trouvés de 14 à 16 ans ; leur requête fut accueillie après enquête, en 1786, avec la stipulation que les « élèves ne pourraient être employés à aucun autre service que celui qui a rapport aux ouvrages de la manufacture, ou à la *fabriquation* des métiers, si quelques-uns d'entre eux montraient des dispositions pour ce genre d'ouvrage ».

§ 3. — SORTIE DES ENFANTS DE TUTELLE.
RETRAITS PAR LES PARENTS.

Les administrateurs, tuteurs-nés de tous les enfants mineurs de vingt-cinq ans placés dans les maisons de l'hôpital général et établissements y unis, exerçaient ce pouvoir à l'exclusion de toute tutelle de droit commun [2].

Que devenaient ces enfants une fois livrés à eux-mêmes ?

En ce qui concerne les pupilles placés et maintenus en province, la Rochefoucauld nous répond par les paroles consolantes reproduites plus haut : « le plus grand nombre tourne bien et ils deviennent de bons habitants des campagnes. »

Il n'en était pas de même trop souvent de ceux conservés à Paris, ayant changé plusieurs fois de patrons, de métiers, repris ensuite par commisération dans les maisons de l'hôpital, où leur présence était une cause de trouble, et finalement jetés dans le monde, privés de famille, sans expérience de la vie et manquant du courage nécessaire pour en

[1] Par suite de lacunes dans les registres, ces conditions ne sont pas indiquées.

[2] Voir les arrêts et lettres patentes reproduites au code, p. 510 et suivantes.

surmonter les difficultés. Les occasions de les placer avantageusement ne sont pas fréquentes, dit un administrateur dans la séance du 7 janvier 1761 [1], en parlant des enfants trouvés ramenés jeunes à Paris.

« La plupart des filles restent à la Salpêtrière jusqu'à l'âge de vingt-cinq ans, et alors, se regardant comme libres et affranchies, elles disposent d'elles-mêmes ; les garçons, parvenus à un âge formé, se trouvent sans profession et sans aucune utilité ; une partie s'évade, et ceux que le bureau met en métier, se regardant aussi comme libres et affranchis, se répandent dans Paris et dans les provinces ; la misère les rend vagabonds et libertins ; abandonnés à eux-mêmes, ils se livrent à toutes sortes de vices et souvent leur fin est tragique. »

Il est donc regrettable que les administrateurs de l'hôpital général n'aient pas compris plus tôt que les enfants ne devaient rester à Paris que le temps nécessaire pour être placés et qu'utilisant autrement ces cités qui avaient nom : la Salpêtrière, Bicêtre, la Pitié, Saint-Antoine, ils n'aient pas fait, dès l'origine, refluer vers les campagnes cette population sans cesse grandissante d'enfants pauvres, trouvés, délaissés ou orphelins.

En dehors de la sortie de tutelle par l'effet de l'âge, les élèves étaient quelquefois rendus à leur famille ou confiés à des bienfaiteurs ; dans ce dernier cas les administrateurs réservaient leurs droits de tutelle.

Nous voyons dès l'origine du service des mères venir réclamer le petit être abandonné par elles dans un moment d'égarement et de misère [2]. En 1674, des règles sont établies

---

[1] Code, p. 343-344.

[2] Archives des Enfants-Assistés, liasse de l'année 1652, pièce n° 23 du mois de janvier. On voit même les directeurs exiger qu'un enfant âgé de 3 ans, rendu à ses parents, soit représenté au Bureau. Retrait de l'enfant portant le n° 1450 de l'année 1751. Engagement consigné sur le registre matricule :

« Je soussigné Nicolas Labauve, pâtissier, travaillant pour les rmaitres, et Marie-Anne Fontaine, ma femme, que j'authorise, demeurant rue Poissonnière à la Nouvele-France, paroisse de Montmartre, reconnaissons que MM. les directeurs de l'hôpital général et de celuy

pour ces retraits; les réclamants doivent produire un certificat du curé de leur paroisse et, suivant les circonstances, on rend le pupille gratuitement ou moyennant le remboursement de tout ou partie des frais d'entretien ; acte de remise est passé devant notaire. (Voir aux annexes n. XIV les délibérations du 22 mars 1752, 26 septembre 1758, 31 juillet 1759.)

Souvent aussi des personnes n'ayant pas d'enfants demandent un petit garçon ou une petite fille, pour « prendre soin de son éducation et instruction, le nourrir, le loger, l'instruire, lui faire apprendre mestier et en descharger l'hospital [1] ». Le bureau acquiesce à ces requêtes, « après avoir esté informé que le mari et la femme sont gens de bien, d'honneur et de probité, et qu'il en feront bien leur debvoir [2] ».

On a aussi le spectacle touchant de nourriciers venant à Paris réclamer un pupille que le règlement leur a enlevé à l'âge de sept ans et dont ils désirent se charger complètement, « n'ayant pas d'enfans et ayant conçu pour celui-cy beaucoup de tendresse et d'amittié ». Ils prennent l'engagement de verser sur sa tête 150 livres et de lui donner, « à leurs frais et dépens, une éducation convenable, de l'envoyer aux écolles pour y aprendre à lire et à écrire, de lui faire aprendre un métier lorsqu'il sera en âge, afin qu'il puisse gagner sa vie par lui-même ».

Nouvelle preuve de l'excellence des placements de province, qui donneront toujours de féconds et heureux résultats.

des Enfans-Trouvés y uni, nous ont fait remettre ce jourd'huy Françoise Labauvé, notre fille, dénommée cy dessus, de laquelle nous déchargeons ledit hôpital, et prometons solidairement de l'élever dans la religion catholique, apostolique et romaine, et de la représenter toutes fois et quante nous en serons requis par lesdits sieurs directeurs. Fait à Paris, le 13 may 1751. »

[1] Délib. 26 septembre 1670.

[2] Des bienfaiteurs, sans adopter un enfant directement, se chargeaient quelquefois des frais d'entretien d'un *trouvé*. (Annexe n° XV).

CHAPITRE V

HISTOIRE DE LA MAISON DE LA COUCHE A PARIS.

QUATRIÈME PARTIE

LA MORTALITÉ DES ENFANTS, — LE SERVICE MÉDICAL ET L'HOSPICE DE VAUGIRARD.

Nous venons de passer en revue la vie de l'enfant trouvé depuis son admission à la maison de la Couche jusqu'à sa sortie de tutelle ; il reste, comme complément de cette étude, à examiner la mortalité qui pesait sur ces pauvres petits et les dispositions spéciales prises à l'égard de ceux ayant reçu pour tout héritage, de mères indignes de ce titre sacré, le germe d'une maladie funeste à eux-mêmes et aux femmes auxquelles on les confiait.

§ 1er. — LA MORTALITÉ DES ENFANTS TROUVÉS.

Pour éclaircir cette question si intéressante de la mortalité, voici par ordre chronologique les délibérations où il est parlé de décès des enfants trouvés.

2 janvier 1671 :

« Le nombre des enfants amenés à la Couche en l'année dernière 1670 est de quatre cent vingt-trois, dont en a esté mis en norrice 302, et des cent vingt et un restans en est mort 118 à la maison, partant en reste trois en cette maison. »

28 décembre 1758 :

« Le dernier décembre 1757, l'hopital était chargé de 6.100 enfans en nourice et en sevrage ; dans le cours de la présente année on en a envoyé 3.220 en nourice qui, joints au susdit nombre de 6.100, composent celui de 9.320 enfans ; que de ce nombre 2.351 sont morts en nourice et 686 ramenés au dit hôpital... Depuis le premier janvier de cette présente année jusqu'à ce jour, on a receu 5.012 enfans exposés, duquel nombre 1.470 sont morts dans la maison en attendant l'arrivée des nourices de la campagne, 2.278 sont morts en nourice et 124 envoyés dans les maisons de l'hôpital général. »

1er mars 1773 (séance de l'hôpital général. Code p. 356).

En 1772, la diminution des nourices avait causé la perte de 2.650 enfants morts dans l'année en la maison sur 7.676 admis, ce qui fait près du tiers.

2 mai 1775 (Bureau de l'hôpital général. Code p. 372) :

« Sur 2.431 enfans qui ont été reçus depuis le mois de janvier de la présente année 1775 jusqu'au premier mai suivant il en est mort 853 dans la maison.

« En réunissant le nombre des enfans reçus pendant les années 1765 et suivantes jusques et y compris l'année 1772 à celui reçu depuis le premier janvier de la présente année 1775, jusqu'au premier mai suivant, le nombre des enfans reçus est de 42.750.

« Le nombre des morts *dans la maison* pendant ces six ans quatre mois est de..... 13,481, ce qui fait près du tiers pour chaque année. »

Bureau de la Couche, délibération du 11 mai 1784 :

« La maladie dominante dans la maison est le muguet. Si quelques-uns, en très petit nombre, échappent aux effets de cette maladie, ils tombent dans un état de phtisie et de dessèchement qui permet rarement de les confier à des nourrices et ils succombent infailliblement en peu de temps dans l'hôpital ce qui, joint aux causes étrangères dont il a été parlé plus haut (mauvaise constitution des enfans), en enlève près d'un tiers et constitue la première époque de la mortalité des enfans.

« Il n'est aucun de ces enfans qui, s'il séjourne deux ou trois jours dans l'hôpital, n'ait contracté le principe de cette maladie, laquelle achevant de se développer chès ceux que l'on a confiés dans cet état aux nourrices de la campagne en fait périr entre leurs mains plus d'un tiers, en moins de quinze jours ou d'un mois ; c'est la seconde mortalité.

« La crise se rallentit ensuite, et la mortalité pendant le surplus de la première année se réduit à un peu plus d'un dixième, puis elle continue de décroître pendant les années suivantes, en sorte que, depuis le commencement de la seconde année jusqu'à la fin de la sixième, le nombre des décédés n'est plus que d'un autre dixième. A cette époque il ne reste plus qu'un septième de la totalité des enfants, résultat effrayant, quand on se représentera qu'à cet âge il survit généralement plus de la moitié des enfants élevés chès leurs parents et que ce n'est que vers l'âge de 40 ans, qu'une génération se trouve réduite à un septième.

« La maladie extraordinaire dont on vient de parler (le muguet) commença à paraître en 1739. »

Les indications contenues dans toutes ces délibérations ne sont pas évidemment suffisantes et manquent de la précision scientifique que l'on est en droit d'exiger. Nous avons donc eu recours aux registres matricules existants à l'hospice dépositaire de Paris et dont le plus ancien remonte à l'année 1690. Ces registres parfaitement tenus permettent de dresser les tableaux suivants embrassant une période de près de 200 ans [1].

---

[1] Les chiffres que nous donnons sont le résultat d'un pointage minutieux que nous avons effectué avec le plus grand soin ; les enfants admis de 1 jour à 1 mois étant uniformément désignés sous l'indication de : *nouveau-né*, il n'a pas été possible d'établir de divisions pour ce premier mois. Les chiffres de l'année 1690 avaient déjà été imprimés dans l'*Annuaire de la ville de Paris*, 1re année 1881; ceux des années 1877 à 1882 sont extraits des rapports annuels publiés sur ce service par l'administration de l'Assistance publique à Paris.

Total des enfants admis.		Enfants admis au dessous d'un an.		Enfants décédés dans la première année de leur âge.			Total des décès.	Proportion par cent.
				de 1 j. à 3 m.	de 3 m. à 6 m.	de 6 m. à 1 an.		

Année 1690.

Total des enfants admis.		Enfants admis au dessous d'un an.		de 1 j. à 3 m.	de 3 m. à 6 m.	de 6 m. à 1 an.	Total des décès.	Proportion par cent.
1.504	1.343	au-dessous d'un m.	1.092	319	106	114	539	49.35
		de 1 à 3 mois.	133	19	25	18	62	46.61
		de 3 à 6 mois.	63	»	6	18	24	38.09
		de 6 mois à un an.	55	»	»	4	4	7.27
			1.343	338	137	154	629	46.83

Année 1751.

Total des enfants admis.		Enfants admis au dessous d'un an.		de 1 j. à 3 m.	de 3 m. à 6 m.	de 6 m. à 1 an.	Total des décès.	Proportion par cent.
3.783	3.631	au-dessous d'un m.	3.403	2.088	149	142	2.379	69.90
		de 1 à 3 mois.	94	39	4	3	46	48.93
		de 3 à 6 mois.	73	»	33	7	40	54.79
		de 6 mois à un an.	61	»	»	22	22	36 06
			3.631	2.127	186	174	2.487	68.49

An V.

Total des enfants admis.		Enfants admis au dessous d'un an.		de 1 j. à 3 m.	de 3 m. à 6 m.	de 6 m. à 1 an.	Total des décès.	Proportion par cent.
3.716	3.597	au-dessous d'un m.	3.406	3.129	38	45	3.212	94.30
		de 1 à 3 mois.	74	33	7	2	42	56.75
		de 3 à 6 mois.	57	»	28	11	39	68.42
		de 6 mois à un an.	60	»	»	21	21	35.00
			3.597	3.162	73	79	3.314	92.13

Le chiffre de la mortalité serait encore supérieur si nous n'avions pas compté comme existants pendant un an tous les enfants rendus à leurs parents.

Année 1818.

Total des enfants admis.		Enfants admis au dessous d'un an.		de 1 j. à 3 m.	de 3 m. à 6 m.	de 6 m. à 1 an.	Total des décès.	Proportion par cent.
4.779	4.740	au-dessous d'un m.	4.516	3.349	375	410	3.134	69.39
		de 1 à 3 mois.	80	21	17	8	46	57.50
		de 3 à 6 mois.	41	»	6	4	10	24.39
		de 6 mois à un an.	103	»	»	36	36	34.95
			4.740	2.370	398	458	3.226	68.05

Mortalité des cinq années (1877-1881).

Total des enfants admis.		Enfants admis au dessous d'un an.		de 1 j. à 3 m.	de 3 m. à 6 m.	de 6 m. à 1 an.	Total des décès.	Proportion par cent.
13.418	9.377	au-dessous d'un m.	6.374	1.525	385	364	2.274	35.67
		de 1 à 3 mois.	866	102	114	52	268	31.06
		de 3 à 6 mois.	861	»	186	136	322	37.63
		de 6 mois à un an.	1.276	»	»	282	282	22.10
			9.377	1.627	685	834	3.146	33.55

Au milieu du xviii° siècle la mortalité des enfants admis dans les premiers mois de leur existence atteignait ainsi près de 70 % ; elle provenait :

1° Des souffrances que ces enfants avaient endurées avant leur admission lorsqu'ils étaient amenés de provinces très éloignées, dans de mauvaises voitures, sans soin, presque sans nourriture, par les chaleurs de l'été ou les froids de l'hiver ; on se demande même comment il pouvait en survivre un seul.

2° Des maladies diverses que contractaient infailliblement des nouveau-nés abandonnés, plus ou moins vêtus, souvent la nuit, dans les rues de la capitale.

3° Une fois les admissions prononcées, de la disette de nourrices pouvant emmener rapidement les nourrissons à la campagne, et de l'abus des envois *par commission*.

4° Du nouveau et pénible voyage qu'ils avaient à supporter dans la charrette d'un meneur où s'entassaient 15 à 20 nourrices[1].

5° Enfin du triste tempérament des abandonnés. « Il faut convenir, lit-on, dans la délibération du 11 mai 1784, que l'on amène à cet hôpital un grand nombre d'enfans en très mauvais état, soit qu'ils proviennent de pères et de mères malsains ou indigents, soit que la contrainte et la gêne auxquelles leurs mères se sont assujetties pour cacher leur grossesse, ou même les tentatives que quelques-unes ont pu faire

---

[1] Rapport de La Rochefoucauld, p. 22 : « Les charrettes dans lesquelles ces enfants entassés sont menés avec leurs nourrices sont encore pour eux un nouveau danger ; ce danger augmente selon la longueur de la route qui souvent est considérable. Le plus grand rapprochement des demeures de ces nourrices est de douze lieues de Paris ; le plus grand éloignement est de soixante. »

L'examen de ces tableaux statistiques permet de constater que dans la première période de la fondation, alors que le chiffre des admissions était moindre, on arrivait à des résultats beaucoup plus consolants. Au xix° siècle, depuis l'invention des chemins de fer, les nourrices se rendent rapidement dans leurs pays ; elles voyagent dans des vagons de 2° classe, chauffés en hiver, et trouvent généralement aux gares des voitures commodes qui les mènent jusqu'à leur village. Les conditions de transport font faire nécessairement baisser très sensiblement la mortalité des nourrissons.

pour détruire leurs germes, aient influé sur leur constitution. »

Ces causes sont réelles, elles dépassaient en général le pouvoir des administrateurs; ils ne restent pas toutefois exempts à cet égard de tout reproche, ainsi que nous l'expliquerons dans la suite.

En ce qui concerne les enfants ramenés à Paris, il faut constater d'abord que l'expérience prouvait que le changement d'air en faisait périr un grand nombre [1]. De plus, on voit au faubourg Saint-Antoine et aux Enfants-Rouges de fréquentes épidémies de scorbut tenant à l'agglomération de la population et peut-être à une nourriture insuffisante. Les membres du bureau déclarent, à la suite d'une visite faite le 9 avril 1767, qu'il y a mélange dans les classes d'élèves sains et d'élèves malades, que les poêles allumés l'hiver vicient l'air, et, ce qui est plus triste, « que l'usage d'envoyer à l'hôtel-Dieu les enfants attaqués de quelque maladie grave, pour ne la point communiquer aux autres au lieu de procurer le bien qu'on aurait dû en espérer, avoit été la cause de la perte de tous ceux qui y avoient été envoyés; qu'ils avoient l'expérience que de ceux qui avoient été conduits à l'hôtel-Dieu, le plus grand nombre y étoit mort et le reste en avoit apporté la galle ou la teigne, et que dans l'espace de trois mois ces mêmes enfants venus de l'hôtel-Dieu décédaient, soit parce qu'ils n'étoient pas radicalement guéris, soit parce que les remèdes qui leur avoient été donnés avoient détruit leur tempérament ».

Aussi les administrateurs décident-ils [2], que les enfants

[1] Délib. 7 janvier 1761 (code, p. 343).
[2] Délibération 10 février 1768.
« Le sieur Guéret, chirurgien, nommé pour la maison du faubourg Saint-Antoine par délibération du 9 avril dernier, ayant demandé à entrer au Bureau, a dit que l'étude particulière à laquelle il s'est attaché par ses visites journalières lui a fait connaître que les deux principales maladies dominantes des enfants étoient le scorbut, dont plus de la moitié étoit anciennement attaquée, et les vers, dont ceux qui reviennent de nourrice sont remplis; que les remèdes qu'on avait continué de leur administrer étoient non seulement trop faibles, mais encore insuffisants; que les sages précautions prises par le Bureau, lors de son entrée en cette maison pour l'augmentation des infirme-

convalescents seront envoyés de suite à la campagne « pour y prendre l'air et reprendre des forces, principalement ceux de l'âge de six à huit ans, comme étant les plus faibles ». On devait offrir 5 livres par mois pour leur pension.

A Paris le service médical fut toujours cependant organisé sérieusement. En 1673. madame la garde des sceaux propose le nommé Edmond, docteur en médecine de Montpellier, « pour servir les enfans de sa profession gratuitement ». Plus tard il y a un médecin et un chirurgien ayant pour rétribution « six vingt livres par an, payables par quartier, si ce n'est qu'ils aient la charité de se contenter à moins [1] ». Ils font une visite par jour à la maison de la Couche et une par semaine au faubourg Saint-Antoine [2].

Aux termes de la délibération du 23 février 1785, les officiers de santé doivent visiter les malades, déterminer les précautions nécessaires à prendre, indiquer les remèdes propres à rétablir leur santé, ou leur donner du soulagement dans leurs maux, veiller à l'exécution de leurs ordonnances et à la bonne composition des drogues et remèdes [à administrer aux élèves; enfin procurer aux pauvres admis dans les maisons tous les secours et

---

ries, l'éloignement des lits, la séparation des malades d'avec les sains et la suppression des poêles dans les classes, auroient produit un plus grand bien, si le nombre des malades n'avoit pas excédé celui des sains, et qu'il eût été possible de les placer dans un corps de logis séparé et sans aucune espèce de communication les uns avec les autres. »

[1] Délib. 22 mars 1713.

« Le sieur Bassuel, maistre chirurgien juré, qui depuis très longtemps travaille dans les maisons de l'hospital, a représenté au Bureau que, prenant soin depuis plus de huit ans de la maison des Enfants-Rouges, on luy a paié jusques à présent les seignées et pensements quil a faits sur les mémoires qu'il en a fourny, arrestés par la direction, que cependant il vouloit bien s'obliger de visitter régulièrement ladite maison des Enfants-Rouges et y faire tout ce qui dépendra de son ministère, mesme fournir les drogues et onguents nécessaires pour les blessures ou autres maux qui regardent sa profession de chirurgien. En considération de quoy on luy fera payer, pour ladite maison des Enfants-Rouges, soixante livres par chacun an, à commencer du 1er janvier 1713 pour toutes choses. »

[2] Délib. 13 mai 1687.

consolations qui dépendent de leur ministère. Ils ne peuvent s'immiscer en rien dans l'administration [1].

Les administrateurs faisaient donc des efforts réitérés pour assurer le service médical des établissements de la capitale ; mais où ils manquèrent gravement à leur mission, c'est en négligeant de commettre en province des médecins et chirurgiens chargés de surveiller les enfants mis en nourrice. Il est bien dit dans les règlements que lors des visites on appellera les chirurgiens pour examiner, traiter et médicamenter les enfants qui paraîtront en avoir besoin ; ce n'était évidemment pas suffisant, et en 1790 Larochefoucauld se plaint de ce manque d'organisation [2].

En résumé, la mortalité des enfants admis à l'hospice fut effrayante au siècle dernier. Il faut ajouter immédiatement, à la décharge des administrateurs, que les ressources indispensables leur firent défaut, par suite de cet égoïsme des habitants des provinces, qui, une fois le service organisé à Paris, dirigèrent sur la Maison de la Couche un nombre immense de jeunes enfants dont ils auraient dû garder la charge.

« Quant au défaut de faculté, disent avec vérité ces administrateurs, séance du 14 décembre 1772 (Code, p. 353), on ne doit pas être surpris qu'un hôpital qui n'a été fondé que pour recevoir les enfants exposés à Paris, n'ait ni les revenus, ni les emplacements nécessaires pour contenir ceux d'un grand nombre de provinces. »

Si les seigneurs hauts justiciers, les municipalités, les intendants, les hôpitaux avaient continué à pourvoir au soulagement de ces pauvres infortunés, la maison du Parvis Notre-Dame ne recevant qu'un nombre normal de pupilles, aurait pu, grâce à ses sages règlements et au dévouement de ses directeurs, sauver une grande quantité de ceux qui lui

---

[1] Cette délibération est prise à la suite de l'incident suivant : Un chirurgien ayant été nommé à l'hospice de Vaugirard, le médecin M. Doublet, prétendant être inspecteur général, « avait paru l'installer en son nom et non par délégation du bureau ».

[2] Rapport, p. 26.

étaient confiés, et on n'aurait pas assisté pendant plus d'un siècle à ce spectacle affligeant d'une pareille hécatombe d'innocentes victimes.

§ 2. — LES ENFANTS GASTEZ ET L'HOSPICE DE VAUGIRARD.,

Au xviie siècle, les enfants atteints de maladie vénérienne étaient placés en pension, soit chez des personnes pouvant leur donner des soins, soit aux Enfants-Rouges [1]; plus tard on les envoya à la Salpêtrière et à Bicêtre; cette translation aux Enfants-Rouges n'avait duré en effet qu'une année [2].

En 1687, on trouve la mention de 12 livres d'indemnité à une nourrice « gastée par un enfant, laquelle s'était fait penser en ville [3]».

[1] Délib. 21 septembre 1674. « Il a esté arresté que les enfans qui se trouveront malades du mal de la grosse vérolle seront baillés en nourrice ou pension dans Paris, à raison de *cent* sols par mois. »

Délib. 24 juin 1680. « M. Pinette a esté prié de faire nourrir les enfans de la manière qu'il a esté informé qu'on les nourrit sans nourrice en Angleterre et en Allemagne, mesme à Paris, et de commencer par les enfans infectés du mal vénérien pour empescher qu'ils gastent des nourrices, et pour cela de parler à Mme Baudouin pour la prier de trouver quelques femmes qui demeurent à l'hospital pour avoir le soin desdits enfans et leur faire donner les choses nécessaires à leur subsistance. »

Délib. 21 décembre 1681. « Les enfans gastés qui estoient au faux-bourg Saint-Antoine ont esté aportez icy et mis dans la maison louée de l'Hôtel-Dieu, sise rue de Venise, et ce par l'ordre du bureau général. »

[2] Délib. 22 avril 1687. « Le 17 de ce mois, les enfans gastez ont esté transférez aux Enfants-Rouges avec tous les meubles, linges et ustensiles de leur chambre, dont la sœur Cailly s'est chargée suivant l'estat double, dont l'un est entre les mains de la sœur Cailly et l'autre entre celles de la sœur Jüen. »

Délib. 30 janvier 1688. « La sœur Cailly, officière de la maison des Enfants-Rouges, a dit que dans le nombre des 121 personnes dont est composée leur maison, il y a quatre enfans gastez venus de cette maison (la Couche), et dix personnes aussy gastez venues de la campagne, du nombre desquels est un petit enfant trouvé qui a gasté les autres. Et a requis le Bureau de pourvoir à ce que les personnes gastées soient retirées de leur maison des Enfants-Rouges, pour empescher les inconvénients qui pourroient arriver s'ils y demmourent davantage, ny ayant point de lieu propre pour les penser et médicamenter. »

[3] Délib. 27 mai 1687.

« Diverses tentatives furent faites à toutes les époques pour la guérison de ces malheureux enfans, soit en les traitant par des boissons et donnant à leurs nourrices des préservatifs, soit en les nourrissant au lait d'animaux et les soumettant à des frictions [1]. »

Vers la fin du xviiiᵉ siècle, cette question préoccupait les esprits et « M. Lenoir, lieutenant général de police, dont toutes les spéculations ont pour but l'avantage et l'utilité publique (dit la délib. du 5 août 1784), avoit à cet égard en quelque sorte prévenu les intentions du gouvernement. Il avoit provisoirement formé à Vaugirard un établissement dans lequel il fesoit essayer de guérir les enfans infectés du vice vénérien en les faisant allaiter par des femmes gâtées auxquelles on administroit les remèdes propres à les guérir ».

Cet essai eut un certain succès et, en vue de permettre à l'hôpital général de prendre soin de cette catégorie de malades, les lettres patentes de mai 1781, enregistrées au parlement le 25 du même mois, portèrent cession des biens de l'hôpital Saint-Jacques à celui des Enfants-Trouvés, ainsi qu'il a été indiqué précédemment, en autorisant les administrateurs à acquérir pour y recevoir les nouveau-nés atteints de maladies communicables [2], « un lieu qui, par ses bâtimens et emplacemens, puisse être

[1] Rapport du comité de mendicité, p. 28.

[2] Préambule des lettres patentes :

« Les administrateurs de l'hôpital général, auquel celui des Enfants-Trouvés est uni, toujours attentifs à perfectionner cet asyle de l'enfance abandonnée et à en écarter tous les dangers, nous ont fait représenter qu'un grand nombre des enfans qu'on y amène étans infectés, en naissant, du germe de la corruption de leurs pères et mères, ne doivent ni être livrés à des nourrices auxquelles ils les communiquent, ni rester confondus avec les autres enfans qui seroient exposés à cette contagion ; et qu'ainsi il seroit nécessaire de former, à proximité de Paris, un établissement où tous les enfans qu'on soupçonneroit, soit par la visite et l'inspection, soit par les témoignages des accoucheurs et sages-femmes, être atteints de ce venin, seroient, incontinent après leur exposition, transportés pour y être nourris avec du lait, et toutes les précautions nécessaires pour leur conserver la vie, autant qui seroit possible, et prévenir toute espèce de contagion. »

rendu propre à les recevoir, à l'effet d'y être nourris et élevés sans nourrices, et avec du lait, en employant toutes les précautions nécessaires pour leur conserver la vie et prévenir toute contagion ».

L'établissement provisoire, créé par M. Lenoir dans la maison seigneuriale de Vaugirard, était tout indiqué aux administrateurs pour réaliser la pensée des lettres patentes de 1781 ; aussi se chargèrent-ils du bail qui expirait en1786[1].

Au mois de juillet 1784, M. le baron de Breteuil, ayant visité par ordre du roi la Salpêtrière et Bicêtre, se rendit compte de l'insuffisance des services établis dans ces maisons pour les vénériens, et il fut décidé que l'on organiserait un hospice unique pour les recevoir, en demandant à l'hôpital général et aux Enfants-Trouvés une subvention de 90.000 livres. Le ministre annonça au bureau que Sa Majesté avait jugé que la maison de Vaugirard deviendrait inutile aussitôt la nouvelle fondation constituée. Cette idée ne reçut son exécution qu'en 1792, alors qu'un asile spécial se trouva ouvert définitivement dans les bâtiments du couvent des Capucins, près la rue de la Santé ; il porte actuellement le nom d'hôpital du Midi.

On continua donc à recevoir à Vaugirard les enfants trouvés.

« Les enfans infectés sont donnés à des nourrices malades de la même maladie, dit La Rochefoucauld[2] ; la nourrice est traitée et son lait apporte à l'enfant assez de contrepassion pour détruire en lui le vice qu'il faut combattre. Presque toutes arrivent grosses ; leur traitement, qui commence avant leur accouchement se continue jusqu'à la fin de la nourriture ; elles nourrissent à la fois et leur enfant et l'enfant trouvé malade. Aussi dans les avantages de cet établissement il faut compter celui de guérir les nourrices. »

Ces femmes refusaient quelquefois de rester dans l'asile, et on leur accorda à diverses reprises des indemnitées supplémentaires[3].

[1] Délibération du 5 avril 1784, ut suprà. — [2] Ut suprà, p. 28.
[3] Délib. mercredi 5 mars 1783 :
« Sur quoi le Bureau arreste :..... 3° Que toute nourrice sera en tout

Une gratification était allouée également aux femmes qui consentaient à faire plusieurs nourritures ; les officiers de santé étant d'accord que les nourrices guéries de la maladie vénérienne pouvaient sans danger allaiter d'autres enfants infectés [1].

Quels étaient maintenant les résultats de ce traitement ? La Rochefoucauld écrivait en 1790 : « Dans le nombre de 1959 enfans [2] apportés dans cette maison depuis 10 ans, *quatre cent quarante* ont été guéris, quinze cent dix-neuf sont morts, ce qui porterait aux sept neuvièmes la proportion de la mortalité ; mais il faut observer que dans ce nombre sept

temps libre de sortir de l'hospice, de même que le directeur aura le droit de les congédier si elles s'y comportent mal ; et, dans tous les cas, elles seront payées au prorata du temps qu'elles y auront exercé les fonctions de nourrice.

4° Qu'il sera ajouté à l'avenue qui leur sert actuellement de promenade, un espace pris sur le potager.

5° Qu'outre les 72 l. de récompense attribuée aux nourrices après l'allaitement fini, il sera distribué par semaine à chacune d'elles, par forme de gratification, savoir : 12 sols à celles qui seront chargées de deux enfants et 4 sols à celles qui n'en nourriront qu'un seul ; le tout à compter du 1er du présent mois. »

[1] Délib. 24 octobre 1787 :

« M. Henry a rappelé au Bureau qu'en la précédente assemblée il avoit été fait lecture d'un mémoire de l'économe de l'hospice de Vaugirard, portant en substance que quelques nourrices, après leur guérison et celle des enfants qu'elles ont allaités, entreprenoient de nouvelles nourritures, soit d'un ou de deux enfants, à raison de l'abondance de leur lait et de leur constitution.

« Qu'au mois de décembre 1784, quelques-uns de Messieurs, visitant l'hospice, autorisèrent l'économe à payer 36 l. par forme de gratification extraordinaire à une nourrice qui, pour la première fois, donnoit un exemple de ce genre. Que, depuis le mois d'octobre 1786, cinq autres nourrices l'avoient imitée. Qu'au surplus ce zèle, qui étoit suivi de succès, devenoit d'une grande ressource pour l'hospice, où le nombre des nourrices ne correspond pas toujours au nombre des enfans que l'on y envoie de l'hôpital des Enfants-Trouvés ou d'ailleurs.

« Que, sous ce point de vue, il étoit à désirer que le Bureau voulût bien encourager par des récompenses particulières les femmes qui se dévoueroient ainsi à de nouvelles nourritures. »

[2] Le rapport imprimé porte 19059 ; mais le contexte prouve que c'est une faute d'impression.

cent quatre vingt huit n'ont pas pris le téton, et n'ont par conséquent été soumis à aucun traitement. Il faut se rappeler enfin que parmi les enfants trouvés apportés à la maison de la Crèche sans indication de maladie, deux tiers meurent dans le premier mois, et alors on trouvera la proportion moins forte et le bien de cet établissement grand, quand surtout on apprendra qu'avant qu'il eût lieu, aucun de ces enfants réputés *viciés* n'échappoit à la mort. »

Nons ne possédions aucune autre indication sur ce point lorsque récemment le directeur de l'hospice des enfants assistés, M. Lafabrègue, a eu l'heureuse idée de faire le dépouillement des registres de la maison de Vaugirard. Il a pu ainsi publier une liste très exacte des admissions et des décès [2] allant du 17 avril 1780 au 8 janvier 1793. Ce travail du savant démographe diffère notablement des données fournies par le rapport de 1790, aussi bien par le chiffre des entrées que par la proportion des guérisons. La Rochefoucauld donne en effet 22 % d'enfants guéris et M. Lafabrègue n'en trouve que 14 %.

Années	Admis	Sortis par	
		Guérison	Décès
1780.............	43	6	37
1781...........	103	4	99
1782...........	100	11	89
1783...........	129	22	107
1784...........	120	12	108
1785...........	130	21	109
1786...........	145	21	124
1787...........	176	24	152
1788...........	160	22	138
1789...........	115	17	98
1790...........	156	19	137
1791...........	110	22	88
1792...........	125	22	103
1793...........	9	1	8
	1.621	224	1.397

[2] Bulletin de la Société de statistique, 24e année, n° 7, juillet 1883, p. 260.

La maison de Vaugirard était dirigée, comme les autres établissements des enfants trouvés, par les Sœurs de la Charité, aidées de filles de service provenant le plus souvent de l'hôpital général. Au sujet de ces religieuses, le rapport adressé à l'Assemblée constituante par son comité de mendicité (p. 29-30) renferme l'appréciation suivante, qui terminera ce long historique : « Les maisons de la Crèche et celle de Saint-Antoine, confiées aux soins des Sœurs de la Charité, sont tenues avec ordre et propreté ; les soins charitables de cette respectable congrégation y sont aussi complets que partout ailleurs ; c'est un hommage que nous trouvons ici avec plaisir l'occasion de leur rendre. »

CHAPITRE VI

LES DIVERS SERVICES D'ASSISTANCE

ET DE PROTECTION DE L'ENFANCE A PARIS AU XVIIIe SIÈCLE

§ 1er. LES ASILES PARTICULIERS.

Ce serait une erreur de croire que l'hôpital général et la
la maison de la Couche constituaient à Paris au siècle dernier l'unique mode d'assistance pour l'enfance. Indépendamment du Saint-Esprit en Grève et des Enfants-Rouges
qui étaient venus se fondre dans cette vaste organisation,
due à Louis XIV, plusieurs œuvres particulières recueillaient les orphelins et les enfants pauvres, tandis que l'œil
attentif du pouvoir veillait sur le placement en nourrice
des petits Parisiens.

Il est donc bon, avant d'examiner les services de province,
de résumer ce côté de la charité de nos pères, en accomplissant une sorte de promenade à travers les quartiers de
la capitale.

Si, quittant, en l'an 1789, la maison de la Couche, nous
nous dirigeons par la pensée vers la rue Saint-Denis, nous
trouvons après la rue Greneta, en face l'église du Saint-
Sauveur, l'hôpital de la Trinité. Cet établissement renferme,
suivant les termes naïfs des règlements du XVIe siècle :
« deux lieux separez l'un de l'autre, en chacun desquels a
dortoir, refectoir et escole, qui sont accommodez l'un pour
les fils, et l'autre pour les filles. Lesquels enfans sont prins
et segregez des maisons des pauvres de la ville et fauxbourgs

de Paris, naiz en loyal mariage, et sont separez les uns des autres : néantmoins gouvernez par mesmes gouverneurs, mesme pitance des aumônes qui se font audict hospital [1] »

Cet asile remonte à une haute antiquité ; il en est question vers l'année 1202, on l'appelle alors hôpital de la Croix de la Reine [2]. Après avoir servi aux représentations des mystères, de jeunes enfans y sont admis en 1545 « pour y être nourris, logés et enseignés en la religion chrétienne». Les premiers administrateurs sont « Maistre Jean Le Cocq, curé de Saint-Eustache, Guillaume de l'Arche, greffier du baillage de Meaux ; Joachim Rolland, Nicolas Maheu, Jean Le Vasseur, marchands de la ville [3], » et le 16 août 1545 le Parlement fait « deffense aux pères, mères, amis et tous autres de tirer les enfans de l'hôpital de la Trinité ou du service des maîtres que les gouverr urs y ont mis [4] ». Tout ce petit monde doit être en effet exercé à un métier conforme à ses aptitudes ; on en fait à l'origine des fabricants de chemises de maille et brigandines ; plus tard des « tissuriers en drap d'or et de soye, des dévideurs de soye, des brodeurs, painctres, tapissiers, espingliers, ouvriers en fustaines, serges etc. » On désire autant que possible les dresser à la confection des produits fournis jusque-là « par les pays estranges ».

Les lettres patentes du roi Henri II (12 février 1553), autorisaient les maîtres, avant l'abrogation des corporations, à prendre un second apprenti choisi parmi ces enfants [6]; de plus, en 1671 les administrateurs avaient obtenu

---

[1] Félibien, *Hist. de Paris*, tome III, p. 629.
[2] Jaillot, *Recherc. sur Paris*, ix° quartier, p. 12 et suivante.
[3] Dubreul, *Antiq. de Paris*, p. 719.
[4] Félibien, II, p. 1019; III, p. 631.
[5] Félibien, III, p. 634. — Lebeuf, édition Cocheris, tome Ier, p. 137 et 273.
[6] « Tous maistres de mestier et artisans de nostre dicte ville et faulxbourgs de Paris, pourront prendre et retenir, si bon leur semble, à leur service, chacun en son mestier et art, un second apprentif, outre le nombre qui d'ancienneté leur estoit permis d'avoir, pourveu toutefois que lesdicts maistres et artisans seront tenuz prendre iceulx apprentifs

l'autorisation de bâtir dans leur enclos un grand nombre de boutiques pour toute sorte de métiers, et on permettait à des compagnons habiles de les habiter, à condition qu'ils serviraient de maîtres aux enfants de l'établissement.

Tout compagnon, ayant rempli cet office pendant trois ans, pouvait être reçu à la maîtrise sans payer de droit et sans fournir de chef-d'œuvre. Les élèves jouissaient de ce même privilège [1].

A l'époque où nous sommes (1789), l'hôpital contient cent garçons et trente-six filles dirigés par les commissaires du grand bureau des pauvres et pris à tour de rôle dans les différentes paroisses de la ville et des fauxbourgs ; les parents versent comme frais de premier établissement 40 livres pour les garçons et 60 livres pour les filles [2]. On se plaint avec raison que l'assistance aux enterrements, rapportant il est vrai 8.000 livres par an, fait perdre aux enfants un temps précieux, et qu'ils portent encore le vêtement incommode du temps de Henri II [3], lequel est de couleur bleue et d'une étoffe épaisse, lourde pour la marche et séchant difficilement [4].

Si quittant, la rue Saint-Denis et suivant les boulevards nous nous rendons plus loin que la ville Lévêque, au faubourg du Roule, nous rencontrons la maison hospitalière construite, en 1784, sur les dessins de Girardin, par M. Beaujon, receveur général des finances, et dotée par lui de 20.000 livres de revenu ; elle est destinée à rece-

---

en la maison dudict hospital de la Trinité, et ce par les mains des maistres dudict hospital ou commissaires des pauvres. »

[1] Edit. de juin 1554. Félibien, III, p. 636. Tableau de l'humanité ou précis hist. des charités qui se font dans Paris, 1769, p. 72 et suivantes.

[2] Tableau de l'humanité, *ut suprà*, p. 74.

[3] Suite du rapport fait par le comité de mendicité des divers hôp. de Paris, 1791, p. 26.

[4] « Leur vesture est d'un saye, bonnet, chausses courtes et souliers pour l'yver seulement, et l'esté vont pieds nuds. » Règlement de 1515 (Félibien, III, p. 630).

voir 24 enfants de la paroisse, 12 garçons et 12 filles, choisis principalement parmi les orphelins [1].

Contournant ensuite l'enceinte extérieure, nous arrivons au delà de la barrière de *Sève*, tout près du nouvel hôpital auquel Mme Necker a donné son nom, à l'asile de l'Enfant-Jésus, fondé en 1751 par Languet, curé de Saint-Sulpice, aidé par la reine Marie Leczinska. On y donne une bonne et solide éducation à trente demoiselles nobles, sans fortune ; les places sont à la présentation du curé, à la nomination du roi ; il faut pour être admise justifier de trois degrés de noblesse du côté du père et de deux du côté de la mère, avoir de plus un père ou un aieul ayant servi [2].

C'est également un curé de cette paroisse, M. Olier, qui créa en 1648 une maison pour les orphelins et les orphelines, dits orphelins *de la Mère de Dieu*. Elle est située rue du Vieux-Colombier, et les lettres patentes de 1678 ont confirmé les curés successifs de Saint-Sulpice comme supérieurs de cet établissement, desservi par des sœurs non astreintes à des vœux, et renfermant trente-deux filles et huit garçons. Ces enfants légitimes, peuvent être admis dès le maillot. On les met en apprentissage à l'âge de douze ans, en leur fournissant pendant sa durée les subsides nécessaires [3].

Les environs de Sainte-Geneviève nous offrent maintenant les deux dernières fondations particulières consacrées à

---

[1] Cette destination fut changée par un décret de la Convention du 28 nivôse an III (17 janvier 1795), collection des décrets n° 834, p. 6. Après avoir supprimé les maisons hospitalières sises à Paris, rue Mouffetard, place de l'Indivisibilité, rue de la Roquette et dans la commune de *Mandé*, la Convention décrète. Art. V : que « pour remplacer les hospices supprimés et pour favoriser particulièrement l'évacuation des lits encombrés dans le ci-devant Hôtel-Dieu, il sera établi deux nouveaux hospices d'humanité, un à la ci-devant maison Beaujon, l'autre dans le bâtiment de l'abbaye Antoine. — Art. VI : D'après les localités, l'hospice Beaujon contiendra 80 lits ; celui de l'abbaye Antoine, 160. »

[2] Tableau de l'humanité, p. 206. Hurtaut et Magny, *Dict. de Paris*, III, p. 233.

[3] Tableau de l'humanité, p. 148. Jaillot, xixᵉ quartier, p. 33.

l'enfance. Dans le quartier de la Place-Maubert, l'hôpital de la Miséricorde ou des *cent filles* (rue Censier), dû à Antoine Séguier qui le dota de 16,000 l. de revenu (1622). Les lettres patentes de confirmation sont de janvier 1623. Les enfants admises doivent êtres légitimes, natives de Paris, pauvres, âgées de six à sept ans. On peut les garder dans la maison, jusqu'à vingt-cinq ans, en leur apprenant « à lire, écrire, travailler en habits, en linge, tapisserie, tricot, tant en laine qu'en soie, et généralement tout ce qui est propre à l'éducation des personnes de leur sexe. » On les dote à leur sortie et, pour faciliter les mariages, les lettres patentes, du 22 avril 1656, accordaient aux compagnons d'arts et métiers qui épouseraient ces filles la maîtrise sans frais et sans chef-d'œuvre [1].

Enfin les *orphelines* du Saint-nom *de Jésus*, rue des Postes, cul-de-sac des vignes, terminent cette nomenclature. Fondé, vers 1710, par des personnes pieuses, cet orphelinat est dirigé depuis l'année 1754 par la communauté de Saint-Thomas de Villeneuve. Les enfants au nombre primitif de vingt-deux sont actuellement de quinze, nourries et entretenues avec les pensionnaires payantes de l'établissement [2].

Dans un ordre d'idées un peu différent, les filles craignant d'être entraînées par les mauvaises fréquentations trouvent un asile à *Sainte-Anne*, rue Neuve-Sainte-Geneviève, quartier de l'Estrapade ; à *la Providence*, rue de l'Arbalète, faubourg Saint-Marceau ; et celles qui sont tombées ont

[1] Jaillot, xvi⁰ quartier, p. 24. Félibien, IV, p. 66. Tabl. de l'humanité, p. 135. Hurtaut et Magny, III, p. 235. L'administration de l'hôpital se composait de trois chefs honoraires : le premier président, le procureur général et le chef mâle du nom et de la famille du fondateur ; et de 5 gouverneurs ou administrateurs, dont un ecclésiastique pour le spirituel et les quatre autres pour le temporel ; d'un receveur et d'un greffier, de deux chapelains, d'une gouvernante et de quatre maîtresses. Le nombre des lits, réduits à 62 par suite de la diminution des rentes, au commencement du xviii⁰ siècle, fut ramené à 83 par deux fondations ; l'une de 18 lits, l'autre de 3. La première est de M. Cornette, trésorier général des galères (1755).

[2] Tableau de l'humanité, 153. Jaillot, xvii⁰ quartier, p. 209.

des refuges toujours ouverts à *Sainte-Pélagie*, rue du Puits l'Hermite, derrière Notre-Dame de Pitié ; *au Bon Pasteur*, rue du Cherche-Midi ; à *Saint-Valère*, rue de Grenelle, (faubourg Saint-Germain) ; au *Sauveur*, rue de Vendôme ; et à *La Madeleine*, rue des Fontaines, quartier du Temple. De plus dans toutes les paroisses les familles chargées d'enfants sont secourues par les bureaux de charité et par les Miramionnes du quai de la Tournelle, les religieuses hospitalières de la Miséricorde de Jésus, les hospitalières de la Roquette, de Saint-Victor, etc., qui préparent les médicaments et autres objets nécessaires aux femmes et filles malades, et les visitent à domicile.

Cet ensemble d'institutions complétait l'œuvre de l'hôpital général et des maisons y unies.

§ 2. — SURVEILLANCE DES NOURRICES.

Nous avons vu dans les chapitres précédents les règlements minutieux édictés par les administrateurs de la maison de la Couche, pour la surveillance des nourrices et meneurs ; cette partie importante du service public n'était pas négligée dans l'ancien Paris, et des ordonnances multipliées cherchaient à protéger les jeunes nourrissons contre la cupidité et l'insouciance des personnes auxquelles leurs parents les confiaient. Une direction spéciale est même organisée à ce point de vue au XVIII° siècle.

On fait remonter à l'année 1350 (30 janvier) le premier document officiel connu se rattachant à la réglementation des fonctions des *recommandaresses*, ou intermédiaires entre les femmes qui venaient à Paris pour chercher un enfant et les parents. Nous ne savons sur quelle autorité s'appuient Hurtaut et Magny, en leur *Dictionnaire historique* de Paris, pour dire que ce premier bureau fut créé par Jean le Bon en faveur des quatre filles de sa nourrice. Toujours est-il que le salaire pour allaitement était alors fixé à 100 sols par année, et l'indemnité à verser entre les mains des recommandaresses à deux sols pour une nourrice, et

10 sols pour une chambrière ; car ces bureaux servaient également à la location des servantes.

Depuis cette époque on ne trouve que les lettres patentes de février 1615, confirmant les droits et privilèges des *quatre recommandaresses jurées des servantes et nourrices de la ville de Paris*, quelques arrêts du Parlement et une sentence de la chambre criminelle du Châtelet (17 août 1685) obligeant les femmes de la campagne à se munir d'un certificat du curé de leur paroisse constatant leur état, moralité et religion. Il faut arriver au 29 janvier 1715 pour rencontrer une organisation nouvelle de ce service. La déclaration royale [1] de cette date réformant l'ancien usage « qui, sans autre titre que la possession avait attribué au lieutenant criminel du Châtelet la connaissance de ce qui concerne les fonctions des recommandaresses, » en charge le lieutenant général de police. Au lieu des deux bureaux existant alors, quatre sont établis avec des registres soumis à l'inspection des commissaires du Châtelet (art. 1er, § 3).

L'obligation imposée aux nourrices d'apporter un certificat du curé de leur paroisse est confirmée (1er, § 5), et à leur retour elles doivent lui présenter les pièces dressées au bureau des recommandaresses contenant les renseignements relatifs au nourrisson, afin qu'en cas de décès aucune erreur ne soit possible (art. 1er, § 7, 8). Il est défendu aux femmes d'allaiter deux enfants, « à peine du fouet et de 50 livres d'amende. » Elles sont tenues de prévenir les parents des « empêchements qui ne leur permettent plus de continuer la nourriture des enfants et des raisons qui les ont obligées de les remettre à d'autres », notamment des grossesses qui peuvent survenir, et enfin elles sont forcées de déclarer de suite la mort des petits êtres qu'on leur a confiés. (§ 11 — 13). Il est également enjoint aux sages-

---

[1] Code des nourrices ou recueil des déclarations du roi, arrêts du parlement, ordonnances et sentences de police concernant les nourrices, les recommandaresses, les meneurs et les meneuses à Paris, 1781, in-8°, p. 76. Toutes les citations qui suivent sont empruntées à ce recueil.

femmes, aubergistes et à toutes autres personnes de ne pas s'entremettre dans la location des nourrices; les recommandaresses restent les seules intermédiaires reconnues.

Quant aux pères et mères, « ils seront condamnés, dit la déclaration (§ 14) par le lieutenant général de police au paiement des nourritures des enfants qui auront été mis en nourrice, par l'entremise des *recommandaresses*, lesquelles condamnations seront prononcées sur le simple procès-verbal du commissaire... et exécutées par toutes voies dues et raisonnables, *même par corps.* »

Ces sages prescriptions se trouvent renouvelées et développées dans la déclaration du 1ᵉʳ mars 1727, et les ordonnances ou sentences de police des 13 février 1740, 23 juin et 15 juillet 1747, 9 mai 1749, 25 mai 1753, 17 janvier 1757, 17 décembre 1762. Un arrêt de la cour de Parlement (19 juin 1737) décide d'un autre côté que les contraintes par corps prononcées « contre les pères ou mères, ou autres qui auroient mis des enfans en nourrice... pour le paiement des nourritures des dits enfants... pourront être exécutées par la capture des condamnés dans les maisons, pourvu que ce ne soit à heure indue, ni les dimanches et fêtes, sans qu'il soit besoin d'aucune permission spéciale de juge à cet effet [1]. »

En 1769 une modification profonde est apportée à tout ce système. Jusque-là les recommandaresses avaient servi seulement d'intermédiaires non responsables entre les parents et les nourrices; la déclaration royale dn 24 juillet crée au contraire « un seul bureau général, qui par sa situation et par son étendue puisse procurer des logements également sains et commodes pour les nourrices et pour les enfans » et charge, « les directeurs préposés pour la direction de ce bureau, non seulement de faire aux nourrices les avances de leurs mois de nourritures, sauf leurs recours contre les pères et mères des dits enfans, mais même d'en-

---

[1] Cette ordonnance décide que les meneurs et meneuses ne pourront remettre aux nourrices l'argent qu'ils auront reçu des parents, qu'en présence du curé, et en son absence du vicaire ou desservant.

tretenir entre les nourrices et les dits pères et mères une
correspondance continuelle qui les mette en état de concourir tous également à la sûreté des jours des enfans. »

Avec l'accroissement continu de Paris, il était devenu
nécessaire en effet de favoriser l'arrivée des nourrices et de
rendre possible à ces femmes le recouvrement de leurs
créances. Des inspecteurs sont chargés de visiter les enfants
dans les campagnes, et deux directeurs [1] ayant sous leurs
ordres 22 préposés effectuent la rentrée· des mois de nourritures et remettent (art. 1er § 17) aux meneurs et meneuses toutes les sommes revenant aux nourrices, « quand
même ils ne les auroient pas encore reçues des pères et
mères ».

Des médecins attachés à ce bureau s'assuraient de la
bonne santé des nourrices, de l'état des nourrissons ; ils
recevaient et constataient au retour le bien fondé des réclamations des parents dont les enfants étaient rendus
maladifs, ainsi que les plaintes formulées par des femmes
se prétendant atteintes de maladies provenant de l'allaitement. Ces médecins recevaient de ce chef un traitement
de 500 livres [2].

De plus, on reconnut rapidement qu'il y aurait avantage
à remplacer les inspecteurs par des surveillants domiciliés
dans les cantons où les enfants étaient mis en nourrice, en
formant des arrondissements d'une étendue restreinte, et
on chargea des chirurgiens-inspecteurs de ce soin, en leur
confiant une région s'étendant de 7 à 8 lieues autour de leur
résidence. Ils devaient visiter les enfants une fois tous les
trois mois et envoyer des rapports sur l'ensemble du service ; leur attention était appelée sur la nécessité pour les
nourrices d'avoir un berceau et un garde-feu, « fût-il en
bois [3] ». Ils donnaient *gratuitement* leur avis sur l'état des

---

[1] A l'origine il y eut deux directeurs, puis un seul.

[2] Ces fonctions avaient été d'abord gratuites. Les 500 l. furent
accordées plus tard. (Document manuscrit provenant des collections
de l'auteur du présent ouvrage).

[3] Hurtaut et Magny, tome Ier, p. 712.

enfants malades au moment de leurs tournées, « sans pouvoir toutefois leur administrer aucun remède, à moins qu'ils n'y fussent invités par un écrit émané des parents ou de MM. les curés [1] ».

La moyenne des mois de nourrice était de 8 livres, indépendamment : du sol pour livre dû aux meneurs, soit 4 l. 16 s. par an, et de la livre 11 sols à payer pour l'enregistrement au bureau. Tant que les nourrices durent seules poursuivre les recouvrements, les parents échappèrent facilement aux obligations qu'ils avaient contractées ; mais les 22 préposés, réduits plus tard à 3 [2], chargés de ce soin par la déclaration de 1769, s'acquittèrent naturellement de leurs fonctions avec une certaine rigueur ; aussi des sociétés charitables réunirent-elles des fonds pour tirer de prison les pères de famille arrêtés pour non paiement des mois de nourrices ; ces aumônes s'élevèrent, vers la fin du siècle, à près de 50.000 livres par an, si bien que la perte supportée par la Direction, et probablement imputée sur les fonds de la police, ne montait pas à plus de 3.000 livres.

Telle était l'économie générale du système de protection organisé en faveur des nourrissons. Les intentions étaient excellentes ; seulement on doit se demander si, dans la

---

[1] Instruction de M. de Sartine, art. XIII (code des nourrices, p. 75). « A l'égard des nourrissons auxquels il surviendra quelques maladies ou quelques accidens, les nourrices seront tenues d'en aller faire leur déclaration à MM. les curés, vicaires ou desservans, lesquels sont priés de vouloir bien donner leurs soins pour que les secours nécessaires à la guérison desdits nourrissons soient administrés par tels chirurgiens qu'ils jugeront à propos ; et, dans ce cas, pour que ces derniers puissent se faire payer de leurs drogues, pansemens et visites, ils en dresseront un mémoire qu'ils feront viser et certifier par lesdits sieurs curés, vicaires ou desservans, qui en chargeront les meneurs pour, par eux, les remettre ensuite au bureau général des nourrices, afin que les directeurs soient à portée d'en recouvrer le montant. »

[2] Deux étaient chargés des recouvrements arriérés et le troisième de l'exécution des sentences par corps. (Administration des hôp. et hospices civils, rapport sur le mode de poursuivre les débiteurs de la direction municipale des nourrissons. In-4° (vers 1845), p. 3.

réalité, la surveillance était aussi efficace que l'auraient voulu les règlements [1] ; la plaie de ce service fut toujours en effet les meneurs; gente avide, spéculant, sauf d'honorables exceptions, sur les nourrices et les parents, aidant à cacher les fraudes moyennant un bénéfice, et qui a survécu, jusqu'à nos jours, malgré les lois, les ordonnances et la vigilance de la police.

[1] Des bureaux de recommandaresses existaient dans nombre de villes : Lyon, Versailles, etc. Il suffira à ce sujet de citer quelques extraits de la déclaration royale du 23 juin 1770, concernant l'établissement d'un bureau à Saint-Germain en Laye. « Les avantages qui se trouvent résulter du bureau de recommandaresses établi depuis longtemps dans notre ville de Versailles sur le modèle de ceux qui ont lieu pour notre bonne ville de Paris, ont fait désirer qu'il fût formé un pareil établissement dans la ville de Saint-Germain en Laye. Nous nous sommes déterminé d'autant plus volontiers à déférer aux représentations qui Nous ont été faites à cet égard, que le bien de ladite ville de Saint-Germain en Laye et celui de l'Etat y sont également intéressés. A ces causes etc. » Suivent des prescriptions reproduisant les règlements édictés pour le bureau des recommandaresses de la capitale.

CHAPITRE VII

LES ENFANTS TROUVÉS DE LA FONDATION
DES HOPITAUX GÉNÉRAUX A 1789.

(1656-1789.)

Nous venons de voir les services d'enfants délaissés fonctionner presque partout pendant la seconde partie du moyen âge, et saint Vincent de Paul constituer à Paris en leur faveur un établissement qui ne tarda pas à prendre une grande importance. La création de l'hôpital général devenait ainsi dans la capitale le point de départ d'une organisation nouvelle.

En province, malgré le développement successif des hôpitaux généraux, les choses ne se passèrent pas de la même manière et on ne peut signaler, aux XVIIe et XVIIIe siècles, aucune uniformité dans les mesures prises à l'égard des enfants délaissés. En première ligne, l'envoi à la maison de la Couche de milliers de pauvres petits êtres provenant des contrées les plus diverses dût singulièrement simplifier la question, en déchargeant de frais élevés les hôpitaux, les municipalités et les seigneurs de ces parties du royaume, au détriment, il est vrai, de la santé et de la vie des abandonnés.

De plus, les hôpitaux généraux, créés spécialement pour recevoir les mendiants et les vagabonds, eurent bien à s'occuper d'enfants ramenés de nourrice et cessant d'être surveillés par les autres administrations, mais ils ne reçurent que rarement la mission de les admettre dès leur bas âge. Il faut mentionner seulement l'immixtion de plus en plus fréquente des intendants dans le règlement de toutes ces questions, et leur tendance très marquée à désigner un établissement : hôtel-Dieu, hôpital général, fondation spéciale, pour recevoir les trouvés d'un bailliage ou d'une province, en attribuant à l'asile des cotisations imposées soit aux seigneurs, soit aux habitants.

Cette manière de procéder était la conséquence naturelle du mouvement inauguré sous Louis XIV et consistant à remplacer partout les petits hospices particuliers, ayant peu de ressources propres, par de vastes maisons largement dotées.

Quelques exemples permettront de se rendre facilement compte de cette organisation, dont l'application ne fut pas généralisée immédiatement, mais qui serait devenue, sans le brusque arrêt de 1789, le droit commun de l'ancienne France. En effet les seigneurs, résidant de moins en moins dans leur terre, étaient fort heureux de se décharger de tout souci, moyennant une redevance, et, d'un autre côté, ainsi que cela avait eu lieu à Paris, le roi restait fort souvent le seul justicier, et par conséquent il devait pourvoir tout spécialement au sort des malheureux exposés [1].

---

[1] Cette situation est parfaitement résumée dans un rapport adressé, en 1791, à l'Assemblée nationale par le ministre de l'intérieur (travaux du comité de mendicité).

« Pour faire cesser l'abus des transports d'enfants à Paris, dit ce rapport, un arrêt du conseil du 19 janvier 1779 ordonna que les enfans exposés seraient portés dans les hôpitaux les plus voisins, et qu'à l'égard de la dépense extraordinaire qu'elle leur occasionnerait et à laquelle leurs revenus ne pourraient suffire, il y serait pourvu provisoirement par le trésor public. Cet arrêt opéra en grande partie le but qu'on s'était proposé, car les transports diminuèrent infiniment[*]; mais les hôpitaux des provinces, qui se trouvèrent chargés des enfans qui s'apportaient à Paris, ne tardèrent pas à réclamer le remboursement de la dépense qu'ils leur occasionnaient. Dès 1780, il y eut quelques demandes de ce genre; elles s'augmentèrent annuellement, et bientôt les remboursements, qui en étaient l'objet, devinrent une charge considérable pour le trésor public, Indépendamment de cette

---

[*] Cette diminution est d'environ un millier d'enfants par an.

Au Mans, plusieurs arrêts du conseil du roi assignèrent des fonds pour l'entretien des enfants trouvés.

Le premier, du 26 mars 1743, ordonna que la dépense serait imposée par l'intendant sur tous les habitants, exempts et non exempts, au marc la livre de leur capitation. Même disposition pour Tours et Angers. Les habitants du Mans firent remarquer alors que l'augmentation des charges provenait de ce que plusieurs seigneurs ayant haute justice sur une partie de la ville et des faubourgs, devaient en conséquence contribuer à la dépense, que néanmoins les enfants exposés dans les différents quartiers étaient indifféremment portés à l'hôpital. Un nouvel arrêt du 5 octobre 1745 decida que l'évêque et les justiciers seraient imposés proportionnellement au nombre de maisons que renfermaient leurs justices. De plus en 1769 (le 19 décembre), il fut statué que lorsqu'à raison de 60 livres par enfant les dépenses annuelles dépasseraient 60.000 livres, l'excédent se trouverait imposé au marc la livre sur tous les habitants de la province sans exception, savoir : trois cinquièmes sur l'élection du Mans, un dixième sur l'élection de Château du Loir trois vingtièmes sur l'élection de la Flèche, trois quarantièmes sur chacune des élections de Laval et de Mayenne [1].

En Champagne un arrêt du 10 janvier 1759 invita les administrateurs de l'hospice de Sainte-Menehould à recevoir les enfants trouvés, exposés dans l'étendue du bailliage de la ville. Un secours était promis au nom du roi et

première dépense, le Domaine était tenu de celle des enfans exposés dans l'étendue des justices royales ainsi que dans plusieurs ci-devant pays d'Etat. Il était pourvu particulièrement à l'entretien des enfans par la voie de l'imposition ou autrement. »

[1] Cauvin (Th.) *Recherches sur les étab. de charité du diocèse du Mans*, p. 44 et suivantes.

« Rôle et répartition faite de la somme de 2,723 livres 5 sols, ordonnée être imposée sur tous les propriétaires des maisons de la ville et faubourgs de Tours, pour leur part contributoire de la dépense des enfans exposés de laditte ville, conformément à l'arrêt du conseil du 2 juillet 1748 et à celui du 21 décembre 1756. » Même document pour l'élection de Guéret, année 1762. (Bibliothèque nationale, m. 57, nos 32 à 39.)

chaque année les dépenses devaient être remboursées à l'établissement, privé de ressources suffisantes, sur l'ordonnance du gouverneur de la province [1].

Dans la Franche-Comté, en raison du nombre élevé des hôpitaux fondés par l'ordre du Saint-Esprit de Montpellier, la désignation d'un hospice dépositaire était inutile; Besançon, Poligny, Gray, avaient des asiles spéciaux, recevant moyennant certaines contributions tous les enfants abandonnés de la contrée [2].

Le Saint-Esprit de Gray fut affecté seulement aux enfants des subdélégations de Gray et de Vesoul. Les commandeurs de cette maison soutenaient leur vieille réputation d'hospitaliers « et ne connaissaient d'autre avantage solide que de servir les pauvres [3] ». Quand, l'un d'eux, Frère Archambault mourut le 30 mars 1771, toute la ville, par l'organe de ses magistrats, rendit un respectueux hommage à sa mémoire, à ses vertus et au soin particulier qu'il avait des enfants trouvés [4].

L'hôpital comptait alors 72 pupilles, dont 27 en nourrice et 45 à la maison ou en apprentissage. Cette moyenne se maintint jusqu'en 1789.

A Bourg-en-Bresse l'intendant de Bourgogne désigna, en 1779, l'hôpital de cette ville comme l'établissement de la généralité où devaient être portés les enfants exposés, les dépenses restant au compte de l'Etat. Les recteurs demandèrent que l'hospice de la Charité, fondé au xviie siècle en

---

[1] J. Lahirée, Etude sur l'hospice de Sainte-Menehould, in-8°, p. 81 et suivantes.

[2] On trouve dans le catalogue des manuscrits des départements (II, 992), mention d'un mémoire à Nosseigneurs des Etats généraux de Bourgogne concernant les enfants trouvés des bailliages de la province. On demande « de vouloir bien ordonner une cotte d'aumône pour chaque bailliage telle qu'ils la jugeront convenable, sans quoi il n'est plus possible à l'hôpital de Dijon de se charger d'autres enfants trouvés que de ceux de son bailliage. »

[3] Protestation de la municipalité de Gray contre la réunion des hôpitaux du Saint-Esprit à l'ordre de Saint-Lazare.

[4] J. Gauthier, *Notice historique sur l'hôpital du Saint-Esprit de Gray*, p. 3 .

vue de recevoir des enfants orphelins, principalement des filles de l'âge de sept ans, fut également chargé de ces admissions.

Les deux maisons agirent ainsi de concert pendant les années 1782 et 1783 ; mais à partir de 1784 l'hôpital de Bourg cessa de s'occuper de ce service [1].

A Vire jusqu'en 1684 l'hôtel-Dieu avait supporté seul l'entretien de ces pupilles. Par suite d'un concordat passé devant l'intendant de la généralité de Caen entre l'évêque de Coutances, dans le diocèse duquel était l'hôtel-Dieu, et l'évêque de Bayeux, qui avait dans le sien l'hôpital général, ces enfants furent transférés dans ce dernier établissement moyennant 500 livres de rente constituées par l'hôtel-Dieu [2].

En Provence le soin de recueillir les abandonnés de chaque viguerie était confié aux hôpitaux des chefs-lieux [3] ; comme plusieurs de ces asiles se plaignaient de recevoir tous ceux des pays voisins, un arrêt du conseil (12 août 1765), homologuant divers règlements de l'assemblée des procureurs du pays *nés* et *joints* [4], autorisa la constitution d'une masse commune de ce que les particuliers et les communautés pouvaient devoir pour la dépense de ces enfants, et l'application du mode d'abonnement avec les hôpitaux. Cette cotisation fut portée à 122.000 livres en 1783 et elle était encore insuffisante [5].

[1] D. Ebrard, *Misère et charité dans une petite ville de France*, p. 202.
[2] *Notice sur les hospices de Vire*, par M. F. C., p. 26.
[3] En 1672, quelques officiers de galères, voyant avec douleur que des enfants abandonnés de leur famille, ou n'en ayant jamais eu, servaient les forçats pendant le jour et couchaient la nuit dans leurs baraques où ils étaient exposés à mille dangers pour le corps et pour l'âme, fondèrent un asile destiné à les recevoir et qui subsista jusqu'à la révolution. (Fabre, tome II, p. 228 et suivantes.)
Ces enfants appartenaient à cette catégorie de délaissés qui a reçu récemment le nom de *moralement abandonnés*.
[4] L'archevêque d'Aix et les trois consuls de cette capitale étaient procureurs du pays *nés*. Les procureurs *joints* étaient deux membres du clergé, deux membres de l'ordre de la noblesse et deux mandataires du tiers-état. (Fabre, *Hôp. de Marseille*, t. 1er, p. 432).
[5] Fabre, *Hôp. de Marseille*, tome Ier, p 433.

Des lettres patentes données à Marly au mois de juillet 1774 portèrent établissement d'un hôpital d'enfants trouvés à Nancy, destiné à recevoir (art. VI), les enfants trouvés et exposés dans les duchés de Lorraine et de Bar, les nourrir, élever et entretenir jusqu'à l'âge de quatorze ans ; les villes de Nancy et Bar devant contribuer à cette fondation par des cotisations annuelles, et tout recours étant réservé expressément au trésorier-receveur de l'hôpital contre les fermiers royaux ou ceux des seigneurs haut-justiciers pour les frais des enfants exposés, hors des villes, dans des localités dépendant de la haute justice du Domaine ou des Seigneurs.

On voit également continuer au xviii° siècle ces transactions par lesquelles les seigneurs justiciers s'engagent à fournir à un hospice déterminé une somme plus ou moins élevée pour être déchargés des obligations leur incombant de ce chef. A Issoudun, l'hôtel-Dieu intenta à deux reprises différentes une action contre le prince de Condé, et ensuite contre le comte d'Artois, auquel la province de Berry avait été donnée en apanage, afin de les faire contribuer à la dépense de ces enfants.

Un accord intervint le 1er avril 1787 donnant pleine raison aux revendications de l'établissement [1].

Quant au mode de réception, il resta partout le même, à savoir : l'exposition, et quelquefois l'abandon par la mère

---

[1] Jugand (D)., *Hist. de l'Hôtel-Dieu et des étab. charit. d'Issoudun*, p. 282.

« Bail à ferme fait pour les enfants exposés à cet hôtel-Dieu par devant les notaires du Châtelet de Paris.

Art. 1er. Lesdits sieurs administrateurs de l'hôtel-Dieu d'Issoudun seront, en vertu dudit bail, chargés de la nourriture et entretien des enfants exposés en ladite ville d'Issoudun et provenant des lieux où lesdits frais de nourriture et entretien des enfants exposés sont et doivent être à la charge de Monseigneur, à cause de sa haute justice du domaine d'Issoudun.

Art 2. Le prix de l'entretien et nourriture desdits enfants sera payé auxdits administrateurs pendant la durée dudit bail, à raison de 6 livres par mois pour chacun desdits enfants, jusqu'à ce qu'ils aient atteint l'âge de sept ans, époque à laquelle ils cesseront d'être à la charge de Monseigneur. »

dans un asile où elle était accouchée [1]. En tout état de cause on continuait comme par le passé à rechercher activement les parents, manière de procéder qui n'était pas en usage à Paris et qui engendrait mille abus.

« Le bâtard inconnu, dit M. Favre [2], était par un régime particulier à la Provence à la charge de l'hôpital, qui lui ouvrait son sein. Découvrait-on l'auteur de ses jours? l'hôpital avait action contre lui pour l'entretien de cet enfant. Etait-il insolvable? l'hôpital attaquait comme responsable la communauté où l'enfant avait été conçu, et non celle où il était né... En Languedoc on attribuait l'enfant au lieu où il prenait naissance... la seule déclaration d'une fille mère suffisait contre un homme qui se voyait de la sorte et

[1] Voici un procès-verbal d'exposition à Pau, datant du 14 octobre 1781 et extrait des archives de l'hôpital.

Procédure sur les positions d'un enfant (n° 110).

« L'an mil sept cent quatre-vingt-un et le quatorze octobre, Nous, Alexis de Duclos aîné, avocat au parlement et jural de la ville de Pau, ayant été averti qu'on avait trouvé un enfant exposé sur le devant de la maison de M. Poublan et près la porte de l'appartement occupé par le sieur Suisse, pâtissier, nous nous y sommes rendus de suite avec les témoins bas nommés; le sieur Ambroise Suisse nous a représenté l'enfant qu'il nous a dit avoir été mis dans sa boutique et qui a été trouvé sur la rue près de sa porte, vers les six heures du matin. Nous avons fait appeler Jeanne Sauqué, accoucheuse, laquelle a dépouillé l'enfant en notre présence; le maillot s'est trouvé composé d'un petit lit de plume, de deux langes et un bonnet sur la tête, de gros de tour broché, avec des rubans couleur rose et garni d'une blonde, et ayant examiné l'enfant, elle nous a déclaré après serment par elle à Dieu, en nos mains prêté, que c'est une fille qu'elle croit âgée d'environ huit jours et qu'elle ne sait directement ni indirectement à qui elle appartient.

« Comme il ne s'est rien trouvé qui indique qu'il ait été baptisé, il sera présenté au sieur curé ou à l'un de ses vicaires pour exercer à son égard les fonctions de leur ministère, et ensuite porté à l'hôpital pour, par les soins de la dame supérieure, être pourvu d'une nourrice sur le compte de l'hôpital. Présens et témoins à tout ce dessus, Gurat et Gabriel Armand, archers du guet, qui ont signé avec nous, et le sieur Jean Lasserre, que nous avons pris pour greffier d'office après avoir reçu son serment, en pareil cas requis; ladite Jeanne Sauqué, accoucheuse, a déclarée ne savoir de ce interpellée.

Signés : Duclos aîné, Gurat, Armand aîné. Lasserre, greffier d'office. »

[2] Ut suprà, tome Ier, p. 428.

bien malgré lui assurément chargé d'une paternité peu flat-
teuse... L'un des administrateurs de l'hôtel-Dieu de Marseille était seul chargé des affaires concernant les déclarations de grossesses et des poursuites en paiement d'indemnité, au profit de cet hôpital, contre les pères supposés, ou
contre les villes et bourgs responsables. L'emploi si difficile et si délicat de cet administrateur était appelé le *département du secret*... Le père de l'enfant reçu devait le retirer
ou payer la dépense à raison de sept livres dix sous par
mois. Il avait de plus à sa charge les frais extraordinaires de
maladie. On fixa d'abord à trois cents livres, une fois payées,
l'abonnement d'entretien d'un bâtard ; en 1760 cette somme
fut portée à 600 livres. »

De 1735 à 1765 il y eut 1161 déclarations qui vinrent
frapper des hommes de tout rang et de toute condition. C'est
justement en vue de faire cesser ces débats scandaleux que
les procureurs du pays établirent le système d'abonnement
dont il a été parlé plus haut ; mais Arles, Marseille, et les
terres adjacentes ne relevant que de l'intendant en ce
qui concernait le contingent aux charges publiques,
l'hôtel-Dieu de cette dernière ville continua à supporter
seul l'entretien des trouvés, et en conséquence à exercer
son recours contre les communautés ou les particuliers
dénoncés trop souvent par vengeance ou dans un but de
spéculation [1].

En Bretagne il en était de même. A Nantes, comme de principe, l'hôtel Dieu devait ouvrir seulement ses portes aux
enfants de la ville et de la banlieue, le bureau avait à repousser constamment de pauvres petits êtres ne lui appartenant pas et qu'on amenait souvent de fort loin.

« Tantôt les poursuites étaient dirigées contre des étrangers de qualité, qui profitaient de l'incognito pour se débarrasser de leurs enfans entre les mains de nourrices, qui les
exposaient ensuite sans pouvoir donner aucun renseignement
sur leur origine ; tantôt et le plus souvent contre les filles

[1] Favre, *ut suprà*, p. 435.

mères indigentes, que la honte éloignait de leur pays, ou
contre les habitants qui les logeaient [1]. » En vertu d'un
arrêté pris de concert avec la municipalité (mars 1719),
quand on découvrait la mère d'un enfant exposé, on s'infor-
mait près d'elle du lieu de sa conception et du nom de son
père, afin de le renvoyer à son lieu d'origine. Le *général* des
habitants de la paroisse représenté par les marguilliers continuait à être obligé de le recevoir des mains d'un huissier
ou d'un sergent, auquel il remboursait les frais de transport
et le prix de la pension. Lorsque l'enquête constatait que le
père habitait Nantes, il était ajourné à la requête de l'hôtel-
Dieu devant les juges de la prévôté, ou de l'évêché, qui lui
imposaient une aumône de 150 à 200 livres dont le montant
servait à l'entretien de l'enfant jusqu'à l'âge de 10 ans.
Toute personne qui payait la même somme pouvait du reste
sans difficulté présenter un enfant, quels que fussent sa
naissance et son pays. L'autorité ecclésiastique favorisait
les revendications de l'établissement et « envoyait des
monitoires à tous les curés qui, du haut de la chaire,
invitaient leurs paroissiens, sous peine d'excommunica-
tion, à faire leurs dénonciations comme dans les cas de
crime capital [2] ».

Il y a loin de ce système à l'admission secrète au moyen
des tours que l'on croit souvent avoir existé, au moins dans
la région méridionale, alors qu'avant 1789 cette institution
ne se rencontrait dans notre pays, on ne saurait trop le
répéter, qu'à l'état de réelle exception, Ainsi, en 1717, on
établit un tour à Bordeaux dans l'hôpital Saint-Louis
fondé le 18 juin 1714. « La boîte pour les enfants, dit le

---

[1] Maitre, *Hôp. de Nantes*, p. 101. En 1772 un bienfaiteur, M. Grou,
ayant légué 200,000 l. pour établir dans un faubourg une maison
destinée à recevoir les enfants depuis la sortie de nourrice jusqu'à
10 ans, le Bureau fut obligé de prendre des règlements très sévères
contre les filles-mères de tout le diocèse, qui apportaient leurs
enfants pour les faire recevoir dans la nouvelle fondation, et, accompagnées de sages-femmes, « tenaient les plus mauvais propos au
greffier. »

[2] Maitre, *ut suprà*, p. 100 à 102.

règlement, n'a pas été faite pour autoriser l'exposition, ni pour inviter les pères et mères ou ceux qui, à prix d'argent, exposent leurs enfants ; mais seulement dans l'esprit de charité pour les conserver et empêcher l'exposition dans les rues et places publiques qui pourrait causer la mort des enfants soit par les passants qui, ne les apercevant pas, les pourroient fouler aux pieds, ou qui seroient gâtés par les autres animaux. Si, dans la suite, les pères et les mères ou autres personnes sont découverts et que l'on sache sûrement que les enfants exposés leur appartiennent, le bureau les fera remettre au père ou à la mère, sans préjudice de poursuites extraordinaires contre les auteurs de l'exposition par les juges qu'il appartiendra [1]. »

Ce tour établi au xviiie siècle n'empêchait donc pas la recherche des parents, principe universellement admis dans tout le Royaume et appliqué plus ou moins sévèrement, sauf à Paris où les pères et mères finirent même, comme nous l'avons dit, par faire admettre directement leurs enfants en utilisant l'intermédiaire des commissaires du Châtelet.

En ce qui concerne le chiffre des admissions, Necker, dans son grand travail sur les finances [2], estimait qu'il y avait vers 1780 40.000 enfants trouvés. Ce chiffre, admis sans difficultés, a toujours servi depuis de point comparaison avec les admissions au xixe siècle. Il y a là une confusion qu'il importe de dissiper.

En premier lieu, ce nombre de 40.000 paraît au-dessous de la vérité, les hospices de Marseille ayant à eux seuls 2.000 enfants [3]. De plus, il faut pour établir des com-

---

[1] De Pelleport, *Charité bordelaise*, 1re partie : L'enfance ; in-8°, p. 52.

[2] De l'administration des finances, 2e partie, chap. xvi, p. 761.

[3] Nombre d'enfants trouvés à Marseille en 1762. (Fabre, tome Ier, p. 437).

390	qui n'avaient pas 16 mois et coûtaient 5 l. par mois chez les nourrices	23,400 l.
89	de 16 à 21 mois, à 4 l. par mois	4,272
1360	de 21 mois à 15 ans, à 3 l. par mois	48,960
50	filles dans l'hôpital.	

paraisons que les bases soient identiques; or, depuis la loi du 15 pluviôse an XIII, et le décret du 19 janvier 1811, les commissions hospitalières ont sous leur tutelle les enfants trouvés, abandonnés et orphelins, admis avant l'âge de 12 ans, jusqu'à ce qu'ils aient atteint leur majorité, et, au siècle dernier, les *trouvés* en bas-âge étaient seuls reçus; ils restaient sous la direction de ceux qui en prenaient soin jusqu'à 6, 7, 10, 16 ans, suivant les localités; passé cet âge, on les considérait comme des enfants pauvres à la charge des hôpitaux généraux; enfin les orphelins légitimes se trouvaient recueillis par des établissemeuts particuliers. Comment alors établir la moindre similitude entre des situations absolument différentes? Tout raisonnement appuyé sur des rapprochements de cette nature est forcément faux.

Le total des admissions variait du reste suivant les provinces, les grandes villes exerçant alors, comme maintenant, leur action démoralisatrice, en attirant les filles mères ayant l'espoir de cacher leur faute; on pouvait remarquer aussi les résultats funestes au point de vue moral du séjour des corps de troupes [1]. En raison de ces faits, les écarts étaient considérables dans la même région; de 1763 à 1773, la vignerie d'Aix fournit 2.017 enfants; celle de Toulon 1.538; celle de Tarascon 288; celles d'Apt, Forcalquier.

16	garçons, dont 6 en chirurgie, 2 à la pharmacie et 1 au bureau des enfants.
35	filles servant aux lessives, à la lingerie, à la cuisine, dans les salles des femmes malades.
36	mousses en voyage.
16	apprentis dans la ville.
18	filles en service ayant le droit de rentrer à l'hôpital quand leurs maîtres les congédiaient.
2010	enfants coûtant 76,632 l.

[1] Ce point est notamment signalé à Vire en 1733 (*Hospices de Vire*, p. 57). En 1715, la licence des soldats en garnison dans cette ville était extrême; « ils insultaient les autorités et les habitants, battaient l'archer de l'hôpital lorsqu'il arrêtait des étrangers mendiant dans les rues, ou des filles débouchées arrivées avec les régiments, ou celles fort nombreuses de la ville. »

Sisteron, Digne, Colmar, Annot, Moustiers, Aups et Seyne réunies, seulement 532 [1].

On constate également un certain accroissement dans les admissions vers la fin du XVIIIe siècle ; le tableau suivant, emprunté aux archives de l'hôpital de Pau, en est la preuve.

ANNÉES	ENFANTS ADMIS	
1769-1773	47	
1774-1778	64	
1779-1773	113	811
1784-1788	330	
1789-1790	257	

§ 2. PLACEMENT EN NOURRICE ET MISE EN APPRENTISSAGE.

Les enfants trouvés continuèrent pendant les XVIIe et XVIIIe siècles à être placés en nourrice, moyennant un salaire généralement insuffisant ; 5 l. par mois constitue presque un maximum. A Nantes, on payait 24 l. par an ; ce taux fut porté en 1749 à 30 l. et augmenté de l'allocation d'un quart de septier de farine. Quand les nourrices manquaient, on avait recours au lait des chèvres [2]. L'hôpital d'Avranches accordait 2 l. par mois en cette même année 1749 [3].

Les hospices de Lyon accrurent leurs prix annuels (1776) de 6 l., indépendamment d'une allocation de 3 l. pour les nourrices gardant les enfants au moins 3 ans et de 6 l. pour celles les conservant jusqu'à la septième année [4].

Dans l'Agénois les femmes recevaient 3 l. au commencement du XVIIe siècle [5]. A Bayonne, le montant de la pension

---

[1] Mémoire sur les enfans trouvés présentés à MM. les procureurs du pays de Provence, in-4°, 1780, p. 139.

[2] Maitre, Hôp. de Nantes, p. 99.

[3] De Beaurepaire, Hôp. d'Avranches, p. 75.

[4] Dagier, Hôpital général de Lyon, t. II, p. 266.

[5] Livre de raison des Daurée d'Agen, publié par Tholin, 1880. « Les gages des domestiques étaient peu élevés ; c'était pour une servante 12 l., et pour un valet de 12 à 16 l. par an. Les nourrices, plus favorisées, avaient jusqu'à 3 l. par mois. »

n'était pas absolument en rapport avec l'âge des enfants ;
on traitait parfois de gré à gré, en tenant compte de l'état de
santé des pupilles ; les bases suivantes étaient cependant
adoptées habituellement en Provence :

| Ages des enfants | TARIF | | Observation |
	de 1706 à 1721	de 1722 à 1789	
	l. s.	l. s.	
1 j. à 1 an.	3 »	5 »	Plus 4 liv.
1 an 2	2 10	4 10	pour les lan-
2 3	2 5	4 »	ges [1].
3 4	2 »	3 10	
4 5	1 10	3 »	
5 7	1 5	2 »	

De 3 l., en 1663, le salaire des nourrices de Marseille se
trouve porté à 6 l.; en 1704, « les recteurs de l'hôtel-Dieu
ayant constaté qu'il y avait des femmes qui allaitaient
jusqu'à quatre enfants à la fois ». Plus tard, on arrêta les
chiffres suivants : 5 l. jusqu'à 16 mois ; 4 l. de 16 mois à
21 mois, et 3 l. jusqu'à 15 ans ; plus les vêtements nécessaires évalués à 88 l. 8 s. pour toute cette période.

L'hôpital Saint-Jacques d'Aix donnait 3 l. 10 s. pour les
enfants au sein, et ensuite 3 l. jusqu'à 16 ans ; ces prix va-
riaient de 6 l. à 3 l. dans les autres parties de la province [2].
Les règlements font quelquefois mention de la visite des
nourrices avant le départ des enfants ; de la présence des
nourrices sédentaires pour les nouveau-nés exposés ; enfin

[1] Archives de l'hôpital de Bayonne, document communiqué par la
commission hospitalière.

[2] 6 l. par mois, Arles.
5 l. par mois, Avignon, Tarascon, Castellane.
4 l. 10 s. par mois, Apt, Aups, Moustier.
4 l. par mois, Draguignan et Toulon.
3 l. 10 s. par mois, Digne et Sisteron.
A Lorgues et Barjols, il n'y avait pas de gages fixes, on donnait
plus ou moins suivant les besoins. (Fabre, *Hôp. de Marseille*, t. Ier,
p. 414-415). Mémoire sur les enfants trouvés, *ut suprà*, § 24.

de colliers passés au cou des élèves en vue d'éviter touto substitution [1].

D'un autre côté on ramenait en général les pupilles devenus grands dans les hospices ou hôpitaux généraux. Ce fût seulement en 1751 que l'hôpital de Nantes décida, qu'en présence des avantages du mode de placement à la campagne, tous les enfants y seraient maintenus [2]. A Arras, où ces pauvres abandonnés étaient à la charge de la ville, on payait la pension jusqu'à quinze ans ; passé cet âge, ils restaient chez leurs parents nourriciers sans aucune rétribution de la part de la municipalité [3].

---

[1] Maitre, *Hôp. de Nantes*, p. 99. *Hist. hôp. de Gray*, p. 29. Martin, *Hist. de l'hôp. gén. du Havre*, p. 84. *Hôp. gén. Saint-Jacques d'Aix*, p. 9 et 26, in-8°, Aix, 1742.

« Art. 24. Le semainier écrira dans le livre des enfants exposés ceux qu'il aura eu pendant la semaine..... — Art. 26. Il marquera dans ledit livre des enfans exposés, et au bas de l'exposition le concernant, le nom et le païs de la nourrice à qui il le donnera; ensemble le nom, surnom et la profession de son mari et les hardes qu'elle recevra. — Art. 27. Il écrira aussi, dans le cayer des nourrices le nom, surnom et le païs de la nourrice, le nom et le surnom de l'enfant avec le numéro qui indiquera le livre et la page de l'exposition. — Art. 28. Il expédiera les mandats pour les payements des nourrices hors la ville, après le 15 de chaque mois, et de celles de la ville après le 20 du mois..... — Art. 30. Il fera mettre aux enfans qu'on donnera aux nourrices un cordon avec la marque de l'hôpital dont il fera mention dans le livre de l'exposition. »

Hôp. de Marseille, tome Ier, p. 420. Le Bureau décida le 27 juin 1765 que tous les orphelins mis en nourrice porteraient « au cou un cordon de soie bleue où pendrait une plaque de plomb, portant d'un côté l'effigie du Saint-Esprit avec la légende de Marseille, et de l'autre le numéro de l'enfant. »

[2] Maitre, *ut suprà*, p. 100.

[3] Dans la ville d'Angoulême, les enfants déposés de jour ou de nuit au bureau établi pour les recevoir étaient nourris et entretenus aux frais de la province jusqu'à l'âge de 15 ans révolus, confiés aux gens de la campagne auxquels on donnait des salaires en progression décroissante. « Employés aux travaux des champs, dit le mémoire dressé en 1789 par le tiers-état de cette ville, ces enfants deviennent des hommes utiles à la société, et lorsque parmi le nombre il s'en trouve qui veulent apprendre des métiers, on traite de leur apprentissage ; il a été même vérifié qu'il s'en conserve beaucoup plus dans les campagnes que dans les hôpitaux où l'air qu'ils respirent est toujours le même. » (Arch. parlement, cahier des Etats généraux, t. II, p. 19).

Le métier auquel on soumettait le plus fréquemment les enfants maintenus ou ramenés dans les villes, était la bonneterie, qui offrait des débouchés faciles, tout en demandant peu d'apprentissage [1]. On rencontre cependant des administrateurs intelligents, qui comprenaient que ce système ne pouvait qu'assurer très imparfaitement l'avenir des pupilles. Ainsi à Beaune on exerçait les orphelins à la cordonnerie et à la tonnellerie, « le bureau de la Charité ayant considéré, en 1741, que la draperie était si fort tombée dans cette ville que l'hospice ne l'y pourrait relever ; que d'ailleurs il était regrettable d'enfermer dans un ouvroir jusqu'à l'âge de vingt ans des jeunes gens uniquement occupés à corder ou à filer les laines, ce qui faisait des paresseux [2]. »

Les supérieurs de l'hospice de Gray, si dévoués pour les abandonnés confiés à leurs soins, faisaient également apprendre à chacun un métier en rapport avec leurs aptitudes [3], et le sanitat de Nantes possédait, comme l'hospice de la Trinité à Paris, de nombreuses boutiques intérieures louées à des patrons de la ville avec obligation de prendre les enfants de l'asile à titre d'apprentis [4]. Cependant dans ce dernier établissement la pénurie des ressources enlevait trop fréquemment les garçons au travail. « Ce n'est pas à l'atelier, dit M. Maitre, qu'ils passaient la plus grande partie de leurs journées, on les voyait souvent au dehors occupés à des emplois qui devaient rapporter quelque

---

[1] A Vire, en 1690, les administrateurs réformèrent partiellement les abus introduits dans les maisons où l'on astreignait les enfants à des occupations trop sédentaires pour leur santé. « Les garçons, toujours assis, faisaient des bas à l'aiguille, tournaient un rouet ou piquaient des cardes ; les filles faisaient de la dentelle. » *Notice sur les hospices de Vire*, p. 27-28.

[2] *Notice hist. sur l'hospice de la charité à Beaune*, par l'abbé F. G., 1866, p. 47.

[3] *Hospice de Gray*, par Gauthier, p. 30.

[4] Maitre, *ut suprà*, p. 219. On faisait toujours quelques avantages aux patrons ou compagnons s'occupant de ces enfants. Maitre, *Assistance dans la Loire-Inférieure*, hôp. d'Ancenis, p. 396 ; règlement hôp. gén. de Moulins (fév. 1660), p. 13.

profit à l'hôpital. Les uns portaient des torches et des armoiries aux convois funèbres, les autres se tenaient aux portes de la ville avec une écuelle pour recueillir les charités des passants, quand la détresse de la maison était pressante. »

Cette coutume de faire suivre les convois par des orphelins ou des enfants trouvés, coutume que nous avons déjà eu l'occasion de juger sévèrement, existait partout en France [1]. A Nantes on essaya même en 1678 d'utiliser les filles « dans le rôle de pleureuses aux cérémonies funèbres » ; mais on y renonça aussitôt.

Dans tous les pays maritimes, ceux des enfants qui montraient le moins de dispositions pour l'apprentissage d'une profession manuelle étaient embarqués en qualité de mousses sur les navires au long cours, concurremment avec les jeunes vagabonds arrêtés et enfermés dans les hôpitaux [2]. Une ordonnance royale du 15 août 1732 applicable « aux ports de Flandres, pays conquis et reconquis, Picardie, Normandie, Bretagne, Poitou, pays d'Aunis, provinces de Saintonge et de Guyenne, ports de Bayonne et de Saint-Jean de Luz », rappelle que, conformément à l'ordonnance du mois d'août 1681, « dans les lieux où il y aura des pauvres enfants enfermez, les capitaines et maistres en faisant leurs équipages seront tenus d'y prendre les garçons dont ils auront besoin pour servir de mousses [3]. » Il en était de même en Provence.

Au xviii° siècle les projets ne manquèrent pas du reste pour utiliser les enfants trouvés. M. de Chamousset, dans ses œuvres (tome II, p. 41), propose de distraire une somme de 3,600,000 des bénéfices et d'en employer 1,200,000 à former des infirmiers, des matelots, des soldats des colo-

---

[1] Hôp. Saint-Jacques d'Aix, p. 47. Aumône générale de Lyon, p. 17.
[2] Une fois ramenés des campagnes et admis dans les hôpitaux généraux, les trouvés ne se distinguaient plus des orphelins ou autres enfants reçus dans ces établissements. Voir ce qui a été dit à propos de la Salpétrière et de Bicêtre dans le chap. III, du présent livre.
[3] Archives de l'hospice civil de Bayonne.

nies, pris parmi ces enfants. « Leur pension dans les campagnes, dit-il, est de 40 livres par année, lorsqu'ils sont arrivés à l'âge de quatre ou cinq ans; supposons-la de 50 livres l'un dans l'autre, en prenant ces enfants depuis l'âge de deux ans; avec cette somme de 1,200,000 livres on en élèverait 24,000... Quand il y auroit moitié de filles, ce seroit toujours mille hommes chaque année pour recruter les corps, soit de soldats des colonies, soit de matelots, soit d'infirmiers.... On pourroit encore choisir parmi les enfants trouvés, garçons ou filles, des sujets capables de recruter des maisons d'*infirmiers* et d'infirmières que l'on propose d'établir à l'instar des *Alexiens* et *Alexiennes* dont on se loue si fort en Allemagne.... On pourroit encore placer dans les villages ceux qui seraient les plus instruits ; ils y soigneroient les malades, en même temps qu'ils tiendroient les petites écoles. (Voir dans le même sens : Œuvres, tome Ier, p. 236 et suivantes.)

Ce philanthrope propose également d'employer les enfants trouvés pour coloniser la Louisiane, absolument comme de nos jours, on l'a proposé tant de fois pour l'Algérie.

§ 3. MORTALITÉ DES ENFANTS TROUVÉS.

Nous avons vu à quelle proportion déplorable s'élevait la mortalité des jeunes enfants admis à la maison de la Couche. Les monographies d'hôpitaux, les règlements, ou les statuts de ces établissements, situés en Province, sont presque toujours muets sur ce point et il n'est pas possible d'établir les mêmes tableaux statistiques. Le mémoire adressé à MM. les procureurs du pays de Provence, et déjà si souvent cité, contient seul, à notre connaissance du moins, des détails précis sur cette importante question [1].

« La mortalité des enfants trouvés, dit le rédacteur de ce document, M. de Miollis, doit nécessairement être plus

---

[1] Voici cependant, à titre de simple indication, le chiffre des enfants admis à l'hospice de Pau de 1769 à 1790, et décédés pendant la même période : admissions 811 ; décès 509 ; soit 62 0/0 de décès.

grande que celle des enfants des diverses classes de la
société; il en est un grand nombre d'infectés en naissant
de maladies cruelles, et rien ne scauroit suppléer la tendresse
d'une mère ou les soins vigilants d'une famille... Cette
mortalité n'est pas la même dans tous les hôpitaux... Sur
cent enfants exposés, il en est trente à Lyon, cinquante à
Montpellier, soixante et quinze à Grenoble qui parviennent
à leur septième année.

« Il s'en faut de beaucoup, continue M. de Miollis, que nous
soyons aussi heureux en Provence. Du 1er janvier 1722 au
dernier décembre 1767 on a exposé à Aix 4.844 enfants. Il en
est mort 2.224 dans la première année de leur vie. Du
premier janvier 1768 jusqu'au dernier décembre 1778, on
y a exposé 2.490 enfans. Il en est mort dès la première
année 1.817, c'est-à-dire les trois quarts. Pour d'autres
hôpitaux de la même région les mémoires donnent les
résultats suivants :

PROPORTION DES DÉCÈS DE LA PREMIÈRE ANNÉE
PÉRIODE DÉCENNALE 1763-1773.

HOPITAUX	NOMBRE d'enfants admis.	DÉCÉDÉS	PROPORTION p. % des décès.
Toulon.	1538	875	56
Tarascon.	288	140	48
Sisteron.	158	60	38
Apt.	79	25	41
Lorgues.	61	32	52
Moustiers.	45	14	31
Aups.	20	3	15
Castellane.	29	3	10

Toutes ces proportions ne sont pas absolues, puisque
l'âge des enfants au moment de l'admission n'est pas mentionné; ce ne sont évidemment que des indications précieuses au milieu de cette véritable pénurie de renseignements que nous sommes forcés de constater. Le tableau
extrait du même mémoire, p. 32, est un peu plus complet :

MORTALITÉ COMPARÉE DES HOPITAUX DE MARSEILLE ET D'AIX

PÉRIODE DE 1768 à 1772.

ANNÉES	NOMBRE des enfants		MORTS									
			la 1re année		la 2e		la 3e		la 4e		la 5e	
	Marseille	Aix	Marseille	Aix	Marseille	Aix	Marseille	Aix	Marseille	Aix	Marseille	Aix
1768	382	235	154	146	61	23	12	13	9	6	3	2
1769	359	190	125	134	58	15	18	6	10	4		
1770	407	263	136	166	64	21	22	9				
1771	397	194	175	131	56	19						
1772	416	232	179	180								
	1961	1114	769	757	239	78	52	28	19	10	3	2

« De sorte que sur 1961 enfants il en restoit à Marseille en 1773, 879 de vivants, tandis qu'à Aix à la même époque il n'en restoit que 239, de 1114 exposés dans le même temps. » L'auteur explique cette différence par l'écart entre les salaires payés; on donnait alors à Marseille 5 l. par mois, à Aix 3 l. 10; si bien que pour la période de 1768 à 1775 il s'était seulement présenté 1018 nourrices, alors que 1827 enfants avaient été admis.

Il paraît résulter de ces chiffres que, conformément aux inductions que l'on pouvait tirer par avance de la situation faite aux enfants, ceux admis dans les petits établissements hospitaliers, ayant à supporter moins de déplacements et se trouvant l'objet d'une surveillance plus efficace, avaient plus de chances de survie; il ne faut pas oublier en effet que ces transports en voitures constituaient un péril permanent pour la vie de petits êtres délaissés souvent peu de jours après leur naissance.

Le tarif plus ou moins élevé des mois de nourrices jouait aussi un rôle important dans cette proportion de mortalité.

De plus, on est en droit de présumer que les exposés provenant des campagnes se trouvaient moins fréquemment atteints que ceux des villes de cette terrible maladie, la syphilis, qui faisait et fait encore à l'époque actuelle tant de victimes. Ce redoutable fléau est l'objet des préoccupations constantes des recteurs de l'hôpital d'Aix. « On ne peut se dissimuler (dit le rédacteur du mémoire) que la plupart des enfans exposés ne naissent que dans la classe la plus corrompue de la société. Ils portent le germe des maladies scorbutiques, scrophuleuses, vénérienes, et généralement de toutes celles qui se communiquent avec le sang, et dont leurs auteurs sont infectés.

« ... Nous avons consulté les administrateurs des principaux hôpitaux du royaume et les plus célèbres écoles de médecine .....; on n'a pas acquis plus de lumières dans les autres hôpitaux que dans le nôtre, et les plus célèbres médecins s'accordent dans leurs réponses à nous dire, qu'il n'est aucun signe assuré de l'existence de virus vénérien dans un enfant, à l'époque de sa naissance ; que ce n'est souvent qu'au bout d'un certain temps qu'il se développe par des signes extérieurs; que ces signes eux-mêmes sont très équivoques. » Les recteurs demandent qu'au lieu de repousser partout les vénériens des hôpitaux, ils soient traités comme les autres malades [1]. « On rit, écrivent-ils, de la stupidité des Turcs, qui, au lieu d'adopter notre police, voient tranquillement la peste se perpétuer au milieu d'eux sans lui opposer de barrière; et nous, peuple si éclairé et si sensible, nous voyons une maladie cruelle se répandre dans toutes les classes de la société, détruire le germe de la population, abâtardir l'espèce humaine et traîner à sa suite une foule d'autres maladies non moins

[1] Rapprochement curieux : tandis qu'à Paris on essayait de guérir les enfants en les faisant allaiter par des nourrices atteintes de la même affection, on conseille aux recteurs, conformément à des expériences faites en Prusse, de recourir, dans les mêmes circonstances, à des chèvres que l'on frotterait avec une pommade mercurielle sur certaines parties du corps, après avoir au préalable rasé le poil sur ces parties.

fâcheuses, et nous ne cherchons aucun moyen d'en arrêter le cours ou d'en diminuer les progrès ». On peut constater malheureusement que les résultats acquis sous ce rapport depuis un siècle sont bien faibles, et, maintenant comme alors, une notable partie des enfants, admis dans les hospices dépositaires, portent en eux le germe fatal de la syphilis héréditaire.

En résumé, partout où le système de centralisation, commencé sous Louis XIV, fut appliqué au XVIII° siècle, les enfants trouvés paraissent avoir perdu à tous les points de vue. Les intendants chargés des intérêts du trésor trouvaient que cette charge était lourde, et de plus montraient une tendance toute particulière à faire mettre en adjudication la nourriture de ces pauvres petits ; système plus économique, mais dont les conséquences furent toujours déplorables, tout ce qui concerne l'assistance ne devant jamais faire l'objet d'une spéculation, car où l'intérêt privé existe la charité disparaît aussitôt.

CHAPITRE VIII

LA PÉRIODE RÉVOLUTIONNAIRE (1790-1800).

§ 1. LA LÉGISLATION.

Les États généraux tenus jusqu'en 1614 n'avaient fait aucune mention spéciale des enfants trouvés. Cette question forme au contraire l'objet de vœux dans un grand nombre des cahiers de 1789 [1]. Malheureusement les demandes formulées ainsi manquent de précision et sont souvent contradictoires ; on se contente en général de s'en rapporter au roi et aux députés pour améliorer la situation de ces infortunés [2].

Que l'on s'occupe de l'éducation et de l'emploi des enfans trouvés ; qu'il soit fait un règlement qui assure leur conservation [3] ; que l'on multiplie les hôpitaux destinés à les rece-

---

[1] La collection citée est celle publiée par MM. Mavidal et Laurent. Paris, Dupont, 7 vol. in-8°.

[2] « L'humanité et le bien de la patrie sollicitent le roi et les Etats généraux en faveur des enfants trouvés et des hôpitaux, qui en sont surchargés au préjudice des fonds consacrés à leur première destination. » Sénéch. de Condom, clergé (III, p. 36).

[3] Sénéch. d'Agen, nob., art. 13 (I, p. 683).
Sénéch. Angoumois, clerg., art. 32 (II, p. 6).
Bailliage de Dijon, nob., art. 87 (III, p. 135).
Baill. de Dijon, tiers-état, art. 37 (III, p. 142).
Sénéch. de La Rochelle, tiers-état, police civile, art. 4 (III, p. 488).
Ville de Lyon, tiers-état (III, p. 616).
Sénéch. de Montpellier, clergé, art. 20 (IV, p. 44).
Paris hors les murs, Ecouen, art. 36 (IV, p. 511).
Paris, *intra muros*, Saint-Eustache, art. 40 (V, p. 303).
Paris, *intra muros*, les Théatins, art. 41 (V, p. 317).

voir [1] ; telles sont les formules fréquemment employées. Quatre cahiers sollicitent l'établissement dans les villes principales de *tours* ou « de berceaux commodes pour les expositions », afin que ceux qui déposent les enfants, n'ayant plus à craindre d'être poursuivis ne les délaissent plus dans les rues [2]. Deux assemblées demandent également l'abrogation des lois sur les déclarations de grossesse comme contraires à l'humanité [3].

Au point de vue des dépenses, on peut constater les plus grandes divergences. Alors que les habitants de Dinan réclament, avec juste raison, les successions des bâtards au profit des paroisses bretonnes, puisqu'elles supportent la charge des trouvés [4], ceux de Vienne et de Saint-Pierre-Moutier pensent que ces frais peuvent être mis au compte des provinces [5]. Un certain nombre d'autres considèrent que

Sénéch. de Rodez, tiers-état, art. 54 (V, p. 558).
Baill. de Troyes, tiers-état, art. 170 (VI, p. 86).
[1] Baill. d'Autun, tiers-état, art. 73 (II, p. 107).
Baill. de Beauvais, tiers-état, bien public, art. 1er (II, p. 308).
Sénéch. d'Angoumois, tiers-état (II, p. 19).
Province de Forez, tiers-état, art. 12 (III, p. 386).
Sénéch. de Limoux, tiers-état, art. 28. (II, p. 581).
Bailliage de Condom, tiers-état, art. 340 (III, p. 598). Demandes locales..... « Enfin un établissement pour la retraite des enfants trouvés, n'y en ayant qu'à 14 lieues. »
Bailliage de Mâcon, noblesse, art. 55 (III, 627).
Sénéch. du Maine, tiers-état, tit. II, ch. II (III, p. 645).
Sénéch. de Montpellier, tiers-état, chap. IV, art. 4 (IV, p. 51).
Paris hors les murs, paroisse Saint-Gratien (V, p. 83).
Paris *intra muros*, clergé, 1re partie, art. 28 (V, p. 265).
Sénéch. de Riom, nob., sect. VI, art. 4 (V, p. 566).
Sénéch. de Riom, tiers-état, art. 34. Qu'il soit fait un règlement uniforme pour ces enfants, (V, p. 572).
Sénéch. de Saint-Brieuc, chap. III, art. 38 (V, p. 632).
Province de Touraine, nob., ch. II, art. 10 (VI, p. 43).
[2] Sénéch. de Toulouse, tiers-état, n° 42 (VI, p. 37).
Sénéch. de Périgord, noblesse (V, p. 340).
Jugerie de Rivière-Verdun, tiers-état, art. 80 (V, p. 588).
Bailliage de Melun, clergé, art. 25 (III, p. 736).
[3] Paris hors les murs, paroisse Saint-Gratien (V, p. 83).
Province de Touraine, noblesse, ch. II, art. 10 (VI, p. 43).
[4] Sénéch. de Dinan, tiers-état, art. 22 (III, p. 149).
[5] Province de Dauphiné, doléances de la ville de Vienne (III, p. 86).

tous ces enfants appartiennent à la nation et doivent être élevés aux frais de l'Etat pour former des citoyens utiles [1]; comme conséquence, ces mêmes cahiers expriment le vœu qu'on en forme des soldats, des marins et des recrues pour les colonies [2]. Dans un sens absolument opposé, la noblesse de la sénéchaussée de Marseille (art. 23. III, 701) s'élève avec indignation contre cet embarquement des enfants délaissés, « contraire tout à la fois au bien de l'État et à l'avantage du peuple. L'Etat perdant ainsi sans retour, disent les députés, des sujets que le préjugé de leur naissance fait mépriser et déserter, et le peuple étant privé d'un débouché certain pour les enfants trouvés qui, confiés en bas âge à nos paysans, deviendraient une ressource pour l'agriculture qui manque de bras dans toute l'étendue du royaume. »

Pour terminer cet exposé des vœux, il faut mentionner ceux de trois assemblées réclamant l'augmentation des revenus des hôpitaux d'enfants au moyen de la réunion « des

---

Bailliage de Saint-Pierre Moutier, tiers-état, art. 38 (V, p. 645).
Bailliage d'Evreux, tiers-état, art. 65 (III, p. 302).
Que l'inspection des maisons d'enfants trouvés soit confiée aux municipalités sous l'inspection des Etats provinciaux.

[1] Bailliage de Coutances, tiers-état, art. 9, § 3 (III, p. 62).
Sénéch. de Vannes, tiers-état, art. 61 (VI, p. 108).
Bailliage de Loudun, clergé, art. 17 (III, p. 593).
Sénéch. de Lyon, tiers-état, ch. IV (III, p. 611).

[2] Bailliage d'Auxois, noblesse, art. 22 (II, p. 131).
« Les enfans trouvés sont les enfans de l'Etat. Ils n'ont d'autres pères, d'autres parents que l'Etat qui les a élevés. Qui pourrait donc envisager comme injuste l'obligation à laquelle on les assujettirait de rendre à l'Etat et à la patrie une partie des soins qu'ils en ont reçus? Qu'on les place donc à la campagne afin de les rendre robustes, et qu'on paye pour eux jusqu'à 10 ans. » Paris hors les murs, Aubervilliers (IV, p. 325).

La sénéch. de Périgord, tiers-état, art. 54 (V, p. 343) réclame l'établissement d'une manufacture pour ces mêmes enfants, et le bailliage d'Orléans, tiers-état, art. 170 (VI, p. 656), s'exprime ainsi : « Que l'enclassement des bateliers des rivières navigables soit supprimé comme oppressif, et qu'il y soit pourvu par des levées volontaires, en affectant d'abord à cette destination les enfans trouvés élevés dans les hôpitaux ou dépôts de mendicité. »

bénéfices simples sans charge d'âmes [1] », et enfin le cahier du district des Enfants-Rouges à Paris (art. 29. VI. p. 688), sollicitant la suppression de la contrainte par corps pour mois de nourrice, et l'allocation de secours aux pères indigents *par un impôt sur les célibataires.*

Des demandes aussi vagues ne durent pas faciliter beaucoup le travail des membres de l'Assemblée nationale; aussi son comité de mendicité n'en fait-il aucune mention. Ce comité, s'inspirant des lumières de plusieurs écrivains qu'il s'adjoignit dès sa formation [2], voulut charger la municipalité de la réception et du placement des enfants sous la surveillance des commissaires du roi du district, et du juge de paix du canton.

« Quand ces enfans seront sevrés, les directoires du district, dit l'art. X du projet de loi, les donneront à des familles qui voudront s'en charger et où il sera reconnu qu'ils pourront être mieux soignés. En conséquence ces familles recevront par mois une somme déterminée, jusqu'à ce que ces enfans aient atteint l'âge de quatorze ans pour les filles et de quinze pour les garçons ».

Ces pensions, ne devant pas excéder 90 livres pour la première année et 40 pour les suivantes, étaient fixées tous les deux ans par le département [3].

---

[1] Baill. de Besançon, tiers-état, hôp. art. 1er (II, p. 339).

Sénéch. du Boulonnais, noblesse (II, p. 425).

Baill. d'Aumont (Franche-Comté), tiers-état, hôp., art. 2 (tome Ier, p. 770).

[2] Boncerf, Montlinot, etc. Dans un ouvrage sur les enfans trouvés de la généralité de Soissons (in-4°, 48 p., 1790), le citoyen Montlinot proposait de publier une loi rigoureuse contre les meneurs d'enfants étrangers; de donner le nom de la mère aux enfants illégitimes et de défendre à qui que ce soit de recéler les filles enceintes sans avoir fait une déclaration préalable; de former un établissement à la côte d'Afrique « où l'on puisse transporter tout ce qui tend à engorger les administrations de charité et en arrêter la police; on y placerait les sujets vicieux et sans talent, ou ceux qui, librement épris d'une terre nouvelle, voudraient y porter leur inquiétude et leurs espérances. »

[3] Quatrième rapport du comité de mendicité, p. 34 et suivantes. Les exemplaires complets de ce rapport sont assez rares pour que l'on

Ce comité, dont Larochefoucauld-Liancourt fut le rapporteur, attend beaucoup pour l'avenir de ces pauvres enfants d'un second projet « faisant revivre en leur faveur la loi qui a le plus honoré l'antiquité, la loi de l'adoption. » Illusion que les faits n'ont cessé de démentir depuis, car le nombre des trouvés adoptés par des familles n'ayant pas d'héritiers a toujours été excessivement restreint.

Après ce rapide résumé, voici la nomenclature complète des dispositions législatives adoptées sur ce point par les Assemblées qui ont gouverné la France de 1790 à 1800. Le premier acte est du 10 septembre 1790 et prononce la suppression des secours accordés à des paroisses particulières, hôpitaux, hospices, hôtels-Dieu, *hôpitaux d'enfants trouvés*, par le Trésor public : « A compter du 1er janvier, dit l'art. 7 du décret, il sera pourvu à leurs besoins par les municipalités et les départements respectifs [1]. »

Le 29 novembre de la même année (col. des décrets, tome VIII, p. 248), « l'Assemblée nationale, considérant que la suppression des droits de justice a opéré l'extinction des profits et des charges qui y étoient attachés, et qu'il est de son devoir et de son humanité de s'occuper sans délai à la décharge des ci-devant seigneurs hauts justiciers, du sort des enfans qui ont été exposés et abandonnés dans leur territoire », décharge les dits seigneurs de toute obligation à cet égard [2] et invite son comité de mendicité à lui préparer un plan relatif à la conservation et à l'éducation des trouvés. En attendant, en raison de la pénurie des hôpitaux, et contrairement au décret du 10 septembre 1790, le Trésor public continue à rembourser, tous les trois mois les dépenses faites par les établissements pour ces enfants (décret 29 mars 1791, col. tome XII, p. 355). Ces trimestres

puisse considérer comme utile de reproduire aux annexes n° XVI le projet de loi dont il s'agit.

[1] Collection des décrets, tome VI, p. 63.

[2] Cette disposition est confirmée par un 2e décret du 13 avril 1791 (tome XIII, p. 93).

peuvent même être payés d'avance (décret 28 juin 1791, tom. XV, p. 450 [1]).

La déclaration des droits de l'homme et du citoyen (3 septembre 1791, tome XVIII, p. 10) confirme qu'il sera créé et organisé un établissement général de secours publics pour élever les enfants abandonnés, soulager les pauvres infirmes et fournir du travail aux pauvres valides, qui n'auraient pas pu s'en procurer. Quant à la liberté des prisonniers détenus à Paris pour dettes de mois nourrice, elle est accordée par le décret relatif à la publication solennelle de la constitution (15 septembre 1791, t. XVIII, p. 145 [2]). Mais c'est seulement le 25 août 1792 que la Législative abolit la contrainte par corps pour cette cause [3].

[1] Séance du mardi 28 juin (*Moniteur* du 29). M. La Rochefoucauld-Liancourt : « Vous avez prononcé le 29 mars que le Trésor public continuera de rembourser tous les trois mois les dépenses faites par les hôpitaux pour les enfans trouvés. Cette disposition excite les réclamations de plusieurs hôpitaux, qui, ayant perdu une grande partie de leurs revenus qui ne peuvent que lentement être remplacés par les sous additionnels, se trouvent dans l'impossibilité de faire les avances qu'ils prenaient sur leurs revenus. »

[2] Ce décret est complété par une décision de l'Assemblée législative, 1er-11 décembre 1791, autorisant la Trésorerie nationale à délivrer au ministre de l'intérieur la somme de 225,788 l. 5 s. 3 d. « pour, sur l'état duement certifié, qui lui en sera servi par les administrateurs du bureau des nourrices, être ladite somme employée à l'acquittement de la dette contractée par les pauvres pères de famille de Paris qui, à l'époque du 15 septembre, se trouvoient en état d'arrestation et de contrainte pour insolvabilité de mois de nourrice. » Une seconde somme de 140,000 l. est allouée pour le même but, le 15 août 1792, décret n° 1420.

[3] Décret n° 1572. « L'Assemblée nationale, considérant que chez un peuple libre, il ne doit exister de loi qui autorise la contrainte par corps que lorsque les motifs les plus puissants la réclament;

« Considérant que la contrainte par corps pour dettes de mois de nourrice n'est déterminée par aucun motif de cette nature, qu'elle est même contraire à l'intérêt du créancier qui, en général, ne peut attendre son paiement que de l'industrie et des travaux de son débiteur. Décrète qu'il y a urgence.....

« La contrainte par corps ne pourra plus être exercée, à compter de ce jour, pour dettes de mois de nourrice. »

Le 19 janvier 1793, la Convention accorde une dernière somme de

En dehors des secours payés par le Trésor public, les Assemblées constituante et législative n'avaient donc rien fait pour assurer le sort de cette classe si intéressante des enfants délaissés.

La Convention vote également, le 9 janvier 1793, une somme de 1.500 mille livres, comme supplément de fonds pour l'entretien de ces enfants pendant l'année 1791 ; et le 15 février le ministre de l'intérieur se trouve autorisé à employer dans le même but, pour l'année courante, l'excédant des fonds qu'il a entre les mains.

Un décret du 19 mars 1793 place l'assistance du pauvre au nombre des dettes nationales ; prescrit en conséquence la vente des biens de tous les hôpitaux, et décide que les fonds de secours de la République destinés à l'indigence seront divisés de la manière suivante :

« Art. VIII. Travaux des secours pour les pauvres valides, dans les temps morts au travail ou de calamité.

« Secours à domicile pour les pauvres infirmes, leurs enfants, les vieillards et les malades.

« Maisons de santé pour les malades qui n'ont point de domicile, ou qui ne pourront y recevoir des secours.

« *Hospices pour les enfants abandonnés*, pour les vieillards et les infirmes non domiciliés.

« Art. XI. Il sera établi, partout où besoin sera, des officiers de santé pour les pauvres secourus à domicile, *pour les enfants abandonnés* et pour les enfants inscrits sur les états des pauvres ».

5 mai 1793, nouvelle allocation de 3.500.000 livres (dépenses des trouvés).

67,102 l. dues au bureau des nourrices par des pères de famille. Le 30 fructidor an II, une nourrice qui n'est pas payée s'adresse à la Convention. « La citoyenne Simonne Fouillot, femme Beaudon, expose qu'elle allaite depuis sept mois, Hyppocrate, fils naturel de Joseph Etienne Andravis, médecin, et de Marie Vezale d'Aubenton ; que le père dénaturé refuse de reconnoître son fils et de payer les mois de nourrice. La Convention décrète le renvoi de la pétition à ses comités de secours et de législation, pour lui en faire un prompt rapport. »

Enfin le 28 juin une organisation définitive des secours est votée. Le titre 1er de ce décret, qui ne reçut jamais il est vrai aucune exécution, s'occupe en ces termes de l'enfance :

I. La nation se charge de l'éducation physique et morale des enfans connus sous le nom d'enfans abandonnés.

II. Ces enfans seront désormais désignés sous la dénomination d'orphelins ; toutes autres qualifications sont absolument prohibées [1].

III. Il sera établi dans chaque district une maison où la fille enceinte pourra se retirer pour y faire ses couches ; elle pourra y entrer à telle époque de sa grossesse qu'elle voudra.

IV. Toute fille qui déclarera ne vouloir allaiter elle-même l'enfant dont elle sera enceinte, et qui aura besoin des secours de la nation, aura droit de les réclamer.

V. Pour les obtenir, elle ne sera tenue à d'autres formalités qu'à celles observées pour les mères de famille, c'est-à-dire à faire connaître à la municipalité de son domicile ses intentions et ses besoins [2].

---

[1] En dépit de cette prohibition si formelle édictée le 28 juin 1793, la Convention prend le 4 juillet suivant un décret ainsi conçu : « Les enfans, désignés ci-devant sous le nom d'enfans trouvés, porteront à l'avenir le nom d'enfans naturels de la patrie. »

[2] 17 pluviôse an II, exemple d'une allocation de secours.

« La Convention nationale, après avoir entendu le rapport du comité des secours publics, sur la pétition de la citoyenne Braconnier, domiciliée à Libreville, département des Ardennes, qui, étant venue à Paris solliciter la liberté du citoyen Loison, dont elle devoit être l'épouse, y est accouchée, le 5 de ce mois, d'un garçon pour lequel, ainsi que pour elle-même, elle réclame des secours.

« Considérant qu'il importe à la régénération des mœurs, à la propagation des vertus et à l'intérêt public, d'encourager les mères à remplir elles-mêmes le devoir sacré d'allaiter et de soigner leurs enfans ; que tous les enfans appartiennent indistinctement à la société, quelles que soient les circonstances de leur naissance ; qu'il importe également d'anéantir les préjugés qui faisoient proscrire ou abandonner, au moment même de leur existence, ceux qui n'étoient pas le fruit d'une union légitime.....

Décrète que la trésorerie nationale paiera à la citoyenne Braconnier la somme de cent cinquante livres, à titre de secours provisoire pour elle et son enfant. »

1

Les autres paragraphes s'occupent de la mise en nourrice des enfants non conservés par leur mère, de l'obligation pour chaque municipalité d'indiquer pour les recevoir un lieu convenable assurant la *plus entière liberté* pour ceux qui les y amèneront (Art. 17).

Si les abandonnés ne peuvent rester chez leur nourriciers, on les fera revenir à l'hospice. Ils devront tous être *inoculés*, fréquenter assidûment les écoles nationales et mis en apprentissage, à moins qu'ils ne préfèrent s'adonner à l'agriculture.

Laissant de côté les décrets relatifs aux orphelins dont les pères sont morts pour la patrie, nous arrivons au 19 août 1793 ; à cette date la Convention fixe les indemnités à accorder aux familles qui se sont chargées d'enfants abandonnés [1]. « Le taux commun de la journée de travail dans chaque département, dit l'art. II, servira de base à ces indemnités, qui ne pourront néanmoins excéder 80 livres par année pour chaque enfant au-dessous de l'âge de dix ans, et seront diminuées d'un tiers pour les années suivantes jusqu'à l'âge de 12 ans accomplis, époque à laquelle cessera toute indemnité. »

Précédemment l'âge de la sortie de pension des enfants variait avec les provinces. Cette fixation à 12 ans faite en 1793 subsistera jusqu'à nos jours.

Le 7 germinal an II, nouveau décret accordant une somme de 4,600,000 livres pour dépenses relatives aux orphelins des hospices, abandonnés ou allaités par leur mère, et en dehors de ces allocations payées plus ou moins exactement, il faut arriver à l'an V pour trouver une organisation effective de cet important service. Déjà le 5 messidor an IV [2] un arrêté

---

[1] 27 frimaire an II. Décret qui accorde 600 l. de pension viagère à la femme Ducher, d'Aigueperse, qui a retiré, élevé et nourri, dans le cours de sa vie, plus de 80 enfans abandonnés.

[2] B. des lois, 2e série, B. 54, n° 484. Le préambule de cet arrêté est intéressant à noter :

« Le Directoire exécutif, après avoir entendu le rapport du ministre de l'intérieur sur les enfans abandonnés, considérant que la rareté des nourrices a exposé un grand nombre de ces enfans à périr, faute du

du directoire exécutif avait déterminé un mode provisoire pour le paiement du salaire des nourrices en l'évaluant d'après le cours du grain. La quantité de grains qui sera prise pour base, établit l'art. 3, sera fixée par les administrateurs du département, mais de telle sorte que le maximum n'excède pas dix myriagrammes par trimestre.

La 27 frimaire de l'année suivante [1], une loi est votée par les conseils et arrête : « Art. 1er. Les enfants abandonnés nouvellement nés seront reçus gratuitement dans tous les hospices civils de la République. Art. 2. Le trésor national fournira à la dépense de ceux qui seront portés dans des hospices qui n'ont pas de fonds affectés à cet objet.

« Art. 4. Les enfants abandonnés seront, jusqu'à majorité ou émancipation, sous la tutelle du président de l'administration municipale dans l'arrondissement de laquelle sera l'hospice où ils auront été portés. Les membres de l'administration seront les conseils de tutelle.

« Art. 5. Celui qui portera un enfant abandonné ailleurs qu'à l'hospice civil le plus voisin sera puni d'une détention de trois décades, par voie de police correctionnelle ; celui qui l'en aura chargé sera puni de la même peine. »

L'art. 3 invitait le directoire à faire un règlement sur la manière dont les enfants abandonnés seraient élevés ; ce règlement fut publié le 30 ventôse an V [2]. Il pose en principe : 1° que les enfants seront élevés dans les campagnes,

premier aliment de la vie et des soins nécessaires à leur âge ; que le découragement des nourrices, a pour cause l'insuffisance de leurs salaires, réduits par les variations successives du signe monétaire à un taux trop disproportionné aux prix des denrées ; qu'il importe d'assurer la régularité de ce paiement, et de le proportionner aux cours des denrées, conformément au vœu de la justice et aux vues de la bienfaisance nationale ;

« Arrête qu'il sera fait, à cet égard, un message au corps législatif ; et considérant que les besoins de ces êtres intéressans ne peuvent s'ajourner, que la nature et l'humanité sollicitent également pour eux et ne permettent pas qu'on apporte des délais aux secours qu'ils attendent..... »

[1] B. des lois, 2e série, B. 97, n° 914.
[2] B. des lois, 2e série, B. 114, n° 1097.

l'établissement où ils sont reçus ne devant être considéré que comme un dépôt (art. 1ᵉʳ et 2).

2° Que ces enfants ne pourront jamais être ramenés dans les hospices dépositaires à moins de maladies particulières ou d'infirmités.

3° Que la pension des élèves sera payée jusqu'à l'âge de 12 ans accomplis ; les nourriciers étant tenus de les envoyer aux écoles et de les représenter tous les trois mois à l'agent de la commune chargé de certifier « qu'ils ont été traités avec humanité et qu'ils sont instruits et élevés conformément aux dispositions du règlement. »

L'art. 8 décide, qu'indépendamment des mois de nourrice, il sera alloué pour les enfants bien soignés une indemnité de 18 francs payable par tiers de trois mois en trois mois.

De plus, deux autres indemnités de 50 francs sont accordées 1° aux personnes ayant conservé un élève depuis les premières années de sa vie jusqu'à 12 ans| ; 2° aux cultivateurs et manufacturiers qui les prennent en apprentissage à leur treizième année ; cette dernière somme est destinée à procurer aux pupilles les vêtements nécessaires (art. 8 et 15).

Toutes ces dispositions législatives reproduisant les principes admis dans certaines provinces antérieurement à 1789, ne pouvaient faire que les hospices aient des ressources suffisantes pour parer aux charges considérables que leur imposaient les enfants abandonnés ; les remboursements du trésor public étant le plus souvent illusoires. Aussi le 26 fructidor an VI [1] est-il tenté un nouvel effort pour affecter des fonds à cette nature de dépenses.

Les conseils des Anciens et des Cinq cents, déclarant qu'il y a urgence, arrêtent « qu'à compter de la première décade qui suivra la publication de la loi, la moitié des sommes qui seront recouvrées, en principal seulement, sur la contribution personnelle, mobiliaire et somptuaire des an-

---

[1]B. des lois, 2ᵉ série, B. 227, nᵒˢ 2017 et 2018.

nées V et VI en valeurs réelles, sera successivement et par chaque décade mise à la disposition du ministre de l'intérieur pour être uniquement et exclusivement employée à la dépense des hospices et des enfans de la patrie, jusqu'à concurrence de la somme restant à acquitter sur les crédits ouverts au même ministre pour les années V et VI [1]. »

La détresse du trésor public était en effet la plaie toujours vivante qui entravait toute organisation, et cette détresse de 1790 à 1800 eut sur la vie des enfants les conséquences les plus désastreuses, d'autant que les hospices se trouvaient privés en même temps de leurs anciens revenus, par suite de l'abrogation des droits féodaux, des octrois, de la taille, et qu'on vendait même en partie leurs propriétés foncières comme biens nationaux.

§ 2. LA SITUATION DES ENFANTS ABANDONNÉS (1790 A 1800)

A Paris les nourrices payées en assignats, et encore d'une manière fort irrégulière, ne venaient qu'en très petit nombre à la maison de la Couche [2]. Les tableaux statistiques reproduits plus haut montrent qu'en 1797 la proportion des décès atteignit le chiffre énorme de 92 % ; il en est de même pour toute cette période, et encore avonsnous compté comme existants les élèves rendus à leur famille avant d'avoir atteint leur douzième mois. En déduisant ces remises, et en suivant les pupilles pendant quelques années, on pourrait constater facilement qu'il n'en survivait pas plus de 3 ou 4 sur cent.

M. Hombron, greffier receveur-économe de l'hôpital des enfants trouvés, attaché depuis trente et un ans à cet établissement, ému de cet état de choses, proposa alors de réunir dans un même asile les mères qui venaient accoucher et les enfants délaissés, de manière à assurer plus fa-

---

[1] Dispositions analogues, 6 vendémiaire an VIII, B. 314, n° 3313.
[2] Mém. hist. sur l'hosp. de la Maternité, 1808, p. x et xi. Camus, rap. au conseil des hospices, an XI, p. 160 et suivantes.

cilement à ceux-ci des nourrices prises dans la maison même [1]. Cette idée fut adoptée, et le 7 ventôse an II [2] un décret de la Convention affecta les « bâtiments, cours, jardins et dépendances du ci-devant couvent du Val-de-Grâce » à un hospice pour les enfans de la patrie, et les filles et femmes indigentes venant y faire leurs couches.

« Les mères accouchées, dit l'article 2, qui auront prolongé leur séjour dans cet hospice jusqu'à leur parfait rétablissement et au delà, pourront alaiter des enfans et y seront nourrices sédentaires. »

Les bâtiments servant au ci-devant hôpital des enfants trouvés devaient être vendus [3]. Cette organisation, à peine achevée le 25 messidor an III, fut bouleversée par un nouveau décret de la Convention du 10 vendémiaire an IV, qui fit de la maison du Val-de-Grâce un hôpital militaire pour la légion de police, et ordonna que l'hospice de la Maternité serait transféré dans les deux maisons de l'ancien couvent de Port-Royal, faubourg Saint-Jacques, rue de la Bourbe, et de l'institution de l'Oratoire, rue d'Enfer. Les femmes enceintes et les enfants furent reçus à Port-Royal, le 14 thermidor an IV, tandis que l'on s'occupait activement des appropriations à faire dans les immeubles de la rue d'Enfer [4].

Ainsi qu'il a été dit dans les chapitres précédents, les ad-

[1] Mémoire sur la maternité, p. xi.

[2] Collection des décrets, p. 56.

[3] Cette vente n'eut pas lieu. Après avoir servi à la pharmacie des hôpitaux, ces vastes constructions devinrent le chef-lieu de l'administration des hôpitaux et hospices civils et du bureau central d'admission; plus tard, à dater de 1862, on y établit une annexe de l'Hôtel-Dieu, et enfin elles disparurent complètement, il y a quelques années, lors de l'achèvement du nouvel hôtel-Dieu, sur la rive droite de la Seine.

[4] Au point de vue du placement des enfans âgés, on doit signaler un traité passé le 5 ventôse an III entre le gouvernement et le citoyen Butel, manufacturier à Bourges, relatif à l'envoi dans les manufactures de toiles à voiles, établies par ce citoyen, d'un grand nombre de filles « tirées des différents hospices de Paris et des départements ». Collection des décrets, n° 871, p. 5.

missions avaient lieu sur présentation du bulletin de nourrice de l'enfant. On ne tarda pas toutefois à se départir de cette dernière formalité et à admettre les abandonnés présentés au bureau sans aucune pièce authentique constatant leur état civil.

Si à Paris, grâce au zèle du citoyen Hombron, les pauvres petits êtres délaissés trouvèrent au moins des nourrices pour les allaiter, en province les femmes des campagnes n'étant plus payées par les hospices, privés souvent du nécessaire pour leurs propres malades [1], rapportèrent les nourrissons, qui vinrent augmenter encore l'encombrement des asiles hospitaliers et périrent dans une proportion énorme.

A Vire il est constaté que pendant les années II, III, IV beaucoup d'enfants étaient morts faute de soins et de nourriture à l'hospice et chez les nourrices, qui, ne recevant aucun salaire, les négligeaient complètement. (*Hospices de Vire,* par M. F. p. 96.)

A Romans, de l'an V à l'an VII, la correspondance de l'administration offre un tableau désolant de l'état de détresse de l'hôpital chargé de recevoir les militaires et de payer les mois de pension des abandonnés (Dr Chevalier, p. 163). Les administrateurs de Laval craignent, en l'an VIII, de voir tous les enfants ramenés à l'hospice faute de payement. (L. Maitre, *Hôpital de Laval,* p. 66).

De pauvres enfants trouvés conduits à l'hôpital de Libourne étaient obligés de coucher dans les salles des malades. On obtint avec peine qu'ils seraient transférés à Bordeaux, à la maison des Enfants de la Patrie, où l'encombrement se

---

[1] On lit dans la séance du 8 juillet 1791 la déclaration suivante faite par un membre de l'Assemblée : « Je suis chargé de vous mettre sous les yeux les réclamations des principales villes du royaume sur la détresse actuelle des hôpitaux ; elles sont appuyées des instances les plus pressantes des départements. Ce n'est plus une disposition partielle en faveur d'un hôpital particulier, ni une demande isolée que nous vous proposons, c'est une disposition générale en faveur de tous les hôpitaux du royaume. Les réclamations se sont accumulées de toutes parts. »

faisait déjà sentir d'une manière effrayante. (Dr Bourgarde, *Hist. de l'hôp. de Libourne*, p. 188.)

M. de Verneuil de Puyraseau, nommé en l'an VII préfet de la Creuse, expose ainsi, dans ses mémoires, la situation de l'hospice de Tulle [1]. « Combien je passai de mauvaises nuits, en songeant à l'extrême détresse de tous les services : étapes, convois militaires, hôpitaux, nourrissage d'enfants abandonnés, tout était dans l'état le plus affligeant; je crois entendre encore les plaintes des nourrices de ces malheureux enfants, lorsqu'à la fin de chaque mois elles venaient m'obséder pour toucher un faible a compte sur leur salaire.... » Les personnes chargées d'élever les enfants les abandonnent, écrivent les administrateurs; plusieurs sont morts faute de nourriture; ils ont été confiés à des femmes qui en allaitaient trois ou quatre.

L'hôpital d'Issoudun dut pourvoir sans aucun subside à l'entretien de ces infortunées créatures et obtint seulement, en l'an VIII, 2,000 l. qui servirent à allouer 20 l. à chaque nourrice sur l'arriéré qui leur était dû [2].

Les rapports adressés en l'an IX au premier consul par les commissaires enquêteurs viennent confirmer ces faits douloureux [3]. « Sur 618 enfants exposés en nourrice aux hospices de Marseille, dit François de Nantes, il n'en a survécu que 18. » « D'après les renseignements que j'ai pris, ajoute-t-il, on peut établir pour règle générale que la mortalité des enfants nourris dans les hospices est au moins de 19 sur 20. A Toulon sur 104 enfants il n'en a survécu que 3 [4]. »

---

[1] Note sur l'hospice de Tulle par Melon de Pradou, in-8°, 1883, p. 146 à 148.

[2] Docteur Jugand, *Hôtel-Dieu d'Issoudun*, in-12, 1882, Voic quelques noms pris au hasard et attribués à l'état civil de cette ville à des enfants délaissés : Beausec, Glacial, Maigreur, Carnaval, Tristis, Tête chauve, Touffu, Gratuit, Framboise, Caraby, Homard, Dragée, Baptiste national, François l'Egalité, Jean République, Marie Lucrèce, Madeleine Monarchiste, Anne Talon, Jeanne Vendée, etc.

[3] Rocquain, *Etat de la France au XVIII brumaire*.

[4] 8ᵉ division militaire, p. 33.

Dans toute la Normandie, écrit Fourcroy [1], un arriéré énorme était dû aux nourrices chargées d'enfants de la Patrie.

Il importait donc d'assurer l'avenir d'un service tombé en une telle confusion ; c'est ce que fit la loi du 15 pluviôse an XIII, qui donna aux enfants des tuteurs en la personne des membres des commissions hospitalières, réorganisées et remises, au moins partiellement, en possession de leur antique dotation.

[1] 14e division militaire, p. 186.

CHAPITRE IX

LES ENFANTS TROUVÉS, ABANDONNES

ET ORPHELINS AU XIXe SIÈCLE.

PREMIÈRE PARTIE

LA LÉGISLATION.

En l'an VIII, après une série d'essais infructueux, le service des enfants assistés n'avait pas encore de base solide, le décret du 30 ventôse an V offrant seul un système d'organisation praticable. Le 25 floréal an VIII un arrêté affecta au paiement des mois de nourrice les portions d'amendes et confiscations attribuées antérieurement « aux hôpitaux, aux maisons de secours et aux pauvres », mais ces mesures étaient insuffisantes, et il faut, comme nous venons de le dire, arriver au 15 pluviôse an XIII pour rencontrer une réglementation capable de produire des effets durables.

Les commissions hospitalières sont alors chargées de la tutelle des enfants admis dans les hospices et choisissent un de leurs membres pour exercer les fonctions de tuteur, les autres membres formant le conseil de famille. Cette disposition est confirmée par le décret-loi du 19 janvier 1811. Le titre Ier détermine les pupilles dont l'éducation est confiée à la charité publique ; ce sont les *trouvés*, les *abandonnés*, les *orphelins pauvres*.

Les hospices désignés pour recevoir ces élèves ont la charge de la fourniture des layettes et de toutes les dé-

penses intérieures (titre V, art. 11). Une somme annuelle de
4 millions est inscrite au budget de l'Etat pour contribuer
au paiement des mois de nourrice et des pensions (art. 12).
Il doit y avoir (art. 3 et 4) au plus un tour dans chaque arrondissement.

En raison des circonstances particulières dans lesquelles
se trouvait le pays, ces enfants sont déclarés être entièrement à la charge de l'Etat et mis dès l'âge de 12 ans à la
disposition du ministre de la marine. Cette partie du décret
ne paraît avoir jamais reçu d'exécution.

L'art. 12 est abrogé à son tour par les lois de finances des
25 mars 1817, 15 mai 1818 et 19 juillet 1819, mettant les dépenses dites *extérieures* à la charge des départements, avec
le concours éventuel des communes. Plus tard, le 28 juin
1833, une ordonnance royale charge (art. 6) les percepteurs
du paiement des mois de nourrice et pensions des enfants
trouvés dans les communes autres que celle où est situé
l'hospice dépositaire.

Malgré les termes si précis du décret de 1811, des doutes
s'étaient élevés sur le point de savoir si les dépenses extérieures des *orphelins pauvres* devaient être à la charge des
départements, comme celles des enfants *trouvés* et *abandonnés*. Un avis du conseil d'Etat (20 juillet 1842) confirme
pleinement l'affirmative. Quant aux mois de nourrice et
pensions, ils sont déclarés insaisissables, en vertu de l'art.
581 du Code de procédure (arrêt de cassation du 28 janvier
1850).

A la même époque la loi du 10 janvier 1849, relative à
l'organisation de l'Assistance publique à Paris, avait constitué le directeur de cette administration tuteur des enfants
trouvés, abandonnés et orphelins (art. 3).

Aucun des projets de lois soumis aux Chambres en 1849
et 1853 n'ayant abouti, il faut arriver au 18 juillet 1866
pour trouver une disposition législative nouvelle sur
la matière qui nous occupe; la loi sur les attributions
des conseils généraux décide en effet *qu'ils statueront
définitivement sur le service des enfants assistés* (art. 1ᵉʳ,

§ 16)[1]. Le 5 mai 1869 une autre loi, s'occupant uniquement de créer des ressources au service, divise les dépenses en *intérieures, extérieures,* d'*inspection* et de *surveillance* (art. 1er).

Les dépenses intérieures comprennent les frais occasionnés par le séjour des enfants à l'hospice, les dépenses de nourrices sédentaires, les layettes.

Les dépenses extérieures comprennent les secours temporaires ; les mois de nourrice et pensions, primes, vêtures, frais d'école, de transport, de maladie, d'inhumation, etc.

Les dépenses d'inspection comprennent les traitements et frais de tournées des inspecteurs et sous-inspecteurs, et généralement les frais occasionnés par la surveillance des pupilles.

Les dépenses intérieures et extérieures sont payées dans chaque département sur :

1° Le produit des fondations, dons et legs spéciaux faits à tous les hospices du département au profit des enfants assistés ;

2° Le produit des amendes de police correctionnelle ;

3° Le budget départemental ;

4° Le contingent des communes ;

5° La subvention de l'Etat égale au cinquième des dépenses intérieures.

Les frais d'inspection et de surveillance sont à la charge de l'Etat.

Cette dernière disposition mérite une attention spéciale.

Depuis longtemps déjà les Ministres de l'intérieur désiraient centraliser entre leurs mains les attributions des inspecteurs départementaux ; aussi un décret rédigé dans ce sens et présenté comme une conséquence de la loi du 5 mai 1869 fut-il soumis à la signature de l'impératrice régente le 31 juillet 1870.

---

[1] Cette disposition est confirmée par la loi du 10 avril 1871 (art. 46, § 18).

Ce décret complète l'ensemble des dispositions réglementaires existant en France et concernant les enfants assistés;
tout le reste, en dehors des articles 58 du code civil et 348 à
352 du code pénal (abandons, suppressions d'état, etc.),
relève de la jurisprudence changeante du Ministère.

En résumé, dans chaque département la tutelle des enfants trouvés, abandonnés et orphelins appartient aux commissions hospitalières des hospices déclarés dépositaires;
le conseil général règle le service et l'inspecteur nommé
par l'Etat tend à tout occaparer à son profit.

Cette diversité de droits, de pouvoirs et d'attributions entraîne souvent des conflits nuisibles aux pupilles et appelle
évidemment des modifications; malheureusement celles
proposées actuellement à la sanction du Parlement ne paraissent pas devoir remédier à la situation, ainsi qu'il est
expliqué plus loin.

Nous allons maintenant suivre l'enfant assisté depuis son
admission jusqu'à sa majorité, et examiner en détail de quelle
manière il est pourvu en France à son éducation et à la défense de ses intérêts.

CHAPITRE X

LES ENFANTS TROUVÉS, ABANDONNÉS
ET ORPHELINS AU XIXᵉ SIÈCLE.

DEUXIÈME PARTIE

SITUATION ET ORGANISATION DU SERVICE.

§ Iᵉʳ. — ADMISSIONS DES ENFANTS.

Durant toute la période révolutionnaire les admissions eurent lieu à bureau ouvert, l'acte de naissance étant généralement exigé ; mais des abus nombreux ne tardèrent pas à élever rapidement le chiffre des assistés. « Depuis dix ans, écrit le ministre de l'intérieur Chaptal (circulaire du 23 ventôse an IX, 14 mars 1800 [1]), le nombre des enfants abandonnés a fait plus que doubler dans nos hospices ; il s'élève en ce moment à 63.000. Cette progression effrayante a sans doute pour cause principale la dépravation des mœurs, suite nécessaire du trop long interrègne des lois, de l'ordre et de la morale publique. Mais ce serait étrangement s'abuser que de l'imputer à cette seule cause : il en est d'autres dont l'expérience garantit la réalité ; il est urgent de les rechercher et de les détruire :

« 1° Dans plusieurs départements et à diverses époques on a reçu des enfants dont les parents étaient connus et mariés.

---

[1] Circ. et instr. du ministre de l'intér., tome Iᵉʳ, p. 130.

« 2° Depuis dix ans on admet généralement les enfants de tous ceux qui présentent des certificats d'indigence ou d'infirmités.

« 3° Les administrations ont ouvert des hospices aux enfants des artisans que l'ambition ou le besoin éloignait du lieu de leur domicile.

« 4° Ici les administrateurs ont cru devoir se charger des enfants des défenseurs de la patrie, pour indemniser les mères des secours que la nation leur avait promis.

« 5° Ailleurs on a délivré des certificats d'existence pour des enfants morts, afin de continuer un salaire qui n'était plus dû.

« 6° On a vu plusieurs fois des mères obtenir l'inscription de leurs enfants sur la liste des enfants abandonnés et s'en charger ensuite en qualité de nourrice pour usurper la rétribution.

« Pour détruire ces abus, conclut le ministre, les préfets prescriront aux administrateurs de ne conserver à la charge de la nation que les enfants de parents inconnus : seuls ils ont des droits au secours du gouvernement ; la bienfaisance des administrations locales doit prendre soin de tous les autres. »

La loi du 15 pluviôse an XIII, en régularisant la situation des abandonnés, ne modifia pas les inconvénients résultant de la facilité exagérée des admissions[1] que le décret du 19 janvier 1811 vint encore favoriser en décidant l'ouverture

---

[1] La circulaire du 27 mars 1810 signale les abus sans nombre continuant à exister. « Il est assez constant qu'en plusieurs lieux on a compris au rang des enfants illégitimes ou nés de parents inconnus, des enfants qui n'étaient ni dans l'un ni dans l'autre cas ; qu'un grand nombre d'enfants vivant au sein de leur famille ont été mis au rang des enfants à la charge du gouvernement ; qu'on a souvent acquitté des mois de nourrice et pensions pour des enfants décédés depuis plusieurs années ; qu'on a porté l'immoralité jusqu'à substituer des enfants légitimes à des enfants trouvés dont on dissimulait le décès ; et qu'enfin ces différents abus se sont multipliés avec d'autant plus d'activité que la surveillance des maires des communes rurales *était entièrement nulle*, et que plusieurs d'entre eux délivraient sans examen tous les certificats d'existence qui leur étaient demandés. »

des tours dont la présence sur le territoire français ne peut être signalée avant cette époque qu'à titre de véritable exception.

Ce décret disait :

Art. 1er. — Les enfants dont l'éducation est confiée à la charité publique sont : 1° les enfants trouvés ; 2° les enfants abandonnés ; 3° les orphelins pauvres.

Art. 2. — Les enfants trouvés sont ceux qui, nés de pères et de mères inconnus, ont été trouvés exposés dans un lieu quelconque, ou portés dans les hospices destinés à les recevoir.

Art. 3. — Dans chaque hospice destiné à recevoir des enfants trouvés il y aura un tour où ils devront être déposés.

Art. 4. — Il y aura au plus dans chaque arrondissement un hospice où les enfants trouvés pourront être reçus [1] ; des registres constateront, jour par jour, leur arrivée, leur sexe, leur âge apparent, et décriront les marques naturelles et les langes qui peuvent servir à les faire connaître.

Art. 5. — Les enfants abandonnés sont ceux qui, nés de pères et de mères connus et d'abord élevés par eux ou par d'autres personnes à leur décharge, en sont délaissés sans qu'on sache ce que les père et mère sont devenus ou sans qu'on puisse recourir à eux.

Art. 6. — Les orphelins sont ceux qui, n'ayant ni père ni mère, n'ont aucun moyen d'existence.

Suivant les documents recueillis par la commission d'enquête de 1860 (tableau F.) :

---

[1] L'instruction du 15 juillet 1811, tome II, p. 269, s'exprime ainsi à ce sujet : « Dans les désignations à faire, les préfets indiqueront de préférence les hospices qui offriront le plus de ressources par leurs revenus ou par les allocations qu'ils pourraient obtenir des villes où ils sont situés. Dans les villes où il y a plusieurs hôpitaux, les établissements destinés à recevoir et traiter les malades seront écartés de la désignation. Les dépôts pour ces villes seront placés, par préférence, dans les hôpitaux destinés aux vieillards. Cette mesure de prévoyance est commandée par l'intérêt qu'inspire la faiblesse des nouveau-nés et par le besoin de les éloigner de tout ce qui peut nuire à leur santé. »

17 départ. donnèrent le titre de dépositaire à 1 hospice.

8	—		—	à 2 —
22	—		—	à 3 —
20	—		—	à 4 —
11	—		—	à 5 —

8 départements constituèrent de 6 à 11 hospices dépositaires ; 10 autres dépôts furent ouverts de 1829 à 1845, ce qui donne un total de 301 hospices, ayant fonctionné dans les conditions prévues par le décret.

Ce serait du reste une erreur de croire que partout on ouvrit des tours [1] (voir le tableau G, même enquête).

6 départements n'en eurent jamais.

16	—	en possédèrent	1
16	—	—	2
16	—	—	3
18	—	—	4
8	—	—	5
6	—	— de 6 à 11.

Le département des Basses-Alpes se fait remarquer dans cette dernière catégorie par ses 11 hospices dépositaires et ses 10 tours.

Une réaction ne tarda pas à se produire contre la mesure

---

[1] Départements n'ayant pas eu de tours : Doubs, Gers, Bas-Rhin, Haut-Rhin, Haute-Saône, Vosges. On trouve dans l'instruction ministérielle du 15 juillet 1811 le passage suivant (t. II, p. 269) : « Cette dernière expression du décret (un dépôt au plus par arrondissement) indique suffisamment qu'il faut réduire autant que possible le nombre des dépôts ; il faut se borner aux besoins des localités et tendre à rompre, sans nuire à la conservation des enfants, toutes les habitudes funestes qui sembleraient légitimer l'exposition des enfants que l'ordre social a destinés à être élevés par leurs parents. »

À Paris, les anciennes maisons de Port-Royal et de l'Oratoire ayant été affectées aux sections d'accouchement et d'allaitement, les accouchements avaient lieu dans la maison de l'Oratoire, rue d'Enfer, et les enfants étaient reçus à Port-Royal, rue de la Bourbe. C'est seulement à partir de 1814 qu'une délibération du conseil général, en date du 24 juin, donna à ces deux établissements la destination qu'ils ont actuellement en fixant la Maternité à Port-Royal, et l'hospice dépositaire dans les bâtiments de l'Oratoire, rue d'Enfer. (Cette rue a reçu, après la guerre de 1871, le nom de rue Denfert-Rochereau).

prescrite par l'autorité impériale, en opposition avec les usages de presque toutes les provinces, et neuf tours furent fermés de 1813 à 1823.

Le gouvernement était effrayé, du reste, de l'augmentation des abandons; le 27 mars 1817 le sous-secrétaire d'État de l'intérieur appelle la sollicitude des préfets sur l'énorme accroissement qu'éprouve successivement le nombre de ces enfants... « Des abus nombreux, dit-il, se commettent dans l'admission des enfants au rang des enfants trouvés et enfants abandonnés. Dans plusieurs départements, où l'on a vérifié avec quelque sévérité les titres d'admission des enfants, on en a découvert un grand nombre qui n'avaient pas de droits à la charité publique, et qui, rendus à leur famille, ont considérablement diminué le nombre des enfants à la charge du département. »

Mais ces circulaires restant sans effet, le ministère, se substituant en quelque sorte au législateur, fait paraître le règlement du 8 février 1823.

Aux termes de cette instruction (IVe partie, chap. 1er [1]), « on ne doit comprendre au rang des enfants *abandonnés*, assimilés, pour leur régime et le mode de paiement de leur dépense, aux enfants *trouvés*, que les enfants délaissés, dont les pères et mères sont disparus, détenus ou condamnés pour faits criminels ou de police correctionnelle. L'indigence ou la mort naturelle des pères et mères ne sont pas des circonstances qui puissent faire admettre leurs enfants au rang des enfants abandonnés; ils ne peuvent être classés que parmi des orphelins pauvres et les enfants de familles indigentes à la charge exclusive [2] des hospices ou secourus à domicile.

« Ces distinctions sont essentielles, et comme elles sont souvent violées, leur stricte observation réduira beaucoup,

---

[1] Cir., tom. V, p. 133.

[2] Ces distinctions avaient été empruntées mot pour mot aux instructions du directeur de la comptabilité des communes et des hospices relatives aux dépenses des enfants trouvés et abandonnés. 15 juillet 1811. (*Cir.*, tome II, p. 261).

dans plusieurs départements, **la** dépense des enfants trouvés. »

(Chap. II.) « L'admission des trouvés ne doit avoir lieu que dans les circonstances suivantes : 1° par leur exposition au tour ; 2° au moyen de leur apport à l'hospice, immédiatement après leur naissance, par l'officier de santé ou la sage-femme qui a fait l'accouchement ; 3° sur l'abandon de l'enfant, de la part de la mère, si, admise dans l'hospice pour y faire ses couches, elle est reconnue dans l'impossibilité de s'en charger ; 4° sur la remise du procès-verbal dressé par l'officier de l'état-civil, pour les enfants exposés dans tout autre lieu que dans l'hospice.

« Les enfants *abandonnés* ne doivent être admis que 1° d'après l'acte de notoriété du juge de paix ou du maire constatant l'absence de leurs pères et mères ; 2° sur l'expédition des jugements correctionnels ou criminels qui les privent de l'assistance de leurs parents.

« Aucun enfant abandonné ne peut être admis *s'il a atteint sa douzième année.*

« Les causes du prodigieux accroissement qu'éprouve depuis quelques années le nombre des enfants trouvés et abandonnés, consistent certainement, en partie, dans les abus qui ont eu lieu dans les admissions. Les divers ministres qui se sont succédé au département de l'intérieur ont souvent appelé l'attention des préfets sur ces abus ; mais il ne paraît pas qu'on ait en général apporté à les réprimer tous les soins désirables. »

Enfin l'instruction rappelle les art. 348 à 353 du code pénal, sur les abandons dans les lieux solitaires ou non solitaires, et le chap. II se termine par ces mots : « Il est du devoir des commissions administratives des hospices, des maires et sous-préfets de signaler au procureur du roi, pour être punis conformément à la loi, les délits prévus par les articles précédents qui viendraient à leur connaissance ; en mettant toutefois à la recherche de ces délits la réserve nécessaire pour ne pas s'exposer à amener des infanticides en voulant prévenir les expositions. »

Bien que fidèles à notre principe, de réserver pour la deuxième partie de ces études les discussions théoriques pour nous renfermer ici dans le domaine des faits, nous ne pouvons cependant passer sous silence les diverses observations qu'appelle cette circulaire de 1823.

On y voit d'abord une nouvelle manifestation de cette prétention des Ministres de l'intérieur de se substituer constamment aux législateurs dès qu'il s'agit du service des enfants assistés. Comment concilier en effet avec les termes des lois et décrets cette exclusion systématique des orphelins pauvres, et cette limite de 12 ans posée pour les entrées? Les pensions devaient cesser à la 12e année; mais un enfant de cet âge ne pouvait-il pas se trouver abandonné par ses parents, sans soutien, et ayant besoin de trouver un refuge dans la tutelle hospitalière.

Quant aux articles du Code pénal, il était évident qu'on ne pouvait les appliquer aux parents qui portaient leur enfant au tour; sans cela le tour n'aurait eu aucune raison d'être. La jurisprudence ne tarda pas du reste à être unanime sur ce point [1].

Malgré son illégalité cette circulaire n'eut pas pour résultat de diminuer le chiffre des abandonnés; on en comptait en 1815, 84,000; en 1821, 105,000; en 1825, 117,305; en 1833, 127,507.

La suppression des tours continuait cependant; 35 furent fermés de 1823 à 1834; 25 en 1835, 32 en 1836, 16 en 1837. Lorsqu'on ne les supprimait pas, on les faisait surveiller. L'administration parisienne recourut une des premières à ce mode de procéder, en 1837 [2] et plus tard en 1845. Cette

---

[1] Locré, *Lég. civ.*, tome VII; Dalloz, 1834, I, 388. 1835, I, 296; Cassat. 16 décembre 1843; Dalloz, 1844, I, 87, etc., etc. Nombreuses autres décisions dans le même sens.

[2] Le même fait eut lieu à Lyon; le tour était surveillé par quatre agents assermentés. (*Observations présentées au Conseil général des hospices civils de Paris*, in-8°, Paris, 1845, p. 62.) Voir le *procès-verbal de la séance du Conseil général des hospices* du 25 janvier 1837, in-12, 21 p.; les *Dispositions* relatives à l'admission des femmes enceintes dans les hôpitaux et à la réception des enfants à l'hospice des enfants trouvés, in-8°, 14 p., 1845.

même administration décidait également (arrêté du 25 janvier 1837) que tout enfant serait reçu « sur le vu d'un procès-verbal d'un commissaire de police, visé par le préfet de police, constatant que l'enfant avait été exposé ou délaissé ainsi qu'il est dit aux articles 2, 3 et 5 du décret du 19 janvier 1811. » Toutefois les commissaires de police pouvaient, pour la conservation des enfants, les faire recevoir provisoirement à l'hospice en attendant le visa du préfet. La question de la fermeture du tour, ouvert seulement en 1827, avait été agitée, mais, comme l'indique un des administrateurs, « on reconnut qu'il y aurait eu imprudence et danger à le supprimer brusquement dans une ville telle que Paris [1]. »

C'est à cette époque que le gouvernement eut recours pour diminuer les abandons, à cette mesure odieuse, consistant à transporter les enfants d'un département dans un autre; mesure sur laquelle nous aurons l'occasion de revenir.

Il est inutile de signaler toutes les dispositions prises par divers départements pour éviter l'augmentation des dépenses occasionnées par les trouvés ; il suffira de mentionner un nouvel arrêté du Conseil général des hospices civils de Paris en date du 6 août 1845, approuvé par le ministre de l'intérieur le 5 mars 1852, et reproduisant en général la circulaire de 1823.

La fermeture des tours continuait du reste sans interruption, et en 1860 les inspecteurs généraux résument ainsi la situation (Enquête, p. 29) : « Si les vingt-cinq tours subsistant lors de l'enquête avaient tous été *libres*, la commission n'aurait point ici à s'occuper d'eux. Le mot *libre* indique assez qu'avec un tel système l'apport de l'enfant et sa remise au tour est la seule formalité, disons mieux, le seul acte qui précède l'abandon. Mais en regard des douze tours exempts de toute surveillance, on en comptait treize soumis

[1] Valdruche. Rapport au conseil général des hospices sur le service des enfants trouvés, in-8°, 52 p. et tableaux. Paris, 1838, p. 26.

à certaines conditions et à une surveillance équivalant à une suppression réelle... Pour les enfants abandonnés et les orphelins pauvres, les préfets se sont en général réservé de statuer personnellement et sans intermédiaire. Une instruction administrative confiée aux soins de l'inspecteur départemental, des maires et des officiers de police, précède dans tous les cas la décision du préfet... »

Depuis 1860, les quelques tours existants ont été fermés, et voici de quelle manière il est procédé aux admissions dans toute la France.

A Paris, le Conseil général prend pour base le respect du secret des familles et la nécessité d'assurer avant tout la vie de l'enfant. La question budgétaire vient en seconde ligne. Les enfants abandonnés ou orphelins sont donc admis, soit directement à l'hospice, soit par l'intermédiaire des commissaires de police. Faisant revivre les anciennes dispositions adoptées en 1845 par le Conseil des hospices, l'administration exige de nouveau, depuis dix ans, et d'une manière absolue cet intermédiaire toutes les fois que l'abandon est fait par une sage-femme [1].

Dans tous les cas, la seule pièce exigée est le *Bulletin de naissance de l'enfant*; si le déposant déclare que des raisons graves s'opposent à ce que le nom de la mère soit connu, aucune investigation n'a lieu et l'enfant est admis. Les sages-femmes conseillent du reste maintenant aux femmes désirant assurer le secret le plus absolu de leur faute, de faire inscrire à l'état civil le nouveau-né comme issu de père et mère non dénommés; le nombre des enfants reçus dans ces conditions augmente chaque année [2]. Quant aux expositions sur la voie publique, dans les églises, les maisons, etc., elles ne dépassent pas une trentaine.

---

[1] De tout temps les sages-femmes ont été les grandes pourvoyeuses des hospices dépositaires, en extorquant de l'argent aux mères pour placer les enfants, et ces faits sont signalés dans toutes les enquêtes.

[2] 1878, 24; — 1879, 32; — 1880, 38; — 1881, 68; — 1882, 74; — 1883, 101; — 1884, 130. — (Rapport annuel sur le service, exercice 1884.)

En province on suit d'habitude un système absolument différent de celui adopté à Paris. Les inspecteurs du ministère, placés en présence des conseils généraux dont les ressources sont restreintes et absorbées en partie par les routes et chemins à entretenir, ont une préoccupation constante, celle de diminuer les dépenses. En conséquence ils restreignent autant que possible les admissions, exagèrent les secours aux filles mères, et, peu soucieux parfois des secrets des familles, accumulent les enquêtes et les contre enquêtes. Aussi beaucoup de mères, ne pouvant réussir à faire admettre leur enfant, viennent-elles dans la capitale en faire l'abandon.

A l'heure actuelle 23 départements seulement reçoivent, en moyenne, plus de cent enfants appartenant aux catégories du décret de 1811, c'est-à-dire : trouvés, abandonnés et orphelins.

En 1881 le département de l'Eure n'eut qu'une seule admission. Les inspecteurs ne reculent devant aucune mesure pour forcer les mères à reprendre leurs enfants. M. Thulié, rapporteur du conseil général de la Seine, cite (Rapport de 1879) l'exemple d'un individu ayant épousé une femme qui avait déposé un petit garçon à l'hospice d'Alger et se voyant actionné, au bout de huit ans, en remboursement des frais occasionnés par un enfant dont il ignorait absolument l'existence. Des faits de cette nature, se reproduisant sur les divers points du territoire, amènent naturellement une réaction dans les esprits et suscitent ces réclamations de la presse et [de l'opinion en faveur du rétablissement des tours. Il est inutile d'ajouter que, sauf dans le département de la Seine, les inspecteurs départementaux sont, sous le couvert des préfets, seuls juges des admissions ou des refus, et que c'est à eux que doit remonter la responsabilité de la situation ; les commissions hospitalières ne sont même pas consultées.

Malgré ces mesures, le chiffre des immatriculations reste à peu près stationnaire ; il y a en effet des orphelins, des enfants de parents condamnés ou disparus qu'il n'est pas possible de refuser. Le ministère a reconnu également que la limite de 12 ans posée par l'instruction de 1823 ne reposait sur aucun texte légal, et toutes les fois qu'il a été consulté par les préfets, il a donné, depuis plusieurs années, des instructions pour l'admission des enfants encore mineurs, quel que soit leur âge. Mais ces enfants sont habituellement admis au moment même de leur naissance ; à Paris, la proportion des élèves reçus de 1 jour à 1 mois est de 50 pour cent au minimum.

Les enfants légitimes forment également l'exception, et encore ici faut-il faire une distinction importante. Dans les grands centres, beaucoup de femmes abandonnées par leur mari et ayant formé de nouvelles liaisons, continuent à faire inscrire leurs enfants sous le nom de l'époux absent, si bien qu'un certain nombre des pupilles légitimes, aux termes de l'acte de l'état civil, sont en réalité adultérins.

Le directeur de l'Assistance publique s'exprime ainsi à ce sujet, dans le rapport présenté par lui sur l'exercice 1883 (Rap. p. 21) :

« Les enfants légitimes admis en 1883 se décomposent de la manière suivante :

« Orphelins	de *père* et de *mère*.	64
—	de *père*, abandonnés par la *mère*. .	98
—	de *mère*, abandonnés par le *père*. .	147
« Abandonnés par le *père* et la *mère*, existant tous		
	deux.	88
—	par le *père* (la *mère* étant disparue). .	22
—	par la *mère* (le *père* étant disparu). .	141
	Total égal. .	560

« En outre, parmi toutes ces catégories, 98 enfants ont été reconnus adultérins à l'examen du dossier, alors que leur acte de naissance les indiquait comme légitimes. Ceci n'est pas une chose nouvelle ; dans le rapport de 1878, page 26, l'un de mes prédécesseurs écrivait ce qui suit :

« La proportion des enfants abandonnés, *réellement légitimes*, est loin d'être aussi considérable que paraît l'indiquer le tableau ci-dessus. Nous sommes obligés, en effet, de nous en rapporter à l'acte de naissance, et, dans un grand nombre de cas, ces actes contiennent de fausses déclarations, car il s'agit très souvent d'enfants adultérins. En 1878, 54 mères ont déclaré spontanément que leurs enfants, inscrits comme légitimes, ne l'étaient pas en réalité. Si donc, des 473 abandonnés légitimes, on déduit ces 54 enfants, ainsi que les orphelins de père et de mère au nombre de 69, on arrive à 352 élèves seulement présumés légitimes et entrés en 1878. »

Des chiffres relevés plus haut montrent que ce sont généralement des pères veufs, ou séparés de leurs femmes, qui délaissent leurs enfants. Le nombre des abandonnés légitimes ayant leurs parents habitant ensemble est fort restreint : 88 sur 3,151 admissions, soit 2.80 0/0.

§ II. — LES IMMATRICULATIONS.

Une fois que l'admission d'un enfant a été prononcée, il est immatriculé. Aux termes de l'instruction ministérielle du 31 octobre 1861, un registre n° 1 « intitulé *journal* ou *main courante*, comprend tous les enfants sans distinction de sexe, d'âge ou de catégorie, admis à l'assistance publique » ; les registres 2, 2 *bis*, 2 *ter* sont applicables aux enfants trouvés, abandonnés ou orphelins. « Ces trois registres, portant chacun la dénomination de *livres matricules*, doivent contenir tous les détails possibles sur la vie de l'enfant, depuis son admission jusqu'à l'accomplissement de sa douzième année. L'état de sa santé, sa situation chez ses nourrices, sa conduite, son intelligence, le degré de son instruction morale et religieuse, tous les faits en un mot qui l'intéressent, toutes les dépenses auxquelles il donne lieu, y font l'objet d'une mention spéciale. »

Antérieurement à cette circulaire, certains départements, notamment celui de la Seine, recommençaient chaque année la série des numéros d'immatriculation, si bien que sur toutes les pièces il fallait inscrire le chiffre correspondant à l'immatriculation de chaque enfant et l'année de l'admission ; maintenant la série est continue à dater du 1er janvier 1862.

Au moment même où il est procédé à l'inscription du pupille sur les livres matricules, on lui passe au cou un collier rivé supportant une médaille qui reproduit le numéro du registre. Ce collier, qui ne doit pas être enlevé avant la septième année, a pour but d'assurer l'identité de l'enfant et d'empêcher toute tentative de substitution. Déjà au siècle dernier on attachait à la maison de la Couche une bulle au nouveau-né, et l'on retrouve cette mesure usitée dans tous les Etats ayant un service d'assistés.

En France, depuis le commencement du siècle, l'administration a varié plusieurs fois sur le système à adopter ; on a expérimenté des boucles d'oreilles, mais le collier rivé au moyen d'une petite presse a prévalu [1]. En cas de rupture fortuite, le procès-verbal et le signalement de l'élève sont consignés au livret. Les administrateurs des hospices dépositaires sont tenus de faire porter les enfants trouvés au bureau de l'état civil et de les y faire enregistrer [2] ; à Paris les commissaires de police se chargent de ce soin.

On doit donner à ces pauvres petits un nom « emprunté soit à l'histoire des temps passés, soit aux circonstances particulières à l'enfant, comme sa conformation, ses traits, son teint, le pays, le lieu, l'heure où il a été trouvé. Il faut éviter toute dénomination indécente, ridicule ou propre à rappeler en toute occasion que celui à qui on le donne est un enfant trouvé [3]. »

Nous ne pouvons quitter cette question des immatriculations sans parler des rapatriements sur les départements et l'étranger.

Aux termes du décret du 24 vendémiaire an II (titre V,

---

[1] Voir circulaires ministérielles, (27 juil. 1818 (colliers) ; 20 mai 1826 (colliers); 12 janvier 1842 (boucles d'oreilles); 12 mars 1843 (boucles d'oreilles). Enquête de 1860 et projet d'instruction (colliers).

[2] Décision du ministre de la justice (12 janvier 1829).

[3] Cir. 30 juin 1812. Instruction 8 février 1823.

art. 1 à 3), « Le domicile de secours est le lieu où l'homme nécessiteux a droit aux secours publics. Le lieu de naissance est le lieu naturel du domicile de secours. Le lieu de naissance pour les enfants est le domicile habituel de la mère au moment où ils sont nés. »

Or, comme en vue de cacher leur faute un grand nombre de femmes quittent leur résidence habituelle au moment des couches, il y a un intérêt évident pour les départements à rechercher l'origine des enfants admis pour en imposer la charge aux départements où ils ont droit aux secours publics. Ces recherches, déjà difficiles par elles-mêmes à cause des déclarations généralement inexactes des intéressées ou des sages-femmes, se trouvent encore compliquées par une jurisprudedce ministérielle absolumeut préjudiciable aux grands centres de population et notamment à Paris. Suivant cette jurisprudence constatée par un rapport inséré aux annexes de l'enquête de 1850 (tome II, p. 713), du moment qu'une femme enceinte est venue dans une localité avant son accouchement en témoignant l'intention de s'y fixer, qu'elle s'est livrée au travail et qu'elle continue effectivement à y séjourner après la naissance de son enfant, elle acquiert pour lui le domicile de secours et le rapatriement sur le département d'origine de la mère n'est pas admis.

D'un autre côté les recherches, les investigations nécessitées par ces rapatriements sont absolument contraires au secret que les femmes ont quelquefois intérêt à sauvegarder. Aussi le Conseil général de la Seine (session de 1879, Rapport de M. Thulié) a-t-il demandé que ces renvois fussent supprimés ; les départements étant indemnisés au moyen d'un fonds commun d'abonnement centralisé et réparti par le Ministère de l'intérieur. L'affaire est à l'étude et n'a reçu encore aucune solution ; la difficulté consiste à trouver une base équitable pour la répartition.

Quant aux enfants étrangers, la plupart des gouvernements admettent leur rapatriement à la suite de demandes introduites par voie diplomatique, mais certains Etats, comme la Belgique et l'Italie, ne considèrent plus, depuis deux ou trois ans, comme leurs nationaux, que les enfants légitimes ou reconnus; ce principe, absolument vrai au point de vue des effets civils, ne devrait pas être admis dans une question d'ordre purement administratif.

§ III. — SÉJOUR DES ÉLÈVES A L'HOSPICE DÉPOSITAIRE.

Tout nouveau-né admis dans un hospice dépositaire est immédiatement confié à une nourrice sédentaire, ou élevé au biberon si le peu d'importance de l'établissement ne comporte pas un service de nourrices.

On ne peut évidemment organiser ce service que pour les villes importantes où les abandons sont fréquents[1]. En règle générale, afin d'éviter les agglomérations funestes à la population infantile, les élèves ne doivent séjourner à l'hospice que le temps strictement nécessaire et être confiés de suite à des femmes de campagne.

Malgré les efforts de l'autorité supérieure[2], quelques administrations hospitalières ont une tendance à immobiliser au dépôt des pupilles admis ou ramenés de nourrice. Aussi les dépenses occasionnées de ce chef varient-elles avec les départements.

A Paris, antérieurement à 1860, on vaccinait les enfants à l'hospice, ce qui entraînait un séjour prolongé; maintenant cette opération a toujours lieu à la campagne et, hors les cas de maladies, les pupilles ne séjournent pas plus de vingt-quatre à trente-six heures au dépôt. Le volume de la statistique du ministère de l'agriculture et du commerce, année 1869, tome IX, p. LIX, constate que le département de la Seine est celui où la durée du séjour est le plus réduite.

---

[1] A Paris, il y a une moyenne de 30 à 35 nourrices payées 50 francs par mois, servant pour les enfants abandonnés et pour les enfants, dits du dépôt, dont les parents sont malades dans les hôpitaux de la capitale.

[2] Instruction, 1er avril 1861 et 3 août 1869.

Aux termes de la loi du 5 mai 1869 (articles 2 et 4) les dépenses dites intérieures comprenant ces frais de séjour, « sont prélevées sur le produit des fondations, dons et legs spéciaux faits à tous les hospices du département, au profit des enfants assistés » et, en cas d'insuffisance, sur le budget départemental.

Le prix de la journée à rembourser aux hospices dépositaires est arrêté tous les cinq ans par le préfet, après avoir pris l'avis du Conseil général (même loi, article 4 *in fine*).

§ IV. — MISE EN NOURRICE.

Au commencement du siècle on continuait généralement à utiliser pour le recrutement des nourrices et le placement des enfants à la campagne, des agents appelés *meneurs*.

En 1821 il fut reconnu à Paris que ces meneurs se livraient depuis de nombreuses années à des fraudes de toute nature ; faisant figurer sur les contrôles des enfants décédés ; payant irrégulièrement les nourrices ; ils furent donc tous révoqués et remplacés par des préposés, domiciliés en province, chargés d'une circonscription déterminée ; ce système est encore suivi actuellement. Les départements ayant une population d'enfants assistés suffisamment nombreuse ont également des employés résidant sur place ; pour les départements à faible population, l'inspecteur et les sous-inspecteurs suffisent aux besoins du service.

Les instructions réglementaires exigent, qu'à moins d'ordre contraire des médecins, les enfants soient tous élevés au sein, que la nourrice ait un berceau et une habitation saine. Les conseils généraux font chaque année des dépenses de plus en plus considérables pour assurer un bon recrutement en accordant des pensions élevées de manière à pouvoir lutter contre la concurrence des bureaux particuliers. Le département de la Seine vient, à dater du 1er janvier 1884, de porter de 18 à 25 francs les sommes mensuelles allouées pour les enfants de la naissance à un an ;

indépendamment des **18** francs prévus au décret du 30 ventôse an V.

Cette question du choix de la nourrice a, en effet, une influence très grande sur l'avenir des enfants. Le pupille hospitalier n'est pas un nourrisson que l'on doit rendre aux parents une fois le sevrage terminé.

Il faut trouver non seulement une femme ayant un lait suffisant et pouvant lui assurer le bien-être indispensable, mais encore donner la préférence à des nourriciers en mesure de le conserver dans la maison où il aura été élevé. C'est à cette condition seule que l'on peut constituer au pauvre abandonné une seconde famille, et en faire un jour un honnête et laborieux cultivateur.

Si l'élève placé de prime abord chez des personnes misérables a survécu et que plus tard il passe de mains en mains sans s'attacher à aucun des nourriciers qui l'auront recueilli, il deviendra un mauvais sujet et, indépendamment du tort fait à ce pupille, la société supportera peut-être, pour le punir de fautes dont l'origine ne lui sera pas imputables, des dépenses plus élevées que celles qu'il aurait fallu pour lui assurer dans son enfance la protection tutélaire d'un foyer.

Cette considération est de la plus haute importance, et elle avait été absolument méconnue par l'administration supérieure lorsqu'elle ordonna la mutation en masse des enfants assistés. Cette mesure est ainsi résumée dans la circulaire ministérielle du 21 juillet 1827. « Le déplacement de tous les enfants est devenu indispensable pour détruire les nombreux abus qui se sont introduits dans cette partie du service : il a déjà eu lieu avec beaucoup de succès dans quelques départements et je ne doute pas qu'en le faisant opérer dans toute la France on n'obtienne une réduction considérable dans le nombre et dans la dépense des enfants trouvés. Ce déplacement peut être fait de deux manières. La première serait de vous concerter avec vos collègues des départements limitrophes du vôtre pour placer en nourrice en pension, dans leurs départements, les enfants trouvés que vous administrez. La seconde serait d'opérer un échange de vos enfants trouvés avec ceux des départements voisins. Afin de ne point enlever aux enfants les avantages qu'ils peuvent retirer de l'attachement de leurs nourriciers, vous devrez aussi faire annoncer que si des nourriciers, ou d'autres personnes bien famées, voulaient se charger *gratuitement* des enfants qui auraient été jusqu'alors confiés à leurs soins, l'administration s'engagerait à les leur laisser jusqu'à l'âge de vingt-et-un ans sans que ces enfants puissent les quitter ni exiger d'eux aucun salaire jusqu'à leur majorité. »

Placer, lors de l'admission, les pupilles dans un autre département afin que les parents ne puissent retrouver leurs traces, rien de plus légitime; la force des choses amène du reste ce résultat lorsque les abandons sont nombreux et que les localités environnant l'hospice dépositaire n'offrent point de ressources suffisantes en nourrices.

Mais les séparer violemment des femmes qui les ont élevés, quelle cruauté! de même qu'il était inique de spéculer sur l'affection des nourriciers pour les obliger à conserver gratuitement des enfants qui ne leur appartenaient pas, et de forcer ensuite ceux-ci à servir sans rétribution jusqu'à vingt-et-un ans.

« Nous avons vu cependant, dit M. Remacle [1], des personnes bien intentionnées tenir la mesure des déplacements comme bonne et utile en elle-même, et comme n'excédant pas les droits de l'Etat sur les enfants. Ces personnes n'auraient besoin, pour changer d'avis, que de suivre de près l'exécution de la mesure qu'elles vantent. Si les enfants sont encore dans le premier âge, on les enlève à des nourrices éprouvées pour les donner à d'autres dont le lait leur conviendra moins ou ne leur conviendra pas du tout. S'ils sont entrés dans la seconde, dans la troisième période de l'enfance, on brise des liens d'affection, des habitudes prises, une éducation commencée. On soumet indistinctement au

---

[1] *Des hospices d'enfants trouvés en Europe*, 1838, p. 268.

hasard d'un voyage des êtres faibles, pour qui toute fatigue est mortelle. Les uns vivaient sains et forts dans l'atmosphère attiedie de la plaine ; ils sont envoyés dans les montagnes où un air plus raréfié, plus vif les surprend et les tue. Les autres habitaient un pays abondant en ressources, ils sont forcés de le quitter pour un autre où la nourriture est grossière et rare ; les plus faibles y succombent encore. On a fait le calcul de la diminution de dépenses amenée par l'emploi de cette mesure. Si l'on supputait les décès qu'elle a entraînés, on verrait ce que coûtent en hommes ces économies d'argent. »

L'opinion publique s'émut de ces déplacements administratifs ; Lamartine fit entendre sa voix ; il montra les nourrices allant chez le maire, de là à la préfecture, pour faire révoquer l'ordre inflexible; prenant l'engagement de conserver gratuitement l'enfant, ou après l'avoir livré au conducteur des convois, courant à pied pour le redemander et le rapportant dans leurs bras. Le gouvernement dut renoncer à un système aussi odieux ; on peut être surpris toutefois de voir M. l'inspecteur général de Watteville écrire dans un rapport officiel « qu'il est à remarquer que le chiffre des enfants décédés durant le mois qui a suivi leur déplacement est moins considérable que celui qui a lieu ordinairement. Dans l'état normal des choses, la mortalité est plus forte sur les enfants en nourrice. *Le déplacement a eu une influence salutaire sur leur santé.* »

Au lieu de supprimer ces mutations, il fallait donc alors les ériger en coutume permanente, afin de combattre efficacement la mortalité [1]!

Les enfants assistés sont confiés presque universellement

---

[1] Rapport à M. le ministre de l'intérieur sur le service des enfants trouvés et abandonnés en France. Paris, imp. nationale, 1849, p. 22 et 23.

Ces déplacements effectués de 1830 à 1838 dans 60 départements ont porté sur 32,608 enfants : de 1 jour à 2 ans, 8,879; de 2 à 6 ans, 12,110; de 6 à 9 ans, 7,661; de 9 à 12 ans, 3,958. Total : 32,608.

47 conseils généraux avaient donné leur approbation à la mesure, 14 l'avaient blâmée, et 25 ne s'étaient point prononcés.

à des cultivateurs ; les mises en apprentissage forment l'exception. Il a été constaté, en effet, que la condition agricole est celle qui convient le mieux aux pupilles, tout en assurant leur avenir. Avant la création d'inspecteurs départementaux vers 1835[1], il faut reconnaître qu'en général les commissions hospitalières, privées des moyens d'exécution, composées d'hommes absorbés par leurs affaires personnelles, surveillaient assez mal les enfants. On ne trouvait de remède à la situation qu'en les entassant dans les hospices dépositaires au grand détriment de leur santé et du budget. A l'heure actuelle au contraire, il est fait partout, comme nous l'avons vu, les efforts les plus louables pour assurer aux pupilles de bons placements, en accordant une subvention dont le niveau s'élève chaque jour. L'inspecteur départemental d'Indre-et-Loire indique parfaitement, dans son rapport de 1882, le but qu'il faut atteindre[2].

« Dès qu'il a accompli sa troisième année, dit-il, l'enfant assisté d'Indre-et-Loire ne reçoit plus qu'une pension mensuelle de huit francs cinquante ; ce maigre subside est même réduit à sept francs par mois, à partir de la septième année, et jusqu'à douze ans accomplis. Je n'ignore pas, monsieur le préfet, que certains départements, en fort petit nombre d'ailleurs, donnent des prix de pension moins élevés encore ; l'un d'eux en arrive à ne payer que trois francs par mois (dix centimes par jour pour nourrir, coucher, blanchir un enfant de sept à douze ans !).

« Si économique que soit cette situation pour le budget départemental, de tels résultats ne me paraissent pas enviables : le conseil général ne m'invitera certainement pas à en rechercher le secret pour l'appliquer à nos pupilles. Pas plus en Indre-et-Loire qu'ailleurs, on ne saurait trouver en nombre suffisant des nourrices charitables disposées à élever à leurs frais les pupilles de l'Assistance : les condi

---

[1] Circulaire ministérielle du 12 mars 1839.
[2] Session du conseil général. Rapports, p. 396.

tions du milieu social dans lequel elles sont recrutées ne leur permet pas un tel désintéressement. Les nourriciers qui recherchent les enfants assistés pour un salaire aussi dérisoire ne peuvent avoir qu'un but, à mon avis : exploiter le petit malheureux, soit en le faisant mendier, soit en l'appliquant, dès son plus jeune âge, et à leur profit personnel, à des travaux assidus d'industrie. Dès lors, plus de bien-être pour l'enfant, plus d'école, plus d'éducation ; qu'espérer même au point de vue de son développement physique ?

« Telle n'est pas heureusement la situation des enfants assistés d'Indre-et-Loire : le conseil général aura à cœur de la maintenir en l'améliorant encore.

« Que nos enfants de six à douze ans soient associés chez leurs nourriciers aux petits travaux d'intérieur, de garde des troupeaux, de culture etc., avant ou après les heures de classe, les jours de vacances ou congés scolaires, rien de mieux ; je vois même des avantages sérieux à ce qu'ils soient de bonne heure initiés aux divers travaux de la campagne ; l'agriculture sera, pour la plupart, la carrière de leur vie. Mais le conseil général et votre administration tiendront évidemment à ce que nos enfants de six à douze ans ne soient exercés qu'à des travaux modérés, en rapport avec la légèreté de leur âge et leur débilité physique, et seulement en dehors des heures d'ouverture de l'école.

« Non seulement ces conditions sont essentielles à la santé de nos pupilles, à leur développement physique, moral et intellectuel, mais elles constituent, en outre, un exemple salutaire, utile à donner dans certaines communes à un trop grand nombre de familles, qui n'ont point les mêmes préoccupations vis-à-vis de leurs enfants légitimes.

« Si le conseil général veut assurer ce résultat, déjà acquis en partie, il me paraît nécessaire d'élever les tarifs actuels à douze francs par mois par enfant de quatre à douze ans, à dix francs tout au moins. Si l'on ajoute à ce nouveau tarif l'indemnité réglementaire annuellement ac-

cordée pour fréquentation régulière de l'école,et une gratification variable accordée en fin d'année aux meilleures
nourrices,la dépense annuelle s'élèvera à cent-quatre-vingts
francs environ par enfant, soit cinquante centimes par
jour, non compris la vêture délivrée en nature.

« Bien que très modeste, ce salaire sera convenablement
rémunérateur pour les nourrices ; en échange, l'administration aura le droit de se montrer très exigeante, ce qu'elle
ne peut pas toujours faire avec le système actuel. »

Il est donc à désirer que les conseils généraux n'hésitent
pas à faire quelques sacrifices pour donner à la patrie des
soutiens robustes, courageux, voulant gagner honnêtement
leur vie et devant rendre au décuple les frais qu'ils auront
occasionnés.

Ce n'est pas, en effet, une simple question d'humanité.

« Il s'agit, dit l'inspecteur du Loir-et-Cher[1] de sauvegarder les intérêts de la société, en lui rattachant par les liens
du devoir et de la reconnaissance des enfants qui, plus
tard, peuvent ou la servir utilement ou devenir un danger
pour elle. »

« Il faut, en un mot, créer à l'enfant une famille et le
rendre l'égal de ceux qui vivent au milieu des leurs [2]. »

Sous ce rapport, la loi du 28 mars 1882 a produit d'heureux effets, en forçant la plupart des conseils généraux à
élever le tarif des pensions et à les continuer jusqu'à la
13⁰ année accomplie. Antérieurement le décret de 1811 et
les instructions de 1823 avaient été scrupuleusement suivis.
La pension, sauf en ces dernières années, pour trois départements, cessait à 12 ans. Dans peu de temps elle sera allouée uniformément une année de plus, au grand avantage
de l'instruction et du développement physique de l'enfant[3].

---

[1] Session du conseil général, août 1882. Rapport de l'inspecteur
p. 28.

[2] Conseil général du Rhône, session d'août 1882. Rapport de l'ins
pecteur, p. 46.

[3] Indépendamment du prix des pensions, insuffisant encore, il fau
ajouter que l'on accorde habituellement des récompenses ou indem

Il ne faudrait pas croire toutefois qu'antérieurement à cette loi on ne s'était pas préoccupé d'envoyer les pupilles aux écoles. Un des premiers actes administratifs que l'on rencontre à ce sujet, après 1789, est le décret du 30 ventôse an V, décidant (art. 4) que les nourrices seront tenues d'envoyer les enfants aux écoles pour y participer aux instructions données aux autres enfants de la commune ou du canton.

Plus tard, en vertu de la décision ministérielle du 17 mars 1843, les enfants assistés eurent droit gratuitement [1] à l'instruction primaire. La circulaire du 12 février 1856 autorisa ensuite l'imputation sur les budgets départementaux : 1° des frais d'acquisition de fournitures d'écoles ; 2° de ceux qui résulteraient de l'admission, dans des écoles privées, des jeunes filles habitant des localités dépourvues d'école publique. « Je ne terminerai pas, dit le ministre, sans vous recommander de veiller à ce que les nourriciers envoient exactement aux écoles primaires les enfants qui leur sont confiés. Si les négligences qui m'ont été signalées se manifestaient de nouveau, vous ne devriez pas hésiter à prendre contre ceux qui s'en rendraient coupables telles mesures que vous paraîtrait commander l'intérêt des enfants. »

Il ne faudrait pas s'exagérer cependant les résultats obtenus.

L'expérience démontre que les assistés, ainsi que la plupart des enfants de nos campagnes, une fois arrivés à l'âge

nités pour la fréquentation des classes et des instructions religieuses et des vêtures dont la composition s'améliore d'année en année ; celles du département de la Seine, notamment, sont aussi complètes que possible et coûtent au budget départemental plus de 600,000 fr. par an.

[1] « Le conseil royal de l'instruction publique estime qu'aux termes de la loi du 22 juin 1833, qui veut que l'instruction primaire soit donnée à tous les enfants et gratuitement aux enfants indigents, cette instruction doit être, à plus forte raison, donnée gratuitement aux enfants trouvés ; que tout enfant, habitant de fait dans une commune, a droit à l'instruction primaire donnée dans l'école communale ; que si les revenus ordinaires et les trois centimes additionnels ne suffisent pas pour couvrir toute la dépense, le département ou l'État, ou enfin l'administration des hospices doit y suppléer. » (Watteville, *Législation charitable*, tome II, p. 12.)

de 15 à 16 ans, ayant peu d'occasions de s'exercer à la lecture ou à l'écriture, oublient rapidement ce qu'ils ont appris.

Il faut aussi éviter un autre écueil : actuellement les élèves qui arrivent à obtenir le certificat d'études primaires se croient les plus savants du monde, et ont une propension marquée à vouloir abandonner les campagnes pour venir dans les villes ; il appartient aux administrations hospitalières de réagir contre de pareilles tendances, en n'encourageant pas, par une faiblesse coupable, des prétentions que rien ne justifie le plus souvent, et qui ne pourraient qu'augmenter le nombre des déclassés, c'est-à-dire des êtres les plus malheureux et les plus nuisibles à la société.

§ V. — PLACEMENT DES ENFANTS ARRIVÉS A LEUR DOUZIÈME OU TREIZIÈME ANNÉE.

Ainsi que nous venons de le dire, les pensions devant finir à 12 ans accomplis (actuellement 13 ans), il fallait pourvoir à l'avenir des pupilles. Le décret du 30 ventôse an V avait décidé que deux indemnités de 50 francs seraient accordées, l'une (art. 8) servant de récompense aux nourriciers ayant conservé les enfants depuis leur première année « en les préservant d'accidents », la seconde destinée à favoriser le placement des élèves « chez des cultivateurs, artistes, ou manufacturiers », où ils devaient rester jusqu'à leur majorité pour y apprendre un métier ou profession conforme à leurs goûts et à leurs facultés (art. 13). « Les nourrices et autres habitants qui auront élevé les enfants pourront, ajoutait l'article 14, les conserver préférablement à tous autres. »

Ces prescriptions fort sages furent modifiées profondément par le décret du 9 janvier 1811, mettant les enfants à la disposition de l'Etat et spécifiant (art. 17 et 18) « que les contrats d'apprentissage ne stipuleront aucune somme en faveur ni du maître ni de l'apprenti, mais garantiront au maître *les services gratuits* de l'apprenti jusqu'à un âge ne pouvant excéder 25 *ans*, et à l'apprenti, la nourriture, l'entretien et le logement ».

Il est possible que l'état du pays à cette époque ait paru légitimer de pareilles mesures, mais elles lésaient complètement les intérêts des pupilles, aussi fallut-il bientôt en revenir aux deux principes suivants :

1° A la cessation de la pension, les élèves seront maintenus autant que possible à la campagne, et ils ne pourront être ramenés dans les hospices qu'en cas de maladie ou d'infirmité. (30 vent. an V, art. 3-5 ; 19 janv. 1811, art. 17 et 20.)

2° Les commissions hospitalières feront des transactions particulières avec ceux qui se chargeront de ces enfants. (30 vent. an V, art. 13.)

Remarquons que toutefois, dans ce système suivi par tous les départements, le pupille doit se suffire par lui-même à douze ans et travailler assez pour gagner au moins son entretien. Disposition draconienne à l'égard de ces pauvres êtres, atténuée un peu, il est vrai, par la continuation de la pension jusqu'à 13 ans, mais que la pénurie du budget ne parvient pas à justifier suffisamment, car exiger trop de l'enfant encore en bas âge, c'est compromettre l'avenir d'un membre de la nation et sacrifier ainsi un double intérêt.

§ VI. — TUTELLE DES COMMISSIONS HOSPITALIÈRES.

Que l'enfant soit en nourrice ou placé en apprentissage, les commissions hospitalières ont de nombreuses occasions d'exercer leur tutelle; il faut examiner quelles sont les bases et l'étendue de cette tutelle légale que leur attribue l'art. 1er de la loi du 15 pluviôse an XIII, dont il est bon de rappeler les termes :

« Les enfants admis dans les hospices, à quelque titre et sous quelque dénomination que ce soit, seront sous la tutelle des commissions hospitalières de ces maisons, lesquelles désigneront un de leurs membres pour exercer, le cas advenant, les fonctions de tuteur, et les autres formeront le conseil de tutelle [1]. » (Art. 3.) « Cette tutelle durera jusqu'à la majorité des enfants ou à leur émancipation par le mariage ou autrement [2]. »

Le rapporteur de la loi au corps législatif, Regnaud de Saint-Jean-d'Angély, précise la portée de ces dispositions en disant : « Le gouvernement a dû s'occuper d'assurer le sort des enfants abandonnés, de créer pour eux, à la place des parents qu'ils ne connurent jamais ou qu'ils ont perdus, une *paternité sociale qui exerçât tous les droits, toute la puissance de la paternité naturelle*, et qui en suppléât les soins, la vigilance et la protection. »

La situation est donc bien claire ; l'enfant *une fois immatriculé n'a plus de famille* ; la commission administrative possède à son égard les droits attribués aux pères et mères par le code civil [3], et il n'y a pas à distinguer s'il s'agit d'un enfant naturel ou d'un enfant légitime. Le droit de succession réciproque, sous les conditions que nous examinerons ultérieurement, forme le seul lien subsistant dans ce vaste naufrage des attributs de la puissance paternelle que crée l'abandon [4]. Il en résulte que les commissions hospitalières ont les droits de garde et de correction, d'émancipation, de consentement au mariage et aux engagements militaires et d'administration des biens.

---

[1] A Paris, la loi du 10 janvier 1849 a confié au directeur de l'administration générale de l'Assistance publique la tutelle des enfants assistés, mais le conseil de surveillance de cette administration, dont les attributions sont limitativement déterminées par la loi et qui d'ailleurs n'administre pas puisqu'il donne simplement des avis, ne saurait être assimilé au conseil de tutelle formé des membres des commissions hospitalières des départements. Il en résulte que le directeur de l'Assistance, *tuteur légal sans conseil de famille*, a, par la force même des choses, les pouvoirs *du père pendant le mariage*.

[2] Ces dispositions sont confirmées par le décret de 1811 (art. 19).

[3] Cette formule se rencontre dans la loi de pluviôse à l'occasion de l'émancipation (art. 4). « Les commissions jouiront, relativement à l'émancipation des mineurs qui sont sous leur tutelle, des droits attribués aux pères et mères par le code civil. »

[4] Voir un jugement du tribunal du Puy, 29 juillet 1864. Dalloz, 623, 14.

I

Droit de garde et de correction.

Les commissions hospitalières doivent placer de préférence leurs pupilles dans les campagnes, mais elles peuvent parfaitement les confier à des industriels ou à des personnes charitables se chargeant de leur entretien en vue d'adoption ultérieure ; le code civil prévoit même le cas où la tutelle officieuse serait déléguée à des bienfaiteurs [1]. Ces placements sont quelquefois très avantageux. Ainsi le directeur de l'Assistance publique, dans ses rapports de 1882 et 1883, cite deux pupilles ayant hérité l'une de 60,000 francs de rentes, l'autre de 500,000 francs. « Une troisième, ajoute-t-il (p. 38), a été mariée récemment d'une manière brillante ; elle ignore complètement le secret de sa naissance. » En effet, les enfants ainsi placés se croient en général les descendants des personnes qui les ont recueillis. La tendresse est réciproque, et c'est seulement au moment du mariage ou de la majorité qu'ils connaissent souvent la vérité, mais alors l'affection et la reconnaissance remplacent dans leur cœur les sentiments filiaux qui y ont régné pendant tant d'années.

Comme ombre à ce tableau, il faut dire quelques mots des mises en préservation. Toutes les fois qu'un élève se conduit mal d'une façon persistante, rendant par son inconduite

---

[1] On a agité la question de savoir si, après le décès du tuteur officieux, survenu pendant la minorité du pupille, celui-ci retombait sous la tutelle de l'Administration hospitalière. La jurisprudence admet la négative. Angers, 26 juin 1844. « Cette doctrine nous semble erronée, dit M. Léon Béquet (*Régime et Législation de l'assistance en France*, 1885, p 117), en ce sens qu'il ne paraît pas possible de soutenir que la tutelle des enfants abandonnés n'ait pas été réglée dans un intérêt d'ordre public. » Nous sommes absolument de cette opinion, en effet, comme le dit encore M. Béquet : « La tutelle de l'administration dérive d'une sorte de paternité fictive, elle a le même objet et doit avoir aussi la même durée que la tutelle légitime des parents véritables ; la tutelle officieuse a pu l'exonérer, mais non l'anéantir.

tout placement impossible, la commission hospitalière (à Paris le directeur de l'Assistance publique) requiert du président du tribunal l'envoi dans un établissement pénitentiaire à titre de correction paternelle (art. 376 et 377 du code civil). On choisit généralement les colonies agricoles et les Bons-Pasteurs. Ces mises en préservation sont rares et s'appliquent le plus souvent à des enfants abandonnés âgés et ayant contracté avant leur admission des habitudes de paresse et de vice ; ce peuvent être de malheureuses filles souillées au domicile paternel ; ce fait se rencontre malheureusement.

II

Émancipation ; consentement à l'engagement militaire, ou à l'engagement décennal dans l'instruction ; mariage.

Les deux premiers de ces droits ne donnent lieu à aucune observation ; on peut dire seulement que, si l'émancipation existe, elle est d'une application extrêmement rare ; nous n'en avons jamais trouvé trace dans les rapports des inspecteurs départementaux.

Quant au mariage, on a contesté le pouvoir des commissions hospitalières en raison du silence de la loi. Il est vrai que la loi du 15 pluviôse an XIII et le décret du 19 janvier 1811 ne prononcent pas le nom de cet acte, mais c'est un oubli que l'ensemble de la législation permet de combler.

En premier lieu il a été déclaré dans l'exposé des motifs que les commissions devaient exercer « tous les droits, toute la puissance de la paternité ». En second lieu, comme le remarque M. Léon Béquet (p. 115), « des droits de tutelle impartis par la loi, il résulte que l'enfant ne peut ni contracter ni s'engager sans l'autorisation de la commission ; à plus forte raison ne saurait-il se marier. »

Enfin qui autoriserait le mariage dans l'immense majorité des cas où il s'agit d'un enfant naturel non reconnu, ou d'un enfant légitime dont les parents sont morts ou disparus depuis vingt ans? Si l'on exigeait un jugement déclarant l'absence et la constitution d'un conseil de famille avec nomination d'un tuteur *ad hoc*, autant déclarer que les enfants assistés mineurs ne se marieraient jamais ; ce serait encourager le concubinage. Du reste un fait prime tout : c'est la pratique journalière ; depuis le commencement du siècle des milliers d'enfants ont été mariés avec le consentement de leurs tuteurs légaux ; la jurisprudence est donc constante [1].

On admet généralement que, toute tutelle cessant à la majorité, le pupille devenu majeur peut librement se marier sans aucun consentement, la restriction édictée par le code civil ne l'atteignant pas ; cette lacune nous paraît regrettable, car personne plus que ces infortunés, privés des conseils des parents, n'a besoin d'être préservé de ses propres entraînements.

III

Gestion des biens.

Il arrive quelquefois que les abandonnés ou les orphelins ont des biens provenant de succession, donation, etc. ; ils possèdent aussi fréquemment un pécule fruit de leurs économies [2].

Qui va gérer cette petite fortune?

La loi du 15 pluviôse an XIII y a pourvu par son article 5. « Si les enfants admis dans les hospices ont des biens, le receveur de l'hospice remplira, à cet égard, les mêmes fonctions que pour les biens des hospices. Toutefois les biens des administrateurs tuteurs ne pourront, à raison de leurs fonctions, être passibles d'aucune hypothèque. La garantie de la tutelle résidera dans le cautionnement du receveur chargé de la manutention des deniers et de la gestion des biens [3]. »

---

[1] La doctrine est favorable à ces principes. Voir Demolombe, tome VIII.

[2] A Paris, au 31 décembre 1884, le montant de ce pécule, versé à la caisse d'épargne, formait une somme de plus de 1,400,000 fr.

[3] L'art. 6 dit que les intérêts, etc., seront placés dans les monts-de-

(Art. 7.) « Les revenus des biens et capitaux appartenant aux enfants seront perçus jusqu'à leur sortie des dits hospices à titre d'indemnités des frais de nourriture et entretien. » (Art. 8.) « Si l'enfant décède avant sa sortie de l'hospice, son émancipation ou sa majorité, et qu'aucun héritier ne se présente, ses biens appartiendront en propriété à l'hospice ; s'il se présente ensuite des héritiers, ils ne pourront répéter les fruits que du jour de la demande. »

(Art. 9.) « Les héritiers qui se présenteront pour recueillir la succession d'un enfant décédé avant sa sortie de l'hospice, son émancipation ou sa majorité, seront tenus d'indemniser l'hospice des aliments fournis et des dépenses faites pour l'enfant décédé, pendant le temps qu'il sera resté à la charge de l'administration, sauf à faire entrer en compensation jusqu'à due concurrence les revenus perçus par l'hospice. »

Ces dispositions nécessitent quelques observations.

D'abord que doit-on décider des revenus excédant les dépenses occasionnées par le pupille ?

On a soutenu qu'ils doivent alors profiter aux autres enfants et aux hospices chargés de l'entretien du service. (Cour de Bordeaux, 11 mars 1840.) Mais l'arrêt de cassation du 21 mai 1849, qui décide le contraire, paraît se rapprocher beaucoup plus de l'esprit de la loi, qui a eu surtout en vue l'intérêt des pupilles.

En outre, le mot *à titre d'indemnité* exclut toute idée de gain, et ce gain serait odieux.

Il faut conclure également que les intérêts des économies amassées par les élèves ne sauraient être perçus par les commissions ou les départements. Que veut la loi? C'est favoriser le goût de l'épargne, et ce serait un étrange abus que de s'emparer de cet argent à titre de remboursement.

En ce qui en concerne les successions, la loi du 15 pluviôse, modifiant l'art. 768 du code civil, place l'hospice

piété. Ce mode de procéder a été modifié par les circonstances au milieu desquelles nous nous trouvons actuellement; les placements sont faits à la caisse d'épargne, ou en rentes sur l'Etat.

avant l'Etat, et c'est de toute justice. Si l'ancien élève décède sans laisser d'héritier majeur, l'administration forme également, dans la pratique, un recours contre l'Etat, à titre de créance alimentaire.

L'ancien droit allait beaucoup plus loin en attribuant les successions en déshérence à ceux qui avaient la charge des trouvés.

Ajoutons que depuis la loi du 5 mai 1869, qui exonère complètement les hospices de l'entretien des abandonnés, les successions ainsi recueillies sont encaissées par les budgets départementaux.

IV

Réclamation des enfants par les parents.

Le décret du 19 janvier 1811 (art. 21) s'exprime ainsi : « Il n'est rien changé aux règles relatives à la reconnaissance et à la réclamation des enfants trouvés et des enfants abandonnés (ajoutons *et des orphelins*). Mais avant d'exercer aucun droit, les parents devront, s'ils en ont les moyens, rembourser toutes les dépenses faites par l'administration publique ou par les hospices... »

Quels sont alors les droits des parents? peuvent-ils, en remboursant intégralement les dépenses, mettre fin *de plano* à la tutelle hospitalière? nous ne le pensons pas. Les tuteurs légaux ont d'abord le droit évident, lorsqu'il s'agit d'enfants naturels, de contester la reconnaissance ; mais en dehors même de cet expédient qui ne peut qu'être assez rare, cette tutelle *sui generis*, si puissante et si opposée à la législation générale, a été constituée dans l'intérêt des enfants et de la société. Les parents qui n'ont pas pu ou voulu faire les sacrifices nécessaires pour élever leurs descendants, sont déchus de leurs droits par l'abandon. Comment admettre qu'il suffirait, en dehors de toute autre considération, du versement d'une somme souvent minime pour faire revivre la puissance paternelle avec tous ses attributs? Le décret de 1811, dans le dernier paragraphe de l'art. 21, avait spécifié que, si l'enfant était marin ou soldat, au moment de la demande de retrait, les droits de l'Etat ne pourraient être lésés ; le souci de la morale n'est-il pas autrement important que le maintien d'un mousse sur un navire?

Voici une mère légitime qui vit de débauches, elle rejette son enfant dont la présence gênait ses débordements ; plus tard, alors que sa fille est devenue grande, cette femme veut la ramener auprès d'elle, peut-être pour lui faire prendre sa place, et elle n'aurait qu'à verser quelques pièces d'or pour avoir le pouvoir de ravir cette pauvre créature à la famille qui l'a élevée, à l'administration qui l'a protégée ; énoncer la question est la résoudre. Il n'existe pas de tribunal qui puisse sanctionner une pareille énormité.

Il faut donc dire : ou les parents sont honorables, animés de bons sentiments, et alors le tuteur légal n'élèvera aucune difficulté au sujet de la remise ; il pourra même les exonérer de tout remboursement [1]. Si, au contraire, il y a dans la demande quelque indigne exploitation, si la moralité est absente du foyer paternel, le tuteur refusera de se dessaisir de ses pouvoirs et les tribunaux prononceront après un débat contradictoire. Dans la pratique ce débat n'aura même pas lieu, les parents n'insistant pas.

V

Exercice de la tutelle.

Nous venons de résumer rapidement les divers points se rattachant à la tutelle constituée par la loi de pluviôse et le décret de 1811 ; examinons la manière dont elle s'exerçait. Soit défaut d'organisation, soit manque de vigilance, les

[1] A l'origine, le ministre se réservait à lui seul de statuer sur les remises gratuites ; mais, en présence de la multiplicité des écritures et des retards, on renonça vite à cette paperasserie inutile (circulaire du 17 novembre 1813, Cir. tome II, p. 289). D'après le texte du décret de 1811, ce serait la commission hospitalière tutrice qui

commissions hospitalières s'occupaient fort peu, au commencement du siècle, des enfants de douze à vingt et un ans. M. de Watteville écrivait en 1849 (rapport *ut supra*, p. 26) : « La tutelle des enfants trouvés confiés aux commissions administratives des hospices dépositaires est généralement très négligée ; cette tutelle est bien exercée dans 20 départements, elle est à moitié exercée dans 5 départements, complètement abandonnée dans 61 départements. On ignore en général ce que deviennent les trois quarts des enfants trouvés, une fois qu'ils ont atteint leur treizième année, c'est-à-dire au moment où les départements cessent de payer la faible allocation allouée aux patrons qui les ont élevés jusqu'à cet âge.

Voici ce que deviennent les enfants sur lesquels on peut recueillir quelques renseignements :

« 6/10 restent chez des cultivateurs qui les ont élevés;

« 2/10 sont placés chez les artisans pour apprendre un métier;

« 1/10 entre comme domestiques chez des particuliers;

« 1/10 rentre dans les hospices sans pouvoir jamais être placé.

« Très peu d'enfants trouvés savent lire, encore moins savent écrire.....

« Les filles sont plus difficiles à placer que les garçons, la grande majorité d'entre elles se livrent à la prostitution..... et cependant, chose remarquable, toutes les filles, enfants trouvés, qui se comportent bien, se marient très avantageusement à la campagne. »

Ce tableau, aux couleurs peut-être un peu assombries, se retrouve chez les divers auteurs qui écrivaient alors sur cette question.

---

devrait statuer sur la remise, et le préfet sur la question de remboursement ou non-remboursement des frais. Cette question présente actuellement peu d'intérêt; les inspecteurs départementaux ont tout absorbé en province, et à Paris le directeur de l'Assistance publique centralise le service, soit comme *tuteur légal*, soit comme *délégué du préfet de la Seine.*

Dix ans plus tard, l'enquête de 1860 (p. 114) s'exprimait ainsi : « Sauf dans onze départements, les commissions administratives ne remplissaient que d'une manière fort incomplète leurs devoirs de tutrices. Négligeant ses attributions les plus importantes, la tutelle hospitalière se réduit ordinairement aux cas spéciaux où le consentement et l'assistance du tuteur légal sont absolument nécessaires ; quelquefois même cette intervention s'exerce-t-elle tardivement. L'ajournement des décisions, les retards dans les signatures des pièces, ont compromis, en plus d'une occasion, les intérêts des pupilles. — Il faut du reste reconnaître, ajoute le rapport, que les commissions administratives ne peuvent réellement suffire aux devoirs que nous venons d'esquisser. Animés du meilleur esprit, désireux de faire le bien et de le bien faire, les membres de ces commissions n'ont, comme honorabilité et bon vouloir, aucune comparaison à redouter, mais ils doivent plus particulièrement leurs soins à l'établissement hospitalier qu'ils administrent. Choisis d'ailleurs parmi la population active du pays, ils ont à remplir des fonctions importantes, à satisfaire aux exigences de leur profession, à surveiller la gestion de leurs intérêts privés. Peut-être serviraient-ils efficacement de tuteurs aux enfants conservés à l'hospice ; mais, quant aux pupilles placés à l'extérieur (et c'est le plus grand nombre), ils ne peuvent personnellement les surveiller, se rendre compte des avis qu'ils reçoivent et de l'observation des conditions du placement. Pour tous ces détails, cependant si essentiels, et lorsqu'il s'agit surtout d'adolescents ayant dépassé leur douzième année, on ne saurait raisonnablement leur demander d'exercer la tutelle avec toute la vigilance que commandent l'intérêt des enfants et celui de la société. »

Le mal signalé par M. de Watteville et la commission de de 1860 était réel ; on ne peut demander évidemment aux membres de ces commissions hospitalières de se transporter journellement sur les divers points du territoire pour surveiller les pupilles. Mais ce fait se reproduit pour tous les actes de la vie administrative. Est-ce que ce sont les membres des commissions qui soignent les malades, qui tiennent la comptabilité? etc. Il y a, pour ces divers emplois, des infirmières, des économes. Les membres de la commission font les règlements, en exigent l'exécution, en un mot dirigent le service sans en remplir par eux-mêmes tous les détails [1]. Il fallait agir de même pour les enfants trouvés; les commissions devaient s'adjoindre un agent d'exécution, pourvoyant aux placements, adressant des rapports, soumettant les questions à trancher, accomplissant vis-à-vis des élèves le rôle que les infirmiers jouent à l'égard des malades.

Le décret de 1811 avait indiqué cette manière de procéder, et il y avait eu un commencement d'exécution. Mais l'Etat ayant toujours tendu depuis plus de quarante ans à remplacer les commissions par des agents relevant de lui seul, faussa tout l'esprit de la législation.

Il était certain que les commissions hospitalières obligées déjà de pourvoir à une partie des dépenses, ne pouvaient encore solder des inspecteurs, ce rôle appartenait aux départements, qui depuis la loi de finances de 1817, restaient chargés du paiement des mois de nourrices et pensions. Ils n'auraient pas dû hésiter à faire les légers sacrifices nécessaires pour assurer aux commissions hospitalières des auxiliaires indispensables, et cependant l'instruction de 1823 ne parle que de visites confiées à des époques indéterminées, à des médecins; de véritables inspecteurs ne furent nommés que plus tard, et encore dans quelques parties de la France.

« Pour que cette création, qu'il conviendrait d'étendre à tous les départements, dit la circulaire du 12 mars 1839, fit tout le bien qu'elle me paraît appelée à réaliser, il faudrait

---

[1] A Paris, le directeur de l'Assistance publique ne peut évidemment surveiller par lui-même 12,000 pupilles de 13 à 21 ans; il a, pour remplir ces fonctions sous sa direction et sa responsabilité, 2 contrôleurs, 46 agents résidant en province, assistés de 250 médecins. Les décisions restent prises bien entendu par le tuteur.

que l'inspection du service des enfants trouvés et abandonnés ne fût pas seule confiée à des inspecteurs ; mais qu'ils fussent également chargés, sous le rapport de l'administration et de la comptabilité, de l'inspection des hospices, des bureaux de bienfaisance, des maisons de secours et de tous les établissements charitables du département. Je vous invite donc, Monsieur le préfet, ajoute le ministre, à procéder sans retard au choix et à la nomination d'un inspecteur dans votre département, ou, si déjà vous en avez établi un pour le service des enfants trouvés, à comprendre dans ses attributions les hospices, les bureaux de bienfaisance et les divers établissements analogues.

« Ce n'est là, au surplus, qu'une extension d'attributions qui ne doit cependant, en aucune manière, changer le caractère de ces employés, qui, avant tout, sont institués pour accomplir l'obligation que le décret du 19 janvier 1811 (art. 14) impose à l'administration de faire inspecter plusieurs fois par an les enfants trouvés et abandonnés placés en nourrice ou en pension... Les inspecteurs départementaux des établissements de bienfaisance auront toujours, j'en suis certain, pour les membres des commissions administratives les égards et la confiance que j'aime à croire qu'ils trouveront eux-mêmes auprès des administrateurs... L'inspecteur se rendra souvent dans les lieux où les enfants trouvés ou abandonnés ont été placés, il s'assurera de leur existence et de leur identité, il vérifiera si les nourrices ne remettent pas à d'autres femmes les nourrissons qu'elles ont obtenus... Il veillera à ce que les enfants reçoivent toujours les soins convenables, à ce qu'ils soient vaccinés, à ce qu'ils soient élevés, autant que possible, dans des principes de religion et de morale, et à ce qu'ils n'aient que de bons exemples sous les yeux. Lorsque les enfants seront plus grands, l'inspecteur devra encore continuer d'exercer sur eux une exacte surveillance *et s'assurer que les commissions administratives remplissent à leur égard, et jusqu'à leur majorité,* les devoirs que leur

20

imposent les lois, et particulièrement celle du 15 pluviôse an XIII[1]. »

Cette citation est un peu longue, mais elle était nécessaire pour montrer les hésitations du ministère ; tantôt l'inspecteur n'est nommé qu'en exécution du décret de 1811 et alors il devrait être l'agent direct des commissions hospitalières, tantôt au contraire, associé à l'inspection générale, il est chargé, pour le compte de l'Etat, de la surveillance de ces mêmes commissions.

En 1856, la pensée officielle se dessine plus nettement. « Vous avez entre les mains, dit aux préfets la circulaire du 30 avril, tous les pouvoirs nécessaires pour assurer, même dans l'état actuel de la législation, l'exercice de cette tutelle que réclament à un égal degré l'intérêt de la société et celui de l'Etat.

« La nomination des commissions administratives vous appartient, et le décret du 25 mars 1852 vous donne le droit de proposer, soit la dissolution du corps tout entier, soit la révocation individuelle des membres qui le composent.

« *En dehors des commissions hospitalières et sous votre autorité*, l'administration supérieure a pris soin de placer un agent responsable..... *L'inspecteur départemental est, auprès des commissions administratives, le représentant de votre autorité*. Non seulement il doit vous éclairer sur l'ensemble et les détails du service, mais il doit aussi veiller à ce que ces commissions remplissent, dans toute leur étendue, les obligations que la loi leur impose. Dans le cas où, malgré vos recommandations, la tutelle laisserait encore à désirer,

[1] On lit dans le rapport de M. de Watteville, 1849, p. 22 : « L'inspection départementale du service des enfants trouvés, créée par la circulaire du 12 mars 1839, a produit les meilleurs effets, soit sous le rapport du bien-être des enfants, car depuis cette époque la mortalité a considérablement diminué parmi ces infortunés, soit sous le rapport financier, de notables économies ayant été obtenues. Tous les départements, sauf le Cher, la Haute-Saône et les Vosges, ont un inspecteur. Dans le Cher, l'inspection est exercée par les maires et les médecins vaccinateurs. La Haute-Saône et les Vosges n'ont que quelques enfants (50 a 60). »

VOUS DEVRIEZ PRENDRE DES MESURES POUR LUI EN DÉLÉGUER PERSONNELLEMENT L'EXERCICE. »

Ainsi, contrairement au décret de 1811, on refusait aux Commissions l'agent d'exécution qui leur était indispensable, mais, ce qui est le plus étrange, on autorisait les préfets à déléguer, le cas échéant, des droits qu'ils ne possédaient nullement. Ces principes s'affirmèrent de nouveau dans l'enquête de 1860 (p. 112 à 115), et la circulaire ministérielle du 3 août 1869 s'exprimait ainsi : « En décidant que les inspecteurs départementaux seraient rétribués sur les fonds de l'Etat, la loi a réalisé un progrès considérable. Peu à peu la situation de ce personnel tendra à s'améliorer... *Ainsi réorganisé, le personnel de l'inspection devra, sous votre autorité, prendre plus activement encore la direction du service.* Ses tournées seront plus fréquentes. C'est l'inspecteur départemental qui vous proposera l'admission aux secours temporaires ; c'est à lui que seront confiés la recherche et l'engagement des nourrices, la préparation et la signature des contrats d'apprentissage, la réalisation des placements de fonds à la caisse d'épargne [1] ; *il devra enfin ne demeurer étranger à aucun des détails de la tutelle administrative, et vous l'y associerez étroitement dans les termes et aux conditions prévus par l'instruction du* 30 *avril* 1856. »

Enfin le rapport précédant le décret du 31 juillet 1870, réglant les classes et les appointements des inspecteurs, contient le passage suivant qui consacre l'exclusion, pour ainsi dire complète, des commissions hospitalières de la tutelle des enfants assistés. « L'inspecteur départemental doit, d'après les règlements, préparer le travail des admissions, tenir les registres d'inscription et de tutelle, rédiger

---

[1] Cette disposition vient de donner lieu à une difficulté dans le département de l'Orne. Un secrétaire des hôpitaux et hospices civils d'Alençon ayant détourné des fonds provenant des économies faites par pupilles, la commission prétend que le receveur des hospices n'est plus responsable, la loi du 15 pluviôse an XIII se trouvant abrogée en fait, et l'inspecteur départemental réunissant en sa personne tous les pouvoirs, depuis la circulaire du 3 août 1869. (Conseil général de l'Orne, session d'avril 1885.)

les comptes rendus annuels, diriger ou du moins contrôler
la comptabilité du service ; et ces occupations secondaires
ne sont qu'une faible partie de ses attributions. Des tournées presque continuelles doivent le mettre en rapport
avec les enfants, les nourriciers, les patrons. Sa mission ne
cesse *qu'à la majorité de ses pupilles,* car c'est à lui qu'il
appartient de préparer les contrats d'apprentissage ou de
domesticité, d'en assurer l'exécution et de suivre toutes les
questions litigieuses qui exigent l'intervention du tuteur
légal... »

Le rôle des commissions se borne donc à autoriser
quelques mariages ou à défendre aux rares instances judiciaires que nécessite la gestion de la fortune des enfants
assistés. En France, à l'heure actuelle, l'inspecteur départemental, nommé par le ministre, réunit en sa personne les
doubles fonctions d'*administrateur* et de *surveillant* ; il est
tout ; les commissions hospitalières ne sont plus rien.
Quant aux conseils généraux, ils règlent le service, mais
ne peuvent statuer que sur les rapports des inspecteurs, se
contrôlant eux-mêmes et véritables juges et parties dans
les mémoires annuels qu'ils adressent aux conseils par
l'intermédiaire des préfets [1].

Quand nous disons en France, nous commettons une
légère erreur. Dans le département de la Seine, l'inspection départementale, constituée en 1875 seulement, aurait
voulu là aussi prendre la direction effective du service,
malgré la loi du 10 janvier 1849 ; mais le conseil général n'a

---

[1] Quelques départements ont cependant blâmé cette mainmise de
l'Etat sur le service. On lit dans le volume des procès-verbaux du
conseil général de la Côte-d'Or (session de 1876, p. 526 et 530) les
remarques suivantes du rapporteur, M. Muteau : « Votre commission
insiste sur la nécessité de déterminer d'une façon très nette et très
précise les attributions de l'inspecteur ; ses prétentions nous ont paru
en effet singulièrement exagérées, même au point de vue des instructions et circulaires ministérielles qu'il invoque... Il est notamment
dans la lettre de M. l'inspecteur une prétention que le Conseil ne
saurait jamais admettre. C'est cette prétention de n'agir plus concurremment avec la commission des hospices et de *contrôler sans être
contrôlé lui-même.* »

pas admis ces prétentions, et le rapport présenté par la troisième commission, en novembre 1878, renferme cette phrase significative : *que l'administration administre et que l'inspection inspecte.* Le rapport de décembre 1880 revient sur cette question. « Si l'inspection donnait un avis dans les différentes affaires de l'administration de nos services, elle irait inspecter en province les avis qu'elle aurait donnés à Paris et trouverait naturellement tout pour le mieux dans les actes inspirés par elle ; ce serait l'ingérence de l'inspection dans l'administration ; c'est ce que le conseil général ne veut pas. Déjà nous l'avions dit d'une façon nette et précise et nous croyions que nous avions été compris. C'est au nom de la loi que M. l'inspecteur fait ses revendications, qui ne sont en réalité, et sans qu'il s'en rende compte peut-être, que la mainmise dans les actes de l'administration. C'est au nom de la loi ! mais de quelle loi ? Que n'en cite-t-on une ?... Les attributions de l'inspection n'ont été fixées par aucune loi. »

A Paris, l'Assistance publique reste donc véritablement tutrice des enfants assistés et les *huit* inspecteurs départementaux se bornent à inspecter chaque année les services de province ; il devrait en être de même dans les départements.

VI

De la mortalité des enfants.

Il est évident, comme nous l'avons dit plus haut, que les commissions hospitalières, privées des moyens d'exécution, surveillaient mal les enfants et que la centralisation du service entre les mains de l'inspecteur, tout en dénaturant la loi, a produit des résultats heureux au point vue des placements et de la diminution de la mortalité.

Il fallait pouvoir visiter fréquemment les pupilles ; les inspecteurs le font quelquefois d'une manière incomplète, il est vrai, mais enfin auparavant on ne le faisait pas du tout, et en 1860, ainsi que le constate la circulaire du 1ᵉʳ avril 1861, sur 148,754 élèves répartis ainsi : de la naissance à 12 ans

90,473 ; de 12 à 21 ans 58,281, on en comptait 10,333 dans les hospices dépositaires (4,026 appartenaient à la première série, 6,307 à la seconde). Cette agglomération d'enfants ne pouvait être que défavorable à leur santé ; les efforts de l'administration supérieure ont donc toujours tendu, avec juste raison, à faire considérer les hospices comme de simples lieux de passage, tout au plus peut-on admettre le maintien des infirmes incurables.

D'un autre côté, il faut pour les nourrissons une surveillance constante, les nourrices étant trop fréquemment portées à négliger leurs devoirs vis-à-vis de petits êtres sans défense, et puis, ainsi que nous le dirons plus loin à l'occasion de cette mortalité de l'enfance, la mort d'un *petit parisien* passant presque toujours inaperçue dans nos campagnes. Or actuellement, alors même que les administrations départementales n'ont pas, comme cela a lieu dans la Seine, institué un service spécial, les enfants bénéficient de la surveillance établie par la loi du 23 décembre 1874. La mortalité excessive du commencement du siècle a diminué d'une manière consolante. Il est cependant assez difficile de se rendre compte de l'intensité exacte de cette mortalité, la statistique ne donnant pas de rapport proportionnel par âge et toute la question résidant là.

En effet, les enfants sont admis habituellement dans la première année de leur existence, souvent dans les premiers jours ; ils arrivent ayant souffert durant la gestation, soit que la mère ait eu intérêt à cacher sa faute, soit qu'elle ait continué, malgré sa grossesse, à se livrer au travail ou à la débauche. Beaucoup portent en eux le germe de maladies héréditaires, scrofules, syphilis, et la mortalité de ces êtres si chétifs ne saurait évidemment être rapprochée de la mortalité normale de l'enfance ; elle est excessive pour les deux premières années ; passé ce terme, une réaction se produit, les faibles ont été emportés, les forts subsistent seuls, et, à dater de la troisième année, les assistés meurent moins, certainement, que le reste de la population infantile du même âge.

En conséquence toutes les fois qu'on ne peut se procurer

que les décès pour l'ensemble des enfants, il n'est pas possible d'établir des chiffres certains.

Le total des pupilles immatriculés dans la première année ne suffit pas encore, il faut la décomposition par mois et même par semaines. Sans cela les points de comparaison sont absolument faux.

Cette année même, le département du Calvados faisait beaucoup parler de sa mortalité minime; il s'agissait, disait-on, de 5 à 6 % seulement ; dans ce pays privilégié les enfants assistés mouraient moins que les enfants légitimes conservés par leurs familles. Auprès de ces résultats, le département de la Seine faisait assez triste figure avec sa moyenne de 33 à 36 % pour la première année. La raison de ces différences provenait de ce que, pendant les années 1879-1883, le Calvados n'avait reçu que dix enfants de moins de trente jours, alors que dans la Seine sur 8,029 élèves admis 5,502 étaient dans le premier mois de leur naissance. La proportion des décès devait naturellement être de beaucoup supérieure.

Voici les chiffres : Années 1879-1883.

SEINE

Age des enfants au moment de l'admission	Total des enfants admis	Proportions par âge.	
De 0 à 8 jours. . .	1,992 — 24,81		
8 à 15 — . . .	2,489 — 31, »	}	68,52
15 à 30 — . . .	1,021 — 12,71		
De 1 à 3 mois. . .	790 — 9,84		
3 à 6 — . . .	740 — 9,22	}	31,48
6 à 12 — . . .	997 — 12,42		
	8,029 100 »		

CALVADOS

De 0 à 8 jours. . .	» — »		
8 à 15 — . . .	2 — 2,78	}	13,89
15 à 30 — . . .	8 — 11,11		
De 1 à 3 mois. . .	20 — 27,78		
3 à 6 — . . .	23 — 34,94	}	86,10
6 à 12 — . . .	19 — 26,39		
	72 100 »		

De plus dans certains départements on opère sur 10, 15, 20 pupilles ; quelle statistique sérieuse établir avec de pareils chiffres ?

Le département de la Seine nous offre seul une base suffisante pour porter un jugement sur la mortalité des enfants assistés admis dans le cours de leur première année : 1874, 34,91 ; 1875, 40,34 ; 1876, 34,52 ; 1877, 36,17 ; 1878, 34,43 ; 1879, 33,17 ; 1880. 34 ; 1881, 33.85 ; 1882, 33,60.

Voici les meilleurs résultats que l'on peut obtenir avec l'organisation admirable du service des enfants assistés de la Seine : courte durée du séjour à l'hospice dépositaire ; abondance de nourrices sédentaires ; surveillance sur place par des agents administratifs et des médecins. Il faut espérer, comme nous venons de le dire, que l'exécution de la loi du 23 décembre 1874, se propageant de plus en plus en province, amènera une réduction de la mortalité qui est considérée comme étant déjà en diminution par l'enquête de 1860, mais il faudra toujours, eu égard aux antécédents des pupilles, compter sur des décès plus nombreux que dans la population infantile des villes ou des campagnes.

§ VIII. — RESSOURCES DU SERVICE.

Le décret du 17 janvier 1811 décidait, par son art. 11, que les hospices désignés comme *dépositaires* étaient chargés des dépenses intérieures et de la fourniture des layettes, un crédit de quatre millions étant ouvert au budget de l'Etat pour parfaire les dépenses nécessitées par l'entretien des enfants trouvés, abandonnés et orphelins.

L'art. 12 ajoutait « que, s'il arrivait après la répartition de cette somme qu'il y eût insuffisance, il y serait pourvu par les hospices au moyen de leurs revenus ou d'allocations sur les fonds des communes ».

A dater de 1817 les sommes allouées par l'Etat retombèrent à la charge des départements sans qu'il fût rien changé à la situation des hospices. Ce mode de procéder créait entre les divers établissements hospitaliers une inégalité choquante. En effet, dans le même département les hospices qui n'étaient pas chargés de la réception des enfants ne contribuaient en rien aux dépenses [1].

Un arrêt du conseil d'Etat (7 avril 1859) confirma cette jurisprudence, qui dura jusqu'à la loi du 5 mai 1869.

Aux termes de cette loi, reproduite plus haut, les hospices étant exemptés de toute contribution, les ressources du service consistent dans :

1° Le produit des fondations ;

2° Le produit des amendes de police correctionnelle ;

3° Le contingent des communes ;

4° Les subventions de l'Etat. Le surplus des dépenses est porté aux budgets départementaux.

I

Produit des fondations.

On pourrait croire à première vue que les revenus du service des enfants assistés sont considérables. Cette dotation s'élève, au contraire en prévision pour l'année 1884, à des chiffres dérisoires, 406,938 fr., ainsi répartis :

DÉPARTEMENTS	REVENU annuelle	DÉPARTEMENTS	REVENU annuelle
Aisne....	805 fr.	*Report......*	90.990 fr.
Alpes-Maritimes ...	9.800	Maine-et-Loire.....	36
Bouches-du-Rhône.	690	Manche	600
Calvados ......·..	180	Marne...........	43
Charente-Inférieure.	224	Meurthe-et-Moselle.	3.795
Doubs............ ..	53.842	Pas-de-Calais......	66
Tarn	419	Rhône............	4.038
Eure-et-Loir.......	21	Saône (Haute-)....	5.100
Haute-Garonne. ..	551	Sarthe	433
Gironde............	17.500	Savoie....	11.200
Hérault	311	Savoie (Haute-)....	211
Ille-et-Vilaine	303	Seine	290.000
Jura.............	264	Seine-et-Oise	24
Loire-Inférieure....	6.042	Somme....	52
Loiret....	41	Vaucluse	50
A reporter....	90.990	TOTAL........	406.938

[1] En 1814, le ministère avait essayé de faire prévaloir une jurispru-

Il faut remarquer que la plus grande partie de ces fondations remonte aux anciens établissements de la Couche parisienne et du Saint-Esprit de Besançon, et qu'en réalité la part de notre siècle est absolument insignifiante [1].

D'où provient cette différence avec les hôpitaux, hospices et bureaux de bienfaisance largement dotés par la charité privée ? La réponse est facile ; les subventions minimes que fournissent dans certaines circonstances l'Etat, les départements et les communes aux hôpitaux et bureaux de bienfaisance, ne constituent qu'une faible part des ressources de ces œuvres, et ces subventions n'ont jamais le caractère obligatoire.

Le contraire a lieu pour les enfants assistés. Aussi, malgré l'attraction si puissante qui devrait naturellement porter les cœurs généreux à doter ce service, comme on voit la main de l'Etat accomplissant *obligatoirement* le strict nécessaire, on a porté ses dons aux autres maisons hospitalières, en laissant la charité légale accomplir seule sa mission.

Le même fait peut être constaté pour les aliénés, dont la dépense est une charge départementale ; ce qui donne une

dence différente. « La faculté, dit l'instruction du 15 juillet (*cir.* tome II, p. 261), accordée au préfet de faire contribuer, en cas de nécessité, à la dépense des mois de nourrice et pensions les hospices qui ne seront point chargés de recevoir les enfants, dérive du principe qui avait fait décider que les enfants exposés devaient être reçus dans l'hospice le plus voisin du lieu de leur exposition. »

[1] M. Gerville Réache, dans son rapport, p. 244, donne un tableau dont le total est de 398,113 fr. et qui diffère sur plusieurs points de notre relevé fait à l'aide des budgets départementaux pour 1884. En premier lieu, le tableau dont il s'agit prend pour base les *revenus constatés* et non le montant des fondations, si bien que pour la Seine il y a 290,000 fr. en prévision et 243,600 fr. en recettes effectuées. De plus, une erreur assez grave s'est glissée dans le document officiel : les Pyrénées-Orientales sont indiquées comme possédant une somme de 32,459 fr. 09, qui est justement l'ensemble des dépenses du service, ainsi qu'il est facile de le constater en se reportant au tableau de statistique générale n° 12, p. 276 du rapport Gerville-Réache, où on lit : Pyrénées-Orientales; fondations, néant. Si bien que le compte de 1883 donnerait en réalité 365,714 fr. 05 pour l'ensemble de la France. On trouvera aux annexes du présent ouvrage les chiffres afférents au compte de l'exercice 1884.

nouvelle confirmation des fâcheux effets de l'obligation en matière de bienfaisance.

II

Produit des amendes de police correctionnelle.

Le 25 floréal an VIII (14 mai 1800) [1], un arrêté consulaire affecta au paiement des mois de nourrice des enfants trouvés les portions d'amendes et de confiscations attribuées antérieurement « aux hôpitaux, aux maisons de secours et aux pauvres ». Une circulaire du 15 messidor [2], commentant cet arrêté, recommande aux préfets « de veiller à ce que tout projet d'octroi de bienfaisance renferme une disposition formelle pour l'application de la moitié des amendes et confiscations à la dépense des enfants abandonnés [3] ».

Le produit de ces amendes est fort peu considérable ; ainsi il figure aux budgets de 1884 pour une somme totale de 297,706 fr. [4].

III

Contingent des communes.

La loi de finances du 25 mars 1817, en décidant que sur les centimes additionnels à la contribution foncière, il serait prélevé quatorze centimes pour les dépenses départementales, notamment celles des enfants trouvés et abandonnés, parle expressément *du concours des communes* (art. 52-53) [5].

---

[1] *Bulletin des Lois*, 3e série, B. 25, n° 172.

[2] *Bulletin du ministère de l'intérieur*, tome Ier, p. 102.

[3] Voir aussi ordonnance du 19 février 1820.

[4] Au compte de 1883, M. Gerville-Réache donne le chiffre de 316, 811.

[5] Les circulaires et instructions des 27 mars 1817, 1er juin 1818 et 20 juillet 1819 s'expriment ainsi : « Il est dans l'esprit des dispositions des lois de finances de 1817 à 1818 de ne regarder le concours des communes que comme accessoire, et destiné seulement à remédier à l'insuffisance que pourraient présenter les revenus des hospices, appelés à recueillir les enfants, et les fonds départementaux, après

L'instruction du 8 février 1823 précisa cette disposition en invitant les conseils généraux à émettre chaque année leur avis sur la somme pouvant être mise à la charge des communes et sur les bases de la répartition. Les circulaires des 21 août 1839 et 3 août 1840, réglementant cette question, indiquent comme limite extrême du concours des budgets communaux le cinquième des dépenses extérieures.

« Quant à la répartition à opérer, ajoute le ministre, les bases n'en ont guère été arrêtées d'après des principes uniformes dans tous les départements. Les uns ont fixé les sommes à demander à chaque commune proportionnellement à la population ; d'autres proportionnellement aux revenus bruts ; d'autres proportionnellement aux revenus fonciers ou affouages ; d'autres enfin proportionnellement aux revenus restant libres après les dépenses obligatoires acquittées. Sans proscrire précisément ces divers modes de fixation, je n'hésite pas à penser que, sauf des circonstances toujours particulières, la meilleure base à prendre est celle du revenu ordinaire de chaque commune, combiné avec le chiffre de la population. Cette base me paraît réunir les deux éléments naturels de l'opération, puisque par le chiffre de la population on fait contribuer la commune à raison du nombre probable des enfants trouvés qu'elle produit, et, par le chiffre du revenu ordinaire, on ne lui impose qu'un sacrifice proportionné aux moyens qu'elle a de le supporter. C'est donc cette base que je vous invite, monsieur le préfet, à proposer au conseil général d'adopter pour la généralité des communes. »

Malgré ces circulaires ministérielles, il n'existe pas uniformité complète dans la répartition de ce contingent ; la

avoir réuni à l'allocation que permettent ces fonds, la portion du produit des amendes et confiscations attribuée au même service.

Aux termes de la jurisprudence du conseil d'Etat : « Le contingent communal à fournir pour les dépenses des enfants assistés doit être prélevé en principe sur toutes les communes du département ; le conseil général chargé de la fixation et de la répartition du contingent ne peut valablement dispenser de la contribution que les communes qui n'ont pas les moyens de supporter la dépense. »

loi du 5 mai est venue seulement confirmer qu'il ne peut dépasser le cinquième des dépenses extérieures [1].

IV

Contingent de l'État.

Le contingent de l'Etat découle de cette pensée indiquée dans les projets de loi de 1849, et de nouveau par le rapport présenté au corps législatif en 1869 [2], que « les hospices ayant des destinations spéciales et des circonscriptions territoriales restreintes, toute dépense qu'on leur impose avec une affectation générale, contrevient au but de leur fondation et aux intentions· de ceux qui les ont dotés. » « Votre commission croit, ajoute le rapporteur, qu'il est juste de décharger les hospices de la dépen·e du service des enfants assistés, pour la faire supporter par les communes, les départements et l'Etat. »

L'Etat prit donc à sa charge les frais d'inspection et le cinquième des dépenses intérieures. Il est ouvert de ce chef au budget de 1885 un crédit d'un million.

Le mode de contribution établi par la loi paraît au premier coup d'œil facile à appliquer, et il est cependant dans cette matière peu de questions qui aient donné lieu à plus de discussions et d'interprétations différentes.

Ces discussions sont nées de ce fait que l'Etat désire payer le moins possible, tout en conservant la plus grande somme d'autorité, et que, comme il est le plus fort, il veut imposer sa volonté.

L'interprétation la plus naturelle paraissait être que, le contingent du cinquième étant fixé par la loi pour créer des ressources au service, il n'y avait qu'à déterminer le montant exact des dépenses intérieures de l'exercice clos.

Mais, au sein de la commission législative, il avait été en-

[1] Les sommes prévues de ce chef aux budgets départementaux de 1884 sont de 2,980,807.

[2] *Journal officiel*, 12 avril et 5 mai 1869. Exposé des motifs par le baron Buquet.

tendu, paraît-il, que le concours du département, des communes et de l'Etat n'aurait lieu que dans le cas où les revenus indiqués au § Ier de l'art. 4 (fondations, legs et dons spéciaux) seraient insuffisants pour couvrir intégralement les dépenses intérieures. Aussi la circulaire ministérielle du 3 août 1869 s'empressa-t-elle de faire la déclaration suivante : « Les hospices dépositaires sont désormais exonérés des charges que leur imposait le décret de 1811. L'Etat supportera les frais d'inspection et un cinquième des dépenses intérieures. En principe, un cinquième des dépenses extérieures incombera aux communes, *sauf déduction* du produit des legs spéciaux et des amendes de police correctionnelle; les quatre cinquièmes restant dans ces deux ordres de dépenses seront mis à la charge du budget départemental. »

La question ne présentait pas d'intérêt pour l'immense majorité des départements, dont les hospices n'avaient pas de fondations particulières; quelques-uns cependant résistèrent et, à la suite d'un recours formé devant lui par le département du Doubs [1], le conseil d'Etat rendit le 24 février un arrêt, lu en séance publique le 3 mars 1882, et déclarant « qu'en fixant la subvention de l'Etat au cinquième des dépenses intérieures, le législateur a entendu *déterminer la quotité de cette subvention*, mais non mettre seulement à la charge de l'Etat le cinquième des dépenses intérieures dans le cas où le montant de ces dépenses ne serait pas couvert par le produit des legs spéciaux et des amendes de police correctionnelle; que, par suite, le département du Doubs est fondé à réclamer à l'Etat le remboursement du cinquième des dépenses intérieures pour l'année 1879. »

Cet arrêt était la condamnation formelle de la circulaire du 3 août 1869 ; aussi le ministère pria-t-il, en 1883, le Conseil d'Etat d'étudier à nouveau, et d'une manière générale,

---

[1] On peut voir au tableau statistique reproduit ci-dessus, p. 313, que ce département possède des revenus provenant de l'ancien hospice des enfants trouvés et montant à plus de 53,000, alors que la moyenne des dépenses intérieures n'est que de 12,000 francs. L'Etat prétendait donc n'avoir rien à rembourser.

la question du contingent, et les 21 juin et 5 juillet le Conseil, foulant aux pieds son arrêt de 1882, émit l'avis « que les contingents dus par l'Etat et les communes ne doivent être calculés qu'après déduction faite sur la dépense des deux services auxquels ils s'appliquent, du produit des fondations, dons, legs et amendes de police correctionnelle [1]. »

La circulaire de 1869 reparaissait plus triomphante que jamais et dès le 6 août 1883 le ministre de l'intérieur portait à la connaissance des préfets le texte de l'arrêt précité qui marque le *plus récent*, mais peut-être pas le *dernier état* de la jurisprudence administrative.

Le contingent de l'Etat, évalué, lors de l'établissement du budget de 1884, à 262,000 fr., suivant les bases de l'arrêt de 1882, s'est trouvé forcément diminué en conformité de l'avis précité ; il faut y ajouter 800,000 fr. environ pour frais d'inspection et de surveillance, ce qui porte, comme nous venons de l'indiquer, à la somme d'un million le crédit prévu de ce chef, depuis plusieurs années, au budget du ministère de l'intérieur [2].

[1] Les considérants sont intéressants à reproduire. « Considérant que l'art. 6 de cette loi (5 mai 1869) met les dépenses intérieures et extérieures des enfants assistés à la charge du budget départemental ; qu'il en résulte que le département est tenu, après que les produits des fondations et legs et des amendes correctionnelles ont été répartis proportionnellement entre les dépenses extérieures et les dépenses intérieures, et en cas d'insuffisance de ces deux produits, de fournir le surplus, tant sur les ressources propres qu'au moyen du contingent des communes et la subvention de l'Etat.

« En ce qui concerne l'Etat, considérant que l'Etat n'est appelé à subvenir que pour une partie égale au 5ᵉ de la dépense intérieure au payement de la dette départementale ; mais que si cette subvention était calculée sur le montant total des dépenses intérieures, il en résulterait une exonération complète du département dans le cas où la part de l'Etat, jointe au produit des fondations, dons, legs et amendes de police correctionnelle, affectés à cette dépense, la couvrirait tout entière, et que, contrairement au texte et à l'esprit de la loi, l'Etat deviendrait alors débiteur principal et direct ; qu'il suit de là que la subvention de l'Etat doit être calculée, non sur le montant total des dépenses intérieures, mais seulement sur la partie de cette dépense restant à la charge du département. »

[2] L'Etat paye directement les inspecteurs et sous-inspecteurs afin de pouvoir les nommer. Toutefois, dans la Seine et le Rhône, en raison

V

Part contributive des départements.

La différence existant entre les dépenses du service des enfants assistés, et les recettes que nous venons d'énumérer est supportée par les budgets départementaux ; mais pour calculer la part incombant en réalité aux contribuables, on ne peut considérer isolément les sommes portées à ces budgets, il faut y ajouter les crédits ouverts aux budgets communaux.

Comme complément de ces indications générales, il reste à nous occuper des secours destinés à prévenir l'abandon des enfants ; c'est ce que nous allons faire dans le chapitre suivant.

du nombre des agents auxiliaires résidant dans les lieux de placement des enfants, l'Etat alloue à ces deux départements une somme fixe supplémentaire de 73,000 fr., soit 55,000 pour la Seine et 18,000 fr. pour le Rhône.

CHAPITRE XI

SECOURS AUX FILLES-MÈRES

---

§ Ier. — HISTORIQUE DE LA QUESTION.

L'idée première des secours aux filles-mères pour prévenir l'abandon des enfants, émise en 1793 par la Convention, fut recommandée aux administrations publiques en 1837 par M. de Gasparin, qui s'exprime ainsi dans son rapport au roi (p. 73) :

« La débauche peuple sans doute les hospices d'enfants trouvés ; mais la misère est aussi l'une des causes les plus fréquentes des abandons.

« Si la mère pouvait nourrir son enfant, si, au moment de sa naissance, elle n'était pas souvent dépourvue du plus strict nécessaire, elle se déterminerait difficilement à l'abandonner ; si la femme véritablement indigente avait l'espoir d'obtenir un secours alimentaire qui lui permettrait d'élever son enfant pendant les premiers temps, elle le garderait et ne s'en séparerait plus.

« Il s'agirait donc de remplacer, par un bon système de secours à domicile pour la mère, les secours que l'on donne aujourd'hui à l'enfant dans l'hospice ; il s'agirait de payer à la mère les mois de nourrice qu'on paye actuellement à une nourrice étrangère. »

Le nombre des enfants ainsi secourus s'accrut cependant avec lenteur, en 1849 les livres matricules n'en accusaient que 8,072 pour toute la France ; une certaine défaveur les faisait repousser par bon nombre de départements ; dans l'espoir de réagir contre ces préventions, le ministre de l'intérieur adressait le 27 mai 1856 la circulaire suivante aux préfets : « Parmi les moyens qu'elle emploie avec le plus de succès pour prévenir les abandons volontaires, l'administration doit placer en première ligne les secours destinés à conserver sa mère à l'enfant indigent. Morale dans son but, efficace dans ses résultats, source d'économie pour le département, dont elle diminue les charges en rendant les expositions moins fréquentes, de bien-être pour l'enfant à qui elle assure une affection et des soins que rien ne saurait remplacer, cette mesure a pourtant rencontré des contradicteurs. Cela tient surtout à une erreur qu'a fait naître et que laisse s'accréditer l'expression généralement employée dans la langue administrative : *secours aux filles-mères* [1].

« Ce n'est point à la mère, c'est à l'enfant qu'est accordé le secours ; l'expression actuelle est donc impropre, et il convient de lui substituer celle de *secours aux enfants nouveau-nés*. »

Cette dénomination n'a point prévalu, la logique voulant que ces subventions prissent le titre de *secours pour prévenir les abandons*, titre qui exprime leur nature et leur raison d'être.

Malgré les efforts ministériels, lors de la grande enquête sur le service, en 1859, 14,614 enfants seulement étaient assistés de cette manière, et 10 départements n'avaient pas encore adopté ces secours, leur organisation ayant du reste coïncidé presque partout avec la fermeture des tours [2].

---

[1] La circulaire se trompe, l'expression habituelle de secours aux *filles-mères* ne veut pas dire *secours pour assister les filles-mères* dans le sens de la loi de 1793, mais bien secours *réservés aux filles-mères*, et refusés aux *mères légitimes*. En effet, la raison d'être de ces subventions est d'éviter les abandons, et ce sont habituellement les filles qui apportent dans les hospices le fruit de leurs fautes. Les mères légitimes, au contraire, répugnent à l'abandon de leurs enfants et, comme les sommes prévues aux budgets départementaux ne sont pas des *secours d'assistance*, on ne peut logiquement que renvoyer ces mères aux bureaux de bienfaisance.

[2] *Enquête*, p. 167. Ces dix départements étaient : le Calvados, la

Les inspecteurs généraux terminaient ainsi leur rapport
(p. 192). « A quelque point de vue qu'on les envisage, les secours temporaires ont largement répondu aux espérances
de l'autorité supérieure. Ils sont un moyen de réparation
pour la mère, une sécurité immense pour l'enfant, et, sans
ajouter aux charges publiques, loin de là, ils réagissent sur
la situation des pauvres abandonnés qui ne connaissent pas
leur mère. L'enquête l'établit ; elle rassurera des scrupules
honorables, elle fortifiera des convictions qui sont les nôtres
et servira, nous l'espérons, à asseoir définitivement une institution qui peut être mise au rang des progrès les plus considérables de l'administration moderne [1]. »

A dater de cette époque le mouvement s'accentua rapidement, et la circulaire du 3 août 1869 est venue à son tour
confirmer cette manière de voir : « Dans la nouvelle classification des dépenses extérieures, les secours temporaires
occupent le premier rang [2]. Appliquée dans la plupart des
départements, réglementée par des instructions ministérielles, cette institution n'avait pas reçu encore la consécration de la loi ; elle vient de l'obtenir, et désormais, j'en ai la
confiance, aucune entrave n'en ralentira les progrès. Les
sympathies des conseils généraux lui sont acquises, et l'on
peut prévoir le moment où, grâce à leur concours, le secours temporaire créé, selon l'expression même de la loi,
pour prévenir ou faire cesser l'abandon, deviendra la règle
ordinaire du service. »

Ces instructions furent fidèlement exécutées par les inspecteurs départementaux ; de 1860 à 1884 les enfants admis

Meurthe, le Bas-Rhin, le Haut-Rhin, la Haute-Saône, les Deux-Sèvres,
les Vosges, les Côtes-du-Nord et la Sarthe ; dans plusieurs autres,
l'institution était toute récente.

[1] Voir dans le même sens la circulaire du 15 octobre 1862.

[2] La loi se bornait à dire (art. 5) : « Les dépenses extérieures comprennent : 1° « Les secours temporaires destinés à prévenir ou à faire
cesser l'abandon... » Il n'y a là évidemment aucune idée de supériorité ou d'infériorité pour ce mode d'assistance ; ces secours, devant
prévenir les abandons, sont simplement énoncés avant les dépenses
résultant des abandons effectués

aux secours temporaires ont augmenté dans une proportion considérable ; cet accroissement est tellement rapide que la dépense de ces secours atteindra bientôt les frais des mois de nourrice et pensions des enfants immatriculés.

Telle est la situation actuelle ; nous l'indiquons seulement, réservant pour la dernière partie de ces études la discussion des avantages ou des inconvénients des secours temporaires.

§ II. — MODE DE RÉPARTITION DES SECOURS.

Les inspecteurs départementaux, dont les rapports se trouvent presque unanimement favorables aux secours temporaires [1], en sont les grands dispensateurs sous le couvert des préfets. Il a, en effet, été spécifié de tout temps, par des circulaires ministérielles, que ces enfants ne relevaient en rien des commissions hospitalières. Le mode d'assistance continue à varier du reste de département à département, en ce qui concerne le tarif [2] et la durée des secours ; le ministère recommande seulement de les accorder pour une durée de trois ans. On peut signaler néanmoins une double tendance à l'élévation du taux des secours et à l'admission des enfants légitimes au bénéfice de ces allocations.

Le renchérissement des choses nécessaires à la vie motive

---

[1] Dans un rapport de 1881, l'inspecteur du département de l'Orne s'exprime avec ce lyrisme : « Le sein d'une mère est supérieur au biberon, le cœur d'une mère est plus affectueux que celui d'une nourrice, d'une nourrice qui a du cœur. »

[2] Départ. du Doubs, session de 1881. Rapport de l'inspecteur, p. 6. « Un principe de haute moralité veut que le secours ne dépasse pas une certaine limite et n'arrive pas à décharger complètement la mère de toutes les conséquences de sa faute.

« Si l'on compte autant sur la présence de l'enfant que sur les peines et les sacrifices qu'il coûte pour maintenir la fille-mère dans une bonne voie et la préserver d'une nouvelle chute, il est, d'un autre côté, incontestable que, pour être efficace, sérieusement utile à l'enfant, le secours doit être fixé à un taux assez élevé. »

Dans Seine-et-Marne (rapports de l'inspecteur, sessions de 1881 et 1882), les parents contribuent quelquefois à l'entretien des enfants placés en nourrice, moyennant une somme versée par mois.

l'augmentation des tarifs. Quant aux enfants légitimes, les inspecteurs devaient fatalement se laisser entraîner à convertir le secours destiné à prévenir l'abandon en un secours d'assistance. Ainsi l'inspecteur de la Loire-Inférieure (1882, rapp., p. 39) propose d'admettre au bénéfice de ce service les enfants légitimes indigents dans la proportion de 20 %.

D'autres, au contraire, se plaignent des demandes constantes des maires pour tous les enfants pauvres qui naissent dans leur commune; « ils ont pour ainsi dire un cliché pour ces requêtes, alors que la mère n'est nullement indigente ou vit avec le père au su et au vu du village [1] ». « En présence de l'extension prise par les secours, ajoute l'inspecteur de l'Allier (rapport sur l'exercice 1881, p. 220 des procès-verbaux du conseil général), des demandes nombreuses, *invariablement dignes d'intérêt*, nous sont adressées par MM. les maires et des personnes notables pour obtenir l'assistance départementale, non seulement pour des enfants naturels, mais pour des enfants légitimes ; les prévisions budgétaires seront dépassées [2]. »

Cette extension des allocations départementales était dans la nature des choses et elle ne pourra que s'accentuer.

Indépendamment des subsides destinés à la première enfance, on accorde souvent aussi à des parents et amis voulant conserver un orphelin, tout ou partie de la pension qui serait payée aux nourrices, si l'abandon était effectué. Enfin beaucoup de départements allouent, en cas de légi-

---

[1] Indre-et-Loire, session de 1881, rapport de l'inspecteur.

[2] Côte-d'Or, session de 1883, p. 39. « Les demandes de secours augmentent tous les ans, dit l'inspecteur, elles sont vivement appuyées la plupart du temps par les municipalités et assez souvent apostillées par le membre du conseil général du canton... Il semble aux yeux de bien des gens et de beaucoup de maires, que toute fille pauvre qui a fait un enfant a droit au secours temporaire : c'est une erreur qui doit être vivement combattue et contre laquelle il importe de réagir ; l'institution des secours temporaires ne doit et ne peut être complémentaire ni annexe des bureaux de bienfaisance... Malgré l'augmentation notable du secours temporaire, les abandons n'ont pas de tendance à diminuer. »

timation d'un enfant naturel, une prime variant de 50 à 60 fr. [1].

A l'origine il avait été décidé que les secours seraient donnés seulement aux mères ayant fait une première faute, mais là encore la logique des choses a entraîné les inspecteurs départementaux; du moment que l'allocation est faite pour éviter le dépôt à l'hospice, ce dépôt est d'autant plus à craindre que la mère a des charges plus lourdes; on se trouve donc amené, notamment dans les villes, à accorder le subside à des femmes ayant des enfants de pères différents, ce qui n'empêche pas d'écrire gravement dans les rapports officiels que la présence de l'enfant moralise la mère.

---

[1] Somme, session de 1881, rapport de l'inspecteur, volume des procès-verbaux, p. 368. « Une indemnité de 60 francs destinée à favoriser la légitimation des enfants reconnus est allouée aux filles-mères qui se marient et font légitimer leur enfant. Le paiement de cette indemnité met fin à l'allocation du secours mensuel. »

CHAPITRE XII

LES ENFANTS MORALEMENT ABANDONNÉS

§ I. — ORIGINE ET BUT DU SERVICE [1].

A côté des enfants abandonnés dès leur jeune âge ou devenus orphelins, et des enfants secourus, il existe dans les grandes cités un nombre relativement considérable de pauvres êtres surveillés d'une façon absolument incomplète par leurs parents, se livrant au vagabondage, arrêtés par la police pour des méfaits sans gravité, rendus à leurs familles, puis arrêtés de nouveau et finalement envoyés en correction en vertu de l'article 66 du code pénal.

Dans son rapport à l'Assemblée nationale, sur le projet de loi concernant les jeunes détenus (p. 123), M. Voisin, l'éminent conseiller à la Cour de cassation, résume ainsi les inconvénients de cette manière de procéder : « Est-il donc indispensable, est-il seulement utile que cet enfant soit conduit dans un établissement de jeunes détenus ? Oui, si nous consultons les termes et l'esprit de la loi de 1850 ; oui, si nous consultons les circulaires du ministre de l'intérieur ; mais assurément non, si nous ne consultons que

[1] Ces renseignements sont extraits des documents suivants : Rapports de M. le Dʳ Thulié au conseil général, sessions de 1879, 1880, 1881, 1882. Rapport de M. Curé, session de 1883. Rapports du directeur de l'Assistance publique au préfet de la Seine, août 1880, octobre 1881, juillet 1882, septembre 1883. Société générale des prisons, années 1879-1880. Dossier des pièces d'origine du service conservé aux archives de l'Assistance publique.

l'intérêt du jeune délinquant et l'intérêt social lui-même.

« Quelle faute, en effet, a réellement commise cet enfant ? De quel vice doit-on chercher à le corriger ? Nous chercherions en vain et la faute et le vice. Abandonné par ses parents, arrêté parce qu'il se trouvait sans asile, sans travail et sans pain, c'est dans une véritable pensée de charité et pour obéir aux prescriptions de l'article 66 que son renvoi dans une colonie pénitentiaire a été prescrit; mais il n'est nullement nécessaire qu'il en franchisse le seuil et qu'on lui fasse courir les dangers plus ou moins grands de la promiscuité avec d'autres enfants atteints aussi par des décisions judiciaires. »

Il y avait donc quelque chose à organiser. Les Anglais et les Américains, n'ayant pas les services d'enfants trouvés et les milliers d'orphelinats que nous possédons, ont à pourvoir à l'éducation d'une immense population de petits vagabonds, et ils ont créé, en vue de remédier à cette situation, les écoles de réforme et les écoles industrielles. C'est un système correctionnel qui rappelle Mettray et les colonies pénitentiaires.

Il fallait trouver un autre programme véritablement préventif. La Société générale des prisons s'occupa en 1879 de cette grave question, et on peut dire que c'est du sein de ces discussions que sont nés le projet de loi déposé par M. Roussel, déjà voté par le Sénat, et le service des enfants moralement abandonnés de la Seine.

Le but que se propose l'Assistance publique est bien simple : obtenir de la préfecture de police et du parquet, ou volontairement des parents, la remise d'enfants de dix à seize ans; vagabonds, insoumis, que leur famille ne peut ou ne veut surveiller, et qui deviendraient fatalement de petits voleurs destinés à être enfermés dans une maison correctionnelle; prendre ces enfants chez lesquels le naturel n'est pas encore complètement perverti et les placer comme apprentis, par groupe ou isolément, chez des industriels, pour les appliquer à un métier en rapport avec leurs goûts et leurs aptitudes, en un mot les régénérer par le travail en liberté. Telle est l'économie générale de ce service organisé le 1er janvier 1881.

§ II. — MODE D'ADMISSION ET DE PLACEMENT.

Les enfants une fois admis sont maintenus quelques jours en observation à l'hospice dépositaire, puis dirigés sur la province et placés dans les industries les plus diverses.

Il n'y a pas de règle déterminée pour les placements; tantôt ce sont des groupes importants de 50, 60 pupilles avec surveillants, instituteurs; ailleurs l'apprenti est chez un boulanger, un charron, un menuisier, etc. L'important est de deviner les aptitudes du jeune vagabond de la veille, de prévenir le retour de ses anciens penchants en le maintenant par une discipline ferme, lui représentant qu'il peut se créer un avenir honorable, tout en sachant développer chez lui l'amour de l'ordre et de l'économie par la constitution d'un petit pécule qui formera plus tard une réserve précieuse.

Le service des moralement abandonnés a fondé aussi à titre d'essai deux écoles professionnelles d'horticulture et d'ébénisterie; mais ce sont des exceptions, la règle est le placement chez les patrons.

Il a été admis :

en 1881.	515 garçons	181 filles
1882.	657 —	291 —
1883.	602 —	281 —
1884.	518 —	272 —

Au 1er janvier 1884 il restait 2.549 élèves sous le patronage tutélaire de l'assistance parisienne. On remarquera la disproportion existant entre les admissions de garçons et de filles; ce fait tient à ce que de nombreux orphelinats entretenus par la charité privée reçoivent presque exclusivement les filles; d'un autre côté l'orpheline est plus facilement recueillie par des parents ou amis, que l'orphelin, surtout lorsqu'il est déjà un indiscipliné d'humeur difficile et dont la direction nécessiterait une surveillance toute particulière.

§ III. — RÉSULTATS MORAUX DU SERVICE.

Les directeurs de l'Assistance se louent, dans leurs rapports annuels, des résultats qu'ils obtiennent, et qui, disent-ils, dépassent leurs espérances : peu d'évasions, des enfants insoumis, vicieux, ramenés au bien, tel est le tableau qu'ils tracent de ce service encore nouveau. Il est certain que ce patronage produira les plus heureux fruits si on sait se souvenir que la Religion est la grande éducatrice et la plus sûre réformatrice des mœurs.

Ce service constitué, comme l'indiquent les rapports du conseil général de la Seine, par le chef de la division des enfants assistés, M. Brueyre, débarrassera peu à peu Paris de nombre d'enfants destinés à devenir le fléau de la société ; avec des ressources relativement minimes (500.000 à 600.000 fr.) on transformera ces êtres dangereux en laborieux ouvriers.

Il est à souhaiter que les grands centres, suivant l'exemple de la capitale, développent la pensée si heureusement mise en pratique par le conseil général et l'administration hospitalière parisienne.

CHAPITRE XIII

DE LA PROTECTION
DE LA PREMIÈRE ENFANCE

Jusqu'ici nous avons parlé des enfants trouvés, secourus ou moralement abandonnés ; avant de quitter les régions administratives pour entrer dans le domaine de la charité privée [1], il est utile de dire quelques mots de la loi du 23 décembre 1874, qui a réglementé la protection des enfants du premier âge placés en nourrice ou en garde par leurs parents. Il ne s'agit plus ici d'assistance aux frais du budget, mais bien de la sauvegarde de petits êtres élevés loin du foyer paternel.

Cette loi, en préparation depuis 1869, a pour but de combattre cette mortalité excessive des nourrissons, qui, jointe à la diminution des naissances, compromet si gravement l'avenir de notre patrie. Il faut se rendre compte de l'état de la question, avant d'examiner la valeur des remèdes apportés par la loi.

§ 1er. — DE LA MORTALITÉ DES ENFANTS DU PREMIER AGE EN FRANCE.

La mortalité des jeunes enfants était mal connue, on se faisait des illusions dangereuses sur ce fléau, lorsqu'il y a vingt ans environ deux médecins, MM. les docteurs Monot

---

[1] Nous ne disons rien de la loi de 1850 sur les colonies pénitentiaires les enfants admis dans ces maisons à titre de correction paternelle ou en vertu des art. 66 et 67 du code pénal ne rentrant pas dans le cadre si étendu déjà de ces études.

et Brochard (ce dernier est actuellement décédé) firent paraître plusieurs brochures importantes, signalant les effets désastreux de l'industrie nourricière ; ils comptèrent les victimes dans les cantons de Montsauche (Nièvre) et de Nogent-le-Rotrou (Eure-et-Loir), énumérèrent les ruses, les crimes des meneurs, des nourrices, des parents. Les faits étaient palpables, visibles, authentiques ; l'opinion publique s'émut ; de longues et intéressantes discussions eurent lieu au sein de l'Académie de médecine ; MM. Husson, Blot, Boudet, maint autres, apportèrent dans ce grave débat leurs lumières et leur expérience. On connut alors toute l'étendue du mal ; en France il périssait chaque année de cent à cent vingt mille enfants qu'il était possible d'arracher partiellement à la mort.

En présence de ces révélations, des cœurs généreux s'émurent, de nouvelle sociétés protectrices de l'enfance furent fondées ; celle de Paris datait de 1863. De son côté le gouvernement nomma en 1869 une commission d'enquête, dont les travaux, terminés seulement en 1870, ne purent être utilisés de suite.

Au lendemain de nos désastres, un document officiel venait jeter de nouvelles lueurs sur la profondeur de l'abîme dans lequel nous étions tombés, le recensement de 1871 constatait que depuis 1866 la population de la France avait, indépendamment des provinces perdues, diminué de 491.000 habitants. (*Statistique générale de la France*, tome XXI, p. 16.)

Cette situation appelait de prompts remèdes ; aussi M. le Dr. Th. Roussel, aujourd'hui sénateur, saisit-il l'Assemblée nationale d'un projet de loi sur la protection des enfants du premier âge. A la suite d'un intéressant exposé des motifs, il reproduisait les idées générales du projet adopté par la commission de 1869.

Après avoir entendu les observations des délégués des sociétés protectrices de l'enfance, les dépositions des administrateurs les plus compétents, l'Assemblée vota la loi dans la séance du 23 décembre 1874.

Il fallut encore plusieurs années pour préparer le règlement d'administration publique du 27 février 1877 organisant le service, et c'est seulement à dater de 1878 que les prescriptions nouvelles reçurent un commencement d'exécution.

§ 2. — ÉCONOMIE GÉNÉRALE DE LA LOI DE 1874.

Prescriptions imposées aux parents et aux nourrices.

Article 7. Toute personne qui place, moyennant salaire, un enfant de moins de deux ans en sevrage ou en garde, est obligée, sous les peines portées par l'article 346 du Code pénal, d'en faire la déclaration à la mairie de la commune où l'enfant a été déclaré et de remettre à la nourrice ou à la gardeuse un extrait de l'acte de naissance de l'enfant qui lui est confié.

En vertu de l'art. 14, les mois de nourrice dus par les parents ou toute autre personne, sont élevés au rang de créances privilégiées.

Suivant l'art. 8, toute personne qui veut se procurer un nourrisson ou des enfants en garde est tenu de se munir d'un certificat du maire de sa commune, indiquant si son dernier enfant est vivant ou décédé, et, s'il est vivant, constatant qu'il est âgé de sept mois révolus, et s'il n'a pas cet âge, qu'il est allaité par une nourrice n'ayant pas d'autre nourrisson.

Cette prescription relative à l'âge de sept mois, renouvelée de l'ordonnance de police du 17 décembre 1762, est d'une application difficile dans la pratique, en raison des placements directs, mais son but, la protection des enfants des nourrices, est excellent.

L'art. 9 contient le véritable principe de la loi ; adopté même seul, il aurait constitué une réelle amélioration à la situation existante. En effet un nombre considérable de crimes de toute nature, surtout l'infanticide par inanition, se commettent sur les enfants, et la plupart des placements étant ignorés de l'autorité, la justice ne pouvait guère sévir que dans les cas exceptionnels où la clameur publique devenait trop forte et désignait, comme cela a eu lieu, sous le nom de *charniers des innocents*, la demeure de nourrices où, dit M. le Dʳ Mayer, 18 nourrissons sur 20 avaient péri[1].

Aux termes de cet article 9, toute personne ayant reçu un enfant est tenu : 1° d'en faire dans les trois jours déclaration à la mairie de son domicile ; 2° de faire en cas de changement la même déclaration à la mairie de sa nouvelle résidence ; 3° de déclarer dans le même délai le retrait de l'enfant par ses parents ou sa remise à une autre personne ; 4° enfin de déclarer le décès dans les 24 heures. Ces déclarations sont enregistrées sur des registres spéciaux.

§ 3. — INTERMÉDIAIRES DES PLACEMENTS.

De tout temps les bureaux de placement ont eu en général une large part de responsabilité en ce qui concerne la mortalité des nourrissons. Il faut lire dans les ouvrages de MM. Monot, Brochard etc., la monographie de la nourrice voyageuse, brillante de santé et de force, qui venait prendre un enfant dans une grande ville, demandait en raison de sa vigoureuse jeunesse un salaire plus élevé, et, à peine de retour au pays, confiait le nourrisson à une vieille femme destinée à l'élever au biberon, et recommençait ensuite ses fructueux voyages de compte à demi avec le bureau particulier qui l'employait.

On a tracé aussi le portrait de la meneuse. « C'est d'ordi-

---

[1] « Voici cette plaie vive et profonde qui épuise incessamment la sève nationale, s'écriait M. Boudet, qui s'élargit chaque jour davantage et reste béante sous nos yeux comme un outrage sanglant à l'humanité et à la patrie. »

M. le Dʳ Brochard (*De l'allaitement maternel*, p. 125), énumérant des faits analogues à ceux rapportés par le Dʳ Monot dans son livre sur l'industrie des nourrices, cite ces paroles d'un maire : « Je sais bien que tous ces enfants sont voués à la mort ; mais que voulez-vous : c'est le bien-être de ma commune ; ces femmes n'ont pas d'autres moyens d'existence, et sans les nourrissons elles tomberaient à la charge du bureau de bienfaisance. Après tout, ajoutait-il en riant, il y aura toujours des Parisiens ! »

naire, dit le Dr Monot [1], une femme rusée, pleine d'astuce, de finesse, possédant l'art de dissimuler sa cupidité repoussante sous les apparences les plus trompeuses.

« Une fois arrivées dans leur village, les entremetteuses, après avoir gardé chez elles les enfants dix, quinze, vingt jours, dans le but de bénéficier de tout ce laps de temps,...... les cèdent enfin lorsqu'ils sont étiolés par une mauvaise alimentation, l'encombrement, un séjour trop prolongé dans un berceau infect. Ils sont délivrés à celle des voisines qui demande la contribution la plus faible ou offre la prime la plus élevée [2]. »

A maintes reprises, les préfets de police ont essayé de réagir contre ces manœuvres funestes aux enfants ; néanmoins la loi a reculé devant la suppression des bureaux particuliers, mais elle les a réglementés sévèrement.

§ 4. — DE LA SURVEILLANCE DES ENFANTS.

L'exécution de la loi est confiée aux préfets (à Paris au préfet de Police), ils sont assistés de comités et de commissions locales ayant pour but d'étudier et de proposer les mesures à prendre (art. 1er de la loi et art. 17 du décret d'administration publ. du 27 fév. 1877).

Les dépenses sont mises pour moitié à la charge de l'Etat et des départements intéressés. La portion à la charge du budget départemental est supportée par les départements d'origine des enfants et par ceux où les enfants sont mis en nourrice, en sevrage, ou en garde, proportionnellement au nombre des enfants (art. 15 de la loi).

---

[1] De l'industrie des nourrices, p. 81.

[2] « ... Il est une meneuse de cette contrée, dit le Dr Monot (dans un mémoire publié en 1872 sur la *mortalité des nourrissons*, p. 36), qui est très connue de certaines sages-femmes de Paris. S'agit-il de faire disparaître un enfant nouveau-né qui plus tard deviendrait une source d'embarras, ou bien les parents veulent-ils se débarrasser d'un nouvel enfant qui serait une charge, bien vite on s'adresse à elle, certain d'avance qu'une fois sorti de Paris, l'enfant n'y reviendra jamais. »

Le rouage principal et pour ainsi dire unique de cette organisation est l'inspecteur [1].

§ 5. — RÉSULTATS DE LA LOI.

Le décret d'administration publique rendu en exécution de l'art. 12 de la loi du 23 décembre, réglant le mode d'organisation du service, la surveillance, la forme des déclarations et des registres ayant été seulement publié le 27 février 1877, comme il vient d'être dit, il est facile de se rendre compte de la lenteur avec laquelle ses prescriptions ont été appliquées en France. Aussi, dans le rapport du 8 juillet 1880 adressé au président de la République, et publié au *Journal officiel* en conformité de l'art. 4, le ministre de l'intérieur, s'exprime-t-il en ces termes :

« Bien que plus de cinq années se soient écoulées depuis la promulgation de la loi, on n'est pas encore parvenu à déterminer le nombre moyen des enfants placés dans les conditions spécifiées par l'article 1er... S'il y a eu en 1877 quelques tentatives d'organisation, c'est seulement en 1878 que le service a commencé à fonctionner dans la généralité des départements. »

En 1880 sept départements seulement : Ardèche, Corrèze, Corse, Ille-et-Vilaine, Orne, n'avaient aucune organisation ; dans le Cantal, le Gers, le Jura, les Hautes-Pyrénées, le Tarn, les crédits votés par les conseils généraux étaient insuffisants. « On supposait généralement, dit M. Fallières (rapport de 1882. *Journal officiel*, 27 décembre 1882), que l'effectif des enfants ayant droit à la protection légale était en nombre rond de cent mille ; il y a un an cet effectif devait déjà être augmenté de plus d'un cinquième. J'ai la conviction qu'il est beaucoup au-dessous de la réalité, dans toutes

---

[1] « L'inspecteur du service des enfants, dit l'art. 16 du décret de 1877, est chargé, sous l'autorité du préfet, de centraliser tous les documents relatifs à la surveillance instituée par la loi ; chaque année il présente un rapport sur l'exécution du service dans le département, et il rend compte des résultats de ses tournées. » Voir aussi la circulaire du 14 juin 1880.

les zones du territoire ; même dans celles où n'existe pas l'industrie nourricière proprement dite, on constate, à mesure que la loi s'exécute mieux, une augmentation extrêmement rapide du nombre des enfants à protéger.

« A l'appui de ce que je viens d'énoncer, je puis citer, entre bien d'autres, le fait suivant, qui est consigné dans les délibérations du conseil général d'Indre-et-Loire (séance du 26 août 1882).

« Une commune de ce département comptait officiellement 25 nourrissons en situation d'être protégés ; le médecin inspecteur, M. le docteur Caillet, voulut bien « promettre au garde champêtre de lui donner, de sa poche, 50 centimes par enfant qu'il ferait inscrire, et le résultat de cette mesure a été de prouver qu'il y avait dans cette commune 53 enfants du premier âge devant être soumis à la surveillance de l'administration. »

M. Waldeck-Rousseau, rapport du 30 janvier 1883 (*Officiel*, 2 février), ne s'exprime pas différemment.

« La prescription est générale ; elle s'étend à tout le territoire : obligatoire partout, elle sera partout salutaire.

« Aucune distinction n'est établie entre les départements où s'exerce l'industrie nourricière proprement dite et ceux où il est admis, souvent sur la foi d'informations très superficielles, qu'il n'existe qu'un petit nombre d'enfants placés en nourrice, en sevrage ou en garde. Tous les enfants réunissant les conditions fixées par l'article 1er de la loi ont droit à la protection qu'elle institue : beaucoup d'entre eux ne l'obtiennent pas.

« Cette constatation est également commandée par le respect de la vérité et par l'intérêt du service ; pour arriver à combler les énormes lacunes de l'organisation actuelle, il est indispensable de les mettre en évidence avec une entière franchise, de ne point pallier la situation à la faveur de ces appréciations optimistes dont mes prédécesseurs ont reconnu le danger et qui n'ont pas cessé d'avoir cours.

« Comme je l'écrivais aux préfets, des efforts énergiques ont été faits, dans un certain nombre de départements, en vue de l'exécution de la loi Roussel, et d'importants résultats ont été obtenus. Toutefois elle est loin d'avoir porté les fruits qu'en espérait le législateur, et qu'elle produirait certainement, si elle était partout obéie. Près de dix ans après sa promulgation, il y a des départements où elle n'est appliquée que d'une manière extrêmement défectueuse; il en est de même où elle est jusqu'à présent restée lettre morte.

« Il ne serait néanmoins ni équitable ni utile de laisser dans l'ombre les progrès accomplis; deux faits suffisent à les prouver :

1° L'augmentation des ressources du service;

2° L'extension de l'inspection médicale des enfants du premier âge.

« Le tableau suivant fait ressortir les accroissements successifs, à partir de 1878, des crédits votés par les conseils généraux en vue de la protection infantile; la moitié de la dépense est, je le rappelle, remboursée par l'Etat, en conformité de l'article 15 de la loi.

1878.	543.346 13
1879.	748.808 »
1880.	764.055 »
1881.	854.570 »
1882.	971.074 50
1883.	1.278.160 25
1884.	1.394.199 82

« La dotation du service s'est donc, pendant cette période de sept ans, élevée de 543.346 fr. à 1.394.199 fr. »

Le ministre constate également que les comités fonctionnent d'une façon très irrégulière.

« Ce rôle de comités remplissant par dévouement une tâche gratuite et souvent ingrate procède assurément, dit-il, d'une conception d'un ordre très élevé; leur intervention effective donnerait des résultats que ne peut produire aucun des autres organes de protection créés par la loi. Le fonctionnement régulier de ces comités procurerait aux enfants le bienfait d'une surveillance en quelque sorte permanente, dont ne saurait tenir lieu le contrôle, nécessairement intermittent, exercé par les médecins-inspecteurs.

« Les faits n'ont pas jusqu'à présent répondu, dans leur ensemble, à l'espoir qu'on avait mis dans l'institution des commissions locales, et, si je dois rendre hommage à certains dévouements très méritoires qu'elle a suscités, je suis obligé de reconnaître que ces dévouements sont relativement restés rares.

« Dans beaucoup de centres de placements, les commissions n'ont pu être créées et n'existent que sur le papier. Même parmi celles qui donnent signe de vie à l'administration départementale, qui lui transmettent des rapports, il en est un grand nombre dont la coopération est plus nominale qu'effective ; la teneur de ces documents suffit à le prouver. Beaucoup d'entre eux ne renferment pas ces articulations précises, ces observations particulières que suggère l'étude des faits ; ils énoncent, avec des différences de pure forme, les mêmes appréciations optimistes.

« Les nourrices, est-il dit, s'acquittent généralement bien de leurs devoirs ; les enfants sont généralement entourés de bons soins ; aucune plainte n'a été recueillie. Pris à la lettre, ces témoignages d'une satisfaction que parfois aucune réserve ne tempère, n'aboutiraient à rien moins qu'à faire considérer comme inutile la loi de 1874 ; ils prouvent seulement que la surveillance ne s'exerce pas.

« Deux causes principales entravent la création ou paralysent le fonctionnement des commissions locales : le manque de loisirs chez les personnes qui font ou pourraient faire partie de ces comités ; la crainte d'encourir l'inimitié de gens avec lesquels on se trouve et avec lesquels on doit rester en relations obligées, avec lesquels souvent on vit, pour ainsi dire, porte à porte.

« La circulaire du 8 août 1881 a autorisé les préfets à instituer, quand ils le jugeraient utile, des commissions locales embrassant plusieurs communes. Mon prédécesseur manifestait l'espoir qu'à raison de cette latitude nouvelle, il serait possible, tout en restreignant l'effectif nominal des commissions, d'en accroître l'influence et les services.

« Cet espoir ne s'est pas réalisé. Augmenter le rayon de surveillance, c'est évidemment laisser moins de prise à la crainte des haines de voisinage ; mais, en même temps, c'est imposer aux visiteurs plus de fatigues, des sacrifices de temps plus considérables. On perd d'un côté ce qu'on gagne de l'autre ; aussi l'innovation autorisée par la circulaire susvisée a-t-elle jusqu'à présent échoué. »

Cet aveu ministériel est bon à retenir. Les commissions de patronage des enfants assistés essayées à maintes reprises n'ont jamais réussi à produire des résultats utiles ; on voit qu'il en est de même des commissions instituées par la loi du 23 décembre ; nous aurons à rappeler ces précédents lors de la discussion des projets de loi soumis au Parlement.

Le rapport de 1882 se terminait par ces mots :

« Pour mener à bien l'œuvre aussi capitale que difficile de la protection de la première enfance, il est indispensable de se mettre en garde contre les appréciations trop optimistes, souvent en faveur auprès du public, des assemblées départementales et même des administrations ; cet optimiste, qui repose sur l'examen superficiel des faits, est l'une des causes principales des refus de concours, des défaillances que nous avons le regret de constater : en cachant le mal, il l'aggrave. Mais, d'un autre côté, si nous sommes encore loin du but, nous sommes en droit de dire que nous nous en rapprochons, qu'un progrès réel a été accompli : les résultats déjà obtenus, résultats qui se démontrent et se mesurent par les chiffres enregistrés plus haut, sont le gage d'améliorations prochaines et importantes dans le grand service dont je viens d'avoir l'honneur de vous exposer la situation. »

C'est là la note juste ; la loi de protection un peu compliquée, un peu paperassière, s'acclimate parmi nous avec difficulté ; elle rencontre des oppositions, les intéressés savent souvent se soustraire à ses prescriptions ; mais au total elle a réalisé un progrès, l'expérience pourra faire disparaître

certaines formalités inutiles, le fonds restera ; et beaucoup
d'enfants lui devront la vie.

§ 6. — LES SOCIÉTÉS PROTECTRICES DE L'ENFANCE.

Les sociétés protectrices de l'enfance nées vers 1865 du
courant généreux dont nous avons signalé l'apparition, sont
actuellement au nombre de 10 : sociétés de Paris, de Lyon,
du Havre, d'Indre-et-Loire, de la Seine-Inférieure, de Marseille, de Pontoise, d'Essonnes, de la Gironde, de Reims. La
plus ancienne, celle de Paris, fondée en 1865, a pour but non
seulement de surveiller les enfants placés loin de leur famille et de combattre ainsi le fléau de la mortalité des nourrissons, mais encore, ainsi que le disait en 1881 (bulletin p. 32,
l'homme de cœur, de talent et de dévouement qu'elle a placé
à sa tête, M. le Dr Marjolin, « de rappeler aux mères leur devoir, de remettre en honneur l'allaitement maternel, et de
conserver la santé et l'existence à tous ces pauvres petits
campagnards sevrés prématurément pour faire place à des
étrangers. »

M. Georges Picot, le savant académicien, résumait à son
tour en 1883 (bulletin p. 52) la noble mission de la société
protectrice de Paris, et ses éloquentes paroles peuvent s'appliquer à toutes les autres sociétés.

« Vous recevez l'enfant à son entrée dans la vie, vous lui
donnez son berceau, sa layette ; vous remettez à sa mère les
bons de viande qui ranimeront les forces de la nourrice, le
lait qui suppléera à ses seins taris ; des dames vont porter
aux extrémités de la capitale leurs consolations aux mères,
constater par elles-mêmes leurs besoins, et, avec ces secours
matériels, dans chacune de ces visites, elles répandent partout les préceptes d'hygiène et par-dessus tout le sentiment
des devoirs maternels, combattant le découragement, relevant ainsi et du même coup l'enfant et la mère. Voilà
l'œuvre active telle que nous la voyons à Paris.....Ne croyez
pas que la société borne son action à l'enceinte de la grande
ville. Elle a institué une inspection des enfants de Paris

placés en nourrice ; elle correspond avec les médecins inspecteurs et fournit aux parents des renseignements sur les enfants. Elle embrasse donc dans sa préoccupation le corps et l'âme ; elle veut sauver l'enfant, le rendre à la famille et préparer ses forces pour la patrie. »

Nous ne pouvons que former le vœu de voir tous ces dévouements s'unir pour combattre cette mortalité infantile plus terrible qu'une guerre ou une épidémie passagère : car son action destructive est de tous les jours et elle s'attache sans merci à la vie nationale pour l'épuiser dans sa source.

CHAPITRE XIV

L'ENFANCE PAUVRE

ET LA CHARITÉ PRIVÉE AU XIXe SIÈCLE.

Jusqu'ici nous n'avons considéré que la bienfaisance publique recueillant les enfants trouvés, abandonnés et orphelins, secourant les filles mères en vue d'éviter les abandons, protégeant la première enfance élevée en dehors du sein de la famille ; il reste à parler brièvement de la charité privée, dont les œuvres sont si nombreuses en France. S'agit-il de nouveau-nés, les sociétés de charité maternelle, dont la première fut fondée à Paris en 1788, sous le patronage de Marie-Antoinette, viennent en aide aux mères indigentes ; l'enfant est-il plus grand, les salles d'asile, vulgarisées par M. Cochin, le reçoivent ; avant de devenir en général les annexes des écoles, ces petites garderies étaient dues à l'initiative particulière.

Faut-il recevoir des orphelins : fils ou filles de familles pauvres, des maisons désignées sous les noms d'orphelinats, de refuges, d'ouvroirs, etc., s'élèvent de toute part.

M. Keller, dans son beau livre sur les congrégations religieuses en France [1], évalue à 60.000 les personnes ainsi assistées par ces établissements.

M. Th. Roussel, résumant les résultats de l'enquête ordonnée sur la demande du Sénat par le ministre de l'intérieur [2], relève l'indication de 1.110 asiles « recevant environ

---

[1] In-8°, Paris, Poussielgue, 1880.
[2] Commission relative à la protection de l'enfance. Annexes au rapport, tome II, 2e partie, in-4°, Paris 1882, p. xxxvii.

40.000 enfants élevés par la charité, dont 8.367 garçons et
31.666 filles ».

Ces maisons appartiennent aux catégories les plus diverses, et il n'existe aucune statistique complète sur ce
sujet; on doit seulement remarquer, avec M. Th. Roussel
(chap. xv), que l'enquête confirme d'une manière générale
ce fait d'observation, à savoir que la charité multiplie ses
efforts suivant la mesure des souffrances et des misères
dont elle est le témoin. Nous voyons en effet ses établissements et ses œuvres abonder davantage dans les grands
centres, au milieu des populations industrielles, tandis
qu'ils sont clairsemés, moins importants dans les pays où
l'agriculture et la vie pastorale offrent de bonne heure des
occupations aux enfants pauvres.

Au point de vue de l'avenir des pupilles ainsi recueillis,
une distinction importante s'impose : s'agit-il de filles ou
de garçons appartenant à des parents honnêtes, laborieux
mais trop dénués de ressources pour leur assurer une
saine éducation et les surveiller efficacement, le séjour de
l'orphelinat est un bienfait, car l'enfant une fois élevé, formé
aux bonnes mœurs et au travail, revient au milieu des siens
continuer sa vie de labeur et de probité.

Est-il question au contraire de petits êtres ayant le malheur de se trouver orphelins, ou, ce qui est pis encore, de
n'avoir pour gardiens que des pères et mères indignes de
ce nom, l'éducation à l'orphelinat peut n'être pas toujours
suffisante. Une fois arrivés à quinze ou seize ans, ils sont fréquemment retirés par leurs parents, en vue, surtout si ce
sont des filles, d'une exploitation odieuse. Arrivent-ils au
contraire à la majorité, ils échappent trop souvent à la
bienfaisante influence de l'établissement qui a abrité leur
jeunesse et, sans expérience du monde, sans soutien, se
créent difficilement une position.

Bien différent est le sort de l'enfant envoyé à la campagne chez les cultivateurs, se constituant une famille,
des amis, et ayant appris par des commencements, plus
rudes il est vrai, à faire l'apprentissage de la vie.

L'enquête résumée par M. Th. Roussel a recueilli de nombreux exemples de cette vérité. Loin de nous la pensée de méconnaître le dévouement, l'abnégation des milliers de religieuses qui se vouent à l'éducation des enfants pauvres, des orphelins, les abritent dans ces asiles soutenus par la charité privée ; mais, en faisant la distinction indiquée plus haut, nous n'hésitons pas à préférer pour l'enfant abandonné, pour l'enfant sans famille, pour l'enfant de parents indignes, le placement individuel, le maintien au milieu des habitants du village, où il grandira, où il pourra se fixer un jour entouré de ses camarades d'enfance, alors que les orphelins recueillis dans les fondations particulières se trouvent dispersés plus tard à tous les vents du ciel, sans pouvoir se prêter un mutuel et fortifiant appui. Il y a heureusement des exceptions ; on rencontre d'anciennes élèves devenues des femmes chrétiennes aimant à revenir auprès des maîtresses si dévouées qui ont formé leur enfance, confiant leurs filles à l'orphelinat où elles ont grandi elles-mêmes. Il se forme ainsi un patronage tutélaire produisant les plus heureux fruits ; n'est-on pas fondé à craindre cependant que dans la généralité des cas ce but ne soit pas atteint ?

A un autre point de vue, l'éducation des asiles est très onéreuse et absorbe des ressources considérables qui transformées en pension chez des cultivateurs, permettraient de secourir un chiffre plus élevé de délaissés.

Quelles que puissent être néanmoins les différentes manières de voir à ce sujet, il faut saluer avec respect ces innombrables établissements, couronnement des institutions protectrices de l'enfance dans notre chère patrie et convenant parfaitement à une grande partie de la population indigente.

CHAPITRE XV

ÉTUDE DES PROJETS DE LOI PRÉSENTÉS

DE 1848 A 1869

SUR LA QUESTION DES ENFANTS ABANDONNÉS ET DÉLAISSÉS

Nous venons d'indiquer la manière dont il est pourvu en France à l'heure actuelle à l'assistance de l'enfance ; il convient d'examiner maintenant les nombreux projets de loi présentés de 1848 à 1869, ayant pour but de modifier l'état de choses actuel.

Cette étude est d'autant plus opportune que le présent volume devant paraître à la fin d'une législature peut embrasser l'ensemble de ces projets, émanés du gouvernement ou de l'initiative parlementaire, durant une période de 37 ans.

I

Commission de 1849. Projet de loi (tome Ier *, p. 553 et suivantes).*

Ce projet en 163 articles, comprenant, trois livres subdivisés en titres et chapitres, a d'abord contre lui sa longueur même ; après avoir posé les principes, la loi doit laisser aux règlements d'administration publique le soin de prévoir tous les détails.

Suivant ce projet, le *tour* est supprimé, et la commission propose pour l'admission des nouveau-nés la création d'un bureau attaché à chaque hospice dépositaire.

Ce bureau aurait été composé de cinq membres :

1° La sœur supérieure ou la sœur déléguée par elle ; 2° un membre de la commission administrative ; 3° un membre du bureau de bienfaisance ; 4° un membre désigné par le préfet ; 5° l'inspecteur départemental. (Titre Ier, chapitre 1er, art. 3 et 6.)

La difficulté d'application de ces dispositions ressort à la simple lecture. Il avait été reconnu dès l'origine que le bureau ne pouvait être permanent. On peut constater qu'actuellement 67 départements reçoivent, par an, moins de 100 enfants immatriculés ; or il devait, d'après la commission, y avoir un hospice dépositaire par arrondissement ; les membres du bureau n'auraient donc, dans l'immense majorité des cas, eu à statuer qu'une ou deux fois par mois, et cela aux heures les plus irrégulières, le jour ou la nuit. En effet, une personne qui trouve un enfant exposé ou qui veut en abandonner un, ne se préoccupe pas des jours de séance d'une commission.

Aux termes des articles 7 et suivants, tout individu se présentant à un hospice pour y déposer un enfant, devait être mis en présence du secrétaire de la commission, prêter serment qu'il ne connaissait pas les parents du pauvre petit être, ou faire « dans la forme du témoignage en justice, et sous la foi du serment une déclaration contenant les noms, prénoms etc., de l'abandonné ».

Le bureau pouvait être *convoqué d'urgence* pour recevoir les confidences du déposant [1].

Le procès-verbal était adressé au procureur de la République (art. 13), afin qu'il puisse procéder, conformément aux lois, contre les auteurs ou complices de la suppression d'état et de l'abandon, et contre les auteurs de fausses déclarations.

L'enfant était toujours provisoirement reçu, il est vrai, mais le bureau pouvait refuser de prononcer l'admission

---

[1] Cette disposition avait paru si peu pratique aux auteurs du projet qu'ils n'exigeaient alors que la présence de deux membres.

définitive, « s'il estimait que la mère avait des ressources suffisantes pour l'élever ou que les motifs allégués pour demander que le secret de sa maternité soit gardé, n'étaient pas suffisamment justifiés... Si la situation des parents changeait, on pouvait les forcer à reprendre leur enfant ou à contribuer à sa dépense ».

Par une réaction exagérée contre le système du tour, et faute aussi de compter parmi eux des administrateurs au courant des détails de la question, les hommes de talent qui composaient la commission édictaient des principes aussi impraticables que dangereux.

L'admission définitive, sauf en ce qui concerne les orphelins pauvres, se fait habituellement au moment où l'enfant est présenté; si les exhortations, les offres de secours ont échoué ; si les parents sont décidés à l'abandon, par quels moyens peut-on les contraindre à reprendre l'élève une fois qu'il a été reçu ?

Employer la force publique ? Mais alors qui paiera les frais de cette résistance ? L'enfant que l'on exposera, ou qui périra par manque de soins.

Maintenant faire intervenir à tout instant le procureur, c'est détruire l'idée du secret, c'est pousser fatalement à l'infanticide et à l'exposition si dangereuse pour la vie du nouveau-né. Les administrateurs d'un hospice dépositaire ne doivent pas être les auxiliaires du parquet ; leur mission est absolument différente [1].

L'article 24 prononce également qu'en dehors des orphelins, admis jusqu'à 15 ans, aucun enfant de plus de 7 ans ne pouvait être reçu ; on a peine à s'expliquer une pareille res-

---

[1] Voici un exemple pris entre mille : Une fille mineure apporte son fils qu'elle déclare issu de ses relations avec son père. Les administrateurs sont tenus évidemment de chercher tous les moyens en leur pouvoir pour faire cesser officieusement une pareille situation, mais ils ne doivent pas déposer une plainte au parquet. Toute différente serait leur conduite s'ils avaient la preuve qu'un enfant volé a été déposé à l'hospice. Ils auraient alors pour devoir de faire poursuivre les auteurs de cet acte criminel, car l'intérêt du secret des familles n'est plus en jeu.

triction; que seraient alors devenus ceux au-dessus de 7 ans?
Pour justifier cet ostracisme il aurait fallu constituer trente
ans plus tôt le service des délaissés ou moralement abandonnés.

Secours temporaires.

Dans le projet, un bureau spécial prononçait les admissions comme on vient de le voir, et c'était (art. 30 et suivants) le préfet qui accordait les secours. « Si la mère a retiré son enfant sur la promesse d'un secours et que le secours soit définitivement refusé par le préfet, le bureau
d'admission délibérera de nouveau. » (Art. 34, dernier
alinéa.)

Singulière anomalie, le bureau, en recevant un enfant,
avait le pouvoir d'engager les finances départementales
pendant douze années et ne pouvait accorder un secours
temporaire. Il promettait une allocation déterminée pour
éviter un abandon, cette manière de voir n'était pas adoptée
et il n'avait qu'à s'incliner.

Ce mode de procéder aurait enlevé tout l'effet du secours et suscité des conflits, à moins que le préfet, par
l'intermédiaire de l'inspecteur, n'ait confisqué en fait la
commission.

Tutelle.

Les articles 35 et 36, relatifs à la tutelle, sont encore plus
étranges; il y est dit que les enfants admis ou délaissés ont
pour *tuteur* l'inspecteur du département, pour subrogé-
tuteur le membre du comité du patronage désigné par le
conseil de famille, et pour conseil de famille, la commission administrative de l'hospice dans la circonscription duquel ils résident. La tutelle pourra être déférée par le conseil à l'un des membres de la famille à laquelle l'enfant
aura été confié s'il consent à l'accepter. Dans ce cas, l'inspecteur sera subrogé-tuteur.

Les soins donnés à ce titre pourront être invoqués plus tard comme cause d'adoption, alors même qu'il y aurait eu salaire ou secours.

Art. 36. L'enfant réclamé a pour tuteur sa mère, si c'est elle qui l'a retiré spontanément ou sur une décision du bureau d'admission et si elle a fait agréer les raisons pour lesquelles elle ne le reconnaît pas. Il a pour subrogé-tuteur l'inspecteur du département où il réside, et pour conseil de famille la commission administrative de l'hospice de la circonscription [1].

Il en est de même des enfants secourus.

Examinons brièvement ces différentes hypothèses.

1° L'inspecteur est tuteur et cela est déjà mauvais, puisque sa mission est de surveiller et non d'administrer ; de plus, comme on instituait (art. 3) dans chaque département autant de conseils de famille que d'arrondissements, de quelle manière le malheureux inspecteur aurait-il pu réunir ces conseils, y assister et appliquer leurs opinions, souvent contradictoires, sur l'exercice de la tutelle ?

2° La tutelle est déférée à un étranger. Il faut distinguer; on avait toujours admis qu'un enfant assisté pouvait être confié à une personne bienfaisante en vue d'une adoption ultérieure, mais, hors les cas fort rares de tutelle officieuse prévus par les art. 361-370 du code civil, la commission hospitalière conservait la tutelle de son pupille ; quelle nécessité d'ériger en règle ce qui ne peut être qu'une exception ?

Le projet de loi avait-il en vue la tutelle officieuse avec toutes ses conséquences successorales (art. 367) ? nous ne le pensons pas. Alors c'était la confusion en permanence.

On comprend encore moins que la commission reste tutrice d'un enfant rendu à sa mère et d'un enfant secouru.

---

[1] Ainsi le bureau qui a prononcé l'admission voit son rôle cesser une fois l'enfant immatriculé, et la commission hospitalière apparaît seulement pour prendre la tutelle.

L'allocation d'un secours ne peut faire sortir un enfant du droit commun; et quelle nécessité il y avait-il d'étendre la tutelle légale à de petits êtres de moins de trois ans [1], pour les neuf dixièmes illégitimes, et sans possibilité d'avoir des intérêts pécuniaires.

Suivait une longue et beaucoup trop minutieuse énumération des règles applicables à la mise en nourrice, aux contrats d'apprentissage, etc., etc.

La loi, nous venons de le dire, ne doit pas entrer dans tous ces détails secondaires, il lui appartient seulement de tracer les lignes d'ensemble.

Signalons une dernière anomalie relative aux retraits.

Art. 71. « Le retrait ne pourra être prononcé que par décision spéciale du préfet, sur l'avis du tuteur, du subrogé-tuteur, du conseil de famille ou du comité cantonal de patronage. »

La rédaction est vague ; fallait-il l'avis du tuteur, du subrogé-tuteur et du conseil de famille ; ou bien l'avis de l'une de ces trois autorités pouvait-elle suffire, à l'exclusion des autres?

Quant au comité de patronage (art. 87, 102 à 104), chargé de visiter les enfants, on ne comprend pas comment il pouvait se substituer au tuteur légal et au conseil de famille.

En résumé, faute d'avoir étudié, si nous pouvons nous exprimer ainsi, sur la chair vive, cette question des enfants assistés [2], des hommes savants, animés des meilleures intentions, ont consacré trente et une séances laborieuses pour dresser un plan d'organisation absolument impraticable, source de mille conflits, et très inférieur dans son ensemble à la loi du 15 pluviôse an XIII et du décret du 19 janvier 1811 [3].

---

[1] Art. 30. La durée de ces secours ne pourra dépasser l'époque où les enfants seront admissibles aux salles d'asile.

[2] Les deux inspecteurs généraux, membres de la commission, ne prirent presque aucune part à ses délibérations. L'un d'eux n'assista même à aucune des séances.

[3] Les dépenses, d'après le projet, étaient *hospitalières* : séjour à

II

Assemblée nationale législative. Rapport et projet de loi sur les enfants trouvés, abandonnés et orphelins, présentés au nom de la commission d'assistance publique, par Armand de Melun. Séance du 22 mars 1850.

Le 27 novembre 1849, la commission extra-parlementaire nommée par M. Dufaure terminait ses travaux, et, le 22 mars 1850, la commission de l'Assemblée nationale déposait son rapport, conçu dans un esprit absolument opposé.

« Art. 2. Les conseils généraux de chaque département désigneront les établissements publics ou privés où seront reçus les enfants confiés à l'assistance publique, et détermineront le mode de leur admission. Toutefois chaque département aura au moins *un tour*.

« Art. 32. Toute personne convaincue de s'être fait l'intermédiaire habituel des expositions sera punie d'un emprisonnement d'un mois à trois ans et d'une amende de cinquante à mille francs, sans préjudice des peines portées contre toute atteinte à la vie et à la santé des enfants. L'art. 463 du Code pénal pourra être appliqué. »

Ce rétablissement du *tour* n'avait pas été admis au sein de la commission, sans une vive opposition ; une forte majorité se prononça néanmoins en sa faveur. Mais ce que l'on peut reprocher surtout à la réforme proposée, c'est le manque d'unité.

On se plaignait que les circulaires et instructions ministérielles dénaturaient les lois et décrets préexistants, en amenant par leur diversité même une confusion réelle dans le service, et cette confusion, la commission l'érigeait en principe.

l'hospice, colliers, etc., ou *départementales* : mois de nourrice, voyages, etc., se répartissant ainsi : 1/5 à la charge des communes, 3/5 à la charge du département, 1/5 à la charge de l'État.

« Elle a, dit le rapporteur (p. 24), reconnu la convenance de donner aux autorités locales une grande part dans la solution du problème. En rendant *un tour* obligatoire par département, elle charge les conseils généraux de fixer le nombre, le lieu des établissements dépositaires. Elle n'exclut aucun mode d'admission, elle ne repousse aucun essai, elle n'exige même pas que le tour soit placé dans un hospice. Le service des enfants trouvés n'appartient pas nécessairement aux maisons de secours publics. Le conseil général pourra se servir de la charité privée et établir un tour, une crèche, dans des maisons de sœurs, en confier la direction à une association charitable. La société, quand elle fait le bien, gagne beaucoup à s'adresser à la liberté. »

Nous sommes partisan d'une décentralisation réelle, indispensable dans un pays véritablement libre; cependant faut-il encore que la loi détermine, dans un service aussi important que celui des enfants trouvés, les lignes générales. C'est ce que ne fait point le projet de la commission, ainsi que le remarque M. Boicervoise, administrateur honoraire des hospices de Paris [1] :

« Satisfaite d'avoir rendu partout les tours obligatoires et d'avoir remporté cette victoire, la commission consent à ce que chaque département établisse tout autre mode d'admission, en harmonie avec ses mœurs, ses croyances et ses habitudes. »

N'est-ce pas, ajouterons-nous, rompre l'uniformité de jurisprudence; entretenir les récriminations de département à département? N'est-ce pas perpétuer l'anarchie qui règne dans ce service, que de tolérer dans certaines régions des admissions qui pourront être interdites dans les autres? Les localités où le tour existerait auraient alors à entretenir les enfants de tous les pays voisins. Est-ce admissible?

---

[1] *Revue municipale.* Quelques réflexions au sujet du projet de loi présenté à l'Assemblée législative dans sa séance du 22 mars 1850, in-8°, 60 p., 1850.

Au point de vue de la tutelle, il était créé par département (art. 10), une commission centrale composée « de dix membres : du préfet, président; de l'évêque ou de son délégué; du procureur de la République, ou de son substitut; d'un officier supérieur de terre ou de mer désigné par le général commandant le département, ou par le préfet maritime; d'un membre du conseil général; d'un membre de la commission des hospices, d'un membre du bureau de bienfaisance désignés chacun par leur corps respectif; les deux autres membres étaient nommés par la commission elle-même ».

Conformément à l'art. 11, cette commission devait « prononcer l'admission des enfants abandonnés et orphelins, être chargée de la tutelle, de la direction et du patronage de tous les enfants confiés à l'assistance publique jusqu'à leur majorité. »

Ce comité, formé d'éléments aussi nombreux et aussi divers, aurait fonctionné certainement avec difficulté; quant aux autres dispositions du projet, elles reproduisaient avec des modifications peu importantes les règlements en vigueur; on peut seulement signaler une sorte de prédilection pour les colonies agricoles françaises et algériennes alors en pleine faveur, et la réprobation du système des secours aux filles-mères.

Il faut en terminant mentionner l'art. 31 emprunté au projet de la commission de 1849 et ainsi conçu : « Si la mère qui réclame son enfant n'est pas mariée, ou si l'enfant n'est pas reconnu par le mari, la tutelle et le patronage continuent à s'exercer conformément à la présente loi. »

Nous persistons à ne pas comprendre comment un enfant peut être rendu à sa mère, mariée ou non, et rester cependant sous la tutelle administrative.

III

Corps législatif. Session de 1853, annexe au procès-verbal de la séance du 30 avril. Projet de loi concernant les enfants trouvés, abandonnés et les orphelins pauvres confiés à l'administration publique. Rapport fait au nom de la commission par M. Remacle.

Le projet de loi présenté à l'assemblée législative fut, avant toute discussion, renvoyé au conseil d'État, qui élabora un troisième projet dont M. Cuvier, conseiller d'État, indique ainsi l'esprit [1] :

« Le projet de la commission parlementaire a donné lieu à deux objections principales ; d'une part, en imposant à tous les départements l'obligation d'établir au moins un tour, il condamne implicitement et surtout il annule tout ce qui s'est fait depuis plus de trente ans dans plus de la moitié des départements ; d'une autre part, en concentrant entre les mains du conseil général et d'une commission spéciale, siégeant au chef-lieu du département, tous les pouvoirs pour l'ouverture de l'établissement dépositaire, pour la réception, la tutelle et la surveillance des enfants, en supprimant presque en entier l'action de l'administration, il constitue un état de choses qui ne tarderait pas à avoir pour les départements les plus onéreuses conséquences.

« La seule objection fondamentale contre ce projet est relative à la concentration, entre les mains d'une commission départementale, de tous les pouvoirs pour la réception, le placement et l'éducation des enfants trouvés. Ce serait le premier exemple en France d'un comité administratif ayant pouvoir d'engager sans contrôle et presque sans intervention du gouvernement les finances des départe-

---

[1] Cité par M. Frout de Fontpertuis, p. 327.

ments, des communes et, par conséquent, les finances de l'État. »

Une commission unique par département nous paraît, au contraire, s'imposer, et l'objection présentée n'est pas sérieuse ; en effet, que ce soit l'Etat qui supporte une grande partie de la dépense, ainsi que cela avait lieu avant 1817, ou que la plus grosse charge incombe aux départements, ni le Corps législatif, ni le conseil général ne statuent sur les admissions ; il y a des agents d'exécution : commissions hospitalières, préfets ou inspecteurs, et il est évident que, chaque fois que ces agents autorisent une immatriculation, ils engagent les finances départementales; mais il appartient aux conseils généraux de tracer, dans les limites prévues par la loi, les règles générales du service, et de rappeler à l'exécution de ces règles les autorités diverses qui s'en écarteraient.

Quoi qu'il en soit, en présence de ces difficultés imaginaires, le conseil d'Etat proposait que l'emploi du tour ne pût être établi ou supprimé que suivant avis du conseil général, la tutelle étant laissée aux commissions hospitalières.

Renvoyé au bout de trois années devant le Corps législatif, ce projet donna lieu à une vive discussion au sein de la commission; le rapporteur était M. Remacle, l'adversaire déterminé des tours, et cependant, il ne put triompher des résistances qui s'élevèrent autour de lui. Les articles 5 et 6 reproduisirent le terme moyen proposé par le Conseil d'Etat. A la suite des définitions données par le décret de 1811, le nouveau projet renferme les dispositions suivantes :

« Art. 5. Dans chaque département, le préfet désigne, après avoir pris l'avis du conseil général et des commissions administratives des hospices et sous l'approbation du ministre de l'intérieur, un ou plusieurs hospices pour recevoir les enfants assistés.

« Les tours ne peuvent être établis ou supprimés dans ces hospices que par arrêté du ministre de l'intérieur et après avis du conseil général.

« Art. 6. Le préfet détermine par un arrêté les pièces et justifications nécessaires pour constater la position des enfants désignés dans l'art. 1er.

« Il règle également par des arrêtés, après avis du conseil général et des commissions administratives des hospices, les moyens à prendre pour prévenir, soit par l'allocation de secours temporaires, soit de toute autre manière, l'abandon des enfants nouveau-nés, et, lorsque le tour n'existe pas ou que le tour existant est surveillé, les moyens propres à assurer le secret convenable, soit la réception provisoire, en cas d'urgence, des enfants dans les hospices, soit leur réception définitive.

« Les arrêtés du préfet sont soumis à l'approbation du ministre de l'intérieur.

« Dans le cas où des secours temporaires sont accordés, ils sont distribués sous les conditions indiquées par l'arrêté préfectoral, par les soins du bureau de bienfaisance, et, à défaut de bureau de bienfaisance, par les soins des maires. »

Cette solution ne pouvait être acceptée, il appartenait au législateur de se prononcer nettement; les partisans des tours n'étaient pas satisfaits, puisqu'on ne les rétablissait pas ouvertement, et le Ministère de l'intérieur, qui poursuivait sans relâche leur fermeture, ne trouvait pas dans cette rédaction une sanction suffisante de ses actes. Et puis, quel résultat aurait-on obtenu? Il suffisait donc d'un changement de majorité dans les conseils généraux, pour remettre constamment en question l'ouverture ou la fermeture des tours ; ce n'était pas rationnel. Le projet eut donc le sort de ses prédécesseurs, il fut enterré parlementairement [1].

Quelques années plus tard, en 1857, à l'occasion des pétitions du Père Brumauld, MM. Troplong, comte Siméon et Portalis, sénateurs, portaient le débat devant la haute

---

[1] Ce projet n'innovait pas en ce qui concerne la tutelle, et la loi du 15 pluviôse an XIII se trouvait confirmée dans ses parties essentielles.

assemblée dont ils faisaient partie. Rétablissement des tours, suppression des secours aux filles-mères, colonisation de l'Algérie par les enfants abandonnés, telles étaient les bases générales de l'argumentation des honorables sénateurs dont les propositions n'eurent aucune suite.

Il faut arriver maintenant à la loi financière du 15 mai 1869 qui favorise singulièrement l'omnipotence de l'Etat, en lui laissant prendre à sa charge les minimes dépenses de personnel. L'Etat, payant *un* million sur *quinze*, administre tout, puisqu'il nomme les inspecteurs, ainsi que nous l'avons fait remarquer dans le chapitre III, et cette situation nous paraît absolument inadmissible.

Malheureusement, on n'y a pas porté remède par les propositions faites depuis 1870.

CHAPITRE XVI

EXAMEN DES PROPOSITIONS DE LOI
SOUMISES AUX CHAMBRES DE 1870 A 1885.

Laissant de côté, pour le moment, le projet de loi voté par le Sénat, nous allons résumer les dispositions principales des divers projets soumis au Parlement de 1870 à 1885 et ayant pour objet l'amélioration du sort des enfants délaissés.

I

Rapport et proposition de loi Bérenger concluant au rétablissement des tours. (Sénat, sessions ordinaires de 1877 et de 1878.)

L'Assemblée nationale qui avait voté, en 1874, les lois sur la protection des enfants placés en garde ou sevrage, employés dans les manufactures ou astreints aux professions ambulantes, aurait dû terminer sa mission en adoptant une législation définitive en ce qui concerne les enfants abandonnés; c'est seulement le 23 février 1877 que M. Bérenger déposa sur le bureau du Sénat un rapport concluant à l'examen de cette grave question. Ainsi que le dit M. le rapporteur, ce rapport n'est que le résumé du livre de M. le Dr Brochard sur les enfants trouvés. Au point de vue historique, il est regrettable que la commission sénatoriale ait suivi un guide aussi fantaisiste ; au point de vue doctrinal, les opinions et objections émises sont celles sou tenues par les partisans et les adversaires des tours, aucun fait nouveau n'est allégué. Le rapport ne contient pas, du reste, de dispositions législatives, il se termine seulement par le vœu suivant (p. 66): « La commission, sans vouloir entrer plus avant dans un examen qui l'eût entraînée au delà des limites de ses attributions, sans vouloir surtout donner une opinion arrêtée et définitive, a pensé:

« Qu'il était regrettable que la législation de 1811 eût été abrogée en fait sans le concours des pouvoirs publics;

« Que ses inconvénients semblent avoir été singulièrement exagérés;

« Que, d'un autre côté, il ne paraît pas démontré que le système nouveau ait été sans influence sur l'augmentation des attentats contre l'enfance ni sur l'accroissement de la mortalité du premier âge;

« Qu'il ne semble même pas avoir réalisé, sous d'autres rapports, les espérances qu'on avait conçues;

« Qu'enfin s'il devait après nouvel examen être maintenu, il serait nécessaire de lui donner une base légale. »

L'année suivante (session de 1878, n° 71), séance du 11 février, MM. Bérenger, Taillefert, de Belcastel, Henri Martin et Schœlcher, déposaient une proposition relative au rétablissement des tours et comprenant 6 articles. L'art. 1er était ainsi conçu : « Il y aura dans chaque arrondissement un hospice destiné à recevoir les enfants trouvés; chacun de ces hospices sera muni d'un tour ouvert le jour et la nuit. Des avis placés aux abords et dans l'intérieur du tour feront connaître aux déposants : 1° qu'un secours mensuel peut être accordé par l'hospice aux mères qui veulent se faire connaître et conserver leur enfant; 2° qu'un employé, obligé par serment professionnel au secret, se tient dans une salle voisine à leur disposition, pour recevoir les renseignements que peut exiger l'intérêt de l'enfant. »

Si l'on admet le secret de l'admission par le tour, il n'y a rien à reprendre dans cet article, mais le suivant implique une contradiction évidente :

« Quiconque est convaincu de déposer habituellement des enfants au tour sera puni d'un emprisonnement de

6 mois à 2 ans. La peine sera du double contre les médecins, chirurgiens, officiers de santé, pharmaciens ou sages-
femmes. »

Nous comprenons parfaitement la préoccupation des
auteurs du projet de loi, qui ont voulu aller au-devant
d'une des plus fortes objections contre le tour, mais alors
ils détruisent leur système, car ou le tour est libre ou
il est surveillé ; dans ce dernier cas, le secret n'est
plus garanti ; s'il est libre, comment constater que des
personnes déterminées apportent fréquemment des enfants ?

Le véritable tour qui, suivant ses partisans, a des bras
pour recevoir et n'a pas de bouche pour révéler, manque
également d'yeux pour voir les déposants ; si on les voit,
c'est l'admission à bureau ouvert sans demander de renseignements.

Le reste du projet reproduit, en les affaiblissant, comme
précision, les dispositions de la loi du 15 pluviôse an XIII.
L'art. 6 et dernier conclut à la formation « d'une direction générale des enfants trouvés au ministère de l'intérieur. »

Nous ne sommes pas partisans de cette innovation. Les
inspecteurs généraux répondent parfaitement à ce besoin,
à condition qu'on choisira des hommes au courant de
leurs fonctions.

II

*Conseil général de la Seine, Séance du 26 novembre 1878.
Rapport présenté par M. Thulié au nom de la 3ᵉ commission
sur le service des enfants assistés.*

Bien que n'ayant pas été présenté au Parlement, le projet
ci-dessus visé emprunte un intérêt tout particulier à la situation du conseil général de la Seine, qui a à s'occuper du
tiers des enfants assistés de France, et il nous a paru méri-
ter un examen spécial.

TITRE I. — Admissions.

Adversaire des tours, le rapporteur de la 3ᵉ commission propose les dispositions suivantes :

α Art. 1ᵉʳ. — Dans chaque chef-lieu d'arrondissement, il y aura un hospice dépositaire destiné à recevoir des enfants abandonnés.

« Art. 2. — Le bureau des abandons, communiquant directement avec la voie publique, sera ouvert de jour et de nuit.

« Art. 3. — L'employé chargé de recevoir les enfants sera astreint au secret par serment.

« Art. 4. — Si c'est la mère qui fait l'abandon, cet employé se bornera à énumérer les inconvénients de l'abandon et les avantages de l'allaitement maternel ; si c'est une autre personne, il enregistrera l'enfant purement et simplement. Dans l'un et l'autre cas, il n'exercera aucune pression, sous peine de révocation.

« Art. 5. — Les enfants pourront être abandonnés, soit par les mères elles-mêmes, qui ne seront pas astreintes à se faire connaître ou à signer le procès-verbal, soit par toute autre personne, qui devra faire savoir si l'enfant a été inscrit sur les registres de l'état civil.

« Art. 6. — L'abandon se fera sans témoin d'aucune sorte autre que l'employé assermenté ; l'enfant, après avoir reçu son numéro d'immatriculation devant la personne qui abandonne, sera passé aux gens de service par ledit employé.

« Art. 7. — Toute personne qui aura induit la mère en erreur sur les conséquences de l'abandon, ou aura divulgué la naissance d'un enfant, sera condamnée à un emprisonnement de un jour à six mois, indépendamment des dommages-intérêts à réclamer par la partie civile. »

L'ensemble de ces dispositions nous paraît assez satisfaisant ; il y a cependant contradiction entre l'art. 4 et l'art. 5. Aux termes de ce premier article : « Si c'est une autre personne que la mère, on enregistrera l'enfant purement et simplement,» ce qui semble indiquer qu'on ne fera aucune question au déposant ; cependant, en vertu de l'art. 5 : « Ce déposant devra faire savoir si l'enfant a été inscrit sur les registres de l'état civil »; pourquoi ne pas demander l'acte de naissance, ainsi que cela se pratique à l'hospice de Paris ?

Maintenant l'employé (il faudrait dire au moins les employés, car il s'agit d'un service de jour et de nuit) pourra être révoqué s'il a exercé une pression ; qui sera juge de ce point délicat ? Il n'y a pas de témoins. Comment l'employé incriminé pourra-t-il prouver le mal fondé des plaintes ?

Que veulent dire aussi ces mots de l'art. 7 : « Toute personne qui aura induit la mère en erreur sur les conséquences de l'abandon et aura divulgué la naissance d'un enfant sera condamné à un emprisonnement de un jour à six mois, indépendamment des dommages-intérêts à réclamer par les particuliers. » L'art. 378 du code pénal sur le secret professionnel suffit parfaitement à protéger les mères, sans qu'il soit besoin d'une pénalité exceptionnelle.

Des secours, dit l'art. 8, seront accordés aux mères pour leur faciliter l'allaitement de leur enfant. Ils ne pourront être alloués qu'après enquête, mais l'employé assermenté aura le devoir d'annoncer cette enquête à la mère qui voudrait accepter le secours. Les abandons au contraire ne seront précédés ni suivis d'aucune investigation.

Les art. 9 et 10 suppriment les rapatriements ; nous aurons occasion de revenir longuement sur cette question soulevant de graves difficultés budgétaires. Enfin par l'art. 11, M. Thulié, appliquant les règles suivies dans les maternités de Vienne et de Rome (hospice Saint-Roch) demande « que la femme à terme qui ne voudrait pas se faire connaître, soit reçue, à la seule et unique condition de laisser entre les mains du directeur de l'hospice un pli cacheté contenant son nom, son adresse, le lieu et l'époque de sa naissance. Ce pli devant lui être rendu à sa sortie et ne pouvant être décacheté par le directeur de l'hospice qu'en cas de décès ».

Le projet maintient la tutelle aux commissions hospitalières, tout en confirmant l'autorité supérieure du conseil général et (art. 14) partage les dépenses dites extérieures par fractions égales entre l'Etat, les départements et les communes.

III

Chambre des députés. Session extraordinaire de 1880, n° 3189, annexe au procès-verbal de la séance du 17 décembre. — Proposition de loi ayant pour objet la création d'un orphelinat national, présenté par M. Caze.

MM. Bérenger et Thulié, divisés sur la question du tour, restaient unis pour le maintien des enfants assistés dans les campagnes. M. Caze, tout en réclamant le tour, veut changer, au contraire, ce mode d'éducation. Il propose de répartir les pupilles dans les orphelinats, de leur donner une éducation professionnelle, agricole ou industrielle, et de les expédier ensuite aux colonies, en leur accordant ultérieurement des concessions. M. Caze étend, en un mot, les utopies évées en 1850 pour l'Algérie. En vertu des art. 22 et 23 du projet, il fait revivre les dispositions inventées, en 1811, par Napoléon pour se procurer des soldats : « Un décret déterminera ceux des enfants mâles qui seront mis chaque année à la disposition du ministre de la guerre et du ministre de la marine. » « Art. 23. [Dans aucun cas l'enfant réclamé ne pourra être soustrait aux obligations qui lui auraient été imposées par l'Etat. »

Ces mesures arbitraires ne sauraient se justifier et il n'y a point lieu de s'y arrêter.

En rédigeant son projet, M. Caze paraît avoir oublié trois choses :

1° Que les enfants assistés élevés actuellement chez les cultivateurs forment un élément social important et comblent en partie les vides laissés par l'émigration vers les villes ;

2° Que les essais de colonisation lointaine par ces enfants sont jugés par l'expérience ;

3° Enfin, qu'il faudrait indiquer qui supportera les dépenses écrasantes du vaste système d'orphelinats rêvé par l'auteur.

L'Etat assurément[1] ; mais n'est-il pas déjà assez obéré ?

Ce projet est donc absolument et de tout point impraticable ; néanmoins dans le rapport déposé à la séance du 22 février 1881 [2], la commission d'initiative conclut à la prise en considération, mais le rapporteur, M. Bénazet, paraît penser que ce projet s'applique aux vagabonds et à cette population d'indisciplinés que nous voyons toujours sur les bancs de la police correctionnelle. Alors pourquoi parler de tours et mêler des questions absolument distinctes ? Cette confusion qui vicie si profondément, ainsi que nous le verrons plus loin, le projet de loi voté par le Sénat, a entraîné M. Caze dans la même erreur.

IV

Chambre des députés. Session extraordinaire de 1881, n° 187, annexe au procès-verbal de la séance du 3 décembre 1881. — Proposition de loi pour la création d'asiles d'enfants sauvés présentée par M. Henri de Lucretelle.

M. de Lacretelle, après avoir rappelé qu'il avait déposé plusieurs fois déjà des propositions relatives au rétablissement des tours, indique quelques amendements à ses propres projets. « Il y a, dit-il, art. 1er, dans chaque chef-lieu de canton, à l'hospice, ou à défaut de l'hospice à la mairie, une salle désignée sous le nom d'asile pour les enfants sauvés. Cette salle est au rez-de-chaussée et a une fenêtre ouvrant

---

[1] « J'estime, dit M. Caze, qu'en cette matière, ce que l'État peut est la mesure de ce qu'il doit. »

[2] N° 3354, rapport de M. Bénazet.

sur la voie publique. — Art. 2. Elle est accessible de jour et de nuit. Un timbre placé dehors et sur la rue appelle immédiatement le gardien ou la gardienne de la salle. — Art. 3. La personne qui vient y déposer un enfant nouveau-né *doit indiquer le nom de l'enfant*, mais n'est pas obligée de donner le sien. »

Toutes les dépenses du service sont à la charge de l'Etat, et, à 14 ans, les garçons sont dirigés sur une colonie agricole, en Algérie, et les filles sur une école industrielle.

Cette proposition, absolument incomplète, renfermait cependant toutes les idées condamnées par l'expérience des cinquante dernières années. Toutefois, la commission d'initiative, « sans adopter dans tous ses points le projet qui lui avait été présenté, » estima qu'il méritait d'être étudié et proposa la prise en considération [1]. Le rapport de la commission nommée à cet effet, indiqué comme déposé le 19 février 1885, n'a été publié que dans les derniers jours du mois de juillet suivant [2], c'est-à-dire au moment même de la clôture de la législature.

Le rapporteur, M. Duchasseint, débute par quelques considérations historiques extraites des ouvrages de MM. de Gouroff et Sémichon. Cet exposé, bien que court, renferme de nombreuses erreurs [3].

---

[1] Chambre des députés, n° 1298, session de 1882, annexe au procès-verbal de la séance du 10 août 1882.

[2] Chambre des députés, n° 3548, annexe au procès-verbal de la séance du 19 février 1855.

La commission était composée de MM. H. de Lacretelle, président; P. Féau, secrétaire; Leydet, Escande, Donnet, Belle, Martin Nadaud, Salis, Rivet, Duchasseint.

[3] On lit en effet ce qui suit, p. 5 :

« Au x° siècle, l'ordre du Saint-Esprit est le premier institut qui se soit spécialement consacré au soulagement des *orphelins* et des enfants trouvés..... »

. . . .

« Au xii° siècle, pour la première fois, on fonde des établissements qui recueillent, sous la direction de l'Église, les enfants que la charité privée ne pouvait pas secourir. Guy, seigneur de Montpellier, créa dans cette ville l'hôpital du Saint-Esprit, destiné à recevoir les

Quant au projet de loi, il consacre (p. 19) :

« 1° La suppression légale des tours ; 2° l'admission libre de l'enfant dans l'hospice à bureau ouvert, sur la présentation du bulletin de naissance, avec la garantie du secret le plus absolu ; 3° la suppression de la recherche du domicile de secours ; 4° les secours temporaires accordés aux mères ; 5° les maternités ; 6° les orphelinats agricoles ; 7° la création de l'inspection générale pour contrôler le service et l'exécution de la loi. »

En ce qui concerne les tours, les admissions à bureau ouvert, les secours aux filles-mères, etc., ces questions seront examinées longuement dans nos conclusions ; la suppression brusque du domicile de secours, sans les tempéraments nécessaires, entraînerait des charges écrasantes pour les grandes villes, et il ne saurait être admissible d'ériger en système absolu, ainsi que le fait l'art. 7, « *que le domicile de secours de l'enfant est là où il est présenté* ».

Ensuite, pourquoi favoriser l'envoi des enfants de plus de 13 ans dans des orphelinats, alors que pour eux le véritable placement est chez les paysans, où ils trouvent une seconde famille et un foyer ?

Enfin quelle nécessité de créer de nouveaux inspecteurs ? Est-ce qu'il n'y a pas déjà les Inspecteurs généraux du ministère de l'intérieur ?

A un autre point de vue, ce projet étant destiné à compléter la loi déjà votée par le Sénat, dont M. Gerville-Réache était le rapporteur au corps législatif, comment la commission a-t-elle pensé qu'il y avait possibilité de donner par l'art. 9, aux commissions hospitalières des chefs-lieux, des pouvoirs différant essentiellement des règles établies en cette matière par le projet dont il vient d'être parlé ?

---

enfants exposés. Cet hospice fut le premier de ce genre qui ait été créé en France..... »

Il est inutile de faire remarquer que Guy, étant le fondateur de l'ordre du Saint-Esprit, n'a pu vivre deux siècles après la date que M. Duchasseint assigne à la constitution de cet ordre.

Tout en rendant hommage aux intentions généreuses de MM. de Lacretelle et Duchasseint, nous pouvons donc dire que leur proposition, présentée du reste quelques jours seulement avant la fin de la session parlementaire, n'était pas viable.

V

Chambre des députés. Session de 1884, annexe au procès-verbal de la séance du 31 mars 1884. — Proposition de loi ayant pour objet: 1° la création d'une caisse de dotation pour les enfants abandonnés, délaissés ou maltraités ; 2° une modification de l'art. 755 et l'abrogation de l'art. 768 du code civil ; proposition signée par M. Couturier et 80 de ses collègues.

Jusqu'ici nous avons vu les auteurs de projets de lois préoccupés surtout du mode d'admission des enfants ; ici au contraire les rédacteurs de la proposition déposée le 31 mars 1884 ne s'inquiètent pas de l'administration du service et cherchent à créer une caisse de dotation alimentée par le produit des successions en déshérence. La pensée est juste ; nous avons toujours soutenu que l'Etat devait contribuer aux dépenses des enfants assistés dans la limite des sommes qu'il encaissait du chef des successions en déshérence ; mais, pour rendre ces ressources plus abondantes, on demande au Parlement d'abaisser de moitié le degré de successibilité, l'art. 755 se trouvant alors rédigé ainsi :

« Les parents au delà du sixième degré ne succèdent pas. »

Les enfants naturels et le conjoint survivant viendraient ensuite en rang utile.

Les raisons que font valoir les nombreux signataires du projet ne manquent pas de valeur ; ils disent qu'au delà d'un certain degré les parents sont des étrangers que l'on connaît à peine, et ils citent l'opinion de jurisconsultes de talent pour appuyer l'autorité de leur thèse. La solution indiquée nous paraît néanmoins modifier trop profondément l'ordre établi, il ne faudrait pas, à notre avis, descendre au-dessous du *huitième* degré[1].

Dans la séance du 28 octobre 1884, M. Rameau a déposé (n° 3160) un rapport qui conclut à l'adoption de cette proposition Couturier[2], et maintient la limite des successions *ab intestat* au sixième degré, ainsi que la commission spéciale pour administrer la caisse de dotation. Cette caisse paraît absolument inutile, l'Etat pouvant répartir entre les divers départements, selon des règles déterminées, les sommes qu'il aura recouvrées.

M. Rameau évalue à 10 ou 11 millions le bénéfice à obtenir par cette mesure ; ce serait probablement s'exposer à de graves mécomptes que de se baser sur ce chiffre, car les parents du sixième au huitième degré sont encore assez proches pour que le nombre des dispositions testamentaires en leur faveur s'accroisse dans une proportion beaucoup plus forte que ne le pensent les membres de la commission.

Ce projet a, du reste, été fondu dans celui voté par le Sénat et dont nous nous occuperons avec le plus grand soin.

[1] Le 24 mai 1872, M. Journault et plusieurs de ses collègues déposaient une proposition de loi tendant à la modification du tarif des droits de succession et augmentant beaucoup les droits des héritiers au-delà du 8e degré, si l'on n'arrêtait pas à ce degré le droit successoral *ab intestat*.

[2] Un rapport sommaire de la commission d'initiative concluait à la prise en considération ; n° 2886, séance du 2 juin 1884.

CHAPITRE XVII

PROPOSITION DE LOI SUR LA PROTECTION

DES ENFANTS ABANDONNÉS,

DÉLAISSÉS OU MALTRAITÉS. — VOTÉE PAR LE SÉNAT.

---

§ 1er HISTORIQUE DE LA QUESTION.

Le 27 janvier 1881, MM. Th. Roussel, Bérenger, Dufaure, amiral Fourichon, V. Schœlcher et Jules Simon, sénateurs, déposèrent sur le bureau de la haute assemblée une proposition de loi ayant pour objet la protection des enfants abandonnés, délaissés et maltraités (Sénat, session de 1881, n° 5). Il s'agissait de combler les lacunes existant dans notre système d'assistance de l'enfance.

« Personne, disait l'exposé des motifs (p. 49), n'est plus en droit de prétendre que notre pays se trouve en bonne situation, lorsqu'il est presque de règle générale que les petits vagabonds de Paris, les petits mendiants de nos rues, dont les trois quarts sont façonnés et contraints à la mendicité par leur parents, ne sont pas arrêtés par la police ou, en cas d'arrestation, ne sont pas retenus par la justice, à moins qu'un délit plus caractérisé ne s'ajoute au fait du vagabondage et de la mendicité. Lorsqu'une population de plusieurs milliers d'enfants flotte ainsi à l'abandon, rejetée par la police et par la justice, échappant également à la tutelle de l'assistance publique et au zèle de la charité, il est évident que quelque chose manque ou est dérangé dans nos lois et qu'une réforme est nécessaire dans nos institutions protectrices de l'enfance... La proposition de loi que nous présentons au Sénat vise directement ce vice de la situation légale des enfants abandonnés; elle se réduit en effet, en ce qu'elle a d'essentiel, à étendre à ceux de ces enfants qui seront recueillis pour recevoir une éducation préventive la garantie contre l'intervention abusive des parents que l'article 66 du Code pénal assure aux détenus, soumis à l'éducation correctionnelle. »

M. Roussel et les co-signataires de sa proposition avaient donc en vue les enfants âgés de plus de 12 ans, non recueillis habituellement par les hospices, vagabonds, déclassés, destinés à être envoyés un jour ou l'autre dans une colonie pénitentiaire en vertu de cet art. 66 du Code pénal; il s'agissait d'appliquer en France les principes admis en pareille matière par les législations anglaise et américaine. La pensée de cette réforme, née au sein de la Société des prisons (exposé p. 6.) dont les longues et savantes discussions avaient préparé le projet de loi, était excellente dans ses lignes générales [1].

En même temps, un arrêté ministériel du 5 décembre 1880 créait une commission, ayant à étudier les dispositions qui pourraient être proposées aux Chambres relativement aux cas de déchéance de la puissance paternelle, ainsi que la situation légale des enfants indigents ou abandonnés [2].

---

[1] M. Roussel revient à plusieurs reprises sur ce point : « Soustraire l'enfant *abandonné*, délaissé, maltraité, aux défaillances, aux abus et aux excès de la puissance paternelle, en lui assurant avec l'éducation un abri et une protection jusqu'à sa majorité ; voilà notre but. C'est sur ce terrain non de l'enfance déjà coupable, non de l'enfance malheureuse, non de l'éducation correctionnelle, mais de l'éducation préventive, que réside, dans les questions qui nous occupent en ce moment, le plus grand intérêt, et nous pouvons ajouter le plus grand péril social. » Voir Société générale des prisons, années 1879-1880 ; les principaux membres qui prirent part à ces discussions sont MM. Roussel, Bérenger, Lucas, pasteur Robin, Brueyre, etc.

[2] Étaient membres de cette commission : MM. Schœlcher, Th. Roussel, Camille Sée, Camescasse, Courcelle-Seneuil, Hérisson, Beudant, Duvergier, Gonse, Ch. Quentin, Tanon, Pradines, Brueyre,

La première séance eut lieu le 26 janvier 1881 et la commission se partagea en trois sections chargées :

1° De délimiter les cas de déchéance des droits paternels ;

2° D'étudier la situation légale de l'enfant une fois la déchéance prononcée ;

3° De régler le sort des enfants que l'on appelait déjà les *moralement abandonnés*.

Le rapporteur de la 1re section, M. Pradines, avocat général près la cour d'appel de Paris, indiqua dans un travail remarquable les bases adoptées et consistant notamment à étendre l'art. 335 du Code pénal aux « divers cas ayant le triple caractère de faits délictueux, affectant la personne et la moralité de l'enfant, comportant enfin un ensemble d'agissements qui, dénotant l'habitude chez celui qui s'en rend coupable, n'en sont que plus à redouter dans leurs résultats. » (Rapport, p. 10.)

La 2e section était fort divisée ; les uns pensaient, avec le représentant de l'Assistance publique, que la seule solution pratique consistait à considérer les enfants dont les parents se trouveraient déchus de la puissance paternelle, comme des enfants abandonnés, et à les confier aux commissions hospitalières en vertu de la loi du 15 pluviôse an XIII. Une minorité de trois membres sur huit voulait au contraire créer des conseils de famille et de tutelle cantonaux. La première de ces deux solutions fut adoptée par la commission, bien que la section eût choisi pour rapporteur M. Gonse, directeur au ministère de la justice, membre de la minorité et favorable aux conseils cantonaux.

La 3e section prit pour rapporteur M. Roussel et confirma par les dispositions qu'elle proposa la nécessité de venir en aide aux enfants négligés par leur parents, tout en laissant de côté la question des enfants trouvés et abandonnés, réglée par les lois existantes.

Bournat, Bonjean, Guilbon ; secrétaires, MM. Blondct, Amiaud et Reibaud.

Le travail des trois sections, sanctionné en séance plénière par la commission, fut réuni en un projet de loi *sur la protection de l'enfance* que le gouvernement présenta au Sénat le 8 décembre 1881 (n° 67).

Dans l'intervalle la 1re commission d'initiative parlementaire avait conclu à la prise en considération de la proposition Roussel, Bérenger et Jules Simon [1], si bien que la commission sénatoriale nommée définitivement se trouvait saisie de deux projets parfaitement définis concernant les enfants moralement abandonnés et l'extension des cas de déchéance paternelle [2]. Son rôle était tout tracé, mais, entraînée par son ardeur même, la commission ne sut pas s'y renfermer. Elle adopta une série d'articles ayant pour effet de comprendre dans la réglementation les enfants abandonnés et, ce qui n'est pas moins grave, soumettant, dans une certaine mesure, toutes les œuvres privées recueillant des enfants à un contrôle inquisitorial de l'Etat, représenté par les préfets et les comités départementaux composés des éléments les plus divers.

C'est ce que M. Bérenger a établi nettement dans le préambule de son contre-projet, déposé le 14 juillet 1883, après l'adoption en première lecture de l'ensemble du travail de la commission [3].

« De tels changements, écrivait l'honorable sénateur (p. 4), constitueraient une véritable révolution dans les matières de l'Assistance. On se demande quelle en était la nécessité, où en seront les avantages, et on le cherche vainement. Parmi les nombreuses et anciennes demandes auxquelles ce projet a pour but de donner satisfaction. il n'en est aucune qui ait émis le vœu même le plus

---

[1] Sénat, session de 1881, annexe au procès-verbal du 16 juin 1881, n° 325.

[2] Cette commission était composée de MM. Schœlcher, président ; Th. Roussel, rapporteur ; Xavier Blanc (en remplacement de M. Halgan, décédé), Parent, de Rozières, A. Huguet, Hébrard, Delacroix, Jules Simon.

[3] Sénat, session de 1882, n° 232 ; cette première délibération occupa tout ou partie de onze séances, du 1er mai au 22 juin 1883.

indirect à cet égard. La Société générale des prisons qui, recueillant l'héritage de la commission d'enquête pénitentiaire de l'Assemblée nationale, a pris l'initiative des premières propositions, n'en a jamais eu la pensée ; elle proteste même dans son dernier bulletin contre l'organisation inutile à laquelle on veut soumettre cette branche de la charité. On n'en trouve pas davantage trace dans le projet préparé par le gouvernement, et ce n'est pas un des côtés les moins curieux de cette innovation, qu'elle soit spontanément sortie des études de la commission. »

Le 23 juin, rapport de M. Th. Roussel repoussant le contre-projet Bérenger (n° 263). Le 26 juin, nouveau texte présenté au nom de la commission en vue de la seconde délibération qui commence le 3 juillet. La prise en considération de la proposition Bérenger est repoussée par 155 voix contre 119 ; la discussion continue les 5 et 7 juillet, et le 10 le projet voté en première lecture est adopté par 165 voix contre 76 sur 241 votants. Dès le 27 juillet, le gouvernement déposait sur le bureau de la Chambre des députés le projet de loi dont il s'agit, et M. Gerville-Réache remettait :

1° Un rapport n° 2823 (séance du 26 mai 1884) ne comportant que quelques modifications de détail au texte arrêté par le Sénat [1] ;

2° Un second rapport n° 3481 (séance du 29 janvier 1885), fusionnant dans le texte primitif plusieurs dispositions de la proposition Couturier, relative à la création d'une caisse de dotation du service des enfants délaissés ; c'est le texte de ce dernier rapport que nous allons étudier.

---

[1] La commission est composée de MM. Couturier, président ; Pelisse, secrétaire ; Bacquias, Donnet, Noël-Parfait, Dreyfus (Ferdinand), Duchasseint, Escande ; Gerville-Réache, rapporteur ; Rameau, Bellot.

§ II. — EXAMEN CRITIQUE DU PROJET DE LOI SUR LA PROTECTION DES ENFANTS ABANDONNÉS, DÉLAISSÉS ET MALTRAITÉS.

Avant de commencer la discussion des nombreux articles du projet, nous tenons à dire que, quelle que puisse être la vivacité de certaines de nos critiques, nous rendons justice aux intentions élevées et généreuses des auteurs de la loi; pour n'en citer que deux, M. Th. Roussel a déjà fait adopter, il y a douze ans, des dispositions précieuses pour la sauvegarde de la première enfance, et l'éminent secrétaire perpétuel de l'Académie des sciences morales et politiques, M. Jules Simon, s'est montré en maintes circonstances animé d'un ardent désir de soulager les classes pauvres et souffrantes [1].

Néanmoins, comme nous avons la conviction profonde que la loi actuellement soumise au Corps législatif contient des parties absolument inexécutables, qu'elles compromettront même les intérêts que l'on désire sauvegarder, nous dirons notre pensée avec une entière indépendance, voulant défendre jusqu'au dernier moment ce que nous croyons être le vrai [2].

TITRE Iᵉʳ. — Des mineurs abandonnés, délaissés ou maltraités; des mesures concernant le placement, la garde, l'éducation et le patronage des dits mineurs.

Aux termes de l'art. 1ᵉʳ, tout mineur de l'un ou de l'autre sexe abandonné, délaissé ou maltraité est placé sous la protection de l'autorité publique. Suit la définition du mineur

[1] Il faut remarquer du reste que M. Jules Simon, éloigné du Sénat par la maladie lors de la discussion en première lecture, *a seul de la commission* voté en seconde lecture l'amendement Bérenger sur l'article 7 et finalement s'est abstenu de prendre part au vote sur l'ensemble du projet.

[2] En vue de la discussion de ce projet de loi, qui paraissait alors imminente nous avons publié le 29 juin 1885 un travail spécial intitulé : *La question des enfants abandonnés et délaissés au* XIXᵉ *siècle*, in-8°, 236 p., Paris, Picard et Guillaumin, dans lequel nous discutons

abandonné, du mineur délaissé et du mineur maltraité (art. 2 à 4).

L'art. 5 autorise tout agent de l'autorité qui rencontre sur la voie publique un mineur de moins de 16 ans, de l'un ou de l'autre sexe, dans une des conditions énoncées aux articles précédents, à le faire conduire devant le juge de paix, qui décide si cet enfant doit être placé sous la protection de la loi.

Les articles 6 à 12 constituent des comités départementaux de protection (composés de 14 membres et jouissant de la personnalité civile), secondés par des comités de patronage cantonaux ; et les préfets (art. 6) sont autorisés à prendre, sur l'avis de ces comités départementaux, « les mesures concernant le placement définitif, la garde, l'éducation, le patronage et la tutelle, s'il y a lieu, des enfants appartenant aux diverses catégories prévues aux articles 2 à 4 ».

L'article 13 renferme enfin les pénalités suivantes :

« L'administration d'assistance publique, l'association de bienfaisance, l'orphelinat ou autre établissement, ou le particulier qui a recueilli spontanément un mineur sans l'intervention de ses pères, mère ou tuteur, doit en faire la déclaration, dans les trois jours, au commissaire de police dans le département de la Seine, ou au maire dans les autres départements.

« Le défaut de déclaration dans le délai indiqué peut être puni d'une amende de 1 à 15 francs.

« Le commissaire de police ou le maire avise immédiatement le juge de paix ainsi que le préfet.

« Le juge de paix décide, dans le délai de trois jours, si l'enfant doit être placé sous la protection de l'autorité publique et transmet sa décision au procureur de la République, qui la transmet à son tour au préfet. »

le projet *article* par *article*. Nous nous contenterons donc maintenant d'en indiquer les dispositions générales, renvoyant pour le détail à l'ouvrage précité.

Telles sont les dispositions générales du titre premier ; elles nécessitent les plus graves réserves.

Le projet a d'abord le tort d'amener une modification complète, par voie incidente, du service des enfants assistés.

Ensuite le préfet, personnage politique fort occupé, est désigné pour les fonctions de tuteur alors qu'en vertu de la loi du 15 pluviôse an XIII, les commissions choisissaient un de leurs membres pour remplir cette tâche toute de dévouement.

Quant aux attributions si étendues concédées à ces mêmes préfets, assistés de leurs comités, MM. Bérenger, de Gavardie, Léon Clément, n'ont cessé durant les deux délibérations de déclarer qu'à leurs yeux la proposition compromettait les intérêts de la bienfaisance privée, et en conséquence ceux de l'enfance, par une mainmise complète de l'autorité administrative sur toutes les œuvres et institutions, et nous adoptons entièrement ces conclusions.

De plus, du moment qu'on forcera les institutions, les particuliers, les parents ayant recueilli un enfant, à faire une déclaration, ils réclameront de suite un secours et alors ce ne serait plus 60 ou 80 mille pupilles dont l'État assumerait la charge ; il s'agirait de tous les orphelins pauvres, de tous les délaissés ; en matière d'assistance, du moment que l'État intervient directement, la charité légale ne peut être évitée.

TITRE II. — De la protection des mineurs en cas d'incapacité des parents ou tuteurs de remplir leurs devoirs de surveillance et d'éducation.

Le titre Ier parle des enfants délaissés ou maltraités, le titre II s'occupe au contraire des enfants que leurs parents désirent placer spontanément sous la protection de l'autorité publique. Les articles 16 à 18 accordent à notre avis aux familles beaucoup trop de facilités sous ce rapport. Tout père légitime ou naturel qui voudra se débarrasser du soin de pourvoir à l'éducation de ses enfants, les aban-donnera par l'intermédiaire du juge de paix, ce qui en-traînera mille abus.

Quant aux établissements privés consentant à se charger du mineur, du moment, ainsi que nous venons de le dire, qu'en dehors des règles générales d'hygiène, de morale etc., communes à tous les citoyens, il devront se soumettre aux conditions arbitraires déterminées par l'autorité adminis-trative, ils demanderont en retour une indemnité.

TITRE III. — De la protection des mineurs en cas d'indignité des parents, de la déchéance ou de la suspension de la puis-sance paternelle et de la réhabilitation des parents déchus (articles 19 à 32).

Nous entrons avec ces articles sur un terrain nouveau ; jusque-là on s'était occupé de la protection des enfants abandonnés, délaissés ; maintenant on prévoit les cas de déchéance paternelle.

La commission de la chancellerie avait été logique en constituant une sous-commission chargée d'étudier l'exten-sion à donner aux cas de déchéance paternelle, question générale du ressort du code civil et du code pénal, et une seconde sous-commission devant examiner ce qu'il y aurait à faire des enfants ainsi enlevés à la tutelle des pa-rents.

Cette division était sage, elle ne confondait pas deux points de vue absolument distincts. Du moment qu'il s'agis-sait de faire une loi protectrice de l'enfance, il fallait réserver pour un projet de loi spécial les modifications apportées à l'ensemble de notre législation sur le pouvoir des pères de famille, il n'en a pas été ainsi ; tout est con-fondu, et cependant, comme le disait M. Léon Clément dans la séance du 25 mai 1883 (*Officiel*, p. 554) : « Il n'est pas raisonnable d'ajouter à votre projet un projet tout différent, qui est celui du gouvernement, de cumuler les inconvénients des deux systèmes, et de nous présenter cette législation complexe, dans laquelle vous demandez à notre droit civil des sacrifices qui ne sont pas le moins du monde nécessaires pour la protection de l'enfance. »

Les articles 334 et 335 du code pénal portent que le père ou la mère, qui se sont rendus coupables d'excitation habituelle à la débauche de leurs propres enfants, sont privés des droits et avantages que leur confère le code civil sur ces mêmes enfants. Il y avait évidemment quelque chose de plus à faire. La sous-commission, dont M. Pradines était le rapporteur, s'est arrêtée à une extension de l'art. 335.

Ce principe, adopté par la commission extra-parlementaire, a été encore étendu par le Sénat, et nous pensons qu'on a été trop loin dans cette voie. Au point de vue général, nul mieux que M. Clément n'a du reste fait ressortir la gravité des modifications proposées. « Dans l'état actuel de notre loi, dit l'honorable sénateur (séance du 25 mai 1883, p. 554), la puissance paternelle n'est jamais enlevée au père et à la mère, si ce n'est dans un cas, dans le cas de l'art. 335 du code pénal, lorsque le père ou la mère attente aux mœurs d'un de ses enfants; c'est le seul cas, et encore remarquez que la déchéance de la puissance paternelle ne porte que sur l'enfant lui-même victime de l'attentat.....

« Tous ces principes sont absolument changés par la loi qu'on vous propose ; la puissance paternelle va disparaître complètement, lorsque le père aura subi certaines condamnations même légères, qui ne le priveraient pas de ses droits électoraux; elle lui sera enlevée dans le cas d'inconduite notoire, dans le cas d'ivrognerie, et il la perdra non seulement sur l'enfant maltraité, mais sur tous les enfants, non seulement sur les enfants vivants, mais sur les enfants qui naîtront plus tard....

« Dans l'état actuel de notre jurisprudence, la protection des tribunaux est acquise à l'enfant, mais la puissance paternelle, peut être restreinte et modifiée dans son exercice, reste inviolable dans son principe..... Les tribunaux doivent se borner à une seule chose : protéger l'enfant, prendre les mesures nécessaires pour qu'il ne souffre pas des excès, des abus, des négligences de la puissance paternelle. »

On reste confondu en voyant aussi que la plupart des condamnations comportant la déchéance facultative de la puissance paternelle n'entraînent pas la privation des droits civils et politiques, et que si un article spécial n'avait pas prévu l'incapacité pour les pères déchus d'être tuteurs, il y aurait eu le singulier spectacle d'un individu privé de tout droit sur ses enfants et tuteur de ceux des autres.

Cette pénalité exagérée n'a pas suffi. En vertu du dernier paragraphe de l'art. 20, la puissance paternelle pourra être enlevée, *en dehors de toute condamnation*, aux pères et mères dont l'ivrognerie habituelle, l'inconduite notoire ou les mauvais traitements seront de nature à compromettre soit la santé, soit la sécurité, soit la morale de leurs enfants.

Que faut-il entendre par inconduite notoire ? Ce terme est emprunté à l'exclusion de la tutelle. Des membres d'un conseil de famille décident dans le silence du cabinet du juge de paix qu'un tel ne peut être tuteur en raison de sa conduite. Quoi de plus juste ? mais en appliquant l'article 20 il faut attacher une note publique d'infamie à un individu sur des dénonciations peut-être passionnées, fausses ou du moins fort exagérées ; n'est-il pas possible à un moment donné de voir intervenir les opinions politiques, et cet article si vague se transformer en une arme de parti ?

Dans la séance du 27 mai 1883 (*Off.* p. 572), M. le sous-secrétaire d'Etat au ministère de la justice a prononcé ces paroles pleines de danger. « Devons-nous attendre, pour prendre les enfants sous la protection de la loi, qu'ils soient complètement corrompus ? » Mais alors il faut dès demain enlever les enfants des milliers d'ouvriers qui, à Paris, abandonnent leur femme pour vivre en concubinage ; c'est un cas d'inconduite notoire au premier chef : où s'arrêterait-on dans une telle voie ?

L'art. 27 s'exprime ainsi : « Dans le cas de déchéance de plein droit encourue par le père, la cour ou le tribunal qui a prononcé la condamnation renvoie devant la juridiction compétente, qui peut décider que la mère n'exercera pas les droits spécifiés au paragraphe 3 de l'art. 17.

« Dans le cas de déchéance facultative, le tribunal statue, par le même jugement, sur les droits de la mère à l'égard des enfants nés et à naître ; sans préjudice, en ce qui concerne ces derniers, de toute mesure provisoire à demander au tribunal en chambre de conseil, dans les termes de l'article 23 de la présente loi, pour la période du premier âge.

« Si le père déchu de la puissance paternelle contracte un nouveau mariage, la femme peut, en cas de survenance d'enfants, s'adresser au tribunal et demander que l'exercice de la puissance paternelle sur ses propres enfants lui soit attribué.... »

En vertu de cet article une mère de famille, par ce fait seul que son mari a été condamné pour des délits peut-être légers, se verra enlever ses enfants *nés et à naître* ; elle n'aura pas le droit de donner le sein au fils qu'elle viendra de mettre au monde !

On nous dira que la loi ne s'appliquera pas ; alors pourquoi la faire ?

Si le père devient veuf et se remarie, sa nouvelle femme devra s'adresser au tribunal pour exercer elle-même la tutelle sur ses enfants, ne pouvant tenir son droit de mère que d'une décision bienveillante des juges !

C'est absolument monstrueux. Il serait bien préférable de décréter que, toutes les fois qu'un père aura été déchu, il ne pourra jamais contracter un nouveau mariage.

Au cours de la discussion (séance du 27 mars 1884. *Off.*, p. 565), un membre de la commission s'est écrié : « Mais cette femme a épousé cet homme en connaissance de cause, » ce à quoi M. L. Clément a répondu fort justement : « Elle l'a épousé en connaissance de cause, dites-vous, mais il ne faut pas croire que toutes les femmes qui épouseront des individus condamnés, il y aura dix ou quinze ans, à deux ou trois mois de prison et frappés de déchéance,

sauront toujours à quoi elles s'exposent et qu'elles auront lu votre loi. Elles ne sauront pas qu'elles contractent
un mariage sans honneur et sans dignité ; elles croiront se marier dans les conditions ordinaires, et votre loi
viendra les saisir et ne leur permettra même pas d'exercer la puissance paternelle sur leurs propres enfants. »

Nous ajouterons : Est-ce praticable ? Qui viendra enlever à cette femme, au lendemain de ses couches, son
propre fils pour l'empêcher de l'allaiter ?

TITRE IV. — De la tutelle des mineurs abandonnés, délaissés et maltraités (articles 33 à 38).

Ces articles confirmant les dispositions précédentes font
des préfets et des comités départementaux les tuteurs
presque universels des enfants protégés; ils peuvent déléguer
l'exercice de leur tutelle, mais du moment que cette délégation est toujours révocable, leur droit primordial subsiste, et on ne saurait admettre les pouvoirs véritablement
exorbitant que la loi leur confère sur tous les enfants placés
dans des établissements particuliers par des 'personnes
autres que *le père, la mère* et *le tuteur*.

L'art. 36 se refère à la tutelle officieuse; il édicte des prescriptions nouvelles à ce sujet, au lieu de se reporter à celles
du code civil qui se lient aux règles de l'adoption et ont
pour but de protéger les intérêts des familles contre les
entraînements irréfléchis de quelques-uns de leurs
membres.

TITRE V. — Dispositions générales concernant l'exécution de la loi. — Dispositions financières. — Mesures concernant l'éducation des mineurs destinés à la marine ou à l'armée, des mineurs infirmes, estropiés, épileptiques, des mineurs insubordonnés ou vicieux. — Règlement d'administration publique. Disposition transitoire (articles 39 à 54).

Il faut déclarer hautement qu'en présence des catégories
nouvelles d'enfants devant être élevés aux frais des contri-

buables ; qu'en raison des facilités offertes aux parents pour faire nourrir leur famille par le trésor public ; qu'en tenant compte de la coopération considérable de l'initiative privée, coopération qui se trouvera diminuée par les entraves élevées de toutes parts, il reste un redoutable inconnu que personne ne peut préciser.

M. Gerville-Réache fait venir en déduction de ces dépenses les économies à obtenir sur les colonies pénitentiaires. Il est certain que le service des moralement abandonnés, une fois généralisé, fera descendre la population des colonies et établissements pénitentiaires ; mais il y aura toujours des natures perverses, des caractères indomptables pour lesquels le travail en liberté ne sera pas possible. Et puis, pour atteindre ces heureux résultats, si désirables, nous nous efforcerons de démontrer qu'il n'est pas utile de bouleverser tous nos codes, de dépenser des millions, et qu'en voulant faire moins grand on pourra faire mieux.

En ce qui concerne la caisse de dotation, nous n'en verrions nullement la nécessité, si l'État était tenu d'employer au profit des enfants abandonnés et délaissés le montant exact du produit des successions en déshérence, la question serait résolue sans tout cet appareil de comité et de rapports, préférable toutefois aux dispositions premières de la proposition de M. Couturier et d'un grand nombre de ses collègues, qui ne tendait à rien moins qu'à faire de la caisse de dotation une institution absolument distincte, ainsi qu'il a été expliqué (p. 368). D'un autre côté, nous le répétons, il est injuste de descendre jusqu'au 6e degré pour le maintien des successions *ab intestat* ; tout ce qui tend à rompre les liens de la famille est mauvais, et autant nous sommes partisans d'une sage liberté testamentaire, autant nous repoussons la main-mise de l'Etat sur les successions au détriment de parents relativement très proches. Ajoutons qu'il faut prévoir le cas où le défunt ne se trouverait pas en âge de tester, ce qui exclurait forcément les parents au-delà du 6e degré, quels que soient les liens d'affection les liant avec leur allié décédé.

Nous demandons donc qu'on établisse que la nation à laquelle l'enfant abandonné devenu grand vient apporter sa part de travail, soit tenue, conformément à l'ancien droit, d'appliquer au soulagement de ces pauvres infortunés les successions en déshérence, tout en désirant voir maintenir les prescriptions actuelles du code civil en ce qui concerne les degrés de successibilité.

Les rédacteurs du projet ont gardé pour la fin une disposition tellement étonnante que nous ne comprenons pas qu'elle ait été votée sans aucune observation par le Sénat et adoptée par la commission du Corps législatif [1].

Le paragraphe premier de l'article 54 contient la formule habituelle : sont abrogées, etc. ; il n'en est pas de même du paragraphe second.

En étudiant la loi de protection, nous avons vu constamment la commission s'occuper des enfants abandonnés (art. 2), placer ces enfants sous la tutelle du comité départemental et du préfet, les soumettre en un mot à toutes les obligations des articles 33 et suivants.

Mais ce n'était qu'un mirage. On a discuté au Sénat pendant plus de dix séances, on a entassé rapports sur rapports, on a créé un comité départemental nouveau, on lui a donné les attributions des commissions hospitalières, la jouissance des revenus des pupilles, etc. Une fois toutes ces mesures votées, elles se trouvent annulées en partie par le dernier article. Non pas, ce qui se comprendrait, jusqu'à la constitution des comités nouveaux placés à la tête de ce service dans chaque département, mais jusqu'à

---

[1] « Art. 54. — Sont abrogées les dispositions législatives antérieures, en ce qu'elles ont de contraire aux dispositions de la présente loi.

« Sont toutefois maintenues, en attendant la révision des lois et décrets qui régissent les services d'enfants assistés, les dispositions de la loi du 15 pluviôse an XIII, du décret du 19 janvier 1811 et la loi du 10 janvier 1849, en ce qui concerne l'admission, la garde et la tutelle des mineurs confiés à l'administration générale de l'assistance publique à Paris, dans le département de la Seine, et aux commissions administratives des hospices dans les autres départements. »

l'époque « *de la revision des lois et décrets qui régissent les services d'enfants assistés.* »

Il est certain que le projet laisse de côté les questions les plus importantes : admission des enfants, placements, etc. La commission aurait dû alors avoir le courage de dire : Nous ne sommes pas en mesure de vous apporter aujourd'hui une solution pour les enfants assistés ; nous nous bornons à réglementer le sort de ces enfants vagabonds, indisciplinés, livrés à des parents indignes, dont l'assistance officielle s'occupe d'une manière insuffisante et qui sont désignés communément sous le nom de moralement abandonnés. En le faisant, la commission aurait été d'autant plus logique que c'est de ce principe que l'on était parti ; on n'aurait pas voté une loi en déclarant, en même temps, que l'effet du tiers environ des dispositions est suspendu jusqu'à une époque *absolument indéterminée ;* c'est-à-dire que ces dispositions existent, sont légales, et que personne ne peut les appliquer.

Quelle est l'autorité qui déterminera la cessation de cette anomalie ? Faudra-t-il une loi pour mettre en vigueur une loi promulguée ?

Jamais, nous le répétons, on n'a adopté de solution aussi étrange et aussi confuse.

Dans son premier rapport, M. Th. Roussel déclarait que les règlements actuels étaient « surannés » et condamnés par l'expérience ; il fallait donc se hâter de les remplacer complètement.

RÉSUMÉ.

Dans la séance du 19 mai 1883 (*Off.*, p. 463 et suivantes), M. Waldeck-Rousseau, alors ministre de l'intérieur, s'exprimait ainsi : « Lorsque j'ai eu l'honneur d'être entendu par la commission, je lui ai fait connaître que, sur le principe de la loi, nous étions absolument d'accord, mais que j'étais préoccupé des difficultés qui peuvent surgir dans la pratique, à raison de certaines dispositions que le projet contient,

25

Ce sont ces critiques, qui ne touchent point au principe même du projet, mais surtout à sa rédaction et à sa mise en œuvre, que je demande au Sénat la permission de lui exposer très rapidement.

« Je me demande si dans l'énumération des catégories d'enfants assistés ou maltraités, la commission n'a pas ouvert à l'assistance publique un champ, je ne dirai pas trop large, mais trop vague.

« Je me demande encore si les auteurs du projet de loi ont entouré d'assez de précautions une opération aussi grave que celle qui consiste à dessaisir, dans certaines circonstances, les protecteurs naturels de l'enfance et à prendre charge au nom de l'État de tous ceux à qui la famille aura fait défaut.

« En dehors des précautions à prendre pour rassurer absolument tous les esprits, je suis encore préoccupé d'une question qui touche à l'ordre administratif. Le projet de loi introduit dans notre organisme administratif des rouages nouveaux, et je crains qu'il en puisse résulter une certaine confusion, également fâcheuse pour l'administration en général et pour l'œuvre que l'honorable M. Roussel poursuit avec tant de dévouement. »

Précisant quelques-unes de ces critiques que nous ne voulons pas reproduire toutes ici, M. le Ministre de l'intérieur disait à l'occasion de l'art. 3 (définition du mineur délaissé) : « Je crois exprimer une opinion qui nous est commune à tous, en disant que dans la rédaction d'une loi de cette nature, de même qu'on doit se garder de froisser certains droits de la famille, de même on doit éviter de présenter l'État comme étant prêt à recueillir tous les enfants dont les parents ne prendront pas soin et, qu'on me passe l'expression, comme ouvrant une sorte de tour permanent dans lequel les familles qui ne voudront pas travailler pour faire vivre leurs enfants, qui ne voudront pas leur donner l'éducation, leur donner les soins les plus élémentaires, viendront déposer ceux qu'ils considéreront comme une charge, imposant ainsi à l'État de se substituer à leurs devoirs et non pas seulement à leurs droits. »

Voici les observations d'ordre divers présentées par M. le Ministre de l'intérieur avec une réserve que nous trouvons beaucoup trop grande. Or, il suffit de parcourir les articles votés pour constater qu'il en a été tenu fort peu de compte. Elles subsistent donc avec leur rigoureuse logique et elles forment, en quelque sorte, le couronnement de notre examen critique du projet de loi sur la protection de l'enfance.

Tout ce que nous venons de dire tend à prouver que les propositions émises de 1846 à 1885 au sujet de l'organisation du service des enfants abandonnés et délaissés ne paraissent pas susceptibles de résoudre ce grave problème d'une manière absolument satisfaisante. En conséquence avant de formuler notre propre opinion, nous allons étudier les exemples que nous fournissent les nations étrangères. Il sera toutefois facile de voir que, sous le rapport du dévouement envers les petits, de la sage et prudente organisation des services publics, des sacrifices accomplis pour assurer l'avenir des jeunes générations d'abandonnés, l'avantage reste encore à la France ; nous sommes heureux et fier de le constater.

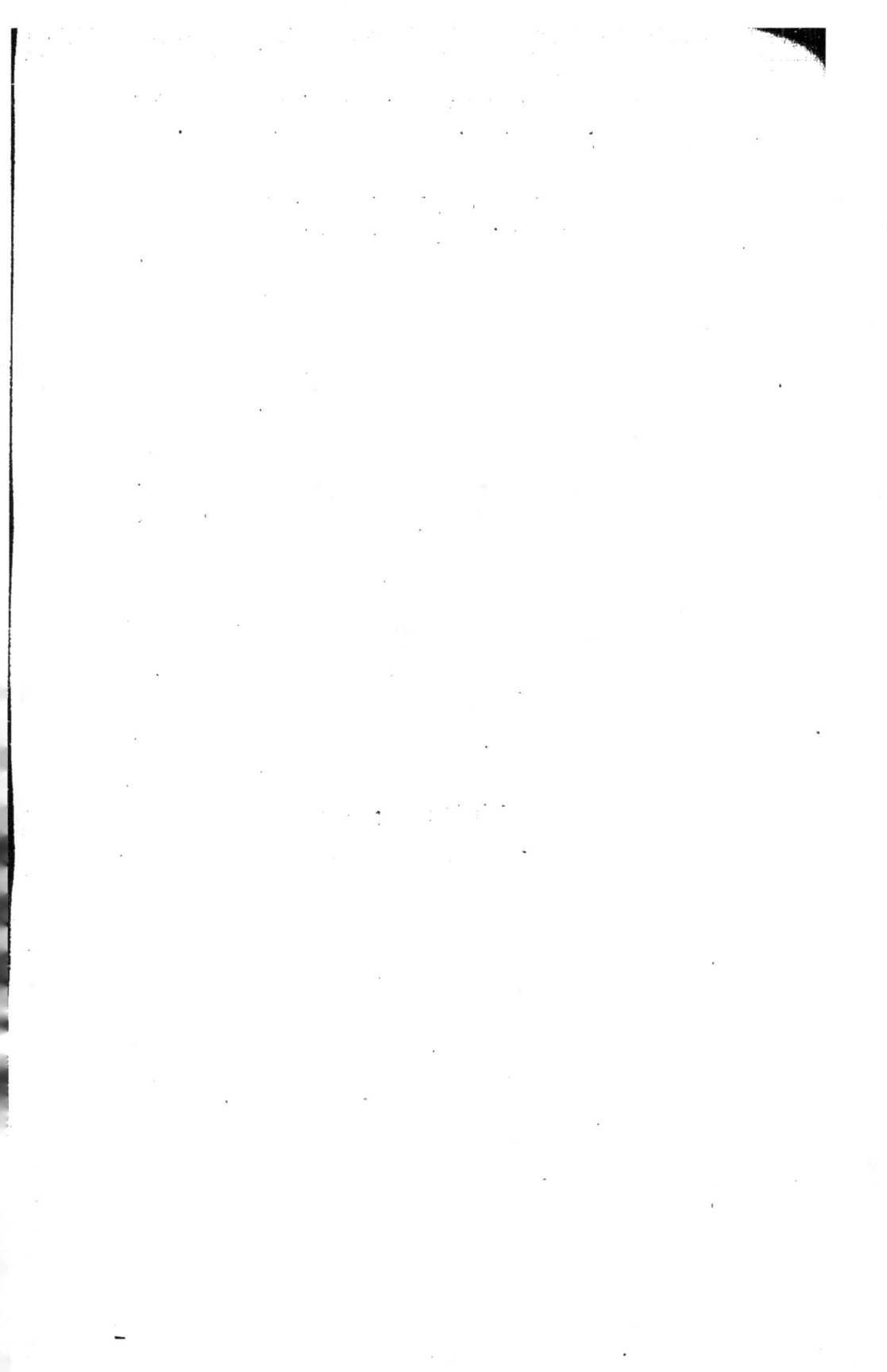

LIVRE QUATRIÈME

LES NATIONS

APPARTENANT A

LA CIVILISATION CHRÉTIENNE

LES NATIONS

APPARTENANT A

LA CIVILISATION CHRÉTIENNE

CHAPITRE PREMIER

GROUPE ITALIEN

PREMIÈRE PARTIE

LES ÉTATS ITALIENS AVANT LES ANNEXIONS.

Dans cette étude sur le sort fait à l'enfance délaissée chez les différents peuples, il paraît juste de commencer par l'Italie. C'est en effet la contrée où l'on rencontre pour la première fois, en Occident, des hospices destinés aux trouvés, et en parlant de sa patrie un auteur florentin a pu dire avec juste raison : « Ce pays, privilégié du soleil et de la nature, s'est montré de tout temps généreux, charitable envers l'humanité ; ses monuments grandioses sont là pour en rendre un splendide témoignage [1]. »

Nous examinerons donc successivement les Etats italiens avant les annexions, en donnant la première place au royaume gouverné par le Vicaire de Celui qui a appris la charité au monde.

[1] Gli orfanotrofi cenni storici dell'aw. Ottavio Andreucci, Firenze, 1856.

I

LES ÉTATS PONTIFICAUX.

I. ROME

A Rome, comme dans la France du moyen âge, les établissements hospitaliers avaient en général leur autonomie; la direction de ces œuvres diverses était confiée soit à des ordres religieux propriétaires de la fondation, soit à un conseil dans lequel figuraient des clercs et des laïques, sous le patronage de cardinaux et d'évêques.

Au commencement de ce siècle, l'administration française, appliquant à la cité pontificale conquise nos idées modernes de centralisation, constitua une commission composée de sept membres, qui administra tous les hôpitaux.

En 1814, Pie VII enleva à cette commission l'hôpital du Saint-Esprit, rendu à son commandeur, et la fit présider par un prélat en y adjoignant quelques ecclésiastiques.

Léon XII (*Motu proprio* du 5 janvier 1826) procéda à une nouvelle réorganisation des maisons d'assistance, et déclara que l'autorité immédiate sur toutes ces institutions était réservée à lui seul, de telle sorte que la commission devait administrer et agir en son nom.

Il voulut que tous les hôpitaux et hospices de Rome formassent un seul corps et une seule administration. La députation établie par Pie VII fut maintenue, le nombre de ses membres augmenté; le commandeur du Saint-Esprit la présidait.

Chaque hôpital, surveillé par un député particulier, était visité en outre, au moins tous les trois mois, par quelques autres délégués. La députation devait chaque année faire connaître au Pape les maladies traitées, le nombre des restants et celui des morts, l'état financier ainsi que les modifications introduites dans les établissements.

Cette commission déploya un si grand zèle que les

asiles hospitaliers furent améliorés sous le rapport de l'hygiène, de la propreté et des bonnes méthodes administratives.

Néanmoins Pie VIII, le 21 décembre 1829, prononça la dissolution de cette délégation, et confia de nouveau la direction des hôpitaux à des administrations séparées et particulières. Le Saint-Esprit fut rendu aux chanoines réguliers de cet ordre et à leur abbé commandeur.

Les cinq autres grands hôpitaux eurent des commissions composées d'un prélat président et de deux délégués, l'un ecclésiastique, l'autre laïque.

Cette organisation fonctionna jusqu'en 1870, avec cette seule modification qu'un conseil supérieur, nommé par un *motu proprio* du pape Pie IX en date du 25 avril 1850, exerçait sa haute surveillance sur tous les établissements [1] qui avaient leurs revenus distincts provenant de libéralités pieuses accumulées pendant des siècles ; car c'est seulement pour satisfaire aux exigences du traité de Tolentino que Pie VI se vit dans l'obligation de vendre une partie du patrimoine des Luoghi pii [2].

Un seul asile était destiné à Rome aux enfants trouvés ; il formait une partie importante du grand établissement du Saint-Esprit en Saxe édifié sur les bords du Tibre, et tirant son nom d'une ancienne fondation attribuée au roi Ina (*schola Saxorum*) dont il occupait l'emplacement. Nous avons vu qu'Innocent III y appela à la fin du XIIe siècle le grand fondateur de l'ordre du Saint-Esprit de Montpellier, Guy, qui ne cessa alors de résider à Rome. La bulle d'institution (*inter opera pietatis*) est du 19 juin 1204, elle fut suivie de plusieurs autres.

Après avoir rappelé ces actes, Petrus Saulnier s'écrie : « Tels sont les bienfaits accordés par Innocent III à l'ordre du Saint-Esprit ; c'est lui qui l'a recueilli à sa naissance, qui

---

[1] Voir les trois éditions successives du cardinal Morichini sur les *Œuvres charitables de Rome*. Un vol. in-8°, Rome 1835. — 2e édit., 2 vol. in-8°, Rome 1842. — 3e édit., grand in-8°, Rome 1870.

[2] Dr Angelucci, *Resoconti amministrativi dell ospedale di S. Giacomo in Augusta*, 1873-1875, p. 17.

l'a réchauffé, alors qu'il était encore faible, qui l'a entouré
de ses bras pour le fortifier, qui l'a honoré de sa bienveillance; c'est ainsi qu'il s'est plu à l'enrichir de ses dons, à le
doter de privilèges, à l'honorer par ses louanges, à l'aider
partout de sa puissante recommandation [1]. »

Ces hospitaliers s'occupaient en France des enfants
trouvés, aussi les auteurs s'accordent-ils sur ce point que
dès cette époque l'hôpital dont Guy était directeur, admit
ces pauvres petits êtres au nombre des infortunés qu'il
recueillait. On prétend que le Pape prit cette résolution
en apprenant que des pêcheurs avaient retiré dans leurs
filets les corps de plusieurs enfants jetés dans le Tibre par
des mères dénaturées.

La légende s'est emparée de cette donnée et l'a vulgarisée
par la peinture ; un manuscrit conservé à la bibliothèque
de l'hôpital de Dijon reproduit, d'après d'anciennes fresques,
toute cette tradition [2].

Innocent plaça également auprès des malades et des
enfants des sœurs de Sainte-Thècle, elles se recrutaient en
partie parmi les filles abandonnées et demeurèrent chargées
jusqu'au XVIᵉ siècle du conservatoire annexé à l'hôpital.

Afin de faire saisir facilement l'organisation et le fonctionnement de l'asile, nous parlerons successivement des
bâtiments affectés au service des enfants, du mode
d'admission et de la mortalité.

§ 1.

Description de la partie de l'hôpital affectée au brefotrofio.

Les constructions remontant à Sixte IV ont été améliorées
plusieurs fois depuis le commencement du siècle, notamment

---

[1] De capite sacri ordinis S. Spiritus dissertatio. Lugduni, 1649,
p. 59.

[2] *Histoire de la fondation des hôpitaux du Saint-Esprit de Rome et de
Dijon*, par Peignot, in-4°, 99 p., 11 planches, 1838.

En son commentaire de la célèbre bulle *Inter opera pietatis*, Vincent Petra, après avoir raconté la légende des enfants pêchés dans le
fleuve, écrit ce qui suit (*Commentaria ad constitutiones apostolicas*.

sous le pontificat de Pie IX, par les soins de l'architecte Azzurri [1]. Voici la description qu'en donne le cardinal Morichini [2] : « De grands et importants travaux furent accomplis de nos jours dans la crèche et le conservatoire. L'ouverture de nouvelles fenêtres, la démolition de murs intérieurs, le transport au rez-de-chaussée de la cuisine et du réfectoire des nourrices, ont permis de ménager cinq grandes salles pour les enfants nouveau-nés. Ces salles sont appelées Sainte-Marie, Saint-Pierre, Saint-Jean, Saint-Achillée et Saint-Vincent-de-Paul ; chacune d'elles, éclairée et assainie par de larges fenêtres, est pavée partie en ciment, partie en pierres de Malte, et les parois en sont vernies jusqu'à la hauteur de 1 mètre 50 cent. Il n'y a pas plus de huit lits par salle, et ils sont tous en fer. Un poêle en faïence sert à chauffer les pièces et à conserver de l'eau tiède. »

Autour de la cour intérieure, au premier étage, règne un vaste portique qui permet aux nourrices et aux enfants de prendre l'air à l'abri de la pluie et du soleil. Dans l'étage supérieur se trouvent les logements des sœurs de charité desservant la maison, des salles d'isolement pour les enfants atteints de maladies contagieuses, etc.

Mais ce qui paraît manquer à tous ces bâtiments, c'est une quantité suffisante d'air ; les salles n'ont pas la hauteur nécessaire ; le nombre des berceaux est encore trop considérable et les cours intérieures sur lesquelles s'ouvrent les fenêtres n'ont pas assez d'étendue. Ces conditions mauvaises, jointes aux influences spéciales du climat romain, sont une cause de mortalité pour ces enfants ; aussi les améliorations partielles introduites dans l'établissement ne paraissent

---

Venetiis, MDCCXLI, tom. II, p. 134) : « Quidquid vero sit de hujus originis causa, certum est Innocentium prædictum fuisse primum authorem operis tam pii dicti hospitalis nuncupati Sanctæ Mariæ in Saxia pro recipiendis et reficiendis pauperibus et infirmis, aliisque operibus præclaræ pietatis adhibendis. »

[1] *I nuovi restauri nell' archiospedale di S. Spirito in Sassia*, per Francesco Azzurri, in-8°, 108 p. con duo piante, Roma 1868.

[2] 3e édition, liv. II, chap. II, p. 436.

elles pas avoir diminué sensiblement le chiffre des décès ; il faudrait, pour obtenir des résultats avantageux, transporter ces bâtiments dans un endroit sain et élevé, comme on l'a fait pour les aliénés, en leur affectant une partie du Janicule.

§ 2.

Du mode d'admission et de la mortalité.

Les réceptions n'ont subi de modification qu'il y a quelques années. Avant 1880 et depuis sa fondation, l'établissement possédait un tour, situé en dernier lieu à gauche près de la porte principale ; derrière une grille de fer présentant un trou rond suffisant pour laisser passer un enfant de quelques mois, se trouvait un cylindre tournant au moindre mouvement et dans lequel on avait placé une petite couchette.

Dès qu'un enfant était glissé à travers cette grille, une clochette avertissant le caporal des infirmiers de garde lui permettait de le recueillir aussitôt.

Les admissions ont toujours pu avoir lieu également au bureau ; c'est le seul mode permis à l'heure actuelle. Sur un livre tenu avec le plus grand soin, on mentionne la date exacte, l'heure de la réception, et, si la personne qui fait le dépôt y consent, les noms, prénoms de l'enfant et de ses parents, ainsi que tous autres renseignements utiles ; *mais en aucun cas il n'est fait de perquisitions ou de recherches* [1].

On ôte ensuite à l'abandonné ses langes, en examinant s'il ne s'y trouve pas quelques signes particuliers, quelque médaille, qui puissent permettre ultérieurement de le recon-

[1] Dans le même ordre d'idées, les femmes enceintes étaient reçues à l'hospice Saint-Roch, fondé au xvi⁰ siècle, port de Ripetta, sans être tenues de fournir aucun renseignement sur leur identité. On transportait au Saint-Esprit les enfants nés dans l'asile, et les mères avaient le droit de les y reprendre en justifiant alors de leur légitimité. (Morichini, *ut suprà,* liv. I, cap. viii.)

naître. Le tout est noté et l'on attache sur les vêtements du
pauvre petit une carte portant un numéro d'ordre et un nom
de saint, afin d'éviter toute substitution.

Une fois ces formalités remplies, l'enfant passe entre les
mains de nourrices sédentaires ; s'il peut supporter le
voyage, on le confie le plus promptement possible à des
femmes de la campagne recevant 6 lires par mois jusqu'à
quatorze mois, et ensuite 4 lires jusqu'à dix ans [1]. A cet
âge tout payement cesse, et les élèves doivent être ramenés
à l'hospice ; mais un grand nombre, principalement les
garçons, restent auprès de leurs anciens nourriciers ;
ceux qui sont ramenés sont placés chez des patrons, et les
filles reçoivent une généreuse hospitalité dans le conservatoire du Saint-Esprit ou dans une autre maison située à
une certaine distance de Rome, à *Palestrina*. Pour surveiller
tous ces enfants dans leur placement, on nomme des
délégués résidant dans les diverses paroisses.

Ces règles ne sont pas nouvelles, elles ont déjà été
indiquées par Saulnier dans son ouvrage sur l'hospice du
Saint-Esprit, et paraissent remonter à l'origine même de
l'établissement. Les descriptions minutieuses du vieil auteur
renferment en effet les renseignements les plus précis sur
des usages encore en vigueur aujourd'hui [2]. Dès le
XVIIᵉ siècle on plaçait déjà les enfants trouvés dans l'agriculture ou en apprentissage [3]. Cet asile et celui de Viterbe étaient

---

[1] Les nourrices sédentaires recevaient 18 lires et la nourriture.

[2] Saulnier, p. 182. « Vacuam muri crassitudinem implet tympanum
versatile in quod infantes committuntur, factoque strepitu custos
admonetur ut accurrat : rogat is portatores pupuli nomen, num sit
ablutus fonte christianorum lustrali, aut ei sit data syngrapho bap-
tismi et impositi nominis signumve aliquod.

« Tunc sumptum infantulum opertumque cæruleo palliolo in eum
usum deposito defert ad similem gynæcei fenestram per quam nu-
tricum Priorissæ tradit. Hæc diligenter inquirit si quæ scheda aut
signum alligatum est infanti et hæc reponit in loculo certo numero
signato, tum nutrici pupum commendat, et ei tradit in manum ser-
vandum diligenter typo expressum numerum loculi, in quo signum
vel schedam deposuit. Ista tepefacto vino infantulum abluit, suisque
denuo panniculis involvit, lacte reficit et in cunis collocat. »

[3] *De pietate romana libellus*, autore Theodoro Amydeno. in-8°,

seuls destinés dans la province de Rome à la réception des trouvés. Les admissions, antérieurement à 1870, montaient du reste à un chiffre relativement minime.

Le cardinal Morichini fournit à ce sujet les données suivantes :

ANNÉES	ABAND.	ANNÉES	ABAND.	ANNÉES	ABAND.
1831	931	1850	951	1860	1.069
1832	739	1851	845	1861	1.059
1833	804	1852	948	1862	1.201
1834	763	1853	963	1863	1.153
1835	804	1854	1.070	1864	1.098
1836	804	1855	1.140	1865	1.147
1837	999	1856	1.114	1866	1.196
1838	846	1857	1.217	1867	1.249
1839	836	1858	1.140	1868	1.139
1840	922	1859	1.148	1869	1.207
				1870	1.081
Moyenne	834	Moyenne	1.063		
				Moyenne	1.136

Le Dr Pantaleoni placé à la tête de l'hôpital du Saint-Esprit, en 1870, par le gouvernement de Victor-Emmanuel, après avoir reproduit ces statistiques dans un rapport administratif de 1871, conclut en ces termes :

« Il est donc bien évident que les abandons à Rome sont très peu élevés comparativement à la population, et s'il est vrai que l'on trouve dans ces chiffres la marque de la moralité d'un pays, on peut en déduire une preuve irrécusable en faveur du peuple romain [1]. »

Romæ 1625, p. 79. « Excipiuntur igitur ad præscriptum Pontificis expositi, qui excepti nunquam expelluntur aut deseruntur. *Mares enim, ut per ætatem* licet agriculturæ vel arti alicui mechanicæ juxta cujuscumque genium, vel etiam litteris addiscuntur, cuicumque exercitio addicti perpetuo si velint in eo faventur. Femellæ nutricibus, et honestis matronis custodiendæ traduntur, puberes factæ vel matrimonio locantur, vel religioni nomen dare coguntur, et si viduæ relictæ ad hospitium reverti cupiant benigne uti loci filiæ recipiuntur.

[1] *Rapporto amministrativo sulle condizione finanziarie, igieniche e morali dell' archiospedale di S. Spirito in Sassia.* Redatto nel decembre 1871 per il comm. Diomede Pantaleoni M. D., in-4°, 168 p.; Roma 1872, p. 115.

Encore convient-il d'ajouter que parmi ces expositions figurent bon nombre d'enfants apportés de pays éloignés et même des frontières du royaume de Naples.

Il est difficile de calculer d'une manière précise la mortalité dans le brefotrofio de la cité papale faute d'éléments certains ; tantôt c'est l'âge d'admission qui manque, tantôt les statistiques ne tiennent compte que des enfants morts à la crèche, à l'exclusion des enfants existants à la campagne.

Le cardinal Morichini donne cependant la mortalité moyenne de 25.73 0/0 pour la période quinquennalle 1829-1833 et dans un travail plus récent on trouve celle de 59 0/0, années 1868-1869 [1].

II. LES HOPITAUX DES PROVINCES.

Les autres provinces des États pontificaux contenaient un grand nombre d'hospices d'enfants trouvés, ainsi que le constatent les documents publiés depuis 1860 par le gouvernement italien.

Dans la Romagne, on comptait 473 institutions charitables possédant 64 millions de patrimoine (Bologne 9 hôpitaux [2], Ferrare 5, Forli 13, Ravenne 18).

La Marche et l'Ombrie renfermaient 1,288 œuvres,

---

[1] D'après ce travail, publié en 1869 par l'ancienne administration du *brefotrofio*, sur 1,301 jeunes enfants admis de juin 1868 à juin 1869, l'on en perdit 772, soit 59 0/0. *Primo saggio di statistica medica nell' interno del brefotrofio Romano*, anno 1867-1868, in-4°, 51 p. ; Roma, tip. Menicanti, 1869.

[2] L'hospice degli esposti de Bologne s'augmenta à différentes époques des biens de plusieurs établissements : l'hôpital de' santi Pietro et Procolo, fondé en 1450 ; l'hôpital Santa-Maria della Carità, fondé en 1508 ; l'hôpital S. Viola del Ponte di Reno, fondé en 1515. En 1836, il recevait annuellement 2050 enfants ; les garçons restaient à la charge de la maison jusqu'à 18 ans, les filles toute leur vie si on n'avait pu les marier ou les placer en condition. Les dépenses montaient à environ 40,000 écus. *Sulla beneficenza e la istruzione pubblica in Bologna*, in-4°, Lucca, 1836, p. 43-44.

dont 22 brefotrofi (9 fondés de 1300 à 1500, 2 au XVIe siècle, 2 au XVIIe, 1 au XVIIIe, 8 au XIXe).

Le patrimoine total pour les deux provinces montait à 52 millions et demi [1].

Indépendamment de ces asiles, un nombre considérable de fondations ouvraient leurs portes aux orphelins ou enfants pauvres des deux sexes [2] ; on peut seulement reprocher au gouvernement pontifical, ainsi que nous avons eu l'occasion de le faire en ce qui concerne la maison de la couche à Paris, une tendance trop prononcée à maintenir indéfiniment les jeunes filles dans des maisons où elles manquaient d'occupations sérieuses ; il faut ajouter, il est vrai, que les conditions des classes agricoles de l'agro romano ne sont pas celles des provinces de notre pays [3]. Quant aux institutions dotales destinées à faciliter des mariages, elles

---

[1] *Italià economica*, 1874, p. 473 et suivantes.

[2] Il suffit de citer à Rome l'admirable hospice apostolique de Saint-Michel, l'hospice de Sainte-Marie des Anges aux thermes de Dioclétien, l'hospice de Tatagiovanni, l'Institut agricole de la Vigna Pia, les conservatoires delle Projette, des Quatre-Saints-Couronnés, de Sainte-Marie in Aquiro, de la Divine-Providence via di Ripetta, di Santa Catarina della Rosa dite des Cordiers, de Sainte-Euphémie, delle Neofite, dei SS. Clemente et Crescentino dit delle Zoccolette, et nombre d'autres fondés par des congrégations religieuses françaises.

[3] Voir notamment Cerfbeer, rapport à M. le ministre de l'intérieur sur différents hôpitaux, hospices, établissements et sociétés de bienfaisance, et sur la mendicité en Italie, in-4°, Paris, 1840, p. 80 et suivantes. Cet inspecteur conclut du reste ainsi :

« On voit, par la nomenclature de ces divers hospices, que Rome est une des villes où la bienfaisance s'est le plus exercée à soulager toutes les infortunes, à prévenir toutes les misères, à protéger l'innocence et la vertu, à affaiblir les dangers et les séductions du vice. Les hospices y sont nombreux ; mais on aura remarqué que ce sont surtout ceux destinés à recueillir l'enfance, à garder les jeunes filles, les femmes exposées au libertinage. Le côté faible de tant d'institutions charitables se trouve plutôt dans l'excès des précautions que l'on a prises que dans toute autre chose. A quelques exceptions près, et sauf quelques points défectueux, ces établissements sont assez bien tenus. L'administration romaine, contre laquelle s'élèvent tant et de si injustes clameurs, a, malgré ses défauts, des qualités remarquables. Elle est paternelle et porte ce caractère dans toutes les branches du service, elle ne pèche que par un esprit de tendre sollicitude qui lui fait fermer les yeux sur les abus. »

étaient si nombreuses avant 1870 que le cardinal Morichini écrivait dans la dernière édition de son remarquable ouvrage :

« Je ne prétends pas faire l'énumération de toutes les dots qui se distribuent ainsi, tant leur nombre est grand. « En effet, en laissant même de côté celles dues aux familles nobles et riches, presque toutes les institutions charitables ou religieuses ont à exécuter des legs de cette nature[1]. » Cette situation existait à Rome aussi bien que dans les provinces.

Tel est le résumé très succinct des œuvres multiples enfantées, dans les États pontificaux, par la charité catholique en faveur de l'enfance abandonnée et délaissée, elles ne laissaient, comme on le voit, aucune misère sans soulagement.

II

LE ROYAUME DES DEUX-SICILES.

De tous les États italiens le royaume de Naples renfermait le plus d'institutions hospitalières et de bienfaisance ; on en comptait 11,567 réparties sur le continent ou dans les pays *oltre il faro*, ayant un patrimoine de 296 millions [2].

C'était en outre la terre classique du *tour* ; il ne s'agit pas en effet ici d'établissements spéciaux plus ou moins distants les uns des autres, c'est à la création d'un *tour* par

---

[1] Consulter le *Repertorio di tutti i sussidi dotali che si dispensano de diversi luoghi pii dell' almà città di Roma*. In Roma, MDCCLXXXXI. Le compilateur de cet ouvrage a formé un calendrier indiquant pour chaque jour de l'année les dots qui se distribuaient d'une manière périodique en vertu des grandes fondations ou statuts des confréries, universités d'arts et métiers etc.; tableau forcément incomplet, puisqu'il ne comprend pas les dots provenant de la charité privée. Néanmoins, il ne laisse pas de donner l'indication exacte de près de deux mille dots représentant plus de 60,000 écus, sans compter ni la valeur des vêtements distribués en même temps que les dots, ni celles pour lesquelles l'auteur s'est servi des expressions vagues de *alcune doti, diverse doti in numero considerabile secondo l'entrate*, etc.

Consulter également *Istituti di carità e raccolta interessante delle diverse dote che si conferiscono in Roma* per cura Vincenzo Pinaroli, 1865.

[2] *Italia economica*, p. 347.

commune que tendent les dispositions législatives. « In ogni città, terra e paese qualunque sia vi dev'essere la ruota col campanello. »

Le règlement de Murat, du 30 avril 1810, étendu en 1817 à la Sicile par le roi Ferdinand, et légèrement modifié ensuite pour la répartition des dépenses, résume toutes la question; en voici les dispositions principales :

Le soin des trouvés sera, dit ce document [1], entièrement confié aux conseils généraux d'administration des hospices dans les diverses provinces du royaume. Partout où il n'existe pas de commissions administratives, l'obligation de pourvoir à la réception, à l'entretien et à l'éducation de ces enfants sera imposée au syndic, au curé et à un citoyen qui formeront alors la députation communale des trouvés (art. 1-3).

Art. 5. Dans *chaque commune* il y aura une femme chargée de la réception des trouvés. Elle sera nommée par le sous-intendant sur une liste de trois noms présentée soit par la commission administrative, soit par la députation [2].

Cette femme portera le nom de receveuse charitable (*pia ricevitrice*). Etant considérée comme un employé des établissements de bienfaisance publique, elle jouira des mêmes avantages qu'eux.

Art. 6. Un soin tout particulier devra présider à la désignation des *pie ricevitrici* ; il est nécessaire qu'on les choisisse parmi les femmes les plus pieuses, les plus discrètes, et qu'elles aient la sensibilité et les vertus d'une bonne mère.

Art. 7. Il y aura dans chaque commune un *tour* capable de recevoir un enfant nouveau-né (*un bambino di fresco nato*), situé au lieu jugé le plus utile et le plus commode.

---

[1] Ce texte et les suivants sont traduits de l'ouvrage intitulé : *Dell' amministrazione degli stabilimenti di beneficenza del Regno*, per F. de Rossi et Domenico Moschitti, in-8°, Napoli, 1850.

[2] Depuis la loi du 19 décembre 1816 (art. 93), la nomination de ces femmes appartenait à l'intendant. Le conseil n'avait plus, en conséquence, que le droit de la surveillance, sans pouvoir les suspendre ou les destituer.

On préférera les hospices, s'il y en a, à moins que des circonstances particulières ne forcent à faire autrement.

Art. 8. Le *tour* sera construit de telle sorte qu'il puisse tourner facilement et amener de suite l'enfant dans l'intérieur de l'habitation. Il restera *ouvert jour et nuit*.

Art. 9. Une sonnette placée à côté du tour permettra d'avertir la pia-ricevitrice.

Art. 10. Les intendants et les conseils d'administration des hospices s'assureront avec le plus grand soin si les tours existants actuellement dans leurs communes réunissent toutes les conditions susdites. Dans le cas de la négative, ils prendront les mesures nécessaires pour les faire établir conformément aux indications du présent règlement.

Art. 11. La piaricevitrice devra être continuellement présente dans l'habitation attenante au tour, spécialement dans les communes où l'exposition est fréquente, ou au moins aux heures auxquelles les expositions ont lieu le plus habituellement.

Art. 12. L'enfant une fois placé dans le tour, la pia-ricevitrice, après l'avoir recueilli avec la plus grande charité et lui avoir donné du lait, le portera sans retard au fonctionnaire chargé des actes de l'état civil, avec les vêtements et autres objets trouvés avec lui, afin de remplir les prescriptions du code civil concernant la rédaction des actes de naissance des trouvés. L'enfant sera porté également au curé pour le faire baptiser, s'il ne l'est pas. La commune, ou la députation, informée de l'admission du pauvre délaissé, prendra ensuite les mesures nécessaires pour son entretien.

Art. 14. Ces formalités une fois remplies dans le plus bref délai possible, on procurera à l'enfant une nourrice honnête, saine et pourvue de bon lait.

On notera sur le registre des exposés ses nom, prénoms, l'époque de la remise, le salaire promis, etc.

Art. 15. Aucune femme ne pourra être admise comme nourrice, à moins que son enfant ne soit mort ou sevré.

Art. 16. Au moment où l'enfant sera confié à une nourrice, on lui passera au cou une médaille de plomb portant le numéro d'inscription au registre.

Art. 19. Dans le cas où les nourrices feraient absolument défaut, on élèvera l'enfant au lait de chèvre, de brebis, d'ânesse ou de vache, coupé d'eau, en attendant qu'on ait pu trouver dans les pays voisins une femme pouvant l'allaiter.

L'entretien des *tours* était à la charge des communes (art. 39-43) qui, aux termes du décret du 29 septembre 1826, modifiant sur certains points les dispositions antérieures, devaient également supporter la dépense des enfants avec l'aide des subventions provinciales [1].

---

[1] Ce décret était ainsi conçu :

François Ier etc.

L'entretien des enfants trouvés a toujours été l'objet particulier de notre sollicitude. Aussi avons-nous augmenté successivement les fonds accordés pour une dépense de si grande importance jusqu'à la somme annuelle de 215,000 ducats payés sur les fonds provinciaux. Nous avons cependant appris avec peine que, malgré cette augmentation, on demandait encore de nouvelles allocations dans certaines parties de nos domaines royaux de terre ferme et au delà du phare.

Convaincu que ce déficit toujours croissant ne doit pas être imputé au manque de ressources, mais bien à une mauvaise répartition et à l'inobservation des règlements; en nous servant de l'expérience acquise pour arriver à la destruction des abus existants, nous sommes intimement persuadés que l'unique moyen d'obtenir cet heureux résultat est d'associer l'intérêt des communes à l'administration des fonds destinés à l'entretien des trouvés.

En conséquence, sur la proposition de notre ministre secrétaire d'Etat au département des affaires intérieures,

Notre conseil d'Etat entendu,

Nous avons résolu de décréter et décrétons ce qui suit :

Art. 1er. A dater du 1er janvier prochain, l'entretien des trouvés sera à la charge des communes.

Art. 2. Pour aider ces communes à supporter le poids de cette obligation, il leur sera réparti, par les soins de notre ministre de l'intérieur, la somme annuelle de 202,000 ducats provenant des fonds provinciaux sans destination spéciale, qui jusqu'à ce jour a été affectée à cet usage. Cette répartition aura pour base le chiffre total des enfants exposés dans chaque commune pendant les dix dernières années.

Cette règle était basée sur ce fait que rien ne pouvait être plus préjudiciable à la vie des exposés que de les transporter d'un lieu dans un autre ; il fallait les élever là où ils se trouvaient.

Il n'est pas besoin d'ajouter que la recherche des parents était absolument prohibée [1].

Les mœurs complétaient ces dispositions ; le pauvre petit être placé dans le tour, considéré en vertu d'une fiction ingénieuse comme recevant la naissance au moment même de son abandon, devenait par ce seul fait un enfant *légitime*, et la médaille suspendue à son cou portant l'image de la sainte Vierge, la voix populaire lui conférait le nom touchant d'*enfant de la Madone* [2]. Beaucoup de familles de cultivateurs avaient alors la pieuse coutume de recueillir gratuitement un de ces exposés et de l'élever comme leurs propres fils.

En règle générale, les filles devaient, une fois l'âge de six ans, être admises dans des conservatoires, orphelinats ou asiles de même nature [3] ; si on ne pouvait pas les marier, elles restaient dans ces établissements toute leur vie. Les enfants mâles au contraire quittaient rarement leurs parents nourriciers, si ce fait avait lieu, ils étaient

---

Art. 3. 13,000 ducats continuent à être attribués à l'hospice de l'Annunziata de Naples.

Lorsqu'il existait des établissements devant pourvoir aux dépenses des trouvés, en raison des statuts de leur fondation, aucune allocation n'était faite (art. 5).

Les syndics des communes, présidents-nés des commissions, étaient chargés de veiller à l'exécution du décret, aucun enfant ne pouvant être admis au nombre des exposés sans leur visa (art. 6).

Les rescrits des 24 août 1831 et 23 janvier 1833, relatifs à la Sicile, déclarent également que les commissions administratives et les curés doivent prendre soin des trouvés et des fonds affectés à leur nourriture.

[1] Istruzioni per la conservazione e pel buono ed esatto regolamento de'bambini ne reali domini oltre il faro, art. 12.

[2] Terera Filangieri Ravaschieri Fieschi, *Storia della carità napoletana*, vol. 1°, p. 127.

[3] Règlement du 15 septembre 1823. De Rossi e Moschitti, appendice, p. 15.

envoyés à l'albergo dei poveri, qui les recevait depuis leur septième année [1].

A Naples, le grand hospice de l'Annunziata, remontant au xiv⁰ siècle, était affecté aux trouvés [2]; les garçons devenus grands se trouvaient, suivant les circonstances, maintenus à la campagne, ou formés à l'apprentissage de divers métiers; ils pouvaient même, lorsqu'ils avaient les dispositions requises, entrer dans les ordres sacrés ; une bulle du pape Nicolas IV n'exigeait comme constatation de leur origine que l'extrait du registre d'entrée de l'établissement [3].

On dépensait annuellement plus de 10,000 écus pour doter les filles [4], mais la facilité de trouver un refuge toujours ouvert les empêchait trop souvent de faire les efforts nécessaires pour se créer une position honorable par le travail.

Un grand nombre restaient donc dans la maison comme oblates, ce qui, tout en évitant, il est vrai, quelques chutes regrettables, occasionnait une dépense excessive, sans rendre ces enfants utiles à la société. Aussi dès 1813 des écrivains préconisaient-ils le placement et le maintien chez les cultivateurs [5].

Au xvii⁰ siècle, le chiffre des admissions dans cet asile s'élevait à 900, et à 2,000 au xviii⁰; il avait peu varié de 1800 à 1870, ainsi que le constate le tableau ci-après [6].

---

[1] Jessie White Mario, La miseria in Napoli, Firenze, 1877, p. 98.

[2] Storia della carità napoletana, p. 103 et suivantes. (P. 126) : « Gli esposti che venivano presentati al ricovero della santa casa vi penetravano unicamente per via di una ruota a forma di tamburo che trovavasi in corrispondenza con la buca esterna dell' edifizio. Questa come tuttora si osserva e angustissima, solo di pochi centimetri quadrati e accogliera dì e notte i bambini... »

[3] Carità napoletana, Iᵉʳ, p. 130.

[4] Carità napoletana, p. 131. Chaque dot variait de 100 à 200 écus.

[5] Alessandro Cedronia, Saggio sulle opere di beneficenza, Napoli, 1813, in-8⁰, p. 23. De Crescenzio Brefotrofi, p. 245 et suivantes.

[6] De Crescenzio i Brefotrofi e la esposizione dei bambini, relazione, in-8⁰, Napoli, 1873, p. 213.

1800-1809	Moyenne	2.098
1810-1819	—	2.116
1820-1829	—	1.918
1830-1839	—	2.068
1840-1849	—	2.185
1850-1859	—	2.022
1860-1871	—	2.068

Au point de vue de la mortalité il faut distinguer deux périodes; le règlement de 1739, le plus ancien existant dans les archives, indique expressément qu'il ne devait y avoir à la maison que quatre nourrices sédentaires (*balie della ruota*), les enfants étant aussitôt confiés à des femmes du dehors, principalement à la campagne.

Vers 1800, on adopta au contraire un système absolument opposé et dont les conséquences funestes se firent immédiatement sentir. On maintint à l'hospice 300 nourrices pour une population normale de 600 pupilles, ceux-là seuls n'étaient pas conservés dans l'établissement qui avaient la bonne fortune d'être réclamés par des familles désirant les élever gratuitement dans un but de dévotion et de charité[1]. Aussi la mortalité devint-elle déplorable; en 1809 sur 2.259 enfants exposés il en mourait 1.831, soit 81.42 %; en 1813 84 %; en 1817 87.50 %. Il fallut plusieurs années de cette triste expérience pour faire renoncer à un mode d'assistance amenant de tels résultats. C'est seulement en 1822 que l'hospice de l'Annunziata redevint ce qu'il n'aurait jamais dû cesser d'être, un simple lieu de dépôt[2].

III

ROYAUME DE SARDAIGNE.

Le Piémont comptait, en 1861, 15 brefotrofi sur un total de

---

[1] L'allaitement *gratuit*, menant le plus souvent à une adoption, qui atteignait en 1800 le chiffre de 961 enfants recueillis par an, diminue progressivement; de 1820 à 1829 on comptait seulement une moyenne de 550 pupilles recueillis ainsi, et actuellement on descend à 370. Voir Crescenzio, *ut suprà*, p. 225.

[2] Crescenzio, *ut suprà*, p. 223-225.

2.386 fondations ou œuvres diverses [1]. Ces 15 établissements possédaient 1,858,000 lires de patrimoine ; le plus important était celui de Turin.

La législation régissant les institutions charitables du royaume remontait à Victor-Amédée, qui, à l'imitation de la France, prit le 21 mai 1717, un vaste ensemble de mesures destinées à entraver les progrès du paupérisme et de la mendicité dans ses Etats [2]. Deux hôpitaux furent fondés à Turin et à Chambéry, des congrégations charitables devant être établies lorsque les ressources ne permettaient pas de songer à d'aussi vastes établissements. Le chapitre 1er de l'instruction réglementaire accompagnant l'édit, définit ces congrégations de charité une assemblée composée d'un certain nombre des principaux habitants d'une ville ou d'une commune se proposant d'éteindre la mendicité, de discerner les faux pauvres des véritables, de donner aux indigents les secours spirituels et temporels qui leur manquent.

L'art. 5 établit en outre une congrégation supérieure au chef-lieu de chaque province et une congrégation dite *généralissime* au siège du gouvernement.

Les duchés de Gênes et de Savoie furent régis par des dispositions légèrement différentes jusqu'en 1836, où Charles Albert couronna l'organisation charitable dont Victor-Amédée avait jeté les fondements. Tous les établissements de charité étaient placés sous la tutelle de l'autorité administrative, et leur budget soumis aux mêmes règles que celui de la commune ; on laissait subsister la congrégation centrale, ainsi que les congrégations provinciales et communales ; le curé et le syndic en faisaient partie de droit.

En dehors de ces dispositions générales, le service des enfants trouvés avait été réglementé en dernier lieu dans le

---

[1] *Stefano di Rorai abasso le opere pie*, p. 64, 1880. L'*Italià economica* donne le chiffre de 2299 (p. 436) pour l'ensemble des provinces sardes.

[2] *La mendicità sbandita col sovvenimento de' poveri... de' Stali di sua maestà Victorio-Amedeo*; in-4°, Torino, 1717.

royaume de Sardaigne par les lettres patentes du 15 octobre 1822. Avant cette époque il n'existait sur ce point particulier aucune unité ; lorsque les hospices ne possédaient pas de revenus suffisants affectés à ces infortunés, les communes y suppléaient.

La province et l'Etat venaient à leur tour à l'aide des communes.

A dater de 1822, les administrations charitables furent investies de la tutelle des enfants délaissés, la dépense incombant 1° au trésor, 2° aux hospices, 3° aux établissements spéciaux, 4° aux provinces. La plus forte charge pesait alors sur le trésor et la province ; suivant le rapport officiel adressé au roi le 11 juillet 1841 par le ministre de l'intérieur Pralormo [1], la dépense de la période décennale 1830-1837 se répartissait ainsi :

Contribution du trésor	4,213,472 lir.	14
— des hospices	521,131 —	43
— des établissements spéciaux	1,342,422 —	»
— des provinces	3,675,345 —	99
Recettes diverses	62,511 —	73

32 hospices dépositaires (y compris ceux de la Savoie) recevaient alors les enfants ; 29 possédaient des tours et le nombre des pupilles existant en 1830 était de 17,286 ; la moyenne des abandons pouvait être évaluée à un enfant sur 1,191 habitants.

Les abandonnés étaient placés de temps immémorial dans les campagnes ; à Turin on avait même pris soin de les envoyer dans les provinces d'Asti, d'Ivrée etc., afin d'éviter qu'ils pussent être reconnus par leurs mères, demandant alors à s'en charger comme nourrices, abus si fréquent en Italie. Au point de vue du salaire des nourrices, les lettres patentes de 1822 (art. 17) en fixaient le maximum ainsi qu'il suit :

---

[1] *Relazione a Suà Maestà il Re Carlo Alberto sulla situazione delli istituti di carità dopo l' edito del 24 dicembre 1836.*

De la naissance à la 1re année accomplie   6 lires

De la 2e année à la 5e   —   5 —

      6e   —   7e   —   4 —

      8e   —   12e   —   2 — 50

On accordait en outre sous forme de gratification [1] :

    15 lires à la fin de la 2e année

    10   —   7e   —

    25   —   12e   —

Suivant le rapport officiel mentionné ci-dessus, la mortalité sur l'ensemble de la population infantile montait à
9.52 %[2] et la présence ou l'absence du tour ne paraissait pas
exercer une influence appréciable sur le chiffre des abandons.
Le ministre sarde constate seulement que les expositions
sont plus fréquentes dans les provinces où l'opinion publique est plus sévère à l'égard des filles-mères.

IV

ÉTATS LOMBARDS-VÉNITIENS.

Le chiffre *delle opere pie* de la Lombardie et de la Vénétie
montait à 3617 [3], dont 13 *brefotrofi* pour la Lombardie ; les
plus importants étaient ceux de Milan, Côme, Brescia.
Nous avons rappelé dans le livre II de ces études que la
fondation du premier hospice d'enfants trouvés en Occident
paraît due à l'archiprêtre Dateus de Milan, *regnantibus
dominis Karolo et Pipino excell. regibus.*

Cet établissement augmenté en 815 par l'archevêque

---

[1] Petetti di Roreto, *Saggio sul buon governo degli istituti di beneficenza*, Torino, 2 vol. in-8°, 1837 ; tomo secondo, p. 300.

[2] A Turin, en 1866, la mortalité des enfants du premier âge s'élevait à 80 0/0, et il était constaté chaque année que des sages-femmes,
afin d'éviter aux parents les frais des funérailles, déposaient dans le
tour des enfants déjà morts. *Giornale dell'accademia medico-chirur-
gica* de Torino, 1866, n° 14, cité par Ottavio Andreucci delle Ruote e
dei Torni, in-8°, 1868.

[3] *Italià economica*, p. 438.

Albert fut uni à la fin du x° siècle (980) au monastère des Bénédictins érigé près l'église de Saint-Celse. Plus tard (1127), l'hospice *del Brolio*, création de l'archevêque Gardino, eut également pour mission de recevoir les enfants exposés, qu'on transférait alors à l'âge de 2 ans dans celui de Saint-Celse; enfin cette charge incomba au grand hôpital (*ospedale maggiore*) [1].

Les trouvés y étaient baptisés, immatriculés et envoyés ensuite à l'hospice du Brolio pour être nourris jusqu'à 18 mois. Si les nourrices manquaient dans cet asile, on les plaçait au dehors avant cet âge; une fois arrivés à 18 mois, ils étaient confiés à des nourrices devant les élever pendant 3 ou 4 ans; on les ramenait à ce moment dans les établissements hospitaliers de la cité, à moins que leurs nourrices ne consentissent à les garder, soit en vue d'adoption, soit pour des services domestiques; les intérêts des pupilles se trouvaient toujours garantis par un acte notarié.

Les enfants nourris au Brolio, et qu'on ne pouvait, par suite de circonstances particulières, laisser à la campagne, occupaient Saint-Celse afin d'y être formés à divers métiers.

En 1529 le Brolio fut affecté exclusivement aux infirmes, et les nourrices sédentaires logées à Saint-Celse; un inspecteur était chargé de les recruter dans les pays environnants deux fois l'an, en avril et en octobre; cette charge dura jusqu'en 1760.

Dès le xvi° siècle on commença à mettre en condition les élèves à partir de leur douzième année et à employer des sommes importantes pour faciliter leur mariage.

Au point de vue de l'admission il n'existait primitivement aucun tour; un règlement de 1605 s'exprime ainsi : « On confiera la garde de la porte principale à un portier d'un âge mûr, prudent, fidèle, courageux, qui se tiendra constamment

[1] Les renseignements concernant cet établissement sont extraits des ouvrages suivants : *Biffini. Ragionamenti storici economico statistici e morali intorno all' ospizio dei trovatelli in Milano*, 2 vol. in-8°, Milano, 1844. — *Congresso internazionale di beneficenza in Milano.* — *La beneficenza in Milano*, notizie del sacerdote Luigi Vitali, in-8°, Milano, 1880.

debout pour recevoir la nuit les enfants exposés, ne laissant pénétrer personne dans l'établissement. »

Ce fut seulement le 18 août 1621 qu'une *ruota* fut construite à Saint-Celse ; cet asile ayant été fermé en 1653, et les enfants réunis au grand hôpital, on voit les admissions directes subsister jusqu'en 1789, date de l'ouverture définitive du *tour;* les pupilles sevrés étaient reçus à Saint-Vincent.

Au xviiie siècle, l'impératrice Marie-Thérèse supprima par décret du 26 novembre 1780 le monastère de Santa-Catarina alla Ruota et transféra dans ses bâtiments tous les exposés ; quatre ans après, un décret de Joseph II ordonnait la fermeture du tour, la réception des enfants devant avoir lieu à bureau ouvert sur la production d'un acte délivré par les curés des paroisses et constatant que, faute de ressources, l'enfant pouvait être reçu gratuitement par l'asile. Ceux qui payaient 48 lires possédaient le droit de faire allaiter leurs fils par l'établissement; cette somme était même réduite à 24 lires en faveur des femmes accouchées à l'hôpital.

Il était défendu aux employés de procéder à des recherches sur les familles, et les curés avaient pour instruction de recueillir et faire transporter de suite à Milan les *trouvés* sur la voie publique.

Le 8 janvier 1791 Léopold II, revenant aux anciens usages, rouvrit le *tour*, tout en laissant subsister les admissions à bureau ouvert; au xixe siècle, durant la période autrichienne, aucune modification ne fut apportée à cette organisation.

La direction des asiles milanais affectés aux enfants abandonnés eut toujours soin, ainsi que le constate Buffini, (2e partie, p. 100), de favoriser autant que possible le placement des élèves chez des cultivateurs, et l'auteur fait ressortir les avantages multiples obtenus par ce système, au point de vue de l'avenir des pupilles et des intérêts sociaux. Ce 15 février 1834 le vice-roi décida que lorsque la marine réclamerait des enfants trouvés pour servir sur les bâtiments de l'État, on en choisirait parmi ceux restant dans les conservatoires, et jamais parmi ceux placés à la campagne ou chez des particuliers.

Quant à la mortalité, Buffini donne les indications suivantes :

Proportions pour cent.

1810-1819	19.47	à	31.85
1820-1829	10.47	à	45.97
1830-1839	11.66	à	15.89 [1]

D'après le même ouvrage, les admissions s'élevèrent aux chiffres ci-après.

ANNÉES	ADMISSIONS	ANNÉES	ADMISSIONS
1660-1669	4.057	1750-1759	6.866
1670-1679	3.715	1760-1769	6.799
1680-1689	3.590	1770-1779	6.812
1690-1699	5.345	1780-1789	9.594
1700-1709	5.307	1790-1799	14.994
1710-1719	5.104	1800-1809	17.344
1720-1729	4.422	1810-1819	21.158
1730-1739	6.218	1820-1829	20.978
1740-1749	7.054	1830-1839	27.637

A Côme, les admissions avaient lieu également au moyen du tour, et vers 1820 des difficultés surgirent entre les administrateurs et les autorités du Tessin au sujet de l'apport fréquent à l'hôpital d'enfants appartenant à ce dernier canton, et notamment aux communes de Lugano et de Locarno. Une convention fut passée en 1834, la Suisse devant payer chaque année pour ces abandonnés une somme déterminée [2].

A Brescia au XVIe siècle, les enfants apportés aux asiles destinés à les recevoir, étaient inscrits sur les registres comme ayant été déposés dans un berceau, *trovato in cuna, in culla, o cunetta* ; ensuite on rencontre les mots de *ruda, roda, roia* et finalement *ruota*. Le chiffre des admissions

---

[1] En Lombardie, conformément au règlement du 22 novembre 1794 les médecins chargés du service médical de bienfaisance dans les communes donnaient leurs soins aux enfants trouvés comme aux autres pauvres. R. Giffini, *sul projetto di regolamento dell' ospizio di Milano*, in-8°, 1868, p. 40.

[2] Il contrabbando dei trovatelli Ticinesi e lo spedale di Como, memoria di Pedraglio Leone, Como, 1859.

s'élevait en moyenne de 500 à 550 par année ; la mortalité variait entre 10 à 12 %, en comprenant les enfants décédés à l'hospice ou chez leurs nourriciers [1].

En 1479, les administrateurs municipaux de Pavie voulant empêcher que les pauvres exposés et les bâtards ne périssent en raison du peu de soin qu'on en prenait, beaucoup ayant été trouvés dans diverses parties de la cité les uns dévorés ou déchirés par les chiens et les porcs, les autres morts de froid surtout pendant la saison d'hiver, quelques-uns même ayant été tués secrètement par leur mère, résolurent d'affecter l'hospice *di Santa Maria di Porta Aurea* à la réception et à l'éducation de ces êtres infortunés [2]. Cet établissement, confié d'abord à une confrérie particulière, fut ensuite dirigé par 12 citoyens et réuni en 1787 à l'hôpital Saint-Mathieu. Les enfants étaient reçus au moyen du tour ou directement ; dans ce dernier cas ils venaient généralement de la maison d'accouchement fondée en 1815 ; leur nombre toujours peu considérable ne dépassait pas 250 à 300 [3], confiés aussitôt que possible à des femmes de la campagne. On donnait aux nourrices une

[1] Andrea Buffini, *Ragionamenti intorno alla casa dei trovatelli in Brescia*, in-8°, 1841, *passim*. Admissions par périodes décennales :

1799-1808	4,359
1809-1818	4,711
1819-1828	4,480
1829-1838	5,522

[2] P. Magenta, *Ricerche su' le pie fondazioni e su' l'ufficio loro a sollievo dei poveri con sui appendice su' i pubblici stabilimenti di beneficenza della città di Pavia*, in-8°, 1838.

[3] Chiffre des admissions par périodes décennales.

ANNÉES	ADMISSIONS par le tour	ADMISSIONS au bureau	TOTAL
1778-1787	644	110	754
1788-1797	952	189	1.141
1798-1807	1.314	287	1.601
1808-1817	1.729	870	2.599
1818-1827	1.321	1.121	2.442
1828-1837	1.277	1.559	2.736

pension mensuelle de 5 lires 30, allant constamment en diminuant jusqu'à la 9ᵉ année, âge où les enfants devaient être conservés gratuitement ou rendus à l'hospice. Ceux ainsi ramenés étaient mis soit en apprentissage soit en condition chez des particuliers.

Enfin nous voyons à Venise un hospice d'enfants trouvés élevé au xivᵉ siècle. Au milieu de l'opulence de la grande république vénitienne, la corruption multipliait les expositions sans qu'aucun secours régulier fût assuré à ces pauvres créatures, lorsqu'un franciscain Pierre d'Assise, ému de cette situation et ne prenant conseil que de son ardente charité, résolut, lui étranger et indigent, de créer un refuge destiné à les recevoir. Avec l'autorité des magistrats il parcourut la ville de maison en maison, faisant retentir cette seule invocation : *Pietà ! Pietà !* Bientôt des aumônes abondantes sont obtenues et l'hospice de *la Pietà* est fondé. Lorsque Pierre mourut en 1353, l'avenir de son œuvre était définitivement assuré.

Cet asile, placé sous le patronage du doge, fut administré jusqu'en 1797 par les premiers d'entre les patriciens.

Indépendamment de ces grands établissements, il e' existait un nombre considérable d'autres moins importants dans les Etats lombards vénitiens, et, comme partout on accueillait assez facilement les enfants légitimes de familles pauvres, la proportion des abandons par rapport à la population s'élevait pour l'année 1842 au chiffre énorme de une admission sur 76 habitants [1].

V

GRAND-DUCHÉ DE TOSCANE.

Les diverses républiques dont la réunion forma le duché de Toscane se montrèrent également soucieuses d'assurer le sort des enfants trouvés [2]. En 1852 on rencontrait dans cette

---

[1] Ottavio Andreucci, *Della carità ospitaliera in Toscana,* p. 308.

[2] Consulter Ottavio Andreucci, *Gli orfanotrofi cenni storici,* Firenze,

partie de l'Italie : 14 hospices principaux, 15 hospices succursales et 44 dépôts temporaires, soit au total 73 asiles
destinés à recevoir les abandonnés; la population était
alors de 1,778,000 âmes. De 1831 à 1840, la moyenne des
enfants ainsi secourus fut de 15,767, de 17,636 en 1843
et de 21,486 en 1852, soit environ un délaissé pour 88 ou
82 habitants.

A Florence, le plus ancien établissement, celui de San-
Gallo, remonte à une haute antiquité; il en est fait mention
dans un document émanant du pape Célestin III en l'année 1192. Un second asile fut érigé sur le modèle de celui
de Sienne au xive siècle (17 mai 1316), et enfin un troisième hospice, dans lequel les deux premiers vinrent se
fondre dans la suite, dut son origine à la générosité de la
corporation des marchands de soie; les constructions de ce
brefotrofio di Santa Maria degli Innocenti commencèrent à
s'élever en 1419.

A Sienne, les enfants trouvés furent reçus dès le xie ou le
xiie siècle dans la maison de Santa Maria della Scala; et à
Pise, en 1219, un bienfaiteur jeta les fondements d'un hospice destiné à ces malheureux; un second refuge leur fut
ouvert ultérieurement, et c'est vers 1451 que ces deux
fondations se trouvèrent réunies à l'hôpital di San Georgio
dei Tedeschi, affecté jusqu'à nos jours à ce pieux service.

A Pistoie l'hospice de Saint-Grégoire ou de la Miséricorde
remontait au xiiie siècle. Il recevait un petit nombre d'enfants, qui revenaient en moyenne à 60 lires par an (chiffre de
1858). Toute allocation cessait pour les garçons à la
dixième et pour les filles à la quatorzième année [1].

Partout le mode de réception des enfants était le tour, ou

1856. Ottav. Andreucci, *Della carità ospitaliera in Toscana*, in-8°,
Firenze, 1864. Luigi Passerini, *Storia degli stabilimenti di beneficenza
e d'istruzione elementare della città di Firenze*, in-8°, 1853. Celso
Arrigoni, *Istituti di beneficenza fiorentini, notizie raccolte*. Firenze,
1882.

[1] *Storia degli istituti di beneficenza, d'istruzione ed educazione in
Pistoia*, per Luigi Barchiacchi, volume primo, Firenze, 1883. A
l'heure actuelle, l'ouvrage forme quatre volumes.

comme à Pistoie un petit berceau placé derrière une grille de fer; mais au moyen âge les admissions étaient peu élevées. Ainsi on ne compte à San Galla de 1394 à 1403 que 213 enfants reçus, et seulement 91 pour la période décennale suivante. A partir du XVIe siècle ces chiffres augmentent dans de fortes proportions; on admet alors à Florence des enfants légitimes de parents pauvres et les hospices de cette ville sont chargés de plus de 1400 élèves.

En 1774, la moyenne des expositions était de 900. A notre époque, on compta de 1831 à 1850 29,366 pupilles entrés dans l'établissement, la mortalité étant de :

28.92 0/0 pour des enfants de 1 jour à 1 an.
15.57 — — 2 ans à 6 ans.
0.56 — — 6 ans à 10 ans.
0.48 — — 11 ans à 18 ans [1].

A l'origine on ramenait les pupilles dans les conservatoires ou orphelinats existant dans chaque cité, et c'est seulement au milieu du siècle dernier que le placement chez les cultivateurs se trouve généralisé dans cette partie de la péninsule. Voici comment s'exprime à ce sujet M. Passerini (p. 715) : « La principale des réformes fut l'invitation expresse aux recteurs de confier tous les exposés à des nourrices de la campagne, afin qu'ils puissent être formés dès leur jeune âge au noble art de l'agriculture, les donnant à des familles honnêtes de cultivateurs, et cessant de les faire allaiter, élever et instruire dans la maison. Le plus grand développement physique obtenu par les enfants ainsi maintenus au grand air des champs; le caractère naturellement bon de nos campagnards, chez lesquels il est facile de se procurer non seulement de bonnes nourrices, mais encore d'excellentes familles où les trouvés devenus

---

[1] Au siècle dernier, la condition hygiénique était moins bonne. On trouve, en 1774 une mortalité de 57 0/0, sur l'ensemble de la population infantile du brefotrofio. Ce chiffre énorme tombe à 54.75 0/0 pour les trente premières années du siècle.

adultes sont formés suivant les préceptes de la plus saine
morale et rompus aux habitudes du laboureur et à la fatigue;
ce fait que dans les villages on rencontre de nombreux
prêtres zélés, capables de se prêter avec la plus grande charité à l'instruction religieuse de ces infortunés, et enfin
l'espérance que ces enfants du vice et de la misère, au lieu
de croître comme auparavant pour le malheur de la société
et d'eux-mêmes, deviendront, une fois formés à la vertu et
aux pratiques du travail agricole, propres à accroître la
prospérité d'un pays qui doit à la culture des terres ses
principales ressources : telles furent les considérations qui
amenèrent les sages réformateurs à prendre cette détermination. » Les enfants du premier âge, avant d'être confiés
aux nourrices, qui recevaient 9 lires de salaires par mois,
étaient pourvus d'un collier et d'un livret.

On donnait ensuite aux nourrices une pension de 5 livres
pour les pupilles de 2 à 5 ans et 3 livres de 5 à 10 ans, toute
rétribution cessait à cette époque lorsqu'il s'agissait de
garçons et continuait jusqu'à 14 ans pour les filles [1].

Des inspecteurs chargés concurremment avec les curés et
les juges locaux de la surveillance des abandonnés furent
créés en 1845. « Il résulte de leurs rapports, dit l'auteur
déjà cité (p. 721), que les paysans ne font aucune différence
entre leurs propres enfants et les pupilles du brefotrofio,
quant à la nourriture, aux vêtements et à l'instruction
morale et professionnelle ; qu'un grand nombre les appellent à participer aux avantages de leurs sociétés agricoles
privées, et que plusieurs n'ayant pas d'enfants en font leurs
héritiers. En résumé, ajoute-t-il, grâce aux sages réformes
dues au grand-duc Léopold et développées par la commission actuelle de l'établissement, on a résolu pratiquement
le problème qui intéresse à un si haut degré les économistes et la société, c'est-à-dire pourvoir au placement des
trouvés, de telle sorte qu'ils croissent en force et en vigueur,

---

[1] Les frais médicaux restaient à la charge du brefotrofio jusqu'à
18 ou 25 ans, suivant qu'il s'agissait de garçons ou de filles.

rencontrant, malgré l'abandon de leurs parents, les affections d'une famille, suçant dès leur enfance les principes de
l'honnêteté et de la justice, et apprenant à la fois leur religion et un métier d'une utilité incontestable aussi bien
pour eux-mêmes que pour la société. »

Dans le duché de Lucques, avant sa réunion à la Toscane
en 1847, le règlement en vigueur pour les établissements
charitables datait du 11 juin 1819. Les art. 27 à 30 relatifs
aux abandonnés étaient ainsi conçus[1] :

« Art. 27. L'hospice des nourrissons, *ospedale de' figli
lattanti*, situé à Lucques, est spécialement destiné à la
réception des exposés.

« Les enfants abandonnés par leurs parents, ou qui n'en ont
point, seront reçus jusqu'à cinq ans. Passé cet âge, ils seront
admis dans des établissements affectés à leur sexe, à moins
qu'on ne puisse les placer chez des particuliers. Les nourrissons durant leur séjour à la crèche seront élevés avec du
lait de femme, et, si cela n'est pas possible, avec des laits
mélangés. On fera toute diligence pour qu'ils soient
envoyés chez des nourrices de la campagne, acceptées par
le médecin, pourvues d'un certificat de bonnes vie et mœurs,
émanant du curé de leur village respectif. Le directeur
réglera les salaires proportionnellement à l'âge des enfants.

« Autant que faire se pourra, on laissera les pupilles chez
les nourriciers auxquels ils auront été confiés dès leur
enfance.

« Art. 28. Les communes du duché sont obligées de faire
conduire à leurs frais à l'hôpital les enfants exposés.

« Les gouverneurs et curés devront joindre un certificat de
naissance relatant toutes les circonstances de l'abandon et
les signes particuliers trouvés avec l'enfant. Ils auront pour
devoir d'effectuer ces travaux avec le plus grand soin et
toute la rapidité désirable.

« Les directeurs des hospices veilleront à ce que les pupilles

---

[1] Regolamento organico dei reali ospedali ed ospizi del ducato di
Lucca; in-4°, Lucca, 1819.

soient vaccinés au temps marqué conformément aux règlements en vigueur.

Art. 29. « Il y aura un registre des enfants trouvés tenu par
le curé de l'hospice, sur lequel on portera par ordre de date
les noms donnés aux pupilles ainsi que les circonstances
relatives à leur exposition. »

Telles sont les principales mesures prises en faveur de
cette catégorie d'infortunés dans les États du duc de Toscane, antérieurement à 1859 ; en 1861 on comptait dans
cette partie du royaume italien 572 établissements ou institutions de bienfaisance possédant 142,444,122 lires de
patrimoine [1].

VI

DUCHÉS DE PARME ET DE MODÈNE.

Avant d'entrer dans l'examen des règlements adoptés
par le gouvernement italien, il reste à dire quelques
mots des duchés de Parme et de Modène antérieurement
aux annexions. Ces duchés avaient 900,000 habitants et
297 œuvres diverses, parmi lesquelles on comptait 8 brefotrofi. La valeur du domaine charitable était de 52,700,000
lires (25,700,000 Parme et Plaisance, 27,000,000 Modène et
Reggio [2]).

A la casa di Dio de Modène on payait une pension pour
les exposés jusqu'à dix ans ; passé cet âge, ils étaient conservés gratuitement par les paysans ou ramenés dans l'orphelinat nommé Grande Albergo. Le chiffre des admissions
fut toujours peu considérable ; à la fin du XVIIIe siècle,
on en recevait en moyenne 140 [3].

A Parme, le règlement des enfants trouvés avait pour
base, avec quelques modifications, le décret français du
19 janvier 1811 ; ainsi on admettait seulement les trouvés ;

[1] *Italià economica*, p. 436.
[2] *Italià economica*, p. 436 et 454.
[3] *Riforma degl' istituti pii della città di Modena*, in-8°, 1788,
p. 122 et suivantes.

les enfants ramenés de la campagne étaient reçus, les garçons dans des établissements dits hospices des arts et métiers, et les filles durant leur minorité dans un conservatoire où elles restaient jusqu'à dix-huit ans (l'*ospizio delle esposte*).

Le tour a été aboli en 1872, et actuellement les enfants qui ne sont pas envoyés par les officiers de l'état civil des diverses communes, doivent être présentés par le directeur de la maternité, par la personne qui a assisté à l'accouchement ou le chef de la famille ; le chiffre moyen des admissions monte à 400.

CHAPITRE II

GROUPE ITALIEN

DEUXIÈME PARTIE

LE ROYAUME D'ITALIE

§ 1er. — *La législation.*

Les établissements hospitaliers et charitables sont actuellement régis en Italie par une loi du 3 août 1862, étendue successivement aux diverses parties du royaume[1], et dont voici les dispositions principales :

Cette loi s'applique à toutes les œuvres de bienfaisance, à l'exception des sociétés de secours mutuels, des caisses d'épargne et de certaines fondations privées dirigées par des particuliers et des personnes déterminées (art. 2).

Tous ces *luoghi pii laicali* sont administrés par des corps, des collèges, des conseils, des congrégations de charité, des particuliers, selon les dispositions des fondations, statuts ou règlements approuvés (art. 4).

Il appartient aux conseils municipaux de décider si les

---

[1] Nomenclature des lois ou décrets relatifs à ces œuvres. Décret rendu le 23 octobre 1860 par le pro-dictateur des provinces napolitaines. Décret 17 février 1861 du prince de Savoie-Carignan, lieutenant général pour les mêmes provinces. Règlement organique 27 novembre 1862. Décret royal du 1er décembre 1870, appliquant la généralité des prescriptions de la loi de 1862 aux États romains.

œuvres doivent être soumises aux congrégations de charité ou à une direction spéciale.

Les délibérations de ces conseils, relatives à ce sujet, sont transmises par les maires à la députation provinciale pour avoir son avis; viennent ensuite la décision du Conseil d'État et l'approbation royale, s'il y a lieu.

Le nombre des membres composant les congrégations de charité, nommés au scrutin secret par les conseils municipaux, est fixé à quatre, indépendamment du président, dans les communes dont la population ne dépasse pas dix mille habitants; dans les autres, la congrégation est composée de huit membres, et les préfets peuvent encore admettre à en faire partie les donateurs ou bienfaiteurs insignes, mais seulement en ce qui regarde la question des biens donnés (art. 27).

La durée des fonctions de tous les membres est de quatre années; ils peuvent être renommés indéfiniment (art. 28).

Toute fondation est placée sous la tutelle de la députation provinciale, qui approuve le règlement d'administration, les comptes annuels, les contrats de vente ou d'achat d'immeubles, etc. (art. 14-15).

En ce moment la loi du 3 août 1862 est l'objet de projets de modifications soumis au Parlement, mais non encore discutés par lui. Une commission composée d'administrateurs, de publicistes et de statisticiens, est en effet chargée d'une vaste enquête sur tous les établissements de bienfaisance du royaume, et c'est seulement lorsque les résultats des travaux de cette commission seront connus, que l'utilité de modifications à la législation en vigueur pourra être examinée [1].

En dehors de cette loi organique, nous constaterons, en ce qui concerne les enfants trouvés, que l'obligation de pourvoir à leurs dépenses est imposée aux provinces et

[1] Consulter sur les travaux de cette commission les dernières années de la *Rivista della beneficenza pubblica*, dirigée avec tant de talent par M. Giuseppe Scotti, et publiée à Milan.

aux communes par l'art. 237 de la loi du 20 mars 1865 relative à l'administration communale et provinciale. Cet article est ainsi conçu :

« Art. 237 (Dispositions transitoires). Jusqu'à la promulgation d'une loi spéciale, les dépenses nécessitées par l'entretien des exposés, seront, à partir du 1er janvier 1866, à la charge des communes et des provinces dans la proportion déterminée par un décret royal, sur l'avis préalable des conseils provinciaux et du conseil d'Etat. »

Il faut ajouter que les œuvres nombreuses existant avant les annexions et ayant pour but de venir en aide aux enfants délaissés n'ont pas cessé de recevoir cette destination, et qu'en conséquence la contribution des budgets provinciaux et communaux n'est pas fixée sur le total de la dépense, mais bien en raison d'insuffisance constatée de revenus particuliers des fondations dont il s'agit[1]. Ce concours financier varie donc d'un quart, d'un tiers, des deux tiers, suivant les parties du royaume.

Les renseignements recueillis par le ministre de l'intérieur en 1878[2] portent à 102 le nombre des établissements affectés ainsi aux enfants abandonnés ; ils possédaient alors un patrimoine de 50,754,095 lires, produisant un revenu brut de 2,800,421 lires, réduit à 1,637,936 lires par les charges foncières d'hérédité, les impôts et les dépenses d'entretien[3].

---

[1] Ce point est établi, notamment par un avis du conseil d'Etat du 2 juillet 1881 (*Rivista della Benef.*). Dans le cas de réception pour raison d'urgence et d'humanité d'un enfant légitime, la dépense de son entretien reste à la charge de la commune du domicile du père. (Avis du conseil d'Etat en date du 9 octobre 1875 (*Rivista della Benef.* 1876, p. 218.)

[2] Enrico Raseri, *fanciulli illegitimi e gli esposti in Italia*, p. 9. Ces 102 établissements sont ainsi répartis : 15 Piémont, 4 Ligurie, 7 Lombardie, 8 Vénétie, 8 Emilie, 15 Toscane, 12 les Marches, 5 Ombrie, 2 Latium, 2 Abruzzes, 7 Campanie, 4 Pouille, 12 Sicile, 1 Sardaigne.

[3] En Italie, les établissements de bienfaisance, indépendamment de la taxe de main morte (50 cent. outre 2 décimes pour chaque somme de 20 lires de revenu), ont à supporter comme les particuliers la taxe de la richesse mobilière qui est de 13. 20 0/0.

Dans les budgets communaux de 1882, on trouve inscrit de ce chef parmi les dépenses ordinaires obligatoires une somme de 4,653,090 lires, et dans les budgets provinciaux 6,971,356, soit au total 11,624,446 lires[1].

En 1877, M. Nicotera, alors ministre de l'intérieur, présenta le 22 novembre un projet de loi, dont les Chambres ne se sont pas occupées, et qui mettait la dépense des enfants presque exclusivement à la charge des communes.

« Sont considérés comme exposés, disait l'art. 1er, aux termes de l'article 237 de la loi du 20 mars 1865 (tableau A), sur l'administration communale et provinciale du royaume :

« 1° Les enfants abandonnés dont les parents sont inconnus.

« 2° Les enfants illégitimes reconnus par leur mère, pourvu

TABLEAU EXT. DES ANNALI DI STATISTICA, SÉRIE 3e. vol. 12, p. 218.

PROVINCES	SOMMMES PRÉVUES AUX		REVENUS des brefotrophes ayant le caractère d'opere pie	TOTAL
	Budgets communaux	Bugets provinciaux		
Piémont........	408.994	1.165.123	96.358	1.670.475
Ligurie.........	85.502	312.000	20.139	417.641
Lombardie.....	217.028	1.517.839	169.389	1.904.256
Vénétie........	45.982	587.070	339.265	974.317
Emilie.........	759.862	548.200	335.489	1.623.551
Ombrie........	183.361	95.000	147.719	426.080
Marches	302.189	168.413	169.159	639.761
Toscane........	442.059	327.053	745.642	1.514.754
Lazio	146.891	93.333	25.374	265.598
Abruzzes.......	202.842	251.000	7.285	461.127
Campanie......	310.286	285.500	526.999	1.122.785
Pouille.......	518.390	325.200	30.157	873.747
Basilicate.....	113.058	100.000	»	213.058
Calabres	184.969	339.204	10.278	534.451
Sicile	722.616	836.421	59.993	1.619.930
Sardaigne......	27.061	20.000	5.452	52.513
	4.653.90	6.971.356	2.688.698	14.313.144

qu'elle soit véritablement pauvre et ne vive pas en ménage irrégulier.

« Art. 2. Les enfants compris dans les catégories qui précèdent seront maintenus, élevés et instruits aux frais du comité de bienfaisance de la commune dans laquelle leur mère avait son domicile, ou sa demeure habituelle, durant l'année qui a précédé la naissance; si ce domicile est inconnu, ils tombent à la charge du comité de bienfaisance de la commune où a été faite la déclaration constatant leur état d'enfants trouvés, suivant les prescriptions de l'article 377 du code civil.

« Toutes les fois qu'on ne pourra établir le domicile de la mère, le comité de bienfaisance de la commune de la naissance des enfants supportera la charge entière de leur entretien. »

« Art. 3. — Le comité de bienfaisance, pour subvenir aux dépenses dont il est parlé dans l'article précédent, jouira en premier lieu :

« 1º Des revenus appartenant aux maisons d'enfants trouvés, ou autres institutions fondées en faveur des exposés;

« 2º Des revenus provenant des confraternités supprimées, en vertu de l'article 26 de la loi sur les institutions de bienfaisance publique;

« 3º De cinquante pour cent de tous les revenus des institutions de secours qui ne sont pas 1º appliqués à des indigents, à des malades, à des infirmes d'un âge ou d'un sexe déterminé; 2º destinés à une partie seulement de la commune; 3º ou bien encore à une catégorie spéciale de personnes;

« 4º Des revenus des fondations dotales, lorsque le nombre de ces institutions et leur importance excèdent les besoins locaux, et pourvu que ce versement soit approuvé en conformité de la loi sur les institutions de bienfaisance publique.

« En cas d'insuffisance ou d'absence de revenus de cette nature, la commune y suppléera, mais en ayant le droit d'approuver le budget regardant le service spécial des enfants abandonnés et des illégitimes. »

Ce projet fut vivement combattu au sein du congrès international de bienfaisance tenu à Milan en 1880, et les membres du congrès votèrent des résolutions tendant à obtenir du gouvernement une nouvelle loi sur l'enfance abandonnée, autorisant l'allocation de secours aux mères naturelles ayant reconnu leurs enfants et même aux mères légitimes pauvres, favorisant le développement des crèches, ordonnant la fermeture universelle des tours, et enfin ne plaçant les asiles dépositaires sous la dépendance absolue des conseils provinciaux et communaux que s'ils manquent de revenus propres; dans le cas contraire, laissant à ces établissements une existence distincte. La question est encore à l'étude.

§ 2. — *Mode d'admission, placement des enfants.*

Ainsi que nous l'avons vu dans le chapitre précédent, le mode de réception adopté habituellement était le tour; mais cette institution, soulevait déjà, notamment dans les États du Nord, de vives critiques [1]. Ce mouvement s'accentue avec rapidité. La province de Ferrare est la première, en 1867, à fermer les tours. Milan suit cet exemple en 1868, et on trouve les admissions à bureau ouvert établies à Modène (1871), Naples (1873), dans la province de Gênes (1874), à Florence et Vicence (1875), à Catane (1877), etc.

Néanmoins, en 1878, sur les 69 provinces composant le royaume, le tour fonctionnait encore presque généralement dans 33, et au 31 décembre 1881, une enquête faite dans les 8,200 communes donnait les résultats suivants:

Communes où le tour n'avait jamais existé.   7,012
—   —   avait été fermé. . .   589
—   —   existait   647

---

[1] En 1854, le Consiglio divisionale de Turin fit de vives instances auprès du gouvernement pour obtenir une réglementation nouvelle du service des enfants trouvés. (Astengo Carlo. *Commentario delle disposizioni vigenti sulle opere pie*, in-8°, 1862, 2e partie, p. 20-21.)

Indépendamment de cette question du mode de réception, le code civil règle en Italie, comme en France, les
obligations des personnes qui rencontrent ou reçoivent des
enfants exposés. Voici le texte de ces dispositions :

« Art. 377. Quiconque trouve un nouveau-né (un bambino) est tenu de le remettre entre les mains de l'officier
de l'état civil, avec les vêtements et autres objets recueillis
près de l'enfant, en déclarant toutes les circonstances de
temps et de lieu où la découverte a été faite.

« On dressera de tout ceci un procès-verbal détaillé, énon-
çant en outre l'âge apparent du bambino, son sexe, le nom
qui lui sera donné et l'autorité civile à laquelle il sera
confié.

« Ce procès-verbal devra être transcrit sur les registres.

« Art. 378. Quand un enfant aura été déposé dans un hospice public, la direction doit, par l'entremise d'un de
ses employés, chargé de ce soin, en transmettre dans les
trois jours la déclaration écrite à l'officier de l'état civil de
la commune où est situé l'établissement, indiquant le jour
et l'heure du dépôt de l'abandonné, son sexe, son âge apparent et les objets trouvés près de lui.

« L'administration doit aussi indiquer à l'officier de l'état
civil les nom et prénoms donnés à l'enfant, ainsi que le numéro d'ordre du registre des admissions. »

Il est inutile d'ajouter que les systèmes de placement à
la campagne continuent à varier selon les asiles. Voici, à
titre d'exemple, comment on procède à Turin.

« Art. 2. L'exposition et l'admission des enfants au moyen
du tour sont prohibées. Dans chaque établissement, il est
ouvert un bureau pour l'admission des délaissés, conformément aux règles établies par la députation provinciale.

« Art. 3. Seront reçus et maintenus les abandonnés dont

[1] Note fournie par le bureau de la statistique générale du royaume
d'Italie, dont M. Bodio, si connu en Europe, est le savant directeur.

on ne connaît pas la provenance et qui sont envoyés par les autorités compétentes.

« Pourront en outre être admis :

a) Les enfants illégitimes abandonnés, à la subsistance desquels ni les parents ni d'autres personnes ne peuvent pourvoir, soit pour raison d'indigence dûment constatée, soit pour tout autre motif également grave.

b) Les enfants pauvres, orphelins de père et de mère.

c) Ceux qui, par défaut de soutien, peuvent être assimilés aux orphelins.

« L'admission des enfants, mentionnée aux paragraphes *a, b, c*, sera toujours subordonnée à ce fait que, dans la commune d'origine, il n'y a pas d'œuvre charitable à laquelle incombe le soin de leur entretien.

« On pourra néanmoins, en cas d'urgence, procéder à une admission provisoire, à charge de se pourvoir ensuite contre qui de droit.

« Art. 4. On peut accorder des secours temporaires aux enfants naturels de mères indigentes, régulièrement reconnus par elles. Ce subside ne devra être alloué que dans le cas où il sera jugé utile pour prévenir l'abandon ; il cessera lorsque l'enfant aura atteint trois ans, et ne dépassera jamais le salaire attribué pour les nourrissons de l'âge correspondant à celui de l'enfant secouru.

« La députation provinciale prescrira les mesures relatives à la distribution de ces secours, afin qu'ils répondent bien au but pour lequel on les a établis.

« Art. 5. Les enfants reçus seront, dès que l'état de leur santé le permettra, confiés, en dehors de l'établissement, à des nourrices, pour être élevés et maintenus autant que possible à la campagne.

« Art. 6. Le taux du salaire pour l'allaitement et la garde des pupilles sera établi suivant un tarif soumis à l'approbation de la députation provinciale.

« Art. 7. Pour aider l'administration, il pourra être établi des comités locaux, composés au moins de trois membres ; les dames pourront en faire partie.

« Art. 8. Le conseil de direction présentera chaque année au conseil provincial une relation très détaillée sur la gestion de l'établissement et les questions relatives à la réception et à l'entretien des enfants.

« Le budget, ainsi que le compte des hospices dépositaires, feront partie intégrante du budget et du compte de la province.

« Art. 9. Le conseil de direction soumettra aux délibérations de la députation provinciale les règlements du service intérieur et toutes les propositions destinées à simplifier le fonctionnement des asiles. »

§ 3. — *Chiffre des admissions.*

Reste à examiner le chiffre des enfants admis et existants à la charge des diverses administrations italiennes ; malheureusement les renseignements font presque défaut sur ce point ; on ne connaît la population infantile des 102 hospices, ni pour 1882, ni pour les années antérieures [1].

Une enquête particulière, faite en 1877 par les soins du ministère de l'intérieur, constate seulement que dans 34 provinces ayant une population de 13,003,311 âmes, le nombre des assistés atteignait au 31 décembre 1875, 64,902 [2]. On ne put alors recueillir aucune donnée certaine en ce qui concerne les 35 autres provinces ; mais, en partant des chiffres précités, on arrive à une moyenne de 130,000 pupilles existants dans le royaume.

La direction générale de statistique évalue pour la période triennale 1879-1881, à 69,364, soit 23,121 par année, les enfants illégitimes ou trouvés admis dans les établissements destinés à les recevoir. 37,097 furent envoyés en nourrice pendant cette période, aux frais des communes et des provinces.

---

[1] Déclaration de la direction générale de statistique.
[2] Ce qui fait la difficulté des calculs, c'est que dans chaque province les élèves sortent de tutelle à des âges absolument différents, ainsi que nous l'avons exposé précédemment.

Il était né, de 1879 à 1881, non compris les morts-nés, 187,555 enfants naturels et 40,296 ayant un état civil inconnu ; parmi ces derniers, 31,552 furent déposés *au tour* et 8,744 admis à bureau ouvert [1].

Il est à craindre que, malgré les mesures prises, les abandons ne s'accroissent encore en raison de l'augmentation des naissances illégitimes. En 1865, sur 1000 déclarations, on comptait 50 enfants naturels. Quatorze ans plus tard, on atteignait le chiffre 74, et pour 1879 celui de 78. Voici, du reste, le tableau donné à ce sujet par M. Raseri [2] :

ANNÉES	CHIFFRE des naissances naturelles.	PROPORTION p. % sur les naissances du royaume.	ANNÉES	CHIFFRE des naissances naturelles.	PROPORTION p. % sur les naissances du royaume.
1865......	47.745	4.97	1873......	70.076	7.11
1866......	50.298	5.13	1874......	69.255	7.27
1867......	51.812	5.50	1875......	72.053	6.96
1868......	54.425	6.05	1876......	76.234	7.03
1869......	56.993	5.99	1877......	74.124	7.20
1870......	61.036	6.42	1878......	72.453	7.16
1871 [3]....	63.580	6.62	1879......	78.764	7.40
1872......	70.907	6.95			

[1] Note de la direction générale, *ut suprà*, et Annales de statistique, 3e série, n° 12, p. 222-223. Le chev. de Crescenzio, *ut suprà*, p. 80, donne les chiffres suivants, non compris les provinces romaines.

ANNÉES	POPULATION	EXPOSÉS	PROPORTION
1863...................	24.580.974	35.134	1 sur 702
1864...................	24.882.633	34.333	1 — 725
1865...................	25.097.118	35.495	1 — 704
1866...................	25.334.192	36.088	1 — 702
1867...................	25.404.723	35.023	1 — 726
1868...................	25.527.912	33.795	1 — 755
1869...................	52.766.217	32.434	1 — 795
Moyenne....	25.243.405	34.615	1 — 729

[2] Enrico Raseri, *Fanciulli illegitimi e gli esposti in Italia*, estratto degli *Annali di statistica*, seria 2ª, vol. 26 (1881).

[3] C'est à partir de cette date seulement qu'est comprise la province de Rome.

De 1879 à 1881, il naquit 3,103,178 enfants, dont 187,555 étaient illégitimes [1]. Cet accroissement proportionnel des naissances naturelles est certain, mais cependant on doit atténuer les chiffres qui précèdent par cette considération que le mariage civil obligatoire, entré en vigueur le 1er janvier 1866, rencontra, à l'origine surtout, de sérieuses difficultés d'application; beaucoup de catholiques s'en tenant au seul mariage religieux qui, aux termes de la législation, ne suffisait plus pour donner aux enfants le caractère de la légitimité.

M. Raseri (*Ann. di statist.* seria 3ª, vol. 12) constate qu'en 1878 le gouvernement évalua à 116,000 le chiffre des unions ainsi consacrées seulement par l'Eglise. Il est facile de comprendre combien cette situation fausse les statistiques.

Notons enfin qu'en Italie le Code civil (art. 189) s'oppose à toute recherche de la paternité en dehors des cas de rapt ou de viol correspondant à l'époque de la conception.

De plus, le secret est assuré par les art. 375 et 376 portant ce qui suit :

« Art. 375. Si la naissance est le fruit d'une union légitime, la déclaration doit, en outre, énoncer les noms, prénoms, profession et domicile du père et de la mère.

« Art. 376. Si elle provient d'une union illégitime, la déclaration ne peut énoncer que les noms, prénoms, profession de l'auteur ou des auteurs déclarants. Quand la déclaration est faite par d'autres personnes, les noms, prénoms, profession et domicile de la mère ne seront énoncés que s'il résulte d'un acte authentique que celle-ci y consent. »

On peut retrouver également dans la législation pénale italienne des traces de la préoccupation d'excuser en partie les faits commis en vue de sauvegarder l'honneur des familles.

Ainsi, suivant le projet de code pénal préparé par M. Mancini, la rélégation, qui correspond à notre détention

---

[1] *Annali de statisticà,* seria 3ª, vol. 12, p. 224.

et ne consiste qu'en la privation de la liberté, ne s'appliquait pas seulement aux crimes politiques, mais « aux crimes non déshonorants, disait le rapport du garde des sceaux, et auxquels le coupable a été poussé par l'impétuosité des passions ». Parmi ces crimes, figure l'avortement pratiqué par la femme sur elle-même ou par son mari, son père, son fils ou son frère [1].

§ 4. *Mortalité des enfants.*

Par suite du défaut de statistiques complètes, on ne connaît pas exactement le chiffre de la mortalité des enfants délaissés. Dans les tableaux publiés par M. Nicotera à l'appui de son projet de loi, on trouve cependant le nombre des admissions et des décès pendant les deux premières années de la vie, durant la période décennale 1866-1875, pour 27 provinces seulement, et il résulte de la comparaison de ces données une mortalité d'environ 40 % pour les pupilles de un jour à un an.

Cette moyenne varie suivant chaque localité. Ainsi pour les enfants de la naissance à 2 ans, on compte à Vérone 37. 87 %, et à Lucques 73. 41.

Actuellement, on ne possède de notions plus ou moins précises que sur l'ensemble des enfants légitimes, illégitimes ou exposés, morts dans les communes chefs-lieux de provinces, de départements ou de districts [2].

La période 1879-1881 donne les résultats suivants :

Enfants légitimes de moins d'un an, mortalité, 19. 2 %.

Enfants illégitimes ou exposés, mortalité, 34. 3 %.

---

[1] Voir l'intéressante dissertation sur le code pénal italien, lue en 1880 à l'audience de rentrée de la cour de Douai par M. l'avocat général de Borville.

[2] Dans les *Annali*, ut suprà, p. 238, M. Raseri fournit les chiffres ci-après : Décès sur 100 naissances.

		de 1 jour à 1 mois.	de 1 mois à 1 an.
	1881	7.51 %	10.27 %
Légitimes	1882	7.41	11.71
	1883	7.24	9.86
	1881	20.92	13.87
Illégitimes	1882	20.45	13.90
	1883	21.39	14.86

Ces nombres ne peuvent servir évidemment que d'indications, puisqu'ils ne portent pas sur l'ensemble de la population [1].

Il résulte de tout ce qui précède, qu'en Italie les hospices dépositaires reçoivent en dehors des enfants illégitimes ou exposés, des enfants pauvres, orphelins de père et de mère, ou manquant absolument de soutiens naturels pour des causes diverses. La forme prédominante de l'assistance donnée à ces infortunés est administrative, en ce sens que leurs dépenses sont inscrites aux budgets provinciaux et communaux ; cependant les établissements ont une personnalité propre et des conseils de direction distincts [2].

Le mode d'admissions par le tour tend de plus en plus à disparaître, bien qu'il existe encore dans de nombreuses localités ; les règlements adoptés, notamment à Rome, à Naples, etc., s'opposent, pour prévenir les abus, au maintien indéfini des anciens pupilles dans les conservatoires annexés aux asiles et fixent comme limite extrême de leur sortie l'âge de 25 ans. Les placements chez les cultivateurs se multiplient également, et dans les provinces méridionales on a une tendance moins prononcée à immobiliser les enfants trouvés dans les bâtiments des brefotrophi. Malheureusement ces mêmes mesures, destinées à produire de bons résultats, se trouvent forcément entravées par l'augmentation des naissances illégitimes et par la misère croissante des habitants de la péninsule, fruit de l'exagération des impôts de toute nature comparativement au rendement du sol, misère qui cause en ce moment des soulèvements et pousse de si nombreux émigrants à aller chercher une autre patrie sur les rives de la Plata.

Ajoutons qu'à côté des établissements publics, des con-

---

[1] A Vérone la mortalité sur l'ensemble de la population des abandonnés se rapproche des résultats constatés dans nos asiles de France.

[2] Il convient d'indiquer ici que d'après un rapport tout récent de M. Silvestrelli, les revenus de l'hôpital du Saint-Esprit de Rome sont tombés, par suite de dilapidation et mauvaise gestion, de 1,133,678 lires à 285,814 lires.

servatoires dus à la charité privée et des œuvres de même nature, recueillent les enfants délaissés. Don Bosco, si connu par son dévouement et par la fondation de la congrégation salésienne, indépendamment des asiles créés en France, en Espagne, dans l'Amérique du sud, possède en Italie 17 maisons : Turin, Este, Lucques, Rome, etc., et sauve de la misère des milliers de vagabonds dont il fait d'honnêtes ouvriers, mission admirable à laquelle il se consacre tout entier depuis 1842, sans se laisser décourager par les difficultés ou abattre par la grandeur de la tâche qu'il a assumée.

CHAPITRE III

GROUPE ESPAGNOL

PREMIÈRE PARTIE

ETATS D'EUROPE

ESPAGNE-PORTUGAL

I

ESPAGNE

§ 1. — *De la bienfaisance publique et privée en Espagne* [1].

La bienfaisance en Espagne fut toujours fondée sur le sentiment religieux, qui suscita, aux diverses époques de son histoire nationale, un grand nombre d'établissements administrés, soit par des congrégations régulières, comme celle des Frères Saint-Jean de Dieu, soit par des confréries composées de personnes pieuses consacrant leurs moments de loisir à l'assistance des pauvres et des malades. La charité privée soutenait toutes ces institutions, auxquelles l'Etat participait fort peu.

---

[1] Documents consultés. Congrès international de bienfaisance, session de 1857; discours de M. le Dr Nieto Serrano. Session de 1862; mémoire de M. le comte d'Alfaro et du docteur Nieto Serrano. *Annali del ministero di agricoltura, industria e commercio d'Italia*, anno 1875, n° 79, p. 23 ; *Statistica internazionale della beneficenza*, nota dal signor Iglesias. *La beneficencia en España*, par D. Firmin Hernandez Iglesias, 2 vol. in-8°, Madrid 1876. Du même auteur, *La beneficencia en España compendio*, Madrid 1880, etc.

Depuis un temps fort reculé, le bénéfice de l'instruction primaire était assuré gratuitement aux indigents ; de nombreuses maisons recueillaient les orphelins, et les salles d'asile (*amigos*) avaient là, comme à Rome, précédé de beaucoup Robert Owen ou le pasteur Oberlin. Des écoles pour les sourds-muets et les aveugles, des hôpitaux considérables complétaient cet ensemble d'œuvres. Le peuple espagnol eut toujours cependant une tendance prononcée pour les secours à domicile. L'une des institutions qui ont le mieux conservé cet esprit est la Sainte-Hermendad du refuge à Madrid, fondée en 1615 et chargée d'assister les indigents dans leur propre demeure.

Depuis le commencement du siècle, le gouvernement tend à centraliser ces institutions et à prendre une part de plus en plus grande dans la direction de la bienfaisance ; il convient de remarquer aussi que, par suite de la suppression des biens de main morte, tous les établissements dont les riches revenus consistaient en biens fonciers, ont vu transformer leur patrimoine en rentes sur l'Etat, au grand détriment des intérêts des classes souffrantes. De plus, ils ont eu à souffrir des guerres et des bouleversements politiques qui n'ont cessé depuis quatre-vingts ans d'agiter la péninsule.

Les dispositions législatives régissant actuellement la matière sont celles du 20 juin 1849, le règlement du 14 mai 1852, les lois organiques des provinces et des communes, et l'instruction générale du 27 avril 1875 s'appliquant à la bienfaisance privée.

Les établissements publics sont divisés en trois classes :

1° *Les établissements généraux de bienfaisance* entretenus par l'État. On en compte seulement six : trois d'incurables, un pour les malades des deux sexes, deux affectés aux aliénés et aux orphelins des militaires tués à la guerre.

2° *Etablissements provinciaux* à la charge exclusive de députations et ayant principalement en vue le soulagement des malades, l'admission des indigents, l'entretien et l'éducation des enfants privés de la protection de la famille jusqu'au moment où ils peuvent vivre avec leurs propres ressources.

Dans cette classe on doit donc ranger les hôpitaux ordinaires, les maisons de charité, les maternités, les hospices d'enfants trouvés.

3° *Etablissements municipaux* soutenus par les communes et consistant en maisons de refuge, d'hospitalité passagère et surtout en institutions destinées à fournir des secours à domicile.

En 1859, il y avait indépendamment de ceux appartenant à la première catégorie, 329 établissements dits *provinciaux* et 692 *municipaux*, ayant secouru 455,290 personnes et dépensé 69 millions de réaux.

Enfin la bienfaisance privée comprend les institutions dotées et entretenues au moyen de fondations particulières[1]; elles ont une existence juridique et ne perdent pas leur personnalité en recevant quelques subsides de l'Etat, de la province ou de la commune, pourvu que ces allocations aient un caractère absolument temporaire et soient indispensables pour assurer la vie de l'œuvre.

Le gouvernement (ministro de la gobernacion) a la surveillance de ces institutions; un testateur peut cependant dispenser les administrateurs de présenter aucuns comptes.

Ces idées générales et sommaires étaient nécessaires pour faire saisir le fonctionnement des asiles destinés aux enfants délaissés.

§ 2. — *Etablissements affectés aux enfants abandonnés.*

L'assistance de l'enfance abandonnée en Espagne a toujours été un des objets privilégiés de la charité catholique si vivace dans ce pays. Pour ne citer qu'un exemple, nous voyons au xvi° siècle saint Thomas de Villeneuve, archevêque de Valence, ému du sort de ces pauvres petits,

---

[1] Loi du 20 juin 1849. Art. 1er..... Se considerarán como particulares, si cumplen con el objeto de su fundacion, los que se costeen exclusivamente con fondos proprios, donados ó legados por particulares, cuya direccion y administracion esté confiada á corporaciones autorizadas por el gobierno para este efecto, ó á patronos designados por el fundador.

exposés quelquefois dans les rues, accordant une récompense à ceux qui les lui apportaient, fournissant le salaire des nourrices auxquelles il les confiait, se plaisant à s'assurer par lui-même de l'état de leur santé et quittant tout pour les secourir [1].

A notre époque, plusieurs dispositions législatives classèrent les établissements de maternité, d'enfants trouvés, orphelins ou délaissés, dans la catégorie des établissements provinciaux, et le règlement général du 6 février 1822, complété, avec certaines modifications de détail, par celui du 14 mai 1852, forme le code de l'enfance abandonnée. Il doit y avoir des asiles de cette nature au moins au chef-lieu de chaque province ; les admissions sont environnées du plus grand secret, elles ont lieu habituellement au moyen *du tour*, que M. Hernandez Iglesias appelle « antigua costumbre » [2]. Le fait de recueillir un nouveau-né exposé et de le remettre entre les mains des autorités chargées de veiller sur lui, est considéré comme un acte digne de la reconnaissance nationale.

Chaque asile tient un registre matricule des entrées, et l'enfant est aussitôt confié à des nourrices du dehors. Dans les localités dépourvues de maternités, le soin de recevoir les abandonnés incombe aux juntes municipales de bienfaisance. La période d'allaitement terminée, les pupilles sont autant que possible maintenus chez leurs parents nourriciers ou placés chez des laboureurs et artisans dignes de confiance par leur honnêteté et leur moralité.

On regarde comme délaissés (*desemparados*), les enfants abandonnés par leurs parents, ou orphelins de père et de mère n'ayant aucune personne pouvant prendre soin de leur éducation [3].

---

[1] *Acta Sanctorum,* septembris, tomus quintus, die decima octava, p. 533 (n° 28).

[2] *La beneficencia en España,* tom. I, p. 233-234.

[3] M. de Gérando (*De la bienfaisance publique,* tome II, p. 183) s'exprime ainsi : « Une ordonnance de Charles IV, en date du 23 janvier 1794, veut que les enfants exposés, sans pères connus, soient con-

Les individus appartenant à ces diverses catégories se trouvent placés sous la tutelle et surveillance des juntes de bienfaisance, qui peuvent, selon les cas, les rendre à leurs parents, moyennant le remboursement de tout ou partie des frais d'entretien et même gratuitement. La remise est refusée aux réclamants dont la conduite est mauvaise.

Dans son bel ouvrage sur la charité en Espagne, M. Hernandez Iglesias mentionne tout particulièrement les hospices d'enfants trouvés du *Guipuzcoa* et d'*Alava*. Il constate que les pupilles sont visités avec le plus grand soin chez les nourrices, qui reçoivent 30 réaux par mois jusqu'à l'âge de quatre ans, plus 100 réaux de gratification, et 20 réaux de quatre à huit ans [1].

§ 3. — *Nombre des asiles. Statistique de la population secourue.*

Il y avait en Espagne, à la fin de 1859 [2], 49 maisons dess-

sidérés comme légitimes et admissibles à tous les emplois civils. Les tribunaux puniront, comme coupables d'injure et d'offense, les personnes qui se permettraient de donner à un enfant trouvé le nom de *bâtard*, d'adultérin ou autres semblables. Les individus sortis de la classe des enfants trouvés, dans le cas d'une condamnation judiciaire, ne doivent subir aucune peine infamante, mais seulement celles qui pourraient être imposées aux personnes privilégiées. C'est cette loi sans doute, ajoute avec raison cet auteur, qui a donné lieu à quelques écrivains de supposer qu'en Espagne les enfants trouvés étaient anoblis de plein droit par le fait de leur origine. » M. Firmin Hernandez Iglesias (tome I, p. 229) dit à ce sujet : « El rey legitimó con su autoridad, y declaró legitimos para todos los efectos civiles, y libres de toda mancha ó excepcion odiosa, á los expositos; y los otorgó ingreso en los colegios de pobres, consistorios....... ó para otros destinos, fundados en favor de los pobres huérfanos, siempre que los constituciones de los tales colegios ó fundaciones piadosas no pidieran literalmente que sus individuos fueran hijos legitimos habidos y procreados de legitimo matrimonio. »(Cedula del Conséjo de 23 enero de 1794, ó sea ley IV, titulo XXXVII, mandada circular al consejo de las ordenes por real orden de 29 de mayo de 1794).

[1] Au 31 juillet 1876, il existait 685 exposés dans toute la province ; 8 se trouvaient dans la *Casa de Misericordia* de Saint-Sébastien et 37 dans celle de Tolosa, les autres étant maintenus à la campagne.

[2] Congrès international de bienfaisance tenu à Londres en 1862 (p. 112). Nous ne possédons pas de statistique générale plus récente.

tinées aux enfants trouvés et 100 succursales, soit au total 149 asiles s'occupant d'environ 37,000 pupilles en bas âge.

La statistique de cette même année 1859 est établie de la manière suivante :

Enfants existants au 1er janvier		36.387
Admissions		17.077
		53.464
Sorties pour causes diverses (adoptions, remises etc)	3.822	
Décès sous l'influence de causes épidémiques assez graves	12.332	16.154
Restant		37.310[1]

Six capitales de provinces manquaient alors d'hospices dépositaires, les enfants étant admis dans ceux des provinces voisines.

Il n'est pas surprenant, du reste, de voir la mortalité des abandonnés atteindre un chiffre assez élevé, car il en est de même pour les enfants conservés par leurs parents. Des tableaux statistiques dressés avec beaucoup de soin et comprenant la période décennale 1861-1870, présentent une moyenne de 27. 23 % pour les décès des nourrissons de un jour à un an; les enfants de moins de 5 ans fournissant 49. 46 % de la mortalité générale du royaume.

Ce sont particulièrement les contrées du nord de l'Espagne, situées sur le grand plateau central de la péninsule, qui donnent, sous ce rapport, un contingent considérable; « car, pendant que la mort n'enlève sur la population infantile de 0 à 5 ans, que 18.78, 20.97, 21.90, pour 100 naissances dans les provinces de Pontavedras, d'Oviedo et de Lugo, elle en fait succomber 52.09, 52.39, 53.73, 54.04 %, dans les provinces de Madrid, Guadaljara, Cacérès et Valladolid [2]. »

[1] L'*Annuaire de l'économie politique* pour 1864, p. 294, donne la décomposition par province, de ce chiffre de 37,310 enfants.
[2] Congrès international d'hygiène tenu à Paris du 1er au 10 août 1878, tome Ier, p. 227. Rapport de M. le Dr Hauser de Séville.

Là, comme partout, ce sont les naissances illégitimes qui payent le plus fort tribut à la mort.

II

PORTUGAL [1].

§ 1er. — *Organisation générale de la bienfaisance.*

Il n'y a pas, à proprement parler, en Portugal, de législation sur la bienfaisance publique; les dispositions concernant cette matière sont réparties dans les codes civil, administratif et pénal. En principe, on ne reconnaît point le droit à l'assistance de la part de l'État; il ne reste pas absolument étranger à ces questions, mais il se réserve plutôt la surveillance générale et pourvoit d'une manière indirecte aux besoins constatés en rendant, par exemple, obligatoire pour les communes, la charge des enfants trouvés; il peut aussi, dans des cas exceptionnels, fournir quelques subsides directs.

L'initiative privée dirigée par le sentiment religieux, a donc la part prépondérante pour tout ce qui regarde la fondation et l'entretien des établissements destinés à assister les malades, à recueillir les infirmes et les orphelins; les secours à domicile commencent également à se généraliser. Des associations dites : *le misericordie*, et dont l'origine remonte au xvᵉ siècle, répandues dans tout le royaume, richement dotées, jouissant de nombreux privilèges, prennent soin des malades indigents quelles que soient leur affection et leur nationalité; elles font aussi traiter à leurs frais des aliénés dans les asiles de la capitale.

---

[1] Ouvrages consultés : *Codigo civil*, quinta edição official, 1879. *Codigo pénal*, quinta edic., 1872. *Codigo administrativo*, 4ª edição, 1882. *Junta geral do districto do Porto novas providencias, e documentos acerca dos expostos*, Porto, 1866. *Hospicio de Porto* (1870). *Hospicio de creancas do Porto, Regolamento dos expostos do Porto* (1878). Comptes annuels de la *Santa Casa da misericordia de Lisboa* (dernière année parue 1884).

D'après un tableau dressé par les soins du ministère de l'Intérieur (1875-1876) il existait en Portugal :

Crèches.........»....	3
Asiles pour l'enfance :	
avec internat........	42
sans internat........	18
Confréries de la miséricorde :	
avec hôpital.........	160
sans hôpital.........	143
Hôpitaux.............	39
Asiles pour les pauvres et	
les mendiants.......	27

Soit.... 434 établissements de bienfaisance.

Il faut constater aussi que depuis 1833 et 1834, en vertu de décrets dictatoriaux publiés sous don Pedro IV, au nom de sa fille dona Maria II, les ordres religieux d'hommes ayant été supprimés et les congrégations de femmes astreintes à ne pas recevoir de novices, les œuvres charitables ont ressenti le contre-coup funeste de ces mesures.

On connaît, à ce sujet, l'ingratitude dont fit preuve, en 1862, le gouvernement portugais en exigeant, sous la pression de l'opinion d'alors, le renvoi des sœurs de charité françaises qu'il avait appelées lui-même en 1856 et 1857, lors des terribles épidémies de choléra et de fièvre jaune. Quelques-unes de ces sœurs avaient succombé, et les survivantes venaient en quatre ans de fonder des établissements florissants contenant plus de 700 orphelines [1].

[1] Question des sœurs de la charité en Portugal (1857-1862), d'après la presse et les documents officiels, in-8°, 450 p. Lisbonne 1863.

L'honneur de la France resta du moins sauf en cette circonstance. Un navire de guerre fut envoyé, il s'embossa dans le port sans saluer les forts, et le commandant en grand uniforme, entouré de son état-major, alla prendre dans leur demeure les sœurs de charité pour les conduire à son bâtiment. Cette mesure fut du reste, il faut l'ajouter, l'objet de discussions fort vives au sein du parlement portugais : « Mais vous nous faites un mal immense, disait le député Casal Ribeiro, vous souillez notre réputation d'une tache indélébile. Quand ces pauvres femmes seront rentrées dans leur patrie où tous les estiment et les aiment, parce que tous les connaissent, et qu'on leur demandera d'où venez-vous ? quelle conquête nouvelle avez-vous consolidée ? elles répondront tristes et résignées: Nous n'avons conso-

§ 2. — *Les enfants trouvés, organisation du service.* — *Mode de réception.*

Suivant un alava du 18 octobre 1806, les femmes non mariées devenues enceintes sont tenues de rendre compte aux autorités de leur accouchement et de la destination donnée par elle à leurs enfants ; dispositions qui rappellent celles du fameux édit de Henri II sur les déclarations de grossesse.

En Portugal, aux termes de l'art. 130 du code civil, la recherche de la paternité est interdite, excepté : 1° s'il existe un écrit du père par lequel il reconnaît expressément cette paternité ; 2° dans le cas de possession d'état ; 3° lorsqu'il y a eu rapt ou violence coïncidant avec l'époque de la conception.

Antérieurement au décret du 21 novembre 1867, le système des tours était en usage en Portugal. Etabli par le décret du 18 octobre 1806, il se trouvait réglementé par un second décret en date du 19 septembre 1836.

Cet acte de 1867 a supprimé les tours établis dans quelques parties du royaume, en faisant toutefois une exception pour le tour de la *Miséricordia* de Lisbonne, établissement important, subventionné, inspecté par le

---

lidé aucune conquête, nous venons de subir notre première défaite. Nous ne venons pas de la Crimée où nous bénissaient le Français catholique, l'Anglais protestant, le Russe schismatique ; nous ne sortons pas de la Turquie où l'on nous appelait des anges et où (chose bien rare) nous obtenions du sultan le pardon des condamnés; nous ne venons pas des pays protestants où l'on nous respecte et nous vénère, ni de l'intérieur de l'Amérique, ni des déserts de l'Afrique. Nous arrivons de l'extrémité de l'Europe, d'un pays qu'on nous avait dit libre et civilisé, de ce pays que baigne le Tage..... La nation dont nous venons fut grande et glorieuse..... Ce fut elle qui envoya aux Indes Vasco de Gama pour les conquérir, Camoens pour chanter cette conquête en vers immortels, et saint François Xavier pour convertir à l'Evangile ces peuples infidèles. Nous arrivons du Portugal; mais au lieu d'y trouver des Portugais, nous y avons rencontré le soupçon, le sarcasme, l'injure et la persécution..... »

gouvernement, et qui a pour principal revenu le *produit de la loterie* autorisée par l'Etat.

Mais, dans la pratique, la *Roda livre* de Lisbonne n'a été maintenue que jusqu'en 1871, et depuis cette époque les expositions ont subi une forte diminution ; ainsi du chiffre de 2557 constaté en 1870-1871, elles sont tombées à :

780	1871-1872	261	1878-1879
373	1872-1873	264	1879-1880
317	1873-1874	265	1880-1881
342	1874-1875	264	1881-1882
327	1875-1876	247	1882-1883
325	1876-1877	239	1883-1884
292	1877-1878		

Pour tout le Portugal, le chiffre des enfants assistés en 1872-1873 fut de 48,762, et « l'ensemble des sommes portées aux budgets des départements pour les dépenses faites par les communes en vue du soutien des enfants exposés et subventions à d'autres pauvres se monta à 2,526,734 fr. » [1].

Le code civil (art. 284 et suivants) a en outre organisé une tutelle spéciale en faveur des enfants abandonnés ou délaissés de moins de sept ans et l'a confiée aux conseils municipaux et aux personnes qui se chargeraient volontairement de l'éducation de ces pauvres créatures sans préjudice des règlements particuliers des établissements de bienfaisance reconnus par la loi. Le règlement de l'hospice de Porto permet de se rendre facilement compte de l'organisation de ces services ; en voici le résumé :

L'administration des trouvés ou délaissés est une administration de district, la junte générale en a la direction supérieure.

Chaque hospice comprend un directeur, une directrice, un médecin, un chapelain, des employés, des nourrices et des gens de service.

Les trouvés sont reçus à toute heure, sur la présentation

[1] Mém. sur la bienfaisance publique en Portugal ; in-8°. Lisbonne, 1878, p. 11.

d'une déclaration émanant des autorités administratives ou de police et mentionnant en vertu de l'art. 2465 du code civil tous les faits relatifs à l'exposition, l'âge apparent du pupille, les marques distinctives qu'il peut avoir, les objets recueillis avec lui, etc. On reçoit de plus les orphelins sans parents, les enfants délaissés dont les auteurs ont disparu, les fils de personnes atteintes de maladies graves, condamnées à l'exil ou à la prison.

Ces admissions peuvent être provisoires si on s'engage à rembourser les frais.

Les élèves admis sont baptisés, vaccinés et confiés autant que possible à des nourrices au dehors de la maison. A l'âge de sept ans, la pension cesse, et si les nourriciers ne consentent pas à conserver gratuitement les pupilles, ils sont ramenés à l'hospice dépositaire, placés en apprentissage ou confiés à des personnes charitables en vue d'adoption ultérieure.

Les conseils municipaux doivent créer dans les différentes paroisses des commissions composées du curé et de dames pour surveiller les enfants mis en nourrice. De plus on a établi récemment des secours destinés à favoriser l'allaitement maternel, ce que font également beaucoup de conseils généraux et de corporations. Dans ses grandes lignes, le service tel qu'il fonctionne actuellement se rapproche donc des règles usitées en France.

La pension cesse seulement trop tôt, et il y aurait de sérieux avantages à maintenir plus longtemps les enfants à la campagne.

CHAPITRE IV

GROUPE ESPAGNOL

DEUXIÈME PARTIE

AMÉRIQUE DU SUD [1]. — MEXIQUE

« La race européenne qui habite l'Amérique du sud est venue d'Espagne et de Portugal ; les Hollandais et les Français n'ont fourni qu'un très faible contingent en Guyane et dans quelques villes du Brésil. Les Anglais n'ont pris pied définitivement en Guyane qu'au commencement du XIXe siècle » ; nous sommes ainsi fondé à rattacher étroitement cette vaste contrée au groupe espagnol, et nous y rencontrerons, en ce qui concerne les enfants trouvés, des usages analogues à ceux usités dans la mère-patrie. Il faut seulement remarquer, dès l'abord et d'une manière générale, que le nombre des naissances illégitimes est très supérieure à celui constaté en Europe, « surtout dans les états où le sang indien domine ».

Ceci dit, parcourons successivement les principaux centres de civilisation échelonnés sur les côtes du continent américain.

---

[1] Aperçu général des forces productives de l'Amérique du sud. Communication faite à l'Académie des sciences morales et politiques par M. E. Levasseur. (Comptes rendus de l'Académie, septembre 1883, 9e livraison, p. 361 et suivantes.)

I

EMPIRE DU BRÉSIL.

§ Ier *Idée générale de la bienfaisance* [1].

En raison des ressources naturelles considérables que possède ce peuple, eu égard à sa faible population, il y a en réalité, peu de malheureux, et ce sont surtout les institutions hospitalières destinées à recevoir en cas de maladie l'homme du peuple, l'ouvrier, qui deviennent le plus nécessaires. Aussi presque toutes les villes du Brésil possèdent-elles des hôpitaux et des hospices, les uns créés et dotés par la charité des habitants, les autres par les municipalités ou entretenus aux frais des provinces et de l'Etat.

Beaucoup d'établissements ont, comme en Espagne et en Portugal, le caractère d'association mutuelle de prévoyance; chaque membre paye annuellement une somme minime qui lui donne le droit d'entrer à l'asile particulier de sa confrérie et d'y recevoir les soins médicaux. L'asile d'aliénés de Rio de Janeiro est très remarquable, et les asiles hospitaliers sont généralement tenus avec le plus grand soin et administrés sagement. Les malades peuvent être reçus gratuitement sur le vu d'un certificat de leur curé constatant leur état d'indigence; il y a des maisons spéciales pour les affections contagieuses, telles que fièvre jaune, variole, etc.

§ 2. — *Hôpitaux d'enfants trouvés* [2]. — *Fondation. — Organisation.*

Les confréries de la Miséricorde, fondées en Portugal l'année 1498 par Frère Michel de Contreiras, religieux de

---

[1] Congrès international de bienfaisance de Bruxelles, session de 1856, tome Ier, p. 252 et suivantes. Discours de M. Da Motta.

[2] Documents consultés : *Estatutos reformados do recolhimento dos orphãs da santa casa de misericordia do cidade do Rio de Janeiro*, in-8°, 42 p. Rio de Janeiro, 1843. *Regimento da casa dos expostos do Rio de Janeiro*, in-4°, Rio de Janeiro, 1840, typographia nacional. *Relatorio apresentado a junta administrativa da s. casa de misericordia*

la Sainte-Trinité, s'implantèrent au Brésil au commencement de la conquête (vers 1543). Leur organisation administrative se compose du comité (*mesa*) et du conseil supérieur (*junta*); le comité comprend : le président (*provedor*), soumis à la réélection chaque année, le 2 juillet, mais généralement maintenu à vie dans ses fonctions; l'écrivain (*escrevao*); le trésorier (*thesoureiro*); le procureur général (*procurador geral*) et neuf consulteurs (*consultores*). Toutes ces fonctions sont gratuites.

La junte comprend à son tour les membres du comité, plus 16 définiteurs (*definidores*). Il existe aussi des major-domes (*mordomos*), intendants placés à la tête des diverses œuvres faites par la confrérie. Le gouvernement approuve les statuts et favorise ces institutions par des subsides ou des exemptions d'impôts.

Dès sa fondation à Bahia, première capitale du Brésil, la confrérie de la Miséricorde de cette ville plaça au nombre de ses œuvres l'entretien des enfants trouvés, bien que ce fut seulement en 1726 que le vice-roi engagea la junte à fonder un hospice, avec un *tour* (roda), pour recevoir ces infortunés. Le local choisi étant devenu insuffisant dans la suite, on acheta en 1862 une magnifique propriété et on appela les Sœurs de charité à en prendre la direction.

A Rio de Janeiro l'hôpital des enfants trouvés a été fondé en 1738 par Romao de Matos Duarte; il forme un des établissements de la confrérie et est confié à trois confrères servant l'un de secrétaire, l'autre de trésorier et le troisième de procureur, nommés annuellement et restant subordonnés au président. A ces trois confrères incombe cumulativement la direction et administration économique de toutes les affaires intérieures et extérieures.

Des Sœurs de charité desservent l'établissement[1], qui est situé au bord de la rade, à l'endroit le plus sain de la ville.

do recife em *Pernambuco pe lo provedor*. Recife, 1878. Notes manuscrites fournies à l'auteur par les autorités administratives de Rio de Janeiro et autres villes.

[1] Arrivées au Brésil il y a 35 ans, les Filles de la charité desservent aujourd'hui plus de 20 maisons, soit orphelinats, soit hôpitaux.

Les confréries de la Miséricorde dirigent toutes également des orphelinats nombreux, et il est rare qu'une personne riche meure sans laisser un legs à ces diverses œuvres.

§ 3. — *Admission et éducation des enfants.*

Dans tous les établissements du Brésil, les admissions ont lieu au moyen du tour; les pupilles restent en général à la charge de la maison qui les a reçus jusqu'à l'âge de sept ans pour les garçons et de huit ans pour les filles, à moins qu'ils n'aient été remis avant ce temps à des personnes se chargeant de leur éducation, entretien et traitement.

Aussitôt qu'un enfant a été placé dans le tour, on lui donne tous les soins nécessaires et on le confie à des négresses, nourrices sédentaires. Les indications le concernant sont portées sur un registre et les écrits ou effets trouvés avec lui placés dans un coffret à deux clefs confiées l'une au confrère écrivain et l'autre au confrère trésorier. « Il sera recommandé, dit l'art. 32 du règlement de Rio de Janeiro, de la manière la plus pressante, au directeur de la maison, d'être très zélé pour obliger les nourrices à traiter les enfants avec l'amour et la sollicitude qu'ont habituellement les mères dont elles tiennent la place. »

Au bout de huit jours environ, les exposés sont envoyés à la campagne, sauf les cas de maladie. L'administration paye la valeur de 30 francs par mois, jusqu'à ce que l'enfant ait atteint un an et demi; au-dessus de cet âge, le taux mensuel est de 20 francs jusqu'à sept ou huit ans. Les enfants sont alors ramenés à l'hôpital et les garçons ayant atteint douze ans placés en apprentissage, ou à l'arsenal de la marine; les filles ne sortent de l'établissement que mariées [1]. Elles apprennent à coudre et à se rendre habiles dans les ouvrages féminins. Le payement des pensions a lieu tous les trois mois, et monte à Rio de Janeiro au chiffre annuel de 140,000 à 150,000 francs [1]. Le nombre des élèves de

---

[1] On leur donne généralement comme dot 1,000 fr. et un trousseau de la valeur de 200 fr.

moins de huit ans placés dans la campagne est d'environ
un millier, le tour en reçoit en moyenne de 400 à 500 ; à
Pernambuco et à Bahia, les admissions atteignent seulement une centaine.

Il n'existe pas de statistique exacte de la mortalité, on
l'évalue actuellement de 28 à 30 % pour les enfants de
un jour à huit ans[2].

II

RÉPUBLIQUE ORIENTALE DE L'URUGUAY[3].

Dès le commencement de ce siècle, lorsque la capitale de
la République, Montévideo, n'avait qu'une population de
12,000 âmes, un hôpital fut affecté à la réception des marins
et indigents malades, des aliénés et des enfante trouvés, la
charité chrétienne fournissant les ressources nécessaires
pour soutenir cette institution.

Actuellement le chiffre de la population de l'Uruguay
étant estimé à près de 450,000 habitants, des règlements
administratifs ont ordonné la séparation des œuvres d'abord
réunies et qui avaient pris une rapide extension ; des hôpitaux ont été également créés à Paysandu[4] et au Salto.

Le régime légal de tous ces établissements repose sur
l'approbation par l'autorité supérieure des revenus existant
en dehors de la charité privée (impôts et loteries) et des
règlements formulés par la junte économico-administrative,
correspondant à nos municipalités. La direction est toujours confiée à des confréries de bienfaisance dont les fonctions sont gratuites.

[1] Ainsi qu'il a été établi en Portugal, il faut, lors du payement, présenter l'enfant et le soumettre à la visite du médecin.

[2] A Pernambuco, le chiffre constaté en 1876 aurait été de 34,29 0/0.

[3] Documents consultés : *Direccion de estadistica general de la repu-
blica oriental de l'Uruguay*, cuaderno n° XI, año 1880; cuaderno n° XII,
año 1881-1882; cuaderno n° XIII, 1882-1883, in-4°. Montévideo, 1882-1883.
Notes manuscrites émanant de la direccion de estadistica general.

[4] Ville de 12,000 âmes, sur les bords de l'Uruguay, à 80 lieues de
Montévideo.

En dehors de ces fondations, le gouvernement a établi une école d'arts et métiers, donnant l'instruction professionnelle à 400 enfants de familles pauvres, et on étudie l'organisation de colonies devant former des agriculteurs. Enfin, le 29 août 1877, le gouverneur provisoire ordonna la création d'asiles maternels, au nombre de 3; en 1883, ces asiles renfermaient 2125 petits garçons ou petites filles.

Les enfants trouvés sont placés aussitôt leur réception sous la tutelle et direction de confréries de dames qui se chargent de leur placement et éducation. Voici les chiffres statistiques se rapportant aux années 1877-1881.

ASILE DES EXPOSÉS ET ORPHELINS

	1877	1878	1879	1880	1881
Exposés des deux sexes existant au 1er janvier..	428	500	308	300	351
Entrés dans l'année	180	213	270	236	266
	608	713	578	536	617
Enfants exposés, réclamés et adoptés...........	39	399	103	102	144
Décédés	69	62	125	83	76
	108	461	228	185	220
Restant au 31 décembre .	500	252	350	351	397

Dans toute la République on compte une proportion de 20 % d'enfants illégitimes.

III

RÉPUBLIQUE ARGENTiNE [1].

En vue de donner aux femmes une part active dans les fonctions publiques, un décret du 2 janvier 1823 signé Bernardino Rivadavia les appela à former une société *dite de bienfaisance.* Ce décret est ainsi conçu :

[1] Regolamento para la casa de expositos (reformado); pièce manuscrite. Regolamento de la sociedad de beneficencia, in-8°, Buenos. Aires, 1865, etc.

Art. 1er. Le ministre secrétaire de l'intérieur est autorisé à établir une société de dames sous la dénomination *de société de bienfaisance.* — Art. 2. Le ministre de l'intérieur nommera une commission chargée de donner suite aux prescriptions dl'art. 1er. — Art. 3. Une fois la société établie, on procédera à la formation d'un règlement qui sera approuvé par le gouvernement. — Art. 4. Les attributions de la société consisteront dans :

a) La direction et l'inspection des écoles de jeunes filles.

b) La direction et l'inspection *de la maison des enfants trouvés*, de la maison d'accouchement, de l'hôpital des femmes, du collège des orphelins et de tous les établissements qui seront fondés pour le soulagement des femmes ou des jeunes filles.

En vertu des articles suivants, quelques crédits pris sur les fonds de réserve de l'Etat étaient affectés à cette œuvre qui subsiste encore avec la même organisation[1].

Quant à la maison des enfants trouvés de Buenos-Ayres, elle fut fondée en 1774 par le vice-roi D. Juan José Vertiz, à la suite d'une pétition faite par le citoyen D. Marcos José Riglos, appuyée par douze notables et faisant remarquer combien il était urgent d'empêcher les nouveau-nés exposés sur la voie publique d'être mangés par les chiens ou les porcs.

Le *tour* fonctionna le 7 août 1774. Le vice-roi protégea 'établissement naissant ; mais après sa retraite la maison manqua absolument de ressources, et la charité dut fournir mensuellement les 25 ou 30 piastres nécessaires pour l'entretien des enfants. Cette situation dura jusqu'en 1788, époque à laquelle le vice-roi, marquis de Loreto, reçut l'ordre royal d'avoir à soutenir la fondation par tous les moyens possibles ; et son successeur Arredonado attribua à ces pauvres délaissés le produit d'un droit spécial sur la consommation des liqueurs. Ce droit fut aboli plus tard, il

---

[1] Cette société eut beaucoup à souffrir du gouvernement tyrannique de Rosas ; mais un décret du 16 mars 1852 la réintégra dans toutes ses prérogatives.

est vrai, par le gouverneur espagnol ; mais la *casa* se trouva alors en mesure de subsister, grâce aux libéralités que lui fit après sa mort son premier administrateur don Rodriguez de la Vega ; libéralités consistant en une maison et 57,858 piastres fortes (289,270 francs).

De 1774 à 1802, on avait recueilli 2,017 enfants ; en 1803, on élevait dans l'établissement 385 garçons et 383 filles ; la dépense annuelle se montait à environ 8,000 piastres fortes.

Au mois de décembre 1884, la *casa* était chargée de 1,135 pupilles, la moyenne des admissions s'élevant à 630. Des nourrices sédentaires au nombre de 28 allaitent une partie des nouveau-nés ; les autres sont confiés à des femmes domiciliées au dehors. A l'âge de cinq ans, on dirige les élèves sur des asiles spéciaux (art. 6 du règlement), ou on les remet à des personnes charitables promettant de les élever chrétiennement (art. 12). L'administration intérieure est formée de quinze Sœurs de charité, sous la direction d'un comité de dames émanant de la *société de bienfaisance*.

Le mouvement annuel de l'hospice des enfants trouvés de Buenos-Ayres, de 1875 à 1878, donne les résultats suivants :

ANNÉES	ENFANTS restants au 1er janvier	ADMISSIONS	ENFANTS décédés	ENFANTS rendus ou sortis pour causes diverses
1875	884	396	223	163
1876	894	350	133	196
1877	915	447	212	158
1878	992	443	197	166
1879	1068	»	»	»

Il existe encore dans la ville 13 établissements hospitaliers: hôpital général des hommes, hôpital général des femmes, hôpital Saint-Roch des enfants, hôpitaux militaires français, anglais, italien, allemand, espagnol ; hôpital de las Mercedes ; asiles pour les mendiants et les femmes aliénées.

(Registro estadistico de la provincia de Buenos-Aires, publicado bayo la direccio de don Ismail Bengalea. In-4°, 1882.)

IV

RÉPUBLIQUE DU CHILI [1].

Au Chili, soit pendant la période de domination de l'Espagne, soit depuis l'indépendance de la république (1818), il n'a été promulgué aucune loi spéciale concernant les enfants abandonnés ou délaissés. Les établissements destinés aux enfants nouveau-nés et à ceux plus âgés sont créés et entretenus par la charité privée. On en compte quatre; le plus important est à Santiago, le second à Limache, le troisième à la Serena et le quatrième dans le diocèse de la Conception. Les religieuses de la Providence desservent les trois premières de ces maisons; on y reçoit non seulement les trouvés, mais aussi les enfants légitimes ou illégitimes de parents pauvres, confiés aussitôt à des nourrices salariées qui les emmènent dans les campagnes environnantes; ils sont ramenés à l'établissement quand ils ont atteint deux ans et demi et se trouvent en bonne santé, on les y maintient jusqu'à l'âge de 16 à 18 ans, et les religieuses les placent alors en condition, ou en apprentissage suivant leurs aptitudes.

Très fréquemment ces enfants, surtout les garçons, sont pris encore jeunes, vers 6 ou 8 ans, par des familles honorables qui désirent en faire plus tard des domestiques, des cochers, etc. Elles sont tenues à les doter juridiquement, c'est-à-dire à leur assurer une dot de 1,000 piastres.

La mortalité de ces pupilles recueillis ainsi à leur naissance est considérable. Ce fait, commun au Chili à tous les autres enfants non abandonnés ou délaissés, tient au peu de propreté des habitations et à la pauvreté des nourrices qui se chargent de ces petits êtres et ne peuvent leur donner qu'une alimentation insuffisante.

[1] Ces renseignements sont extraits de documents manuscrits.

Le gouvernement, pour remédier à cette situation, se propose de créer une vaste maison pouvant contenir 1,000 élèves.

La fondation destinée aux enfants plus âgés, dont les parents sont dans l'impuissance de s'occuper [1], est dirigée par les Frères des Ecoles chrétiennes et s'appelle : *ateliers de Saint-Vincent de Paul*; on leur apprend des métiers en rapport avec leurs dispositions et leur force.

D'autres asiles secourent les filles placées dans les mêmes conditions sociales ; elles sont sous la direction des Sœurs de la charité et des dames du Bon-Pasteur.

Tous ces établissements, de quelque nature qu'ils soient, sont entretenus par la charité privée et les fondations pieuses, et comme, en général, les congrégations qui les desservent ne bornent pas aux seuls enfants leur activité bienfaisante, il n'existe aucun règlement distinct pour cette catégorie d'infortunés.

On peut constater seulement que les religieuses de la Providence donnent la valeur de 15 fr. par mois aux nourrices, indépendamment des vêtements, et que si des parents arrivés à une position meilleure réclament leurs enfants, ils sont tenus au remboursement des dépenses faites par la maison.

Indépendamment des asiles dont nous venons de parler, il n'est pas rare de voir des abandonnés recueillis dans les familles, car l'esprit de la population est porté à l'hospitalité et à la bienfaisance.

<h2 style="text-align:center">V</h2>

<h2 style="text-align:center">RÉPUBLIQUE DU PÉROU [2].</h2>

<h3 style="text-align:center">§ 1er Organisation générale.</h3>

Les hospices destinés à recevoir les enfants nouveau-nés

[1] Il existe aussi une école pour les enfants d'une classe aisée, nommée Patronat (*Patrocinio*) de Saint-Joseph. Nous n'avons pas à nous en occuper ici.

[2] Documents consultés : 1º Regolamento para la casa de espositos de Lima; 1866. 2º Beneficencia de Lima, hospicio de huerfanas de

sont très anciens au Pérou. La maison de Lima fut fondée
en 1597 par Louis Orjeda, qui, ayant obtenu d'abondantes
aumônes, acheta un vaste immeuble pour y réunir les
trouvés et les orphelins et les élever avec l'aide de personnes compatissantes, parmi lesquelles on remarquait les
notaires royaux et les receveurs des contributions royales ;
il créa une confrérie sous le vocable de *Nuestra Senora de
Atocha*, dont les membres prirent le titre de : *Frères des enfants trouvés et des orphelins*.Cette association pieuse, approuvée par l'archevêque de Lima, reçut en 1604 la confirmation papale. Les plus anciens registres du XVIIe siècle
prouvent que l'on indiquait déjà le jour et l'heure de l'entrée, la *couleur* de l'enfant et les moindres particularités se
rapportant à l'exposition.

Une fois admis, les pupilles étaient placés en nourrice
dans la ville. En 1793, don Jean-Joseph Cabero, chapelain
du palais, nommé administrateur de cet asile, eut à réformer des abus graves introduits insensiblement faute de
surveillance.

1° Les enfants retirés de nourrice à un an étaient, par
mesure d'économie, nourris à la *canoa*, espèce de vaisseau
en cuir formant à l'aide de tuyaux un biberon général pour
un certain nombre d'élèves ; on les plaçait autour d'une
table, sains et malades, ceux qui avaient la force suffisante
prenaient tout et les autres dépérissaient rapidement. 2° Les
mesures indispensables de propreté faisaient également
défaut.

Aussi cet administrateur, qui resta en fonctions jusqu'en 1829, voulut-il que les nourrices gardassent les enfants pendant 2 ans. Il les faisait venir le premier de chaque
mois pour leur donner le salaire convenu. Il fit ensuite
construire des dortoirs, réfectoires, etc., séparant les enfants des deux sexes et entourant la maison de murs, de
manière à en défendre l'accès aux personnes étrangères.

En 1834, un décret du gouvernement établit pour diriger

Santa-Teresa, 1876. 3° Memoria de la sociedad de beneficencia publica,
1879. 4° Idem 1880. 5° Notes manuscrites.

les établissements hospitaliers une société de bienfaisance, composée de 40 membres qui, 6 ans plus tard, fit place à la *Sociedad de beneficencia publica de Lima*. Les Sœurs de charité ne tardèrent pas à être appelées à desservir la maison des enfants trouvés et orphelins ; elle renfermait alors 64 élèves (1861), sans compter 27 plus âgés qu'on s'empressa de placer à l'école des arts et métiers. Les petits garçons restèrent dans l'asile jusqu'en 1869, où le gouvernement leur fit attribuer un ancien couvent de dominicains, connu sous le nom de *Recoleta ;* on les y mit dès l'âge de 3 ans.

§ 2. — *Mode d'admission des enfants. — Règlement.*

La casa de espositos de Lima, appelée aussi *casa de lactantes*, reçoit les enfants exposés, délaissés, et orphelins âgés de moins de huit ans. Le mode d'admission est le tour, qui fut seulement supprimé de 1859 au mois de février 1879, sans que sa suppression et son rétablissement aient eu de l'influence sur le chiffre des abandons [1]. On marque sur le registre des entrées tout ce qui peut permettre de constater l'identité de l'enfant ; les orphelins sont reçus à la demande de leurs parents ou de personnes charitables.

Les enfants sont répartis quelle que soit leur origine (*expositos y huérfanos*) en trois sections : de 1 jour à 3 ans ; de 3 à 7 ans, et ceux au-dessus de cet âge. Enfin, depuis plus d'un siècle, la maison reçoit en dépôt les jeunes enfants dont les mères sont admises dans les hôpitaux. En cas de décès des parents la casa conserve et élève ces orphelins.

Habituellement les nourrissons sont confiés à des femmes résidant dans l'asile ; si le nombre de celles-ci n'est pas suffisant, on les place au dehors.

Ces nourrices, habitant la ville ou la campagne, doivent donner aux pupilles un lait sain et abondant, les

---

[1] « Los temores que se abrigaban suponiendo que el torno aumentaria las espociones, se han desvanecido con la prática... » Memoria presentadada a la sociedad de beneficencia publica de Lima, 1880, p. 51.

tenir avec propreté, les représenter lors des paiements, donner connaissance de leur changements de résidence, etc.

Les parents réclamant un enfant abandonné sont tenus de produire des pièces justifiant de son identité et de rembourser les dépenses occasionnées à l'établissement. Les personnes charitables qui désirent recueillir un de ces pauvres infortunés ont d'un autre côté l'obligation de les adopter conformément à la loi.

Il résulte du tableau statistique des entrées et des sorties de 1859 à 1882, que la moyenne des admissions est de 255, la mortalité s'élevant au chiffre de 55.63 0/0 avec tendance à la diminution [1].

Les guerres terribles de ces dernières années ont influé du reste sur les conditions économiques de la maison, en amenant un plus grand nombre d'abandons et une diminution générale des ressources basées là, comme presque partout dans l'Amérique du sud, sur la charité privée.

VI

RÉPUBLIQUE DE L'ÉQUATEUR [2].

En raison de ses révolutions continuelles, la république de l'Equateur présente ce singulier spectacle d'une législation très sévère contre les expositions ou abandons d'enfants

---

[1] En dehors de Lima, il existe au Pérou d'autres hospices pour enfants abandonnées. Dans son voyage dans les deux Amériques (1836, in-8°, p. 378), Alcide d'Orbigny s'exprime ainsi : « Il y a à Aréquipa une maison d'enfants trouvés (casa de huérfanos). La manière simple de les y introduire a quelque chose de touchant. Une ouverture dans la muraille contient une petite boîte destinée à les recevoir. Dès que l'enfant y est déposé, la personne qui l'a apporté agite une sonnette ; la boîte tourne sur un pivot et l'enfant est reçu dans l'hospice. Si de l'argent a été déposé dans la boîte, on enregistre fidèlement la somme, qui est remise à l'enfant quand il est d'âge où il quitte la maison. Quelques-uns des plus beaux enfants que j'ai vus en Amérique appartenaient à cette institution. »

[2] Notes manuscrites fournies à l'auteur ; la partie législative a été résumée par M. le président de la haute cour de justice de Quito.

et d'une absence complète d'établissements destinés à les recevoir, ce qui en fait rend la législation absolument inapplicable ; il faut espérer que, si ce pays jouit d'une période de calme, cette situation anormale cessera. Quoi qu'il en soit, voici l'état actuel de la question.

§ 1er. — *La législation.*

Le code pénal renferme les dispositions suivantes :

Art. 378. L'exposition ou abandon des enfants est un délit, toutes les fois que cet abandon n'a pas lieu dans un hôpital ou autre établissement affecté aux enfants trouvés. Ce délit est puni par un emprisonnement de 3 mois à 2 ans et par une amende de 10 à 50 piastres (40 à 200 fr.), s'il est commis par les parents légitimes ou naturels de l'enfant ou par les personnes à qui l'enfant avait été confié.

Art. 379. Si, par suite de son état d'abandon, un enfant a été mutilé ou estropié, les coupables qui se trouveront dans les cas prévus par l'article précédent seront passibles d'un emprisonnement de 1 à 3 ans et d'une amende de 20 à 75 piastres. Si l'exposition a été faite par des personnes étrangères à l'enfant, *dans un lieu non solitaire*, et que l'abandon ait eu néanmoins les conséquences prévues par le paragraphe ci-dessus, la peine sera de 6 mois à 2 ans d'emprisonnement et de 20 à 50 piastres d'amende.

Art. 381. Seront punis d'un emprisonnement de 6 mois à 3 ans et d'une amende de 20 à 75 piastres ceux qui auront abandonné ou fait exposer en un lieu solitaire un enfant âgé de moins de 7 ans.

Art. 382. L'emprisonnement sera de 1 à 5 ans et l'amende de 25 à 100 piastres si les auteurs du délit sont les personnes prévues à l'art. 378.

Art. 383. Enfin si, par suite de son exposition dans un lieu solitaire, l'enfant reste estropié, les coupables subiront la peine de 3 à 6 ans de reclusion et de 4 à 8 ans de *penitencerie* si l'enfant est mort.

Selon l'art. 231 du code civil, les parents qui abandonnent leurs enfants dans un établissement d'enfants trouvés ou de toute autre manière perdent la puissance paternelle et tous les autres droits reconnus par la loi sur les enfants légitimes.

Art. 233. Si l'enfant abandonné a été élevé par une personne charitable et que les parents désirent le reprendre, ils seront tenus à rembourser les dépenses faites suivant l'estimation du juge.

D'après les dispositions de la loi V^e, titre 37, livre VII du dernier recueil législatif, bien que le père ou la mère qui expose un enfant, ou le fait exposer, perde tous ses droits, les obligations naturelles et civiles n'en subsistent pas moins vis-à-vis de lui.

Suivant la loi IVe du même titre, tous les enfants exposés ou présentés aux établissements de charité sans que l'on puisse connaître leurs auteurs, sont considérés comme légitimes au point de vue des capacités civiles, leur condition première ne pouvant leur infliger une note d'infamie ni une moindre valeur et considération. Tant que leur identité n'a pas été constatée, ils sont rangés dans la classe des personnes honorables, jouissant des mêmes prérogatives et ayant le pouvoir d'embrasser les mêmes carrières que les bourgeois. Ils sont admissibles dans les collèges, pensionnats, maisons d'éducation, et quiconque leur donnerait le nom d'enfant naturel, de bâtard, d'enfant incestueux ou adultérin, serait passible par ce seul fait des peines prononcées contre ceux qui profèrent des injures.

Lorsque l'abandon a lieu à l'insu des parents, ils peuvent réclamer l'enfant en payant les frais faits pour son entretien.

Une législation aussi complète permet de supposer qu'un développement considérable a été donné aux institutions destinées à l'enfance; malheureusement il n'en est rien, ainsi que nous allons le constater.

§ 2. — *Des établissements hospitaliers en faveur de l'enfance.*

Il n'existe dans la république de l'Equateur aucun établissement national d'enfants trouvés; les Sœurs de charité sont seules à les recueillir dans leur maison de Quito. Cet asile, établi en 1870, porte le nom de Saint-Charles. On a divisé de suite les abandonnés en trois sections, de la naissance à 8 ou 9 ans. La première section comprend les nouveau-nés, qui sont confiés à des nourrices du dehors; la deuxième renferme les enfants de 2 à 3 ans; la troisième ceux âgés de 3 à 9 ans; ils reçoivent tous l'instruction primaire. A l'âge de 10 ans, on les envoie dans la maison de campagne de la communauté et on leur fait donner des leçons professionnelles par des ouvriers de différents métiers : tailleurs, ferblantiers, cordonniers, etc.

De 1870 à 1875, l'État favorisa la maison en lui allouant une faible subvention. En 1875, le gouvernement, installé à la suite de l'assassinat du président Garcia Moreno, fit apposer sur la porte principale de l'asile Saint-Charles un avis avertissant le public de ne plus y exposer les enfants; en même temps il supprimait la subvention. Le nouveau gouvernement de 1876 fit de même.

Les abandons dans les lieux solitaires [1] ou à la porte des maisons particulières augmentèrent naturellement par l'effet de cette mesure; aussi les Sœurs de charité firent-elles savoir qu'elles continueraient avec leurs propres ressources l'œuvre charitable commencée en 1870. Lorsqu'une personne veut leur confier son enfant, elle le dépose la nuit devant la porte de l'orphelinat et frappe avant de se retirer; une sœur se lève aussitôt et recueille le pauvre petit être délaissé.

Des particuliers trouvant également des enfants vont les remettre à la maison Saint-Charles; les sœurs ont ainsi ad-

---

[1] On abandonne fréquemment des enfants dans un des ravins qui entourent la capitale de l'Equateur.

mis 732 enfants en 12 ans ; la mortalité est d'environ 50 %.

L'ensemble des dépenses d'un abandonné pendant le premier mois s'élève en moyenne à 45 fr. et à 20 fr. pour les autres mois ; ces frais sont supportés par les Sœurs et prélevés sur les faibles émoluments qu'elles reçoivent comme gardes-malades et comme directrices de l'asile, ou sur les dons faits quelquefois par des personnes charitables. L'Etat et les communes ne font rien en vue d'assurer le sort de ces enfants délaissés.

Quant aux personnes qui se déterminent à conserver un enfant trouvé sur le seuil de leur demeure, c'est trop souvent pour en faire un petit esclave dont elles disposent à leur gré.

Les abandons ont lieu le plus fréquemment dans la classe moyenne ; il est très rare qu'une indienne abandonne son enfant, les femmes de cette race ont ordinairement beaucoup de cœur ; cependant les Indiens ou autres gens du peuple chargés d'une nombreuse famille ne font nulle difficulté de vendre leurs fils ou leurs filles pour le service domestique. Le prix ordinaire est de 4 fr. par an jusqu'à 16 ans.

En ce qui concerne la moralité de la population, elle laisse beaucoup à désirer. On compte à Quito, suivant les constatations officielles, un tiers de naissances illégitimes.

VII

RÉPUBLIQUE DE SAN SALVADOR.

Ce petit Etat, qui vient de repousser si glorieusement au commencement de cette année les attaques injustes dont il était l'objet, et que M. Torres Caïcedo représente si bien en France, n'a pas d'hospice d'enfants trouvés. Ces infortunés sont secourus par les œuvres diverses qui existent dans la capitale : société pour les intérêts catholiques, dames de Saint-Vincent de Paul, etc. L'hospice central de la République, placé sous le vocable de Saint-Michel, renferme un orphelinat et un asile maternel.

Il y a deux ans environ, il a été fondé à San Salvador une revue intitulée *la Caridad*, qui a pour objet la diffusion de la bienfaisance privée et publique.

VIII

COLOMBIE, VÉNÉZUELA, BOLIVIE, ÉTATS DE LA PLATA PARAGUAY, ILES DU GOLFE DU MEXIQUE, LES ANTILLES.

Les Etats de l'Amérique du Sud dont nous ne nous sommes pas encore occupés offrent peu d'intérêt au point de vue de l'assistance de l'enfance. Les républiques avoisinant le Brésil ont des confréries prenant soin des malades et des enfants délaissés ; ailleurs, il n'y a que la charité privée et surtout les ordres religieux d'Europe, notamment ceux de France, qui vont répandant partout leur zèle et leur admirable dévouement pour toutes les misères de l'humanité.

Du reste à la Guadeloupe, à la Martinique, dans les colonies françaises, en général, on ne rencontre point pour ainsi dire d'enfants abandonnés, et le crime d'infanticide y est à peu près inconnu. Si un enfant devient orphelin, il est immédiatement recueilli par un membre de sa famille ou quelque personne charitable qui l'élève, lui fait apprendre un métier et ne le laisse livré à lui-même que lorsqu'il peut pourvoir à ses besoins.

IX

LA RÉPUBLIQUE DU MEXIQUE [1].

Fondés par la charité catholique et dirigés exclusivement suivant les règles adoptées en Espagne, les établissements hospitaliers et charitables du Mexique relèvent maintenant

[1] *La beneficencia en Mexico*, por Juan de D. Peza, in-8°, 204 p., Mexico, imprenta de Francisco Diaz de Leon, calle de Lerdo, numero 3, 1881.

de l'autorité municipale. A Mexico, une junte directrice a été créée le 23 de *enero* 1877 [1].

Dès l'année 1583, dans l'ancien hôpital de Saint-Jean de Dieu, aujourd'hui hôpital Morelos, on créa un asile spécial pour les enfants délaissés ou infirmes (*una cuna de niños expositos*), soutenu par une confrérie puissante appelée *cofradia de Nuestra Señora de los desemparados*.

Au siècle dernier, D. Francisco Antonio Lorenzano y Butron, honneur de l'Église mexicaine, dit M. Peza, et « sur le front duquel brillait d'un plus vif éclat que la mitre le diadème de la vertu et de la charité », fonda avec ses propres ressources, le 11 enero 1767, l'édifice actuel des enfants trouvés, en lui donnant pour règlement celui de la *Inclusa* de Madrid. Il supporta toutes les dépenses de l'asile jusqu'en 1771, où, nommé cardinal, il fut transféré sur le siège primatial de Tolède, laissant à son successeur D. Alonzo Ninez de Haroy-Peralta, le soin de continuer son œuvre. Ce prélat fonda alors une confrérie de la charité, qui prit soin de l'établissement.

Avant de venir en Amérique, le nouvel évêque avait rempli, entre autres charges, celle d'administrateur de la *casa de Expositos*. Aussi, désirant procurer à ces pauvres petits êtres tous les avantages dont ils jouissaient dans la mère-patrie, obtint-il un décret royal du 19 février 1794, publié à Mexico le 30 juillet, déclarant les abandonnés légitimes au point de vue des effets civils, habiles à remplir tous emplois et dignités, et les exemptant des peines dites infamantes [2].

Au commencement de ce siècle, la maison de la Cuna restait encore sous la direction immédiate de l'évêché, qui choisissait la personne la plus apte à soutenir la fondation. En 1836, on créa une confrérie de dames chargées de

---

[1] On compte à Mexico 5 hôpitaux : une maternité, un asile d'aliénés, un hospice de pauvres infirmes, un dépôt de mendicité, des établissements d'aveugles et de sourds-muets, une maison d'enfants trouvés, une salle d'asile, un Mont-de-Piété, des sociétés de secours mutuels, une école d'arts et métiers, un institut ophtalmologique, etc.

[2] Voir le chapitre III, Espagne.

recueillir les offrandes des fidèles dans les principales églises, notamment pendant la semaine sainte et aux grandes solennités religieuses.

Le mémoire, présenté dix ans plus tard à l'Assemblée constituante par D. José Maria Lafragna, ministro de relaciones interiores y exteriores, constate que l'asile renfermant alors 249 enfants était parfaitement tenu.

A la suite de la loi de 1861, l'établissement sécularisé se trouva compris au mois de mars dans les attributions de la junte de bienfaisance, créée par décret du 27 février précédent. Depuis 1874, D. Francisco Higaredo, *ilustrado presbitero, empeñoso, activo, instruido,* nommé directeur, tient l'hôpital dans un état excellent.

Les édifices sont vastes, les dortoirs bien ventilés; les enfants, au nombre moyen de 200, divisés en trois groupes suivant l'âge. On enseigne aux filles la lecture, l'écriture, l'arithmétique, la grammaire, la couture, la broderie, la fabrication des fleurs, la géographie et la musique; les garçons apprennent en outre un métier. On confie la plupart des emplois de la maison à d'anciens élèves.

Malheureusement les enfants se trouvant maintenus dans l'établissement à toutes les époques de leur existence, la mortalité est considérable.

En dehors des hôpitaux d'enfants trouvés relevant des municipalités, il existe au Mexique de nombreux orphelinats destinés aux enfants pauvres ou privés de famille; plusieurs sont dirigés par des ordres religieux français.

Il convient de noter également que la recherche de la paternité fut établie dans ce pays de 1856 à 1872, et que c'est seulement à cette date qu'elle fut supprimée, malgré de nombreuses réclamations, par les rédacteurs du nouveau code, qui s'étaient inspirés sur ce point des principes de la législation française.

CHAPITRE V

ROYAUME DE BELGIQUE

La question de la liberté de la charité et de l'action plus ou moins étendue de l'Etat sur les œuvres dues à l'initiative privée a été en Belgique, depuis 1830, l'objet de nombreux débats qui ne rentrent pas dans le cadre de cette étude. Il suffira de dire ici qu'en vertu de la loi du 18 février 1845 (art. 12), les communes ont l'obligation *morale* de venir en aide aux personnes se trouvant dans une extrême nécessité, sans que pour cela l'indigent ait un droit *positif* aux secours. Les bureaux de bienfaisance et les commissions hospitalières ont la charge, dans les limites de leurs attributions, d'administrer les biens dont la gestion leur est confiée, et de distribuer des subsides sous la surveillance directe de l'autorité, qui, en cas de besoin, supplée à l'insuffisance des ressources des institutions dont il s'agit.

Les commissions hospitalières ont sous leur direction les maisons destinées aux malades et aux infirmes, les maternités ainsi que les asiles d'aliénés ou d'enfants trouvés.

[1] Principaux documents consultés : Servranchx, *Mémoire historique et statistique sur les hospices et établissements de bienfaisance de Louvain*, in-8°, 1844. Ducpétiaux, *La question de la charité*, in-8°, 1858, et plusieurs autres ouvrages du même auteur. Documents parlementaires et discours concernant la revision de la législation sur les établissements de bienfaisance en Belgique, V tomes, in-8°, 1857. Recueil des lois, décrets etc., II tomes, 1871-1873. La loi du 14 mars 1876 sur le domicile de secours, in-8°, 1876. Collection des derniers comptes moraux annuels de l'administration des hospices et secours de la ville de Bruxelles, etc.

Dans les communes privées d'établissements, les bureaux de bienfaisance pourvoient aux besoins les plus urgents, et partout ces bureaux sont, comme en France, distincts des hôpitaux et hospices. Le conseil communal nomme cependant les membres de toutes ces commissions.

Au point de vue des enfants abandonnés ou délaissés, il faut distinguer, pour les provinces belges, quatre périodes ayant chacune un caractère spécial :

1° La domination austro-espagnole et autrichienne avant 1795.

2° La conquête et la réunion à la France, 1795-1814.

3° La réunion avec la Hollande (royaume des Pays-Bas), 1814-1831.

4° Période indépendante depuis 1831.

I. — PÉRIODE ESPAGNOLE ET AUTRICHIENNE.

L'organisation du service des enfants trouvés en Belgique avant le XIXe siècle reproduit celle que nous avons constatée précédemment pour la partie nord de la France (livre III, chapitre 1er). La commune pourvoit à l'entretien des abandonnés dont on n'a pu retrouver les parents, et ils sont placés en apprentissage, soit chez des particuliers, soit dans des institutions, appelées quelquefois *écoles d'enfants perdus* [1].

On voit par le règlement de l'hospice de Louvain, arrêté le 8 janvier 1714 [2], que la condition de ces enfants était libre; entretenus comme des orphelins de parents légitimes, ils fréquentaient journellement l'école et apprenaient un métier en ville; on plaçait à la campagne les plus jeunes, jusqu'à ce qu'ils fussent en état d'être mis en apprentissage. La fondation de l'hospice de cette ville remontait à l'année 1441; il recevait des subventions des *quatre tables des pauvres* existantes alors. Plus tard, le conseil de régence décida

---

[1] *Hist. de Philippe II*, par Forneron, 2 vol. in-8°, Plon, 1881.
[2] Ouvrage de M. Servranckx, p. 252 et 269.

(11 mars 1630) qu'il serait fait tous les trois mois une quête au profit de cette maison.

A l'origine, les enfants portaient le chaperon et les vêtements aux couleurs de la cité, moitié blanc, moitié rouge, et c'est en 1657 seulement qu'on les habilla en brun.

Les abandonnés étaient déposés à la porte des églises, des hôtels, et quelquefois sur le seuil de l'hospice, alors on sonnait une cloche pour avertir le personnel; on admettait aussi sur ordre du magistrat des enfants de parents connus ne pouvant en conserver la charge.

A Bruxelles [1], le premier règlement pour l'hôpital Saint-Jean, arrêté au mois d'octobre 1211 par Jean de Bethume, archevêque de Cambrai, ordonnait déjà de recueillir les enfants nouveau-nés délaissés par leur mère, et de temps immémorial cette partie de la bienfaisance publique fut soumise à la surveillance immédiate du *magistrat*. « Ce conseil nommait à cet effet deux employés appelés maîtres des enfants trouvés et un commis. Les premiers étaient chargés de recueillir les enfants abandonnés et les envoyaient à leur commis qui les faisait visiter; il confiait aux soins du médecin de la ville ceux atteints de quelque maladie contagieuse et présentait les autres aux trésoriers et receveurs ; ceux-ci les distribuaient chez des laboureurs, des artisans, ou d'autres gens de la banlieue, dont la moralité avait été constatée et qui se chargeaient de les nourrir et de les élever. La ville fournissait aux nourrices les objets nécessaires à l'habillement des enfants et leur remettait 30 florins. La seconde année et jusqu'à ce que ceux-ci eussent atteint l'âge de 13 ans, elles recevaient annuellement 24 florins, outre les vêtements. A mesure qu'ils croissaient en âge et en force et qu'ils devenaient de quelque utilité à leurs parents adoptifs, la pension diminuait : elle se réduisait à 18 florins depuis 13 ans jusqu'à 18, 19 ou 20 ans. Lorsqu'ils étaient parvenus à un âge où ils pouvaient pourvoir à leur

[1] Compte moral de l'administration des hospices et secours pour l'année 1874, in-8°, p. 118 et suivantes. *Histoire de Bruxelles* par Henne et Wauters, tome III, p. 285 à 288.

subsistance, on leur donnait un habillement complet avec quatre chemises, et la ville les abandonnait à eux-mêmes. Aussi longtemps qu'ils étaient en pension, les maîtres des enfants trouvés veillaient à ce qu'ils ne manquassent de rien, et qu'en cas de maladie ils fussent traités avec soin aux frais de la ville. Le magistrat apportait en outre une grande attention à ce qu'on les élevât dans des principes de religion et de morale et à ce qu'on leur apprît un état qui pût assurer leur avenir. ».

Il est intéressant de noter que, pour assurer des ressources permanentes au service, le *magistrat* mit une taxe d'un demi-sou sur chaque entrée aux représentations des comédiens, saltimbanques, etc. (résolution du 7 mars 1608[5]), augmenta le droit de bourgeoisie (1611) sur lequel en 1653 il était prélevé pour cet objet 10 florins, 19 sous, et porta de 2 à 5 sous la rétribution hebdomadaire que payait l'infirmerie, fondation annexée au béguinage (1617). Toute personne admise dans un métier devait payer 10 sous en faveur des trouvés ; la rétribution était double pour les marchands de vin[2].

II. — PÉRIODE FRANÇAISE.

Aussitôt la conquête et même avant l'annexion définitive, les provinces belges se trouvèrent soumises aux lois françaises ; nous n'avons donc pas à nous y arrêter longuement[3]. On voit à Bruxelles un arrêté du 1er germinal an III

---

[1] En France, le droit des pauvres ne date que de la fin du xviie siècle.

[2] En 1686, les maîtres des enfants trouvés firent un accord avec un fabricant, nommé Guillaume Rousseau, pour qu'il employât quelques-uns de ces enfants au travail de la laine. Ils coûtèrent à la ville en 1706, 27,996 florins ; en 1730, 34,628 ; en 1750, 29,343 ; en 1775, 50,511. Vers la fin du xviiie siècle, ces sommes étaient payées sur la généralité des revenus de la ville et avec le produit des contributions mentionnées ci-dessus. Le magistrat défendit le 12 novembre 1733 d'exposer les enfants sur la voie publique ; mais cette ordonnance ne fut jamais mise à exécution. (Rapport du magistrat des 19 août et 27 septembre 1771).

[3] Pendant cette période de conquête, la condition des trouvés étai

(21 mars 1795) modifier les principes suivis précédemment: les abandonnés reçoivent le nom d'*enfants de la patrie* et sont, suivant leur âge, placés en nourrice ou maintenus dans les hospices; il est accordé à tous les citoyens, excepté à ceux qui recevaient des secours, la faculté de prendre un ou plusieurs enfants, en s'obligeant à ne pas les renvoyer sans en prévenir la municipalité et les administrateurs, à pourvoir à leur instruction et à les mettre en apprentissage. Une pension pouvait être accordée à ces personnes. Ce mode de procédé donnait naissance à de nombreux abus, et « l'administration communale de Bruxelles réclama souvent et vainement contre les charges énormes qu'elle avait à supporter de ce fait. Il résulte du mémoire statistique publié par le préfet du département de la Dyle en l'an X, que plus de 3,000 enfants étaient entretenus par les hospices de cette ville et que la dette de l'administration s'élevait au 1er vendémiaire an IX (23 septembre 1800) à la somme considérable de 771,207 francs. En effet, d'après l'évaluation même de la loi du 19 août 1793, chaque enfant trouvé coûtait annuellement environ 80 francs, soit pour 3,000 enfants 240,000 francs, tandis que l'arrêté du 13 vendémiaire an X (18 octobre 1801) n'allouait pour cet objet au département entier qu'une somme de 84,000 francs [1]. »

Quelques années plus tard, le décret du 19 janvier 1811, applicable à tout l'empire français, généralisa les tours. Il en existait déjà un très petit nombre en Belgique, celui de Bruxelles avait été ouvert le 9 mai 1809 par ordre du préfet de la Dyle [2].

Ce décret de 1811, malgré les vicissitudes politiques du

devenue en général si misérable, qu'à Louvain, devant se rendre au temple de la loi, ils furent contraints de rester dans leur hospice, n'ayant ni bas ni souliers (Servranckx, *ut suprà*, p. 253).

[1] Au 1er janvier 1808, l'hospice des enfants trouvés et abandonnés, où l'on recevait les enfants des arrondissements de Bruxelles et de Nivelles, avait à sa charge 1,711 élèves. Ses dépenses s'étaient élevées pendant l'année 1807 à 125,445 fr. 87 et il lui était encore dû par le gouvernement, pour les années antérieures, 345,019 fr. 83. *Hist. de Bruxelles*, ut suprà, p. 285-288.

[2] Compte moral de 1874, p. 125.

pays, sert encore de base aux dispositions principales du service des enfants trouvés.

III. — PÉRIODE D'UNION AVEC LA HOLLANDE. 1814-1830.

Cette période est marquée principalement par les essais tentés pour la création de vastes colonies agricoles, destinées à fertiliser les parties incultes du royaume à l'aide de vagabonds, de mendiants, d'enfants délaissés ou abandonnés. Nous examinerons ultérieurement en détail les résultats obtenus; il suffira, pour le moment, d'énumérer les textes législatifs relatifs à ce mouvement, sur lequel on basait de grandes espérances [1].

La circulaire du 25 juin 1816 rappelle aux députations des états l'observation des dispositions du décret de 1811 en ce qui concerne la remise des enfants à leurs parents.

En 1822, lors de la constitution des sociétés de bienfaisance, le roi Guillaume décide que, pour augmenter la population de ces établissements, on y enverra 4,000 enfants (pour les provinces septentrionales seulement).

Un arrêté royal du 6 novembre 1822 (n° 15) fixe le prix de l'entretien des enfants trouvés, abandonnés et orphelins, ainsi que des mendiants placés dans les colonies de la société de bienfaisance de ces mêmes provinces [2]. Les orphelins et les enfants abandonnés, dont le domicile de secours ne peut être déterminé, conformément à la loi du 28 novembre 1818, sont assimilés aux enfants trouvés et doivent être transportés dans les colonies aux frais des hospices dépositaires, et si ces établissements font défaut ou n'ont pas de ressources, aux frais des communes, sous la réserve des subsides à accorder par les provinces.

---

[1] Code administratif des établissements de bienfaisance, 2ᵉ édition, in-8°, Bruxelles, 1837, chapitre II, p. 177 et suivantes.

[2] 6 novembre 1822. Arrêté royal (n° 16) qui fixe le prix de l'entretien des enfants pauvres des provinces méridionales.

Les hospices sont autorisés à traiter sur les bases suivantes :

(Art. 9.) Pour un mendiant seul, 33 florins par an. Pour un enfant trouvé ou abandonné ou un orphelin de 2 à 6 ans 40 florins. Au dessus de 6 ans 45 florins ; dans ce cas, on admettra gratis trois mendiants pour chaque nombre de 8 enfants ainsi recueillis dans la maison ; on reçut de plus en 1824 un ménage composé de 5 personnes. Cette mesure étant jugée nécessaire par suite du peu de dispositions que montrait l'administration des hospices dans les provinces septentrionales, au transfert des enfants dans ces colonies pénitentiaires.

Au point de vue de la répartition des dépenses, un arrêté du 6 novembre 1822 déclare, conformément à la loi du 15 vendémiaire an V, que les villes ne sont tenues d'accorder des secours à aucun établissement de charité aussi longtemps que ces établissements réunis ont des fonds suffisants pour pourvoir à leurs besoins, et que l'entretien des enfants trouvés doit rester à la charge de l'administration générale des hospices civils, tant que ses revenus le permettent [1].

Tout l'effort du gouvernement se portait donc sur les colonies agricoles, et les enfants délaissés se trouvaient noyés en quelque sorte dans cette impulsion donnée à la bienfaisance publique.

IV. — ROYAUME DE BELGIQUE. 1831-1885.

§ 1. *Législation.*

Ainsi que nous venons de le voir, durant la période où les provinces belges faisaient partie du royaume des Pays-Bas,

---

[1] Arrêté du 17 juin 1823 portant que les enfants abandonnés, dont le domicile de secours pourra être déterminé, seront élevés aux frais des communes où ils ont leur domicile de secours, et que ceux dont le domicile ne peut être déterminé, et qui n'appartiendraient pas à une ville où il existe un hospice spécial, resteront à la charge des communes où ils auront été exposés.

on peut remarquer dans les actes du gouvernement une tendance persistante à comprendre les enfants trouvés dans la catégorie générale des indigents; système adopté par les pays protestants. A dater de 1831, au contraire, nous rentrons dans la tradition en vigueur pendant la période française, c'est-à-dire celle qui consiste à avoir des hospices spéciaux pour les enfants abandonnés et à les placer en nourrice chez des particuliers au moyen de ressources déterminées affectées à ce service.

Voici le résumé de cette législation. Le 30 juillet 1834 une loi, modifiant légèrement le décret de 1811, sépare les assistés en *enfants trouvés nés de père et de mère inconnus et enfants abandonnés nés de père et de mère connus*. Les premiers sont pour une moitié à la charge des communes sur le territoire desquelles on les a exposés, sans préjudice du concours des établissements de bienfaisance, et pour l'autre moitié à la charge de la province à laquelle ces communes appartiennent.

Les derniers sont assimilés aux indigents ordinaires et mis à la charge de la commune de leur domicile de secours conformément à la loi du 14 mars 1876. Le budget de l'Etat alloue un subside annuel pour l'entretien des enfants des deux catégories [1]. Ces dispositions sont confirmées par

---

[1] Loi du 30 juillet 1834.

Art. 1er. A partir du 1er juillet 1835, les frais d'entretien des enfants trouvés, nés de père et de mère inconnus, seront supportés pour une moitié par les communes sur le territoire desquelles ils auront été exposés, sans préjudice du concours des établissements de bienfaisance, et pour l'autre moitié par la province à laquelle les communes appartiennent.

Art. 2. Les frais d'entretien des orphelins indigents et des enfants abandonnés, nés de père et mère connus, seront supportés par les hospices et bureaux de bienfaisance du lieu du domicile de secours, sans préjudice du concours des communes; si le domicile de secours ne peut être déterminé, ces enfants seront assimilés aux enfants trouvés nés de parents inconnus.

Art. 3. Il sera alloué au budget de l'Etat un subside annuel pour l'entretien des enfants trouvés.

Art. 4. Il n'est pas dérogé au régime légal actuel sur le placement, l'éducation et la tutelle des enfants trouvés et abandonnés.

les lois communales et provinciales du 30 mars 1836, ainsi conçues :

Loi communale. Art. 131. Le conseil communal est tenu de porter annuellement au budget des dépenses toutes celles que la loi met à la charge des communes, et spécialement les suivantes : ... 18° Les frais d'entretien des enfants trouvés dans la proportion déterminée par la loi.

Loi provinciale. Art. 69. Le conseil est tenu de porter annuellement au budget des dépenses toutes celles que les lois mettent à la charge de la province et spécialement les suivantes : ... 19° Les frais d'entretien des enfants trouvés.

L'instruction ministérielle adressée aux députations des états des neuf provinces pour l'exécution de la loi du 30 juillet 1834 contient les remarques suivantes précisant la portée et le but de l'acte législatif. « Si la dépense d'entretien des enfants trouvés, c'est-à-dire nés de père et de mère inconnus, se trouvent d'après la loi, dit le ministre Ernst, partagée entre plusieurs caisses, il n'en est pas de même de celle qui concerne les enfants orphelins ou abandonnés nés de parents connus. La loi nouvelle a établi la juste conséquence d'une distinction que le décret du 19 janvier 1811 s'était borné à définir. Elle a assimilé les derniers aux indigents ordinaires en les mettant exclusivement à la charge du lieu de leur domicile de recours.

Art. 5 et 6. Dispositions transitoires.

—Loi du 14 mars 1876 sur le domicile de secours.

Art. 1er. La commune où une personne est née est son domicile de secours.....

Art. 3. Les enfants trouvés, nés de père et de mère inconnus, les enfants abandonnés et les orphelins dont le domicile de secours ne peut être déterminé, ainsi que.......... ont leur domicile de secours dans la commune sur le territoire de laquelle ils ont été trouvés. Néanmoins les frais de leur assistance seront, à concurrence des trois quarts, supportés à parts égales par l'État et par la province où la commune est située...

... Art. 19. Les frais incombant aux communes pour l'assistance des enfants trouvés, des enfants abandonnés et des orphelins ainsi que.... comme tous les autres frais de la bienfaisance publique, seront supportés par les hospices et par les bureaux de bienfaisance, sans préjudice des subsides de la commune, en cas d'insuffisance de ressources.

« Ce système a pour but d'intéresser directement les administrations des communes où les enfants sont le plus ordinairement exposés, ainsi que les autorités provinciales à aviser aux moyens de prévenir les abandons des enfants légitimes et le transport de ces enfants qui appartiendraient à d'autres localités.

« ..... Je ferai remarquer que dans l'espèce il dépend des autorités locales de diminuer les causes de la fréquence des abandons en créant des institutions propres à soulager l'infortune, sans porter atteinte à la morale publique. Par ces institutions, j'entends désigner les hospices de maternité, les comités de charité maternelle, les écoles gardiennes ou salles d'asile pour les enfants pauvres en bas âge... »

A Bruxelles, l'administration de l'hospice dépositaire, attribuée d'abord à la commission des hospices civils nommée par l'autorité municipale en vertu de l'art. 1er de la loi du 16 vendémiaire an V (7 octobre 1796), l'est actuellement au conseil général des hospices et secours établi par arrêt du préfet de la Dyle du 22 prairial an XI (11 juin 1803). A Liège, c'est le bureau de bienfaitance qui se charge du service des trouvés.

§ 2. — *Mode d'admission.*

Au siècle dernier et au commencement de celui-ci, les enfants délaissés étaient le plus habituellement exposés, dans la stricte acception du mot; les personnes qui les avaient trouvés ou recueillis les présentaient aux maîtres des enfants trouvés, lesquels à Bruxelles tenaient leur bureau dans le local de l'hôtel de ville ; ceux-ci les envoyaient à leur commis ou messager (*knaep der vondelingen*) chargé de recevoir provisoirement les pupilles en attendant leur mise en nourrice.

L'occupation française vint favoriser l'établissement des *tours*.

Ils ne furent du reste ouverts que successivement; ainsi

celui de Louvain datait du 22 février 1823, et il eut pour effet de diminuer le nombre des expositions sans augmenter les abandons directs (Servranckx, p. 255).

A titre de mesure complémentaire de l'ouverture des *tours*, le ministre de la justice (Ernst) appelait, en 1835, l'attention des procureurs généraux sur la nécessité d'appliquer le code pénal et de poursuivre les auteurs ou complices du délit d'exposition d'enfant.

En Belgique, comme en France, une réaction ne tarda pas cependant à se produire contre le mode d'admission imposé par le décret de 1811, et les *tours* se trouvèrent fermés successivement. A Bruxelles, la fermeture eut lieu e 22 janvier 1857, en exécution de l'ordonnance du conseil communal du 20 décembre 1856, approuvée par la députation permanente du conseil provincial, le 15 janvier 1857 [1]. Cette détermination ne paraît avoir exercé aucune influence sur le chiffre des abandons sur la voie publique, et depuis cette époque les enfants, sauf quelques-uns délaissés ainsi, sont admis partout en vertu de procès-verbaux dressés par la police et constatant leur état d'abandon. Dans quelques situations particulières, sous réserve de l'approbation du collège des bourgmestre et échevins, ils peuvent être reçus directement dans les hospices [2].

En 1875, des mesures ont été prises, à Bruxelles notamment, pour restreindre les admissions. Les enfants ne sont plus acceptés à l'hospice qu'en cas de délaissement par leurs parents, sans qu'on sache ce que ceux-ci sont devenus ou sans qu'on puisse recourir à eux. Aussitôt que le domi-

---

[1] Il existait en 1830 des tours à Anvers, Malines, Bruxelles, Louvain, Gand, Mons, Tournay et Namur. Trois (Malines, Tournay, Namur) furent supprimés avant 1850; le dernier maintenu, celui d'Anvers, a été fermé en 1860. (*Institutions de bienfaisance de* 1850 *à* 1860, par Lentz, in-4°, 1866.)

[2] A Bruxelles, ce *bureau de recueillement* a été établi à l'hospice par délibération du conseil communal du 16 novembre 1850 et maintenu par l'ordonnance du 20 décembre 1856. Il fonctionnait donc concurremment avec le tour. Compte moral de 1874, p. 126.

cile des parents est découvert, l'administration les met en demeure de reprendre leurs enfants; mais au besoin on accorde des secours pour leur venir en aide [1].

Quant au chiffre des admissions dans tout le royaume, il était en diminution de 1850 à 1860, ainsi que le constate le tableau suivant [2] :

Années	PROVINCES									Total pour le royaume
	Anvers	Brabant	Flandres occ.	Flandres or.	Hainaut	Liège	Limbourg	Luxembourg	Namur	
1850	830	3.215	270	1.215	612	432	214	17	765	7.574
1851	828	3.064	263	1.185	564	536	224	»	782	7.446
1852	821	3.368	274	1.335	488	498	237	»	786	7.806
1853	814	3.243	297	1.348	470	628	269	»	778	7.847
1854	833	3.430	215	1.320	471	667	320	29	760	7.983
1855	833	3.399	240	1.312	470	670	336	»	622	7.882
1856	1837	3.187	208	1.285	423	752	321	»	614	7.627
1857	868	2.610	214	1.150	421	763	286 ·	»	516	6.828
1858	855	2.404	232	1.011	386	635	217	»	392	6.129
1859	866	2.179	203	940	394	691	252	»	339	5.864
1860	1870	2.242	207	913	394	718	214	»	296	5.754

L'*Exposé de la situation du royaume de* 1861 *à* 1875 contient en outre les renseignements généraux ci-après :

[1] On lit à ce sujet dans le compte moral des hospices de Bruxelles, année 1876, p. 83 : « Sous l'empire de l'ancienne réglementation, bon nombre d'abandonnés étaient enfants de filles-mères. En obtenant, grâce à leur état d'indigence, le placement de leurs enfants à l'hospice, celles-ci se dérobaient aux conséquences de leur inconduite et se trouvaient fatalement exposées à retomber dans les mêmes fautes. Recueillir leurs enfants, c'était en quelque sorte accorder une prime à l'immoralité. La nouvelle réglementation a mis fin à cet abus. Lorsqu'une fille-mère réclame l'intervention de la bienfaisance publique, les secours nécessaires lui sont accordés, mais elle doit se charger elle-même, soit de l'entretien, soit du placement de son enfant. Ces secours sont diminués ou supprimés aussitôt qu'ils sont reconnus ne plus être indispensables. Grâce à cette modification dans le système d'assistance, bien des filles-mères sont retenues dans la voie du devoir, car la présence de l'enfant auquel elles doivent se dévouer suffit pour les prémunir contre de nouvelles fautes. »

[2] Les administrations belges ne possédent pas, paraît il, le détail de ces admissions de 1860 à nos jours.

« Sous le régime français, dix-neuf tours furent établis dans nos provinces; mais la plupart furent supprimés par les commissions des hospices, de sorte que, en 1830, il n'en existait plus que huit en Belgique. Les villes où ces tours avaient été conservés furent ainsi surchargées de frais.

«Pendant la période de 1821 à 1832, la moyenne annuelle du nombre des enfants trouvés a été de 8,849, et la moyenne de la dépense de leur entretien de 640,723 francs par an, soit de 72 fr. 40 par tête.

« Pendant la période de 1861 à 1870 et pendant celle de 1871 à 1875, le nombre des enfants trouvés a beaucoup diminué. Ce nombre, qui était de 2,106 en 1861, est descendu à 749 en 1871, et à 466 seulement en 1875.

« La diminution est relativement plus forte encore pour le nombre des enfants abandonnés dont le domicile de secours est inconnu. De 269 qu'il était en 1861, il est tombé à 66 en 1871 et à 40 en 1875. Quant au nombre des enfants abandonnés dont le domicile de secours est connu, il était de 3,167 en 1861 et s'est élevé à 4,933 en 1871; il n'était plus que de 4,404 en 1875.

«Les frais d'entretien de ces diverses catégories d'enfants trouvés ou abandonnés ont été de 524,419 francs en 1861; de 501,626 francs en 1871, et de 511,721 francs en 1875. La quote-part de l'État dans ces dépenses a été de 92,312 francs en 1861; elle n'était plus que de 44,247 francs en 1871 et de 38,449 francs seulement en 1875.

« En moyenne, les frais d'entretien de chaque enfant trouvé ou abandonné ont été :

En 1861, de . . . . . . 249 francs.
— 1871, — . . . . . . 670 —
— 1875, — . . . . . . 1,098 — »

A Bruxelles, les abandons des dix dernières années fournissent des chiffres suivants :

ANNÉES	ENFANTS TROUVÉS	ENFANTS ABANDONNÉS
1875......	»	131
1876......	»	45
1877......	2	31

ANNÉES	ENFANTS TROUVÉS	ENFANTS ABANDONNÉS
1878......	1	42
1879......	3	37
1880......	3	36
1881......	1	81
1882......	3	77
1883......	4	40
1884......	2	36

A leur entrée dans les hospices dépositaires, les enfants sont inscrits, suivant la catégorie à laquelle ils appartiennent, sur les registres matricules. Lorsqu'il s'agit d'un *trouvé*, le procès-verbal de l'officier de police relate toutes les circonstances qui peuvent faciliter sa reconnaissance en cas de réclamation ; on décrit les marques caractéristiques de l'enfant, ses vêtements, l'endroit et le lieu où il a été exposé, etc.

Lorsque l'état civil ne peut être constaté, les enfants sont déclarés et inscrits aux registres des actes de naissance, sous les noms qui leur ont été donnés dans les procès-verbaux d'admission.

§ 3. — *Éducation des enfants abandonnés.*

Les *trouvés* et *abandonnés* sont sous la tutelle des conseils généraux des hospices, en vertu de la loi française du 15 pluviôse an XIII et du décret du 19 janvier 1811 ; à Bruxelles, l'hospice dépositaire est régi par un directeur qui a sous ses ordres deux inspecteurs des enfants placés en pension à la campagne, et plusieurs employés ; un troisième inspecteur est spécialement chargé de la surveillance des pupilles de l'administration confiés à des nourrices de la ville et des faubourgs.

Les placements ont lieu partout suivant les règles adoptées en France, et il n'y a pas lieu de s'arrêter à cette partie du service. Le prix de la pension des enfants varie avec l'âge ; il est ainsi fixé pour les pupilles des hospices de la capitale :

A l'hospice des $\{$ élèves non sevrés 2 fr. 50 par journée.
enfants assistés $\{$ — de 1 à 18 ans 1 fr. 32 idem.

A la campagne $\{$ enfants de 1 jour à 1 an 18 fr. 90 par mois.
$\{$ — de plus d'un an 17 fr. 40 idem.

(non compris les frais d'instruction).

§ 4. — *Enfants à la charge de la bienfaisance.*

Nous avons vu que la loi de 1834 assimile les enfants dont l'origine est connue aux autres indigents qui doivent être secourus par leurs communes respectives. A Bruxelles et dans d'autres villes, on comprend sous le nom d'*enfants à la charge de la bienfaisance*, ceux privés de père ou de mère auxquels la caisse de la bienfaisance vient en aide. Ils se subdivisent en trois catégories :

1° Les enfants maintenus en subsistance à l'hospice dépositaire.

2° Les enfants admis temporairement dans cet établissement en attendant leur placement.

3° Les enfants maintenus en pension dans leur famille.

Cette organisation remonte à l'année 1809 [1].

Le conseil des hospices, ainsi que cela se pratique à Paris, conserve en dépôt les enfants que le séjour de leurs parents dans un hôpital ou une prison laisserait en état d'abandon; et enfin il accorde, après enquête, des secours destinés à placer en pension, à la *charge de la bienfaisance,* les enfants *orphelins* ou que les père et mère se trouvent incapables d'élever.

Le chiffre des élèves ainsi secourus, en vue d'éviter une admission définitive, est à Bruxelles de 60 environ ; la population des orphelins conservés par des parents ou amis, monte en moyenne à 500. L'administration, afin de restreindre la responsabilité morale qui lui incombe, recherche minutieusement si aucun membre ou ami de la famille de l'orphelin admis ne remplit les conditions requises pour se

---

[1] Compte moral de 1874, p. 130.

charger de la tutelle, et, dans l'affirmative, elle provoque la réunion d'un conseil de famille. Il est pourvu à la nomination d'un tuteur et d'un subrogé-tuteur et, si l'orphelin a moins de 14 ans, il est reçu au nombre des enfants à la charge de la bienfaisance avec une pension équivalente à celle accordée aux orphelins; s'il a plus de 14 ans, l'administration rapporte la résolution d'admission (Compte moral, pour l'année 1880, p. 71).

Toute cette organisation est absolument distincte de celle des établissements privés ou publics, affectés aux orphelins, orphelines et enfants pauvres, et créés dans toutes les villes par la charité catholique. Charles-Quint s'était occupé de ces infortunés dès l'année 1538, en les comprenant dans son ordonnance relative à la ville de Bruxelles; il les faisait instruire et placer en apprentissage [1].

En résumé, le service des enfants trouvés et abandonnés en Belgique s'écarte peu des règles adoptées en France; sur beaucoup de points, il est même régi par les lois et règlements français; reste à examiner les résultats obtenus par les essais de colonies agricoles, tentés par le gouvernement des Pays-Bas.

§ 5. — *Colonies agricoles.*

C'est en 1817 qu'un ancien officier du génie, revenant de Java, le général major van den Bosch, émit l'idée de débarrasser le pays des mendiants et des vagabonds, en les utilisant au défrichement des tourbières et landes stériles qui avoisinent la Frise. Une société de bienfaisance se fonda aussitôt; le prince Frédéric en était le président, et, dès l'année 1822, les actes législatifs cités plus haut montrent quel zèle le pouvoir royal mettait à propager cette œuvre naissante en lui apportant la contribution obligatoire des communes et des établissements d'enfants trouvés.

Huit colonies libres furent fondées de 1818 à 1822 dans

[1] Compte moral de 1874, p. 134.

les provinces septentrionales, et deux dans les provinces méridionales ; elles se chargeaient de recevoir des mendiants, des ménages d'indigents, des familles de vétérans, des orphelins, des enfants trouvés, abandonnés, indigents, en général déjà pupilles des hospices.

« Malgré tant d'efforts, dit M. Roussel (rapport au sénat Français, p. 208), malgré l'appui soutenu du gouvernement, l'impuissance à se développer et la peine de vivre pour les colonies néerlandaises et plus encore pour les colonies belges, ne cessent de s'accuser dans les documents officiels. Presqu'à la veille de la Révolution, qui allait séparer la Belgique de la Hollande, on voit la société belge et le gouvernement impuissants à faire occuper par de vrais travailleurs les places pour lesquelles on avait fait des contrats..... En 1841, en dépit d'un subside annuel de 35.000 fr. par l'Etat, la société de bienfaisance de Belgique était en faillite et, le 12 septembre 1842, le ministre de la justice priait les gouverneurs des provinces d'Anvers, Brabant, Flandre orientale, Hainaut et Limbourg, de ne plus faire transporter aux colonies agricoles des mendiants reclus dans les dépôts de mendicité de leur province. »

A la suite de ces insuccès, la Belgique fonda alors, mais seulement pour les vagabonds et les indisciplinés, des colonies agricoles ; la plus connue est celle de Ruysselède (Flandre orientale). Mais il ne s'agit plus ici d'y envoyer les élèves des hospices n'ayant donné lieu à aucune plainte ; l'essai tenté sous l'impulsion généreuse bien qu'irréfléchie de van den Bosch prouve une fois de plus qu'il faut à l'enfant trouvé une famille, un foyer, et que le placement isolé chez un habitant de la campagne est le seul régime qui assure son avenir.

CHAPITRE VI.

EMPIRE D'AUTRICHE-HONGRIE[1]

§ 1er. *La législation.*

Depuis la réforme politique de 1867, la monarchie d'Autriche forme deux États presque entièrement distincts : les pays cisleithans et les pays transleithans, administrés d'une manière différente. En outre, les diètes locales ont des droits assez étendus. Il ne faut donc pas s'attendre à trouver dans cet empire une organisation uniforme de la bienfaisance publique, d'autant plus que les établissements charitables sont en général l'œuvre de l'initiative privée, administrés selon la volonté des fondateurs, sous la surveillance du pouvoir civil.

En ce qui concerne les enfants trouvés, les rares hospices qui leur étaient affectés dépendaient directement et par exception de l'Etat; cette situation a pris fin en 1868 par la loi d'*empire* du 29 février, applicable à tous les pays dépendant de la couronne et prononçant la décentralisation de ce

[1] Principaux ouvrages consultés : Dr F. Hügel, *Die Findelhäuser und das Findelwesen Europa's*, in-8°, Wien, 1863. *Plan und Beschreibung des neuen Gebaranstalts Gebäudes in Prag*, in-8°, Prag, 1873. Prof. G. Ritter von Rittershain, *Statistische und Pädiatrische Mittheilungen aus der Prager Findelanstalt*, in-8°, Prag, 1878. D. Alois Epstein, *Studien zur Frage der Findelanstalten in Böhmen*, in-8°, Prag, 1882. Notes et documents manuscrits émanant des bureaux de statistique de l'empire et notamment de celui de Buda-Pest.

service [1]; depuis cette époque, les hospices appartiennent aux pays respectifs où ils sont situés et se trouvent entretenus au moyen des ressources propres du gouvernement local, si leur dotation est insuffisante.

Les Etats particuliers s'indemnisent réciproquement des dépenses faites pour des enfants ressortissant à leur juridiction territoriale. Ces frais ne sont jamais demandés aux communes, mais bien aux Etats, qui doivent être avisés dans le délai d'un mois de l'admission de l'enfant pour lequel on demande le remboursement.

Lorsque l'Etat a reçu un avis, il est libre de laisser l'enfant confié à l'hospice qui l'a recueilli ou de le faire rapatrier si sa santé le permet.

Les enfants non reçus dans les hôpitaux sont assistés, en vertu de la loi du 3 décembre 1863 *sur le domicile*, comme les autres indigents.

Cette loi d'empire pose en principe que les communes auront soin de leurs habitants malades ou incapables de subsister par leurs propres moyens.

Pour les enfants, on a d'abord recours aux personnes qui sont tenues légalement de leur fournir des aliments, c'est-à-dire, lorsqu'il s'agit des enfants légitimes, aux ascendants à tous les degrés, et dans le cas d'enfants naturels ayant un père connu, aux ascendants du côté du père; à leur défaut, c'est la caisse communale qui alloue les fonds nécessaires à leur entretien, si aucune institution particulière n'a pu les recueillir, quitte, s'il y a lieu, à se faire rembourser de ses avances par la commune du domicile de secours.

Cette assistance, rentrant absolument dans la limite des droits d'administration des municipes, peut être plus ou moins complète, et il n'y a recours contre les décisions prises qu'autant qu'un droit garanti par la loi a été violé.

Une commune à laquelle on réclame des dépenses faites

---

[1] Il y avait des hospices ayant des tours dans le Tyrol et quelques provinces avoisinant l'Italie. Ces tours, notamment celui de Trieste, ont été supprimés il y a peu de temps. (De Crescenzio, *I brefotrofi*, Napoli, 1873, p. 26.)

pour un de ses administrés, a toujours le droit de le faire revenir, à moins que sa situation ne permette pas le voyage.

Cette législation, qui reporte sur les pays particuliers la charge des hospices d'enfants trouvés, assimilant aux indigents ordinaires tous les délaissés non reçus dans ces établissements, n'a pas donné d'heureux résultats.

Deux pays de la couronne ont seuls fait progresser les œuvres créées antérieurement ; les autres diètes ont négligé complètement cette partie de l'assistance publique comme trop onéreuse, et laissent les enfants à la disposition des communes.

Les Etats où il existe des hôpitaux d'enfants trouvés sont : la Basse-Autriche et la Bohême.

§ 2. Basse-Autriche (Vienne).

En 1784, l'empereur Joseph II fonda à Vienne une maternité et un hôpital d'enfants trouvés, ces deux établissements devant être unis dans sa pensée et se porter un mutuel concours ; il faut donc nous occuper d'abord de ce dernier établissement [1].

Sous le règne de Marie-Thérèse, van Swieten avait obtenu, dès 1752, la création d'une maison spéciale pour l'enseignement de l'obstétrique ; cette fondation étant jugée insuffisante, Joseph II ouvrit l'hôpital général (*Allgemeines Krankenhaus*) et y plaça la maternité, « qui a pour but principal de donner asile, avec ou sans payement, aux femmes enceintes non mariées, et pour but accessoire de servir à l'enseignement des élèves et des sages-femmes ; de donner des nourrices à l'asile des enfants trouvés et de recevoir au besoin les femmes enceintes mariées. Le secret le plus absolu est gardé envers les femmes admises dans la maison [2]. »

---

[1] Dr Léon Lefort, *Des maternités dans les principaux Etats de l'Europe*, in-4°, Paris, Masson, 1866, p. 142 et suivantes.

[2] Les femmes enceintes *payantes* peuvent cacher leur nom et leur nationalité ; elles doivent seulement écrire leur nom sur un billet ca-

Quant aux enfants, le système suivi diffère essentiellement de celui que nous avons vu adopter généralement
jusqu'ici ; à proprement parler, ce sont moins des *enfants abandonnés* que des *enfants secourus*, ainsi que le
prouvent les statuts de la maison modifiés sur certains
points par une résolution de la diète en date du 29 septembre 1869.

Il faut distinguer d'abord entre les admissions *temporaires*
et les admissions *définitives.*

Les admissions temporaires ont lieu toutes les fois qu'elles
sont jugées nécessaires dans l'intérêt des enfants, privés
momentanément de leurs appuis naturels ; les frais de ce

cheté qu'elles remettent à l'accoucheur. Celui-ci écrit sur l'enveloppe
le numéro de la chambre et du lit. En cas de décès, le billet est
ouvert ; dans le cas contraire, il est remis intact à la femme, lors de
sa sortie.

Les femmes, surtout celles de la première classe, peuvent être reçues
masquées, arriver longtemps avant l'accouchement, sortir immédiatement après ou prolonger leur séjour. Elles peuvent se refuser à
tout examen fait par le médecin dans un but d'instruction personnelle,
et nul ne peut entrer chez elles sans leur autorisation.

Les femmes de la deuxième et de la troisième classe ont un parloir
particulier pour que nul ne puisse voir les femmes couchées dans les
lits voisins, en venant visiter une accouchée dans la salle même.
(Lefort, p. 144.)

Voici la description que faisait de cet établissement, à la fin du
siècle dernier, le célèbre philanthrope anglais Jean Howard (*Hist. des
principaux lazarets de l'Europe*, tome Ier, p. 199) : « L'hôpital des
Enfants-Trouvés était autrefois un couvent ; les chambres sont séparées les unes des autres par des cloisons, mais elles n'ont pas de
portes. Les fenêtres et les ouvertures près du plancher et du plafond
sont tellement disposées, qu'elles entretiennent les chambres fraîches
et exemptes de mauvaise odeur. J'y ai compté environ 80 enfans, pour
lesquels il y avait 40 nourrices, c'est-à-dire une pour deux. Mais ces
enfans ne restent pas longtemps dans cette maison ; la plus grande
partie est mise chez des nourrices à la campagne. La paye de ces
nourrices est de 2 florins et 31 creutzers pour des enfans au-dessous
d'un an. Le nombre total des enfans qui avaient été soutenus par
l'hôpital s'élevait, en décembre 1786, à 1189. Aucun enfant n'est reçu
sans payer une contribution quelconque. Tous ceux au-dessous d'un
an donnent 24 florins pour leur entrée. Si les parents sont pauvres et
s'ils peuvent produire un certificat du ministre de la paroisse, on
n'exige que 12 florins, laquelle somme doit être payée par cette mêm
paroisse s'ils sont orphelins ou s'ils ont été exposés dans la rue. »

séjour sont supportés par les parents ou la caisse communale.

Les admissions définitives s'appliquent seulement aux enfants illégitimes ; elles peuvent être faites *gratuitement* ou *moyennant une indemnité.* Sont reçus gratuitement les enfants dont les mères, étant accouchées dans les sections non payantes de la Maternité, y sont restées pendant quatre mois comme nourrices. On peut admettre cependant à titre exceptionnel aux mêmes conditions, et avec l'autorisation de la Landesausschuss, des enfants de mères n'ayant pas été délivrées dans les cliniques.

Lorsque les pupilles n'appartiennent pas à l'Etat qui a la charge de l'hôpital, l'Etat de leur domicile de secours est tenu au remboursement des dépenses, ainsi qu'il a été dit plus haut.

Moyennant indemnité, les mères accouchées dans la Maternité peuvent faire entrer aux hospices tous les enfants illégitimes qu'elles abandonnent.

Une femme de première classe paye pour l'admission 50 florins ; celle des autres classes 20 florins ; si la mère veut choisir la famille à laquelle son fils sera confié, le prix est de 30 florins [1].

Ce dernier point mérite une attention toute particulière. Les maisons d'enfants trouvés des divers pays : Italie, Espagne, etc., prennent toujours les mesures nécessaires pour qu'une fois l'abandon d'un enfant effectué par les parents, ceux-ci perdent toute trace de la pauvre petite créature, qui reste exclusivement sous la tutelle de l'établissement. Ici rien de semblable ; non seulement l'enfant peut être confié à sa propre mère, moyennant un salaire déterminé ce qui correspond à notre catégorie des *enfants secourus*, mais les *abandonnés* eux-mêmes sont placés aussi près que possible du domicile de leurs auteurs.

On maintient seulement en effet dans les hospices : 1° les enfants dont les mères accouchées à la Maternité servent

---

[1] Lefort, *ut suprà*, p. 145.

comme nourrices ; 2° les malades ; 3° ceux ne devant faire qu'un séjour momentané. Les pupilles âgés en général de moins d'un an ne forment qu'une proportion minime de la population totale, 1 ou 1 1/2 %.

La règle est de les placer tous au dehors, aussitôt que possible, et de les confier à des nourrices de la campagne mariées ou veuves, réunissant les qualités nécessaires, et dont la moralité est attestée par un certificat du bourgmeste ou du curé.

La mère *seule*, quoique *non mariée*, peut recevoir son enfant pour en prendre soin, moyennant une indemnité. Lors du placement on tient également grand compte des facilités plus ou moins grandes qu'auront les parents de surveiller les nourrissons ; ainsi, en dehors de la propre mère qui vient en première ligne lorsqu'elle peut s'en charger, on place le pupille de préférence chez les parents ou les personnes désignées par la mère, ou au moins chez une nourrice ayant un domicile rapproché du sien.

La surveillance des élèves de l'hospice est faite par les parents eux-mêmes, les municipalités et les curés comme représentants directs de l'établissement.

En cas de soins insuffisants, la Maison peut reprendre à tous moments le nourrisson et le placer ailleurs ; les nourrices ont également le droit de le rendre après avoir dénoncé le contrat passé.

Lorsque les enfants ont atteint l'âge fixé par le règlement, ils retombent, comme les autres indigents, à la charge de leurs communes respectives, à moins qu'ils ne soient adoptés ou conservés gratuitement par leurs nourrices, qui peuvent alors les garder jusqu'à l'âge de 22 ans et s'en faire assister pour la culture des terres ou l'exercice d'un métier.

L'âge fixé pour la cessation de la tutelle de l'hospice de Vienne était uniformément 10 ans ; mais au mois de juin 1883 cette limite a été, en vertu d'une délibération de la diète, réduite à 6 ans pour les enfants confiés aux soins de leur mère, grand'mère, tante, ou parents du côté de la mère.

Quant au tarif des mois de nourrice, il était de :

6 florins par mois pour la première année
5 id.   —   la deuxième —
4 id.   — de 3 à 10 ans.

Par la même résolution, la diète a appliqué à partir du 1er juillet 1883 des allocations réduites dans la proportion suivante :

1re année   4 florins
2e   —   3 id. 34 kr.
3e à 6e —   2 id. 66 kr.

Les dépenses de la maison (ancien tarif) ont été

En 1878. . . . . . de 1,315,673 fl. 17 kr.
    1879. . . . . .   1,456,520 fl. 44 kr,
    1880. . . . . .   1,560,673 fl. 49 1/2.
    1881. . . . . .   1,699,624 fl. 17 1/2.

La moyenne des pupilles entretenus par la maison est de 25,000 pour la dernière période décennale, les admissions annuelles montant à 8,500. La mortalité de la première année donne en 1882 un chiffre de 44 %, alors que la proportion des décès de un jour à 10 ans n'est que de 12 %.

Voici les chiffres des admissions pour les 10 dernières années :

ANNÉES	ENFANTS	
	existants au 1er janvier	entrés
1875....	12.610	7.744
1876....	13.488	8.564
1877....	16.251	8.941
1878....	19.166	9.091
1879....	21.596	9.652
1880....	24.295	9.820
1881....	26.740	9.624
1882....	28.251	7.513
1883....	27.859	7.149
1884....	27.378	7.459

§ 3. Bohême. Hospice de Prague.

A Prague, on trouve les mêmes règlements généraux qu'à Vienne. En 1873, on a seulement élevé les taxes exigées pour la réception des enfants de 31 florins 50 kr. à 60 fl., lorsque les femmes étaient accouchées à la clinique dans la troisième classe : de 63 fl. à 120 fl. et de 126 fl. à 200 pour celles de la deuxième et de la première classe.

La taxe la moins élevée est appliquée uniformément pour les enfants dont les mères sont décédées à la maternité.

Une deuxième réforme concerne les femmes qui, surprises par les douleurs de l'enfantement, donnaient naissance à leurs fils dans la rue. Primitivement on admettait le nouveau-né à l'hospice dépositaire (*Findelhaüser*) et la mère à l'hôpital. Cette mesure ayant pour conséquence de les séparer, on les admet actuellement tous deux dans la clinique pour huit jours.

Le prix de revient d'un assisté est évalué ainsi qu'il suit :

A la maison,

Enfants au dessous d'un an.	91 k.
— au dessus d'un an.	56 k.
— chez les sœurs de la Miséricorde.	33 k.

A la campagne,

Première année.	22 k.
Deuxième année.	15 k.
Au-dessus.	12 k.

L'action de l'hospice cesse à 6 ans ; l'enfant peut être confié à des parents ou à des nourriciers étrangers. A dater du 1er janvier 1873, on a modifié le tarif des pensions en allouant

6 florins au lieu de 4 fl. 30 k. pour la 1re année
4 — — 2 fl. 5 k. — 2e —
3 — — 1 fl. 75 k. au dessus de 2 ans.

Lorsque la mère ou les parents élèvent eux-mêmes le pupille, la subvention est de moitié des prix ci-dessus.

La surveillance se fait comme dans la basse Autriche ; et il y a en outre deux inspecteurs chargés principalement des élèves existant dans les environs de la ville.

Quant à la population moyenne, elle varie entre 8,000 et 8,500, la mortalité étant de 50 % pour la première année et de 20 0/0 sur l'ensemble des pupilles (Voir *Statistische*

Erfahrungen aus der K. böhm Findelanstalt in Prag im quinquennium 1880-1884).

§ 4. Pays n'ayant pas d'hospices d'enfants assistés.

Dans les pays cisleithans, en Hongrie et en Galicie notamment, ainsi que nous l'avons dit en commençant ce chapitre, ce sont les communes qui sont obligées de soutenir les enfants abandonnés, au même titre que les autres indigents. Ces enfants sont placés par l'autorité administrative chez des familles d'artisans on des cultivateurs, et les médecins publics veillent de temps à autre sur leur état sanitaire. Les parents contribuent, lorsqu'ils le peuvent, aux frais d'entretien.

La personne voulant recevoir un nourrisson pour l'allaiter, ou des petits enfants sevrés, doit faire une déclaration à l'autorité communale qui fait examiner l'état de santé de la nourrice et les conditions hygiéniques de son domicile ; si cet examen médical est satisfaisant, l'autorisation est accordée :

Une femme ne doit pas se charger de plus d'un nourrisson à la fois [1].

Aux termes de la loi XXe du 4 juillet 1877, sur la tutelle et la curatelle en Hongrie [2] (art. 174 à 177), les municipalités, les villes pourvues d'un magistrat régulier [3] (*mit geregeltem magistrate*), et par exception les communes, exercent dans sa plénitude l'autorité tutélaire au premier degré sur les enfants privés de leurs parents.

En dehors de cette action communale, la charité privée a ouvert des crèches, des asiles, des orphelinats. A Buda-Pest, trois sociétés particulières s'occupent de développer ces institutions.

[1] Loi XVI sur le règlement du service sanitaire, 8 avril 1876. (Ann. de la Société de législ. comp., 6e année, p. 377).

[2] Ann. de la Société de législation comparée, 7e année, p. 234 et suivantes.

[3] Le magistrat est une commission exécutive distincte du conseil municipal et placée à la tête de la ville.

La capitale de la Hongrie, ressent vivement la nécessité de créer un hospice spécial affecté aux enfants délaissés. Tout récemment encore, la société des médecins a
envoyé une adresse dans ce sens au ministère. Seulement
l'Etat recule devant la dépense qu'entraînerait cette création.

Telles sont les dispositions générales adoptées dans le
vaste empire austro-hongrois en faveur des enfants délaissés. Elles se rapprochent beaucoup des coutumes usitées dans les pays protestants, ainsi que nous le constaterons en poursuivant ces études.

CHAPITRE VII

EMPIRE DE RUSSIE

---

1. LES HOPITAUX DE MOSCOU ET DE SAINT-PÉTERSBOURG.

§ 1ᵉʳ. — *Historique*.

Pierre Le Grand ordonna d'établir dans sa nouvelle cité des hôpitaux auprès des églises et d'y placer des femmes pour avoir soin des enfants abandonnés. On devait les déposer sur le rebord d'une fenêtre arrangée de telle sorte que les auteurs de l'exposition ne puissent être vus de l'intérieur. Le salaire des nourrices fut fixé à trois roubles par an et à deux tschetverik de farine par mois. On alloua pour l'entretien journalier de chaque enfant un kopeck et demi, les dépenses étant mises à la charge de la ville.

En 1707, un prélat, Job, métropolitain de Novgorod, ayant fondé trois établissements hospitaliers, dont un pour ces pauvres créatures, le czar leur assigna par oukases, rendus en 1712 et 1713, la moitié des revenus d'un monastère situé dans le district d'Olonetz.

Des oukazes postérieurs (14 janvier 1724, 23 juillet 1730) réglèrent le sort des enfants ainsi recueillis; lorsqu'ils

---

¹ Principaux documents consultés : Betzky, *Les plans et les statuts de divers établissements ordonnés par S. M. Catherine II*; traduit en français, deux tomes in-4°, Amsterdam, 1775. De Gouroff, *Recherches sur les enfants trouvés*, tome Iᵉʳ (seul paru), Paris, Didot 1839. Léon Lefort, *Des maternités dans les différents Etats de l'Europe*, 1866. *Comptes rendus du service médical des maisons de Moscou et de Saint-Pétersbourg*, en français et en russe; le dernier paru est de 1883. Documents manuscrits émanant du bureau de statistique de Finlande.

avaient l'âge requis, on devait placer les garçons en apprentissage et les filles en service, à moins qu'elles ne trouvassent à se marier. En cas d'infirmités, les abandonnés restaient dans les hôpitaux. Ces fondations durèrent peu. Elles avaient probablement cessé lorsque Elisabeth déclara (1743) que les trouvés appartiendraient à ceux qui les élèveraient. Trois ans après on revint sur ce système en le restreignant, et tant que dura le servage en Russie, le droit de posséder des enfants trouvés a été attribué à celle des classes nobles jouissant du privilège d'avoir des paysans, de telle sorte que ceux qui étaient élevés par d'autres personnes se trouvaient inscrits parmi les paysans de la couronne.

Vers 1763, un philanthrope russe, aux idées plus généreuses que pratiques, Betzky, ému du grand nombre d'enfants que des mères devenues barbares et cruelles par l'excès de leur misère ou les tourments de la honte, abandonnaient à la merci du sort et souvent même privaient de la vie, réussit à intéresser l'impératrice Catherine II à ses projets. « Il n'y a, disait-il, dans son *Plan général de la maison d'éducation*, que deux états dans l'empire de Russie, la *noblesse* et la *servitude,* mais par les privilèges accordés à cet établissement, les élèves et leurs descendants seront libres à jamais et composeront le tiers-état. » Illusion que les événements ne devaient pas tarder à dissiper. Quoi qu'il en soit, l'impératrice ayant donné l'impulsion, les offrandes se multiplièrent et la première pierre d'un immense édifice fut posée à Moscou le 21 avril 1764. Les deux établissements de Moscou et de Saint-Pétersbourg s'ouvrirent le 21 avril 1766 et le 1er octobre 1770.

Prévenir l'infanticide, créer un tiers-état, tel était le double but que devait atteindre la *maison d'éducation.* Aussi, ajoute M. de Gouroff (p. 179), « ne voulut-on se servir ni du mot *hôpital* ni de celui d'*hospice,* rejetant également le terme d'*enfants trouvés* qui ne se rencontre pas une seule fois dans les règlements de la maison, tant on craignait de ne pas entourer d'assez de considération le berceau d'enfants sur qui se fondait l'espoir de la société. »

Les règlements de ces établissements furent identiques. Aucune question ne pouvait être faite à l'individu apportant un nouveau-né; on se contentait de lui demander s'il avait été baptisé; si quelque déclaration était faite volontairement, on l'inscrivait sur le registre des admissions en notant toutes les particularités propres à assurer l'identité de l'enfant.

A Saint-Pétersbourg, l'hospice se trouvait éloigné de 4 verstes du centre de la ville. On craignit à l'origine que les personnes rencontrant des exposés ne les y portassent pas, et il fut ordonné aux curés, aux administrateurs des hôpitaux, aux supérieurs des monastères de recevoir tous ceux qu'on leur remettrait et de les faire transporter de suite à la maison d'éducation avec les précautions nécessaires [1].

Malheureusement pour les projets du créateur de ces institutions, au début même de la fondation, une mortalité énorme sévit sur ces petits êtres entassés dans des bâtiments insuffisants et ayant souvent souffert du froid avant leur admission. A Saint-Pétersbourg, durant les 15 premiers mois, il en était mort plus des deux tiers; en 12 ans, sur 7,709 admis, 6,606 décédèrent.

Le gouvernement, attribuant cette mortalité à l'éloignement de la maison, la transfera en 1784 dans un quartier plus central; une légère diminution dans les décès fut la conséquence de cette mesure, mais en augmentant le chiffre des abandons. Le mal n'était pas du reste dans la situation de l'institution, l'agglomération des enfants produisait seulement là, comme partout, ses désastres ordinaires [2].

---

[1] A l'origine, on promit 2 roubles de récompense aux individus peu aisés qui rempliraient ce devoir d'humanité; la cupidité et le vice firent tourner immédiatement cette mesure à leur profit et sa suppression devint nécessaire (De Gouroff, p. 183).

[2] Maison de Saint-Pétersbourg. Admissions de 10 ans en 10 ans :

1770	181		1830	4091
1780	658		1840	4604
179.	1281		1850	6060
1800	1564		1860	7032
1810	2857		1870	6814
1820	3309		1880	7052

On se décida donc, en 1788, à envoyer une partie des élèves chez les paysans.

Betzky avait tracé un plan idéal de l'éducation qu'il fallait donner à ces pupilles : « Qu'on ne nous vante plus, disait-il, ces fondations pieuses qui, bornées dans leur objet, se concentrent dans le cercle étroit d'un certain nombre de malheureux dont elles soutiennent l'existence ; notre établissement a une bien autre étendue. Il ne s'agit pas d'empêcher seulement que quelques-uns de nos semblables manquent de secours, mais de convertir un nombre presque infini d'individus qui périssaient, en une source inépuisable de richesse pour la Russie ». La réalité vint démentir ces brillantes utopies. Les rares survivants des enfants admis à Moscou et à Saint-Pétersbourg, élevés dans l'établissement en dehors de l'esprit de famille, ne donnèrent en général que des sujets de plaintes une fois arrivés à leur majorité. Le plan formé par l'organisateur des maisons d'éducation avait complètement échoué.

En 1797, l'empereur Paul Ier plaça ces établissements sous le patronage de l'impératrice Marie, qui s'en occupa avec un zèle tout particulier ; par ses soins, un asile de proportions plus vastes fut ouvert sur le canal de la Moïka, et elle arrêta deux mesures destinées à produire d'heureux effets : 1° La limitation à 500 du nombre des enfants qui seraient élevés à Saint-Pétersbourg ; 2° le renvoi de tous les autres à la campagne pour être consacrés à la vie agricole. Par suite de scrupules politiques, on laissa cependant subsister trop longtemps une partie des privilèges que l'impératrice Catherine II avait octroyés à ces élèves avec une libéralité peu mesurée, et pendant un certain nombre d'années, les placements chez les cultivateurs se trouvèrent entravés par ces avantages (exemption de la milice, de la capitation, etc.) que l'on n'osa pas supprimer immédiatement. Néanmoins le remède était trouvé ; au lieu de l'éducation factice de l'institution primitive, on replaçait l'enfant délaissé dans le seul milieu qui puisse lui convenir : la famille agricole.

§ 2. *Situation actuelle des hôpitaux de Moscou et de Saint-Pétersbourg.*

A Saint-Pétersbourg et à Moscou, une maternité est annexée à la maison d'éducation des enfants trouvés; on y reçoit les femmes qui se présentent, sans leur adresser aucune question. L'entrée est gratuite, même pour celles voulant accoucher secrètement. « Elles arrivent voilées ou masquées, reçoivent une chambre particulière, gardent si elles veulent leur voile ou leur masque, et personne autre que la sage-femme ne peut pénétrer dans leur chambre [1] ».

Quant aux règlements concernant les pupilles, ils sont les mêmes dans les deux villes, et en voici le résumé :

Le personnel de l'établissement est sous les ordres immédiats d'un tuteur honoraire, intendant en chef; il se compose de 4 membres du conseil, d'employés servant dans les différentes branches de l'administration et de l'économat, de médecins, de surveillants et de surveillantes, enfin d'inspecteurs pour les arrondissements ruraux (à Moscou, il y en a 36) [2].

Conformément aux règlements généraux promulgués le 17 février 1869, on n'admet sans extraits baptistaires que ceux des enfants présentés n'ayant pas encore perdu le cordon ombilical ; les autres, même illégitimes, ne sont reçus qu'avec des extraits constatant leur origine; ces actes peuvent être du reste présentés ouverts ou sous pli cacheté, suivant la volonté des déposants.

Si l'enfant a été abandonné avant le baptême, les parents

---

[1] Dr Léon Lefort, p. 170.

[2] Une partie des bâtiments de la maison de Moscou est occupée par l'institut des orphelines (700 élèves), qui est entièrement indépendant au point de vue de la direction. C'est une pépinière de gouvernantes pour les familles russes. Lors de la prise de la ville par les Français, Napoléon se préoccupa aussitôt de cette vaste institution, et comme elle avait été épargnée par les flammes, il y fit placer un poste afin de la sauvegarder entièrement. Les registres portent même la mention d'admissions d'enfants vagabonds trouvés dans les rues et que l'empereur y fit envoyer.

n'ont le droit de le reprendre que dans le cours des six premières semaines ; après le baptême, ce droit subsiste toujours, à condition d'indemniser l'hospice des frais d'entretien à la ville et à la campagne.

Les admissions annuelles dépassent maintenant 15,000 à Moscou [1], alors qu'elles ne s'élèvent habituellement qu'à 7,000 à Saint-Pétersbourg ; cette différence doit provenir de la situation centrale de l'ancienne capitale de la Russie.

La moitié environ des pupilles admis ont le cordon ombilical [2].

On a pu constater à Moscou, en 1871, la provenance de 7,950 élèves :

Appartenant à des villageois. 4,611
—   soldats. 1,630
—   bourgeois. 1,412
—   artisans.   96
—   aux marchands, au clergé, à la
         noblesse, aux employés de l'État. 201

Les enfants sont aussitôt confiés à des nourrices les emmenant dans les campagnes. Un inspecteur général et des inspecteurs ont pour mission de s'assurer que les pupilles

---

[1] Maison de Moscou. Admissions de 10 ans en 10 ans depuis la fondation :

1764........	523	1834........	8.312
1774........	1.284	1844........	7.801
1784........	1.091	1854........	10.719
1794........	1.551	1864........	11.702
1804........	2.742	1874........	11.818
1814........	2.387	1884........	15.821
1824........	5.207		

[2] Pour l'année 1871 on arrive à Moscou aux résultats suivants :

Admissions 10.756
Enfants ayant le cordon ombilical 5.925
Admis avec papiers ouverts.......... 4.625 ⎫
— avec papiers sous pli cacheté... 1.126 ⎬ 10.756
— sans papiers .... 4.953 ⎪
— plus .... 52 ⎭
       enfants trouvés, savoir :
        47 à Moscou,
         4 dans les districts,
         1 en chemin de fer.

reçoivent des soins convenables, qu'ils ne changent pas de nourrices sans l'ordre de l'administration, qu'ils fréquentent les écoles, etc. Ils ont aussi le devoir de les mettre en apprentissage lorsque le moment est venu.

L'hospice de Moscou place ses élèves au nombre moyen de 30,000 dans vingt arrondissements occupant une étendue de 45,000 verstes (la verste est un peu plus d'un kilomètre)[1]. Cette vaste région présente, sous le rapport du genre de vie de la population rurale, les différences les plus marquées ; ce n'est que vers le midi que les arrondissements ont un caractère purement agricole, dans les autres localités la partie masculine des habitants a une tendance de plus en plus accentuée à émigrer vers les fabriques et les villes.

La visite des enfants a lieu, en principe, tous les deux mois, et on s'efforce de créer dans les villages des curateurs ou curatrices honoraires, s'intéressant à eux et aidant à l'inspection. Beaucoup de familles prennent plusieurs nourrissons.

La statistique suivante, empruntée au compte rendu de l'année 1871, donne une idée de la répartition des pupilles.

Enfants existant à la campagne au 1er janvier	Envoyés par la maison de Moscou	Passés d'un arrondissement dans un autre	TOTAL
G. 14.183	4.061	76	18.320
F. 17.900	4.103	90	22.093
Total 32.083	8.164	166	40.413

Décédés	{ G. 3.210 } 6.413 }	
	{ F. 3.203 }	{ 8.237
Ayant quitté les arrond. pour s'établir	{ G. 754 } 1.824 }	
	{ F. 1.070 }	
Restant au 31 décembre.		32.176

14.356 garçons et 17.820 filles[1].

La mortalité générale à la campagne est donc de 15.87 0/0

[1] Au point de vue de l'âge, les pupilles se répartissaient de la manière suivante :

Ce chiffre est élevé, mais « l'existence de nos paysans, dit le rapport officiel auquel nous empruntons les données qui précèdent, est dominée par une infinité de préjugés, de coutumes et de superstitions qui ont souvent une grande influence sur la santé et même sur la vie des enfants [1]. Sans parler des conditions hygiéniques défavorables dans les cabanes des villageois (surtout pendant l'hiver si long en Russie), sans parler de leur malpropreté, de l'habitude enracinée de donner des aliments peu digestibles, il y a encore beaucoup d'autres raisons qui influent sur la santé des pupilles et même des propres enfants des éleveurs. A ce nombre appartient l'habitude de fermer hermétiquement le berceau dans lequel dort l'enfant, de sorte qu'il a peine à respirer un air déjà vicié. Aux cris de l'enfant qui refuse de prendre le sein, les nourrices se mettent à le bercer de toutes leurs forces ; elles ferment encore plus hermétiquement le rideau du berceau, si bien que l'enfant se tait à bout de forces ; quelquefois on le trouve mort le lendemain.

« Impossible de passer sous silence une autre habitude des

Plus de 21 ans	.....	371	Plus de 10 ans	.....	1.705
21 —	.....	169	9 —	.....	1.583
20 —	.....	414	8 —	.. ..	1.650
19 —	.....	604	7 —	. , ..	1.521
18 —	.....	700	6 —	.....	1.725
17 —	.....	1.023	5 —	.....	1.652
16 —	.....	1.190	4 —	.....	1.825
15 —	.....	1.226	3 —	.....	1.696
14 —	.....	999	2 —	.....	1.963
13 —	.....	1.213	1 —	.....	1.940
12 —	.....	1.515	Moins d'un an	.....	3.818
11 —	.....	1.654			32.176

[1] La durée de la vie moyenne n'est que de 26 ans en Russie, chiffre qui s'explique par l'effrayante mortalité des enfants en bas âge. La statistique atteste qu'il en meurt plus de 60 0/0 au-dessous de l'âge de 5 ans. Dans les provinces du nord, ce chiffre s'élève même à 75 0/0. Il en résulte que chaque année voit disparaître, en Russie, plus d'un million et demi d'enfants, ce qui fait que, sur les 8 millions de garçons nés de 1856 à 1860, 3,770,000 seulement ont pu atteindre l'âge du service militaire, c'est-à-dire vingt et un ans. Et, sur ce chiffre, près d'un million de conscrits se sont trouvés impropres au service ! Article paru dans le journal le *Soleil*, le 26 mars 1884.

paysannes, celle d'approcher même en hiver de la fenêtre, pour le distraire, l'enfant qui crie et qu'elles viennent de tirer tout en nage de son berceau. »

Ces coutumes funestes, jointes aux variations si élevées de la température en Russie qui prédisposent les nouveau-nés à une foule de maladies, occasionnent fatalement une assez forte mortalité; mais à la campagne les décès sont loin d'atteindre la proportion constatée le siècle dernier, alors que les pupilles des hospices occupaient exclusivement les somptueux bâtiments de Moscou ou de Saint-Pétersbourg.

Les inspecteurs veillent à ce que les élèves reçoivent, autant que possible, l'instruction primaire; l'administration établit même, en cas de besoin, des écoles dans les villages centres de placements, quelques enfants devenus grands sont envoyés aux écoles professionnelles. Le payement de la pension a lieu pour les garçons jusqu'à 17 ans, et pour les filles jusqu'à 15 ans. La dépense annuelle dépasse 560,000 roubles, un élève coûtant en moyenne 18 roubles. Cette somme, relativement minime, se trouve encore diminuée par ce fait que les paysans, ne pouvant faire un véritable voyage pour être payés à l'hospice, ont recours à des médiateurs appelés *Hodak*, prêteurs sur gages, qui prélèvent le 10e ou le 15° de chaque ordonnancement.

Pour empêcher ce trafic, l'administration depuis quelques années verse directement l'argent aux paysans des districts les plus éloignés; il est à souhaiter que cette utile mesure se généralise.

II. HOPITAL PARTICULIER D'ODESSA. — LA FINLANDE.

Telles sont, en résumé, les dispositions réglementaires des deux seuls hôpitaux *officiels* d'enfants trouvés en Russie. A Odessa il en existe un autre, dit asile Saint-Paul, fondé en 1865 par une société particulière à la tête de laquelle était le Dr Link; la ville fournit des subsides et paye 6 roubles par mois jusqu'à 10 ans pour tout enfant recueilli dans les rues par la police. Il y en a environ 300 par an, elle prend également à ses frais ceux dont les mères sont décédées ou malades à l'hôpital.

On reçoit directement les enfants apportés par leurs parents, en leur demandant un versement une fois fait. Admis en général quelques jours après leur naissance, ces pupilles, envoyés de suite à la campagne aux environs de la cité, y trouvent de bons placements; on donne cinq roubles par mois aux nourrices, prix supérieur à ceux que nous avons constatés pour les autres provinces.

Il n'est pas rare de voir ces enfants adoptés par leurs nourriciers ou par des bienfaiteurs. En dehors même de cette adoption, une fois la cessation de la pension à l'âge de dix ans, ils restent presque tous dans les mêmes familles. En 17 ans on n'en a réintégré que trois à l'orphelinat d'Odessa, parce qu'ils étaient infirmes. L'hospice accorde également pendant un an des secours à une centaine de mères voulant allaiter leurs enfants; elles reçoivent de 4 à 5 roubles et sont tenues de se présenter chaque mois à l'établissement.

Nous venons de voir que cet asile Saint-Paul est subventionné par la ville. En effet, toutes les municipalités de l'empire sont tenues, en principe, d'assurer l'assistance des enfants; mais comme les abandons sont fort rares dans les campagnes[1], il n'existe pas de services spéciaux pour cet objet.

Dans le Caucase, par exemple, ainsi que sur beaucoup d'autres points, ce sont les maternités qui servent à admettre les exposés. Tiflis entretient ainsi, en moyenne, 150 nouveau-nés chez des nourrices, auxquelles on alloue mensuellement 8 à 10 roubles, mais qui, n'étant point surveillées, en prennent fort peu de soin.

A l'autre extrémité de la Russie, le grand-duché de Finlande ne possède également pas d'hôpitaux d'enfants trouvés; on constate, il est vrai, dans cette contrée, un petit

---

[1] Le code pénal russe punit l'exposition en distinguant, comme la loi française, entre l'abandon dans un lieu habité ou dans un lieu solitaire. (Voir notamment l'ordonnance du 26 novembre 1866.)

nombre d'expositions; en revanche, les crimes d'infanticide et d'avortement sont fréquents [1].

Afin de prévenir les infanticides, il existe une ordonnance du 6 mars 1861, enjoignant aux maîtres, sous peine d'amende, de veiller tout spécialement sur les femmes placées à leur service et qui deviendraient enceintes. Il est en outre imposé aux sages-femmes de délivrer gratuitement les mères pauvres et de signaler à la municipalité celles manquant absolument de ressources; les comités d'assistance publique en prennent alors soin et font élever les enfants.

En 1870, on a fondé en Finlande une société privée s'occupant principalement des orphelins. Elle obtient de l'Etat un subside énorme (36,000 marcs), et a déjà établi quelques maisons.

III. POLOGNE [2].

§ 1er. *Législation.*

Il n'existe pas en Pologne de législation particulière pour les enfants trouvés; un petit nombre de dispositions du

[1] Condamnations pour infanticides dans le grand duché de Finlande :

ANNÉES	VILLES	CAMPAGNES	TOTAL
1871	7	96	103
1872	9	88	97
1873	9	93	102
1874	12	76	88
1875	5	70	75
1876	11	81	92
1877	6	73	79
1778	5	65	70
1879	8	77	85
1880	7	66	73

[2] Principaux ouvrages consultés : Congrès international de bienfaisance de Francfort-sur-le-Mein, session 1857, tome Ier. Congrès international de Bruxelles, session de 1856, tome Ier. Congrès international d'hygiène (Paris, avril 1878, tome Ier). Journal de la société générale des prisons, année 1880, article de M. de Moldenhawer. Sénat, commission relative à la protection de l'enfance, annexes au rapport de M. Théophile Roussel, Paris 1883. Notes manuscrites dues à l'obligeance de MM. Dr W. Lubelski et de Moldenhawer (Varsovie).

droit pénal ou du droit civil se rattachent seulement à ce sujet.

D'après le code pénal de 1866 (art. 1513 à 1518), les peines réservées aux personnes coupables de l'exposition d'un enfant, peuvent s'élever jusqu'à déportation en Sibérie ; on a égard aux circonstances de l'abandon (lieu solitaire ou non solitaire, etc.).

Quant à la recherche de la paternité, elle est défendue en principe. Toutefois, l'art. 994 du même code reconnaît à la femme séduite le droit d'exiger du séducteur une indemnité suffisante pour lui assurer les moyens d'existence.

La législation civile (IVe section,) parle de conseils de tutelle des enfants recueillis dans les hôpitaux publics et l'ukase du 17 février 1864 relatif à l'organisation des communes trace les règles d'assistance à suivre vis-à-vis des orphelins ; il n'est pas question expressément des enfants trouvés, mais la jurisprudence étend en leur faveur ces prescriptions bienfaisantes.

« Selon les instructions pour les maires des communes en date du 7–19 juin 1868, si, après la mort des père et mère, il reste des enfants mineurs sans tutelle, le maire est obligé de confier ces orphelins à un grand-père ou à une grand'mère ; si ces derniers n'existent plus, ou sont eux-mêmes dans une misère complète, le maire doit convoquer l'assemblée du village dans lequel demeurent les enfants, et, après s'être entendu avec elle, placer les orphelins ensemble ou séparément chez des habitants aisés et honnêtes de la commune, qui veulent bien les prendre.

« Si l'assemblée de ce village n'a pas pu assurer aux orphelins un asile et l'éducation, le maire de la commune doit les placer à la prochaine réunion communale chez d'autres habitants de cette même commune. Si à l'assemblée de la commune il ne se trouve personne qui veuille accepter les orphelins, le maire doit en référer au *commissaire des affaires rurales* et tâcher que les orphelins soient admis dans un établissement de bienfaisance le plus rapproché, aux frais de la commune ou gratuitement.

« Le maire est obligé de veiller sur les orphelins placés, et si le tuteur néglige ou maltraite l'enfant, on peut le reprendre et le confier à une autre personne. Arrivé à l'âge de 16 ans, l'orphelin est libre de toute tutelle et peut ou rester chez son tuteur précédent, mais en payant, ou prendre du service chez une autre personne. Il se comprend que l'exécution de ces prescriptions dépend surtout de l'énergie du maire de la commune et de sa bonne volonté ; aussi le plus souvent elles restent lettre morte. En pratique, l'orphelin est recueilli par le voisin le plus compatissant, qui en abuse malheureusement quelquefois en le surchargeant de travail [1]. »

§ 2. Hôpital de l'Enfant-Jésus.

Dans le royaume de Pologne on trouve la trace d'établissements hospitaliers dès le XIIIe siècle. En 1222, un asile destiné à recevoir les enfants abandonnés fut joint à Sandomir à l'hôpital du Saint-Esprit et de Saint-Jérôme. Celui de l'Enfant-Jésus dont fait partie l'hospice des trouvés est dû aux efforts d'un charitable lazariste français, le père Pierre Gabriel-Baudouin [2]. C'était à l'origine (1736) une maison assez exiguë du faubourg de Cracovie ; le nombre d'admissions augmentant continuellement, le père Baudouin, grâce à de nouveaux efforts, fit bâtir en 1762 l'établissement actuel.

[1] Lettre de M. de Moldenhawer. Sénat, annexes au rapport de M. Théophile Roussel, p. 529 et suivantes.

[2] « La tradition raconte un trait touchant de sa vie. Dénué de toute ressource, pour faire face aux frais de son entreprise, il fit une quête dans les établissements publics et les maisons particulières. Un jour, il se présenta dans un café fréquenté par la jeunesse de la haute société, et où l'on jouait de fortes sommes d'argent ; s'étant approché de l'un des joueurs, qui en ce moment était en perte, il reçut au lieu d'une offrande un soufflet. A cet accueil, Baudouin répondit avec calme : « Voilà pour moi, mais que donnez-vous à mes pauvres enfants? » Le joueur attendri lui remplit les mains de pièces d'or et tous les assistants imitèrent cet exemple. Les dons furent même si considérables qu'on put les regarder comme ayant fourni le principal fonds de la maison des enfants trouvés. » Congrès international de bienfaisance de Francfort-sur-le-Mein, tome Ier, p. 80.

Les enfants étaient reçus au moyen du tour, et ce système fut employé sans interruption jusqu'en 1871. A dater de l'année 1865 on avait établi simultanément un bureau libre d'admissions qui fonctionna seul le 3 septembre 1871 [1]. Malgré la suppression des tours, les entrées augmentèrent dans une forte proportion, ainsi que le constatent les chiffres suivants :

ADMISSIONS PENDANT UNE PÉRIODE DE 147 ANS.

1736	45	1871..du 1er janv.	
1746	116	au 3 sept. 1965	
1760	227	du 3 sept.	2.905
1763	520	au 31 déc. 940	
1775	361	1872	3.097
1778	469	1873	3.223
1782	684	1874	3.324
1813	921	1875	3.294
1831	2.211	1876	3.607
1841	2.219	1877	3.639
1847	4.995	1878	4.870
1855	4.707	1879	2.598
1858	4.837	1880	2.545
1868	2.655	1881	2.751
1869	2.600	1882	2.363
1870	2.784	1883	2.344

Ce nombre toujours croissant, disait le docteur Lubelski (de Varsovie) dans sa communication au congrès d'hygiène de 1878 [1], provient surtout :

« 1° De l'accroissement général de la population du pays.

« 2° De la centralisation des troupes à Varsovie.

« 3° Des facilités de rapports de la province avec la capitale par plusieurs réseaux de chemins de fer, qui tous y aboutissent. Ainsi en 1877 sur 3,639 admissions, 2004 étaient des enfants apportés de la campagne.

« 4° De l'invasion de la grande ville par les habitants des campagnes.

[1] Congrès international d'hygiène, 1878, tome Ier, pag. 180 et suivantes.

« 5° Des Facilités offertes aux femmes de la province de se placer comme nourrices. L'industrie nourricière se trouve entre les mains des sages-femmes, qui sont les pourvoyeuses du bureau d'admission. Il y en a qui fournissent jusqu'à cinq ou six enfants par jour et placent ensuite les mères comme nourrices.

« 6° De l'existence d'un seul bureau de placement pour tout le pays.

« 7° Du relâchement de la vie de famille, par suite d'absence prolongée des maris (soldats, ouvriers, etc.).

« 8° Enfin, de la répulsion qu'éprouvaient certaines mères à abandonner leurs enfants dans le tour. Depuis sa suppression et l'ouverture du bureau d'admission, « les enfants ne sont plus jetés comme des chiens ou des pourceaux, mais inscrits comme chez le curé », suivant les paroles d'une paysanne qui apportait son fils. »

Ces raisons paraissent fondées, et elles prouvent une fois de plus que la question des enfants trouvés n'est pas résolue par le fait de l'existence ou de la suppression du tour. Il convient de remarquer également que le mode d'admission employé n'a eu aucune influence sur les infanticides constatés pendant la période décennale 1865-1874 [1]. Le 20 avril 1878, le conseil de l'assistance publique dirigeant les hôpitaux civils publia des arrêtés destinés à entraver les admissions. Antérieurement l'hospice recevait :

1° Les enfants illégitimes *abandonnés* par leur propre mère à cause du manque de ressources ou pour toute autre

[1] Infanticides constatés :

TOUR EXISTANT	
1865	134
1866	136
1867	90
1868	95
1869	94
1870	123
1871	156
TOUR SUPPRIMÉ	
1872	119
1873	144
1874	126

cause ; on exigeait alors un versement unique de 7 roubles 50 kopecks.

2° Les enfants que des filles-mères abandonnaient en vue de se placer comme nourrices sur lieu.

3° Les enfants légitimes de parents indigents, notamment ceux de familles juives.

4° Les enfants que les chemins de fer amenaient des provinces de la Russie et même de l'étranger.

5° Les enfants recueillis par la police dans la rue ou à la porte des maisons ; le plus souvent, ces petits êtres arrivaient morts ou mourants.

6° Les enfants des nourrices de l'établissement ; ceux dont les mères étaient en traitement, ou enfin ceux qui étaient nés à l'institut de la Maternité.

Les arrêtés précités limitèrent ces diverses catégories et permirent d'admettre seulement :

1° *Les enfants trouvés* présentés par les officiers de police.

2° *Ceux nés à Varsovie* de mères habitant continuellement cette ville depuis un an au moins, et notamment :

a) Les enfants naturels de mères malades ou complètement pauvres.

b) Les enfants naturels dont la naissance est un mystère.

c) Les enfants légitimes dont les mères sont mortes à la suite de couches, ou qu'une grave maladie ou une extrême pauvreté empêche de nourrir elles-mêmes et de payer une nourrice.

Pour l'admission de ces trois catégories on exige un certificat du gérant de la maison d'où vient l'enfant et pour le cas *b* un certificat du curé de la paroisse.

3° *Les enfants nés hors de Varsovie*, lorsqu'on présente un certificat des autorités administratives constatant que la mère de l'enfant naturel est décédée ou ne peut nourrir par suite de misère ou de maladie.

Séjour des enfants à l'hospice.

Aussitôt admis, les enfants sont inscrits sur les registres

matricules, et baptisés, s'ils ne le sont pas déjà; l'extrait baptistaire est envoyé ultérieurement à l'officier de l'état civil et l'argent trouvé quelquefois avec eux placé à la caisse d'épargne.

Les médecins de la maison sont au nombre de deux, et ils ne suffisent qu'incomplètement à leur tâche journalière; le reste du personnel devient également insuffisant. On peut critiquer aussi l'exiguïté des salles de l'établissement [1].

Quant aux nourrices sédentaires, elles se présentent volontairement ou sont choisies parmi des femmes accouchées à la Maternité pour la seconde fois et hors d'état de payer les 80 florins (environ 25 francs) revenant de droit à l'institution; on leur donne une nourriture abondante, les vêtements et 40 roubles de gages par an (120 francs); de plus leurs propres enfants sont généralement mis en nourrice à la campagne aux frais de la maison.

Des récompenses variant entre un rouble, deux et cinq roubles (15 francs), sont accordées deux fois par an à celles faisant preuve de zèle et de dévouement.

Placements à la campagne.

Depuis l'origine de l'institution, une partie des enfants admis étaient placés chez des paysans. L'ancienne administration du royaume de Pologne, appréciant parfaitement le rôle du clergé dans les campagnes, avait institué des conseils de surveillance dans les paroisses, chargés de veiller sur le sort des nourrissons confiés à des paysannes et de délivrer à ces dernières les certificats exigés. Il y eût même pendant un certain temps des médecins de l'hôpital envoyés en tournées d'inspection. La nouvelle organisation du gouvernement de la Pologne instituée en 1867 n'a pas été bien inspirée sous ce rapport, en confiant aux maires des com-

[1] Au 31 décembre 1881, la population de la maison consistait en 182 enfants, dont 173 à la mamelle; on comptait 96 nourrices. Sur ces 182 élèves il y avait 109 malades; 6, atteints de syphilis, étaient nourris artificiellement.

munes rurales la surveillance de ces nourrices, ce qui crée des difficultés sans nombre ; autrefois la femme en allant à l'église passait chez le curé, qui lui délivrait immédiatement les documents nécessaires ; maintenant il faut chercher le maire, très souvent éloigné, absent ou mal disposé ; de là nombre toujours plus restreint de femmes qui désirent se charger d'enfants à élever [1].

Il résulte de toutes ces difficultés que le séjour des nouveau-nés à l'hospice dépositaire est assez long, environ 50 jours, quelquefois 80. Chaque pupille placé au dehors porte au cou une petite médaille en étain permettant de constater son identité. L'administration fournit le linge, les vêtements nécessaires, et paie les nourrices jusqu'à ce que l'enfant ait atteint sa septième année. A ce moment ceux qui ne sont pas alors remis à leur famille sont élevés gratuitement par des personnes charitables ou restent à la charge de l'hospice tant qu'ils n'ont pas dix ans, moment où ils sont placés en apprentissage [2].

Population, mortalité.

La moyenne de la population à la charge de l'établissement est de 6,000 élèves. En Pologne comme en Russie, les variations de température, les souffrances endurées par des enfants amenés de provinces éloignées, causent une excessive mortalité, plus ou moins atténuée dans les documents officiels qui déclarent une moyenne de 25 à 35 % à l'hospice

[1] Dr Lubelski, Communication, ut suprà, p. 179.

[2] Par décision du conseil de l'empire, approuvée par l'empereur le 6 juin 1875, qui complète l'art. 45 du règlement sur le service militaire de janvier 1874 dans les provinces du royaume de Pologne, les fils adoptifs, les *enfants trouvés*, les jeunes vagabonds qui n'ont aucun souvenir de leur famille et les orphelins de père et de mère recueillis avant l'âge de dix ans (art. 326-328 du code civil) jouissent après le tirage au sort d'un délai de deux ans pour obtenir une adoption suivant la forme légale. A l'expiration du délai, ceux qui sont légalement adoptés jouissent des immunités accordées aux soutiens de famille ; ceux qui n'ont pas été adoptés se trouvent admis au service si leur numéro de tirage les appelle dans l'armée active. (Annuaire de la Société de législation comparée, 1875, p. 840.)

et de 12 à 15 % à la campagne, alors que les décès ont atteint quelquefois de 73 à 91 %. Bien que très variable, cette mortalité a été toujours moins grande à la campagne qu'à Varsovie. La mortalité générale des nouveau-nés, en Pologne, est du reste fort élevée, 24 à 26 %. Des efforts réels sont faits pour remédier à cette situation, on a obtenu toutefois des résultats peu considérables.

Dans ces derniers temps la création d'une société de charité maternelle et de secours aux femmes en couches et aux nouveau-nés a été autorisée. Malgré la pauvreté du pays, des sommes assez considérables furent recueillies en quelques semaines, et la société va commencer à fonctionner activement.

Mais tant que chaque gouvernement, chaque centre industriel n'aura pas son hospice hors des villes, avec allocations aux mères disposées à nourrir leurs enfants, la proportion des décès restera énorme.

§ 3. *L'Institut des enfants moralement abandonnés.*

En dehors des enfants trouvés ou abandonnés, des sociétés de bienfaisance s'occupent, en Pologne, des enfants arrivés à un certain âge que leurs parents délaissent et qui deviennent de véritables vagabonds. On a créé pour eux des colonies agricoles et asiles industriels ; on espère arriver à en avoir pour les deux sexes.

Ces institutions, analogues à celle de Mettray, reçoivent des enfants ayant agi sans discernement en vertu des articles 137 et 138 du Code pénal de 1866 et de l'art. 11 du code des juges communaux de 1864, analogues aux articles 66 et 67 du code français.

Ces sociétés se proposent d'étendre leur action sur toutes les catégories de mineurs ayant besoin de protection, en les répartissant dans des institutions différentes suivant leur origine.

Il y avait longtemps que les orphelins étaient assistés en Pologne, et M. de Moldenhawer, juge au tribunal de Varsovie, qui a traité toute cette question avec une réelle érudition [1], nous montre l'hôpital fondé pour eux par le jésuite Georges Léger, vers 1629, avec le concours de la confrérie de Saint-Benoît, prêt à disparaître au XVIIIᵉ siècle, relevé alors par un Français nommé Richovey, enfin en 1830 reconstitué sous le nom d'INSTITUT D'ENFANTS MORALEMENT ABANDONNÉS par Frédéric comte de Skarbek.

La charité privée tend donc dans cette partie de l'empire russe à assimiler les trouvés aux autres orphelins et enfants pauvres ; c'est le système que nous trouverons appliqué chez tous les peuples protestants, il n'y a pas lieu de s'y arrêter davantage pour le moment.

[1] Journal de la Société des prisons, année 1880, p. 70 et suivantes.

CHAPITRE VIII

GRÈCE, ROUMANIE, SERBIE, MONTÉNÉGRO.

I

GRÈCE [1].

§ 1. Législation.

Les établissements de bienfaisance du royaume hellénique peuvent, d'après leur origine, se diviser en deux classes : établissements fondés par la commune, et établissements fondés par la libéralité de bienfaiteurs.

La première catégorie des fondations a pour principe l'art. 11 de la loi communale qui impose à chaque commune l'obligation d'assister ses administrés, indigents et incapables, de se procurer des ressources par le travail.

En vertu de l'ordonnance royale du 1er décembre 1836, l'administration des asiles charitables se trouve confiée, sous la réserve de la haute surveillance de l'État, à des commissions composées du maire, et de deux à quatre habitants élus pour trois ans par les conseils municipaux; l'administration de leurs biens est régie de la même manière que ceux des propriétés des communes. Cette ordonnance,

---

[1] Principaux documents consultés : Mansolas, *La Grèce à l'exposition universelle de Paris en 1878*, Athènes, 1878. ΕΚΘΕΣΙΣ ΤΩΝ ΚΑΤΑ ΤΟ ΔΗΜΟΤΙΚΟΝ ΒΡΕΦΟΚΟΜΕΙΟΝ ΑΘΗΝΩΝ ΥΠΟ ΖΙΝΝΗ ΕΝ ΑΘΗΝΑΙΣ, 1866. ΕΚΘΕΣΙΣ ΤΩΝ ΚΑΤΑ ΤΟ ΝΗΠΙΑΚΟΝ ΟΡΦΑΝΟΤΡΟΦΕΙΟΝ ΑΘΗΝΩΝ, 1876. *Principale cause de l'excessive mortalité chez les enfants trouvés et moyens d'y remédier*, par le Dr H. Zinnis (publié en français), Athènes, 1881, etc. Documents manuscrits fournis notamment par le Dr Bambas d'Athènes.

rendue en exécution de l'art. 114 de la loi communale, constitue l'unique législation des maisons hospitalières.

En outre, au point de vue particulier qui nous occupe, il faut mentionner le Code pénal (art. 294 à 299), édictant des peines très sévères contre quiconque se rend coupable d'avortement ou d'infanticide.

Le nombre total des hôpitaux, dépôts de mendicité, orphelinats, asiles d'aliénés, etc., peut être évalué à 39, parmi lesquels figurent de très beaux hospices parfaitement administrés, affectés aux enfants trouvés situés à Athènes, Patras, Corfou, Calamata, Zante, Céphalonie, et entretenus par les communes ou l'initiative privée.

§ 2. *Mode d'admission et placements.*

A Athènes les enfants trouvés sont abandonnés surtout pendant la nuit et déposés dans un tour placé à l'entrée de l'établissement et communiquant par une sonnerie électrique avec les appartements de la directrice et du concierge. L'enfant est aussi reçu directement et inscrit sur un registre avec toutes les indications propres à constater son identité. On le confie ensuite à une nourrice sédentaire, en attendant son placement au dehors.

Les abandons sont peu fréquents, principalement dans les îles de l'archipel où la moralité du peuple est très bonne. A Athènes on a admis 2,581 enfants de 1869 à 1878, soit une moyenne de 250 [1].

Les nouveau-nés maintenus à l'hospice pendant quelques jours sont envoyés ensuite chez des femmes domiciliées à Athènes ou dans les environs. Malheureusement ces nourrices pauvres, ayant déjà leur propre enfant, manquent souvent de lait et donnent au nourrisson une nourriture trop substantielle (bouillie faite de riz ou de semoule et d'huile), si bien qu'un grand nombre de ces petits êtres succombent à des affections du tube digestif.

[1] Les chiffres de l'année 1880 sont 294, dont 138 garçons et 156 filles

La mortalité moyenne à atteint 58 0/0 sur l'ensemble de la population infantile de un jour à un an [1].

Les soins plus hygiéniques, donnés par les nourrices, grâce à la surveillance du médecin en chef de l'établissement, le Dr Zinnis, et l'emploi de farine lactée, ont fait descendre depuis quelques années cette moyenne à 34 0/0 [2].

Le nombre moyen des enfants du premier âge à la charge directe de la maison n'est que de 250 à 300 ; il en reste fort peu au-dessus de deux ans. La raison de ce chiffre si modique est que chaque année 40 à 60 pupilles sevrés sont retirés et adoptés par des personnes n'ayant pas d'enfants ; leur avenir se trouve ainsi assuré au grand bénéfice des finances de l'établissement.

II

ROUMANIE.

La Roumanie possède 35 établissements hospitaliers, parmi lesquels il faut compter un asile d'aliénés et deux hospices d'enfants trouvés. Ces maisons sont divisées en trois catégories : les hôpitaux centraux, au nombre de sept, administrés par une curatelle spéciale, ils disposent d'un revenu annuel de plus d'un million ; les hôpitaux de districts, entretenus aux frais des départements, et les hôpitaux particuliers.

Il existait anciennement un tour à Iassy, on a renoncé à ce système. L'hôpital de Bucharest reçoit environ 400 pu-

---

[1] Sur 1506 enfants décédés de 1869 à 1878 :

    932 ont succombé à des affections du tube digestif.
    217   —   à des affections des voies respiratoires.
    162   —   à la faiblesse congénitale.
    88   —   à des affections de système nerveux.
    31   —   à des maladies contagieuses.
    76   —   à diverses autres maladies.

[2] De 1869 à 1878, sur 2581 enfants trouvés, il y a eu 1506 décès d'enfants âgés d'un an et au-dessous, soit 58 0/0 ; en 1880, sur 294, 94 décès ou 32 0/0. Sur ce chiffre, 7 se trouvaient au moment de l'admission dans un tel état que leurs parents les avaient abandonnés pour éviter les frais de sépulture.

pilles, sur lesquels il y a 100 ou 150 nouveau-nés dont on ne connaît pas les mères.

Les enfants sont délaissés habituellement, soit à la porte d'une église, soit à la porte de la *primaria* (mairie).

La commune devant en prendre soin, le maire les fait baptiser et les inscrit sur les registres de l'état civil ; on les confie ensuite à de pauvres femmes ayant souvent leur propre fils à nourrir et auxquelles on donne 8 à 10 francs par mois. Ces nourrissons, mal surveillés, périssent en grand nombre [1].

Les médecins salariés par les communes devraient faire des inspections au domicile des nourrices, mais même en cas de maladie ils préfèrent souvent qu'on leur apporte les élèves à l'hôpital aux heures de la visite journalière.

La mortalité de tous les enfants du pays est du reste considérable ; la femme du paysan roumain partage avec son mari les travaux rustiques les plus fatigants ; la nourriture est quelquefois insuffisante pour entretenir son lait ; 26 0/0 des nouveau-nés périssent donc en moyenne. Quant aux naissances illégitimes, elles sont également nombreuses ; à Bucharest et montent à 20 0/0, les filles-mères sont obligées en majeure partie de subvenir par leurs propres ressources aux besoins de leurs enfants, car la recherche de la paternité est interdite.

III

LA SERBIE.

Il n'existe en Serbie aucune législation spéciale pour les enfants trouvés ou délaissés ; le nombre en est du reste excessivement restreint. Ces enfants sont généralement adoptés par des personnes charitables n'ayant pas de famille ; dans le cas contraire, c'est la commune, surtout Belgrade, qui les recueille et les met en nourrice jusqu'à l'âge où ils peuvent apprendre quelque métier.

[1] Près de 50 0/0 des enfants ne dépassent pas 6 mois. Congrès international d'hygiène, tome Ier, p. 183. Rapport du docteur Félix de Bucharest.

L'entretien de ces pupilles coûte de 15 à 25 francs par mois. Ce service, rentrant dans les attributions d'assistance des communes, ne donne lieu à aucune statistique spéciale. Il existe dans la capitale une association de dames qui pourvoit par ses dons à l'entretien de 45 enfants abandonnés et de 15 mères pauvres, ces dernières recoivent environ 36 francs de secours mensuels [1].

IV

LE MONTÉNÉGRO.

Les mêmes faits se produisent dans le Monténégro ; les naissances illégitimes y sont fort rares, et la législation civile et pénale est très sévère sur ce point.

Le mari a le droit de tuer sa femme surprise en adultère, ainsi que son complice. En vertu du § 71, si un Monténegrin rend mère une jeune fille ou une veuve sans l'épouser, il est tenu de donner 130 thalers pour l'entretien de l'enfant, qui devenu grand prend part à son héritage comme le descendant légitime ; s'il se charge du nouveau-né, la femme ne peut rien réclamer de plus.

Dans le cas où le séducteur est marié, il paie les 130 thalers et subit en outre une condamnation de 6 mois au pain et à l'eau[2].

Le § 74 prononce la peine de mort contre toute femme ou fille se faisant avorter ou tuant son enfant en vue de cacher sa faute.

Les lois s'unissent donc aux mœurs pour rendre extrêmement rares les abandons si fréquents chez d'autres peuples.

[1] Notes manuscrites de M. Wladimir Yakchistch, chef de la division de la statistique générale de Serbie.
[2] Gesetzbuch Daniels Fürsten und Gebieters von Montenegro, Wien 1859. Hügel (D^r), des Findelhauses, ut suprà, p. 387-388.

CHAPITRE IX

EMPIRE D'ALLEMAGNE[1]

I

CONSIDÉRATIONS GÉNÉRALES.

Schuck fait remarquer que les peuples latins se sont toujours occupés davantage des enfants trouvés, et les peuples germaniques des orphelins ; en général cependant les enfants étaient dans l'empire laissés à la charge des asiles, des hôpitaux, surtout des communautés d'habitants ; on les élevait alors à la campagne.

Les mêmes règles s'appliquaient aux délaissés, et on voit en 1430 le concile de Francfort délibérer sur le mode d'éducation de ces pauvres créatures.

Il y avait néanmoins quelques hospices dépositaires, notamment à Ulm, Eslingen etc. ; le premier de ces asiles comptait au xvi⁰ siècle 200 pupilles, le second 50. On cite également un monastère situé près de Strasbourg (celui de Henfeld) comme s'étant particulièrement voué à l'éducation de ces délaissés.

Dans toute l'Allemagne, lorsqu'un nouveau-né était abandonné, on s'occupait de rechercher les parents pour les obliger à remplir leurs devoirs d'assistance. S'ils échappaient aux investigations, l'enfant, conservé généralement

[1] Principaux documents consultés : Emminghaus, *Das Armenwesen und die Armengesetzgebung in Europæischen Staaten*, 1870. D' Kriegck, *Deutsches Burgerthum im mittelalter. Francft.*, 1868. D' Léon Lefort, *Des maternités*, in-4°, 1866. Rapport de M. le sénateur Roussel sur la protection des enfants délaissés, 3° volume 1866, etc., etc.

à l'hospice, était nourri aux dépens de la maison hospitalière ou de la caisse de la cité. Le placement chez des nourrices semble avoir été réservé alors aux plus jeunes assistés jusqu'au moment où il était possible de les ramener à l'établissement ou de les mettre en apprentissage.

Ces maisons se changèrent en orphelinats et depuis le xviiie siècle, nous croyons pouvoir affirmer qu'il n'existe en Allemagne aucune législation pour les trouvés et abandonnés. Confondus avec les orphelins pauvres et les vagabonds, ils ont seulement droit à l'assistance publique, assistance retombant principalement sur la commune, la bienfaisance privée et non sur l'Etat.

Le Landrecht général prussien de 1794 (2e tome, titre II. 2753 et suivants) porte que « quiconque reçoit un enfant délaissé par ses parents pour se charger de son éducation, acquiert sur lui tous les droits personnels des parents. »

Les commentateurs ajoutent « qu'en cette matière sur laquelle il n'y avait pas de lois positives, l'intention du législateur était d'exciter par ces concessions des personnes, bienveillantes, à se charger d'enfants illégitimes, afin d'en faire des citoyens utiles pour l'Etat. »

On a tracé du reste des peintures épouvantables des orphelinats allemands au siècle dernier, transformés fréquemment en maisons de correction [1].

D'après les documents historiques M. Zeller, décrit comme il suit le régime des orphelins : « Il faut ici, dit-il, donner au mot *travail* une beaucoup plus grande valeur qu'aux mots *école* et *repos*. Pour ces deux dernières choses on était fort économe. Les enfants contribuaient le plus possible aux frais de leur entretien. Ils passaient la plus grande partie du jour à la fabrication d'étoffes et de bas, c'était leur travail forcé. Le nombre des administrés s'élevait en 1728 à 608. Il est établi qu'alors deux enfants devaient coucher ensemble dans le même lit. Le nombre des

---

[1] Th. Roussel, annexes au rapport présenté au Sénat, tome III, p. 390 et suivantes.

malades montait à 22 pour 100 et dans une seule année 102 personnes moururent.... »

« Meisser écrivait qu'à tous les points de vue, les maisons d'orphelins pouvaient être considérées comme des repaires de brigands. »

Salzmann, parlant de l'éducation donnée dans ces maisons aux frais de l'Etat, s'écriait : « Mon Dieu ! quelle maison ! quelle éducation ! J'aimerais mieux confier mon enfant à la première bande venue de Tziganes. Lorsque je les rencontre, ces pauvres abandonnés promenés au soleil, une fois par an, par un mauvais drôle que l'Etat a transformé de domestique en livrée en père de ces petits infortunés ; que je les vois blancs comme plâtre, décharnés, semblables à un troupeau d'esclaves, oh ! le cœur me saigne et tous les éloges donnés à notre civilisation me font l'effet de satires empoisonnées. »

« A Lubeck, à Brême, à Hambourg, continue M. Zeller, on choisissait pour éducateur (*Erzieher*) et surveillant des orphelins, un batelier tombé dans la pauvreté ou devenu impropre à la vie de la mer. A Hambourg en 1725, le maître chargé de l'enseignement s'étant enfui parce qu'il n'était pas assez payé, on nomma à sa place un ancien détenu. Partout les orphelins étaient condamnés à travailler au profit de la maison pendant 7, 8, 9 heures par jour. On spéculait sur les forces de l'enfant d'une façon moins avisée que le laboureur qui spécule sur ses chevaux.

« ..... Dans ce système, l'éducation ou le profit à tirer du travail des enfants était tout, l'instruction scolaire occupait la dernière place. Le châtiment et les punitions étaient au contraire un point de premier ordre.

« Un règlement à Francfort-sur-le-Mein porte : Lorsque les enfants ne feront pas assez de cas du châtiment ordinaire avec des étrivières (*mit der Karbatsche*), il est ordonné qu'ils seront mis, pendant un certain temps au pain et à l'eau avec les fers aux pieds ; si cela ne suffit pas, on aura recours à des moyens plus rigoureux ; on emploiera un banc de punition à travers lequel la tête et les bras de l'enfant

puni seront engagés, de façon à ce qu'il soit bien attaché
et puisse être fouetté. *Item* une haute perche, à laquelle
l'enfant pourra être lié et fouetté. *Item* une caisse à ours à
reliefs tranchants sur ses parois, de façon qu'on ne puisse
ni s'asseoir, ni se coucher, ni se tenir à son aise. *Item* des
cachots obscurs sous terre, l'un plus terrible que l'autre. »

Nous n'avons pas besoin d'ajouter que les établissements
allemands du XIXᵉ siècle diffèrent essentiellement de ceux
dont on a pu faire une aussi effroyable peinture, mais ce
système de confondre les délaissés avec les autres pauvres,
tolérable à la rigueur chez une nation essentiellement agricole, devait fatalement produire en Allemagne des résultats que nous constaterons plus tard dans les autres pays
protestants, notamment en Angleterre et aux Etats-Unis,
c'est-à-dire amener avec le développement de la vie industrielle une multitude de vagabonds, d'indisciplinés, véritable péril social, et c'est à ce danger que répond la loi prus-
sienne de 1878, imitée des législations anglaise et américaine.

II

ROYAUME DE PRUSSE.

En Prusse, l'entretien des enfants incombe d'abord à la
mère, au père, aux ascendants maternels et aux ascendants
paternels. Si personne ne peut remplir ce devoir, la commune représentée par les comités des pauvres [1] intervient
à son tour (loi du 31 décembre 1842). En troisième ligne
viennent les fondations et corporations charitables ; enfin, en
dernier lieu, l'Etat recevant l'abandonné dans un orphelinat
ou le plaçant chez des particuliers, moyennant pension.

Les communes réussissent assez souvent à faire remplir
aux mères leur devoir en accordant des subsides analogues
aux secours français, dit secours aux filles-mères ; dans le
cas contraire elles placent le plus possible les délaissés
à la campagne.

[1] Les comités de pauvres peuvent représenter une ou plusieurs
communes.

L'institution des hospices d'enfants trouvés, souvent proposée, a toujours été repoussée ; les maternités elles-mêmes ne sont pas gratuites ; « les femmes enceintes sont reçues au sixième mois de leur grossesse, quelle que puisse être leur condition de fortune ; mais chaque malade doit payer, et si elle ne peut le faire elle-même, sa commune ou ses parents doivent payer pour elle [1]. »

Au point de vue de la recherche de la paternité, il faut distinguer entre le droit général national (*allgemeines Landrecht*), le droit des provinces rhénanes et le droit commun allemand : le premier, accordant aux femmes et aux enfants en cas de viol et de séduction, par suite de manœuvres frauduleuses, une indemnité ou des droits sur la succession du séducteur ; des lois spéciales punissant sévèrement les avortements ; le second, enlevant tout droit à la femme séduite ; le troisième (en vigueur dans la Poméranie etc.), obligeant le séducteur *après promesse de mariage*, à épouser la femme d'une conduite honorable, ou à lui allouer, selon son rang, l'indemnité attribuée ordinairement aux femmes mariées séparées ; s'il n'y a pas eu promesse de mariage, il n'y a condamnation qu'à des compensations pécuniaires et à une pension alimentaire envers les enfants jusqu'à leur quatorzième année.

Cette organisation se trouve complétée maintenant par la loi du 13 mars 1878, sur le placement des enfants laissés sans surveillance ; elle repose sur l'utilité d'un système d'éducation forcée, destinée à suppléer la famille indigne.

Ce projet de loi, présenté par le gouvernement prussien le 22 novembre 1877 et adopté par la chambre des seigneurs le 12 décembre 1877, après de nombreux amendements, arriva devant la Chambre des députés, qui lui fit subir de profondes modifications dans ses séances des 29-31 janvier et 15 février 1878 ; deux principes ont dominé la discussion : donner la préférence à l'éducation de famille sur le système d'envoi dans les établissements publics, s'entourer de

[1] Dr Lefort, *ut supra*, p. 209.

toutes garanties pour s'assurer que la mesure proposée en faveur de l'enfance est réellement nécessaire.

Cette loi étant traduite dans le rapport de M. Th. Roussel et dans l'Annuaire de la Société de législation comparée (8e année, pag. 144 et suivantes), nous ne ferons que la résumer ; elle s'applique du reste seulement aux enfants ayant commis un délit et étant considérés comme ayant agi sans discernement. Quiconque, dit l'art. 1er, commet un acte coupable après l'âge de 6 ans et avant 12 ans peut être envoyé, par ordre de l'autorité, dans une famille offrant les garanties nécessaires (geeignete Familie) et dans une maison d'éducation et de réforme (Erziehungs oder Besserungsanstalt), lorsque l'acte punissable, la situation personnelle des parents ou autres personnes chargées de l'éducation de l'enfance, ou les conditions d'existence rendent ce placement indispensable pour éviter un abandon encore plus grand.

Le tribunal, qui statue d'office ou sur requête, doit d'abord entendre les parents (art. 1er, § 2 et 3), qui ont le droit de se pourvoir contre le jugement rendu.

L'enfant (art. 8) ne peut être placé dans un établissement destiné à la détention des personnes visées par l'art. 362 du code pénal, où à recevoir des malades idiots, pauvres et infirmes. Quant aux enfants non pourvus de tuteurs, les conseils des orphelins exerceront sur eux une surveillance égale à celle qui leur est attribuée par l'ordonnance sur la tutelle du 5 juillet 1875, notamment par les art. 53 et 54 [1].

[1] « Le conseil des orphelins doit veiller au bien-être matériel du mineur et à son éducation, signaler les négligences ou fautes qu'il constate relativement à l'éducation physique ou morale du pupille, et donner sur sa personne les renseignements qui peuvent lui être demandés.

« Il doit proposer les personnes qui, dans un cas donné, lui semblent aptes à être appelées à la tutelle.

« Art. 54. Le tribunal tutélaire doit avertir le conseil des orphelins dans le ressort duquel le pupille est domicilié, de la tutelle qu'il s'agit d'organiser, de la tutelle légale dans le cas du second alinéa des articles 12 et 13, et du nom du tuteur..... »

Voir aussi les articles 55, 56, 57 et 361 du code pénal allemand, analogue aux art. 66 et 67 du code pénal français.

Les corps provinciaux doivent faire connaître le placement et tout changement de résidence de l'enfant au conseil des orphelins du lieu de son séjour ; de même le tribunal de tutelle doit être informé des placements et de la libération de l'enfant. Le placement et l'éducation forcée cessent à l'expiration de l'âge de 16 ans ou par une décision de libération.

« La libération de l'éducation forcée doit être prononcée par décision des corps provinciaux chargés des obligations ci-dessus, lorsque le but cherché est atteint ou lorsqu'il doit être obtenu par d'autres moyens. Si le résultat est incertain le corps compétent peut accorder une libération révocable qui ne porte pas atteinte au droit d'éducation forcée.

« Art. 12. Les corps communaux mentionnés en l'art. 7 doivent pourvoir à l'organisation des établissements publics d'éducation et de réforme, toutes les fois qu'il n'est pas possible d'effectuer le placement des enfants abandonnés au moyen d'une entente avec les familles, avec des associations, des établissements privés présentant des garanties voulues ou avec des établissements publics déjà existants. »

Ces dispositions sont empruntées en partie à la législation anglaise et américaine ; mais les écoles de réforme et les écoles industrielles, comme il a été dit plus haut, présentent une lacune réelle. « La loi de l'Empire, dit M. Œther [1], contre la démocratie socialiste a été une nécessité ; toutefois, personne ne saurait se laisser aller à croire que par l'exécution de cette loi, le mal sera écarté, ou même que le danger sera notablement amoindri.

« Il ne faut pas moins qu'une suite d'efforts soutenus pendant la durée d'une génération d'hommes et dans toutes les directions, dans la famille, à l'école, à l'église, pour extirper le mal dans ses racines ; mais c'est particulièrement sur l'éducation que la plus grande sollicitude doit se concentrer. Il est hors de doute que le délaissement du jeune âge par-

---

[1] *Ueber Erziehungs-Anstalten für verwahrlose Kinder*, Berlin 1879, cité dans le rapport de M. le sénateur Roussel, p. 397 et suivantes.

ticulièrement dans les grandes villes a atteint un degré extrê-mement dangereux ; le nombre des jeunes criminels, la dégradation, l'immoralité surtout sont devenus effrayants, et le mauvais exemple quotidien justifie les plus sinistres pressentiments.

« La loi, continue cet auteur, a introduit des dispositions salutaires au sujet des malfaiteurs âgés de moins de douze ans sur lesquels on n'avait pas prise auparavant ; mais il est regrettable qu'elle ne soit appréciable qu'en cas d'une *action punissable* ; que ferait-on dans les autres cas ? Il est dans la nature des choses que le délaissement moral ne se constate pas toujours par des actes délictueux, et ceux-ci d'ailleurs ne sont pas nécessairement connus de l'autorité.

« On a accompli seulement, conclut M. Œther, le plus indispensable. »

Ce sont ces lacunes que les circulaires ministérielles et les règlements particuliers [1] se sont efforcés de combler. Ainsi l'arrêté ministériel du 4 juin 1878 dit avec juste raison : « Le devoir des autorités ne finit point dès que le placement de l'enfant abandonné a eu lieu ; il faut encore avoir soin du sort de ces enfants, après leur sortie de l'établissement d'éducation, sinon l'enfant retombera dans l'abandon, ce qu'il faut autant que possible éviter. Aucun enfant ne devra donc être relâché avant qu'on lui ait trouvé une place comme apprenti, domestique, ou toute autre situation, sans pour cela que la surveillance cesse à l'égard des enfants ainsi placés.

« Il ne manque pas, continue le Ministre, de personnes prêtes et capables de se dévouer à ce but. Il existe un grand nombre de sociétés et d'établissements privés qui se chargent de veiller au sort des enfants délaissés et auxquels beaucoup d'enfants ont dû leur salut physique et moral.

---

[1] Voir notamment dans le rapport de M. Roussel le règlement du 15 mars 1879 adopté par la deuxième assemblée provinciale de la Prusse. Cette loi de 1878 a eu de nombreux commentateurs, entre autres M. Wiedemann, *Die Zwangserziehung verwahrloser Kinder, auf Grund des Gesetzes vom 13 Mærz 1878* ; in-12. Danzig 1880.

« Toutes ces sociétés et bien d'autres associations du même caractère (je rappelle, par exemple, celles pour les prisonniers libérés) prêtent avec plaisir leur coopération pour rendre efficace la loi du 13 mai, et je recommande aux autorités de s'adresser aux associations charitables pour arriver ainsi à une plus complète efficacité de la loi.

« Je constate ici avec plaisir les résultats satisfaisants obtenus de cette manière sur un terrain analogue. Nulle part, en effet, l'assistance des pauvres n'est mieux assurée que dans les communes où l'on songe à gagner à l'administration, dans ce but, l'intérêt du public et la coopération de personnes charitables ; en un mot, là ou l'action des autorités et celle des particuliers vont d'accord. »

Quoi qu'il en soit, le nombre des enfants soumis aux prescriptions législatives de 1878 est encore restreint. Ainsi à Berlin en 1884, depuis le 1er octobre 1878 date de l'entrée en vigueur de la loi, on ne comptait que 450 pupilles assistés, dont les deux tiers environ étaient placés dans des familles [1]. Quant aux orphelinats prussiens, ils sont en général bien tenus ; on peut citer parmi les meilleurs l'établissement de Rummelsburg, près Berlin, où les pauvres élèves de l'hôpital Frédéric ont été transférés vers 1860. Là au moins ils ne sont plus forcés à travailler en vue exclusivement du gain à réaliser, la caisse de la ville fournissant la différence entre les recettes et les dépenses de la maison, évaluées à 115 thalers par an et par enfant.

Le célèbre Dr Emmanuel Wichen a également fondé près de Hambourg le premier de ses asiles, dont nous parlerons plus loin [2]. M. Klattenhoff s'est exprimé en ces termes au sujet de ces établissements divers au congrès de la protection

---

[1] Sur les 150 enfants qui au commencement de l'année 1882 restaient soumis au régime de l'éducation forcée à Berlin, 102 étaient nés dans cette ville, 48 au dehors. Pour 125, le jugement avait été prononcé à la requête du préfet de police ; pour les autres, sur la demande de la commission des écoles, de l'administration des orphelins, etc. (*Revue générale d'administration*, janv. 1883).

[2] Voir la longue description qu'en donne M. Th. Roussel, *ut suprà*, tome III, p. 489 et suivantes.

de l'enfance, séance du 22 juin 1883, tome 1er, p. 303-305 :

« Il y a 350 établissements privés qui s'occupent uniquement de l'éducation des enfants, soit moralement, soit matériellement abandonnés. Il est à noter que dans ce nombre ne sont compris ni crèches, ni orphelinats, ni autres œuvres analogues. L'Allemagne n'étant pas jusqu'ici un pays centralisateur, il n'y a pas de liens, ni même de rapports entre ces divers établissements, dits *Rettungshaüser* (maisons pour secourir et élever les enfants abandonnés ou coupables). Il y a cependant une exception à faire en ce qui concerne les différents asiles Prussiens au sujet desquels une statistique a été dressée par les soins de la mission centrale de l'Eglise évangélique allemande à Berlin. Mais ce lien existant entre les maisons de Prusse est cependant peu étroit, il ne consiste que dans l'échange des rapports annuels.

« Le nombre des maisons ainsi fondées en Prusse est actuellement de 164. Depuis leur création elles ont été fréquentées par 36,660 enfants, dont 25,777 garçons et 10,883 filles. C'est la charité qui fait tous les frais pour la création de ces établissements ; l'entretien s'élève annuellement en moyenne à 250 ou 280 francs par tête (cependant il varie suivant les provinces).

« Il est à remarquer que l'Etat ou la commune ne paient que pour ceux des enfants qui sont réfractaires à la loi de 1878 (sur l'enseignement obligatoire) ; le reste est fourni, soit par des dons et collectes, soit même en faible portion par certains parents qui ont volontairement recours à ces établissements pour y mettre leurs enfants. »

III

ROYAUME DE BAVIÈRE

Au xve siècle l'hôpital du Saint-Esprit de Munich recevait les enfants délaissés ou orphelins en les conservant jusqu'à la quinzième année, époque de la mise en apprentissage. Les plus jeunes étaient placés en nourrice à la campagne moyennant 36 florins, plus un trousseau valant 8 florins. Il n'y avait pas de *tour* dans l'établissement [1].

Actuellement, bien que la Bavière soit aux deux tiers catholique, on n'y trouve aucun hospice d'enfants trouvés.

Munich possède un orphelinat (*Städtisches Findel-oder-Minderhaus*), dans lequel se sont fondues trois anciennes fondations. On y reçoit en moyenne 150 enfants, dont l'entretien coûte 30 kreutzers par tête.

Des asiles semblables existent dans plusieurs autres cités du royaume.

En vertu de la loi du 17 novembre 1816, art. 33, les enfants secourus doivent, à l'expiration des études scolaires, apprendre un métier. Les communes auxquelles la charge des orphelins et des délaissés incombe exclusivement utilisent aussi pour leur placement les refuges connus sous le nom de *Rettungshauser*. Ces pauvres êtres étant confondus avec les autres pauvres et les vagabonds, il n'y a possibilité d'établir aucune statistique.

On peut ajouter seulement que la charité privée vient largement en aide à ces infortunés, d'autant plus nombreux que le chiffre des naissances illégitimes est, comme on le sait, fort élevé en Bavière.

La loi sur les secours publics du 29 avril 1869, ne considère comme indigents devant être secourus par l'assistance légale que ceux dont le dénuement est constaté et qui ne peuvent recevoir de protection ni de leurs parents ni de la charité privée.

Les enfants pauvres (art. 10, § 4) doivent recevoir l'éduducation et l'instruction nécessaires.

La loi de police du 26 décembre 1871 punit d'une amende de 30 thalers celui qui, trouvant un nouveau-né vivant, n'en fait pas immédiatement la déclaration à l'autorité la plus voisine (art. 40); est passible également d'une amende pouvant s'élever à 15 thalers la personne se chargeant, sans autorisation de la police,

---

[1] A Nuremberg, il y en avait un supprimé depuis. De 1750 à la fin du siècle, on y avait reçu 8 enfants.

34

d'enfants au-dessous de huit ans ou qui les gardent une fois l'autorisation retirée (art. 41).

Les parents et gardiens doivent veiller en outre à ce que les mineurs ne fréquentent pas les cabarets. De plus une législation spéciale, comprenant notamment la loi du 6 mars 1813, réprime sévèrement l'avortement, l'exposition des nouveau-nés, la supposition ou l'échange d'enfant, la dissimulation de grossesse.

D'après le droit national bavarois proprement dit, la femme séduite peut porter plainte contre le séducteur et obtenir une indemnité. Cette disposition n'est pas en vigueur dans la Bavière rhenane.

IV

ROYAUME DE SAXE.

Conformément à la loi d'Empire du 6 juin 1870, chaque commune est tenue d'élever les enfants trouvés ou délaissés dont les parents ont le domicile de secours sur son territoire ; si les parents sont inconnus cu n'ont aucun domicile de secours, la charge incombe à l'Etat [1]. Il n'y a en Saxe aucun établissement affecté à cette catégorie d'indigents.

Indépendamment de la loi de 1870, l'ordonnance hospitalière pour le royaume de Saxe, en date du 22 octobre 1840, est restée en vigueur et contient les dispositions suivantes :

§ 49. Les pauvres orphelins dont l'assistance ne peut légalement s'imposer à personne et n'est offerte volontairement par personne, sont placés soit dans des orphelinats existants, soit aux frais de la caisse hospitalière chez des familles honorables. Les directeurs du service doivent s'efforcer de faire élever les enfants gratuitement par des personnes sans enfants ou possédant des ressources suffisantes.

---

[1] Le domicile de secours s'acquiert :

1° Pour les adultes, par deux années de séjour non interrompu et par leur mariage ;

2° Pour les enfants, par la filiation.

Les personnes qui n'ont acquis aucun domicile de secours sont à la charge de l'Etat.

§ 58. Dans les orphelinats une fois les exercices scolaires terminés, les élèves, en tenant compte de leur sexe, seront occupés à des travaux utiles à la maison, en plein air, dans les champs et jardins. L'hiver seulement seront donnés des travaux tout à fait sédentaires. Par dessus tout on tâchera d'organiser l'orphelinat sur le modèle d'une famille bien réglée et sagement administrée.

§ 59. Les communes, une fois l'éducation terminée, sont tenues, tant pour les élèves des orphelinats que pour les enfants placés dans les familles au compte de la caisse hospitalière, et même pour ceux placés dans la maison de correction de Braünsdorf, de veiller à leur avenir dans la société et de les pourvoir, en vue de leur apprentissage, des vêtements et outils indispensables.

Dans chaque ville importante il existe aussi, sous la simple surveillance des autorités communales, des orphelinats privés, subsistant grâce à des fondations charitables.

La statistique hospitalière, entreprise en 1881 pour l'année 1880, mentionnant toutes les personnes ayant besoin d'assistance est publiée dans les cahiers 1 et 2 de l'année 1882 de la *Revue du bureau royal de statistique pour la Saxe*. Elle donne aussi quelques renseignements sur les enfants secourus ainsi par la bienfaisance publique et sur les causes de leur délaissement.

En 1880, furent secourus 6642 enfants orphelins, abandonnés, enlevés à leurs familles pour des motifs de police.

ENFANTS SECOURUS	ASSISTANCE OUVERTE — Enfants placés dans les familles	ASSISTANCE FERMÉE — Enfants dans les orphelinats	TOTAL
D'une manière permanente............	3.470	2.402	5.872
Passagèrement........	235	535	770
TOTAL.....	3.705	2.937	6.642

Dans ce nombre ne sont pas compris les enfants restant avec leur parents recevant eux-mêmes des secours.

Le nombre total des personnes indigentes auxquelles on venait en aide (sans compter les membres de leur famille) s'élevait à 53,672. Les enfants secourus représentent donc en moyenne 12.38 0/0 du nombre total des assistés.

Relativement aux causes qui entraînèrent le besoin d'assistance, les 6642 enfants se répartissent comme il est indiqué dans le tableau suivant :

CAUSES DU BESOIN D'ASSISTANCE	ASSISTANCE PERMANENTE	ASSISTANCE PASSAGÈRE
Accidents......................	4	20
Mort du soutien de famille par accident......................	50	1
Cécité......................	62	3
Surdité et surdi-mutité..........	85	2
Folie, idiotisme, faiblesse d'esprit.	161	5
Infirmités......................	19	6
Maladies......................	206	362
Mort du soutien de famille (chez les orphelins)................	3.183	147
Chômage du soutien de famille...	106	17
Modicité de son salaire..........	190	18
Incurie, manque de soin.........	822	81
Ivrognerie du soutien de famille considérée comme la seule cause de la nécessité de secours......	61	2
Ivrognerie combinée avec d'autres causes (paresse, maladie).......	104	8
Horreur du travail chez le soutien de famille..................	225	22
Emprisonnement du soutien de famille......................	186	45
Expatriation du soutien de famille.	12	2
Abandon de la famille par son soutien......................	396	27
Sans cause déterminée..........	»	2
TOTAL.....	5.872	770

V

GRAND-DUCHÉ DE BADE.

Le grand-duché de Bade ne diffère pas des autres États allemands en ce qui concerne l'assistance de l'enfance ; en règle générale, la charge incombe à la commune du domicile de secours ; si ce domicile est inconnu, l'Etat supporte la moitié des frais d'entretien.

Le séducteur peut être condamné à pourvoir aux dépenses de l'enfant naturel jusqu'à sa quatorzième année ; il est taxé selon la condition et les ressources de la mère (minimum 20 kreutzers par semaine, maximum un florin).

L'action intentée par la mère n'est valable que pendant l'année qui suit la naissance de l'enfant.

La loi de 1851 est fort sévère contre l'infanticide, les violences ayant occasionné un infanticide, etc.

Au congrès de bienfaisance tenu à Bruxelles en 1856 (tome Ier, pag. 121), M. Mittermaier a fourni des renseignements détaillés sur l'assistance des pauvres dans le grand-duché.

« Il n'y a pas, dit-il, une ville, pas une commune où il n'y ait une association charitable pour les secours à domicile. Chaque ville est divisée en douze ou seize quartiers. Pour chaque division il y a une commission de visiteurs des pauvres. Dans chaque commission il y a deux dames, parce que nous sommes convaincus que sans le concours des femmes on ne peut bien faire la charité.

« Chaque commission se rend compte de la situation de chaque famille, de sa condition physique, intellectuelle, morale, de la capacité de chacun de ses membres. Tous les quinze jours, nous nous réunissons pour discuter les mesures à prendre pour porter secours aux plus pauvres et pour entretenir de bons rapports entre nous. L'esprit d'association se propage de plus en plus. »

VI

WURTEMBERG, HAMBOURG, ETC.

Les diverses régions de l'empire d'Allemagne dont nous n'avons pas encore parlé ne présentent aucun fait caractéristique qui mérite d'être relevé en dehors des fondations du Dr Wichem, qui, après avoir fondé près de Hambourg en 1833 les premiers de ces asiles, la Ranhe-haus, forma, en vue d'assurer l'avenir de son œuvre, une congrégation protestante dite des Frères de Horn, divisée en Frères missionnaires et Frères libres, chargés de diriger les groupes d'enfants suivant l'esprit de famille.

On est fort divisé de l'autre côté du Rhin sur le système de la « Ranhe-haus » et celui des orphelinats contenant un grand nombre d'élèves. M. Föhring reproche au premier de ces systèmes d'être très coûteux, purement artificiel, et de reposer sur des fictions trompeuses. Il n'est pas possible, suivant lui, de retrouver les conditions de la famille naturelle dans ces nombres contre nature de 20 et même 25 « frères » du même sexe et à peu près du même âge, et pour l'union fraternelle desquels font également défaut le principe de l'amour, c'est-à-dire la mère, et le principe d'autorité, c'est-à-dire le père; entre lesquels enfin il n'y a d'autre élément de cohésion, d'autre ciment, qu'un individu appelé le *frère aîné* [1].

Comparant ensuite le système des familles et le système collectif au point de vue des dépenses, M. Föhring montre qu'avec l'un pour élever 240 à 300 enfants, il faut construire 6 maisons doubles, se procurer et payer pour 12 familles 12 éducateurs-adjoints, tandis qu'avec l'autre un seul bâtiment est nécessaire, et que la moitié ou même le tiers de ce personnel suffit pour la surveillance.

Sans entrer dans l'examen de ces créations, nous dirons que ce sont en général des maisons de répression ou de

[1] Th. Roussel, annexes, *ut suprà*, tome III, p. 513 et suivantes.

préservation pour des vagabonds et indisciplinés, et non des maisons destinées à des enfants délaissés en bas âge par leurs parents; et qu'en règle générale, nous ne saurions trop le répéter, rien ne peut remplacer pour l'abandonné l'apprentissage de la vie de travail en pleine liberté, au sein d'une nouvelle famille et d'une famille agricole surtout.

CHAPITRE X

CONFÉDÉRATION SUISSE [1]

§ 1er. *Considérations générales.*

En 1856, au congrès international de bienfaisance tenu à Bruxelles, M. Cherbuliez, professeur à l'école polytechnique fédérale de Berne, résumait en ces termes l'histoire du paupérisme dans les cantons suisses. « Avant la Réformation le paupérisme était complètement inconnu dans nos contrées, soit à cause de l'organisation de la société d'alors qui était groupée comme elle ne l'est plus aujourd'hui, soit parce que les habitudes de l'église, tout en favorisant la mendicité, l'empêchaient cependant de dégénérer en pauvreté, en misère.....

« Il y a 350 ans, une partie de la Suisse adopta les principes de la Réforme, et la conséquence de ce fait fut la sécularisation des biens de l'Eglise. Il en résulta, chose très remarquable, précisément ce qui en était résulté en Angleterre. Les deux faits sont concomitants, les mêmes causes ont produit dans ces deux parties de l'Europe les mêmes effets. L'histoire de la charité publique en Angleterre est connue, parce que l'Angleterre est un pays qui intéresse tout le monde. L'histoire de la charité en Suisse, et en particulier dans le canton de Berne, est inconnue, parce que le théâtre est fort petit. Mais il y a conformité parfaite dans les faits. Le Statut de la 43e année du règne d'Eli-

[1] Principaux documents consultés : Naville, *De la charité légale*, 1836, 2 vol. in-8°. Congrès international de bienfaisance, session de 1856 et 1857 (Bruxelles-Francfort). Petitpierre, *Un demi-siècle de l'histoire économique de Neufchâtel*, 1871. C. Niederer, *Le paupérisme en Suisse*, publication véritablement magistrale élaborée sur l'invitation de la Société suisse de statistique, in-4°, Zurich, 1878. Annexes du rapport de M. Th. Roussel au sénat ; notes manuscrites.

sabeth, qui établit la taxe des pauvres en Angleterre, a un corrélatif dans un acte de la diète suisse qui remonte au milieu du XVIe siècle et qui ordonne qu'à l'avenir tous les Etats dont se composait la confédération seraient chargés de leurs indigents ; mais en Suisse, comme cet acte s'adressait à une confédération, il n'aurait pas donné lieu aux mêmes conséquences qu'en Angleterre, si l'on s'en était tenu aux termes de l'acte lui-même et si les cantons étaient restés chargés, comme l'Etat, des soins de leurs indigents.

« Mais les cantons firent dans l'étendue de leur territoire ce que la diète avait fait pour la confédération entière, c'est-à-dire que, de même que la diète avait ordonné que chaque canton aurait soin de ses indigents, les cantons auxquels l'arrêté s'appliquait déclarèrent que chaque commune du canton serait obligée de pourvoir aux besoins de ses pauvres. On créa ainsi une obligation pour les communes, et par conséquent un droit pour les indigents ; c'était la taxe des pauvres, la charité légale dans toute son activité.

« Depuis lors, et surtout depuis le commencement de ce siècle, le paupérisme n'a pas cessé d'être une des plaies de la Suisse. »

Le pasteur Naville, dans son célèbre ouvrage, a retracé les conséquences fatales de cette charité légale[1]; il a montré les municipalités subventionnant des indigents pour aller acquérir le domicile de secours dans un autre endroit ; des malheureux malades ou infirmes, repoussés de partout et mourant sans secours. Il a stigmatisé cette loi odieuse interdisant le mariage à tout individu assisté par la commune.

Actuellement la situation se trouve améliorée ; la loi prohibitive du mariage est rapportée depuis 1874[2], plusieurs

---

[1] Tome Ier, p. 113-115. « Ces entraves apportées au mariage des personnes peu fortunées ont, sous le rapport de la moralité publique, une influence désastreuse. Partout où on les impose, elles multiplient prodigieusement le nombre des enfants illégitimes..... Ainsi se forme une race audacieuse habituellement réduite à conquérir son existence par le crime, et qui menace d'oppression et de ruine les autres classes de la société..... »

[2] Aux termes de l'art. 54 de la constitution fédérale : « Aucun empêchement au mariage ne peut être fondé sur des motifs confession-

cantons ont supprimé le *droit* à l'assistance légale, enfin les luttes religieuses se sont adoucies, et la liberté plus grande accordée à l'Eglise catholique lui a permis de multiplier ses établissements et ses œuvres.

On ne trouve cependant nulle part des lois concernant les enfants trouvés ou délaissés ils sont secourus au même titre que les orphelins et enfants pauvres.

Pour se rendre compte de la situation faite à cette catégorie si intéressante d'indigents, il faut donc passer très sommairement en revue les dispositions législatives des cantons, en indiquant le nombre des institutions privées qui viennent seconder l'action de la charité publique.

§2. *Obligations réciproques des parents au point de vue de l'assistance.*

Les prescriptions légales concernant l'obligation par les ascendants, les descendants, les conjoints et même les collatéraux de s'assister réciproquement, ou au moins de fournir un subside à la caisse communale, varient de canton à canton.

Aucune contribution n'est réclamée dans les demi-cantons de Nidwald, d'Appenzell Rh. ext. et d'Appenzell Rh. int., Saint-Gall. Soleure et Genève imposent au contraire aux ascendants et aux descendants l'obligation de se venir en aide ; Schwytz, Zurich et les Grisons l'étendent aux frères et sœurs, et Glaris y comprend les parents au cinquième degré, suivant la computation romaine.

Le Valais prescrit que les parents domiciliés dans la même commune que les familles où individus admis à l'assistance sont jusqu'au quatrième degré tenus de les secourir, tandis que cette charge n'incombe aux parents habitant d'autres parties du canton que jusqu'au deuxième degré.

A Lucerne la cotisation annuelle à fournir par les personnes devant l'assistance est fixée d'après leur fortune, en ce sens qu'elle est limitée à 15 % et à 7 1/2 % de la fortune

nels, *sur l'indigence de l'un ou l'autre des époux,* sur leur conduite ou sur quelque autre motif de police que ce soit. »

nette des père et mère ou grand-père et grand'mère lorsqu'il s'agit de leurs enfants ou petits-enfants.

La contribution des parents exigée d'une façon très arbitraire tend partout à disparaître en fait, sinon encore en droit.

§ 3. *Droit à l'assistance des communes et de l'Etat.*

Presque tous les cantons imposent aux communes, et subsidiairement aux paroisses, l'*obligation*, avec participation de l'Etat, d'accorder des secours aux indigents, ceux-ci ayant le *droit* de les réclamer.

Lorsque l'obligation n'est pas inscrite dans la loi, elle résulte de la coutume (Glaris, Appenzell, Rhodes ext.)

A Berne (ancien canton), bien que l'assistance forcée des communes soit abrogée en principe par la constitution, ces mêmes communes sont tenues vis-à-vis de l'Etat de pourvoir aux soins de leurs pauvres, et d'un autre côté l'Etat emploie des sommes considérables à cet objet.

La nouvelle partie du canton de Berne, Fribourg, Vaud et Genève possèdent seuls une législation différente.

A Fribourg, les pauvres n'ont aucun *droit* à l'assistance de leur commune ou de leur paroisse. Toutefois les communes sont chargées par mesure d'humanité et d'ordre public de pourvoir aux besoins extraordinaires et urgents de leurs pauvres, au moyen de leurs revenus des fonds des pauvres ou de commune, et, en cas d'insuffisance de ces revenus et de la charité privée, au moyen de ressources extraordinaires.

A Genève les lois des 26 août 1868 et 6 février 1869, portant création et organisation d'un hôpital général, ont opéré la réunion à cet asile de tous les établissements de charité et de tous les fonds des pauvres du canton [1].

Depuis l'entrée en vigueur de la loi constitutionnelle du 26 août 1868 les différentes communes n'ont plus à s'oc-

---

[1] Art. 7 de la loi du 6 février 1869 : « Les biens de l'hôpital de Genève, ceux du bureau de bienfaisance, la fondation Tronchin, les fonds des orphelins, de l'hospice civil de Carouge, sont réunis en une seule masse sous le nom d'hôpital général. »

cuper de l'assistance, cette obligation incombant à l'hôpital général, sans toutefois que l'indigent ait *un droit* réel à être secouru.

§ 4. *Enfants assistés et mode de placement.*

Cette assistance des pauvres, reconnue presque universellement en Suisse, doit s'étendre aux orphelins et aux enfants pauvres abandonnés ou délaissés, jusqu'au commencement de leur seizième année, ou jusqu'à l'admission à la sainte cène. (Berne.)

Le plus souvent ils sont placés chez des particuliers moyennant rétribution, l'ancien système des *adjudications au rabais* étant généralement prohibé.

Les règlements de certains cantons (Lucerne, Schaffouse, Thurgovie) spécifient qu'il est du devoir des autorités d'assistance de veiller à ce que ces enfants reçoivent dans la famille, à l'école et à l'église, une bonne éducation, basée sur les principes religieux et de nature à développer leur force corporelle et leurs facultés intellectuelles.

Les instituteurs ont l'obligation de s'occuper tout particulièrement de la manière dont ces assistés fréquentent l'école et doivent faire des rapports sur ce sujet. (Glaris.)

Lorsque ces enfants atteignent l'âge à partir duquel la loi ne permet plus de les secourir au moyen de la caisse des pauvres, l'autorité d'assistance, disent très sagement les instructions administratives de Bâle-Campagne, est tenue de continuer autant que possible à les aider de ses conseils.

Quelques cantons, Appenzell, Bâle-Campagne, Saint-Gall, Genève, recourent au système des orphelinats communaux en raison de la prépondérance de la population ouvrière qui rend les placements isolés plus difficiles [1].

Ces établissements sont généralement défectueux ; dans la

---

[1] Bâle-Campagne. « On doit renoncer ordinairement à placer des enfants dans des familles étrangères, quoique ce mode d'entretien soit moins coûteux et meilleur au point de vue pédagogique, parce que dans notre population industrielle les familles, déjà nombreuses par elles-mêmes, consentent rarement à accepter encore des enfants étrangers. »

grande majorité on reçoit des adultes et des enfants sans séparations suffisantes. Il faudrait fonder des orphelinats destinés aux jeunes pupilles, mais la question de dépenses entrave toutes les améliorations.

Cependant, en vue d'obtenir un résultat aussi désirable, certaines communes commencent à s'unir pour élever à frais communs un asile présentant de bonnes conditions hygiéniques et morales.

§ 5. *Autorités d'assistance.*

La surveillance des enfants secourus, comme toutes les autres questions se rattachant à la bienfaisance publique, est le plus habituellement du ressort des *autorités d'assistance* ou *de charité*, qui prennent quelquefois les noms de conseils communaux (Lucerne), de commission des pauvres (Unterwalden) et de bureaux de charité (Valais) ; mais sous ces qualifications diverses elles ont toujours pour mission d'administrer les fonds des malheureux, de pourvoir à l'entretien matériel et au bien-être moral des indigents [1].

Les individus assistés sont soumis à une discipline sévère : privation de droits politiques, interdiction de fréquenter les cabarets, etc. Ils doivent rembourser, dès qu'ils le peuvent, le montant des secours qu'on leur a alloués. Ces règles tendent du reste à s'adoucir ; ainsi les châtiments corporels ont été supprimés.

L'assistance entraine souvent en outre la perte de la puissance paternelle. « A Berne le juge compétent peut prononcer cette peine et faire exercer le pouvoir paternel par les représentants de la commune, lorsque les parents ne remplissent pas leurs devoirs envers leurs enfants ; qu'ils les laissent dans le dénuement, les laissent mendier etc. »

[1] Genève a une constitution spéciale ; depuis la création de l'hôpital général, cet établissement est géré par une commission de 17 membres, dont 7 sont nommés par le conseil municipal de la ville, 5 par les conseils municipaux de la rive gauche du Lac et du Rhône, *deux* par les conseils municipaux de la rive droite et *trois* par le conseil d'Etat. Cette commission, dont les fonctions sont gratuites, est renouvelée tous les quatre ans. Les membres sont rééligibles.

Dispositions analogues à Lucerne. Les parents qui nuisent à la bonne éducation de leurs enfants placés par les soins des autorités d'assistance, en les excitant à la désobéissance, peuvent être punis par le conseil communal d'un emprisonnement, *avec maigre régime*, pendant quatre jours au plus; en cas de récidive, l'internement est de huit jours.

§ 6. *Chiffre des enfants secourus par les autorités d'assistance.*

| CANTONS | ENFANTS AU-DESSOUS DE 16 ANS | | | | | |
| | SECOURUS | | | ASSISTÉS | | |
	légitimes	illégitimes	TOTAL	dans des familles étrangères — dans des fermes	dans des établissements — orphelinats	placés en apprentissage
I. Zurich.....	2.143	842	2.985	2.395	415	175
II. Berne anc..	5.557	2.975	8.532	7.551	544	437
IIᵇⁱˢBerne nouv.	459	136	595	265	251	79
III. Lucerne ...	1.389	1.956	3.345	2.684	561	100
IV. Uri........	65	37	102	69	25	8
V. Schwyz....	169	160	329	149	173	7
VI. Unterwald. le Bas....	87	28	115	10	96	9
VII. id. le Haut.	95	57	152	95	49	8
VIII. Glaris.....	152	31	183	60	106	17
IX. Zoug......	170	58	228	96	117	15
X. Fribourg...	676	465	1.141	909	175	57
XI. Soleure....	282	326	608	479	9	120
XII. Bâle ville..	376	69	445	189	206	50
XIII. Bâle camp.	335	152	487	427	54	6
XIV. Schaffhouse	193	163	356	202	125	29
XV. Appenzell Rh. ext.ᵉ.	612	110	722	137	534	51
id. Rh. int.	55	29	84	8	76	»
XVI. Saint-Gall..	1.083	472	1.555	280	1.142	133
XVIII. Grisons ...	149	90	239	103	110	26
XIX. Argovie....	1.567	1.654	3.221	2.766	264	191
XX. Thurgovie..	422	436	858	713	102	43
XXI. Tessin.....	45	14	59	35	18	6
XXII. Vaud......	2.356	943	3.299	2.924	245	130
XXIII. Valais.....	25	23	48	27	17	4
XXIV. Neuchâtel..	779	134	913	574	232	107
XXV. Genève....	187	86	273	122	138	13
	19.775	11.604	31.379	23.269	6.162	1.948

Ainsi qu'il résulte de ce tableau, l'assistance officielle secourait en Suisse 31,379 enfants, répartis d'une façon absolument inégale dans les différents cantons.

Ces chiffres remontant à l'année 1870, il n'y a pas à s'arrêter à la proportion des légitimes et des illégitimes, ces données ayant été absolument modifiées par la loi de 1874 supprimant les entraves aux mariages des indigents. C'était en effet les cantons où ces prohibitions étaient le mieux observées, qui fournissaient le plus fort contingent de naissances naturelles.

§ 7. *La charité privée.*

En dehors de l'assistance officielle, la charité privée ne reste pas inactive ; les sociétés de Saint-Vincent de Paul, les orphelinats, les salles d'asile, concourent au soulagement de toutes les infortunes. Un grand nombre de ces établissements sont dirigés par des sœurs de la Sainte-Croix d'Ingenbohl dites Théodosiennes (canton de Schwyz), fondées par le Père Théodose, capucin, mort en 1865.

Ces œuvres diverses, au nombre de six cents, secouraient 7,122 enfants, répartis ainsi qu'il suit, d'après les chiffre fort incomplets recueillis en 1870 [1].

Soignés dans la famille 902.

Assistés d'une autre manière 5,775.

Placés en apprentissage 445.

Beaucoup de ces institutions sont fort anciennes « dans les cantons catholiques, qui font preuve d'une grande activité sous ce rapport, dit M. Niéderer, p. 384. La plupart de ces

---

[1] Réponse d'un préfet du canton d'Argovie : « Si le bureau fédéral de statistique veut en savoir davantage, il ne lui reste d'autre parti à prendre que d'envoyer quelqu'un sur les lieux pour se procurer les renseignements qui lui manquent. Pour ma part, je ne consentirai pas à donner aux sociétés d'assistance volontaire une peine inutile, à seule fin de faire remplir un tableau qui entraînerait une grande dépense de temps, de peine et de papier, et qui après tout resterait incomplet et ne serait lu par personne. »

sociétés ont un caractère religieux. Dans le canton de Lucerne elles ont été fondées dans les mauvaises années, grâce à l'initiative des autorités, ou même de simples particuliers, et elles sont organisées par districts.

« Uri et Olwald se distinguent par des fondations considérables, remontant même au xv⁰ siècle, dont les revenus sont employés en vue de l'éducation des enfants ou dans certains buts d'assistance générale. Ainsi Uri occupe le second rang au point de vue des biens des pauvres, et Olwald est celui des cantons qui a proportionnellement le plus de sociétés et de fonds pour l'assistance. »

CANTONS	Enfants secourus par la charité privée			TOTAL
	dans des familles étrangères	d'une autre manière	mis en apprentissage	
I. Zurich......	76	818	24	918
II. Berne anc...	6	914	28	948
III. Berne nouv..	»	»	3	3
IV. Lucerne.....	4	63	3	70
V. Uri........	»	»	50	50
VI. Schwyz.....	6	»	1	7
VII. Olwald.....	20	66	11	97
VIII. Glaris.......	»	65	1	66
IX. Zoug.......	»	20	1	21
X. Fribourg....	9	2	2	13
XI. Soleure.....	14	68	»	82
XII. Bâle ville...	6	1.523	16	1.545
XIII. Bâle camp...	72	289	»	361
XIV. Schaffhouse.	»	35	»	35
XV. Appenzell Rh. ext...	6	125	44	175
XVI. id. Rh. int..	»	»	»	»
XVII. Saint-Gall...	8	334	25	367
XVIII. Grisons.....	5	261	29	295
XIX. Argovie.....	570	270	83	923
XX. Thurgovie...	3	38	2	43
XXI. Tessin......	»	132	»	132
XXII. Vaud.......	84	320	4	408
XXIII. Valais......	»	61	1	62
XXIV. Neuchâtel...	7	177	3	187
XXV. Genève......	6	194	89	314
	902	5.775	445	7.122

Résumé.

En résumé, l'assistance de l'enfance pauvre ou délaissée est assurée dans tous les cantons suisses par la bienfaisance légale qui fait une obligation aux communes de les recueillir et de les élever. En dehors de cette assistance, la charité privée étend de jour en jour davantage son action, fonde des établissements, forme des sociétés, et en même temps on voit s'adoucir les dures obligations imposées autrefois à tous ceux recevant un subside de la communauté des habitants. L'abrogation des lois iniques sur les empêchements au mariage des indigents, la cessation de pénalités corporelles, marquent sous ce rapport un réel progrès. Il faut désirer au contraire le maintien de ces règles si sages, qui écartent des cabarets tout individu inscrit sur la liste de secours et même celles leur enlevant, durant ce temps, les droits politiques.

En France, où ce système n'est pas suivi, on arrive quelquefois à des résultats véritablement incroyables, dans des communes relativement peu peuplées et possédant sur leur territoire des asiles importants.

Quant aux établissements créés par l'initiative particulière, ce sont généralement de simples orphelinats et des colonies agricoles, etc.

Il est inutile d'entrer dans de longs développements sur le régime intérieur de ces maisons, qui ne diffère pas de celui adopté pour les asiles similaires de France[1] et ne distinguent nullement les enfants abandonnés des autres enfants pauvres.

En terminant ce chapitre nous formons seulement le vœu de voir en Suisse les difficultés confessionnelles rentrer de plus en plus dans une voie d'apaisement, de manière à ce que les efforts de tous puissent s'unir pour le soulagement des pauvres et la bonne éducation de l'enfance délaissée.

[1] On trouvera, du reste, au tome III des annexes du rapport de M. le sénateur Roussel, des renseignements recueillis par M. le sénateur Parent sur quelques-uns de ces établissements.

CHAPITRE XI

EUROPE SEPTENTRIONALE

PAYS-BAS, DANEMARK, SUÈDE ET NORVÈGÉ

I

ROYAUME DES PAYS-BAS [1].

§ 1ᵉʳ. *Législation.*

En vertu des lois des 28 juin 1854 et 1ᵉʳ juin 1870, l'Etat n'a d'autre mission en matière de bienfaisance que de maintenir et de garantir la liberté ; la commune n'intervient que dans des cas exceptionnels, lorsque les ressources des particuliers et des corporations sont insuffisantes.

« Art. 20. L'entretien des pauvres est abandonné, sauf les dispositions ultérieures de cette division, aux institutions ecclésiastiques et particulières de bienfaisance.

« Art. 21. Aucune administration civile ne peut donner de secours à des pauvres qu'après s'être assurée, autant

---

[1] Principaux documents consultés : Ordre et règlement de la maison des orphelins, des vieillards et des vieilles femmes de l'église wallonne d'Amsterdam, in-4°, Amsterdam, 1782. Recueil des mémoires sur les établissements d'humanité, *passim. Tableau de la charité chrétienne en Belgique,* par le chanoine de Haerne, in-8°, 1857. Ducpétiaux, *La question de la charité,* in-8°, 1858. Congrès internationaux de bienfaisance, sessions de 1856, 1857, 1862. Code pénal des Pays-Bas (3 mars 1881), traduit par Wintgens, in-8°, Paris, 1883. Commission relative à la protection de l'enfance, annexes au rapport de M. Th. Roussel, 3ᵉ partie, 1883. Notes manuscrites.

que faire se peut, qu'ils ne peuvent en obtenir d'une administration ecclésiastique ou particulière de bienfaisance, et alors seulement en cas de nécessité absolue. »

Les établissements particuliers acquièrent facilement la personnalité civile, et ceux destinés à recevoir des orphelins ou des enfants pauvres ont le droit d'employer les revenus propres des biens de leurs administrés jusqu'à concurrence des dépenses faites [1].

En dehors de ces dispositions il n'y a pas de lois spéciales pour les enfants trouvés ou délaissés.

Au point de vue pénal, le code du 3 mars 1881 punit ainsi qu'il suit l'avortement, l'infanticide :

« Art. 290. La mère qui, sous l'impression de la crainte que son accouchement soit découvert, ôte avec intention la vie à son enfant, au moment de la naissance ou peu de temps après, est punie, comme coupable de meurtre d'enfant, d'un emprisonnement de six ans au plus.

« Art. 291. La mère qui, pour exécuter une résolution prise sous l'impression de la crainte que son accouchement prochain soit découvert, ôte avec intention la vie à son enfant au moment de la naissance ou peu de temps après, est punie, comme coupable d'assassinat commis sur un enfant, d'un emprisonnement de neuf ans au plus.

« Art. 295. La femme qui, avec intention, produit ou fait produire par un autre l'avortement ou la mort de son fruit, est punie d'un emprisonnement de trois ans au plus.

---

[1] Loi 28 juin 1854 : Art. 49. Les revenus des biens d'orphelins, enfants trouvés ou abandonnés, et d'autres indigents entretenus dans les hospices civils, ecclésiastiques ou particuliers, peuvent, pendant le temps de l'entretien, être employés par l'administration qui fait les frais de l'entretien, mais seulement jusqu'à concurrence des dépenses faites.

Art. 50. On peut avoir recours aux héritiers de ceux qui meurent dans ces hospices, pendant le temps de leur entretien, pour les dépenses de cet entretien et celles de l'inhumation, pour autant qu'il n'y ait pas été pourvu, conformément à l'article 49.

Art. 51. Les articles 49 et 50 ne sont pas applicables aux majeurs qui sont reçus à d'autres conditions dans un hospice pour y être entretenus.

« Art. 296. Celui qui, avec intention, produit l'avortement ou la mort du fruit d'une femme sans le consentement de celle-ci, est puni d'un emprisonnement de douze ans au plus. Si le fait est suivi de la mort de la femme, le coupable est puni d'un emprisonnement de quinze ans au plus. »

Art. 297 et 298. Lorsque la femme a donné son consentement, la peine n'est plus que de quatre ans et six mois, et en cas de mort de six ans. Pour les médecins et sages-femmes les pénalités sus-mentionnées peuvent être élevées d'un tiers, avec destitution du droit d'exercer la profession. Le délaissement et l'exposition sont également réprimés.

« Art. 255. Celui qui, avec intention, met ou délaisse en état de détresse une personne qu'il doit entretenir, nourrir ou soigner, est puni d'un emprisonnement de deux ans au plus ou d'une amende de trois cents florins au plus.

« Art. 256. Celui qui expose un enfant au-dessous de l'âge de sept ans, ou le délaisse dans le dessein de s'en défaire, est puni d'un emprisonnement de quatre ans et six mois au plus.

« Art. 257. Si un des actes spécifiés dans les articles 255 et 256 est suivi d'une grave lésion corporelle, le coupable est puni d'un emprisonnement de sept ans et six mois au plus.

« Si un de ces actes a été suivi de la mort, le coupable est puni d'un emprisonnement de neuf ans au plus.

« Art. 258. Si le coupable du délit mentionné à l'art. 256 est le père ou la mère, les peines prescrites aux articles 256 et 257 peuvent, à son égard, être élevées d'un tiers.

« Art. 259. Si la mère, sous l'impression de la crainte que son accouchement soit découvert, expose son enfant peu de temps après la naissance, ou le délaisse, dans le dessein de s'en défaire, le maximum de peines portées par les articles 256 et 258 est diminué de moitié [1].

---

[1] On remarquera que la crainte pour une femme de divulguer le secret de la naissance de son enfant est considérée comme une circonstance devant diminuer la pénalité. En général, les peines infligées pour les crimes envers l'enfant sont de beaucoup inférieures à celles portées au code français.

«Art. 253. Celui qui cède ou abandonne à un autre un enfant au -dessous de l'âge de douze ans placé sous son autorité légitime, sachant qu'il sera employé *à exercer la mendicité,* à faire des tours de force dangereux, est puni d'un emprisonnement de trois ans au plus.

§ 2. *Admission et entretien des enfants délaissés.*

En Hollande le mode d'assistance préféré est l'assistance à domicile; il y a cependant de nombreux établissements destinés aux orphelins et renfermant habituellement une population peu considérable [1].

On y admet souvent les deux sexes; séparés aux dortoirs, en classe et aux récréations, les enfants se trouvent réunis au réfectoire, à l'église et dans toutes les circonstances solennelles.

La maison est alors dirigée par un ménage, le *père* étant chargé des garçons et la *mère* des filles.

Ces établissements reçoivent les élèves depuis trois ans jusqu'à douze ou quatorze. Ceux qui ne sont pas orphelins restent en général dans leur famille avec un subside, mais l'assistance pour les délaissés et moralement abandonnés est moins active et laisse à désirer sous le rapport de la surveillance. Quant aux *trouvés* proprement dits, il n'y en a qu'un nombre très restreint; du reste les règlements varient pour chaque maison, ainsi que le constate M. Berlaerts Van Blokland dans la note fort complète envoyée par lui à la commission sénatoriale française [2].

La charité religieuse et la charité privée jouissent d'une liberté réelle. Le pouvoir n'a garde de s'immiscer dans leurs affaires particulières, qu'elles gèrent comme bon leur

---

[1] Ainsi dans le Limbourg hollandais (pays catholique), on compte quatre orphelinats communaux à Maëstricht. Le reste de la province renferme 15 établissements de même nature, dont un protestant. La population varie de 100 à 10 enfants; la moyenne est de 30 à 40.

[2] Th. Roussel, *ut suprà,* annexes tome III, p. 329 et suivantes.

semble. La loi même n'accorde au gouvernement aucune espèce de contrôle ou de surveillance sur ces établissements séculaires, qui sont une des gloires du pays. Ces établissements parfaitement autonomes tiennent à honneur de garder intacte leur indépendance du pouvoir civil. La loi ne les oblige qu'à donner communication de leurs règles d'administration, et à envoyer chaque année au collège communal, pour la statistique officielle, une notice contenant le nombre des personnes assistées et les frais de l'établissement.

La situation financière de ces maisons est très différente. D'abord la source des revenus est tout autre pour les établissements officiels que pour ceux qui dépendent de la charité privée ou de l'action des communautés religieuses.

Les legs et dons n'affluent que là où l'Etat s'abstient. Ensuite il faut faire une distinction entre les établissements libres, suivant que ce sont soit des orphelinats d'une communauté religieuse, soit des orphelinats destinés aux enfants de ceux qui avaient droit de cité (*Burger wees huizen*). En règle générale, les seconds sont plus riches que les premiers.

La loi néerlandaise fixant l'époque de la majorité à vingt-trois ans, les orphelinats jugent quelquefois utile de garder jusqu'à cet âge les enfants admis. Habituellement en les fait sortir à dix-huit ou vingt ans, pour les habituer progressivement à la vie active.

A l'intérieur des asiles ils sont, suivant leurs aptitudes, formés à l'apprentissage de divers métiers ; ceux montrant des dispositions exceptionnelles peuvent être envoyés à des cours d'enseignement secondaire ou supérieur.

Dès que la maison a une importance suffisante, on divise les élèves en trois classes : *enfants*, *écoliers* et *ouvriers*.

Il n'y a pas d'utilité à entrer d'une manière plus précise dans le détail de l'organisation de ces orphelinats ; mentionnons cependant à Amsterdam un vaste établissement, unique en Hollande, *Jurichting voor stads beste de lingen*, qui reçoit

par exception plus de 540 enfants. Cette population infantile se divisait ainsi en 1882 :

Orphelins.	281	
Enfants abandonnés	177	
Enfants trouvés.	52	540
Enfants forcément et momentanément aban-donnés (parents en traitement, etc.)	30	

Étaient élevés dans la maison	46	
Placés chez des nourrices de la ville.	45	
Maintenus chez des parents ou amis avec une pension.	128	540
Répartis chez des cultivateurs.	321	

Ce système de placement au dehors d'enfants une fois
admis n'est pas imité en général par les établissements similaires ; il présente cependant de réels avantages.

Ajoutons qu'une société fondée en 1874 et dite *Société pour
l'éducation des orphelins en famille,* a pour but de répandre ce
mode d'assistance [1].

Telles sont les bases générales et sommaires de l'organisation de la bienfaisance privée et publique dans le
royaume des Pays-bas.

Il existe également des écoles de réforme destinées aux
enfants vagabonds et, par la force des choses, à ces pauvres
êtres délaissés de leurs parents, et qui, trop souvent, n'ont
pu être recueillis nulle part. On peut citer parmi ces écoles :
le Mettray néerlandais près Zupfen, Thalitha-Kumi à Zetten
pour les filles, et les colonies de la société de bienfaisance à
Fréderikrood.

Ces derniers établissements remontent au mouvement
suscité en 1818, par le général Van den Bosch et dont nous
avons parlé à l'occasion du placement des enfants abandonnés en Belgique.

[1] On trouve de nombreux documents sur cette société dans les
annexes du rapport de M. Th. Roussel (tome III, p. 359-388). Nous ne
pouvons que renvoyer à cet ouvrage, notre pensée étant de fournir
principalement sur les institutions étrangères des renseignements
n'existant pas déjà dans des livres français.

Dans les colonies de cette société de bienfaisance, les mineurs des deux sexes vivent et grandissent mêlés à des populations de colons adultes, ouvriers agricoles ou industriels, ou familles de fermiers libres. Les résultats obtenus sont satisfaisants, mais on ne peut recevoir ainsi qu'un nombre restreint d'enfants [1].

II

DANEMARK [2].

En Danemark comme en Hollande, tout individu adulte ou enfant, dépourvu de moyens d'existence et qui n'a pu être secouru par les institutions publiques ou privées, est à la charge de sa commune. Il acquiert ce droit par un séjour de cinq années.

En cas de mort, les descendants des personnes ainsi assistées reçoivent jusqu'à l'âge de 16 ans les subsides accordés précédemment à leurs parents.

La mendicité est punie d'un emprisonnement de 6 mois.

La loi régissant l'assistance à Copenhague remonte au 1er juillet 1799; un règlement du 5 juillet 1803 en a étendu les dispositions aux autres parties du royaume. Dans sa session parlementaire (1872-1873) le Lansthing a voté un projet de loi modificatif présenté par le ministre de l'intérieur; mais il n'a pas été approuvé par le Folksting.

La bienfaisance publique est dirigée dans les villes par des conseils communaux et dans les campagnes par des conseils paroissiaux.

Toutes ces institutions doivent soumettre leurs budgets annuels au gouvernement.

[1] Voir aux annexes du rapport du sénateur Roussel, p. 277 à 323.

[2] Principaux documents consultés : Recueil des mémoires sur les établissements d'humanité an VII. Documents manuscrits émanant du bureau de statistique du royaume de Danemark. Décret royal du 30 octobre 1873 concernant l'institution dite du roi Frédéric VII et le Rapport de la direction de cet établissement pour l'année 1880 (en danois). Exposé statistique des institutions et sociétés danoises, par Knudsen, présenté au congrès d'hygiène et de sauvetage de Bruxelles en français), in-4°, Copenhague, 1876.

Quant aux œuvres privées, entretenues par les souscriptions ou le revenu de donations, elles ne sont pas soumises à cette formalité.

Il n'existe aucune législation spéciale pour les enfants trouvés et abandonnés ; il nous suffira donc d'énumérer brièvement les fondations qui s'occupent plus particulièrement de cette classe d'infortunés.

La Maternité a été fondée par l'État en 1785 et réorganisée 9 ans plus tard. Antérieurement il existait un établissement similaire, remontant à la moitié du xviiie siècle sous le règne de Frédéric V. On y avait même réuni une maison pour les enfants trouvés ; un berceau posé dans le mur du bâtiment était destiné à les recevoir. Dès qu'on y plaçait un nouveau-né, trois cloches sonnaient ; mais en présence du nombre considérable de petites créatures apportées de la Suède et des pays voisins, on renonça rapidement à ce mode de réception.

Actuellement, en vue de favoriser l'allaitement maternel, on alloue pendant un an ou six mois aux femmes non mariées, accouchant pour la première ou la seconde fois, un secours de 2 francs par semaine.

Les enfants dont les mères ne veulent point se charger sont mis en nourrice à la campagne et dans les faubourgs. Les nourrissons restant à Copenhague, sont traités gratuitement en cas de maladie, et des inspecteurs délégués par l'administration s'assurent qu'ils reçoivent les soins nécessaires.

En vertu de l'ordonnance royale du 8 juillet 1875, le secours accordé pour ces pupilles est prolongé jusqu'à la quatorzième année ; il cessait auparavant à 6 ans.

Le tarif adopté est de 3 fr. 40 par semaine pour la première année, 1 fr. 39 de la deuxième à la quatorzième. L'hospice paye les frais de voyage, et au moment de la confirmation 28 francs sont alloués à titre de trousseau. De plus une gratification de 56 francs sert à récompenser les nourrices qui ont montré du zèle et du dévouement.

Si les nourrices manifestent, à une époque quelconque

de la vie de l'enfant le désir de l'adopter, les directeurs de la maison sont autorisés à leur compter de suite le restant capitalisé de la subvention annuelle, ainsi que la gratification et les frais de trousseau à l'époque de la confirmation.

La pension cesse à 14 ans, parce que dans les pays luthériens du Nord les individus *confirmés* des deux sexes sont considérés comme adultes et responsables de leurs actes devant la loi. Après la *confirmation* les enfants des ouvriers quittent ordinairement la maison paternelle pour se placer ou entrer en apprentissage.

L'hospice de la Maternité accorde en moyenne des secours à 7 ou 800 mères et place de 4 à 450 enfants.

En dehors de cette assistance, des comités de secours privés accordent des subsides aux femmes pauvres, accouchant à domicile; une autre société dite d'*encouragement pour les mères nourrices* distribue par an environ 2.000 francs aux femmes se distinguant par la propreté et la bonne tenue de leurs enfants.

Il existe également de nombreuses crèches et salles d'asile.

Les orphelins, les délaissés, les abandonnés trouvent à leur tour des maisons destinées à les recevoir.

Les filles y sont conservées habituellement jusqu'à la confirmation, les garçons étant placés au dehors vers sept ans.

Il n'y a aucune règle générale d'admission applicable à ces établissements ruraux ou des villes, ayant chacun leurs dispositions particulières; on n'admet pas cependant, à moins d'exception, les enfants au dessous d'un an.

En dehors des orphelins, ces fondations reçoivent des élèves appartenant aux trois catégories suivantes :

1° Enfants qui, en raison de la négligence de leurs parents, peuvent être considérés comme abandonnés ;

2° Enfants infirmes réclamant des soins spéciaux ;

3° Enfants chez lesquels l'abandon et les mauvais exemples ont fait naître des penchants vicieux et auxquels convient une discipline sévère.

Le chiffre des pupilles assistés varie considérablement ; les asiles ruraux ont une faible population. La *maison de secours du roi Frédéric VII*, fondée en 1814 au château de Jœgerspris, en vertu du testament de la comtesse Danner, doit recevoir 6 à 800 jeunes filles de tout le royaume, les conserver pendant seize ans et les répartir par groupes de vingt dans de petits asiles séparés sous la surveillance d'une *mère-directrice*.

Il suffit de mentionner maintenant les hospices de jeunes aveugles, de sourds-muets, et les hôpitaux affectés aux enfants malades, pour avoir une vue d'ensemble sur les institutions publiques et privées consacrées en Danemark à l'assistance des catégories toujours si nombreuses d'orphelins, d'enfants abandonnés, de délaissés et de vagabonds.

III

SUÈDE [1].

§ 1er. *Législation et considérations générales.*

Il n'existe pas en Suède de législation spéciale pour les enfants trouvés. La loi actuellement en vigueur sur l'assistance publique ne contient aucune disposition à cet égard. Aux termes de cette loi, du 9 juin 1871, les mineurs au-dessous de 15 ans sont seuls admis au bénéfice des secours publics avec les individus que la vieillesse, les infirmités mettent hors d'état de pourvoir aux besoins de la vie, si ces individus sont eux-mêmes privés de ressources et manquent de parents pouvant leur venir en aide.

---

[1] Principaux documents consultés : Congrès international de bienfaisance de Francfort-sur-le-Mein, session de 1857, tome Ier. Hügel, *Die Findenhauser un das findelwesen Europa's*, 1863. Léon Morillot, *De la condition des enfants nés hors mariage*, in-8°, 1865. Dr Elis Sidenbladh, Royaume de Suède, exposé statistique, in-8°, 1878 (en français). Jules Nougaret, *De l'enseignement populaire en Suède*, in-8°, Dentu, 1869. Documents manuscrits émanés du bureau central de statistique de Suède. Compte rendu au roi par la direction de l'institut des enfants trouvés, année 1881 (en suédois).

Dans tous les autres cas il appartient aux directions communales de l'assistance de décider s'il y a lieu d'accorder ou de refuser des secours. Toute personne valide est tenue de s'entretenir elle-même et ses enfants mineurs ; les enfants et les parents se devant une mutuelle assistance.

Le chef de maison est responsable de l'entretien de ses serviteurs, des ouvriers de sa fabrique, de leurs femmes et de leurs enfants, afin qu'ils ne tombent point à la charge de l'Assistance publique. Quiconque entraîne par paresse ou indifférence sa famille dans la misère ou envoie ses enfants mendier, est passible de la peine *du travail public* s'il n'existe pas de circonstances atténuantes.

La loi accorde en outre à l'administration communale, pourvoyant à l'entretien d'enfants mineurs de 15 ans, l'*exercice de l'autorité domestique sur les parents de ceux-ci.*

Au point de vue du droit civil, les enfants naturels, c'est-à-dire ceux nés de deux personnes, sans qu'une promesse de mariage soit intervenue entre elles, sont à la charge de leurs parents. Si l'un ne se trouve pas en état de le faire, l'obligation entière incombe à l'autre. A la mort des parents on accorde aux enfants ce qui est nécessaire pour assurer leur entretien, mais ils ne sont pas appelés à la succession.

Du reste, en Suède, on considère comme légitimes des catégories nombreuses d'enfants rangés en France parmi les naturels et les adultérins. Ainsi jouissent des droits attachés à la légitimité ceux nés :

1° De fiancés, ou d'une mère devenue enceinte sans promesse de mariage ;

2° D'un individu fiancé à deux femmes, dont chacune ignore les fiançailles de l'autre ;

3° D'une femme violée ;

4° D'un second mariage contracté de bonne foi pendant l'existence du premier. Cette dernière disposition est analogue à notre loi française, mais les autres témoignent de la facilité des mœurs du peuple suédois, facilité dépassée encore, nous le verrons, par les habitudes du peuple norvégien [1].

[1] En Suède, les enfants adultérins et incestueux sont sur le même

§ 2. *Des asiles destinés à l'enfance.*

Pour l'accomplissement de leurs devoirs envers les indigents, la plupart des communes possèdent de petits hospices. On comptait, en 1880, 2.376 asiles de cette nature, en comprenant les maisons de travail et les *fermes* des pauvres (*fattiggardar*). Les enfants y sont rarement admis; on préfère les mettre en pension chez des particuliers, surtout s'ils sont orphelins. Partout les écoles sont très fréquentées et des secours spéciaux ont pour destination de favoriser cette assiduité aux classes.

Au nombre de 219.532 personnes à la charge de l'assistance communale, en 1880, il existait 30.054 enfants directement assistés; si l'on ajoute à ce chiffre 60,994 appartenant à des parents inscrits sur les rôles, on arrive au total de 91.048 mineurs vivant de secours.

Parmi les institutions affectées à l'enfance, il faut mentionner en première ligne la grande maison des orphelins de Stockholm.

En voici l'historique :

Gustave Adolphe II et sa fille Christine organisèrent au XVIIe siècle une maison destinée aux orphelins et enfants délaissés. Jusqu'à l'année 1735 on n'y admit que des élèves âgés de six ans au moins. Vingt ans plus tard (1753) l'ordre des francs-maçons, en l'honneur de la naissance de la princesse Sophie Albertine, résolut d'ériger au moyen de quelques cotisations un second asile pour les abandonnés; cette entreprise, soutenue par les dons de la reine et de riches particuliers, réussit à l'origine; mais on reçut trop de pupilles, les ressources firent bientôt défaut, et l'on se vit contraint de restreindre les admissions. Cette fondation existe encore comme orphelinat.

En 1755 un troisième hospice plus spécialement communal admit les enfants envoyés par la police; on élevait les nouveau-nés jusqu'à l'âge de six ans; mais, l'argent fai-

pied que les enfants naturels. Morillot, *De la condition des enfants nés hors mariage*, p. 447.

sant défaut, le roi, dans le but de consolider cette œuvre, la fusionna (1785) avec la maison nationale dite de Gustave-Adolphe et donna à cette double institution le nom d'*établissement pour l'éducation à la campagne des enfants pauvres*. Les élèves une fois admis avant l'âge de quatorze ans durent en effet être envoyés aussitôt chez des nourriciers au dehors de l'établissement.

Cet asile est destiné à recueillir gratuitement les enfants pauvres dont les parents sont morts, inconnus ou en prison, et les autres moyennant une somme d'argent fixée par les règlements. On y reçoit donc :

1° Les trouvés amenés par la police.

2° Les pupilles envoyés par les commissions d'assistance ou conduits par leurs mères. Dans ce dernier cas ces femmes payent 150 thalers, si elles consentent à ce qu'on fasse une enquête sur leur situation et 300 thalers si elles veulent conserver l'incognito.

Il y a dans la maison des nourrices à lait dans la proportion de deux pour trois nouveau-nés; elles doivent élever en même temps leur propre enfant [1].

On les entretient jusqu'à quatorze ans; passé cet âge, s'ils sont incapables de se suffire par le travail, en raison de leur état de santé, ils sont secourus par l'assistance communale, dans le cas où la maison ne peut continuer à s'en charger.

La mortalité est assez considérable, 26.9 % en 1881. Les bâtiments sont cependant vastes, les nourrissons répartis dans dix salles, et une cour très spacieuse donne de l'air à tous les services.

La direction, qui relève du ministre de l'instruction publique, est composée d'un président ayant le titre de gouverneur, d'un vice-président, d'un conseil de cinq membres à la nomination du roi et du directeur de la police membre-né.

---

[1] Il y avait, au commencement de l'année 1881, 50 nourrices sédentaires ; 97 entrèrent et 112 sortirent, ce qui donna un chiffre de 37 au 1er janvier 1882. Le nombre moyen par jour a été de 48, la durée de leur séjour de 119 journées.

Le compte rendu présenté au roi pour l'exercice 1881 constate les faits suivants.

La recette s'est élevée à 356.931 fr. 53 et les dépenses ordinaires à 301.433 fr. 33, indépendamment des sommes importantes employées en acquisitions de terrains et constructions.

Il y avait à la fin de 1880, 2978 pupilles placés au dehors; 509 ont été envoyés chez des particuliers, pendant l'exercice 1881 (108 à Stokholm et 401 à la campagne).

Comme les années précédentes, dit le compte rendu, la direction a cru devoir continuer à donner une prime de 5 krona [1], pour chaque garçon au-dessus de trois ans retiré par des parents adoptifs; 38 de ces primes ont été allouées.

Quant aux soins concernant les élèves répartis dans le village, les pasteurs qui en avaient la surveillance ont donné des renseignements satisfaisants, confirmés par les inspections confiées à des employés de la maison.

Le chirurgien et les membres de l'*association de la protection des femmes* tiennent la direction au courant de l'instruction des enfants maintenus à Stokholm même.

314 nourriciers ont mérité des gratifications en raison de leur dévouement pour les pupilles. Les sommes payées de ce chef se sont élevées à 6.550 kr. « De plus il a été accordé à sept personnes la médaille d'argent, avec permission de la porter sur la poitrine, et des bibles ou recueils de sermons magnifiquement reliés à six autres. »

Il existait dans la maison au 1er janvier 1880 151 pupilles:

Nouveau-nés . . . . 84 ⎫
De 1 à 6 ans. . . . . 29 ⎬ 151
De 6 à 14 ans. . . . . 38 ⎭

On en a admis:

Moyennant payement des particuliers et des commissions d'assistance 251
Renvoyés par la police . . . , ... 79
Remis par des mères acceptées comme nourrices 98
                                                    ———
                                                    428

[1] Le krona vaut 1 fr. 44.

130 sont morts dans l'année, dont 110 nouveau-nés.

En dehors de cet établissement les autres asiles sont de véritables orphelinats qui n'appellent aucune observation particulière.

IV

LA NORVÈGE [1].

§ Iᵉʳ. Organisation de la bienfaisance.

Le peuple norvégien, placé sous le même sceptre que le suédois, mais déjà tout prêt pour l'indépendance, possède des lois distinctes au point de vue de l'assistance.

La bienfaisance est régie en Norvège par des lois promulguées le 6 juin 1863. Les organes les plus importants de l'assistance publique sont les commissions des pauvres et les administrations communales [2]. Les premières, chargées des affaires administratives proprement dites et ayant directement affaire aux indigents, se composent de collèges comptant, suivant les localités, un nombre différent de membres choisis par les municipalités. La sphère d'activité des commissions est fixée par des dispositions législatives multiples et les ressources nécessaires sont mises à leur disposition par les administrations communales.

« En règle générale, chaque commune doit avoir sa commission des pauvres et former un arrondissement d'assistance publique chargé de pourvoir aux besoins des personnes ayant droit de domicile dans la commune, soit par leur

---

[1] Documents consultés : Norby, De l'Assistance publique et des établissements de charité en Norvège, in-8°, 1880. Dʳ Broch, Le royaume de Norvège et le peuple norvégien, 2 vol. in-8°, Christiania 1878.

[2] Les membres des commissions sont nommés pour quatre ans par l'administration communale. Elles se composent à la campagne : 1° de droit, du pasteur de la paroisse ; 2°. d'au moins autant de membres que l'arrondissement a de subdivisions. Dans les villes : 1° du magistrat de la ville, président de droit ; 2° du pasteur et de membres dont le nombre est déterminé suivant l'importance de la cité.

naissance, soit par suite d'un séjour d'une certaine durée [1]. »

Un enfant légitime, tant qu'il n'a pas acquis lui-même le droit de domicile, possède celui de son père ; si le père est mort, il acquiert celui de sa mère, l'orphelin conservant le domicile qu'il avait lors du décès du dernier vivant de ses parents. Un enfant illégitime a le domicile de sa mère.

Le nombre des commissions des pauvres est d'environ 730; et il faut remarquer que les administrations des hôpitaux, asiles d'aliénés, hospices, fondations pieuses, etc., n'en font pas nécessairement partie; lorsque ces établissements relèvent de ces commissions, ils sont administrés par elles; dans le cas contraire, appartenant à l'Etat, à des particuliers, ou formant des êtres moraux, ils sont indépendants de l'assistance publique proprement dite.

L'immense majorité des indigents, au nombre moyen de 107,000 [2], sont secourus à domicile.

Mais il appartient aux commissions de décider, suivant les localités, du mode d'entretien qui paraît préférable. On fait donc entrer les jeunes enfants, soit dans les hospices, soit chez des personnes offrant des garanties matérielles et morales satisfaisantes.

Les caisses des pauvres, dont l'ensemble des revenus monte en moyenne à 8,000,000, peuvent réclamer la restitution de tous les secours fournis par elles.

La loi a établi une exception à cette règle en faveur des orphelins, qui ne sont point tenus de rembourser les sommes reçues par eux jusqu'à l'âge de 15 ans révolus.

---

[1] Le droit de domicile est de deux espèces, *originaire* ou *acquis*. Le droit originaire ne peut appartenir qu'à une personne née en Norvège (ou naturalisée par le storthing) et consiste dans le droit de domicile de la mère lors de la naissance de l'enfant. Le droit acquis, au contraire, peut appartenir tant aux Norvégiens qu'aux étrangers. Il s'acquiert par un séjour permanent de deux années consécutives dans l'arrondissement après la quinzième année révolue (Norby, p. 30). Les personnes ayant 62 ans révolus conservent, pour le reste de la vie, le droit de domicile qu'elles ont à cet âge.

[2] Savoir : personnes assistées directement, dont 4,000 enfants de moins de 15 ans, 47,000 ; membres des familles de personnes assistées, 60,000.

§ 2. *Situation des enfants naturels.* — *Statistique.*

La recherche de la paternité influe en Norvège sur les chiffres relativement restreints d'enfants tombant directe‑ ment à la charge de la commune.

Les enfants naturels, non adultérins, sont considérés en outre comme *légitimes* vis-à-vis de la mère. Il en résulte que les femmes libres de tous liens conjugaux n'ont pour enf‑ ants naturels que ceux qu'elles ont eus d'un homme marié.

Quant au père, les descendants illégitimes ne succèdent qu'en cas de reconnaissance formelle faite à l'audience du tribunal. Cet acte, contrairement au principe du droit fran‑ çais, a son plein effet à l'égard des ascendants et collatéraux de celui qui l'accomplit.

La mère d'un enfant naturel est obligée d'en indiquer le père, et toute fausse déclaration est punissable. Elle a le droit de réclamer de l'auteur de la grossesse une alloca‑ tion pour l'entretien du nouveau-né jusqu'à la quinzième année. En cas de refus, le préfet peut fixer la somme à verser en la faisant toucher, si cela est nécessaire, par l'en‑ tremise de l'autorité publique. Si le père n'a pas les res‑ sources suffisantes pour s'acquitter de cette dette, le pré‑ fet a le droit de le faire placer, sur la demande de la mère, dans une maison de travail, jusqu'à ce qu'il ait gagné l'allo‑ cation exigible pour l'entretien de l'enfant. Un homme est également punissable lorsqu'il a eu des enfants avec trois filles différentes, sans vouloir consentir à épouser une d'entre elles.

Malgré cette sévérité apparente de la législation, les mœurs sont encore plus mauvaises en Norvège qu'en Suède.

Le chiffre des naissances naturelles ne suffit pas, en effet, pour indiquer le degré de moralité, un grand nombre de conceptions de cette catégorie se trouvant légitimées par le mariage des parents.

« Dans beaucoup d'endroits, dit M. Broch (p. 319), les propriétaires aussi bien que les husmaend, ont l'habitude de vivre en concubinage pendant quelque temps avant le mariage, et souvent ne se marient qu'après la naissance du premier enfant : concubinage défendu par la loi et punissable ; toutefois, dans les endroits où ce fait est habituel et où l'on peut compter sur un mariage, on n'est pas trop sévère à cet égard. Mais aussi, parmi les enfants légitimes, c'est-à-dire ceux qui naissent après le mariage des parents, il y en a beaucoup qui sont engendrés auparavant.

« D'après des recherches assez nombreuses, on a calculé que, sur 100 couples, 13 ont des enfants dans les trois premiers mois du mariage, 12 dans les trois mois suivants, et 8 dans les deux autres ; de sorte que 33 0/0 ont des enfants dans les huit premiers mois qui suivent le mariage. Si l'on compte, de plus, ceux qui ont des enfants avant le mariage, on trouve que, dans les campagnes, pour chaque centaine de couples de propriétaires et de personnes aisées, 34 enfants sont nés, soit avant le mariage, soit dans les huit premiers mois ; tandis que, pour les husmaend et les ouvriers il n'y en avait pas moins de 50 0/0, et dans quelques endroits même 65 0/0. »

Nous avons tenu à reproduire en entier ce passage du savant président de la commission du royaume de Norwège à l'exposition de 1878, parce qu'il jette une vive lueur sur l'état social et moral du pays.

CHAPITRE XII
GROUPE ANGLAIS[1].

***

PREMIÈRE PARTIE

ROYAUME-UNI DE LA GRANDE-BRETAGNE.

ANGLETERRE, ECOSSE, IRLANDE.

§ 1er. *Considérations générales.*

La réforme eut au point de vue du paupérisme les mêmes résultats en Angleterre qu'en Suisse ; comme le dit le protestant Cobbett, « il faut voir dans cet événement l'origine de nos dettes et de nos énormes impôts ».

On peut joindre à cette première cause les lois iniques qui pèsent depuis si longtemps sur l'Irlande et ont amené cet *exode* d'une partie du peuple opprimé. Mais ce n'est pas ici le lieu de discuter cette grande question ; il faut se borner à parler des enfants ; en vertu de l'*act* de la 43e année du règne d'Elisa-

***

[1] Principaux documents consultés: Cobbett (William), *Histoire de la réforme protestante en Angleterre et en Irlande.* Mémoires sur les établissements d'humanité (an VII). *The endowed charities of the city of London*, 1829. Sampson, *Low the charities of London in* 1861-1862. *The royal guide to the London charities for* 1882-1883. Buret (Eug.), *De la misère en Angleterre et en France*, Paris, 1840. Ducpétiaux, *De la condition physique et morale des jeunes ouvriers et des moyens de l'améliorer*, 2 vol. in-8°, 1843. *The history and objects of the foundlings hospital*, by John Brownlow, in-8°, 1865. Naville, *De la charité légale*, 2 vol. in-8°, 1836. Skelton (John), *The boarding out of pauper children in Scotland*, Edimbourg, in-8°, 1876. Dudley Wodsworth, *A history of the ancient foundling hospital of Dublin*, in-8°, 1877, etc.

beth (1602), qui, bien que modifié, forme encore la base du régime de l'assistance, chaque paroisse doit pourvoir au soulagement de ses pauvres, et aucune distinction n'étant faite entre les divers âges, l'orphelin, l'abandonné et le trouvé, rentrent forcément tous dans une seule et même catégorie d'indigents.

La bienfaisance publique ne comprend que deux ordres d'institutions : les secours à domicile (*out pour relief*) et les maisons de travail (*workhouses in door relief*).

Le placement des enfants chez des cultivateurs est difficile en Angleterre et dans le pays de Galles, en raison de la condition souvent misérable des travailleurs des campagnes. C'est donc vers l'industrie et la marine que l'on dirige les pauvres pupilles des paroisses.

On connaît le récit de leur triste situation tracé par le pasteur Naville dans son livre de la charité légale et par l'auteur d'Olivier Twist.

- « Pendant les huit ou dix mois qui suivirent la mort de sa mère, Olivier Twist, dit Ch. Dickens (chap. II), fut victime d'un système continuel de tromperies et de déceptions ; il fut élevé au biberon ; les autorités de l'hospice informèrent soigneusement les autorités de la paroisse de l'état chétif du pauvre orphelin affamé. Les autorités de la paroisse s'enquirent avec dignité près des autorités de l'hospice s'il n'y aurait pas une femme, demeurant actuellement dans l'établissement, qui fût en état de procurer à Olivier la consolation et la nourriture dont il avait besoin ; les autorités de l'hospice répondirent humblement qu'il n'y en avait pas ; sur quoi les autorités de la paroisse eurent l'humanité et la magnanimité de décider que l'enfant serait affermé, ou, en d'autres termes, qu'il serait envoyé dans une succursale à trois milles de là, où vingt à trente petits contrevenants à la loi des pauvres passaient la journée à se rouler sur le plancher, sans avoir à craindre de trop manger et d'être trop vêtus, sous la surveillance maternelle d'une vieille femme qui recevait les délinquants à raison de sept pence par tête et par semaine. Sept pence font une somme assez ronde pour l'entretien d'un enfant ; on peut avoir bien des choses pour sept pence, assez en vérité pour lui charger l'estomac et altérer sa santé. La vieille femme était pleine de sagesse et d'expérience ; elle savait ce qui convenait aux enfants et se rendait surtout parfaitement compte de ce qui convenait à elle-même ; en conséquence elle faisait servir à son propre usage la plus grande partie du secours hebdomadaire et réduisait la petite génération de la paroisse à un régime encore plus maigre que celui qu'on lui allouait dans la maison de refuge où Olivier était né. Car la bonne dame reculait prudemment les limites extrêmes de l'économie et se montrait philosophe consommé dans la pratique expérimentale de la vie. »

Tout en faisant part de l'exagération naturelle d'un romancier, le tableau est bien sombre; mais est-il plus triste que celui tracé par M. Léon Faucher, en 1845, de ce marché aux enfants où les parents venaient les présenter dès l'âge de sept ans, pour être livrés au plus offrant, sans aucune garantie pour leur santé et leur moralité [1] ?

Il faut reconnaître qu'une certaine amélioration paraît avoir été réalisée sur quelques points dans l'organisation des *workhouses*, grâce au groupement de petites paroisses n'ayant que des ressources insuffisantes en *unions de paroisses* et même en circonscriptions de districts; mais il ressort de tous les témoignages que l'organisation de ces asiles laisse encore beaucoup à désirer. Partout où il n'a pas été possible de créer des écoles séparées, la maison de travail des communes renferme les enfants et les adultes dans une promiscuité presque complète, malgré les termes précis de l'act de 1834 ordonnant leur répartition par quartiers distincts. Les *separate schools* elles-mêmes contiennent trop souvent une population considérable de 800 à 1500 élèves difficile à surveiller et surtout à bien façonner à un travail utile. .

Malgré l'énormité de la taxe des pauvres [2] on est donc

---

[1] Annuaire de l'économie politique de 1845, p. 186.
[2] En 1879, le revenu total du royaume était évalué à 83,098,735 liv.

fondé à dire d'une manière générale que l'assistance des enfants orphelins et délaissés est assurée d'une manière insuffisante, surtout au point de vue de leur avenir, ainsi du reste que nous le constaterons plus loin.

Et cependant, en ce qui concerne l'enfance, les sacrifices des paroisses se trouvent diminués par la recherche de la paternité permise en Angleterre.

Antérieurement à 1835, la déclaration de la mère suffisait pour faire condamner l'homme qu'elle désignait à fournir des aliments à l'enfant; depuis cette époque un *act* non applicable à l'Ecosse, a décidé « par voie d'atténuation que tout enfant illégitime resterait à la charge de sa mère jusqu'à l'âge de seize ans, et que dans le cas où la mère se trouverait hors d'état de l'entretenir, l'enfant retombant à la charge de la paroisse, les gardiens auraient le droit de sommer le père putatif de pourvoir à son entretien. Mais alors le témoignage de la mère ne suffit plus; il faut d'autres témoignages et des indices en quelque sorte matériels, pour déterminer cette imputation de paternité [1]. »

De plus, en ce qui concerne les enfants légitimes, les *guardian of the poor* peuvent, conformément au statut d'Elibeth, poursuivre contre les parents l'exécution du devoir d'entretien envers leurs descendants âgés de moins de quatorze ans. Lorsque ces parents négligent sciemment de nourrir, vêtir les enfants au point de compromettre leur santé, les gardiens de l'Union ou de la paroisse ont même le droit, aux termes d'un statut de Victoria (31 et 32 c. 122) de les actionner aux frais de l'assistance publique et de les faire condamner au moyen d'une instance sommaire à un emprisonnement de six mois avec ou sans travail forcé.

Malgré ces dispositions législatives et les sommes énormes prélevées chaque année pour la taxe des pauvres, les enfants trouvés ou abandonnés sont en Angleterre dans une

sterling (2,077,468,375 fr.); la taxe des pauvres s'est élevée à 15,140,727 liv. (378,518,175 fr.), soit environ 18 0/0 du revenu.

[1] Léon Faucher, *Etudes sur l'Angleterre.* Léon Morillot, *De la condition des enfants nés hors mariage,* 1863, p. 444 et suivantes.

situation certainement inférieure à la situation qui leur est faite par la plupart des peuples dont nous nous sommes occupés jusqu'ici.

§ 2. *La charité privée.*

Il existe heureusement dans le Royaume-Uni, à côté de l'assistance légale, un grand nombre d'institutions de bien-faisance créées et soutenues par l'initiative privée. Elles ont leurs administrateurs spéciaux et indépendants, ne relevant que de la volonté du fondateur.

Un *act* du 20 août 1853 a établi une *commission des fondations charitables de l'Angleterre et du pays de Galles* ayant pour mission de veiller à ce que les fondations particulières soient administrées conformément aux intentions des fonda-dateurs et à ce que les fonds destinés à la bienfaisance reçoivent la meilleure application possible.

Quant aux règlements intérieurs, à l'admission des pauvres etc., ils dépendent de l'acte constitutif de l'œuvre. Les dernières publications faites à ce point de vue pour la ville de Londres mentionnent plus de 150 institutions de diverse nature destinées à recevoir des enfants orphelins et délaissés de tout âge. Ces institutions, qui sont de véritables orphelinats soutenus par les aumônes des particuliers et des fondateurs, n'admettent généralement que des élèves présentés par ces bienfaiteurs. Un seul de ces établissements, en raison de son titre et de son origine, mérite une mention particulière : c'est la *maison des enfants trouvés*, le *Foundling hospital* établi en 1739.

Vers l'année 1730, plusieurs marchands, touchés du sort des nouveau-nés exposés, résolurent d'ériger une maison pour les recevoir. Une souscription fut ouverte, et l'un des organisateurs de l'œuvre, sir Thomson Coram, sollicita la charité royale et résolut de consacrer sa vie entière à l'organisation et au développement de cette institution. Il présenta d'abord à Sa Majesté une pétition apostillée par les dames les plus recommandables et conçue dans les termes suivants, qui marquent le but que l'on se proposait par cette création, ainsi que la triste situation faite à l'enfance abandonnée [1]. « Sire, parmi les bienfaisantes institutions de charité que la nation, et particulièrement la ville de Londres, s'honore d'avoir fondées et encouragées, aucun moyen n'a encore été imaginé pour prévenir les meurtres trop fréquents de ces pauvres petits misérables enfants nouveau-nés, ou pour détruire l'inhumaine coutume de les exposer à un âge aussi tendre à périr dans les rues, ou de les remettre à de barbares nourrices qui les emmènent pour une légère somme d'argent, les laissant souvent mourir de faim, et, si elles leur permettent de vivre, les envoyant mendier et voler, les louant même quelquefois à des fainéants et des vagabonds qui leur enseignent leur infâme manière de vivre, et souvent, pour exciter la pitié et la compassion publique, leur crèvent les yeux, les estropient ou leur disloquent les membres.

« Pour parvenir à remédier à un abus si déplorable et prévenir autant que possible l'effusion d'un sang si innocent et les fatales conséquences de cette oisiveté et de ce vagabondage dans lesquels ces pauvres enfants sont généralement plongés, et afin de prendre soin de leur éducation et de les rendre dans la suite, membres utiles à la société nous soussignées, profondément touchées de compassion pour les souffrances qu'éprouvent ces innocents enfants abandonnés, aussi bien que des énormes abus et malheurs auxquels ils sont exposés ;

« Sollicitons Votre Majesté à l'effet d'être instituées fidèles servantes et protectrices de ces pauvres petits enfants délaissés, considérés maintenant comme une peste pour le public et comme une charge nuisible dans la majorité des paroisses; voulant fonder un revenu annuel destiné à leur nourriture et à leur éducation jusqu'à ce qu'ils soient en âge de servir; désirant contribuer nous-mêmes à l'établissement d'un hôpital pour les enfants dont les parents

---

[1] Traduction d'un passage de l'ouvrage anglais : *Les curiosités de Londres*, 4 vol. 1791.

ne peuvent se charger et ceux qui n'ont aucun droit aux secours des paroisses, ce qui non seulement préviendra les infanticides, cruautés et autres malheurs et sera utile au public, mais encore agréable à Dieu, et le seul remède à ces grands maux qui ont été si longtemps négligés, quoique souvent déplorés par les âmes charitables; et enfin pour que le soin convenable soit pris afin de mettre sur pied un établissement si utile, prions Sa Majesté le Roi d'accorder aux ci-dessous nommées ou celles que Sa Majesté désignera comme bienfaitrices, une charité royale pour l'érection du dit hôpital et pour l'institution de la contribution volontaire.

« Enfin, le meilleur avantage que Sa Majesté, dans sa grande sagesse, jugera convenable à l'effet désiré des bonnes intentions des soussignées, qui se chargent de diriger toutes les affaires de l'institution gratis et pour la plus grande gloire de Notre-Seigneur tout-puissant. »

Thomson Coram adressa ensuite au roi une autre pétition, signée par un nombre considérable de gentilshommes, et obtint le 17 octobre 1739 la charte royale autorisant la fondation d'un hôpital pour les enfants trouvés.

Le duc de Bedfort, nommé président, convoqua une première assemblée à Sommerset House, le 20 novembre suivant, et un comité de quinze membres fut chargé de la direction de l'établissement.

Ce comité, après avoir demandé aux ambassadeurs de lui envoyer les règlements des hôpitaux d'Amsterdam, de Paris, de Lisbonne, de Venise, acheta un terrain dans Lamb's fields, et, sans attendre la fin des constructions projetées, loua une maison pouvant recevoir de suite soixante enfants et des nourrices. Mais, le nombre des nourrissons augmentant, il fallait en élever un certain nombre au biberon, ce qui amena forcément une grande mortalité. Les directrices résolurent alors d'en envoyer quelques-uns à la campagne et de ne les ramener à l'hôpital qu'après la troisième année. En 1745, une aile des bâtiments de Lamb's fields se trouvant construite, le comité y plaça ses pupilles. Quatre ans plus tard, l'extension de la maison permit de séparer les filles des garçons, et des peintres célèbres, notamment Hogarth, désirant contribuer à la prospérité de l'asile, donnèrent des tableaux formant encore un musée que l'on visite moyennant une certaine somme d'argent et qui constitue annuellement une rente importante. Hœndel fit présent de l'orgue de la chapelle et joignit à cette offrande le produit de son oratorio du Messie.

A l'origine, tous les enfants au-dessous de deux mois étaient reçus sans difficultés, mais les admissions atteignirent bientôt un chiffre si élevé (6,000, dit-on) que, revenant sur les dispositions premières du fondateur, le parlement établit en 1760 que l'on ne recevrait plus les enfants exposés, qui retomberaient comme auparavant à la charge des paroisses, et que les admissions n'auraient lieu à l'avenir qu'au fur et à mesure des places vacantes.

A la fin du siècle dernier, on avait recours au sort pour la réception des pauvres petits êtres présentés. « Les personnes qui apportent des enfants sont conduites, dit une relation de l'époque, dans une grande chambre ; on place sur des bancs d'un côté les mères ayant des garçons, et de l'autre celles tenant des filles. Quand l'heure fixée est arrivée, on sonne une cloche et les portes sont fermées. Deux des gouverneurs comptent alors les garçons et les filles et mettent dans deux sacs autant de boules blanches qu'il y a d'enfants des deux sexes à admettre. Ils ajoutent ensuite des boules rouges ou noires, autant qu'il y a de personnes dans la salle.

« Les boules une fois mêlées, l'un des gouverneurs prend un sac et appelle les mères ; elles se lèvent une à une, la main droite ouverte, et tirent une boule ; celles qui n'ont pas de boule blanche sortent aussitôt, les favorisées sont conduites séparément dans des pièces spéciales, et on déshabille l'enfant qu'elles présentent ; il est examiné en présence de la matrone, et si le médecin chirurgien ou apothicaire préposé à cet office a quelque raison de croire que le nouveauné est atteint de quelque maladie ou affection et s'il paraît âgé de plus de deux mois, on le rhabille avec ses propres vêtements et on le remet à sa mère. Si aucune objection ne se produit, l'enfant est admis ; on lui attache au poignet une lettre de l'alphabet et on le conduit à l'économe, qui établit la feuille d'entrée. »

Actuellement les enfants illégitimes ne sont reçus qu'après une enquête faite sur la mère, qui doit se présenter elle-même. On admet généralement les nouveau-nés avant l'âge de trois semaines et jamais au-dessus d'un an. On vient surtout en aide aux femmes dont la conduite est honorable en dehors de la faute qu'elles ont commise. Lorsqu'elles se trouvent plus tard en position de reprendre l'enfant, on le leur rend. Toute admission est précédée d'un examen médical constatant que le nourrisson est en parfait état de santé ; dans le cas contraire, on le refuse.

Les pupilles placés à la campagne chez des nourrices forment des marins, des ouvriers ou des domestiques ; la maison continue cependant à entretenir ceux qui, devenus infirmes, ne peuvent se suffire par le travail.

Avec ces proportions restreintes, le *Foundling hospital* peut être considéré comme un orphelinat recevant les enfants en bas âge, et il ne rappelle en rien ces hôpitaux d'enfants trouvés du continent que les fondateurs s'étaient proposés primitivement d'imiter et de vulgariser en Angleterre.

§ 3. *Les écoles de réforme et d'industrie.*

En confiant le soin et l'entretien des enfants trouvés, abandonnés et orphelins aux communes toujours disposées à dépenser le moins possible et suivant le récit humoristique de Dickens « nourrissant les élèves avec trois potages au gruau d'avoine, six oignons par semaine, une demi-flûte le dimanche et de l'eau claire à discrétion, » on ne pouvait obtenir d'heureux résultats. D'un autre côté, en raison de l'accroissement exagéré de la population ouvrière des villes, de la misère de cette population, on vit apparaître dès le commencement de ce siècle ces bandes de prostituées de sept à huit ans, ces écoles de petits voleurs, ces repaires du vice et de la débauche envahissant de jour en jour davantage Londres, Liverpool et tant d'autres villes. Le triste récit de ces faits est trop connu pour qu'il soit nécessaire de s'y arrêter.

Il y avait donc là, en dehors même d'un péril réel pour l'Etat, une question bien digne de susciter de généreux dévouements.

Puisque la société et l'initiative privée n'avaient pas pu, en joignant leurs efforts, élever ces enfants, qui, doués apparemment d'une constitution robuste, réussissaient à vivre malgré la négligence de leurs parents, en dépit de l'entassement des *Workhouses* et de l'assistance parcimonieuse des paroisses, il fallait bien s'en occuper une fois qu'ils étaient devenus un danger.

Alors surgirent de nombreuses institutions destinées à arracher au vice et à la misère ces délaissés, ces parias, *arab boys*, véritables sauvages au sein d'une civilisation toujours grandissante.

Il faut distinguer ici du reste nettement, comme le fait remarquer M. le sénateur Roussel (annexes, *ut supra*, p. 20) « entre les établissements privés, les *écoles de réforme* et les *écoles industrielles* ».

Au nombre d'établissements privés on doit citer le *home for destitute lands and girls*, fondé en 1871 par le Dr Barnabo dans un faubourg de Londres, qui renferme plus de 1000 enfants, occupés à l'apprentissage de nombreux métiers.

Quant aux écoles de réforme et aux écoles industrielles réglementées à nouveau par deux *act* portant la même date, 10 août 1866[1], elles ont une destination un peu différente en principe, bien que tendant à se confondre dans la pratique.

Les premières sont des établissements correctionnels proprement dits, puisque, aux termes de l'art. 14, les juges peuvent y faire détenir à l'expiration de leur peine et pendant une période de deux à quatre ans tous enfants

---

[1] Il faut citer parmi les *act* antérieurs se rapportant à ces écoles, ceux du 22 juillet 1847 (*Juvenile offenders act*) et du 10 juin 1854, créant véritablement en Angleterre l'éducation correctionnelle.

mineurs de seize ans reconnus coupables d'une infraction punissable de servitude pénale, ou d'emprisonnement pour dix jours au moins.

Les secondes au contraire, tout en étant des maisons d'éducation forcée, puisque les enfants y sont consignés et maintenus pour un temps déterminé, en exécution d'une loi, et que l'école industrielle est de même que l'école de réforme placée sous le contrôle du gouvernement, ne reçoivent que des jeunes délinquants et vagabonds n'ayant pas été condamnés.

Voici du reste le texte même des act 14 à 18 précisant, nettement les catégories de *destitute children* susceptibles d'être admis dans ces écoles industrielles [1].

« Act. 14. Toute personne peut amener devant deux juges ou un magistrat tout enfant paraissant âgé de moins de quatorze ans qui est rencontré dans une des conditions suivantes :

« Trouvé mendiant ou recevant l'aumône (que ce soit ouvertement ou sous le prétexte de vendre ou d'offrir en vente quelque chose) ou se trouvant dans une rue ou une place publique en vue de mendier ou recevoir l'aumône comme il vient d'être dit.

« Trouvé errant et n'ayant aucun foyer (*home*) ou bien de demeure fixe, ou tutelle propre, ou moyens apparents de subsistance.

« Trouvé délaissé (*destitute*), soit qu'il soit orphelin ou qu'il ait son père ou sa mère encore vivants subissant la servitude pénale ou l'emprisonnement.

« Fréquentant les compagnies de voleurs notoires [2];

---

[1] Traduction de M. Th. Roussel.

[2] La loi de 1880 (act 43 et 44 Victoria) porte que les paragraphes 14 de la loi de 1866 sur les écoles industrielles et 11 de la loi de 1868 sur les écoles industrielles en Irlande, doivent être interprétés comme si aux quatre catégories qui y sont déjà mentionnées on y ajoutait les suivantes : « Celui qui habite, vit ou réside avec des prostituées de profession ou reconnues telles, ou dans une maison habitée ou fréquentée par des prostituées dans un but de prostitution; celui qui fréquente habituellement les prostituées. »

« Les juges ou le magistrat devant lesquels un enfant dans l'une des conditions ci-dessus est conduit, s'ils sont satisfaits de l'enquête sur le fait et s'ils trouvent expédient de lui appliquer le présent *act*, peuvent ordonner de l'envoyer dans une école industrielle certifiée.

« Act 15. Lorsqu'un enfant paraissant âgé de moins de douze ans est accusé devant deux juges ou un magistrat d'une infraction punissable d'emprisonnement ou d'une peine moindre, mais qui n'a pas été condamné pour fait criminel (*felony*) en Angleterre, ou pour vol (*theft*) en Ecosse, et si cet enfant doit, dans l'opinion des juges et du magistrat, en raison de son âge ou des circonstances du fait, être traité d'après le présent *act*, les juges ou le magistrat peuvent ordonner qu'il soit envoyé dans une école industrielle certifiée.

« Act 16. Lorsque le père ou la mère, le beau-père ou la belle-mère, ou le tuteur d'un enfant paraissant âgé de moins de quatorze ans se présente à deux juges ou à un magistrat, déclarant qu'il est incapable de surveiller, contrôler l'enfant, et qu'il désire que cet enfant soit envoyé à une école industrielle d'après le présent *act*, les juges ou le magistrat peuvent ordonner son envoi dans une école industrielle certifiée.

« Act 17. Lorsque les tuteurs des pauvres (*guardians*) d'une union ou d'une paroisse dont les fonds de secours sont administrés par un conseil de tuteurs (*board of guardians*), ou le conseil d'administration d'une école de pauvres de district, ou le conseil paroissial d'une paroisse ou association, représentent à deux juges ou à un magistrat qu'un enfant paraissant âgé de moins de quatorze ans, entretenu dans une école de workhouse ou une école de pauvres d'une union ou d'une paroisse, est insoumis (*refractory*), et qu'il est l'enfant de parents dont l'un a été condamné pour crime ou infraction punissable de servitude pénale ou d'emprisonnement, et qu'il est désirable, qu'il soit envoyé dans une école industrielle, les juges ou le magistrat, reconnaissant qu'il est expédient de traiter l'enfant d'après cet *act*, peuvent ordonner qu'il soit envoyé à une *école industrielle certifiée*.

« Act 18. L'ordre des juges ou du magistrat envoyant un enfant dans une école doit être rédigé par écrit, signé par les juges ou le magistrat, et doit spécifier le nom de l'asile.

« L'établissement doit être une *école industrielle certifiée*, dont les administrateurs consentent à recevoir l'enfant, et la réception par les administrateurs doit être considérée comme étant un engagement pris par eux d'instruire l'enfant, de l'élever, le vêtir, le loger, et le nourrir pendant l'entière période pour laquelle il est passible de détention dans l'école, ou jusqu'au retrait, ou à la résignation du certificat de ladite école, ou jusqu'à ce que la subvention en argent fournie par le parlement pour la garde et la pension des enfants détenus dans l'école soit discontinuée. En désignant l'école, les juges ou le magistrat doivent s'efforcer de s'assurer de la confession religieuse à laquelle l'enfant appartient, et doivent, si c'est possible, choisir une école désignée en conformité avec cette croyance religieuse [1]. »

L'ordre doit spécifier le temps pendant lequel l'enfant peut être détenu à l'école, ce temps étant celui qui paraît aux juges ou au magistrat convenable pour l'instruction et l'éducation de l'enfant, mais dans aucun cas ne s'étendant au delà de l'époque où l'élève atteindra l'âge de seize ans.

Ces écoles industrielles tendent à remplacer les écoles de réforme dont la population a baissé de 10,800 pupilles en 1869 à 6,860 en 1877; il y avait par contre, en 1879, 129 écoles industrielles renfermant 15,000 enfants [2].

Mais il ne s'agit pas là évidemment d'établissements d'assistance dans le sens véritable du mot; ce sont des écoles

---

[1] Art. 47. Les parents ou tuteurs ont le droit de requérir l'envoi dans une école autre que celle désignée.

[2] L'art. 14 de la loi de 1866 porte que *toute personne* a le droit de conduire un enfant vagabond devant le magistrat. Malgré la puissance de l'initiative privée en Angleterre, ce fait est l'exception. Dans la pratique, ce sont des associations de bienfaisance, notamment celle dite l'*Union des écoles de réforme et de refuge* qui donnent à leurs agents cette mission. Dès l'année 1870, la faculté concédée aux bureaux scolaires (*school boards*) d'établir l'instruction obligatoire a nécessité la création de boy's beadles (bedeaux d'enfants) qui procèdent généralement aux arrestations.

pénitentiaires pour des enfants jugés comme ayant agi sans discernement; de plus, la population de ces maisons est fort mêlée : vagabonds, enfants pour lesquels les juges se sont montrés indulgents, indisciplinés de workhouse, etc., et les frais d'entretien sont énormes, l'élève suivant les évaluations les plus modérées, revenant à 500 francs par an; aussi ce système est-il l'objet de critiques et sera-t-il encore modifié dans l'avenir [1].

On ne peut donc que constater la supériorité du système français qui prend l'enfant abandonné avant qu'il soit perverti par l'isolement et les mauvais exemples, lui constitue à peu de frais une seconde famille en le plaçant à la campagne et en forme des générations laborieuses, contribuant à la force et à la prospérité du pays.

II

ECOSSE [2].

Le régime des secours publics en Ecosse est réglé par un *act* de 1845. Depuis cette loi les dépenses du paupérisme ont subi une diminution sensible. Ainsi en 1875 chaque Écossais payait pour la taxe des pauvres 3.19 % de son revenu au lieu de 5.3 %, chiffre de 1857. On compte éga-

---

[1] Depuis 1866, les lois suivantes complètent, sans en modifier l'esprit, cette organisation qui semble former, en quelque sorte, dans le Royaume-Uni, le dernier mot de l'assistance pour l'enfance abandonnée et délaissée :

1870, loi sur l'instruction primaire.

1871, loi préventive contre les crimes.

1876, nouvelle loi sur l'instruction primaire et les écoles industrielles de jour.

Il y a en outre des navires d'instruction considérés suivant les cas comme *écoles de réforme* ou comme *écoles industrielles certifiées*. Des institutions de même nature rendraient de réels services dans notre pays et compléteraient heureusement les maisons de préservation et de répression; mais, nous le répétons, ces établissements doivent être l'exemption et non la règle.

[2] The boarding out of pauper children in Scotland, by John Skelton, 1876.

lement moins d'indigents dans cette partie du royaume qu'en Angleterre et en Irlande [1].

Des efforts sérieux ont été tentés pour améliorer le sort de cette classe si nombreuse d'orphelins et d'enfants, où se recrute l'armée du vice et de la misère.

On a eu recours d'abord à deux systèmes, celui des asiles et celui des placements au dehors.

C'est ce dernier qui a prévalu, et il donne d'excellents résultats. La dépense moyenne pour un enfant est de 250 francs au maximum ; souvent elle ne dépasse pas 150 francs : les enfants disséminés chez de petits propriétaires, des fermiers, des blanchisseurs, des forgerons, des marchands, etc., s'habituent à la vie de famille.

La raison des succès obtenus provient de la sévérité du contrôle exercé par les inspecteurs des paroisses, du nombre restreint d'enfants placés dans chaque maison [2], et du choix des gardiens, qui doivent être des hommes d'une grande moralité et d'un caractère doux allié avec la fermeté nécessaire.

2,400 garçons et 2,000 filles sont ainsi élevés et arrachés au vagabondage.

III

IRLANDE.

Nous n'avons pas à examiner ici, comme il a été dit plus haut, la situation matérielle du peuple Irlandais, la justice de ses revendications, ni à apprécier les moyens employés actuellement pour les faire triompher ; il suffira de retracer ce qui est fait pour les enfants délaissés.

[1] Ecosse :

1807-1817........	1 sur 39 habitants.	
1845...... .	1 — 36	—
1865.........	1 — 39	—
1875........	1 — 51	—

[2] A Glasgow, on comptait en 1875 :

68 familles	ayant	1 enfant en garde.
54 —	ayant	2 — —
23 —	ayant	3 — —
14 —	ayant	4 — —
2 —	ayant	5 — —

A la suite de la terrible famine de 1846, la taxe des pauvres fut établie en Irlande ; il a été en outre créé, en dehors des hôpitaux de comtés, des dispensaires où l'on donne des secours et des remèdes gratuits ; on peut donc dire que l'enfance est assistée, par la charité légale, de la même manière qu'en Angleterre.

Antérieurement il existait un établissement, fondé en 1702, qui devait être une des plus vastes institutions de ce genre et comprendre successivement des fermes, des écoles, des orphelinats, des patronages.

Le but que se proposaient les fondateurs était « de prévenir l'exposition, d'élever et instruire dans la foi protestante, les pupilles recueillis et par là fortifier le protestantisme en Irlande ».

Jusqu'en 1729 un workhouse se trouvait joint à l'hôpital les deux établissements étant gouvernés par un conseil qui se réunissait tous les mois. Les enfants valides furent à l'origine reçus à tout âge et conservés pendant 16 ans, puis pendant 12 ans seulement.

On constatait une mortalité excessive, et des châtiments sévères atteignaient les élèves indisciplinés [1]. A la suite de nombreux abus, la direction de ces maisons fut modifiée en 1797 ; plus tard des améliorations nouvelles apportées au régime intérieur et des réformes législatives, tout en diminuant le chiffre des réceptions, assurèrent aux enfants des placements avantageux et des traitements meilleurs.

Néanmoins, en 1829, à la suite d'une enquête établissant que de 1796 à 1826, sur 52,189 enfants admis, 41,524 étaient morts dans les premières années de leur existence, la commission de la Chambre des communes fit fermer l'hôpital.

Depuis les abandonnés et délaissés sont secourus exclusivement, par les paroisses ou recueillis dans les asiles créés et entretenus par la charité catholique.

---

[1] On se servit aussi fréquemment de corrections et de pressions pour faire renoncer les pupilles au culte catholique. Voir à ce sujet de nombreuses citations dans l'ouvrage de M. William Dudley Wodsworth.

CHAPITRE XIII

GROUPE ANGLAIS.

DEUXIÈME PARTIE

COLONIES ANGLAISES.

ET

ÉTATS UNIS DE L'AMÉRIQUE DU NORD.

I

GOUVERNEMENT FÉDÉRAL DU CANADA[1].

§ 1er. *Historique.*

Alors que la nouvelle France, colonisée par les vaillants compagnons de Jacques Quartier, n'était pas encore séparée de la Mère Patrie, les seigneurs en possession de percevoir les amendes auxquelles les particuliers étaient condamnés, devaient pourvoir à la nourriture et à l'entretien des enfants trouvés dans le ressort de leur juridiction. Tant que le séminaire de Saint-Sulpice conserva la haute justice de l'île de Montréal, il prit soin de ces

---

[1] Principaux documents consultés : *Vie de madame d'Youville,* fondatrice des sœurs de charité de Villemarie, île de Montréal, in-8°, 1852. De La Roche Héron, *Les servantes de Dieu au Canada,* in-8°, 1855. Abbé Casgrain, *Hist. de l'Hôtel-Dieu de Québec,* in-8°, 1878. A. Vekeman, *La province de Québec,* in-8°, 1882. Treizième rapport (en français) des inspecteurs des prisons, asiles, etc., de la province de Québec pour l'année 1882, in-8°, 1883. Nombreuses notes manuscrites.

enfants ; mais lorsqu'en 1694 le roi de France réunit l'île à son domaine, ces petites créatures se trouvèrent à la charge du gouvernement. Le procureur désignait une sage-femme à qui on assignait des gages pour recueillir les nouveau-nés, leur donner des nourrices et surveiller leur entretien. Ces nourrices recevaient 45 francs pour le premier quartier et 10 francs par mois jusqu'à 18 mois. Une fois sevré, on confiait le pupille, moyennant une légère allocation, à un habitant de la ville ou de la campagne, qui avait le droit de le conserver ensuite à son service, jusqu'à ce qu'il ait atteint 18 ou 20 ans [1].

Au milieu des guerres sanglantes faites aux Français-Canadiens par leurs voisins des possessions anglaises, le service fut négligé ; on vit des nourrices vendre aux sauvages des enfants qui leur étaient confiés, et une ordonnance du 9 juin 1736 édicta des peines très sévères contre un pareil crime. Aussi Mme d'Youville, fondatrice des Sœurs de la Charité de Villemarie, résolut-elle de prendre soin de ces pauvres créatures. « Ils ont ici tant de misère, dit-elle dans une note écrite de sa main, par le peu de soin que l'on en prend, que de vingt que l'on conduit au baptême, il ne s'en élève que deux ou trois, encore les voit-on à l'âge de 18 ans sans savoir les premiers principes de leur religion. J'en connais de 23 ans qui n'ont pas fait leur première communion [2]. »

Cette assistance charitable commença à s'exercer le 16 novembre 1754 avec de faibles ressources, sans le secours du gouvernement qui resta indifférent à cette tentative, et 6 ans seulement avant que le drapeau anglais ne flotta sur la citadelle de Québec [3].

Les calamités de la guerre avaient amené le découragement, et par contre une dépravation générale les aban-

---

[1] Edits et ordonnances concernant le Canada, tome II, p. lxxxvi.

[2] Archives générales de l'hôpital, pièces manuscrites.

[3] L'hôpital général de Montréal avait déjà pour but, ainsi que le portent les lettres patentes d'avril 1694, « de retirer les pauvres enfans, orphelins, estropiés, vieillards, infirmes et autres nécessiteux mâles. »

dons augmentaient. Mme d'Youville résolut d'adopter tous ceux de l'île de Montréal, quel qu'en puisse être le nombre [1]. Le représentant de la Grande-Bretagne, touché de ce dévouement, accorda aux Sœurs pour l'œuvre des trouvés le produit des amendes judiciaires civiles, qui ne produisaient alors qu'une somme insignifiante, la justice étant presque exclusivement militaire.

L'hôpital de Québec se chargea à son tour des pauvres abandonnés vers l'an 1801, le Parlement canadien ayant décidé qu'à l'avenir des subsides seraient accordés aux institutions charitables qui recueilleraient les enfants trouvés ou délaissés [2].

« Le premier nouveau-né fut reçu le 15 mai 1801. Les enfants étaient déposés dans un tour muni d'une cloche destinée à avertir la femme de garde. Après avoir été portés au baptême, ils étaient ramenés à l'hôpital et gardés jusqu'à ce qu'on leur eût trouvé une nourrice, presque toujours choisie à la campagne. Elle devait être reconnue pour sa bonne conduite, et munie ordinairement d'un certificat du curé de sa paroisse. La plupart de ces enfants finissaient par être adoptés dans les familles où ils avaient été reçus.

« Cette organisation dura 44 ans, c'est-à-dire jusqu'en 1845, où l'Hôtel-Dieu fut contraint d'abandonner cette œuvre, le gouvernement ayant retranché l'allocation qu'il avait faite précédemment.

« Durant cet espace de temps on reçut 1375 enfants à l'Hôtel-Dieu [3], sur lesquels 102 furent réclamés par leurs parents, 537 placés chez différentes familles et 736 ne vécurent que quelques jours. »

En dehors de cette action, la charité privée sut toujours, lorsque des circonstances graves l'exigèrent, venir au secours des orphelins. Il suffit de citer à ce sujet un exemple très rapproché de nous. En 1847, le typhus ayant

---

[1] 17 enfants furent ainsi recueillis en 1760 et 30 l'année suivante.

[2] *Hist. de l'hôpital général de Québec*, p. 496.

[3] On comptait une moyenne de 30 admissions par an et 53 0/0 de mortalité.

fait de violents ravages à Québec, principalement parmi les émigrants venus d'Irlande, les populations canadiennes françaises des campagnes, à la sollicitation du clergé catholique, se distribuèrent de suite plus de 400 enfants. On eut soin de ne pas séparer les frères et sœurs et de les faire adopter dans une même paroisse. A Montréal, en deux jours le sort de 221 orphelins se trouva assuré de la même manière.

§ 2. *Situation actuelle.*

Il n'existe donc au Canada aucune législation spéciale pour les enfants trouvés; ils sont secourus, ainsi que nous venons de le voir, par des établissements divers avec ou sans subventions du gouvernement ou des municipalités.

L'allaitement maternel est également favorisé. Ainsi dans la province d'Ontario, une légère allocation est faite aux maternités chargées de garder la mère et l'enfant pendant un mois après l'accouchement.

En général, la mortalité des enfants abandonnés dans les hospices ou asiles privés est considérable parce qu'on les apporte lorsqu'ils sont malades ou mourants; ceux qui survivent sont habituellement pris dans des familles qui les adoptent ensuite.

On compte environ trente orphelinats dans toute l'étendue de la confédération canadienne; la population moyenne des enfants secourus peut être évaluée à 1500.

On commence maintenant à recourir aussi au système des écoles de réforme et des écoles industrielles adopté en Angleterre.

L'année 1869 (32 et 33 Victoria, chap. XXVIII) fut promulgué l'*act* relatif *aux vagabonds* en vertu duquel le magistrat de police, le maire, le préfet et deux juges de paix peuvent ordonner dans n'importe quel lieu l'arrestation de toutes personnes en état de vagabondage, ou se livrant à la débauche, et la condamner à la prison.

En vue d'éviter aux enfants l'application de ces peines rigoureuses, le Parlement de Québec a établi par des statuts

particuliers (32 Victoria chap. XVIII) qu'ils seraient admis
dans une école de réforme dirigée par les Frères de la Charité. Cette école, entretenue aux frais du gouvernement
provincial de Québec, reçoit les jeunes délinquants au-dessous de 16 ans, condamnés pour crimes ou délits.

Les protestants ont une école semblable, à *Sherbrook*. Les
quatre établissements destinés aux filles, sont confiés aux
dames du Bon-Pasteur.

Dans leur treizième rapport annuel (1883) les inspecteurs
s'expriment en ces termes (p. 42) : « Ces six écoles ont déjà
produit une somme de bien qui ne peut qu'encourager
les autorités provinciales à en fonder de nouvelles ou à
permettre l'admission d'un plus grand nombre d'enfants
dans celles qui existent déjà.

« Des centaines de jeunes gens sont aujourd'hui d'habiles
artisans, d'utiles ouvriers et d'honnêtes citoyens, grâce
uniquement à ces écoles qu'ils ont eu le bonheur de fréquenter pendant quelques années.

« Nous sommes informés que 70 à 75 0/0 des enfants
admis à l'école des Frères sont devenus et restés honnêtes.
Les directeurs de ce vaste établissement les surveillent tellement bien et les perdent si peu de vue, qu'ils se croient
justiciables d'assurer que ce nombre au moins continue à
marcher dans la bonne voie.

« Ces pauvres jeunes gens, heureux de gagner aujourd'hui
honnêtement leur pain, peupleraient nos prisons et nos
pénitenciers, s'ils n'avaient pas passé quelques années sous
les soins vigilants et paternels des religieux auxquels
l'école a été confiée. Au lieu donc d'une vraie pépinière de
vauriens nous avons une vigoureuse jeunesse travaillant
avec bonheur à se créer un avenir dans la société des
honnêtes gens. »

Les inspecteurs ajoutent que tous les enfants admis dans
ces maisons ayant dû *au préalable être condamnés*, il est à
désirer que l'on multiplie les asiles destinés « à une autre
classe de petits malheureux qui n'ont ni parents, ni protecteurs, ou bien qui n'ont que des parents qui les négligent,

les élèvent mal ou les scandalisent. Ces petits abandonnés devraient eux aussi, avoir un refuge. »

Ce genre d'institutions est en effet fort peu développé et ne compte encore qu'une seule école pour les garçons à Levis. Le statut de Québec (32 Victoria, chap. XVII) reproduit cependant les dispositions adoptées dans le royaume de la Grande-Bretagne et permet à toute personne d'amener devant deux juges ou un magistrat les enfants paraissant âgés de moins de quatorze ans et se trouvant dans les conditions énoncées au chapitre précédent.

En résumé, l'assistance de l'enfant trouvé, abandonné ou délaissé, est laissée pour ainsi dire au Canada à l'initiative privée et aux ordres religieux, le gouvernement n'intervenant que par des subventions modiques. Il faut seulement constater la tendance actuelle du pays à favoriser le développement des écoles de réforme ou industrielles, conformément à ce qui se pratique en Angleterre. Nous n'avons pas à revenir sur ce que nous avons dit à ce sujet.

II

AUSTRALIE.

Passant maintenant à l'Australie, nous trouvons les mêmes règles appliquées au soulagement de l'enfance. Il n'y a pas de loi sur l'assistance publique, mais des sociétés de charité répandues dans tout le pays, subventionnées quelquefois par l'Etat et pourvoyant aux besoins des indigents. La colonie de Victoria, pour ne citer qu'elle, possède trente-quatre hôpitaux généraux, une maternité, des asiles de sourds-muets; cinq asiles d'aliénés; cinq maisons pour les vieillards, sept destinées aux orphelins, cinq refuges et trente-sept autres sociétés dites de bienfaisance donnant des secours à domicile [1].

Un *act* (27e Victoria, no CCXVI) du 2 juin 1864 étend aux

---

[1] Victoria, *Public charities, report of inspector for the year ended 30th jun.* 1882, in-folio, Melbourne.

colonies australiennes le principe des écoles industrielles et de réforme ; on en compte sept dans la seule colonie de Victoria.

Les art. 12 à 16 de cet *act* sont ainsi conçus :

12. Tout mineur, garçon ou fille, au-dessous de quinze ans tombe sous l'application du présent *act*, et dans le cas où son âge ne parvient pas à être constaté, la décision de la cour de justice fera foi.

13. Tout enfant rentrant dans les catégories ci-dessous doit être considéré comme enfant négligé (*neglected*) :

1° Tout enfant trouvé en état de mendicité, demandant ou recevant l'aumône en stationnant sur la voie à cet effet.

2° Tout enfant trouvé errant dans les rues, passages, tavernes, lieux publics, dormant en plein air, sans domicile fixe ni moyens assurés d'existence.

3° Toute personne résidant dans une maison de prostitution, ou associée à des voleurs, à des prostituées, à des ivrognes ou vagabonds.

4° Tout enfant ayant commis un délit punissable d'emprisonnement et en raison de son âge et des circonstances du fait envoyé dans une école industrielle par le juge.

5° Tout enfant dont les parents déclarent leur impuissance à l'élever et leur désir de le voir admis dans une école industrielle, en donnant toute garantie pour le paiement de son entretien.

6° Enfin tout enfant qui, au moment de la mise en vigueur du présent *act*, se trouvera dans les maisons connues sous le nom de *Immigrant's home*.

14. Tout enfant qui sera trouvé par un constable dans la situation le plaçant au nombre des enfants négligés, peut être immédiatement arrêté par ce constable, sans aucun mandat de justice; et traduit devant deux juges ou un magistrat, pour qu'il soit statué conformément au présent *act*.

15. Lorsqu'un enfant sera amené devant la justice et prévenu d'être *neglected*, le juge devra établir le fait et, dans le

cas de l'affirmative, il sera légal de faire diriger l'enfant sur une des écoles industrielles destinées aux enfants de son sexe.

Il y sera maintenu pour un temps qui ne pourra être moindre d'une année ni excéder six ans, et aucun enfant, qui ne serait pas *neglected* au sens de la loi, ne doit être ni envoyé ni maintenu dans ces écoles.

16. Lorsqu'un enfant sera convaincu de quelque délit punissable par la loi, il sera légal pour le juge ou le magistrat, comme supplément à la peine qui pourra lui être infligée, de l'envoyer à l'expiration de cette peine *dans une école de réforme*, pour être détenu d'un an à six ans, et les écoles sont exclusivement destinées aux *children convicted*.

III

ÉTATS-UNIS D'AMÉRIQUE[1].

§ 1er. *Considérations générales*.

« Il est très difficile, dit M. le sénateur Roussel (rapport, p. 541), d'obtenir des renseignements complets et d'ensemble sur la protection et l'éducation de l'enfance délaissée aux États-Unis d'Amérique. »

Rien n'est plus vrai que cette constatation ; en effet, chez ce peuple encore si jeune, aucune idée de centralisation. A côté du gouvernement fédéral, chaque État a son gouvernement propre, et au-dessous existe le gouvernement du comté. De plus, chaque ville exerce un certain pouvoir législatif qui ne dépasse pas l'étendue de son territoire.

[1] Principaux documents consultés : *Homes of homeless children extract from the ninth annual report* of the state board of charities, of the state of New-York, relating to orphan asylums, 1876. Circular of information of the bureau of education n° 3, 1880. Fifteenth *Annual report of the state board, of charities*; state of New-York, 1882. Pasteur Robin, *Les Écoles industrielles*, Paris, 1879. Claudio Jannet, *États-Unis contemporains*. 3e édit., 1877. John Eaton, *Legal rights of children*; Washington, 1880. C. Loring Brace, *The dangerous classes of New-York*, third edition, 1880. Tome III des documents annexés au rapport de M. le sénateur Roussel.

La grande nation américaine compte donc ainsi trente-huit Etats, onze territoires et un district, libres dans leurs affaires intérieures, ayant chacun des lois ou des règlements particuliers ; il faut en conséquence se borner aux notions générales. On remarquera d'abord qu'il n'existe aucune législation applicable aux enfants trouvés et délaissés ; ils sont toujours confondus avec la masse des indigents. Cependant certains Etats défendent l'abandon.

En vertu d'*acts* récents, le Tennessee, le Wisconsin (1858) ; le Maine, le Connecticut, le Michigan (1851) ; l'Etat de New-York (1873, 1876), punissent d'une amende et de l'emprisonnement l'exposition et le délaissement d'un enfant de moins de six ans par ses parents ou toute autre personne chargée de sa garde.

A New-York, lorsque les parents abandonnent leur enfant, ils perdent le droit de le reprendre à la personne qui l'a recueilli, adopté, ou qui a assumé les frais de son entretien. En Géorgie la puissance paternelle est perdue par suite du consentement donné à l'adoption, ou d'un contrat volontairement consenti pour en remettre la garde à une tierce personne ; elle se perd de même par le manquement à l'obligation de fournir à l'enfant le nécessaire. La loi du Minnesota donne le droit à tout asile d'orphelins autorisé (*incorporated*) de prendre à charge les enfants abandonnés et délaissés (1866) [1].

En dehors de ces cas spéciaux d'exposition, les enfants pauvres ou orphelins habitant des villages ou bourgs sont habituellement recueillis, sans aucune difficulté, par des parents ou voisins charitables qui les élèvent comme les leurs propres. Mais, aussitôt que la population s'accroît, que le bourg devient ville, l'hospitalité individuelle disparaît et est remplacée par la bienfaisance collective ; les délaissés deviennent plus nombreux, soit par la disparition de leur père et mère, soit par la mort de ceux-ci, émigrants sans alliés, sans amis, jetés sur une terre étrangère pour eux.

---

[1] John Eaton, *Legal rights of children.*

De ces nécessités sociales sont nés les asiles ou orphelinats.

Dans les contrées où domine l'élément catholique, ces *orphan asylums* ont été fondés par les ordres religieux et sous l'inspiration du clergé, et sont entretenus par les offrandes des fidèles. Les épiscopaliens en possèdent également; les autres confessions protestantes recourent de préférence aux établissements municipaux à la charge des villes.

A côté se trouvent les poor-house, et enfin des écoles de réforme, des écoles industrielles, comme en Angleterre. Au commencement de ce siècle les hommes d'état américains voyaient dans l'instruction primaire le remède infaillible à toutes les questions sociales.

Daniel Webster disait en 1821: « Nous espérons — et notre foi en la durée de notre gouvernement repose sur cette confiance — que, par le moyen des écoles, l'édifice politique sera aussi bien défendu contre les violences ouvertes et les ruines subites que contre l'action lente et souterraine, mais non moins destructive de la licence. »

Or la lumière est faite maintenant sur les résultats « d'une culture très développée, mais purement unilatérale (*merely one-sided*) *de la tête* ». « Quelle terrible satire, écrit le *Times* de Philadelphie [1], pour notre système tant vanté des écoles libres qui ne contient pas ce mot *élever* (*educate*). Les neuf dixièmes de nos jeunes criminels, envoyés au pénitencier, ont joui des avantages de l'école, les trois quarts n'ont jamais appris à mettre la main au moindre travail honnête. Nos enfants ont leur pauvre petit cerveau bourré de toute espèce de savoir impossible de noms, de dates, de nombres, de règles inutiles, au point de n'y laisser absolument aucune place pour les simples notions de devoir, d'honneur, de moralité, que les anciennes générations jugeaient plus importantes que tout ce qu'on apprend dans les livres..... Le résultat c'est qu'ils quittent l'école absolument ignorants de tout ce qu'il leur serait le plus essentiel de connaître. »

[1] Cité par M. Roussel, p. 544.

« Pour conclure, s'écrie M. W. Tallack, l'Amérique expie maintenant la faute qu'elle a commise en omettant dans son magnifique système d'écoles libres (*Free schools*) ce qui est la véritable clef de la vérité et la base capitale de toute éducation : l'industrie de la main avec la culture morale et religieuse du cœur (*the industry of the hand with the moral and religious training of the heart*) ».

Les parties populeuses des Etats se sont donc trouvées envahies par une foule de vagabonds de tout âge, créant un véritable péril pour la société.

En dehors des poor-house et des *reforme school*, de nombreuses sociétés se formèrent alors pour remédier à cette situation, les gouvernements secondant ces sociétés, soit en leur accordant quelques subventions, soit en leur concédant des privilèges déterminés. Ainsi dans l'Etat de New-York où le mal sévit tout particulièrement, les directeurs des orphelinats ou des asiles d'enfants indigents sont autorisés par une loi de 1855 (n° 159) à mettre en apprentissage les enfants qui leur sont confiés.

Un amendement, en date du 6 avril 1878, apporte quelques modifications à cette loi : c'est jusqu'à l'âge de 21 ans pour les garçons et de 18 ans pour les filles que cet apprentissage peut avoir lieu. Les enfants se voient engagés par la parole du directeur, de la même manière que si leurs parents les avaient mis en apprentissage ; mais il faut pour cela que l'enfant ait été *légalement* commis aux soins de la société de bienfaisance (*surrendered to the care*) soit par ses parents, soit par son tuteur, soit par le maire de la ville ou le juge du comté, qui sont à défaut des parents les tuteurs d'office des enfants. (Art. 1ᵉʳ et 2.)

Lorsque les pupilles demeurés complètement à la charge de la cité de New-York peuvent être considérés comme abandonnés, un juge de la cour (*court of record*) peut, sur la demande du directeur de l'orphelinat, chercher à les faire adopter par des personnes charitables ou des sociétés assurant leur avenir.

Une loi du 8 juin 1878 vise plus spécialement les jeunes

délinquants ou vagabonds. Elle interdit aux juges de paix, aux bureaux de charité, aux officiers de police, etc., etc., de renfermer dans les prisons ou dans les dépôts de mendicité les vagabonds âgés de moins de 16 ans, et prescrit de les remettre aux institutions ayant pour objet la réforme des délinquants. De même les enfants pauvres au-dessous de 16 ans ne doivent pas être confondus dans les dépôts avec les mendiants de tout âge, mais confiés à des familles, aux asiles d'orphelins ou aux hôpitaux; l'initiative revient en pareil cas aux conseils d'administration des comtés. Autant que possible, l'enfant est placé dans un asile appartenant à la même confession religieuse que ses parents [1].

Tous les Etats, même les plus peuplés, sont loin d'être aussi avancés, sous ce rapport, que celui de New-York, et les arab boys de Londres existent également en nombre considérable dans les cités créées au-delà de l'Océan.

Il faut ajouter que l'infanticide et l'*avortement* deviennent fréquents avec la perte des mœurs primitives des premiers habitants de la Virginie, de la Pensylvanie etc., qui ont fondé l'indépendance et la grandeur des Etats-Unis.

En 1854, un des principaux professeurs de l'école de médecine de Philadelphie stigmatisait en séance publique cette dégénérescence des habitudes primitives [2].

« Nous rougissons, a-t-il dit, en rappelant le fait que dans ce pays, dans nos villages, dans nos autres centres de populations, dans cette ville même où la littérature, la science, la moralité, le christianisme sont supposés avoir tant d'influence, où toutes les vertus sociales et domestiques sont dans leur plein exercice; même ici, dis-je, il se trouve des hommes et des femmes qui trempent continuellement leurs mains et leur conscience dans le sang d'enfants qui n'ont pas encore vu le jour.

« Le sens moral de la communauté est descendu si bas, il y a tant d'ignorance répandue parmi les individus à ce sujet, que les mères dans beaucoup d'occasions, non seulement n'é-

[1] Annuaire de la législation étrangère, année 1878, p. 709.
[2] Cité par Claudio Jannet, tome Ier, p. 210.

prouvent aucune répulsion pour un tel crime, mais même le commettent volontiers..... Les femmes mariées elles-mêmes se portent à ces extrémités, pour se débarrasser des soins, des dépenses et des tracas de la famille, ou pour tout autre motif léger et dégradant...... Cette basse appréciation de la situation n'est point limitée aux gens ignorants des classes inférieures ; le mal a gagné les femmes des classes élevées, qui ont reçu de l'éducation, dont les manières sont raffinées et qui appartiennent à la fashion [1]. »

§ 2. *Sociétés privées pour la répression du vagabondage.*

Nous n'avons pas l'intention d'examiner en détail les nombreuses tentatives faites aux États-Unis pour combattre ce fléau du vagabondage des enfants délaissés par des parents ivrognes, ne fréquentant aucune école, se livrant aux excès les plus précoces [2], associés à des bandes de voleurs ou à des prostituées de la dernière condition ; vivant pêle-mêle dans des taudis affreux; il suffira de choisir quelques exem-ples et de résumer notamment les actes de *the chidren's aid Society* [3], fondée en 1853 par sir Ch. Loring Brace.

Ses débuts furent modestes. Ces *arab boys* ne pouvant se prêter à aucun travail sédentaire, on ouvrit en mars 1854, un *Lodging house*, avec cuisine, buanderie, gymnase, bains, lavabos, dortoir à deux rangées superposées comme sur un navire, et on leur offrit un gîte moyennant argent (le coucher 0 fr. 30, le souper 0 fr. 20). Après les soins matériels vinrent l'instruction, la moralisation, aux heures où ces enfants ne se répandaient pas au dehors pour exercer leurs professions diverses.

[1] Voir aussi, dans le même ouvrage, document K, un extrait de la lettre pastorale collective des évêques réunis pour le 10e concile, provincial de Baltimore, en 1869.

[2] En 1863, au moment où la milice nationale était occupée par la guerre de la sécession, 20 à 30,000 de ces vagabonds de tout âge, guidés par des femmes, pillèrent les maisons des banquiers, des orfèvres, etc.

[3] Il avait été précédé dans cette voie par une association de femmes destinées à la protection de l'enfance délaissée : *American female guardian Society* (année 1834).

En même temps la société fondait une école industrielle pour les filles, avec l'appui des dames de la société qui venaient elles-mêmes faire travailler ces pauvres créatures.

Au bout de trente ans d'efforts soutenus, la *children's aid Society* possède maintenant six *Lodging houses*, 21 écoles industrielles de jeux, trois salons de lecture gratuits pour combattre l'influence néfaste du cabaret, les liqueurs étant remplacées par le café ; trois crèches, une maison d'enfants malades et une maison dite des fleurs.

Mais, malgré ces fondations nombreuses, on comprit vite qu'il fallait arracher autant que possible l'enfant au milieu corrompu d'où il était à peine sorti et dont l'influence néfaste rendait souvent inutiles les tentatives les plus heureuses au début. Ne pouvant placer dès sa naissance l'enfant à la campagne, sir Loring Brace résolut d'utiliser pour ces vagabonds et ces indisciplinés les immenses ressources du *far west*.

« Les États-Unis ont, dit-il (p. 225), l'énorme avantage de posséder pour résoudre les questions du paupérisme une étendue pour ainsi dire illimitée de terres cultivables. Le chiffre des bras nécessaires pour la travailler est bien supérieur à celui que l'on peut obtenir ; de plus, les cultivateurs sont en Amérique notre plus solide et intelligente classe. Par la nature de leurs occupations, les domestiques de ces laboureurs doivent faire partie de la famille et entrer dans le courant général.

« Il est en conséquence très important pour eux de former des élèves pouvant les aider dans leur travail et se trouver mêlés à leurs propres enfants. Un serviteur qui ne serait qu'un serviteur leur causerait des inconvénients. Ils aiment mieux élever leurs propres aides. Avec cette abondance de toutes choses au milieu de laquelle ils vivent, les enfants sont une bénédiction, et une nouvelle bouche de plus ne compte pas. »

Cette émigration, malgré un réel manque de surveillance de la part de la société, donne en général de bons résultats ; il n'est pas rare de rencontrer d'anciens vagabonds devenus fermiers à leur tour. On a ainsi transporté en 1881, 3,957 pupilles de tout âge, moyennant le prix moyen de 9 livres par individu.

Toutes les dépenses de la *children's Society* sont couvertes par une subvention de l'Etat et les cotisations privées.

Le gouvernement du Massachussets recourt aussi à ces envois au loin combinés avec des reformatories, des vaisseaux écoles ou autres établissements correspondant aux catégories suivantes :

1° Orphelins et abandonnés (*destitute children*).

2° Enfants en danger de se perdre à cause du manque de surveillance des parents et des mauvaises fréquentations.

3° Petits criminels ayant besoin d'une répression sévère.

La Pensylvanie a ses institutions, dont M. Drouyn de Luys a rendu compte à l'Académie des sciences morales et politiques en 1877 [1].

Enfin le vaste asile de Coldwater au Michigan combine l'éducation collective avec le placement par groupes formant une famille ; on y reçoit les enfants déclarés dépendre de l'assistance publique (*those children who are declared dependent on the public for support*) ayant de 3 à 14 ans.

Le but déclaré de l'institution dit l'art. 13 de la loi rendue à ce sujet est de donner aux élèves un refuge temporaire jusqu'au moment où on peut leur procurer un placement dans les familles. Il est du devoir du conseil de contrôle de faire toutes diligences pour assurer des places convenables chez de bonnes familles aux enfants de l'école publique d'État qui ont reçu une instruction élémentaire. Le dit conseil de contrôle est institué le tuteur légal de tous les pensionnaires de l'école, et il a autorité pour les engager dans une entreprise ou une industrie pendant leur minorité,

---

[1] Cette communication a été faite sous le titre de : *Une école d'enfants assistés*, ce qui n'implique cependant, comme on vient de le voir, aucune analogie avec le système d'assistance usité en France pour les enfants trouvés et abandonnés désignés sous la rubrique générale d'*enfants assistés*.

en vertu d'un contrat leur assurant un traitement doux et convenable [1].

C'est en réalité au placement dans la famille d'adoption qu'aboutissent les efforts des philanthropes américains qui ont voué leur vie au relèvement matériel et moral des enfants délaissés. On trouve dans ce fait une nouvelle confirmation de l'excellence du système adopté en France depuis tant d'années. Il faut reconnaître cependant que, si les États-Unis ont le tort de ne pas agir ainsi vis-à-vis des nouveau-nés que l'on arracherait à une existence misérable et souvent à la mort, ils se trouvent dans une situation exceptionnelle en raison du nombre considérable d'enfants déjà âgés que les flots de l'émigration viennent jeter sur leurs vastes territoires et qui forment en partie ces armées de vagabonds, véritable péril social que les efforts les plus persévérants n'ont pas encore réussi à faire disparaître.

---

[1] Suivant un *act* de 1881, toute personne qui a la garde d'un enfant au dessous de 14 ans et qui lui permet de mendier, de ramasser des chiffons, etc., ou qui ne l'empêche pas de le faire, est coupable de délit, et l'enfant peut être arrêté.

LIVRE CINQUIÈME

—

LES NATIONS

N'APPARTENANT PAS A

LA CIVILISATION CHRÉTIENNE

LES NATIONS

CHAPITRE PREMIER

INDE

§ 1. *La législation religieuse.*

La religion indienne comprend deux formes, dont l'une n'est en réalité que le développement de l'autre : le brahmanisme et le bouddhisme ; la première immobilisée dans certaines parties de l'Hindoustan, l'autre répandue au dehors. Cette religion antique a résisté à la conquête musulmane, et les tribunaux des peuples européens anglais et français tiennent compte à l'heure actuelle des lois de Manou, lorsqu'ils ont à juger des contestations entre les habitants.

«Malgré des apparences parfois spécieuses, le bouddhisme, dit M. Barthélemy Saint-Hilaire, n'est qu'un long tissu de

---

[1] Principaux documents consultés : Manava dharma sastra, *Lois de Manou*, trad. Loiseleur de Longchamps, in-8°, 1833. F.-E. Sicé (traduction par), législation hindoue publiée sous le titre de *Vyavohara sara sangraha* par Madura Kandasvami Pulavar, Pondichéry 1857. A. Eyssette, *Jurisprudence de la cour d'appel de Pondichéry* en matière de droit hindou et de droit musulman, 2 vol. in-8°, Pondichéry 1879. *Revue historique du droit français et étranger*, article de M. Boscheron des Portes sur le droit hindou, 1855. Paul Janet, *Hist. de la science politique dans ses rapports avec la morale*, 2e édit., 1872. Ad. Franck, *Etudes orientales*, 1861. *Bibliothèque orientale*, Maisonneuve, 1872, tome Ier et 2e. *Journal des Savants*, 1855, article de B. Saint-Hilaire. Du Châtelier, *L'Inde antique* (livre premier), Paris, Derache, 1852. Notes manuscrites.

contradictions, et ce n'est pas le calomnier que de dire qu'à le bien regarder c'est un spiritualisme sans âme, une vertu sans devoirs, une morale sans liberté, une charité sans amour, un monde sans nature et sans Dieu. Le seul mais l'immense service que le bouddhisme puisse nous rendre, c'est par son triste contraste de nous faire apprécier mieux encore la valeur inestimable de nos croyances, en nous montrant tout ce qu'il en coûte à l'humanité qui ne les partage point. »

En dehors cependant de l'odieux régime des castes, source de mille abus, les lois de Manou sont empreintes d'une certaine humanité.

« Celui qui est doux, patient, étranger à la société des pervers obtiendra le ciel par sa charité (iv. 246). »

« Les enfants, les vieillards, les pauvres et les malades doivent être considérés comme les seigneurs de l'atmosphère (iv. 184). »

« Le mari ne fait qu'une seule et même personne avec son épouse (ix. 45). » Il est vrai qu'à côté de cette dernière disposition la loi place la femme dans une dépendance complète et perpétuelle [1]. Que son mari soit bon ou mauvais, qu'il en aime d'autres, elle doit le considérer comme son seigneur.

Le ciel bouddhiste n'est promis qu'à la veuve qui pleure éternellement son époux, sans même prononcer le nom d'un autre homme [2].

---

[1] « Pendant son enfance une femme doit dépendre de son père ; pendant sa jeunesse elle dépend de son mari ; son mari étant mort, de son fils ; si elle n'a pas de fils, des proches parents de son mari, ou à leur défaut de ceux de son père ; si elle n'a pas de parents paternels, du souverain ; une femme ne doit jamais se gouverner à sa guise. » (V. 148.)

[2] L'adultère et la violence sont défendus ; mais la peine varie s'il s'agit d'une femme ou d'une jeune fille appartenant à une caste supérieure ou inférieure. Quels que soient ses crimes, le souverain, disent les lois de Manou, ne doit jamais prononcer la peine de mort contre un brahmane.

On lit en outre, liv. VIII, stance 364 : « Celui qui fait violence à une jeune fille subira sur-le-champ une peine corporelle ; mais s'il jouit

A un autre point de vue, le fils pouvant seul offrir les sacrifices funéraires, sa naissance est accueillie avec beaucoup plus de joie que celle d'une fille ; l'*Aitareya Brahmana* contient le morceau lyrique suivant :

« Lorsqu'un père voit le visage d'un fils né et vivant, grâce à lui, il paie sa dette ; grâce à lui, il devient immortel. Le plaisir qu'un fils cause à son père est plus grand que tous les plaisirs que peuvent donner la terre, le feu et l'eau. C'est toujours au moyen d'un fils qu'un père dissipe les ténèbres qui l'entourent ; c'est lui qui renaît en lui... La nourriture nous soutient, le vêtement nous couvre, l'or nous pare, le bétail nous sert, notre femme est une amie, *notre fille est un objet de soucis*, mais notre fils est la plus éclatante des lumières. »

L'adoption remplace en cas de nécessité la filiation naturelle, et la femme stérile, ou ne donnant naissance qu'à des filles, peut être répudiée au bout de onze ans.

§ 2. *Les coutumes.*

Il y a peu d'enfants trouvés dans l'Inde ; en général, les enfants illégitimes, que leur mères ne peuvent élever, soit à cause du déshonneur qui en résulterait pour elles, soit parce que les ressources leur manquent, sont étouffés, vendus ou placés dans les orphelinats et autres établissements fondés, entretenus, par les missionnaires catholiques et les sociétés protestantes.

Beaucoup de garçons sont achetés par les musulmans, qui emploient ce moyen en vue de se recruter ; ils les transportent dans des pays étrangers pour y être élevés dans le mahométisme, ou vendus comme esclaves. Un certain nombre de filles sont vendues aux bayadères, qui les forment à leur infâme métier[1]. La législation publique n'autorise pas ces transactions.

de cette jeune fille parce qu'elle y consent, s'il est de la même classe qu'elle, il ne mérite aucun châtiment. »

[1] M. H. Eyssette s'exprime ainsi à ce sujet (arret. 3e note) : « Aux

Les enfants volés pour être vendus, et le nombre en est grand, ne sont pas considérés comme valablement réduits en esclavage, au moins par les tribunaux européens. Mais les fonctionnaires ne s'en occupent pas, à moins que des plaintes ne soient adressées par les parents.

Pour les enfants orphelins ou délaissés, il faut distinguer entre les Européens et les Indiens. Les gouvernements ne font rien en faveur de ces derniers ; c'est la charité privée qui leur vient en aide ; catholiques et protestants rivalisent de zèle à leur égard. Il n'y a pas de vicariat apostolique, ni de société protestante qui ne possède au moins un orphelinat.

Dans les grands centres européens et militaires, comme Calcutta, Madras, Bombay, Agra, Lahore, etc., les résidents étrangers, civils, et militaires contribuent aux frais d'entretien des descendants d'Européens.

L'infanticide des filles n'existe pas, en général, comme institution, au milieu des populations de la péninsule ; on rencontrait cependant autrefois cette coutume chez des tribus sauvages du nord, notamment dans le Raypoutama, entre l'Indus, le Gange et l'océan Indien. Les Anglais prohibent ces meurtres avec beaucoup de sévérité et obligent les princes natifs à les réprimer [1].

A l'intérieur du pays on pratique encore des sacrifices

---

yeux des lois indoues, les bayadères sont sans caste et sans famille ; les bayadères ne se marient pas, elles n'ont pas de famille. Les filles héritent en première ligne, les fils en seconde ; ils sont exclus s'ils ne deviennent pas maîtres de musique ou de danse dans la pagode. Quant aux filles adoptives, les bayadères achètent des enfants du sexe féminin empruntés à toutes les castes ; elles les font agréer par les tabirans, leur attachent le potou, les consacrent au service de leur dieu par des cérémonies spéciales. Elles les élèvent ensuite dans leur profession, les parent de leurs bijoux, et se contemplent dans ces fraîches et riantes créatures qu'infecte déjà la précocité du vice. »

[1] Chez les Khasias, lorsqu'il naît des jumeaux, on en étouffe ordinairement un ; ils considèrent que c'est un malheur et une dégradation pour une femme que d'accoucher comme des animaux (Steel, *Trans. ethn. soc.* nouv. série, vol. VII, p. 308). Les Todas pratiquent également l'infanticide, qui sévit cruellement dans l'île de Ceylan ainsi que le constatent les voyageurs : « L'horrible coutume de l'in-

humains, et les enfants des deux sexes sont immolés de préférence ; on achète des victimes « marquées de signes heureux » ; quelquefois on les enlève [1]. Il faut remarquer pourtant qu'en général les Indiens se montrent bons pour les déshérités de la nature. « Les Chinois et les Japonais, dit un missionnaire (*Annales de la Prop. de la foi*, tome XVIII, 1866, p. 189), regardent les difformités naturelles comme des châtiments et des signes de la colère divine. C'est pourquoi ils tuent impitoyablement les enfants nés difformes et n'ont que de la répulsion pour les grandes personnes affligées de quelque infirmité. Les Indiens au contraire regardent ces difformités comme de vraies bénédictions du ciel. Ils vont même jusqu'à croire qu'elles sont une divinité résidant chez les individus qui en sont les victimes. Loin donc de chercher à les détruire, ils prennent un soin particulier de ces malheureux, se font un plaisir de les assister et se gardent bien de leur refuser des aumônes. »

fanticide exercé sur les filles règne encore dans quelques cantons de l'île. Le dernier dénombrement, en 1821, donne un excédent de 20,000 pour le nombre des hommes sur celui des femmes ; dans un canton il y avait sur chaque centaine d'hommes seulement 56 femmes. ... L'usage singulier qui permet à une femme d'avoir deux ou un plus grand nombre de maris et la conséquence naturelle qui rend le mariage des filles difficile dans un pays où le célibat est une tâche semblent être la cause de cette pratique inhumaine. Un astrologue est consulté à la naissance d'une fille ; s'il prononce qu'elle est venue au monde sous une influence funeste, elle est exposée dans les bois où elle devient la proie soit des bêtes féroces, soit des fourmis ; mais j'ai appris avec plaisir que généralement c'était sans le consentement de la mère. » Voy. Pitt, par Eyriès, chap. L.

[1] Le Ramayana, trad. Fauche, p. 64. Une victime humaine ainsi enlevée n'est sauvée que par l'intervention du fils de Vasou-Indra.

CHAPITRE II

CHINE, INDO-CHINE, COCHINCHINE, JAPON.

I

LA CHINE [1].

§ 1er. *De la puissance paternelle.*

La constitution chinoise repose sur la famille placée tout entière sous l'autorité de son chef naturel, et, comme conséquence de ce principe, le père jouit partout d'une autorité très étendue sur les enfants. La *patria potestas* romaine, avec ses abus, existe ainsi encore à l'extrémité de l'Asie, non pas en vue de protéger les enfants, mais uniquement dans l'intérêt du père ; elle s'exerce sur la descendance légitime, ou illégitime et sur les fils d'adoption.

A la mort du père ce pouvoir se transmet aux ascendants mâles du côté paternel et à leur défaut à la mère. Les ascendants du côté maternel ne peuvent jamais y prétendre.

Parmi les droits que la loi chinoise reconnaît aux parents, un des principaux est celui de correction poussé jusqu'à ses

[1] Principaux ouvrages consultés en dehors des récits des voyageurs et des Annales de la Sainte-Enfance et de la Propagation de la foi : Scherzer, *La puissance paternelle en Chine*, étude de droit chinois, E. Leroux, 1878. Dr Durand-Fardel, *Les établissements de bienfaisance indigènes et les institutions sanitaires étrangères en Chine*, Paris 1882. P. Palâtre, *L'infanticide en Chine* (in-4° autographié), Changhaï 1878, avec pièces justificatives en chinois, nombreux dessins, fac-simile et même *images populaires* chinoises reliées dans le volume.

dernières limites. « Si des père ou mère, grand-père ou grand'mère, du côté parternel, après avoir été frappés par leur fils ou petit-fils, le maltraitent, en punition de sa faute, jusqu'à le faire mourir ; ou si des fils ou filles, petits-fils ou petites-filles désobéissants viennent à mourir des suites d'une correction infligée d'une façon raisonnable et modérée par leurs parents, ou si l'un d'entre eux est tué sur-le-champ, *aucune peine ne sera infligée au parent*, auteur de l'homicide commis dans de pareilles circonstances [1]. »

Cependant lorsque la correction est appliquée avec aveuglement, les parents deviennent responsables dans une certaine limite. « Si des père ou mère, grand-père ou grand'mère du côté paternel, châtient en punition de leur désobéissance leur fils ou fille, petit-fils ou petite-fille d'une façon tellement sévère et immodérée qu'ils les tuent, le coupable de cet homicide sera puni de cent coups de bambou.

« Quand les susdits parents tueront avec intention, dans les circonstances précitées, leurs enfants ou petits-enfants, ils subiront une augmentation de peine, et seront condamnés à recevoir soixante coups de bâton et à une année de bannissement. »

Nous parlerons plus loin de l'infanticide proprement dit, mais il faut remarquer que la loi chinoise ne prononce aucune peine contre les auteurs de l'*avortement*, à moins qu'il n'ait pour but de dissimuler un commerce criminel dont la découverte exposerait les complices aux punitions énumérées dans les différents articles du titre x de la 5e division du code pénal.

Le père a en outre le droit de vendre ses enfants [2], pourvu que ceux-ci y consentent, à moins cependant que cette vente ne doive aider la famille à sortir d'un dénuement absolu.

---

[1] Ta-tsing-lu-li, D° VI, tit. XII, § 319.
[2] « Quiconque vendra ses enfants ou petits-enfants contre leur consentement subira la punition de 80 coups de bâton..... en outre, la vente sera annulée. »

« Un père qui, dans une année de disette, se trouvant réduit à la plus affreuse misère, vend son enfant pour trouver de quoi subvenir à sa subsistance, ne pourra être poursuivi par ce fait [1]. »

§ 2. *De l'infanticide.*

Le père a donc sur ses enfants un pouvoir absolu; en abuse-t-il surtout vis-à-vis des filles lorsque sa famille devient trop nombreuses, ou pour toute autre raison? La question a été vivement discutée en ces derniers temps. Des centaines de missionnaires, parmi lesquels plusieurs ont versé leur sang en témoignage de leur foi, l'affirment de la manière la plus catégorique. Ils ont pénétré au plus intime du pays, y ont vécu souvent de nombreuses années. Ces témoignages, confirmés du reste par d'autres voyageurs, devraient donc être irrécusables.

Cependant des fonctionnaires, des Européens qui n'ont quelquefois pas dépassé les quartiers concédés à ceux que les Chinois appellent *des barbares*, nient ces coutumes et prétendent même que l'infanticide est moins fréquent dans ce vaste empire qu'en France [2].

Nous laisserons donc absolument de côté les renseignements fournis par les missionnaires, auxquels pour notre compte nous attachons la plus entière créance, et nous nous appuierons seulement sur des documents chinois dont il serait difficile de contester l'authenticité et la haute signification.

Il est nécessaire d'ajouter cependant que l'infanticide ne consiste pas seulement en Chine à exposer un enfant dans

[1] Ta-tsing-lu-li, D° VI, tit. I⁰ʳ, § 273, commentaire.
Quant aux enfants qui laissent leurs parents dans l'abandon et négligent de leur fournir les moyens d'existence, ils peuvent être punis de cent coups de bâton; l'outrage et les sévices sont punis de mort.
Le parricide est considéré comme le crime le plus énorme.
[2] Voir notamment les articles de M. Eugène Simon dans la *Revue nouvelle* (année 1883) et son discours à la Société d'économie sociale, tome III, année 1872.

la rue, mais bien à le noyer au moment de sa naissance ; crime qui ne peut évidemment être constaté par un voyageur européen visitant superficiellement une contrée.

D'un autre côté, ce territoire immense est divisé en plusieurs régions et ces coutumes horribles sévissent avec une intensité différente, variant avec le caractère des habitants, leur état plus ou moins grand de pauvreté, etc.

Ceci posé, examinons les documents.

I. L'INFANTICIDE ET LES ACTES OFFICIELS.

Règne de Choen-tche (1654-1662).

A l'avènement de la dynastie mandchoux des Tsing (1644) des peines furent prononcées contre l'infanticide qui désolait les contrées de Ngnan-hœi, du Kiang-si, du Kiang-sou et du Fou-kien.

En 1659, le second jour de la troisième lune intercalaire, le censeur impérial Wei-i-Kiai avait présenté au Fils du ciel la requête suivante : « Le Roi suprême aime à donner la vie et réprouve la destruction ; aussi tous les hommes sont-ils doués d'un cœur miséricordieux, c'est là un don naturel qu'ils ont reçu du ciel et qui se manifeste dans leurs affections... Mais la corruption des mœurs peut porter le père et l'enfant à se rendre mutuellement coupable de cruauté. Moi votre humble sujet, j'ai entendu dire que dans les provinces du Kiang-nan, du Kiang-si et du Fou-kien, on a la barbare coutume de noyer les petites filles ; comment n'en serait-il pas ainsi dans les autres provinces. »

Chœn-Tche approuva la requête du censeur et publia l'édit suivant : « Combien doit être grande notre douleur à la vue de ces enfants qui, à peine nés et encore innocents, sont destinés à périr.

« Quoique les mandarins locaux défendent cet usage, toutes les familles n'ont peut-être pas eu connaissance de cette prohibition. Il faut prendre les moyens nécessaires pour ranimer dans le peuple les sentiments de la nature et extirper jusqu'à la racine l'habitude barbare de l'infanticide. Alors nous serons joyeux et contents.

« Ho-long-tou, dans sa pièce intitulée « *S'abstenir de noyer les petites filles*, a écrit ces paroles : « Le tigre et le loup sont très cruels ; cependant ils connaissent les relations qui existent entre le père et l'enfant ; d'où vient donc que l'homme doué seul entre tous les êtres d'une nature spirituelle se montre inférieur à ces animaux ? » Vos enfants, garçons ou filles, sont également le fruit de votre sein. J'ai entendu dire que la douleur des petites filles que l'on noie est inexprimable. Encore tout inondées du sang maternel, elles ont une bouche et ne peuvent faire entendre aucun accent plaintif, et, plongées dans un vase d'eau, ce n'est qu'après un temps assez long qu'elles expirent ; hélas ! comment le cœur d'un père et d'une mère peut-il arriver à cet excès de cruauté ? »

Règne de Kang-hi (1662-1723).

Deux ans après la mort de Choen-tche, le lettré Li-li-ong composa un ouvrage destiné à faire revivre les bonnes mœurs et dans lequel il réunit les pièces récemment publiées par les mandarins contre les vices du peuple. Au nombre de ces actes figure la requête suivante, adressée au gouverneur de la province du Tché-Kiang par le mandarin Ki-eul-hia, préfet de Jen-Tcheou : « Les habitants de cette préfecture de Jen-Tcheou ont l'habitude d'étouffer les petites filles dans l'eau, et les riches, comme les pauvres, se rendent coupables de ce crime. J'ai été moi-même témoin d'un pareil forfait, et j'en suis souverainement peiné ; c'est pourquoi je vous prie d'envoyer dans mes six sous-préfectures une proclamation pour défendre sévèrement l'infanticide ; elle sera gravée sur pierre. Si quelqu'un ose se rendre coupable de ce crime, que l'on permette à ses voisins de le dénoncer aux magistrats, afin qu'il reçoive le châtiment qu'il mérite... »

Règne de Kien–long (1736-1795).

La trente-septième année de ce règne, le grand juge du Kiang-Si adresse une requête dans laquelle il est dit que la coupable habitude de noyer les petites filles est ordinaire dans sa contrée ; les familles pauvres pouvant difficilement les élever, d'autres, sans être dans l'indigence, redoutant les dépenses nécessitées par le mariage, certaines familles enfin souhaitant la prompte naissance d'un enfant mâle et craignant que les soins donnés à une petite fille ne retardent ce moment. A la suite de cette requête l'empereur rend en 1773 un édit dont voici les termes :

« Les statuts fixant la pénalité pour meurtre d'un grand enfant, ou d'un petit enfant, supposent le cas où ceux-ci, n'ayant jamais manqué aux ordres de leurs parents ou grands parents sont mis à mort volontairement et avec préméditation. Ce crime, qui viole les lois de la nature, doit être puni de la peine du fouet et du bannissement. Si les enfants mis à mort *sont des filles nouvellement nées et privées encore entièrement d'intelligence et de raison*, les coupables ne pourront pas alléguer la désobéissance pour justifier leur crime. Ainsi donc, quiconque dorénavant, suivant une coutume barbare, noiera les enfants, sera poursuivi pour meurtre avec préméditation, et lorsque les preuves seront parfaitement établies par les magistrats des tribunaux, il sera prononcé contre les accusés une sentence semblable à celle qui atteint les parents ou grands parents coupables d'assassinat volontaire sur la personne de leurs enfants ou petits-enfants. »

En 1785, Chen, trésorier général du Kiang-Sou, présente au gouverneur de la province une proclamation contre l'infanticide ; il reproche aux populations de cette contrée « de ne pas faire plus de cas de la vie d'une fille que d'un brin de paille ».

Règne de Kia-King (1796-1820).

Nouvel édit datant de 1815 : « Il existait autrefois, dit l'empereur, des orphelinats établis en faveur des pauvres, qui, à cause de leur misère, ne se souciaient pas de nourrir et d'élever leurs filles; ils pouvaient les y porter et elles y trouvaient aide et protection. Aujourd'hui le peuple a partout contracté l'habitude, désormais passée dans les mœurs, de vendre les femmes et de noyer les petites filles...

« Que toute famille pauvre, à qui il naîtra une petite fille, s'abstienne, à l'avenir, de la rejeter ou de la noyer. »

Règne de Tao–Koang (1820–1850).

Le gouverneur du Tché–Kiang s'adresse aux populations dont l'empereur lui a confié la garde et donne l'ordre de conserver la vie aux filles, en rappelant une foule de traditions populaires concernant des parents punis surnaturellement à cause de ce crime.

Le 19 février 1838, Ky, lieutenant-gouverneur de la province de Canton, constate dans une proclamation publiée alors par le journal anglais *Chinese Repository*, qu'il s'est rendu compte, après enquête, que l'usage de noyer et d'étouffer les petites filles est commun, et que les riches, aussi bien que les pauvres, n'hésitent pas à recourir à ce moyen dès qu'elles ont vu le jour.

Nouvelles proclamations 1843, 1845, 1848. Cette dernière renferme le passage suivant: « Les enfants des deux sexes appartiennent à l'ordre du ciel, et s'il vous naît une fille, vous devez l'élever, encore bien qu'elle ne vaille pas pour vous un garçon. Si vous les tuez, comment pouvez-vous espérer d'avoir des fils...? »

Pour ne pas multiplier outre mesure ces citations, nous arriverons à l'année 1866:

« Nous Puo-ien-huon, dit le gouverneur de la province de Fou-Kien, considérant la coutume dépravée de noyer les petites filles aussitôt après leur naissance et de les enterrer dans le sable, bien qu'on ait des moyens suffisants pour les élever, nous ne pouvons garder le silence. »

« Nous savons, ajoute l'année suivante, le sous-préfet de Chang-haï, que le meurtre des petites filles existe parmi le peuple..... Les mœurs, loin de s'améliorer, sont devenues, après la grande rébellion, pires que par le passé, et aujourd'hui l'infanticide est tellement passé en usage qu'on n'en fait plus de cas et qu'il ne semble plus monstrueux. Non seulement on noie les petites filles, mais on vient encore à noyer le second des garçons, et, chose déplorable, des gens qui ne sont point réduits à la misère se rendent coupables de ce crime, comme les pauvres eux-mêmes. La raison de ce mal c'est que les orphelinats n'ont pu être établis en ₜtous lieux, il en résulte que les habitants des campagnes éloignées redoutent la difficulté des chemins. »

Proclamations, suppliques ou autres documents analogues publiés : le 27 octobre 1875 par le sous-préfet maritime de Song-Kiang-fou, qui avait vainement essayé de faire appliquer la peine portée au Code pénal, une année d'exil et 60 coups de bâton, et par diverses autres autorités chinoises en août 1.76, octobre 1877 et février 1878.

En reproduisant dans son numéro du 10 août 1876, le texte d'un de ses actes, le *Foochow-Herald*, journal anglais publié à Fou-Tchéou, ajoute les réflexions suivantes qui formeront le complément naturel de ce paragraphe : « Si l'on considère les nombreuses proclamations affichées partout, on est amené à croire que l'infanticide des filles, si commun au sud de la Chine, est devenu tout aussi commun à Fou-Tchéou et aux environs, de telle sorte que la destruction complète de la race humaine n'est plus qu'une question de temps... »

II. L'INFANTICIDE ET LES ÉCRIVAINS BOUDDHISTES ET TAOISTES.

En 1849, la vingt-neuvième année du règne de Tao-Koang, on réimprima à Sou-Theou un livre intitulé : *Commentaire de la lampe de la maison obscure.*

Le lettré a reproduit dans son travail les idées qui remplissent les proclamations officielles ; il reconnaît que la pauvreté, le désir immodéré d'avoir des garçons et la crainte des dépenses occasionnées par les mariages sont les causes principales de l'infanticide.

La dixième année du règne de Hien-fong, en 1860, parut

une nouvelle édition du Hiô-tang-kiang-iu, ou discours moraux destinés aux écoliers.

Il y a, dit l'auteur, une espèce de femmes déraisonnables qui, après avoir donné le jour à une petite fille, la plongent dans l'eau et la font mourir.

Demandons maintenant de nouvelles preuves au Hio-tang-je-ki, recueil d'histoires quotidiennes à l'usage des écoles, on y lit ce passage :

« Dans la province de Kiang-si la coutume de noyer les petites filles est très répandue, mais ordinairement les lettrés ne s'en doutent guère. Ils s'imaginent que dans leur province semblables mœurs ne sauraient exister, et ils ne se doutent pas que dans leur propre contrée, au milieu de leur propre village, les petits enfants font entendre des cris plaintifs et appellent un sauveur. Qui pourrait dire le nombre de ceux qui périssent chaque année! »

Suivent des histoires indiquant le bien que fait le ciel à ceux qui sauvent les petites filles de la noyade ou les punitions encourues par des personnes cruelles..... femmes qui accouchent de serpents etc., toutes ces histoires reposent sur la métempsycose ; ce sont les filles noyées qui reparaissent pour punir leurs parents.

Le lettré Ho-tong-tsé a composé un livre uniquement destiné à combattre l'infanticide, intitulé : *Description des récompenses accordées à ceux qui ont sauvé les petits enfants*. Il est orné de gravures et a été réimprimé en 1869.

L'auteur énumère les peines que le ciel réserve à ceux qui font mourir les petits enfants, le tout figuré par des dessins caractéristiques, propres à saisir l'imagination. On trouve chez les libraires de Chang-haï un autre livre intitulé : *Kouo-pao-tou* ou description des récompenses ; c'est l'un des quatre volumes dont se compose le *Tchou-yu-yuen* ou la *Perle arrondie*, ouvrage qui a pour but d'exhorter les femmes à ne point noyer leurs petites filles.

III. L'INFANTICIDE ET LES ÉCRIVAINS DE L'ÉCOLE DE CONFUCIUS.

Ces écrivains demandent aux seules lumières de la raison

la ruine de ces abus odieux. « La coutume de noyer les petites filles est répandue partout, dit l'auteur du *Kiai-ni-nin-tou-chouo*, mais elle existe surtout dans les familles pauvres. *Les magistrats inférieurs regardent les proclamations comme de belles pièces de littérature.* Le peuple a continué, comme par le passé, à noyer les petites filles, et pas un seul coupable n'a été puni. Aussi qu'arrive-t-il ? c'est que les populations ne font aucun cas de tous ces pompeux édits et ne les considèrent plus que comme une œuvre de style. »

Vers la même époque parut à Sou-Tcheou un livre intitulé : *Nouvelle description des malheurs du Kiang-nan.*

« La coutume, dit l'auteur, de noyer les petites filles est actuellement fort répandue partout ; mais ce qui est plus déplorable, on en vient jusqu'à noyer les petits garçons.

« Qu'on donne aux mères du riz, des sapèques et des habits pendant une demi-année. »

Le *Te-i-lou-pao-yng-hoei-koei-tiao* (1er volume, 2me partie) fournit les renseignements les plus précis :

« Cette habitude de noyer les petites filles est tellement passée dans les mœurs qu'elle cesse d'être monstrueuse. On dit même joyeusement que c'est là une manière de marier les filles ; ou bien encore qu'à l'aide de la transmigration de l'âme on leur fournit un moyen de renaître garçon. Et, comme l'infanticide est devenu chose fort ordinaire, personne ne se met en peine d'exhorter les autres à y renoncer ; non seulement on noie les petites filles, mais les garçons sont également sacrifiés et les gens qui vivent dans l'aisance se rendent coupables de ce crime comme les pauvres. Le mal grandit de jour en jour et se propage de tous côtés. Il y a telle famille [1] qui a noyé plus de dix petites filles. Dans tel village les enfants noyés se comptent par plusieurs dizaines en une seule année au su de toute la contrée. »

« Quant à la coutume de noyer les petites filles, continue le lettré, Soutong-pao affirme qu'elle existe dans le Ho-nan et le Hou-nan ; le censeur impérial Wei-i-Kiai signale ses

---

[1] Par *famille* l'auteur désigne la réunion de plusieurs ménages portant le même nom, unis ar le lien de la parenté.

ravages dans le Kiang-si, le Kiang-nan (Kiang-sou et Ngan-hœi); Pong-gni-tche nous apprend qu'on la rencontre dans le Tché-Kiang. Pour moi, en examinant le Kouo-po (titre d'un livre) je vois qu'elle existe partout. »

IV. L'INFANTICIDE ET LES JOURNALISTES.

« Les mandarins et les notables, dit le journal *Chen-Pao*, dans un article du 16 septembre 1875, ont fondé dans toutes les localités des établissements pour protéger les petits enfants; car les pauvres, après avoir donné le jour à une petite fille, ont l'habitude de la noyer; chose vraiment lamentable! Bien plus, malgré les avertissements, les instructions et les défenses multipliées des mandarins, les habitants grossiers des campagnes, entraînés par les mauvais exemples qu'ils ont coutume de se donner mutuellement, continuent à ne regarder la vie d'un homme que comme un jeu d'enfant.

« Mais le croirait-on ! les lettrés cèdent à ce funeste entraînement. » (Le journaliste cite alors la femme d'un lettré qui, ayant donné le jour à trois petites filles, déclara qu'elle noierait la quatrième et accomplit ce crime.)

Quelques mois plus tard le *Chen-Pao*, numéro du 13 juillet 1876, enregistrait dans ses colonnes un document qui fournit une nouvelle preuve à l'appui de la triste vérité que nous voulons rendre évidente. Ce document fait partie d'un arrêté de police.

AVIS A TOUS.

« Le préfet de Ning-Po fait savoir par cette proclamation que dans l'intérieur de la ville il est défendu après la seconde veille de tenir ouvertes les maisons d'opium.....

« 5° Il est défendu d'avoir la cruauté de tolérer la barbare coutume des femmes qui noient les petites filles....»

Le journal *Min-Pao* n'est pas moins explicite que le *Chen Pao*, sur la fréquence de l'infanticide, et le 13 juin 1876 il parle des ravages exercés par ce fléau.

« Dans le Hœi-tchéou-fou, province du Koang-tong, il existe une fort mauvaise habitude. Quand une femme donne naissance à une petite fille, comme cette enfant sera une cause de dépenses, d'appauvrissement pour la famille et d'embarras à l'époque du mariage, on lui verse dans la bouche un vase de vin, que l'on appelle le breuvage de la transmigration, on l'étouffe ainsi par l'ivresse afin qu'elle retourne au palais de Nien-lou-wang, pour revenir ensuite sur la terre dans un autre corps. Cette petite fille qui vient de naître n'a qu'un souffle de vie, aussi est-elle incapable de supporter une pareille quantité de vin ; elle meurt suffoquée. Aussitôt on la prend et on la jette à la rivière. »

Le journaliste ajoute : Le vice-roi Lieou, après avoir constaté l'existence de cette perverse coutume, ne peut se décider à la tolérer. Il a publié récemment un édit contre l'infanticide et établi dans les deux Hou et les trois Kiang, des règlements pour l'organisation des orphelinats.

Dans son numéro du 20 juin 1876, le *Min-Pao* dit encore : « Les mandarins ont toujours protesté contre la coutume de noyer les petites filles ; ils ont publié des édits pour l'extirper, et dans chaque bourg on a créé des orphelinats. Les pauvres à qui il naît une fille qu'ils sont incapables de nourrir, peuvent la porter dans ces maisons de bienfaisance. Mais les familles riches qui n'ont point à se préoccuper des dépenses nécessitées par le mariage, pourquoi donc cèdent-elles à cette funeste habitude de l'infanticide sans vouloir s'en corriger ?

« A Ning-Po, dans un endroit appelé Mi-yen, cette coutume existe dans toute sa force. »

L'année suivante le *Sin-Pao*, dans une série de neuf numéros, dont le premier a paru le 9 mars 1877 et dont le dernier porte la date du 20 du même mois, a reproduit en chinois et en anglais tous les articles publiés en 1874 et 1875 par le *Wei-Pao*.

Un mois après le *Wan-kouo-kong-pao*, revue hebdomadaire publiée à Chang-haï par l'*American Presbyterian mission*, écrivait le 28 avril 1877 :

« La noyade des petites filles existe partout dans l'empire chinois, et il est fort difficile de faire disparaître cette horrible habitude. »

IV. L'INFANTICIDE ET L'IMAGERIE POPULAIRE.

En présence de ces textes, les affirmations de M. Eugène Simon et de tous ceux qui nient la coutume de l'infanticide, paraissent de peu de poids; mais ce n'est pas tout encore, l'imagerie populaire forme un nouvel ensemble de témoignages.

Ces images sont répandues partout en Chine, on peut se les procurer à très bon marché. Les châtiments que le ciel inflige aux hommes coupables d'infanticide et les récompenses accordées à ceux qui sauvent la vie aux petites filles, sont les sujets ordinaires qu'elles représentent, et une légende explicative en forme l'accompagnement nécessaire. La même feuille renferme parfois 4, 6, 8, 10 scènes différentes, telle autre n'en offre qu'une à la curiosité de l'acheteur.

Ces images auraient-elles une raison d'être si la coutume dont nous venons de parler n'existait pas universellement? Il se commet des infanticides en France; est-ce que les manuels civiques ou autres que nous mettons entre les mains de nos écoliers les engagent dans l'avenir à ne pas tuer leurs enfants lorsqu'ils en auront? Est-ce que l'imagerie d'Epinal, marchant sur les traces de l'imagerie chinoise, reproduit constamment pour les combattre ces meurtres d'innocentes victimes?

Ces réflexions s'imposent d'elles-mêmes, sans qu'il soit nécessaire de les développer davantage.

V. DES CAUSES DE L'INFANTICIDE.

Il ne suffit pas de constater la coutume, il faut en rechercher l'origine. On peut d'abord établir à titre de circonstances atténuantes que les Chinois, croyant en général à la métempsycose, n'envisagent pas du même œil que nous la destruction des corps dont les esprits vitaux devront, suivant eux, reparaître sous une autre forme.

Ce point indiqué, les auteurs cités plus haut et les proclamations officielles permettent de préciser les causes diverses qui amènent les infanticides.

Les pauvres sont nombreux en Chine et ils doivent travailler du matin au soir pour nourrir leurs enfants ; s'il leur naît des garçons, ils ne s'en plaignent pas, mais qu'une fille vienne prendre place au foyer, les visages s'assombrissent. Voilà, dit-on, une bouche inutile ; on s'exagère les difficultés, et la mort de l'enfant est décidée.

« Celui qui a des fils, dit un proverbe chinois, ne se tient pas pour pauvre, alors même qu'il n'a pas de richesses ; mais pour celui qui a des petites filles tout sera difficile, tout sera contraire. »

Les riches songent aussi aux frais que leur occasionne le mariage d'une fille et désirent avoir des garçons.

Le *Te-i-lou-pao-yng-hoei-koei-tiao* entre à ce sujet dans des détails de mœurs qu'il est intéressant de connaître. « La défense de noyer les petites filles, y lit-on, s'adresse surtout aux pauvres, mais on ne fait pas attention que les riches et les nobles parvenus à un âge avancé sans avoir d'enfants mâles se rendent coupables de ce crime. L'épouse craint alors qu'on introduise des concubines dans la famille; celles-ci de leur côté étant admises, veulent le plus tôt possible mettre au monde un garçon, afin de gagner les bonnes grâces du mari, et c'est ainsi que la femme légitime et les concubines conçoivent le désir de noyer leurs petites filles. De plus le beau-père et la belle-mère veulent avoir des petits-fils dans un bref délai. Le mari ne songe qu'à avoir des descendants, et dès qu'une fille vient au monde, tous se plaignent et ne témoignent que de la tristesse. La mère, accablée de chagrin, en devient malade; sa douleur se change en cruauté et de là naît le désir de noyer les petites filles. »

En dehors même de la question d'argent, des idées religieuses analogues à celles que nous avons constatées dans le monde ancien font une nécessité pour le Chinois d'avoir un héritier pour continuer la famille et accomplir les rites spéciaux des *sacra privata*.

« Le riche et le pauvre ont comme l'indique si bien le père Palâtre, des intérêts à sauvegarder pour l'autre vie. Ils ont cent fois honoré leurs ancêtres et ne se résigneront jamais à être privés d'un culte dont ils sentent le besoin. Au jour même de leur mort il leur faut des habits, de l'argent et de la nourriture pour faire un heureux voyage et tenir plus tard un rang convenable dans les pays d'outre-tombe. Leurs descendants devront encore leur servir à époque fixe des festins d'apparat, remplir leur bourse à l'aide de papier-monnaie et leur rendre maints services qu'il serait trop long d'énumérer. Or les hommes seuls ont le droit d'exercer ce pieux ministère. Qu'un païen vienne à mourir sans laisser un fils sur la terre, un désordre inconcevable est la conséquence de cette fin désolante, et voilà le défunt lancé dans un monde où il ne parviendra jamais à se créer une position commode. Il n'a pas de fils, partant tout lui manque. »

Cette croyance est avec la métampsycose une des plus puissantes raisons de la coutume de l'infanticide des filles.

Il faut joindre à ces considérations diverses la faiblesse des mandarins, qui n'appliquent pas les pénalités si légères cependant du code pénal et laissent dormir dans leurs archives les édits impériaux.

Tout s'unit ainsi pour maintenir l'odieuse coutume dont on voudrait en vain contester l'existence.

§ 3. *Les établissements destinés à recueillir les enfants pauvres.*

Les empereurs chinois, il faut le reconnaître, ne se sont pas bornés à faire adresser aux populations des proclamations, considérées trop souvent comme de *belles pièces de littérature ;* ils ont encouragé également la fondation d'orphelinats et de maisons d'enfants trouvés. Ces établissements ont été signalés par le P. d'Entrecolles dès l'année

1720, comme le prouve le recueil des *Lettres édifiantes* tome III, p. 295-298).

Mais ces maisons, en raison de leur petit nombre et de leur mauvaise organisation, n'ont pas malheureusement rendu les services qu'on devait en attendre.

Ici encore nous ne nous servirons que de témoignages chinois. Le rédacteur du *Kiai-ni-nin-tou-chou* nous dit : « La plupart des orphelinats étant établis dans les villes, les habitants des campagnes en sont trop éloignés ; ils craignent les fatigues du voyage quand il faudrait y apporter leurs enfants et ils continuent à les noyer. »

Le règlement des orphelinats est excellent, lit-on dans le *Te-i-lou-pao-yng-hoei-koei-tiao* et l'idée est fort heureuse, mais ils sont d'un accès difficile pour les paysans. Qu'arrive-t-il ? c'est que les pauvres, tenant à éviter les légères dépenses qu'occasionne un voyage et en redoutant les fatigues, ne veulent point amener leurs enfants. Aussi, poussés par la misère, ils les noient habituellement le jour de leur naissance. Cette remarque avait déjà été faite dans des documents mentionnés plus haut.

Une supplique de Chen-tao-tai, de Chang-hai, pour inviter le vice-roi des deux Kiang et le gouverneur du Kiang-sou à établir des sociétés protectrices de l'enfance parlant de l'éloignement des maisons d'enfants trouvés, ajoute : « On trouve à peine des nourrices pour ces établissements ; une seule femme doit allaiter quelquefois plusieurs nourrissons, et comme elle ne leur a pas donné la vie, elle ne ressent pour eux aucune affection ; il arrive que sur dix d'entre eux on en voit à peine cinq ou six échapper à la mort, et c'est pour cette raison que cet asile, régi par des règlements anciens, ne se trouve plus à l'abri de toute fraude. »

Ces établissements sont donc insuffisants ; ils sont en outre mal administrés.

Dans une proclamation dont le *Te-i-lou-pao-yng-hoei-koei-tiao* nous a conservé le texte, le mandarin de Kin-Ki-hien, au Kiang-si, cite un exemple de détournement de fonds qui doit trouver ici sa place. « Autrefois un homme

de la ville, nommé Tcheng-sing-tcheou, avait fourni lui seul
8,000 piastres d'or pour la construction et la dotation d'un
orphelinat. Ly-yn-tsao en avait également donné 1,400 dans
le même but, mais ceux qui ont abusé de ces ressources
sont fort nombreux ». Notre mandarin en conclut avec
raison que, grâce à ces dilapidations, le nombre des enfants
secourus est nécessairement restreint et que la noyade des
petites filles continue dans les campagnes. (*Te-i-lou*. —
1er volume, 2e partie, p. 21.)

Nous avons vu plus haut une supplique constater que
l'on donne souvent plusieurs enfants à une seule nourrice;
ce fait doit amener une mortalité excessive, mais alors
même que cet abus n'existerait pas, les enfants périssent
également en grand nombre, ainsi que le remarque M. le
Dr Durand Fardel dans un ouvrage récent auquel nous
empruntons la description de l'asile des enfants trouvés de
Canton [1] (p. 30).

« Sur le côté d'une avenue très ombragée, écrit ce savant
docteur, s'ouvre un portique couvert, aboutissant à une
cour assez étendue où j'aperçois une vingtaine de femmes
et d'enfants. En face un temple d'apparence très ordinaire.
A gauche, une sorte de bureau où se tient le petit mandarin
chargé de la direction de la maison.

« Nous suivons un corridor sombre et très long qui nous
mène à un dédale de ruelles étroites, mais propres, dallées,
avec une rigole centrale. De chaque côté des chambres uniformes, carrées, avec un lit à chacun des quatre angles; sur
ces lits des couvertures en désordre, des vêtements en mauvais état; aucun autre meuble. Chacune de ces chambres
est habitée par quatre nourrices et quatre enfants, car
chaque enfant a sa nourrice propre. Quelques bébés dor-
maient sur les lits enveloppés de couvertures ; mais la plupart étaient sur les bras de leurs nourrices. Celles-ci toutes
jeunes et de bonne mine paraissaient s'en occuper avec
sollicitude, mais ces pauvres êtres, âgés de huit jours à

[1] *Les établissements de bienfaisance indigènes et les institutions sanitaires étrangères en Chine*, Paris, 1882.

quatre ou cinq mois — je n'en ai pas vu qui paraissaient excéder cet âge — misérables, ratatinés, la figure vieillotte et souffrante, quelques-uns absolument décolorés, d'autres d'un rouge cramoisi, semblaient tous voués à une mort prochaine. On n'entendait même pas de cris ni de vagissements. Le mandarin me fit entendre qu'il en mourait beaucoup. Ceux qui survivent sont gardés jusqu'à ce qu'on vienne les demander, souvent dès l'âge de un à deux ans, pour en faire des domestiques. Quelques-uns sont adoptés dans des familles où il n'y a pas d'enfants mâles. Les directeurs des troupes théâtrales prennent encore là des enfants qu'ils élèvent pour le théâtre. »

Il n'y a pas hélas ! que ces troupes qui viennent chercher des élèves dans les orphelinats ; les directeurs et directrices de *bateaux de fleurs* ou des *maisons bleues* y recrutent une partie de leur personnel. « L'éducation des filles des fleurs, dit le Dr Schlegel [1], se fait d'une manière systématique. Dans presque tous les cas, ce sont des enfants volés, achetés à des parents pauvres ou fournis par des établissements hospitaliers ; pendant les six premières années, elles sont élevées avec beaucoup de soin ; vers l'âge de sept à huit ans, elles doivent tenir en ordre les chambres des filles plus âgées ; on les habille richement pour les conduire aux bateaux de fleurs, où elles servent le thé et les narghilés aux convives.

« Vers l'âge de onze ans, on commence à leur enseigner à chanter et à jouer du luth ou de la guitare. Cela dure ainsi jusqu'à leur treizième ou quinzième année. . . . . . »

Il faut ajouter à ces maisons d'enfants trouvés les *sociétés protectrices* de l'enfance qui essayent sans le moindre succès de lutter contre la coutume de l'infanticide.

§ 4. *La charité catholique en Chine.*

Les proclamations officielles font maintes fois allusions aux orphelinats créés par les étrangers.

---

[1] *La prostitution en Chine*, Rouen, 1880.

Le nombre de ces asiles est en effet considérable.

Dès l'année 1632, le père Vagnoni, au milieu des désastres causés par une famine, forma et exécuta le projet d'ouvrir un refuge pour y recueillir les enfants abandonnés; il loua une grande maison et parvint à réunir de suite 50 enfants. Un mandarin chrétien, Pierre Tong, en admis d'autres dans sa propre demeure. Au xviiie siècle l'œuvre reçut de nouveaux développements, malgré la persécution, les entraves de toutes sortes, l'indifférence ou même l'hostilité de certains empereurs; les missions de Chine possèdent à l'heure actuelle 101 maisons, réparties dans plusieurs provinces. Les enfants y sont l'objet des soins les plus attentifs et on s'efforce à leur sortie de les marier et de leur donner les moyens de s'établir.

« En résumé, dit M. Francis Garnier, les *Missions catholiques font un bien considérable que proclament leurs adversaires eux-mêmes.* C'est surtout dans l'intérieur du pays, loin des souvenirs irritants laissés par les dernières guerres, que l'on peut apprécier l'heureuse action qu'elles exercent. *Tous les voyageurs qui ont pénétré en Chine leur rendent hautement ce témoignage.* Quant à moi, je me suis toujours retrouvé avec le plaisir le plus vif au sein de ces chrétientés qui font à l'étranger un accueil si bienveillant, et au milieu desquelles on respire une atmosphère dégagée des pratiques puériles de la vie chinoise. *C'est comme une aurore de civilisation européenne* qui commence à éclairer le vieux monde oriental et prélude à son rapprochement avec le nouveau monde de l'Occident. *C'est le nom de la France qui est surtout connu des mandarins chinois et aimé des chrétiens indigènes.* »

Espérons que la tempête de persécutions qui passe en ce moment sur ces pays lointains ne détruira pas les œuvres admirables scellées par le sang de tant de missionnaires, martyrs de leur foi et de leur dévouement pour le salut des âmes.

II

INDO-CHINE.

Les populations de l'Indo-Chine, Tong-Kinois, Annamites, Siamois, ont en général des mœurs douces et ne pratiquent pas l'infanticide ; elles regardent même comme un malheur et comme une honte de n'avoir point d'enfants. Mais tous ces peuples vendent leurs fils et leurs filles. Les pauvres recourent fréquemment à cet expédient. Il n'est pas rare de voir conclure ce marché pour une somme équivalente à 1 ou 2 francs de notre monnaie. Les parents peuvent résilier la vente en rendant l'argent.

Tel est le sort des deux tiers des enfants de Siam, dans l'immense ville de Bang-Kok surtout. «Il est à toi, disent les parents à l'acheteur, fais-en ce que tu voudras, pourvu que tu ne lui brises pas les os et ne le tues pas, tu en es le maître[1].»

Trop souvent ces pauvres êtres sont achetés par des entrepreneurs de théâtres et les filles sont vouées à la prostitution.

Au Tong-Kin ceux qui les prennent ainsi les adoptent quelquefois, les élèvent et leur donnent une part de leur héritage.

En Cochinchine, depuis l'occupation française, de nombreux orphelinats ont pris naissance ; à dater de 1863, on a fondé des fermes agricoles généralement desservies par des sœurs de Saint-Paul de Chartres, aidées de sœurs indigènes. Les principaux centres de ces maisons hospitalières sont Saïgon, Vinh-long, Mytho.

Les extraits du rapport officiel suivant[2] montrent le bien qui s'accomplit ainsi dans notre colonie :

---

[1] Ann. Sainte-Enfance, décembre 1858, n° 79. Ann. de la Propagation de la foi, tome V, n° XXVI, oct. 1831, etc.

[2] Ann. Sainte-Enfance, tome XXI, 1869, p. 27. Rapport au directeur de l'intérieur par M. Turc, président de la commission de l'Assistance publique.

« En ce moment la Sainte-Enfance nourrit et élève 170 enfants des deux sexes...... Quelle que soit leur provenance, les enfants sont à leur entrée inscrits sur un registre *ad hoc* portant leur nom, leur sexe, leur âge réel ou supposé, le lieu de leur origine et le nom de la personne qui les a présentés. Lorsqu'il s'agit d'enfants abandonnés, ce registre relate autant que possible les circonstances dans lesquelles ils ont été recueillis..... La crèche reçoit les petits enfants à la mamelle; ils sont proprement emmaillotés et couchés dans de petits berceaux à balancier entourés de rideaux moustiquaires..... Les petits garçons peuvent rester dans l'établissement jusqu'à quatorze ans. Dès qu'ils ont atteint cette limite, on les place comme boursiers au collège d'Adran ou bien on cherche à les placer avantageusement dans quelque famille honnête.

« Dans le principe il arrivait très fréquemment que les petits Annamites des deux sexes, après avoir souvent sollicité eux-mêmes, comme une faveur, leur admission à la Sainte-Enfance, changeaient tout à coup d'idées et témoignaient le désir de quitter la maison. Ceci n'étonnera point ceux qui ont été quelque temps en contact avec les indigènes et ont pu constater l'extrême mobilité du caractère national. Malgré cet amour inné du changement, ces faits ne se présentent plus aujourd'hui.

« Ces enfants, sans s'être élevés encore jusqu'à comprendre le noble dévouement des saintes femmes qui les recueillent, sentent déjà pourtant que la charité chrétienne est désintéressée et que la Sainte-Enfance ne les nourrit point pour les exploiter plus tard....

« Ces observations rapprochées entre elles seront, à juste titre, l'objet de consolantes réflexions et pour l'administration, et pour toutes les personnes qui, de près ou de loin, s'intéressent à l'avenir de la colonie, et soupirent après le jour où la race française, grâce à ses merveilleux instincts de sociabilité, à ses incomparables facultés assimilatrices, sera parvenue à faire apprécier aux peuples de l'Orient les bienfaits de la civilisation chrétienne. »

III

JAPON.

Les Japonais en général aiment beaucoup leurs enfants, ils ne les tiennent même pas assez sévèrement ; néanmoins le crime d'infanticide est fréquent chez les pauvres. D'après l'ancienne législation, il était permis en théorie ; le nouveau code pénal préparé par M. Boissonnade[1], édicte (art. 370 à 385) des peines variables contre l'avortement, l'abandon d'enfants, *de vieillards, de malades et d'infirmes* « incapables de pourvoir eux-mêmes à leur conservation et à leurs besoins ». La répression de ces délaissements de vieillards et de malades n'est pas empruntée aux codes européens et prouve l'égoïsme de ce peuple. Depuis quelques années on a diminué également les facilités du divorce et rapporté les édits qui permettaient de faire des filles l'objet des plus honteux marchés. « La jeune fille qui cédait à un séducteur sans le consentement de ses parents était punie de 60 coups de fouet, non pour avoir violé les prescriptions de la pudeur, mais bien parce qu'elle dérobait ainsi à ses auteurs un bien dont seuls ils pouvaient disposer[2]. »

Il n'existait aucun asile pour recevoir les enfants délaissés avant les orphelinats ouverts par la charité chrétienne. Les religieuses de l'Enfant-Jésus de Nazareth en ont établi notamment à Nagasaki, Osaka et Kobi, et il ne se passe pas de jours sans qu'on vienne leur présenter de petits êtres que leurs ascendants ne peuvent ou ne veulent point conserver[3]

[1] Projet de code pénal pour l'empire du Japon (août 1877) Tokio, 1877.

[2] *La Chine et le Japon à l'exposition de* 1878, par Lamarre et de Fontpertuis, p. 42.

[3] Sainte-Enfance, p. 107, août 1882. « Le riz est fort cher et les légumes rares ; de plus, les 250 nourrices de nos bébés ont demandé une augmentation, refusant de prendre les enfants au prix de 7 fr. 30 par mois. »

S'ils n'étaient pas acceptés, le résultat certain du refus serait la mort pour les garçons et le déshonneur futur pour les filles, élevées alors dans des maisons de prostitution si fréquentes au Japon.

Ainsi, bien que professant à un degré moindre que la Chine des coutumes barbares vis-à-vis de l'enfance, les populations japonaises sont loin d'en être absolument exemptes dans la pratique.

CHAPITRE III

LE MONDE MUSULMAN [1].

I

OBSERVATIONS GÉNÉRALES.

Certains passages du Koran empruntés à l'Écriture sainte conservent un reflet vivant des sublimes préceptes de l'Évangile. Il faut donc examiner d'abord le texte même du code religieux et civil des musulmàns avant d'entrer dans le détail de leurs coutumes.

Obligation de l'aumône.

« Ils interrogeront, dit Mahomet, comment il faut faire l'aumône : dis-leur qu'il faut secourir les parents, les proches, les orphelins, les pauvres, les voyageurs. Le bien que vous ferez sera connu de Dieu. (II. 211.)

« Les aumônes sont destinées aux indigents et aux pauvres, à ceux qui les recueillent, à ceux dont les cœurs ont été gagnés par l'Islam, au rachat des esclaves, aux insolvables, pour la cause de Dieu et pour les voyageurs; ceci est obligatoire. Une parole honnête, l'oubli des offenses, valent mieux qu'une aumône qu'aura suivie un mauvais procédé. (II, 265.)

[1] Principaux documents consultés : Barthélemy Saint-Hilaire, *Mahomet et le Coran*, in-8°, 1865. *Le Coran analysé*, par Jules Labeaume, Paris, Maisonneuve, 1878. Baron Roguet, *Législation des Musulmans*, in-8°, 1857. Ernest Chaudé, *Des établissements de bienfaisance en Orient en* 1850, Paris, 1851. Très nombreuses notes manuscrites.

« O croyants ! faites l'aumône des meilleures choses que vous avez acquises, des fruits que nous avons fait sortir pour vous de la terre ; ne distribuez pas en largesses la plus vile partie de vos biens. (II, 269.)

« Ceux qui feront l'aumône le jour ou la nuit, en secret ou en public, en recevront la récompense de Dieu. (II, 275.)

« Donne à chacun ce qui lui est dû ; à ton proche, au pauvre, au voyageur ; ceci sera plus avantageux à ceux qui veulent obtenir un regard bienveillant de leur seigneur ; ils seront heureux. (XXX, 37.)

Protection des enfants.

« Pour cimenter leur culte et attirer leurs semblables dans l'abîme, ils se sont fait un mérite de massacrer leurs enfants. Si le Très-Haut eût voulu, il aurait empêché cette barbarie. Fuis-les, eux et leurs blasphèmes. L'abîme a englouti ceux qui, dans leur aveugle ignorance, immolaient leurs enfants, et qui, appuyés sur le mensonge, interdisaient les aliments que Dieu a permis. Ils se sont perdus et n'ont point connu la lumière. (VI, 138-141.)

« Dis-leur : venez entendre les commandements du Ciel ; ne tuez pas vos enfants à cause de l'indigence, nous vous donnerons de quoi vivre ainsi qu'à eux. (VI, 152.)

« Ne tuez pas vos enfants par crainte de pauvreté... les meurtres que vous commettez sont un péché énorme. (XVII, 33.)

« O Prophète, si des femmes fidèles prêtent serment de fidélité entre tes mains et s'engagent à ne point tuer leurs enfants, accueille leur pacte et implore le pardon de Dieu pour elles. (LX, 12.)

« Les richesses et les enfants sont les ornements de la vie de ce monde. (XVIII, 44.)

« Si les femmes que vous avez répudiées allaitent vos enfants, donnez-leur une récompense... S'il se trouve des obstacles, qu'une autre femme allaite l'enfant. (LXV, 6.)

« Les mères répudiées allaiteront leurs enfants deux ans complets... Le père de l'enfant est tenu de pourvoir à la nourriture et aux vêtements de la femme d'une manière honnête; si les époux préfèrent sevrer l'enfant avant le terme, de consentement volontaire et après s'être consultés mutuellement, cela n'implique aucun péché. (II, 333.)

Protection des orphelins.

« Pieux est celui qui pour l'amour de Dieu donne de son avoir aux orphelins. (II, 172.)

« Restituez aux orphelins leurs biens; ne substituez pas le mauvais au bon,ne consumez pas leur héritage avec le vôtre, c'est un crime énorme. (IV, 2.)

« Ceux qui dévorent iniquement l'héritage des orphelins, introduisent le feu dans leurs entrailles et seront un jour consumés par des flammes ardentes. (IV, 11.) »

Le Koran contient donc des principes protecteurs de l'enfance; ces préceptes sont souvent mis il est vrai en oubli, comme celui qui défend aux fidèles « de faire ou d'employer des eunuques ». De plus la facilité des divorces, la pluralité des femmes sont autant de coutumes contraires aux intérêts des enfants.

Ceci posé, le monde musulman peut, au point de vue qui nous occupe et en laissant de côté les Indes, être divisé en quatre grandes régions : l'Afrique, la Syrie, la Turquie et la Perse.

II

AFRIQUE, SYRIE.

Dans l'Arabie, la Syrie et le nord de l'Afrique où les mahométans restent, loin des villes, adonnés à la vie pastorale, l'infanticide et les abandons sont rares. Une nombreuse descendance est plutôt une richesse qu'un embarras, et puis l'enfant coûte si peu à élever.

Chez les peuples arabes, tous les enfants sans exception sont nourris par la mère, et dans aucun cas, si ce n'est la mort de celle-ci, on ne donne le nouveau-né à une nourrice.

Si la mère est malade, les parentes et les voisines viennent tour à tour offrir le sein au nourrisson.

Cette règle absolue n'est pas sans inconvénient, car si la mère devient enceinte, l'enfant dépérit et les exemples n'en sont pas rares.

En Syrie surtout, les soins donnés ne sont pas en général intelligents. Ainsi on lie fortement l'enfant dans son berceau et il en résulte que la tête s'aplatit et prend une forme pointue.

Dès que le petit être veut manger, on lui donne la nourriture de la famille ; riz, blé bouilli, sans cesser de l'allaiter aussi longtemps que possible.

Les enfants deviennent-ils orphelins, ils continuent à vivre au [milieu des douars où ils sont nés ; les garçons servent généralement de bergers, mais les filles sont destinées trop souvent aux harems. Il faut constater cependant que les familles riches musulmanes prennent quelquefois à leur charge ces enfants pour les élever et les employer à des usages domestiques. Quand le pupille arrivé à l'âge de dix-huit à vingt ans veut aller gagner sa vie ailleurs, la famille qui l'a élevé lui donne habituellement une petite somme d'argent.

Ces traits généraux s'appliquent aux pays qui ont conservé les mœurs primitives. Du moment, au contraire, que la population se trouve agglomérée, qu'à l'élément indigène viennent se joindre les aventuriers de toutes les contrées, les bonnes qualités des fortes races arabes disparaissent. L'avortement devient fréquent [1]. Il serait très nécessaire de prendre des mesures d'assistance en faveur des enfants délaissés ; mais le gouvernement s'occupe peu de ces sortes d'affaires, et la charité catholique reste seule pour y pourvoir.

A Damas les musulmans exposent des enfants à la porte des mosquées, et si ces créatures infortunés ne sont pas recueillie par une personne compatissante, elles meurent de

---

[1] A Beyrouth, les pharmaciens indigènes annoncent et vendent ouvertement des remèdes produisant l'avortement ; des médecins empiriques parcourent le pays et favorisent ces odieuses coutumes.

froid et de faim. D'autres sont déposés à la porte des établissements religieux, on les place alors en nourrice à raison de 10 francs par mois. Il en est de même à Tripoli, Jérusalem, Alep, Beyrouth, Smyrne etc. Dans cette dernière ville c'est la maison de la Providence qui reçoit les enfants trouvés, abandonnés sur le seuil ou remis directement entre les mains des sœurs. La charge de ces infortunés, au nombre de quinze à vingt par an, repose entièrement sur l'assistance privée.

III

ALEXANDRIE. — LE CAIRE.

Il existe à Alexandrie deux établissements d'enfants trouvés; l'un tout récent, entretenu et dirigé par le gouvernement, admet un très petit nombre d'enfants élevés dans les principes du mahométisme; les garçons deviennent soldats, les filles vont dans les harems.

L'autre, beaucoup plus important, fondé il y a 37 ans par la charité privée, est confié aux sœurs de Saint-Vincent-de-Paul et a échappé en partie aux dévastations dont cette ville vient d'être récemment le théâtre. On lit à ce sujet dans le rapport adressé à M. le ministre de l'instruction publique par M. Victor Guérin (29 juillet 1882) le passage suivant : « Je me suis transporté chez les Sœurs, où la France protégeait et entretenait depuis une quarantaine d'années deux vastes établissements, l'un la Miséricorde, l'autre le collège des Lazaristes.

« Le premier, quoique ayant été enduit extérieurement de goudron, a échappé à la ruine que l'on pouvait redouter; il comprenait pensionnat, externat, orphelinat, salle d'asile, dispensaire, et avait été évacué avant le bombardement. Les jeunes filles qui y étaient élevées avaient été rendues à leurs familles, les orphelines n'ayant pas de parents pour les réclamer avaient été transportées à l'hôpital européen. J'ai la consolation de vous annoncer que ce précieux établissement, tenu par nos Sœurs de charité, qui a déjà rendu tant de services à Alexandrie et qui a contribué singulièrement à faire aimer et respecter notre nation, depuis sa fondation, est demeuré à peu près intact.

« Les Sœurs de charité qui desservaient l'hôpital avaient été suppliées avec instance, et à plusieurs reprises, avant le bombardement de se réfugier sur les navires qui étaient en rade ; mais la supérieure, appelée Peyramond, répondit en leur nom : « Si nous nous retirons sur la mer pour fuir le danger, qui soignera nos pauvres malades, dont quelques-uns sont à toute extrémité et ne peuvent être transportés de la couche où ils reposent ? Que ferons-nous aussi de nos petits orphelins et de nos enfants trouvés, dont plusieurs ont à peine quelques mois ? Privés de nos soins, ils succomberont infailliblement. Où les transporter ? où fuir avec tant d'innocentes créatures ? Nous avons toutes fait le sacrifice de notre vie, et, s'il faut mourir, nous voulons mourir auprès de nos malades et de nos enfants. » Quinze Sœurs de charité, la plupart françaises, n'ont donc pas, malgré les prières réitérées qui leur ont été faites, consenti à déserter l'hôpital, et elles sont restées fidèlement groupées autour de leur digne supérieure, qui depuis 36 ans habite Alexandrie, où elle jouit de la vénération générale. »

Actuellement les ruines sont réparées et les œuvres continuent comme par le passé ; la maison d'Alexandrie élève en moyenne 130 trouvés placés en nourrice jusqu'à 2 ans ; ils restent ensuite à l'asile pendant 4 ans, et de là sont admis à l'orphelinat.

En Egypte les enfants exposés sont rares dans la population musulmane. Quand la police en recueille quelques-uns, elle les donne aux sœurs ou à des familles qui consentent à s'en charger gratuitement.

De plus, les sœurs franciscaines et celles du Bon-Pasteur soutiennent au Caire un certain nombre d'orphelines appartenant presque toutes à la colonie européenne ou levantine.

Les mosquées avaient autrefois des fondations destinées à secourir ces infortunés, mais les fonds ont été dissipés.

IV

CONSTANTINOPLE.

Le nombre des enfants abandonnés est très considérable à Péra ; il se passe peu de semaines sans que le matin les Lazaristes à la porte de la chapelle, les Sœurs à la porte de leur maison, ne trouvent quelques-unes de ces pauvres petites créatures [1]. Ce sont habituellement des enfants de femmes juives ou arméniennes. Après leur avoir donné les premiers soins, on les met en nourrice dans les environs de la ville ; malgré tous les efforts des Sœurs, peu dépassent l'âge de huit ans. La misère des parents, le défaut de soins dont ils ont été l'objet avant leur abandon, amenant une grande mortalité.

Partout, comme on le voit, c'est la charité et principalement la charité française qui prend soin en Orient de l'enfance abandonnée et délaissée. Aussi, dans la séance du 29 décembre 1882, M. Fournier, ancien ambassadeur à Constantinople, a-t-il dit au Sénat :

« J'ai vu les filles de la charité à l'œuvre : je puis exposer les résultats que j'ai constatés et qui, en faisant honneur à la France, lui valent de traditionnelles et profondes sympathies.

« Je suis arrivé à Constantinople, où j'avais l'honneur de venir représenter la République française, au milieu de février 1878. La guerre avait chassé de leur patrie les populations musulmanes de la Bulgarie et de la Roumélie.

« Pendant ce rude hiver, plus de 200,000 émigrés de ces provinces encombraient les rues et les places publiques de Stamboul, de Galata et de Péra. Le gouvernement du sultan avait été obligé d'ouvrir toutes les grandes mosquées, Sainte-Sophie, les mosquées d'Achmet, de Soliman, de

---

[1] Quelquefois on place les enfants dans une corbeille qu'on suspend à la corde de la sonnette d'une église, d'un couvent, etc.

Sélim, toutes enfin, afin que toutes les misères pussent y trouver un asile, un abri.

« Toutes les douleurs, tous les maux naturels, toutes les maladies contagieuses, produits de cette grande calamité, la guerre, sévissaient avec une terrible intensité.

« Les sœurs de la charité étaient partout et mouraient glorieusement et simplement au milieu des bénédictions de tous ceux qu'elles soulageaient ; au milieu de l'admiration sympathique et respectueuse de ces musulmans qui les voyaient se prodiguer sans relâche, jour et nuit, partout si désintéressées et si ardentes à secourir tout le monde, si peu soucieuses de leur existence. Mais elles mouraient : onze, en peu de jours, avaient été victimes de leur zèle religieux et français.

« Je fus ému de ces admirables morts, et ayant appris que, de nos ports du Midi, d'autres sœurs en grand nombre sollicitaient de venir remplacer celles des leurs qui étaient mortes, je priai le supérieur des Lazaristes, à Constantinople, de ne pas précipiter leur arrivée. Je craignais de les voir débarquer sans aucune acclimatation préparatoire sous un climat nouveau, au milieu des épidémies les plus contagieuses, incapables de résister aux fatigues et succomber rapidement. Le supérieur des Lazaristes, que je me plais à nommer à cette tribune, M. Salvayre, me répondit : « Monsieur l'ambassadeur, vous ne pouvez me donner un pareil ordre. Vous ne voulez pas priver nos sœurs du seul bonheur auquel elles aspirent en ce monde, se dévouer à ceux qui ont besoin d'elles, et mourir pour eux quand il le faut. »

« Messieurs, l'ambassadeur n'avait plus rien à dire, il était trop fier de ces sœurs de charité accourant de France faire simplement, aux dépens de leur vie, aimer et respecter leur patrie. Je me plais à le dire très haut : j'étais désormais aussi ému en voyant circuler, par toute cette grande ville désolée de Constantinople, les cornettes de nos sœurs de charité, devant lesquelles tous les musulmans s'inclinaient, qu'en voyant flotter sur le Bosphore le drapeau de la France, qui loin du sol natal inspire d'inexprimables sentiments à ceux qui l'aperçoivent.

« Je pourrais multiplier les détails saisissants sur le rôle tout français, tout patriotique, tout d'abnégation que remplissent en Orient nos religieuses et nos religieux.

« Je les ai vus, je sais les sentiments qu'ils inspirent pour la France depuis des siècles, et la sympathie traditionnelle qu'ils lui ont solidement acquise, qui est une force que nous avons été jusqu'ici seuls à avoir. »

Il n'y a rien à ajouter à de pareilles paroles.

V

LA PERSE.

La Perse peut être comptée au nombre des pays musulmans, bien qu'elle renferme dans certaines parties des chaldéens catholiques, des nestoriens, des arméniens schismatiques et quelques adorateurs du feu.

Ici les mahométans n'étant pas en rapport direct avec les Européens, comme cela a lieu pour les échelles du Levant, ont conservé une haine plus vive du nom chrétien, ainsi que nous le verrons plus loin.

Le concubinage n'est pas reconnu et le mariage doit être sanctionné par un acte religieux. Cependant la polygamie existe parmi les sectateurs de Mahomet.

Excepté chez les catholiques, les enfants illégitimes sont généralement détruits par l'avortement, quelle que soit la religion à laquelle appartiennent les parents.

Si l'avortement ne réussit pas, on se débarrasse du nouveau-né en l'étouffant au moyen d'un linge mouillé placé sur la bouche, en le laissant périr d'inanition ou en l'exposant à la porte de quelque mosquée.

L'honneur de la famille prime en effet toute autre considération. Il y a trente ans environ, une pauvre femme catholique, devenue enceinte à la suite de violences et que les missionnaires avaient engagée à nourrir son enfant, devint folle de honte.

L'adultère est puni de mort; on est même passible de coups de bâton ou d'amende pour avoir embrassé une femme, lui avoir touché le bras, l'avoir sollicitée, etc. Le témoignage seul de la personne lésée suffit, ce qui entraîne beaucoup d'abus.

Il n'y a pas de maison de tolérance reconnue, les mœurs s'y opposent, et en 1881, à Ourmiah, sept femmes de cette ville, pour avoir fréquenté des soldats de la garnison, ont été exécutées (deux étranglées et cinq enterrées vives).

Il y a donc en réalité peu d'enfants illégitimes conservés vivants, et les œuvres religieuses, au fur et à mesure qu'elles s'établissent dans la contrée, s'occupent de recueillir ceux qui sont abandonnés. On compte actuellement trois orphelinats à Ourmiah, Khosvora et Téhéran. Il faut cependant faire ici une remarque importante.

Les chrétiens courraient les plus grands dangers s'ils venaient publiquement en aide aux enfants musulmans. La plus grande prudence leur est nécessaire; ainsi en 1863 une communauté entière a failli être massacrée à Ourmiah même pour avoir adopté un jeune mahométan exposé.

Les Persans de toute religion aiment du reste beaucoup leurs enfants légitimes, tout en préférant des garçons aux filles et attentent rarement à leur vie bien qu'ils leur donnent assez souvent des soins inintelligents amenant une grande mortalité ; ils regardent les nombreuses familles comme une marque spéciale de la bénédiction divine. Souvent les parents pauvres venant de gagner un morceau de pain disent qu'ils le doivent à leurs enfants, parce que ceux-ci portent écrit sur leur front le droit à la nourriture et que la Providence doit la leur assurer.

CHAPITRE IV

LES PEUPLES BARBARES.

Jusqu'ici nous avons trouvé en général chez les nations n'appartenant pas à la civilisation chrétienne certaines dispositions législatives et quelques principes religieux protecteurs de l'enfance ; il reste maintenant à parler rapidement des peuplades barbares de l'Amérique, de l'Afrique et de l'Océanie, chez lesquelles ces sentiments n'existent même plus.

Au Mexique les sacrifices humains étaient fréquents. A une certaine époque de l'année, le prêtre de Quetzalcoalt faisait une image du dieu avec de la farine mélangée au sang de petits enfants et la perçait ensuite d'une flèche [1].

Dans l'Amérique du Sud, l'avortement, l'infanticide se rencontrent encore constamment ; les garçons se trouvant comme toujours conservés de préférence ; il suffit de citer les Guanos, les Mbayos, les Guaranis et tant d'autres tribus du Paraguay, du Brésil ou des bords de l'Amazone et de l'Orénoque [2].

Passons-nous en Océanie, les exemples de ces scènes cruelles abondent. Il y a peu d'années encore les areoïs, c'est-à-dire les membres de la noblesse taïtienne, tuaient

----

[1] Lubbock (John), *Les Origines des civilisations*, 3ᵉ édit. 1881.
[2] *Voyage dans les deux Amériques*, publié sous la direction d'Alcide d'Orbigny, 1836, chap. XXXII et *passim*. Giraud Teulon, *Les Origines de la famille*, p. 128-129.

systématiquement la majorité de leurs enfants. A Rotouma on faisait périr de jeunes garçons aux funérailles des chefs ; un personnage important des îles Tonga tombait-il malade ou avait-il offensé les dieux, le sang d'un nouveau-né devait obtenir la guérison ou le pardon de la faute commise [1].

En Australie la naissance des jumeaux entraîne fatalement le sacrifice de l'un d'eux. A la Nouvelle-Zélande, des mères tuent souvent leurs filles, en leur enfonçant le pouce dans la partie supérieure du crâne ; aux îles Wallis, ce n'est pas une honte pour les femmes de faire périr leurs descendants, tous les genres de mort sont bons : l'avortement, l'étouffement, l'enfouissement dans le sable. La Nouvelle-Guinée voit périr ainsi chaque année de nombreuses et innocentes victimes.

Le grand continent africain n'est pas à l'abri de ces coutumes odieuses [2] auxquelles viennent se joindre encore les horreurs de la traite.

« Lorsque les Egyptiens, dit M. Lenormant [3], eurent terminé leurs guerres d'Asie, il fallait toujours des captifs pour les constructions. Alors la chasse à l'homme, dans les malheureuses populations du Soudan, s'organisa sur un pied monstrueux, inconnu aux époques antérieures.

« Il ne s'agissait plus, comme sous les Thoutmès et les Aménophis, d'étendre de ce côté les frontières de l'empire égyptien pour y englober les pays qui fournissaient l'ivoire et la poudre d'or.

« Le but principal, et pour ainsi dire unique, était de se procurer des esclaves. Presque chaque année de grandes razzias partaient de la province d'Ethiopie et revenaient traînant après elles des milliers de captifs noirs de tout âge

---

[1] *Voyage autour du monde*, de Dumont d'Urville, *passim*. Giraud Teulon. Annales de la Propagation de la foi, etc.

[2] Dans toute l'Afrique, dit Munziger, l'infanticide n'est pas considéré comme un crime ; personne ne s'en préoccupe, car la mère est supposée connaître mieux que personne son propre intérêt.

[3] *Les premières civilisations*, étude historique et archéologique, tome Ier, p. 217.

et de tout sexe, chargés de chaînes. Et les principaux épisodes de ces expéditions de négriers étaient sculptés sur les murailles des temples comme des exploits glorieux ». Les événements actuels du Soudan donnent une valeur toute particulière à ces souvenirs.

« Sur toute la côte d'Or, la paternité ne s'accuse que sous les traits d'une opération commerciale, dit M. Giraud-Teulon [1]. On fait des enfants pour les vendre ; et si l'on observe les peuplades les moins civilisées, on remarque que l'hostilité y est habituelle entre le père et ses enfants. Chez les nègres, c'est le plus souvent une haine déclarée ; la première enfance passée, écrit Burton, le père et le fils deviennent généralement ennemis, à la manière des animaux sauvages. En Guinée, rien n'est plus ordinaire que de voir le père faire lui-même la traite de ses enfants, qui, en conséquence, s'appliquent à le fuir dès leur jeunesse ; mais parviennet-ils à lui dresser une embuscade et à s'en emparer, ils s'empressent de le conduire à un comptoir [2]. »

A Bagamoya, en face de Zanzibar, règnent les superstitions les plus funestes. Un enfant naît-il un jour réputé néfaste, a-t-il des cheveux, des dents, la mère a-t-elle souffert violemment pendant l'accouchement : on réunit un conseil de famille présidé par un sorcier, et le nouveau-né est impitoyablement sacrifié ; si on ne le tue pas, on l'abandonne sur le rivage et les hyènes viennent le dévorer la nuit [3].

La peuplade de Warigona a mis à mort tous les enfants,

---

[1] *Ut suprà*, p. 143 et suivantes.

[2] Le journal *of Ethnol. soc. London*, 1869, vol. 1er, p. 79, contient un récit que l'on voudrait croire inexact. M. Layland rapporte, y est-il dit, de certaines peuplades du sud de l'Afrique, dans les montagnes qui se trouvent au-dessus de Thaba Bisago, que les indigènes, pour se défaire des lions qui les inquiètent, construisent de grandes trappes en pierres et *amorcent ces pièges avec leurs propres enfants*, dont les gémissements attirent les lions ; la vie de l'enfant est presque toujours sacrifiée.

[3] Dans d'autres peuplades, on tue l'enfant dont les dents incisives de la mâchoire supérieure paraissent les premières, comme devant porter malheur à sa famille.(Ann. Sainte-Enfance, 31e, n° 192 fév. 1880).

garçons et filles, nés durant le passage de la comète de 1875. Malheur au missionnaire qui serait découvert recueillant une de ces créatures infortunées, la croyance générale étant que les Européens font avec la cervelle de ces pauvres petits des préparations magiques dont ils se servent contre les noirs.

A Madagascar, les mœurs plus douces répugnent habituellement à l'infanticide [1]. Les enfants délaissés ou orphelins sont adoptés par des parents, des voisins, et il en est de même des populations nègres émancipées de l'île Maurice.

Est-il besoin d'ajouter que dans toutes ces contrées des hommes et des femmes, animés de l'esprit de foi, désireux de se dévouer pour leurs semblables, viennent en nombre de plus en plus considérable, fonder des missions, construire des écoles, des orphelinats, faisant germer, trop souvent au prix de leur sang, la civilisation chrétienne.

Là encore, ainsi que nous l'avons fait pour le Levant, nous pouvons saluer les ordres religieux de France, toujours les premiers dans cette voie de sacrifices, de dévouement et de lutte contre la barbarie.

---

[1] Néanmoins des infortunés périssent aussi victimes de leur *horoscope*. On les fait mourir en les plaçant la face contre terre dans le van qui sert à vanner le riz.

RÉSUMÉ HISTORIQUE

Ce long exposé de la situation faite chez les différents peuples à l'enfance abandonnée et délaissée appelle un résumé historique en retraçant les grandes lignes. Ce résumé sera fort court, car les idées générales qu'il renfermera se trouvent déjà indiquées précédemment à la fin des divers chapitres de notre ouvrage; mais il est utile de les condenser en quelques mots.

Dans les civilisations primitives, nous avons vu l'enfant insuffisamment protégé, offert en holocauste aux divinités de la Syrie et de Carthage; peu de nations échappaient à ces sanglants usages.

Les Grecs et les Romains considérèrent principalement à leur tour, dans ces frêles créatures, l'utilité que pouvaient en retirer l'Etat et la famille. Le nouveau-né est-il d'apparence robuste, le père désire-t-il des descendants: le pauvre petit être est conservé; les faibles, ceux dont l'éducation imposerait des sacrifices que l'on juge inutiles, sont tués ou exposés. Les filles périssent plus fréquemment que les garçons, parce qu'il faut un héritier pouvant continuer les *sacra privata* et le culte des ancêtres.

Les abandonnés ne doivent attendre aucune pitié de la société ; l'assistance s'exerce à titre purement privé et d'une manière très restreinte. Seulement, ainsi que le remarque M. de Champagny (*La Charité chrétienne*, p. 188) : « Lorsque les guerres de conquête furent terminées, comme les esclaves commençaient à manquer, la spéculation sup-

41

pléait à ces vides de l'esclavage par les enfants trouvés ou les enfants achetés. Des milliers de créatures vendues à l'instant de leur naissance, ramassées pour rien sur la place publique, étaient élevées pour l'esclavage, plus souvent pour la prostitution multiforme de l'antiquité. »

Les quelques essais d'assistance tentés par certains empereurs romains se rattachent à un système de protection des citoyens d'origine libre et ne peuvent être considérés comme de véritables actes de bienfaisance.

Le monde païen à ses diverses périodes et même aux moments les plus glorieux de sa civilisation, ne savait donc pas protéger les faibles et les petits ; un prétendu intérêt social primait tout, et, considérées dans leur ensemble, les institutions et les mœurs ne connaissaient pas ce sentiment d'amour envers le prochain, cette charité que le Christ devait apporter au monde.

Les disciples du Sauveur luttent péniblement pendant trois siècles contre l'idolâtrie jointe au culte de la chair divinisée ; ils triomphent enfin, et la croix surmonte le diadème des Césars. Une ère nouvelle s'ouvre pour les déshérités, les délaissés. Mais que l'on ne se fasse pas l'illusion de croire que le christianisme a pu transformer de suite la vieille société qu'il était appelé à régénérer ; le paganisme subsiste encore pendant de longs siècles, et cette vérité trouve une démonstration nouvelle dans la législation changeante des empereurs.

Tantôt on voit Constantin assurer au père indigent l'assistance du fisc pour éviter tout prétexte à l'abandon, et tantôt ses efforts étant reconnus au-dessus de la puissance de l'Etat, ce même empereur autorise la vente des nouveaunés. On accorde également l'exposé comme esclave à celui qui le recueille ; en effet, si l'enfant avait dû rester libre et qu'il n'y ait eu aucun avantage à l'élever il aurait alors péri le plus souvent sans qu'une âme compatissante se soit penchée vers lui.

Les empereurs et les conciles sont constamment en présence de cette double alternative : la mort presque certaine

de l'enfant délaissé ou la perte de sa liberté. Ils optent généralement pour cette dernière hypothèse, en s'efforçant d'en
restreindre les funestes effets. L'Eglise intervient au contrat
et son action bienfaisante apparaît d'une manière de plus
en plus efficace.

L'Eglise veut faire mieux encore : des hospices s'ouvrent
pour les délaissés ; les orphanotrophies, les bréphotrophies
précèdent en Orient les créations similaires que l'Occident
ne connut peut-être qu'au viiie siècle.

Plus tard, le régime féodal assure, en France notamment,
l'existence des trouvés, ces *épaves humaines ;* et partout où la
vie municipale a survécu, les communes prennent soin de
ces infortunés. A dater du xiie siècle, un ordre hospitalier,
répandu rapidement dans l'est de la France, l'Italie, l'Allemagne, a, de par ses statuts, l'obligation de recueillir
les exposés, et les maisons-Dieu leur ouvrent successivement leurs portes, en vertu de fondations ou de transactions
avec les seigneurs.

Le tour commence à être employé en Italie comme moyen
d'admission ; il ne présente pas alors d'inconvénients, parce
que, la famille étant plus fortement constituée, ce ne sont
pas des enfants légitimes qui viennent grossir le chiffre des
abandonnés, toujours en petit nombre du reste.

Le xvie siècle amène une démarcation bien nette entre les
pays restés catholiques et ceux ayant embrassé plus ou
moins complètement les principes de la Réforme. Des hospices d'enfants trouvés supposent des fondations séculaires,
un patrimoine, des ordres religieux pour les administrer ; le
protestantisme, sous ses diverses formes, ayant jeté aux
quatre vents du ciel les richesses du clergé et des pauvres,
les asiles de l'enfance ne subsistèrent pas avec la même
abondance qu'auparavant ; à leur place apparaît l'obligation
imposée aux communes et aux paroisses de venir en aide aux
pauvres y ayant leur domicile ; et cette assistance s'exerce
alors sur les enfants délaissés, parce qu'ils se trouvent confondus dans la masse des indigents. Il n'y a plus cette organisation de l'hospice dépositaire recevant le pupille, l'élevant

dans l'établissement ou au dehors, l'abritant durant de longues années sous une protection tutélaire.

C'est ainsi que les nations modernes sont séparées en deux camps au point de vue de l'organisation des secours à l'enfance. Les peuples catholiques, auxquels il faut joindre la Russie et la Grèce, ont leurs hôpitaux d'enfants trouvés, régis par des règlements anciens, variant seulement pour les détails, alors que les peuples protestants ne possèdent pas en réalité de service de cette nature, mais un ensemble de dispositions concernant les orphelins, les abandonnés et les indigents.

On peut remarquer cependant qu'il existe dans tous les pays une certaine tendance à l'unification de ces mesures d'assistance. Le mode de réception dans un asile fait place insensiblement au système de secours à la mère pour l'obliger à conserver le fruit de son union légitime ou de sa faute. Sous l'apparat des grands mots de réhabilitation de la mère par l'enfant, de conservation de l'esprit de famille, il se cache trop souvent une arrière-pensée d'économie; mais le mouvement est général; l'Italie, la France, le Portugal, la Belgique tendent à remplacer l'*enfant abandonné* par l'*enfant assisté*.

Nous montrerons les résultats de ces vues nouvelles, la masse des indisciplinés, des vagabonds augmentant, et la société se voyant obligée à des dépenses considérables pour réprimer les méfaits d'enfants maintenus de force auprès de mères incapables de les élever et que la tutelle hospitalière aurait transformés en bons et laborieux citoyens.

A côté des nations chrétiennes conservant au moins, au milieu de leurs systèmes divergents, le principe de la charité, il nous a paru indispensable de montrer les peuples de la Chine, de l'Afrique, de l'Océanie, perpétuant jusqu'à nous les traditions païennes; et ces traditions appartiennent tellement à la nature humaine livrée à elle-même, que, dès que l'on sort du domaine chrétien, elles ont une tendance marquée à reparaître aussitôt. Pour ne citer qu'un exemple, il y a quelques années, au sein du conseil général de la Seine, un représentant de la ville des lumières ne paraissait-il pas nous ramener dix-huit siècles en arrière lorsqu'il regrettait les sacrifices accomplis pour l'assistance des jeunes infirmes, rappelant le souvenir de « ces enfants que la Grèce *supprimait courageusement* dans l'intérêt de la race » ? (Conseil général, 4ᵉ session de 1881, procès-verbaux, page 439. Rapport de M. Aristide Rey sur l'orphelinat de Cempuis.)

Nous croyons inutile de prolonger plus longtemps l'exposé de ces idées, qui ressortent de la lecture de la première partie de notre travail; il faut maintenant fournir une conclusion, en indiquant les mesures qu'il conviendrait d'adopter pour assurer le sort des enfants délaissés. Nous ne marcherons pas du reste au hasard dans cette voie; il existe un service constitué au milieu du xviiᵉ siècle, qui, malgré de nombreuses vicissitudes, a survécu jusqu'à nos jours sans aucune interruption. Les règlements de ce service ne sont pas le fait d'un législateur unique ou d'une génération, mais bien le résultat des efforts accumulés de tous ces hommes de cœur et de dévouement qui ont présidé, pendant plus de deux cents ans, aux destinées de l'hôpital général et des hospices civils de la ville de Paris.

Ce service est celui des enfants assistés de la Seine; nous pouvons affirmer qu'il n'a pas d'égal, tant au point de vue de l'importance que de la sagesse de son organisation.

Notre ambition n'est pas de tout bouleverser pour tout reconstruire; nous désirons seulement améliorer certains articles du code civil et du code pénal en matière de séduction; conserver le plus possible le texte même de la loi du 15 pluviôse an XIII, et du décret du 30 ventôse an V, et généraliser les dispositions principales adoptées par l'administration hospitalière parisienne chargée de pourvoir aux besoins du tiers des enfants assistés de la France; nos conclusions seront terminées par deux projets de loi qui formeront le complément de nos études sur ce grave sujet de la protection de l'enfance.

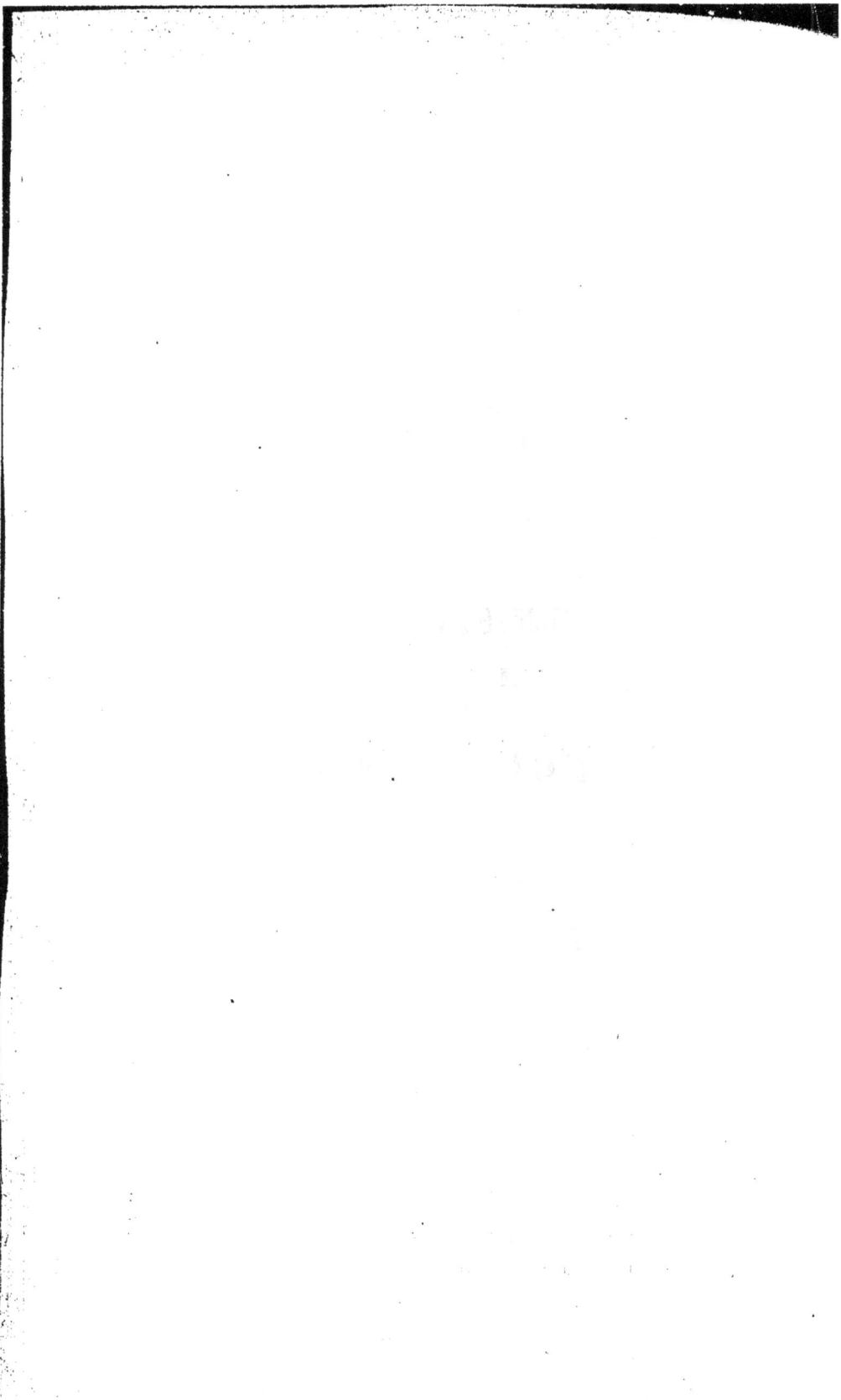

LIVRE SIXIÈME

CONCLUSIONS

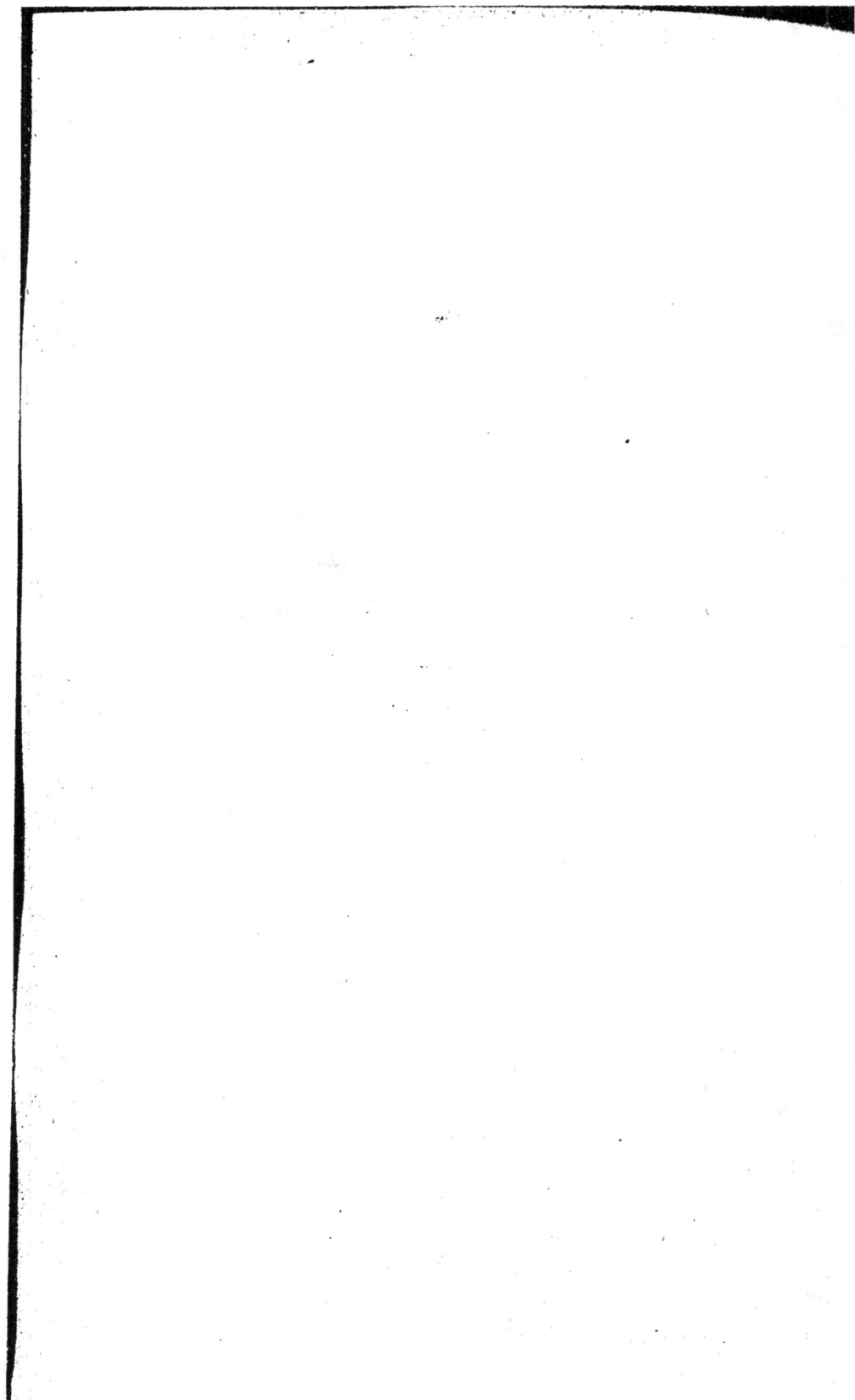

CONCLUSIONS

CHAPITRE PREMIER

DE LA RÉPRESSION DE LA SÉDUCTION
ET DE LA RECHERCHE DE LA PATERNITÉ

Nous avons examiné en détail la situation du service des enfants assistés en France et à l'étranger, la valeur des réformes proposées, il reste à tirer de tous ces faits des conclusions pratiques et à tracer la voie dans laquelle doit, suivant nous, s'engager notre patrie. Cette question est en effet de la plus haute importance; la population française diminue ou, au moins, augmente très faiblement; les enfants naturels apportent dans la société une cause permanente de faiblesse et de trouble. Il importe en conséquence de prendre des mesures sauvegardant l'avenir de milliers d'enfants que leur mère repousse, ou auxquels la mort enlève leurs soutiens naturels.

Mais en dehors de la réglementation du service des enfants délaissés ou maltraités, il existe quelques points de vue généraux que nous ne pouvons qu'indiquer brièvement ici, bien qu'ils aient une grande influence sur ce service d'assistance. C'est un fait constant chez tous les peuples que la majeure partie de cette population infantile admise aux secours publics appartient à la catégorie des enfants illégitimes. Le devoir d'un gouvernement soucieux de ses obligations les plus impérieuses est donc de porter ses efforts vers la diminution des naissances hors mariage [1]; il doit empêcher ces publications éhontées : journaux, romans, dont nous sommes inondés et qui portent la dépravation jusqu'au sein des plus petites bourgades; il doit restreindre, autant que possible, les armées permanentes, véritable fléau dont souffre toute l'Europe, et qui amènera forcément, s'il n'y est porté remède, une décroissance rapide de nos forces vives; il doit arrêter cette propagande antireligieuse enlevant à l'âme la meilleure sauvegarde contre l'entraînement des passions.

En dehors de ces devoirs généraux, il serait nécessaire de voter une loi réprimant les excès de la séduction, et ne tolérant plus que la mère naturelle reste seule écrasée sous le poids d'une faute partagée par son complice.

Quelles étranges anomalies renferme en effet le code pénal en matière d'attentats aux mœurs, de séduction et d'enlèvement? L'attentat à la pudeur commis *avec violence* sur des enfants âgés de moins de 15 ans est puni sévèrement par l'article 332, alors que, lorsqu'il s'agit des mêmes attentats commis *sans violence*, l'art. 331 n'édicte des peines que jusqu'à 13 ans. Un homme qui corrompt une petite fille de 14 ans, par exemple, est à l'abri de toute poursuite s'il a usé de moyens autres que la violence; l'énoncé seul

---

[1] Legouvé (*Histoire morale des femmes*) : « Il faut une loi contre la séduction. Quelle forme revêtira cette loi ? accordera-t-elle une action à la fille séduite ? frappera-t-elle seulement le séducteur ? permettra-t-elle la recherche de la paternité ? Il ne m'appartient pas de le décider, mais ce qui est certain, c'est qu'elle existera...

« L'impunité assurée aux hommes double le nombre des enfants naturels, or la moitié des voleurs et des meurtriers sont des enfants naturels. L'impunité nourrit le libertinage, énerve la race, bouleverse les fortunes et flétrit les enfants. L'impunité alimente la prostitution, la prostitution détruit la santé publique et fait un métier de la paresse et de la licence. L'impunité enfin livre la moitié de la nation en proie aux vices de l'autre ; sa condamnation est dans ce seul mot. »

de cette disposition en fait saisir l'énormité ; telle est cependant la législation actuelle [1].

S'agit-il d'enlèvement lorsque la fille est âgée de plus de 16 ans et qu'elle consent, il n'y a aucune pénalité (art. 356), et cependant l'art. 354 parle d'une manière générale « de quiconque aura, *par fraude* ou *par violence*, enlevé ou fait enlever des mineurs, les aura entraînés, détournés ou déplacés, etc. » Est-ce que les promesses de mariage, les serments, les mille ruses qu'emploient les séducteurs ne devraient pas être rangés dans la catégorie des manœuvres frauduleuses ?

Il faudrait, en conséquence, améliorer sous ce rapport le code pénal, relever les âges pendant lesquels ces diverses actions sont punissables, et ne pas admettre un minimum moindre de 16 ans pour les attentats à la pudeur et de 18 ans en cas d'enlèvement.

Reste le problème si débattu de la recherche de la paternité et de l'abrogation, ou au moins de la modification de l'art. 340 du code civil. Une tentative a été faite récemment dans ce sens par MM. Bérenger, de Belcastel, Foucher de Careil et Schœlcher. Le Sénat a repoussé le projet de loi présenté par ces honorables sénateurs (séance du 10 décembre 1883), il est douteux que le Parlement revienne de sitôt sur cette première décision.

Nous pensons du reste que la question était mal posée ; loin de vouloir étendre la recherche de la paternité, il nous semblerait préférable de la restreindre. Ainsi l'enfant naturel est, d'après nos lois, à la merci du premier individu (homme ou femme) qui veut le reconnaître. Cet individu peut être le dernier des misérables, il lui suffit de se rendre à une mairie, de déclarer, en faisant certifier son dire par deux témoins raccolés au hasard, qu'il reconnaît tel enfant, pour qu'il s'éta-

----

[1] Encore la loi du 13 mai 1863 est-elle en progrès sur celle du 28 avril 1832, qui limitait l'âge de l'enfant à 11 ans ; et l'expérience journalière prouve qu'une fois qu'une pauvre petite créature a été l'objet d'attentats de cette nature, surtout s'ils ont été répétés, elle est presque infailliblement perdue.

blisse entre eux une filiation, des devoirs réciproques, des droits successoraux et autres (art. 371-765-766, etc.). Si cette déclaration est le fruit d'une odieuse manœuvre, l'enfant reconnu aura les plus grandes difficultés à en prouver le mal-fondé. Il pourra même ignorer la reconnaissance dont il a été l'objet (art. 339), car aucune disposition législative ne porte qu'il est nécessaire de la notifier à l'enfant majeur reconnu, ou à ses représentants s'il est mineur [1].

Nous pensons donc qu'il ne devrait pas y avoir de paternité véritable, c'est-à-dire de *relations de père à fils* en dehors, du mariage. Ce qu'il faudrait établir, c'est l'indemnité pour dommage causé en vertu de l'art. 1382. Il n'y aurait plus alors de recherche de la paternité, c'est-à-dire que l'on n'établirait pas qu'un *tel* a pour fils *tel* enfant et que celui-ci doit considérer *telle* personne comme son père, mais le tribunal déciderait qu'il est constant, soit par les propres aveux du séducteur, soit par la possession d'état prolongée, publique, qu'il est l'auteur responsable de la grossesse et tenu à réparation pécuniaire pour la perte de l'honneur de la mère et la charge de l'enfant né ou à naître.

En un mot, nous voudrions voir passer dans la loi les dispositions si sages de l'arrêt de la cour de Caen du 10 juin 1850 (Dalloz, 1855, 2, 178). « Considérant, dit la cour, que la réparation du préjudice causé doit en principe s'appliquer à toute espèce de préjudice, quel qu'il soit, appréciable en argent ; qu'ainsi elle ne s'étendra pas à ce préjudice moral qui consiste dans les blessures faites à l'amour-propre ou au cœur du futur délaissé... mais qu'elle doit comprendre tout à la fois et les pertes matérielles

---

[1] Admettons le cas de reconnaissance par un homme se disant le père, s'il a habité la même ville que la mère au moment de la conception, s'il l'a connue suffisamment pour donner des renseignements généraux sur ses noms, ses habitudes, ses parents, etc., comment prouver à 20 ans, à 30 ans de distance qu'il n'est pas l'auteur de la grossesse ? La reconnaissance ne devrait être admise tout au plus qu'à la suite d'un jugement contradictoire, dans lequel l'enfant mineur serait représenté par un tuteur *ad hoc*, chargé de défendre ses intérêts.

actuellement réalisées, et celles qui seront la conséquence nécessaire du tort fait à la réputation, telle que l'impossibilité de se procurer un établissement ou d'exercer un état à l'aide duquel on aurait été mis à portée de pourvoir à ses besoins ; qu'elle doit comprendre notamment la grossesse et l'accouchement de la fille délaissée, qui non seulement la livrent à tous les inconvénients à venir de son honneur perdu, mais encore sont dès à présent, pour elle, une cause de dépense ; que ce fait de la grossesse ne doit sans doute être pris en considération qu'avec une grande réserve, qu'il ne peut jamais ni servir de prétexte à une recherche de paternité formellement interdite par l'art. 340, ni attribuer à l'enfant qui n'a pas été reconnu, conformément à l'art. 334, *aucune espèce de droit contre l'homme auquel on l'impute,* mais qu'il constitue nécessairement, s'il demeure bien constant, l'un des éléments du dommage dont la mère doit obtenir l'indemnité [1]. »

Tel est le sens de la réforme que nous demandons ; elle peut être applicable aussi bien aux hommes mariés qu'aux célibataires. Elle comporterait seulement une indemnité envers la mère séduite et une pension en faveur de l'enfant, pension dont le chiffre serait fixé par le tribunal comme dans toute action civile.

On objecte contre toutes ces réformes la crainte d'abus, on parle de jeunes gens séduits, trompés, victimes de machinations perfides. Admettons que ces faits se produisent quelquefois : est-ce qu'il n'y a pas maintenant des milliers de filles honnêtes, détournées du devoir, entraînées, abandonnées, perverties ? est-ce que des personnes ayant sous leur autorité des domestiques, des ouvrières, n'abusent pas impunément de leur situation [2] ? Ce ne sont pas là des pé-

---

[1] Dans le même sens, cassation, 24 mars 1845 (Dal., 1845, 1. 177). Montpellier, 18 mai 1851 (Dal., 1855, 2. 178). Dijon, 16 avril 1861 (Dal., 1861, 5. 423). Colmar, 31 décembre 1863 (Dalloz, 1865, 2. 21). Cassation, 28 juillet 1864 (Dalloz, 1864, 1. 347). Angers, 2 décembre 1868 (Dalloz, 1869, 2. 41). Dijon, 9 janvier 1869 (Dalloz, 1871, 5. 313).

[2] Voir Villermé et tous ceux qui se sont occupés de la condition de la femme dans les fabriques.

rils imaginaires, ce sont des faits palpables dont le dénouement est trop souvent l'infanticide, le suicide on l'envoi de pauvres petits êtres à l'hospice dépositaire, et nous avouons que la sauvegarde des femmes nous intéresse tout autant que la sécurité des hommes [1].

Il n'est pas opportun, du reste, d'entrer ici dans le vif du sujet, il suffit de l'indiquer, et nous sommes persuadé que le jour où le séducteur qui maintenant se permet tout, parce qu'il n'a rien à perdre, verrait apparaître dans l'avenir la possibilité d'un procès et d'une condamnation pécuniaire, serait plus circonspect, ne se vanterait pas de ce qu'on est convenu d'appeler, par une étrange aberration du sens moral, des bonnes fortunes ; et d'un autre côté, suivant l'expression fort juste de M. Foucher de Careil, on ne verrait plus « la fille *mineure* pour ses biens meubles et immeubles, et *majeure* seulement pour sa chasteté et son honneur [2] ».

Dans tout ceci, nous le répétons, ne figure pas la recherche de la paternité conférant à deux êtres les relations d'ascendants et de descendants ; cette relation, nous la repoussons en dehors du mariage. Il s'agit seulement de l'application de l'art. 1382.

Au point de vue plus spécial des enfants trouvés, ces mesures en réduiraient le nombre d'abord, en diminuant le chiffre des naissances illégitimes, deuxièmement en fournissant aux filles-mères le moyen d'élever leurs enfants sans recourir à l'assistance officielle, et c'est ce qui nous a engagé à faire précéder cette dernière partie de nos études de ces très courtes digressions, car la législation est impuissante sans les mœurs, le chiffre élevé des admissions entraînant

---

[1] Arrêt de Dijon, 16 avril 1861 (Dalloz, 1861, 5. 423).

« Considérant que s'il y aurait un extrême danger à admettre le principe que toute femme se prétendant séduite et délaissée a, par cela même, action en justice contre son prétendu séducteur pour obtenir, par voie judiciaire, le prix de ses faiblesses et d'un entraînement le plus souvent réciproque, le principe contraire, posé d'une manière absolue, n'aurait pas un moindre danger pour la morale publique et l'honneur des familles. »

[2] *Société d'Economie sociale*, année 1865, tome Ier, p. 35.

forcément des dépenses considérables qui entravent toutes les améliorations.

Restreindre le nombre des conceptions naturelles, telle doit être la préoccupation des législateurs ; ce sera la meilleure manière de résoudre cette question redoutable de l'assistance à l'enfance abandonnée et délaissée.

§ 1. — *Séduction, pénalité, indemnités civiles.*

CODE PÉNAL, *art.* 331.

RÉDACTION ACTUELLE.	RÉDACTION PROPOSÉE.
Tout attentat à la pudeur consommé ou tenté sans violence sur la personne d'un enfant de l'un ou de l'autre sexe, âgé de moins de *treize ans*, sera puni de la reclusion.	Tout attentat à la pudeur consommé ou tenté sans violence sur la personne d'un enfant de l'un ou de l'autre sexe, âgé de moins de *seize ans accomplis*, sera puni de la reclusion.
Sera puni de la même peine l'attentat à la pudeur commis par tout ascendant sur la personne d'un mineur, même âgé de plus de 13 ans, mais non émancipé par le mariage.	Sera puni de la même peine l'attentat à la pudeur commis par tout ascendant sur la personne d'un mineur, même âgé de plus de *seize ans*, mais non émancipé par le mariage.

M. Millet, dans son *Traité de la séduction* (Paris, Cotillon, 1876, p. 18), confirmant ce que nous avons dit plus haut, demande avec raison pourquoi le législateur a puni d'une manière spéciale les attentats à la pudeur commis *avec violence* sur les enfants âgés de moins de 15 ans, et pourquoi, lorsqu'il s'agit de ces mêmes attentats *commis sans violences* extérieures, il ne protège les enfants que jusqu'à l'âge de treize ans.

« Est-ce qu'un homme, dit-il, qui corrompt sans violences une petite fille, une enfant de 14 à 15 ans, pour satisfaire sa lubricité « personnelle », ne commet pas un attentat à la pudeur? cependant, d'après la législation actuelle, cette infâme séduction reste impunie ».

Conformément à la loi du 28 avril 1832, ce crime n'était puni que jusqu'à l'âge de 11 ans ; les législateurs de 1863 ont ajouté 2 ans ; M. Millet propose d'aller jusqu'à 15 ans ; nous ne trouvons pas encore cette limite suffisante. Les attentats à la pudeur contre les enfants augmentent dans une proportion considérable [1], il faut protéger leur innocence et à notre avis aller jusqu'à 16 ans. Nous préférerions encore la généralisation de la dernière partie de l'article 331 et mettre : *tout mineur non émancipé par le mariage*, mais, bien qu'incomplète, l'adoption des 16 ans marquerait un progrès réel. L'art. 332 devrait également porter cette limite de 16 ans.

Code pénal, art. 354, aucune modification proposée.

CODE PÉNAL, *art.* 355 et 356.

RÉDACTION ACTUELLE.	RÉDACTION PROPOSÉE.
Si la personne ainsi enlevée ou détournée est une fille au-dessous de 16 ans accomplis, la peine sera celle des travaux forcés à temps.	. . . . au-dessous de 18 ans accomplis. . . . .
Quand la fille au-dessous de seize ans aurait consenti à son enlèvement ou suivi volontairement le ravisseur, si celui-ci est majeur de 21 ans ou au-dessus, il sera condamné aux travaux forcés à temps. Si le ravisseur n'avait pas encore 21 ans, il sera puni d'un emprisonnement de 2 à 5 ans.	Quand la fille, au-dessous de 18 *ans* accomplis, aurait consenti à son enlèvement . . . .

Il nous paraît utile de fortifier l'action de la loi pénale contre les ravisseurs. Une jeune fille de 16 à 17 ans est encore plus exposée à leur séduction qu'une enfant de 13 à

---

[1] On trouve dans le *Rapport de la justice criminelle de 1825 à 1880*, les résultats suivants (p. x et xi) :

« Les viols et attentats à la pudeur sur les enfants ont augmenté ; le nombre moyen de 1876 à 1880 est six fois plus fort que celui de 1826 à 1830.

« Les incriminations introduites par la loi du 13 mai 1863 n'ont pas fourni un contingent d'affaires assez important pour que la gravité de l'accroissement puisse en être atténuée. Il n'est pas sans intérêt de constater que les régions du Nord, du Nord-Ouest et du Nord-Est occupent absolument le même rang en ce qui concerne les poursuites exercées pour ivresse durant la même période...

« Presque tous les départements où il a été jugé le plus de viols ou d'attentats à la pudeur sur des enfants renferment de très grands centres de population ; il est donc permis d'en induire que les crimes de cette nature sont plus fréquents dans les villes que dans les campagnes, au moins proportionnellement. »

14 ans, et son consentement arraché par mille promesses fallacieuses, si puissantes sur une imagination jeune et ardente, ne peut empêcher la gravité du crime commis.

§ 2. — *Recherche de la paternité.*

CODE CIVIL, *Art.* 340.

RÉDACTION ACTUELLE.	RÉDACTION PROPOSÉE.
La recherche de la paternité est interdite. Dans le cas d'enlèvement, lorsque l'époque de cet enlèvement se rapportera à celui de la conception, le ravisseur pourra être, sur la demande des parties intéressées, déclaré père de l'enfant.	La recherche de la paternité est interdite. Toutefois, dans les cas de viol et d'enlèvement par violence, si l'époque de ces faits se rapporte à celle de la conception, le ravisseur ou le coupable de viol pourra, en dehors de toute action au criminel, être condamné au civil, sur la demande des parties intéressées, à des dommages-intérêts, en vertu de l'article 1382. Dans le cas de cohabitation publique avec la mère ou d'aveu par écrit, l'auteur de la grossesse pourra, quel que soit l'âge de la femme, être condamné à des dommages-intérêts, en vertu du même article. Le cas de séduction dûment constaté à l'égard d'une fille mineure non émancipée par le mariage, alors même qu'il n'y aurait pas survenance d'enfant, donnera lieu à l'ouverture des mêmes droits. En aucun cas l'attribution de l'indemnité ne pourra former une constatation de paternité avec les obligations et les droits qui en découlent légalement.

Nous n'avons rien à ajouter aux explications que nous avons données précédemment au sujet de ces propositions; nous ferons remarquer seulement que ce principe d'indemnité, reconnu par la jurisprudence, avait été indiqué lors de la discussion du code civil. (Fenet, tome X, p. 75, Paris, 1837. Conseil d'Etat, procès-verbal de la séance du 26 brumaire an X [1].)

[1] M. Defermon demande si aucuns dommages et intérêts ne seront

Actuellement, la loi interdit la reconnaissance des enfants incestueux et adultérins, et cependant ils ont droit de réclamer une pension alimentaire. Ce sont ces principes dont nous demandons l'application. La certitude pour les hommes débauchés, qui se font à l'heure actuelle un jeu de l'honneur des femmes, d'être condamnés à des dommages-intérêts, leur inspirerait des réflexions salutaires. Il y aurait un moins grand nombre de naissances illégitimes, d'enfants abandonnés, et on obtiendrait ainsi, avec l'allègement des charges du budget, un relèvement moral du pays.

dus ni à la femme, ni à l'enfant, lorsqu'il n'y aura pas de rapt. Il lui semble que, s'il est juste d'interdire la reconnaissance forcée de l'enfant, il ne l'est pas toujours de dispenser de l'obligation des dommages et intérêts. « Le principal motif de prohiber la recherche de la paternité est d'empêcher que les obligations du père naturel ne pèsent exclusivement sur un seul, lorsque la mère de l'enfant a eu commerce avec plusieurs. Ce motif est juste, mais il n'est pas également juste de refuser, dans tous les cas, l'action en dommages et intérêts. Une fille bien née peut avoir eu une faiblesse, elle peut avoir succombé à la séduction; l'équité permet-elle de la laisser sans secours ? »

CHAPITRE II

DIRECTION DU SERVICE

---

§ 1. *Nécessité du service.*

Des écrivains, des philanthropes attaquent, depuis un siècle environ, avec la dernière vivacité, l'institution des hospices d'enfants trouvés. Les peuples protestants, Allemands ou Anglais, les ont supprimés presque complètement. Ce sont surtout les Anglais qui, à la suite de Malthus, critiquent ce mode d'assistance.

« En considérant, dit cet économiste[1], la mortalité extraordinaire qui a lieu dans ces établissements et la tendance manifeste qu'ils ont à favoriser les habitudes licencieuses, on pourrait penser avec fondement que, pour arrêter la population, un homme, d'ailleurs indifférent sur les moyens, n'aurait rien de mieux à faire que d'établir un nombre suffisant d'hospices où les enfants fussent reçus sans distinction ni limites.

« Si l'on vient ensuite à examiner, sous un autre rapport, l'effet de ces institutions, il paraîtra difficile que les sentiments nouveaux ne s'altèrent pas insensiblement chez une nation où l'on encourage les mères à abandonner leurs enfants, où l'on semble s'appliquer à leur persuader que leur amour pour ceux qu'elles viennent de mettre au jour

[1] 2ᵉ édition, Guillaumin, 1852, p. 181.

n'est qu'un vain préjugé dont le bien de leur pays veut qu'elles fassent le sacrifice. Quelques infanticides, produits de loin en loin par la crainte du déshonneur, sont rachetés à un haut prix si, pour les prévenir, il faut dépouiller la masse du peuple des sentiments les plus honnêtes et les plus utiles à entretenir. »

« Les hôpitaux d'enfants trouvés, écrit à son tour Duchâtel (*de la Charité*, chap. IV, p. 262), ont pu convenir à un état de civilisation moins avancé, alors que les crimes échappaient à une justice moins puissante et que des mœurs plus grossières exigeaient pour ainsi dire des institutions à leur image. Mais aujourd'hui la régularité de notre ordre social les repousse, les institutions doivent s'épurer comme la société, et ce n'est pas un des progrès les moins nécessaires de la civilisation que de bannir des établissements publics la provocation au vice et à l'oubli des devoirs les plus sacrés[1]. »

On attaque donc les hospices d'enfants trouvés au point de vue de l'intérêt des enfants et de l'intérêt social.

En ce qui concerne les enfants, une première observation fort importante doit être faite. Les auteurs du siècle dernier, et ceux qui marchent après eux, nous parlent toujours de la mortalité excessive des hospices dépositaires, mais ils écrivaient à une époque où l'on entassait ces enfants dans des établissements trop étroits, ce qui amenait des décès sans nombre. Or, ces critiques, vraies à ce moment, ne le sont plus maintenant. Partout, en Italie, en Espagne, en Portugal, en Russie, le placement chez les particuliers devient la règle, l'hospice n'est qu'un lieu de passage. La maison de la Couche de Paris est un des premiers asiles d'Europe qui ait ainsi laissé ses pupilles au milieu de l'atmosphère des campagnes, si salubre pour l'âme comme pour le corps, au lieu de les ramener dans les conservatoires à un âge déterminé.

Cette première objection, tirée de la mortalité, tombe en

---

[1] Voir dans le même sens de Gouroff, lord Brougham, etc.

conséquence d'elle-même ; on pourra évidemment réaliser encore des améliorations sous ce rapport, surveiller davantage les nourrissons, mais si l'on tient compte de la constitution chétive de la plupart des enfants abandonnés ; de la santé déplorable et de l'inconduite des parents ; des maladies qu'ils transmettent à leurs descendants ; des dangers que ces pauvres petits êtres ont courus pendant toute la gestation, il faut reconnaître que la proportion des décès ne présente rien d'extraordinaire et que, délaissés ou non, un grand nombre d'entre eux paieraient un tribut fatal à la mort, dès les premières semaines de leur existence.

« En second lieu, comment pourrait-on voir, dit M. de Gérando (II⁰ partie, liv. IV, chap. vi, p. 221), dans une institution conçue tout entière pour le salut des enfants, une combinaison cruelle qui en ferait autant de victimes ? N'est-ce donc pas pour soustraire les enfants aux dangers qui menacent à la fois leur moralité et leur vie que nous leur ouvrons les portes de nos asiles ? Nous les enlevons, dites-vous, à la protection naturelle de leurs parents. De quels parents ? d'un père qui ne veut même pas les connaître, et qui délaisse leur mère ! d'une mère qui n'ose pas avouer ce titre, qui est hors d'état de les soutenir et de leur donner une éducation. Nous ne faisons que leur offrir le moyen de se soustraire à de funestes influences, à de pernicieux exemples.

« Quelle famille serait donc la leur ? quel spectacle s'offrirait à leurs regards ? quelles leçons recevraient-ils ? de quelle affection seraient-ils nourris ? Appelez-vous un lien de famille cette réunion d'une fille-mère et de ses enfants, dans les maisons de travail de l'Angleterre, où ces infortunés, dès l'âge le plus tendre, séquestrés de la société, ne respirent que les émanations de la misère et du vice. »

Placé dans nos provinces, l'enfant délaissé acquiert souvent au contraire une famille, la protection tutélaire d'un foyer ; il fait partie de cette grande classe d'agriculteurs, la force et l'honneur de la patrie.

On rencontre rarement dans les prisons et les maisons

de prostitution des enfants assistés recueillis jeunes ; les enfants naturels y abondent [1].

A un autre point de vue, il n'est pas exact de prétendre que les hospices dépositaires détruisent l'esprit de famille ; on n'abandonne pas les enfants parce qu'il y a des hospices. Les nations protestantes sont forcées de venir en aide aux enfants que les parents ne veulent pas conserver, absolument comme les autres peuples ; elles le font au moyen de l'assistance paroissiale ou municipale, la chose existe si le mot est supprimé [2]. Seulement, à notre avis, cette assistance est incomplète, dangereuse pour l'avenir des *délaissés*, décorés du nom d'*orphelins*, et nous voyons l'Angleterre et l'Amérique employer toutes les ressources de l'initiative privée à lutter contre ce fléau des vagabonds et des indisciplinés dont nous souffrons, à un degré moindre, grâce à nos services d'enfants assistés.

Et puis, les critiques formulées s'adressaient surtout au mode de réception ; ce mode peut être modifié avec les circonstances. En tout cas, il n'est pas juste d'avancer,

---

[1] Dans son rapport de 1882 (séance du 25 juillet), M. Th. Roussel dit : « Si l'on parvenait à régler d'une manière satisfaisante le sort des enfants *abandonnés*, délaissés et maltraités, qui sont, comme on l'a écrit justement, la pépinière des jeunes détenus et des jeunes criminels. » Appliquée avec ce sens général aux enfants abandonnés placés dans les services d'assistés, cette assertion est absolument inexacte.

Parent-Duchâtel (3e édit., tome Ier, p. 74), après avoir relevé la présence d'une fille naturelle sur 3,99 légitimes, ajoute : « Dans l'espace de 4 à 5 ans on n'a pu constater parmi les prostituées de Paris que l'existence de 41 enfants trouvés sortis de la maison de Paris, et que l'Administration des hospices avait fait élever. »

[2] Le Dr Marchand (*Du Paupérisme*, chap. v, p. 361) fait au sujet de la nécessité de secourir les enfants trouvés des observations fort justes : « Les pauvres ordinaires, presque tous du moins, sont en état de faire parler leurs besoins, ils peuvent aller au-devant de l'aumône ; enfin un grand nombre d'entre eux ne sont tombés dans la misère que par leur faute ou par suite d'inconduite, d'imprévoyance. Les enfants trouvés, au contraire, n'ont rien fait pour s'attirer leur malheur ; d'une part, ils sont entièrement innocents ; de l'autre, ils sont dans l'impuissance d'aller réclamer ce tribut de la charité. C'est un devoir d'aller à leur recherche et de les recueillir. »

comme M. Duchâtel, qu'anciennement *les mœurs plus gros-sières exigeaient pour ainsi dire des institutions à leur image*, car les statistiques que nous avons reproduites dans notre mé-moire prouvent qu'en Italie et en France les abandons, avec ou sans admission par le tour, étaient beaucoup moins considérables aux xvie et xviie siècles qu'à la fin du xviiie et au commencement du xixe.

Disons donc avec l'auteur du grand *Traité de la bienfai-sance publique* [1] : « Le seul moyen de fermer les hospices d'enfants trouvés serait de restaurer le régime de la famille au sein des classes laborieuses, mais tant que le vice con-serve son empire, la bienfaisance publique est appelée à en réparer les désastreuses influences, et sa tâche est propor-tionnée à l'étendue de ses ravages: »

§ 2. *Direction du service.*

Une fois la nécessité du service des enfants assistés admise, à qui faut-il en confier la direction ? Il y a à distin-guer entre la direction supérieure et les agents d'exécution. La loi du 5 frimaire an V chargeait de ce dernier soin les municipalités. L'arrêté du 30 ventôse an V et la loi du 15 pluviôse an XIII choisirent les commissions hospitalières, l'État fournissant alors à la majeure partie des dépenses au moyen d'une subvention de 4 millions.

Plus tard, les conseils généraux eurent à voter les fonds nécessaires, et les lois du 18 juillet 1866, et 10 août 1871 [2], leur attribuèrent le droit de statuer définitivement sur l'en-semble du service. Les conseils généraux sont ainsi les vé-ritables maîtres de l'assistance à l'enfance délaissée.

A l'heure actuelle les commissions administratives se trouvent à peu près exclues de la tutelle des enfants assistés,

---

[1] De Gérando, liv. Ier, chap. VIII, p. 344.
[2] Ces deux lois diffèrent peu au point de vue qui nous occupe, il faut les citer toutes deux, celle de 1871 n'étant pas applicable au département de la Seine.

par suite de l'ingérence des administrations préfectorales ayant en mains l'inspection [1].

C'est une situation anormale, pleine de tiraillements, nuisible aux enfants et à laquelle il faut mettre un terme. De plus, la surveillance, le placement des élèves, leur éducation en un mot, n'est pas une affaire de peu d'importance. Il faut y mettre du cœur, du dévouement, il faut *aimer* les pupilles dont on est chargé au nom de la société. *Or, les bureaux n'aiment pas, ils administrent.*

Les préfets, agents politiques, ne peuvent être que de médiocres éducateurs de l'enfance. C'est pourquoi nous repoussons bien loin la pensée de les faire succéder en partie aux commissions administratives, ainsi que le voudrait le projet de loi voté par le Sénat. D'un autre côté, nous reconnaissons que la dispersion des commissions tutrices, sur les divers points du département, offre de sérieux inconvénients : il y a manque d'unité ; l'inspecteur, à moins de tout absorber, ce qui a eu lieu, aurait pu difficilement suffire à concilier les opinions multiples soutenues par les administrations de tous les hospices dépositaires.

Les placements pourraient se ressentir de cette situation. La loi du 15 pluviôse an XIII était excellente, elle n'a pas

---

[1] Côte-d'Or, Conseil général, session d'août 1884, rapport de l'inspecteur, page 61.

« Depuis ma nomination, l'inspecteur du service des enfants assistés est devenu réellement le directeur de l'Assistance départementale dans la Côte-d'Or.

« Admissions soit à l'hospice, soit aux secours temporaires, surveillance de la crèche et du dépôt, choix des nourrices, placement des nouveau-nés et des enfants au-dessous de 12 ans, mutations, placements, surveillance, gages, épargne des pupilles relevant directement de l'inspection, tout se fait sous sa surveillance et avec son concours immédiat et par son ordre.

« La commission hospitalière laisse à l'inspecteur la plus grande latitude dans cette direction. *Sa confiance est, je l'espère, justifiée*, et je puis dire que les droits de la tutelle ont toujours été respectés avec le plus grand soin, afin d'éviter tout froissement et tout conflit. » *Les droits de tutelle*, s'ils sont respectés, paraissent au moins singulièrement restreints.

donné les résultats qu'on aurait pu en attendre, peut-être à cause de cette décentralisation excessive.

Mais depuis l'an XIII nous avons marché, les chemins de fer ont supprimé les distances ; il est possible maintenant d'organiser un comité unique pour le département, tout en y appelant les représentants de la bienfaisance, c'est ce que nous demandons.

Ce comité ferait fonctions de conseil de famille et choisirait un tuteur dans son sein ; il se composerait d'un membre de chacune des commissions hospitalières du département avec deux ou trois conseillers généraux et fonctionnaires du chef-lieu. On trouverait ainsi, sous l'autorité supérieure du conseil général, une direction paternelle, éclairée.

Au conseil général le budget, les décisions de principe ; au comité départemental l'application des règlements, les questions de détail, la tutelle, la surveillance.

Quant à l'inspection, ce rouage indispensable, nous n'allons plus l'emprunter à l'État ; le conseil général nommera les agents sur la présentation du comité de tutelle.

L'unité est établie par ce moyen. L'autorité qui impose des sacrifices aux contribuables, qui trace les règlements, est un corps élu ; l'autorité qui exécute est un corps indépendant.

L'autorité qui surveille relève des deux précédentes et ne tient plus d'un pouvoir supérieur une puissance dangereuse.

Tels sont les principes que nous proposons d'admettre et que nous ferons entrer dans le projet de loi qui terminera ces études.

CHAPITRE III

MODE D'ADMISSION. — LA QUESTION DES TOURS.

On a beaucoup écrit, depuis un siècle, pour et contre les *tours*. En ce moment la lutte est particulièrement vive et l'abondance des ouvrages et brochures traitant de la question nous fera justement un devoir tout particulier d'être bref.

En réalité il n'y a que deux arguments invoqués en faveur des tours :

Ce mode de réception est nécessaire pour assurer et sauvegarder le secret des familles ;

La suppression des tours augmente les infanticides et les avortements.

Ce sont ces deux arguments que nous allons discuter en montrant parallèlement les inconvénients graves qui résulteraient du rétablissement de cette institution.

1° Le mode de réception par le tour est-il nécessaire pour assurer et sauvegarder le secret des familles ?

Nous sommes les premiers à déclarer que le secret des familles doit être sauvegardé et que cette considération est de la plus haute importance ; c'est en foulant aux pieds ce principe sacré que l'inspection départementale a soulevé le mouvement actuel de l'opinion publique en faveur des tours. Ainsi nous ne comprenons pas que l'on vienne au bout de huit ans dire à un individu qui a épousé une femme qu'il ignorait avoir déposé un enfant : Vous allez reprendre cet enfant qui ne vous est rien, et, si vous ne voulez pas rembourser tous les frais qu'il a occasionnés, nous allons faire saisir vos meubles. (Voir rapport de M. Thulié au conseil général de la Seine, session de 1878.)

Nous n'admettons pas que l'on veuille obliger une fille-mère à garder un nouveau-né moyennant un secours obligatoire ; fait qui se passe constamment en France dans presque tous les départements.

Nous n'hésitons pas à penser que les inspecteurs départementaux qui agissent de la sorte, et ils sont malheureusement nombreux, manquent gravement à leur mission et compromettent la vie des enfants au lieu de la protéger.

« Plutôt, comme le disait M. Thulié dans son rapport de 1880 au conseil général de la Seine, plutôt le tour avec ses inconvénients qu'une pareille manière de procéder. » Mais est-ce qu'il n'existe pas un terme moyen entre ces abus de pouvoir et l'admission par le tour ?

A d'autres époques, alors que le nombre des naissances illégitimes se trouvait moins élevé qu'actuellement, que ces naissances soulevaient plus de réprobation, et que le sentiment de la famille était plus vif [1], il a pu être utile d'adopter ce mode de réception. Les temps sont changés et la plus grande condamnation de la *Ruota* est sa disparition graduelle de presque tous les pays qui l'avaient anciennement établie [2]. Et puis il faut reconnaître que le nombre

---

[1] Territoire de Belfort, conseil général, session de 1881, rapp. de l'inspecteur, p. 5. « Si on rétablissait les tours, on y déposerait plus d'enfants légitimes que d'enfants naturels, parce que les sentiments paternels n'existent plus dans la famille comme autrefois. »

[2] En France, en 1878, sept conseils généraux seulement se sont, à l'unanimité, sans réticence, déclarés en faveur de la proposition Béranger (réouverture des tours avec précaution et restitution aux hospices du service des enfants recueillis ou secourus) :

Pas-de-Calais, Haute-Saône, Seine-et-Marne, Manche, Finistère, Morbihan, Vendée.

Sept autres conseils généraux ont admis la proposition Béranger sous réserves, mais après débats contradictoires, à la majorité des voix :

Meurthe-et-Moselle, Aisne, Ariège, Haute-Garonne, Ardèche, Haute-Loire, Oise.

des enfants déposés, et pour lesquels le secret est nécessaire, forme une infime minorité, et encore on doit distinguer entre le secret absolu et le secret relatif. Une famille riche, bien posée, honorablement connue, a le malheur immense d'avoir une fille séduite et devenue mère. Cette famille tient à cacher cet opprobre à tous les yeux, il faut que le nouveau-né disparaisse. Nous n'examinons pas la valeur morale du sentiment, nous le constatons. Le secret administratif ne lui suffit pas. Mais il y a plusieurs moyens d'échapper à cette situation et le tour n'assurerait pas un silence plus absolu, car il faut toujours un confident pour porter l'enfant, et lui, ce confident, médecin ou sage-femme, au lieu de conduire le pauvre petit dans un hospice souvent éloigné, se rendra à la mairie de son propre domicile, qui pourra parfaitement n'être pas celui de la mère, et déclarera l'enfant comme né de père et père non dénommés. Il n'est pas besoin d'un médecin ou d'une sage-femme, tout citoyen est apte à faire la même déclaration, car il est de jurisprudence constante que le nom de la mère inscrit dans l'acte sans son consentement n'emporte pas filiation, et que même l'officier de l'État civil n'est pas en droit d'exiger ce nom [1].

L'acte ainsi rédigé, le nouveau-né peut, suivant le désir des parents, être confié à une nourrice par un tiers, ou porté directement à un hospice dépositaire avec son bulletin de naissance.

Dans l'immense majorité des cas, qu'il s'agisse d'une fille-mère ou d'une femme adultère, le secret absolu peut donc être parfaitement assuré ; mais c'est un point que nous rappellerons plus tard, il faut toujours un confident, la mère qui s'accouche elle-même est incapable de porter l'enfant dans un tour, fût-il même *in ogni città, in ogni paese* comme le voulait le législateur napolitain.

Reste le *secret relatif*. Voici ce que nous entendons par cette expression. Les chemins de fer ont modifié tout natu-

---

[1] Voir notamment arrêts de cassation, 16 septembre 1343, 1er juin 1844, 1er avril 1845, etc.

ıellement les habitudes ; que font les mères ? elles viennent accoucher dans les grands centres. Paris est choisi de préférence. Pour la fille ayant fait ainsi ses couches et devant retourner ensuite au village, peu lui importe que les administrateurs de l'hospice où elle a déposé son enfant connaissent son nom, du moment qu'ils ne le divulgueront pas dans son pays. Ce point est sa seule préoccupation, et en lui enlevant toute crainte par la suppression de la recherche exagérée du domicile de secours, nous pensons que l'admission à bureau ouvert ne présente encore, de ce chef, aucun inconvénient.

Cette fille a, du reste, toujours la ressource de faire déclarer l'enfant comme né de parents inconnus, par la sage-femme chez qui elle est descendue ou qui l'a assistée au moment du travail de l'enfantement [1].

Quant aux mères légitimes abandonnées par leurs maris et se laissant aller au désespoir ; au père veuf, malade ou sans énergie ; aux filles-mères vivant publiquement dans le désordre, il ne saurait plus être question du secret. Il est bon, au contraire, que ces personnes soient tenues à une déclaration, reçoivent des avis, des exhortations, quelquefois des secours.

Il ne s'agit pas ici, nous ne saurions trop le répéter, de repousser systématiquement tous les enfants que l'on présente, ainsi que cela se pratique assez habituellement en province ; nous demandons l'admission officielle, et cependant ouverte à tous et aussi large que possible, lorsque l'intérêt de l'enfant est en jeu. Nous voudrions voir établir partout les règles si simples du service des enfants assistés de la Seine [2]. Après avoir essayé du *tour libre*, du *tour surveillé*, voici le parti auquel s'est arrêtée l'administration hospitalière parisienne. Tout enfant peut être admis à l'hos-

---

[1] Ces filles descendent généralement chez une parente, une amie, dans un hôtel garni, jusqu'au moment de se rendre chez une sage-femme ou de demander leur admission aux maternités.

[2] Voir les *Enfants assistés en France*, par René Lafabrègue. (*Ann. de Démographie intern.*, 1878).

pice dépositaire avec son acte de naissance ; des questions
sont adressées au déposant, mais il n'est pas tenu d'y
répondre. Si des circonstances exceptionnelles se présentent,
si, par exemple, un enfant était apporté par un médecin
éloigné de la capitale, le pauvre petit être serait reçu par
décision spéciale, conformément aux instructions formelles
du conseil général, qui ne cesse de déclarer depuis dix ans
qu'il faut, *avant toute considération budgétaire,* sauver l'enfant.

Que veut-on de plus complet ? Une seule exception est
faite à l'égard des sages-femmes. Il existe dans cette corporation, à côté d'individualités fort estimables, des personnes
avides, peu soucieuses de leurs devoirs professionnels,
cherchant à exploiter les filles dont elles possèdent les
secrets, et se faisant remettre de l'argent pour déposer les
enfants à l'hospice, en alléguant des obstacles imaginaires
difficiles à surmonter ; on exige donc que ces sages-femmes
ne puissent opérer aucun dépôt, si ce n'est entre les mains
du commissaire de police, afin de les empêcher, autant que
possible, d'exercer ouvertement ces odieux chantages. L'attention de la police serait, en effet, éveillée par des abandons
trop fréquents ; puis elle possède sur la moralité de
ces femmes des renseignements particuliers qui font défaut
aux administrations de bienfaisance.

Dans ces conditions, à quoi servirait le rétablissement
des tours ? à favoriser l'abandon de nombreux enfants par
des parents dénaturés, incités à cet abandon par sa facilité
même ; à vulgariser dans le peuple l'opinion déjà si accré-
ditée que l'État est une sorte de *père universel* qui doit, à un
moment donné, dispenser de tout effort et de toute prévoyance.

Il faut assurer le secret des familles ; personne ne le désire plus que nous, et ce secret est parfaitement respecté à
Paris ; mais il faut faire plus, on doit prémunir les parents
contre des entraînements irréfléchis qu'ils regretteront inutilement plus tard ; les sauver, dans la mesure du possible,
de l'exploitation d'intermédiaires avides en leur offrant les
moyens de se présenter eux-mêmes.

Maintenant qui procédera aux admissions ? Tout naturellement la personne désignée par le comité. Ce sera le plus souvent la sœur supérieure de l'hospice dépositaire ; quelle confidente meilleure des secrets intimes, des souffrances morales et des désespoirs cachés pourrions-nous souhaiter ?

Le seul reproche qui pourrait être fait à ce *tour vivant*, c'est peut-être d'avoir une condescendance exagérée pour le malheur ; aurait-on le cœur de s'en plaindre ?

Dans la commission de 1849 (tome Ier, p. 197), M. Alfred Blanche a prononcé à cet égard les paroles suivantes : « Mon appréciation ne peut être suspecte, puisque j'appartiens à la religion protestante. Eh bien, je n'hésite pas à demander à la religion catholique l'agent dont nous avons besoin en ce moment, et si c'est à elle que je m'adresse, c'est que, plus que les autres, elle me présente les qualités nécessaires à la mission qu'il s'agit de remplir, les qualités d'expansion, de dévouement et d'amour. »

La sœur, ou la personne qui recevra l'enfant, devra donc être à même d'adresser à la mère d'utiles conseils, de lui représenter les conséquences de l'abandon, de lui offrir des secours s'il y a lieu, et lorsque l'on songe que quatre-vingt-dix fois sur cent le secret est absolument inutile, qu'il s'agit d'orphelins, de pères et de mères légitimes, de filles dont la grossesse et l'accouchement sont parfaitement connus, on se demande pourquoi détruire les avantages inappréciables du mode de réception à bureau ouvert pour lui substituer le système du tour. « Ingénieuse invention de la charité chrétienne, a dit Lamartine ; qui a des mains pour recevoir et qui n'a point d'yeux pour voir, et de bouche pour révéler. » Machine aveugle, ajouterons-nous, qui ne saurait prononcer au moment opportun un mot de relèvement, consoler un cœur ulcéré et peut-être le ramener au bien par une parole d'espérance.

En résumé, nous nous tiendrons à ces trois principes qui paraissent résoudre la question.

Il faut que la société soit à même d'assurer le secret lorsqu'il est réclamé ; dans les autres cas, les plus ordinaires, il faut qu'elle puisse faire entendre sa voix avant que tout lien se trouve rompu entre la mère et l'enfant. Il faut enfin qu'il soit bien admis que toutes les fois qu'une femme est décidée à abandonner le petit être qu'elle a mis au monde, l'intérêt de cette faible créature exige impérieusement que la société en prenne de suite la charge [1].

La suppression du tour augmente-t-elle les infanticides et les avortements ?

Ici, avant même de recourir à la statistique, il faut distinguer entre trois crimes absolument différents : l'avortement ; l'infanticide commis au moment même de la naissance ; le meurtre de l'enfant déjà âgé de quelques mois ou de quelques semaines.

Il semble difficile d'admettre que le *tour* puisse avoir une influence sur les avortements ; ces manœuvres odieuses sont pratiquées par des sages-femmes, des médecins indignes de ce nom, au début même de la grossesse, alors que les premières pulsations du petit être qui vient de recevoir la vie fœtale avertissent la mère des conséquences de sa faute.

« Pense-t-on sérieusement, dit M. F. Passy [2], que la femme qui, au risque de sa santé, de sa vie même, se soumet aux opérations ou aux manœuvres abortives, aurait

---

[1] Voici quelques exemples empruntés à l'intéressant travail de M. Lafabrègue, directeur de l'hospice dépositaire de Paris, et qui confirment notre thèse (p. 29). « Que les portes de l'hospice s'ouvrent toutes grandes devant le nouveau-né que la mère remet en disant — c'est textuel : — Prenez-le, il me faut des hommes, et les hommes n'aiment pas les enfants. » Accueillons avec empressement le nouveau-né d'une mère qui à de sages et morales exhortations répond : « J'ai assez de vos sermons, ils m'ennuient, je les connais, c'est le troisième enfant que j'apporte à l'hospice et ce ne sera pas le dernier ; dans un an vous me reverrez.

« Adoptons, sauvons les jours du nouveau-né, dont la mère s'écrie alors qu'on s'efforce de la faire revenir sur sa résolution : « Le prendre ? jamais ! si on me l'avait laissé, je l'aurais étouffé, je l'exècre comme j'exècre son père. »

[2] Discussion au sein de l'Académie des sciences mor. et polit., 1878, . 304.

attendu tranquillement son accouchement pour porter son enfant au tour? Mais ce dont elle ne veut pas, cette femme, c'est la grossesse, soit parce qu'elle est pour elle un ennui, soit parce qu'elle serait un embarras ou un scandale. »

Si les médecins sont dans le vrai en affirmant que ces crimes augmentent, que l'on ne traduit pas devant les tribunaux la centième partie des coupables [1], il faut en rendre responsables notre état social, les mœurs et non la suppression du tour.

Il en est de même pour l'infanticide commis par la mère à la naissance. Voici déjà longtemps que M. de Gérando, avec sa haute sagesse, avait réfuté cette allégation des partisans de la *Ruota*. « Il est reconnu, écrit-il (IIe partie, liv, Ier, chap. VIII), d'une part qu'une mère ne se porte à l'assassinat de son propre enfant qu'au premier moment de la naissance, et d'un autre côté qu'elle ne commet ce crime que lorsqu'elle n'a aucun témoin, aucun confident quelconque de son accouchement; c'est seulement lorsque ces deux circonstances se trouvent réunies que la mère se détermine au meurtre, dans le désir d'ensevelir à jamais dans l'ombre la faute qu'elle a commise. On le conçoit, l'infanticide

---

[1] « J'estime, dit le Dr Maurin (*De la mortalité des enfants en bas âge à Marseille*, p. 10), j'estime que l'on peut évaluer à près de mille par an le nombre des avortements provoqués à Marseille. » « Comme dernière conséquence, dit à son tour le Dr Marjolin (*Mém. sur le rétablissement des tours*, Acad. des sciences morales et polit., séance du 18 mai 1878), la femme qui se soumet à ces coupables manœuvres ne tue pas seulement son enfant, mais compromet sa santé et souvent même son existence. Jugez par là des effets terribles de cette épouvantable opération criminelle, qui a profité de toutes les découvertes scientifiques modernes pour mieux échapper au châtiment.

« Mais ce qui pourra surtout montrer la fréquence de ce crime, c'est le résultat de l'enquête à laquelle je me suis livré et que tout homme du monde peut également faire. Sur plus de 90 confrères appartenant à l'Académie de médecine, à la Faculté, aux hôpitaux, ou placés dans une position qui permit d'obtenir d'utiles renseignements, je n'en ai pas trouvé un qui n'eût été sollicité, plus ou moins ouvertement, à participer à un de ces actes infâmes, ou qui n'eût été témoin des accidents si graves qu'ils occasionnent. »

Ces faits sont douloureux, certains, mais ils n'ont aucun rapport avec la suppression ou le rétablissement des tours.

43

est, de la part d'une mère, un véritable délire qui s'explique par le désordre de ses idées, par l'effroi, les émotions de tout genre, au moment de l'accouchement. Son enfant lui est en quelque sorte inconnu, elle ne voit en lui qu'un fardeau accusateur [1]. »

Il faut remarquer que les régions de la France où les mœurs conservent encore le plus de pureté sont classées au premier rang pour les infanticides [2]. L'existence d'un tour à plusieurs kilomètres du domicile de la mère ne changerait rien à cette situation.

Reste la troisième catégorie de crimes : des parents légitimes ont pris en aversion un nouveau-né, cela se voit malheureusement ; une fille-mère veut se débarrasser du fruit de ses débauches, alors on trouve le moyen de le laisser mourir de faim ; « on l'entoure de mille caresses pour exposer plus sûrement ce petit corps à l'action du froid, etc. [3] »

[1] C'est ce que dit également M. Baudon (*De la suppression des tours d'enfants trouvés*) :

« Pour que le tour soit réellement utile à la vie des enfants, deux choses sont nécessaires : la première, c'est que la grossesse de la mère ait été ignorée ; la seconde, c'est que l'enfant puisse être porté à l'hospice et déposé au tour par la mère elle-même. Otez ces deux conditions, et l'utilité du mystère cesse sur-le-champ, la crainte de l'infanticide disparaît. Car, si la grossesse a été connue, qu'est-ce que la mère aura donc à cacher? où est la base d'un sentiment d'honneur assez puissant pour porter une femme au plus odieux des attentats? Si le tour ne peut pas non plus recevoir directement l'enfant des mains de la mère, si un confident est indispensable, où sera donc encore la cause de l'infanticide dans la suppression du tour? Tout se résout donc à savoir si avec l'existence des tours ces deux conditions sont remplies. Or, un rapide examen suffit pour se convaincre que la première condition est d'une extrême difficulté à accomplir, et que la seconde ne le sera presque jamais. »

Voir aussi M. F. Passy, discours au Conseil général de Seine-et-Oise, page 9.

[2] *Rapport sur la Stat. crimin.*, 1826 à 1880, p. xliii. « Il est à remarquer que les départements où le mouvement annuel donne le nombre le plus faible d'enfants naturels sont ceux où il est proportionnellement jugé le plus de crimes ou délits envers l'enfant. »

[3] « J'ai vu des mères, dit le Dr Coudereau (*Recherches sur l'alimentation des enfants*, p. 108), qui pour se donner l'air d'aider l'enfant à saisir le bout du sein, prenaient en effet leur mamelon et faisaient

Nous le reconnaissons ici sans aucune difficulté, le mode d'admission peut avoir une influence réelle, effective, mais il ne s'agit plus de *tour*, il n'y a *pas de secret à garder;* il faut seulement, ainsi que nous l'avons demandé, des admissions sagement réglées, permettant de sauver l'enfant et d'échapper aux formalités sans nombre dont l'inspection départementale s'est plu à les entourer trop souvent, pour pouvoir présenter aux conseils généraux un budget se chiffrant par une diminution de dépenses.

C'est une mesure urgente, indispensable, et qui empêcherait bien des crimes échappant, par leur nature, aux investigations de la justice.

Dans le même ordre d'idées, les tours, impuissants à entraver les avortements et les infanticides, permettent, cela a été prouvé, de dissimuler plus facilement le meurtre d'enfants ayant vécu quelque temps. M. le Dr Marjolin dit que l'on n'a trouvé qu'à Bordeaux des enfants apportés morts dans le tour. Ceci est inexact, car ce fait est constaté en Italie, et M. Remacle l'avait noté dans ses ouvrages.

Quoi de plus logique, du reste! Un enfant a disparu, on interroge la mère, la réponse est simple: Je l'ai porté au tour tel jour. Au jour désigné l'hospice a reçu plusieurs enfants, comment prouver le mal-fondé des déclarations de cette femme? Avec l'admission à bureau ouvert, la justice envoie une réquisition à l'administration hospitalière

---

teter leur doigt; d'autres laissent parfaitement saisir le mamelon, mais elles pressent l'enfant contre leur sein assez tendrement pour fermer les narines et rendre la respiration impossible; d'autres encore pressent leur sein pour en faire jaillir tout le lait ou à peu près dans un verre ou dans des linges et donnent ensuite au nourrisson leurs mamelles vides. Les variétés sont infinies et il faut une surveillance extrême pour empêcher certaines mères de faire mourir leur enfant d'inanition. Beaucoup même ne veulent pas qu'on les fasse boire au biberon, et prétendent les nourrir exclusivement au sein, de peur qu'ils ne vivent trop longtemps.

« D'autres aiment encore à caresser longuement et à couvrir de baisers les petits membres nus du baby, qui a, de la sorte, tout le temps de se refroidir. Les affections pulmonaires, le sclérème, l'ictère, les ophtalmies, les péritonites en sont les conséquences. »

et la culpabilité ou l'innocence de l'accusée est facile à démontrer.

Passons maintenant aux chiffres statistiques. On a beaucoup disserté, il y a trente ou quarante ans, sur les infanticides, en les rapprochant de l'ouverture et de la fermeture des tours. Ce ne sont pas là des arguments sérieux ; le nombre des infanticides poursuivis est tellement minime en France que les chiffres insignifiants obtenus par départements ou par régions ne peuvent absolument rien prouver en faveur des thèses que l'on défend. On a renoncé aujourd'hui à ce mode de procéder, pour se baser habituellement sur des périodes quinquennales ou décennales s'appliquant au pays tout entier, et cela avec d'autant plus de raison que la suppression universelle des tours est accomplie depuis vingt-cinq années.

M. le docteur Marjolin, dans son mémoire présenté à l'Académie et dont il a été parlé plus haut, s'exprime, à ce sujet, en ces termes (p. 280) :

« Nous n'oserions pas soutenir que l'augmentation du chiffre des infanticides soit uniquement due à la suppression des tours ; mais ce qui est certain, c'est qu'à dater de ce moment la mortalité des enfants nouveau-nés a constamment augmenté, et que cet accroissement porte exclusivement sur les naissances illégitimes. Fait d'autant plus grave que, parmi ces mort-nés, une notable proportion est le résultat d'infanticides [1]. »

On lit dans la proposition déposée au Sénat par MM. Bérenger, Taillefer, Henri Martin (sénat, n° 71, annexe à la

---

[1] Nous sommes assez portés à croire que les manœuvres abortives infructueuses entrent pour beaucoup dans la mortalité des nouveaunés. Des médecins pensent cependant différemment ; ainsi M. le Dr Delore, ex-chirurgien en chef de la Charité de Lyon, écrit : « En étudiant la débilité congénitale, j'ai démontré, chiffres en mains, qu'elle était plus fréquente chez les illégitimes ; or c'est la débilité congénitale qui a frappé le mort-né avant la parturition, 487 mort-nés sont venus au jour dans mon service, sous mon inspection ; je les ai tous examinés avec la plus grande attention, aucun ne portait de traces de tentatives criminelles. Il n'y a donc aucun rapport entre le tour et le mort-né. »

séance du 16 février 1778) : « Nous jugeons inutile de reproduire ici les documents et les faits que nous avons analysés et réunis dans le rapport sur la pétition du docteur Brochard ; disons seulement que le rapport du nombre des mort-nés à celui des naissances, qui était en 1839 de 1 sur 35, était 1873 de 1 sur 19 ; que cette proportion s'élevait même à cette dernière date à 1 sur 11, si on s'en tenait aux naissances naturelles ; qu'enfin de 27,000 le nombre total s'est élevé à 44,887. Les statistiques criminelles longtemps contestées ne peuvent plus laisser de doute, aujourd'hui que le nombre des crimes contre l'existence de l'enfant s'est considérablement accru depuis la fermeture des tours. Les chiffres fournis nous amenaient à conclure que de 1832 à 1852 le nombre des attentats poursuivis ou dénoncés avait plus que doublé ; que depuis cette proportion s'était heureusement sensiblement abaissée, mais que l'augmentation, en comparant les années antérieures à la fermeture des tours et l'époque actuelle, n'en était pas moins de près de 600 crimes par an. Le tableau ci-dessous, embrassant les résultats donnés par la statistique depuis 1831 jusqu'à 1875 par période de cinq années, offre des résultats plus complets. Il ne relève toutefois que les faits d'infanticide, d'avortement et d'homicide d'enfants nouveau-nés poursuivis.

CRIMES ET DÉLITS CONTRE LES ENFANTS,

1820 à 1830. . .	120	—	1851 à 1855. . .	327
1831 à 1836. . .	155	—	1856 à 1860. . .	367
1836 à 1840. . .	213	—	1861 à 1865. . .	362
1841 à 1845. . .	237	—	1866 à 1870. . .	324
1846 à 1850. . .	257	—	1871 à 1875. . .	296

« Il en ressort que de 1830 à 1860 le nombre des poursuites a plus que triplé. »

Nous avons déjà démontré qu'au point de vue des moralistes, les tours ne peuvent exercer aucune influence directe sur les avortements et les infanticides commis au moment de la naissance, et il est d'autant plus facile de réduire à sa juste valeur la fantasmagorie des combinaisons de chiffres, exacts d'ailleurs en eux-mêmes, sur lesquelles s'appuient les partisans des tours, que nous avons sur ce point un travail très concluant dû à M. Emile Levasseur, l'éminent professeur au collège de France, dont la parole fait autorité en matière de statistique, aussi bien en France qu'à l'étranger, et qui sait dégager des tableaux les plus arides un enseignement plein de clarté.

A la suite de la lecture du mémoire du docteur Marjolin, M. Levasseur a eu l'occasion toute naturelle de discuter ces questions, et nous allons résumer ses arguments princi-paux. « Les cas d'avortement ayant donné lieu à une con-damnation ont augmenté jusque vers l'année 1856, écrit-il ; ils ont quelque peu diminué depuis ce temps. Les cas d'infanticide ont augmenté, soit que l'on considère les condamnations, soit que l'on envisage les faits dénoncés à la justice.

« Voici le nombre moyen des condamnations pour infan-ticides par périodes quinquennales :

1826 à 1830. . .	102	—	1851 à 1855. . .	183
1831 à 1835. . .	94	—	1856 à 1860. . .	214
1836 à 1840. . .	135	—	1861 à 1865. . .	205
1841 à 1845. . .	143	—	1866 à 1870. . .	206
1846 à 1850. . .	152	—	1871 à 1875. . .	206

« Voici d'autre part le nombre moyen des infanticides dénoncés à la justice par périodes décennales :

1831 à 1840. . .	442	—	1861 à 1870. . .	633
1841 à 1850. . .	546	—	1871 à 1875. . .	602
1851 à 1860. . .	631	—	1876.	623

« La statistique de l'infanticide donne lieu à deux obser-vations. En premier lieu, le nombre des condamnations, qui a doublé et au delà de 1830 à 1860, a cessé de s'accroître depuis cette époque et n'accuse pas par conséquent une tendance constante et continue à l'accroissement de ce genre de crime ; en second lieu, le nombre annuel des condamnations n'est pas très élevé, même dans la période où il atteint son maximum. Que faut-il en conclure? Y a-t-il une diminution du mal? Y a-t-il une plus grande indulgence du jury qui explique un moindre nombre de condamnations correspondant à un nombre à peu près constant d'affaires? Peut-être peut-on dire aussi que la justice n'atteint qu'une partie des coupables, trop peu considérable pour permettre de mesurer la croissance ou la décroissance du mal? Une vigilance plus grande de la police ne suffit-elle pas pour expliquer la progression depuis 1830, et un changement de juridiction pour faire comprendre la diminution qui s'est produite depuis dix-huit ans? Telle femme, que le parquet ne traduit pas devant la cour d'assises pour infanticide, est condamnée en vertu de l'article 345 du code pénal, pour suppression d'enfant, par le tribunal correctionnel ; le nombre de celles qui ont été poursuivies à ce titre était de 105 en 1866 ; il s'est accru de manière à s'élever à 147 en 1875.

« Il est vrai que les attentats contre la vie des enfants ont augmenté dans une proportion plus forte que la criminalité générale, 208 pour 100 au lieu de 38 pour 100 ; mais il ne faut pas se hâter de tirer une conclusion du seul rapprochement de ces chiffres ; ici encore la loi du 13 mai 1863, en modifiant plusieurs articles du code pénal, a renvoyé devant le tribunal correctionnel certaines catégories de prévenus qui étaient auparavant justiciables des cours d'assises ; et le changement de juridiction a exercé une influence sur tel chapitre de la statistique qui peut ne pas correspondre à un progrès de la moralité. D'autre part, les années 1870 et 1871, qui entrent dans les deux dernières moyennes quinquennales, altèrent quelque peu la valeur de ces moyennes, parce que les événements politiques n'ont pas permis alors le plein exercice de la justice.

«Les victimes de ces attentats sont pour la plupart des enfants illégitimes. Aussi des statisticiens ont-ils pensé qu'il y avait intérêt à rapprocher les attentats du nombre des naissances illégitimes, le crime et la matière qui paraît le fournir. Or, le chiffre des naissances illégitimes, comme l'ensemble des naissances, a diminué quelque peu en France depuis la période de 1861-65 où il atteint son maximum. Néanmoins, ce rapprochement conduit à un résultat analogue à celui que fournissent les autres moyennes : accroissement de 1830 à 1860, période pendant laquelle le rapport s'élève de 2 pour 1,000 (2 attentats pour 1,000 naissances illégitimes) à 5 pour 1,000, décroissance de 1860 à 1875, où le rapport descend à 4 pour 1,000.

« Il y a des crimes qui restent moins impunis que d'autres et dont la police découvre assez facilement les auteurs, parce que ces crimes se produisent avec un certain éclat : tels sont les assassinats, les vols avec effraction. Mais elle est moins armée contre les crimes dont les enfants sont les victimes; il lui faut, pour pénétrer ces secrets de la vie privée, une vigilance qui n'a pas toujours été aussi éclairée qu'aujourd'hui. Je crois qu'un statisticien moraliste hésiterait à condamner la société sur des différences peu considérables, tant qu'il ne saurait pas bien s'il doit les attribuer à une aggravation du mal ou à un progrès dans les procédés d'information. En effet, si nous voulons rapprocher des phénomènes qui aient entre eux quelque analogie, prenons un crime ordinairement mystérieux comme les attentats contre la vie de l'enfant, et ayant sa source impure dans la passion dont ceux-ci sont une conséquence, l'attentat à la pudeur. Or, que voyons-nous?

	Nombre moyen annuel de viols et d'attentats à la pudeur.	Rapport de chaque période avec la première période.
1831-40. . .	902	100
1841-50. . .	1700	185
1851-60. . .	3464	384
1861-65. . .	4199	498
1866-70. . .	4146	459

« Les condamnations pour attentat à la pudeur ont augmenté beaucoup plus rapidement encore que les condamnations pour attentat à la vie des enfants. Cette progression,

qui a lieu de préoccuper le moraliste, le jetterait dans le
plus profond chagrin et le conduirait à désespérer de la
société française, s'il correspondait exactement à une progression semblable du crime. Nous ne croyons pas à ce
rapport, parce que nous sommes convaincu que la vigilance de la justice est en partie la cause de cet accroissement.
N'en a-t-il pas été de même pour les attentats contre la vie
des enfants? Les condamnations pour attentats aux mœurs
sont devenues plus fréquentes : on ne songe pas à en accuser la suppression des tours. L'ivrognerie fait de tristes
progrès sur certains points de notre territoire : on ne songe
pas à en accuser la suppression des tours. Pourquoi lui
imputer exclusivement les attentats contre la vie des enfants qui peuvent avoir pour cause des raisons diverses et
qui, après avoir eu pendant trente ans un mouvement pro-
gressif, tendent précisément à diminuer, ou restent sta-
tionnaires depuis l'époque où les tours ont été à peu près
partout fermés? Cette diminution est-elle accidentelle et
n'est-elle dans le progrès du mal qu'un temps d'arrêt dont
la guerre serait la cause? C'est ce que l'avenir dira.

« De l'examen impartial de la statistique judiciaire il
résulte, dans notre conviction, qu'on ne saurait en tirer un
argument solide pour ou contre les tours. »

En ce qui concerne les mort-nés, « la statistique, ajoute
M. Levasseur, n'a commencé qu'en 1841 à en publier le
nombre; et les statisticiens sont d'accord que, jusqu'en 1853,
cet enregistrement n'a pas été assez régulier pour inspirer
confiance.

« On fait donc des relevés de l'état civil un emploi abusif
lorsqu'on donne comme preuve de l'accroissement des
mort-nés en France l'augmentation des mort-nés depuis 1840,
et qu'on dit : « En 1843, il y avait un mort-né sur 34 naissances ; en 1873, un mort-né sur 19 naissances ; donc il
faut rétablir les tours. » Ce n'est pas l'état moral ou physio-
logique des Françaises qu'il faut accuser ; c'est l'administration qu'il faut louer de fournir aujourd'hui des renseignements plus exacts, et qui pourrait les améliorer encore

beaucoup, en distinguant les véritables mort-nés et les enfants qui, ayant vécu, sont morts avant l'enregistrement à la mairie. »

M. Levasseur parle ensuite, dans l'intéressante communication que nous résumons d'une manière incomplète, de la mortalité des jeunes enfants, et conclut par ces graves paroles que pourront méditer utilement tous ceux qui réclament la réouverture des tours.

« En résumé, la statistique judiciaire ne fournit aucun argument sérieux pour résoudre la question des tours ; mais la statistique des décès indique que les mort-nés sont beaucoup plus nombreux parmi les enfants illégitimes que parmi les légitimes, que le mal tend à s'aggraver, que la mortalité de la première enfance est également beaucoup plus grande parmi les illégitimes que parmi les légitimes. A cette disproportion, le moraliste voit deux causes : en premier lieu, la condition défavorable dans laquelle se trouvent les filles-mères pendant leur grossesse et après l'accouchement ; en second lieu, le désir criminel de se débarrasser d'un enfant qu'elles ne peuvent pas ou ne veulent pas élever. Dans quelle proportion l'une et l'autre agissent-elles ? C'est ce qu'il est impossible de déterminer ; en tout cas, il serait contraire à la logique d'imputer à la seconde tout l'excédent des mort-nés et des décès d'enfants illégitimes, puisqu'il est évident que la première a dû exercer une influence.

« Je vois donc dans la statistique des décès l'indice de certains crimes ; je n'essaye pas, comme l'ont fait d'autres statisticiens, d'en préciser le nombre. Je n'y vois pas le témoignage de l'expérience des temps, déposant en faveur du rétablissement des tours. Le seul fait de l'accroissement continu des mort-nés illégitimes me touche vivement ; mais il ne suffit pas pour résoudre le problème du tour.

« On peut devenir partisan ou adversaire des tours par des raisons de l'ordre moral et de l'ordre médical ; mais il faut renoncer à dire que la statistique a tranché le débat. »

D'un autre côté, comme l'a indiqué dans la même discussion M. E. Levasseur, « la fermeture des tours ne signifie pas indifférence de la société, elle veut dire contrôle, » et ces paroles, qui ont servi d'épigraphe à notre travail, expriment parfaitement notre pensée. « Ce contrôle, poursuit le savant académicien, peut s'exercer de différentes manières... Nous dirons seulement que l'on doit toujours se montrer discret et bienveillant en même temps que sévère; car s'il ne faut pas accepter pour l'État une charge que la mère peut supporter, il faut savoir aussi qu'il y a des situations pour lesquelles le secret est commandé au fonctionnaire comme au confesseur ou au médecin, et qu'il vaut mieux souvent accepter un enfant que de l'exposer à la mort ou à la contagion du vice. »

Ces idées nous avaient été inspirées depuis longtemps déjà par nos études et la pratique journalière du service ; nous sommes heureux, avant de les faire passer dans un projet de loi, de pouvoir les abriter sous l'autorité d'économistes tels que MM. Levasseur et F. Passy.

Ainsi donc, protestation énergique aussi bien contre le rétablissement du tour que contre les restrictions apportées aux admissions par l'inspection départementale; demande d'un mode de réception paternel, tout en restant vigilant, seul moyen capable, à notre avis, de sauvegarder à la fois les triples droits de la société, des parents et des délaissés.

§ 3. *De la suppression de la recherche du domicile de secours.*

Il faut faire plus encore que de recevoir les enfants avec une sage mesure; toutes les améliorations seront entravées, si l'on maintient la recherche du domicile de secours telle qu'elle existe maintenant. Ainsi qu'il a été dit sommairement, le domicile d'un enfant est établi par la loi de vendémiaire an II *au lieu de sa naissance;* mais ces mots s'entendent en ce sens que l'enfant a le domicile de secours qu'avait sa mère au moment où elle lui a donné le jour.

Cette disposition a été compliquée par la jurisprudence ministérielle établissant la règle absolument illégale qu'une

femme venant dans un département, même quelques semaines avant ses couches, *avec intention de s'y fixer*, acquiert
le domicile de secours pour son enfant par le seul fait qu'elle
réalise son intention première et qu'avant sa délivrance
elle a commencé à se livrer au travail.

Comme les villes sont choisies de préférence par les filles-
mères, et que, d'un autre côté, dans les pays d'industrie
nourricière, les parents, après avoir placé eux-mêmes les
enfants, cessent fréquemment de payer les nourrices, il en
résulte que certains départements ont à supporter, pour
l'une ou l'autre de ces causes, une charge excessive ; il
s'engage alors une correspondance entre l'administration
préfectorale qui a recueilli l'enfant et celle de son domicile
de secours : l'une cherchant à se débarrasser de l'entretien
du pauvre abandonné, l'autre recourant à tous les moyens
pour décliner la responsabilité qu'on veut lui imposer. De là
enquêtes et contre-enquêtes, recherches, investigations sur
les antécédents de la fille-mère, demandes d'explications à
ses parents, aux autorités municipales, etc. ; on comprend
facilement ce que peut devenir le secret administratif au
milieu de ces contestations qui durent habituellement
plusieurs mois et que le ministre de l'intérieur est quelquefois
appelé à trancher en dernier ressort pour les parties belligé-
rantes.

Le département de la Seine se montre encore là soucieux
avant tout de l'intérêt des familles. Si une femme étrangère
au département fournit des indications sur son identité,
on la prévient que son enfant sera rapatrié sur son domicile
d'origine ; alors, si la mère déclare qu'elle considérerait ce
renvoi comme pouvant amener pour elle des inconvénients
d'une réelle gravité, l'administration de la Seine, aux termes
des instructions du conseil général, conserve la charge
d'un pupille qui ne lui appartient à aucun titre. Si la mère
se contente de réclamer le secret d'une façon générale, le
préfet auquel on s'adresse est prévenu, *de la manière la plus
précise*, de la nécessité du secret et prié de faire procéder
avec une extrême prudence aux enquêtes qu'il jugerait utiles.

Ces précautions ne suffisent pas, on en jugera par le fait suivant que nous empruntons aux souvenirs de notre vie administrative : Nous recevons un jour un individu, ayant l'air d'un cultivateur aisé, venant demander des nouvelles d'un enfant que sa fille avait déposé à l'hospice. Conformément au règlement, nous répondons que probablement il y a une erreur ; que nous ne connaissons aucun enfant du nom indiqué, etc. « Mais je ne me trompe pas, répond notre interlocuteur, voici la lettre de l'administration, » et à notre grande stupéfaction, il nous tend la dépêche administrative rédigée quelques jours auparavant.

Que s'était-il donc passé? Une lettre avait été adressée au préfet du département d'origine de la fille séduite en lui recommandant la plus grande discrétion. Le préfet avait envoyé la lettre au maire, après avoir ajouté en marge une recommandation nouvelle au sujet du secret à garder. Or ce maire s'était fait ce singulier raisonnement, que pour prendre des renseignements sans ébruiter l'affaire, le mieux était de convoquer le père, et aussitôt il lui avait remis la missive du préfet du département de la Seine !

Nous aimons à penser que tous les maires n'ont pas des raisonnements de cette force; néanmoins la plupart du temps la correspondance administrative est ouverte par le secrétaire de la mairie, qui peut être le parent de la fille séduite, du mari de la femme adultère, ou de la veuve devenue enceinte; on voit les inconvénients multiples qu'entraîne la recherche du domicile du secours, même avec les précautions les plus sérieuses.

Cette pratique amène un autre danger : les départements ne veulent pas en général recevoir l'enfant assisté, ils ne connaissent que les secours temporaires.

Or qu'arrive-t-il? Après avoir été contraint de reconnaître le domicile de secours d'un enfant, l'inspecteur départemental se retourne contre la fille qui l'a délaissé au loin pour la contraindre à le reprendre.

Le fait suivant s'est passé il y a quelques années. Une orpheline, nièce de l'instituteur d'une petite localité, est séduite; elle vient passer quelque temps à Paris, sous un prétexte plausible, et retourne ensuite au pays où personne ne se doute du motif de son absence. Elle avait naïvement donné à l'administration les renseignements les plus complets; le domicile de secours ne pouvait faire doute, son département est obligé de reprendre l'enfant. Malgré la connaissance très exacte de la nécessité du secret, l'inspecteur mande cette fille et veut la forcer à élever son fils moyennant un secours.

La pauvre créature résiste; elle représente que son oncle, dirigeant une école communale, ne voudrait ni ne pourrait la conserver chez lui, que l'obliger pour le moment à garder son enfant c'est détruire son avenir, qu'elle le redemandera plus tard lorsque les circonstances le permettront.

L'inspecteur, beaucoup trop préoccupé des finances départementale, fut inflexible; la jeune fille disparut.

Le département se trouva chargé de pourvoir quand même à l'entretien de l'abandonné, et s'il n'y a pas eu suicide, il existe peut-être une prostituée de plus en France.

Ce ne sont pas là, hélas! des faits isolés; il faut en conséquence supprimer le domicile de secours tel qu'il est entendu maintenant. Le conseil général de la Seine a pris l'initiative de cette mesure et le ministère de l'intérieur a adressé, en 1883, une circulaire à tous les préfets en demandant leur avis sur la question. Quelques rapports annuels de l'inspection départementale contiennent des appréciations à ce sujet; elles sont divergentes.

Nous reconnaissons que cette suppression soulève un problème difficile à résoudre, c'est celui des indemnités à allouer aux départements lésés. Il est évident qu'une fois tout recours enlevé, on dirigerait le plus possible les enfants sur Paris et les grandes villes; des départements et des municipalités payeraient même alors volontiers les frais de déplacement des filles-mères. Toutefois la solution ne nous paraît pas insoluble. On peut, au point de vue du domicile de secours, partager les enfants en six grandes catégories :

1° Les orphelins naturels ou légitimes;

2° Les légitimes délaissés ;

3° Les enfants de parents condamnés ;

4° Les nourrissons dont les nourriciers ne sont plus payés par suite souvent de la disparition des parents ;

5° Les enfants de femmes menant publiquement une mauvaise vie ;

6° Enfin les enfants n'appartenant à aucune des catégories ci-dessus.

Les rapatriements ne présentant aucun inconvénient pour les pupilles des cinq premières catégories, on procéderait à leur égard comme par le passé. Quant aux autres, les subventions, que nous proposerons de mettre à la charge de l'État, étant réparties proportionnellement au chiffre des admissions, serviraient à couvrir la dépense des élèves non rapatriés.

En ce qui concerne les enfants d'origine étrangère, le gouvernement pourrait, ainsi que cela a eu lieu avec la Suisse, établir une convention portant réciprocité de l'assistance et rembourser ensuite sur état aux administrations qui les auraient recueillis les frais occasionnés par eux.

Le conseil général de la Seine demandait que l'on établît une cotisation fournie par tous les départements avec ventilation basée sur le chiffre des dix dernières années, mais ce système serait déplorable pour les pays d'industrie nourricière, ou possédant de grands centres de population ; ils se trouveraient surchargés rapidement, tout en continuant à recevoir une indemnité établie pour une situation absolument différente. C'est en effet au bout de dix-huit mois au plus que les enfants sont rapatriés actuellement. Le mouvement de fonds auquel donne lieu leurs dépenses durant ce laps de temps est forcément peu considérable, et dans le système du conseil général ce serait justement cette base qui servirait à établir la ventilation, alors que les élèves seraient conservés pendant toute leur minorité par les départements qui les auraient reçus ! Notre proposition paraît au contraire de nature à éviter les inconvénients de la recherche exagérée du domicile de secours, tout en ne présentant pas des résultats aussi iniques.

CHAPITRE IV

SECOURS AUX FILLES-MÈRES

Par suite de la réaction contre les tours, on en est arrivé en France à substituer presque complètement aux *enfants abandonnés et orphelins* les enfants secourus temporairement. Nous avons exposé précédemment l'historique de cette transformation s'accentuant de jour en jour, le moment est venu d'en apprécier les résultats.

Les partisans des secours, pour prévenir les abandons, affirment que ce mode d'assistance a pour effet de diminuer la mortalité et de sauver ainsi des milliers d'enfants ; qu'il réhabilite les mères par les douces obligations de la maternité et qu'enfin il atténue dans une très forte proportion les dépenses.

Discutons ces trois points.

§ 1ᵉʳ. *Les secours temporaires diminuent-ils la mortalité infantile ?*

On nous apporte de toute part des statistiques triomphantes. Il y a des écarts considérables entre la mortalité des *enfants hospitaliers* et celle *des secourus*. A Paris ces différences varient entre 11, 20 et 25 %, c'est admirable ! mais pour qu'une comparaison statistique ou autre soit sérieuse, il faut que le point de départ reste le même ; or cet élément essentiel fait complètement défaut ici.

Si nous mettions en regard la proportion des décès des enfants des filles-mères secourus et celle des fils de famille élevés au moyen de nourrices sur lieux, nous pourrions dire que les secours temporaires tuent les nouveau-nés, et notre raisonnement serait aussi inexact que le premier, disant qu'ils les sauvent, car ces catégories diverses de la population ne sont pas comparables entre elles.

De plus, les chiffres se trouvent viciés par la déduction des enfants dont les mères ont disparu ou auxquelles on a dû enlever les secours pour mauvais soins, ou inconduite par trop grande ; or ce sont justement ces mères dont les enfants ont des chances probables de mourir dans la première année, et ces décès n'entrent pas en ligne de compte, ce qui relève la moyenne générale. Les enfants assistés au contraire ne sont ni rendus ni rapatriés pendant la période d'allaitement.

En outre les départements ne procèdent pas d'une manière uniforme ; les uns arrêtent les secours au 31 décembre et comptent ainsi comme allocations nouvelles les prolongations, les autres les défalquent du total. Si l'on fait entrer dans le calcul les prolongations, c'est-à-dire des enfants âgés de plusieurs mois, la mortalité est naturellement moins élevée.

A un autre point de vue il faut remarquer qu'on admet dans les hospices dépositaires des enfants qui ne figurent pas parmi les secourus ; nous citerons au hasard les pupilles appartenant à des mères atteintes de maladies incurables, mortes de faiblesse ou de phtisie peu après l'accouchement ; à des prostituées de bas étage ; à des femmes ayant voulu à tout prix cacher leur grossesse en contrariant le développement normal de leur fruit.

Les administrations hospitalières admettent des enfants apportés de régions éloignées, de pauvres malheureux arrachés par la justice à des parents qui les maltraitaient, etc. Aucune de ces catégories, nous le répétons, ne figure au nombre des *secourus*. Allez donc comparer ensuite la mortalité et bouleverser toutes les traditions de la bienfaisance publique sur de pareilles données.

Nous sommes prêts à constater les bons effets de l'allaitement maternel et à regretter que les femmes du monde remplissent aussi rarement leur devoir à cet égard ; mais en considérant deux enfants pauvres également bien portants, placés l'un en nourrice sous la surveillance paternelle d'une administration vigilante, vivant au grand air, ayant du lait pur en abondance ; l'autre confié à une mère maladive comme le sont habituellement les ouvrières des villes, gagnant péniblement sa vie ou recevant des amants, habitant un grenier brûlant en été, glacial en hiver, ne possédant qu'un peu de lait falsifié pour suppléer à l'insuffisance du sien, nous ne comprenons pas pourquoi le premier de ces enfants mourrait plutôt que le second. Et encore admettons-nous dans cette hypothèse que les mères n'élèvent pas leur nouveau-né au biberon ou ne l'envoient pas en nourrice au rabais, dans des conditions déplorables, ce qui a lieu généralement.

Les différences signalées entre la mortalité des *assistés* et celle des *secourus* tiennent donc en grande partie à ce fait que ces catégories sont formées d'éléments qu'il n'est pas possible d'assimiler.

§ 2. *Les secours temporaires moralisent-ils les mères ?*

En 1793 on voulait à tout prix réhabiliter l'enfant naturel, favoriser les naissances ; on accorda alors des primes aux filles-mères, primes stigmatisées par M. Ch. Dupin dans son beau livre sur les secours publics [1]. Aujourd'hui le but est,

---

[1] Dupin, *Hist. de l'Administ. des secours publics*, p. 306-307.

« En prononçant le panégyrique des filles-mères devant le peuple qui sait le mieux sentir les charmes de la pudeur, on oublia que la chasteté des dames romaines avait été le plus ferme appui de cette république qu'on voulait prendre pour modèle. Cependant la honte retint beaucoup de femmes qui se trouvaient dans le cas prévu par la loi, et les empêcha de se présenter pour avoir part aux secours. Le vice seul en profita et avec une effronterie qu'on ne peut pas *oublier quand on en a été le témoin*. En venant dans les bureaux pour toucher ce secours, les unes promettaient de recommencer aussitôt que leur enfant serait sevré ; les autres, trouvant qu'on mettait leurs services à trop bas prix, menaçaient de devenir stériles. »

nous le reconnaissons, absolument différent ; on veut réhabiliter la fille-mère par l'enfant [1].

Cette pensée serait juste si l'on se bornait à distribuer des subsides avec un discernement intelligent. Il est certain qu'en facilitant à quelques personnes les moyens de conserver leurs enfants auprès d'elles, on peut amener la reconnaissance par le père et ensuite le mariage. Mais tels qu'ils sont délivrés, les secours temporaires n'obtiennent pas ces heureux résultats, les inspecteurs n'accordent pas en effet les subsides départementaux à des filles méritant l'indulgence ; ils l'offrent, l'imposent autant que possible à toute fille qui veut abandonner son enfant [2]. Désireuses d'éviter les dépenses d'entretien d'un nouveau-né jusqu'à sa majorité, les administrations départementales accomplissent, non une bonne œuvre, mais un marché. Que la fille ait deux, trois enfants de pères différents, qu'importe ! La somme allouée ne devra qu'être plus élevée, puisque les charges sont plus lourdes et qu'en cas d'abandon ce ne serait plus un assisté, mais bien deux ou trois qui viendraient grossir le contingent du département [3].

« Je sais par expérience acquise dans ce service, écrivait en 1883 l'inspecteur de l'Indre (rapp., p. 29), combien serait restreint le nombre des filles secourues, si la bienfai-

---

[1] M. Pallu, *La vérité sur les tours*, p. 87.
« A ceux qui prétendraient que le secours est une prime à l'inconduite, je répondrai qu'ils se trompent, et qu'ils ne savent pas ce que l'enfant ramène de pudeur et de chasteté dans l'âme de la femme, dont l'innocence se reconstitue pour ainsi dire au contact de ce petit enfant qu'elle tient à préserver des écueils qui l'ont fait tomber. »
La vérité est, hélas ! loin de cette idylle, et ce serait à croire que M. Pallu n'a jamais rencontré de filles-mères dans sa carrière d'inspecteur.

[2] Dordogne, Conseil général, session de 1883, p. 273, rapport de l'inspecteur : « Le Conseil général, dans sa session d'août 1877, a augmenté le salaire des secours temporaires accordés aux filles-mères ; j'ai pu dès lors me montrer très sévère pour l'admission à l'hospice. » Alpes-Maritimes, session d'août 1884 (rapp., p. 191). « L'admission définitive n'a été, comme les années précédentes, appliquée que dans les cas de force majeure. »

[3] Conseil général du Gers, session d'août 1884, p. 288, rapport de l'inspecteur :

sance trop rigoureuse à leur égard ne venait strictement en
aide qu'à celles relativement honnêtes. Aussi, malgré les
allocations de 60 fr. prévues par la plupart des budgets départementaux, les légitimations d'enfants secourus sont
rares, elles n'atteignent pas 4 % lorsque sur l'ensemble de
la population on en compte 25 % [1]. » Du reste il faudrait connaître le chiffre des filles-mères, non absolument perverties, qui se marient après avoir déposé un enfant dans un
hospice et deviennent ensuite de bonnes mères de famille.
Nous sommes portés à croire que le nombre en est grand,
car dans les villes notamment une jeune fille qui a fait une

« Filles-mères secourues à leur 1er enfant,	222
— — 2e —	19
— — 3e —	4
— — 4e —	2
Total :	247

« Ces dernières ne sont pas tant un témoignage de l'impuissance
des secours temporaires à ramener l'ordre dans certains cas que la
preuve de l'énergie de l'instinct naturel survivant encore quand tout
a sombré. Ces filles ont refusé de se séparer de ceux de leurs enfants
qu'on leur proposait de faire élever à l'hospice. »

[1] Ces chiffres sont empruntés à un très intéressant travail de
M. René Lafabrègue, vice-président de la Société de statistique; il les
fait suivre des considérations suivantes :

« Ce qui semble démontrer l'inanité de ces primes, c'est qu'à Paris
où elles n'ont pas été instituées, les légitimations sont presque aussi
nombreuses qu'en province, et pourtant le département de la Seine
se trouve à cet égard dans une situation défavorable, puisque, nous
le répétons, sa natalité naturelle est notablement accrue par une
foule de provinciales qui viennent faire leurs couches chez nous et
retournent ensuite chez elles, où le plus souvent elles épousent le
père de leur enfant; de sorte que la naissance du petit Parisien figure
à l'état civil de Paris et sa légitimation à celui de la province. N'importe, les légitimations ont suivi dans le département de la Seine une
marche parallèle à celle des autres départements, sans doute pour
nous informer que le nombre des ménages irréguliers a augmenté à
Paris exactement comme dans le reste de la France. Loin de voir en
effet dans cet accroissement de légitimation un retour aux bonnes
mœurs, nous serions plutôt tenté de croire que c'est là le signe d'une
démoralisation plus grande, car il atteste une tendance de plus en
plus marquée à vivre en concubinage et à ne régulariser la situation
qu'après la naissance d'un enfant. Ce qui est indiscutable, c'est que
presque toutes les légitimations sont faites par des gens qui depuis
longtemps vivaient en ménage irrégulier. »

première faute peut-être par une surprise, un entraînement excusable, est incapable, sans l'appui de ses parents, d'élever son enfant avec les subventions de l'assistance départementale (5, 6, 7, 15, 18 francs suivant les localités, 20 francs au plus à Paris). Elle doit trop souvent, hélas, recourir à des amants de passage ou vivre avec un homme qui tolère l'enfant s'il n'aide pas à payer les mois de nourrice. Dans le cas de cohabitation continue, le secours est supprimé assez généralement, ce qui oblige la fille, si cet homme vient à la quitter, à abandonner le pauvre petit être ou à se mettre de suite en ménage irrégulier avec un autre [1].

M. Lafabrègue (*Des enfants assistés en France*, p. 27) a parfaitement démontré qu'à Paris, dès que le gain par journée de travail est inférieur à 3 fr. 50, et ce n'est pas rare, la fille-mère se trouve dans l'impossibilité absolue d'achever sa tâche... « Une fille seule, continue-t-il, qui gagne une journée convenable peut, quand elle est bonne et tendre, contribuer à l'entretien de son enfant; elle ne saurait l'élever sans l'aide de la charité publique.

« Une fille seule, inhabile ou inintelligente, qui ne gagne que de faibles journées, ne peut même pas arriver à fournir cette quote-part.

« Contraindre l'une et l'autre à le garder, c'est les contraindre à mener une existence misérable, c'est leur enlever au début de la vie la possibilité de se créer une position quelconque et prive un enfant de toutes chances de vivre. »

Nous ne voyons donc pas que les secours, *imposés sans mesure*, augmentent la moralité des mères; puis souvent, quel usage fait-on de cet argent prélevé sur les contribuables?

Il sert fréquemment à alimenter la débauche, et ne profite pas à l'enfant [2].

[1] Nous avons entendu cent fois dans nos fonctions administratives des filles-mères que nous exhortions à se marier, nous répondre : « Je ne puis lui demander cela, il est déjà assez bon de m'avoir pris avec mon enfant. »

[2] Rapport de l'inspecteur de la Marne (août 1883, p. 12).

« Le mandat mensuel a d'ailleurs de sérieux inconvénients, en ce

Une inspection faite à intervalles fort rares ne peut empêcher ces scandales. A Paris, on a inauguré des dames inspectrices qui doivent voir chaque mois les mères assistées et leur donner des conseils salutaires. Si le choix des dames est bien fait, cette surveillance pourra rendre d'utiles services, mais l'action des visiteuses est limitée; lorsque l'enfant est mal soigné, que la fille reçoit trop ostensiblement des amants, elles peuvent faire supprimer le secours; et puis après, l'enfant meurt s'il n'est pas porté à l'hospice; seulement son décès, ainsi que nous l'avons expliqué, ne figure pas dans la statistique.

§ 3. Les secours temporaires diminuent-ils les sacrifices des départements ?

A l'origine, il y a eu certainement une diminution notable dans les dépenses. Ces secours, encore peu connus, n'imposaient pas une charge aussi lourde que celle qui résulte de l'immatriculation des enfants ; malheureusement, d'année en année, les mères naturelles se sont accoutumées à ces subsides qu'elles regardent presque comme un droit; la force des choses a contraint quelques départements à allouer la même aumône aux mères légitimes. (Voir notamment les derniers rapports de l'inspecteur de la Loire-Inférieure [1].) Le mot d'ordre s'est propagé. « Les filles et

sens qu'il n'est pas plutôt touché qu'il est dévoré par les filles-mères dont la conduite laisse à désirer. Rien de ce qu'elles doivent n'est payé par elles, tout passe en bombances sans aucun profit pour les enfants, et avant que les fournisseurs aient eu le temps de réclamer ce qui leur est dû. »

[1] Cher, session d'avril 1884, rapp. de l'inspecteur, p. 28 et 29 : « A mon avis les secours temporaires devraient être accordés à tous les nécessiteux, quel que soit leur état civil, de façon à réduire les admissions à l'hospice aux orphelins seuls. » — Hérault, session d'août 1885, rapport de l'inspecteur, p. 13 : « En 1883, le Conseil général a décidé qu'il serait alloué des fonds pour l'assistance des enfants légitimes pauvres, orphelins de père et de mère, ou l'un des deux enfants jumeaux naissant dans une famille indigente chargée d'enfants. Allocation ne devant pas dépasser 20 francs par mois et applicable seulement aux indigents des communes ayant moins de 100,000 francs de revenus ordinaires. »

les familles, écrit l'inspecteur des Côtes-du-Nord (rapp. de 1883, p. 216), sont parfaitement renseignées maintenant, et déclarent que *faute de secours l'enfant sera abandonné.* »

Le flot des réclamantes augmente au grand détriment des finances des départements [1], ainsi que le constatent les tableaux statistiques. Il y a dix ans, M. Clémenceau disait au conseil général de la Seine : « Vous secourez par an à Paris 10,000 enfants environ; il n'y aurait certainement pas, si ces allocations étaient supprimées, 10,000 abandons de plus. » — « J'ai la conviction, ajoute de son côté l'inspecteur de la Côte-d'Or (rapport, 1883, p. 292), que la plupart des filles qui gardent leur enfant avec elles ne l'abandonneraient pas quand même on leur refuserait les secours... Il faut se garder de laisser croire que le secours temporaire peut suppléer à toutes les exigences de l'assistance et en fait une espèce de panacée pour le service des enfants assistés [2]. »

D'autres inspecteurs se plaignent amèrement qu'il n'y a

[1] Ce fait n'est pas nouveau; à Paris, en 1837, au lendemain de l'établissement de ce service, M. Valdruche écrivait : « Avant le rapp. de M. de Gasparin, le Conseil général des hospices avait pris, le 25 janvier 1837, un arrêté qui statuait qu'aucun enfant ne serait reçu à l'hospice des enfants trouvés que sur le vu d'un procès-verbal du commissaire de police et portant, art. 5 : « Il pourra être accordé sur la fondation Monthyon des secours aux femmes qui continueraient à nourrir leur enfant ou qui en prendront soin. » Le premier secours fut donné le 15 novembre 1837, le 7 mars 1838 on en avait accordé aux mères de 155 nouveau-nés, parmi lesquelles des femmes qui avaient élevé 84 enfants sans rien demander sollicitaient les secours maintenant qu'ils existaient. »

[2] On lit dans l'ouvrage de M. Lafabrègue, p. 38 :

« Certaines mères, qui connaissent les formalités dont on entoure l'admission d'un enfant, se résignent à solliciter des secours pour le placer en nourrice. Mais presque toutes ces solliciteuses vivent en concubinage; beaucoup ont des ressources et élèveraient leurs enfants sans l'aide de la charité publique, si elles ne savaient qu'à la simple menace d'abandon on subira toutes leurs exigences; d'un autre côté, les secours ne s'accordent qu'après une enquête à domicile, et comme toute enquête se fait administrativement, c'est-à-dire lentement, à Paris il se passe quatre ou cinq jours, en province souvent un ou deux mois, entre le dépôt de la demande et l'obtention des secours; que devient l'enfant pendant ce temps-là? »

plus une naissance naturelle dans les communes sans que les maires adressent aussitôt requêtes sur requêtes à l'administration préfectorale, alors que la fille a une conduite déplorable ou vit avec le père de son enfant au su des habitants.

Ainsi tout concourt à augmenter les charges budgétaires et peut-être même finiront-elles par dépasser de ce chef les crédits qu'il aurait fallu ouvrir si l'on n'avait pas diminué, *per fas et nefas*, le chiffre des admissions.

§ 4. *Les secours temporaires assurent-ils l'avenir des enfants?*

Nous venons de voir que les secours temporaires ne sauvegardent pas, dans la mesure qu'on admet généralement, la vie des enfants ; qu'ils ne sont pas une garantie pour la moralité des mères et qu'enfin ils peuvent finir par accroître les dépenses.

Ces secours assurent-ils au moins l'avenir de l'enfant? Non, mille fois non, ils le compromettent souvent de la manière la plus grave. Ici les faits parlent avec une telle évidence que toute discussion est pour ainsi dire inutile.

Qu'est-ce que le secours temporaire? C'est la suppression du service des enfants assistés, c'est le mode d'assistance que nous voyons fleurir chez les peuples protestants, avec cette seule différence que le département remplace la paroisse ou la commune. Et que donne ce système? Une masse d'enfants vagabonds, indisciplinés, qui encombrent les cités, constituent un péril social et dont il faut à grands frais punir les méfaits ou réprimer l'audace toujours croissante.

Le service des enfants assistés fournit au contraire, dans la plupart des cas, une race honnête, vigoureuse, fixée à la campagne [1], fournissant un contingent peu élevé à la criminalité [2].

---

[1] Il existe dans la Nièvre et Saône-et-Loire des communes composées en partie d'enfants assistés de la Seine et d'anciens enfants assistés mariés, travaillant pour leur compte, petits propriétaires, etc.

[2] Les élèves des hospices ne figurent que dans la proportion de 3

Quelques centaines de mille francs, dépensés en plus annuellement, ne payeraient pas trop cher l'extension de pareils résultats.

On connaît les paroles émues prononcées à ce sujet, par M. A. Nicolas, dans la commission de 1849 (tome Ier, p. 366).

« Ce n'est pas le lait seulement, dit-il, que la mère donne à l'enfant ; c'est aussi et en même temps son âme, ses vices ou ses vertus. A quelle école mettez-vous l'enfant ? A quels exemples ses yeux, ses oreilles, tous ses sens vont-ils s'ouvrir, s'éveiller, se développer ? Pouvez-vous ne pas en avoir souci au nom de l'intérêt moral de l'enfant, au nom des mœurs publiques, au nom de l'ordre social ?

« Suivez-le dans sa vie, et voyez-le à vingt ans et trente ans de là ; car c'est jusque-là qu'il faut calculer les effets de ce système. Il est avéré, dit M. de Gérando, que, parmi les criminels, il y a beaucoup moins d'enfants trouvés que d'enfants naturels. En transformant des enfants trouvés en enfants naturels, que faites-vous donc ? Vous transformez pour la plupart des hommes honnêtes, des hommes utiles én scélérats...

pour 100 sur l'effectif général des détenus. L'enquête de 1860 donnait 2,2 0/0.

Le tableau suivant est tout aussi consolant :

ÉTABLISSEMENTS CORRECTIONNELS

Statistique annuelle du Ministre de l'intérieur.

POPULATION au 31 décembre des années	ENFANTS (garçons et filles		TOTAL	ÉLÈVES des hospices
	légitimes	naturels		
1871	6.137	1.173	7.310	120
1872	6.666	1.350	8.016	2.3
1873	7.180	1.405	8.585	174
1874	8.098	1.455	9.553	159
1875	8.388	1.518	9.906	154
1876	8.481	1.431	9.912	154
1877	8.311	1.423	9.744	181
1878	8.187	1.374	9.561	150
1879	8.110	1.361	9.431	569
1880	7.837	1.280	9.117	436

« Enfin, ajoute M. Nicolas, je repousse votre projet comme fatal à l'enfant, parce qu'il le livre sans retour à la fille-mère, quelle que soit la dépravation de celle-ci, et qu'il commet à son égard la pire de toutes les expositions, le pire de tous les infanticides, l'exposition à la perversité et l'infanticide moral. »

M. de Gérando, qui était, comme M. A. Nicolas, un homme de cœur, de dévouement et de plus un administrateur hors ligne, avait écrit avant lui (IIe partie, liv. Ier, chap. VIII) :

« Voici au contraire une mère qui est à la fois indigente et corrompue. Peut-être elle conserve des relations criminelles avec le père de son enfant, avec un individu aussi méprisable qu'elle. Ils repoussent leur enfant. Quel sentiment honnête pourrait pénétrer dans de telles âmes ? Par quel motif les contraindrons-nous à conserver cet enfant auprès d'eux ? Auquel des parents le remettre ? Quel service rendrait-on à l'innocente créature en la plongeant dans une fange pareille ? Ah ! rendons grâce à ces misérables de leur barbarie qui préserve au moins un jeune enfant du danger de respirer auprès d'eux un air empoisonné et d'être atteint par la contagion de leurs vices. Que les portes de nos asiles s'ouvrent aussi pour cet infortuné, ce sera encore l'acte d'une bienfaisance préventive, aussi sage que généreuse. Dès ses plus tendres années, nous préserverons des plus graves périls l'être que nous aurons recueilli ; la société, un jour, obtiendra en lui un membre estimable et utile ; le malheur de sa naissance sera réparé [1]. »

---

[1] M. Troplong ne s'exprimait pas différemment au Sénat en 1856 :

« Les secours aux filles-mères ont de graves inconvénients au point de vue moral et au point de vue financier. Le chiffre de ces secours grandit chaque année et se rapproche déjà dans beaucoup de départements de la somme exigée autrefois pour le service des enfants trouvés. Si au moins les sacrifices afférents à cet objet étaient compensés par la moralisation des malheureuses pour qui on les fait ! mais il n'en est rien. La publicité d'une première faute enlève à une foule de filles séduites le respect des autres et la confiance en elles-mêmes. Subissant les tristes conséquences d'une réputation perdue, elles sont livrées sans défense à toutes les attaques et à toutes les défaillances. »

Ces vérités sont indiscutables; il ne faut pas, en conséquence, dans l'intérêt futur de l'enfant, dans l'intérêt de la société, exagérer les secours temporaires et les imposer, quelle que soit la situation de la mère, comme on le fait constamment à l'heure actuelle.

§ 5. Les secours temporaires contribuent-ils à accroître la moralité publique ?

Nous venons de prononcer les mots : intérêt de la société ; ces secours, distribués d'une façon aveugle, font baisser en effet la moralité publique.

Le chiffre des naissances illégitimes ne s'accroît que lentement en France, cela tient dans une proportion notable à ces avortements dont nous avons déjà parlé, à ces unions libres où la stérilité volontaire est de règle. Mais il est toutefois certain, pour l'observateur, que la plaie du concubinage s'étend, que partout le scandale de la fille-mère s'atténue, que les familles riches elle-mêmes ne rougissent plus d'en prendre pour nourrir leurs enfants sous le prétexte que cela coûte moins cher [1].

De son côté, M. le docteur Jeannel indique comme une des sources les plus fécondes de la prostitution l'origine illégitime (*De la prostitution*, p. 143), et Frégier (*Classes dangereuses*, chap. x) confirme ces appréciations : « Les enfants issus de conjonctions illégitimes sont prédestinés par leur naissance à tous les coups de la mauvaise fortune. Placés dès leur jeune âge sur la pente du vice, entourés de mauvais exemples, sollicités par des passions éveillées avant le temps, ils se perdent lorsqu'ils savent à peine discerner le bien d'avec le mal; c'est parmi eux que les fauteurs de la mendicité, du vagabondage et du vol cherchent et trouvent des recrues. »

[1] Dr Chauffard, *Examen de la loi actuelle sur les enfants trouvés*, p. 18 :

« On habitue de la sorte les filles du peuple à voir sans rougir des filles accoucher et nourrir leurs enfants, et les jeunes personnes des classes élevées à voir sous le toit de leur mère, des filles qui n'étant pas mariées allaitent leur frère ou leur petite sœur. Certainement, ce spectacle de chaque jour, les pensées mauvaises et curieuses qu'il sollicite, les paroles libres ou au moins peu mesurées des filles-mères, leur indifférence sur une faute qui s'étale et dont elles tirent profit, ne peuvent qu'affaiblir profondément en autrui le sentiment inné et cultivé de la pudeur, gâter et perdre les filles, de nature un peu timide et sensuelle, quelle que soit leur condition. »

Il est du devoir d'administrateurs soucieux de l'avenir de ne rien faire pour accroître cette triste situation. Or, les secours aux filles-mères sont une semence de démoralisation dans les villes aussi bien que dans les campagnes. Croit-on que ce n'est rien que de voir une mère illégitime élever son enfant avec le concours de l'État, alors que des veuves, des femmes légitimes abandonnées par leur mari, se trouvent renvoyées à l'assistance illusoire du bureau de bienfaisance?

Croit-on que ce ne soit pas un spectacle démoralisant que de maintenir dans un village une fille allaitant son enfant illégitime au milieu de sa famille et se présentant ensuite chez le percepteur pour toucher son salaire? L'idée du mal s'affaiblit, la notion de la pudeur s'émousse et les conséquences les plus fâcheuses en résultent presque fatalement.

Faut-il alors supprimer les secours temporaires?

Telle n'est pas notre conclusion.

Il est désirable, évidemment, de laisser la charité privée assister seule le plus possible les filles-mères; il est à souhaiter que des sociétés, analogues à celles dites de la charité maternelle, viennent en aide à des malheureuses souvent dignes de pitié et que nos lois ne protègent pas suffisamment.

Les conseils et les exhortations de femmes honnêtes semblent plus utiles pour le relèvement de ces pauvres filles, que les visites mensuelles au guichet d'un bureau.

Mais en dehors de cette action de la charité privée, faible encore, l'assistance officielle peut être utile dans des circonstances déterminées, et c'est *une limite* et non une *suppression totale* que nous demandons.

Nous dirions volontiers avec le médecin inspecteur des enfants assistés de Seine-et-Oise, M. le Dr Sellier (rapp. au conseil général, session d'août 1881, p. 508): « Le secours temporaire doit être moralisateur et profitable à l'enfant. Il n'est pas dû à toute fille indigente, parce qu'elle est devenue mère. Il ne peut devenir une sorte de prime à l'inconduite en cherchant à réhabiliter la fille-mère à ses propres yeux, et en provoquant chez elle le développement du devoir et des sentiments maternels ; son allocation doit être subordonnée aux sentiments de la mère pour son enfant.

« Sachant que la fille-mère ne sera pas secourue par le bureau de bienfaisance, sauf dans des cas exceptionnels, et que la charité privée ne lui viendra que rarement en aide, le département doit intervenir lorsqu'il se trouve en présence d'une mère qui tient à élever son enfant, qui sait et veut le soigner, qui est laborieuse, honnête et animée du désir de suffire à sa tâche. Dans tous les autres cas, il est préférable que l'enfant aille à l'hospice. »

Distribués de cette manière nous croyons que ces secours temporaires seraient appelés à réaliser un certain bien ; prodigués comme ils le sont maintenant, toujours et quand même, en vue d'éviter les abandons, ils sont funestes à l'enfant dont ils n'assurent pas l'avenir, funestes à la mère qu'ils ne moralisent pas, funestes à la société qu'ils corrompent, ne remplissant ainsi aucune des intentions élevées et généreuses pour lesquelles ils avaient été institués.

Cette pensée avait déjà été formulée en 1878, par M. Levasseur (*ut supra*, p. 385), et cette citation terminera ce rapide exposé :

« Les secours imposés plutôt que donnés, dit-il, aux filles-mères qui n'ont aucun goût pour élever leur propre enfant, sont-ils bien en accord avec ce devoir? Il y a des administrateurs qui pensent le contraire, et, éclairé par eux, nous partageons leur opinion. Des mères qui marchandent le prix de leur nourriture et qui n'acceptent qu'à contre-cœur sont pour la plupart indignes d'élever des enfants ; elles les laissent mourir ou les font vivre dans le vice. Mieux vaut, dans ce cas, la nourrice choisie et surveillée par l'administration. »

CHAPITRE V

LES ENFANTS MORALEMENT ABANDONNÉS.
EXPOSÉ DES PRINCIPES GÉNÉRAUX DU SERVICE.

Nous venons d'indiquer les lignes générales qui, suivant nous, doivent présider au service des assistés proprement dits. Restent ces enfants déjà âgés, vagabonds ou indisciplinés, ceux dont la famille ne prend aucun soin, que l'Angleterre et l'Amérique envoient dans leurs écoles industrielles ou de réforme, et qu'en France, depuis l'heureuse initiative du département de la Seine, si bien réalisée par le chef de la division des enfants assistés M. Brueyre, on désigne sous le nom d'enfants *moralement abandonnés*.

On a vu les efforts que la commission du Sénat a faits pour constituer une tutelle à ces pupilles ; tous les codes ont été bouleversés par des mesures dont nous croyons avoir démontré les inconvénients multiples. Cet appareil de réglementations exceptionnelles est-il bien utile ? Ne peut-on pas, en conservant les grandes lignes de notre législation, venir en aide à ces pauvres êtres plus malheureux que coupables ? C'est ce que nous allons essayer d'indiquer.

§ 1er. *De la déchéance paternelle.*

Le rapporteur de la Chambre des députés a répudié, dans son dernier rapport, ce système qui prononçait de droit la déchéance contre tout père ayant commis pour la seconde fois un *délit* avec la coopération d'un de ses enfants ;

mais il reste encore des pénalités excessives. Il semblerait véritablement que, lorsque la loi ne prévoit point tous les cas possibles, la pratique n'y supplée pas.

Ainsi, que se passe-t-il lorsque des parents subissent une condamnation ? Si ce sont des personnes jouissant d'une certaine fortune, le tribunal, d'accord avec la famille, assure le sort des enfants, un conseil de famille est constitué. S'ils sont indigents, si personne ne se présente pour prendre soin de ces infortunés, le service des enfants assistés les recueille des mains de la police ou du parquet, et ils tombent, par suite de leur immatriculation, sous la tutelle légale organisée par la loi du 15 pluviôse an XIII.

Les parents, une fois sortis de prison, se présentent-ils, le tuteur légal examine quel est l'intérêt de ses pupilles ; il s'entoure des renseignements propres à éclairer sa décision, et s'il croit ne pas devoir les rendre à des parents indignes, condamnés peut-être pour les avoir maltraités, il refuse la remise, en laissant aux intéressés qui se croiraient lésés dans leurs droits le loisir de s'adresser aux tribunaux.

Il y a peu d'exemples que l'affaire en vienne à ce point. Les parents comprennent alors leur propre indignité et n'insistent pas habituellement.

Pourquoi ne pas se borner à étendre dans de très étroites limites l'art. 335 du code pénal, en décidant, ainsi que l'avait fait la commission de la chancellerie, que si une tutelle de droit commun n'est pas constituée, les enfants des condamnés seront considérés comme *abandonnés* ? L'affaire revêt de cette manière une extrême simplicité et rien n'est changé à la législation.

§ 2. *Du patronage des moralement abandonnés.*

Ici encore le projet voté par le Sénat est d'une complication sans limites. Toutes ces tutelles, prévues avec des restrictions plus ou moins grandes, présentent une obscurité telle que, lors de la discussion, M. Bérenger pouvait dire avec raison : « J'étudie votre loi depuis deux mois et je ne puis parvenir à la comprendre ; comment voulez-vous la faire appliquer en connaissance de cause par des personnes vouées aux œuvres, par des femmes peu au courant de nos codes ? »

Nous nous demandons, en effet, quelle utilité il y a à constituer des tutelles spéciales dans cette circonstance.

De quoi se plaignent les administrations publiques et quelques directeurs d'établissements privés ? D'une seule chose, à savoir qu'un enfant leur est confié par ses parents ou tuteurs, qu'il font des dépenses pour cet élève, qu'ils s'adonnent à son instruction, à son éducation, et que pour un motif souvent futile, quelquefois mauvais, ceux qui ont amené l'enfant viennent le reprendre, les contrats qu'ils ont passés n'ayant aucune valeur légale, un père, un tuteur ne pouvant abandonner ses droits.

La question est ainsi restreinte dans des limites parfaitement déterminées. Il faut sanctionner législativement tous les contrats passés sous certaines conditions et permettre leur exécution, aussi bien à l'égard des administrations publiques que des particuliers, associations ou établissements de toute nature. Ici cependant une distinction nous paraît nécessaire ; quelle que soit la loi, les administrations publiques pourront seules la mettre facilement à exécution, parce qu'elles ont une force que n'ont pas les autres associations même reconnues.

Une association religieuse, par exemple, alors qu'elle aurait tous les droits possibles, tous les contrats les plus authentiques, ne s'exposera pas en général à un procès pour retenir un enfant malgré ses parents, parce qu'à côté de la légalité il y a la presse, il y a l'opinion publique que l'on surexcite si aisément. Nous reconnaissons que c'est un symptôme fâcheux de notre époque que d'entrevoir la possibilité de pareils moyens pour tourner la loi, mais enfin cette situation existe et il faut en tenir compte.

Et puis, supposons que le père reprenne son enfant par violence ou par ruse, est-ce que l'association pourra, *en fait*, recourir à la force publique pour le faire réintégrer ?

On doit, en conséquence, se borner à sanctionner des contrats renfermant le strict nécessaire, c'est-à-dire des droits de garde pendant une période déterminée, d'éducation, de placement en apprentissage, de consentement à l'engagement militaire et à l'engagement décennal dans l'instruction et de gestion du pécule, et stipulant des dommages-intérêts en cas de rupture.

Ceci est suffisant pour assurer le service des moralement abandonnés dans d'excellentes conditions.

Ne serait-il pas opportun ensuite de prendre comme modèle de ces stipulations une loi qui a un but analogue, celle du 4 mars 1851 relative aux contrats d'apprentissage, en donnant seulement une solennité plus grande aux conventions?

Qu'a-t-on besoin d'autres droits que ceux que nous venons d'énumérer? Pourquoi parler toujours de tutelles spéciales, etc.? Si l'enfant n'a pas de biens particuliers, la gestion de son pécule, c'est-à-dire de l'argent qu'il aura gagné, sera assurée à l'administration, à l'association, au particulier qui l'aurait recueilli. S'il a des biens, la tutelle de droit commun existera pour lui comme pour tout le monde, et il nous semble alors suffisant d'établir une règle pareille à celle mise en pratique par l'administration hospitalière de Paris pour les moralement abandonnés qu'elle a sous son patronage, cette règle consistant à faire admettre de droit un représentant de l'administration, de l'association, ou le bienfaiteur lui-même dans le conseil de famille.

Le conseil pourrait alors confier la tutelle à celui qui a l'enfant. A tous les points de vue, aussi bien pour les enfants eux-mêmes que pour les particuliers et les administrations, il est bon de se maintenir, autant que possible, dans la législation commune.

Reste la mise en correction; nous ne sommes pas d'avis d'en armer l'association ou le particulier se chargeant du délaissé; on veut, par le service nouveau des moralement abandonnés, empêcher les enfants de venir échouer presque fatalement dans les colonies pénitentiaires, en leur offrant de

45

se régénérer par le travail libre. Est-ce pour les confier le lendemain à ces mêmes établissements en déplaçant seulement les responsabilités et le paiement des dépenses? Ce n'est pas évidemment le but désirable.

Maintenant, que les établissements pénitentiaires aient des sections pour ces indisciplinés *non condamnés*, ainsi que cela a lieu dans beaucoup de Bons-Pasteurs, qu'on puisse alors les considérer comme des pensions plus sévèrement tenues, rien de mieux. L'internement d'un enfant ne serait qu'une mise en préservation rentrant parfaitement dans les droits de garde et d'éducation.

Sur ce point encore aucune difficulté d'application, et cette mesure suffirait en général. Quant aux natures absolument rebelles, alors que tout aurait échoué, on déférerait ces incorrigibles à la justice et ils seraient envoyés en correction par le tribunal, à temps, ou jusqu'à leur majorité. Cette menace, suspendue sur les têtes, ferait du reste réfléchir plus d'un enfant vicieux.

En ce qui concerne les enfants âgés de moins de 16 ans et traduits devant les tribunaux, ceux-ci pouvant, en vertu de l'art. 66, les envoyer dans une colonie pénitentiaire, useraient de leur pouvoir discrétionnaire pour les confier, pendant une période déterminée et sous certaines conditions, à des particuliers, associations ou administrations, et cet acte formant la loi des parties remplacerait le contrat dont il est parlé plus haut, en conférant aux intéressés les mêmes droits de garde et d'éducation.

Ces bases générales nous paraissent devoir donner satisfaction aux aspirations légitimes de ceux qui veulent se consacrer au relèvement moral des enfants délaissés par leurs parents; les prescriptions de notre droit public ne sont point modifiées et on ne donne pas à des particuliers, à des associations laïques ou religieuses des droits que nous trouvons excessifs, qu'aucune nécessité ne vient justifier, et dont, dans la pratique, ils ne pourraient user.

D'un autre côté, la bienfaisance privée, ne se trouvant pas subordonnée constamment à l'élément administratif qui exercerait simplement son droit légitime de surveillance, pourrait faire son œuvre, soulager bien des misères, et 15 à 20 millions ne deviendraient plus indispensables pour transformer l'État en un *père universel*. Quelques milliers de francs dans certains départements, quelques centaines de mille pour les plus riches et les plus peuplés, permettraient de sauver de nombreux délaissés, vagabonds, indisciplinés, en les transformant en laborieux et honnêtes citoyens.

A notre avis, le service des moralement abandonnés n'est possible que du moment qu'il borne son action à des enfants âgés de dix ans environ, laissant à l'initiative particulière le soin de compléter ce mode d'assistance. Sans cela, nous ne saurions trop le répéter, du moment qu'une administration départementale, communale ou l'État, prendra officiellement la charge de l'éducation des enfants au-dessous de cet âge, sans qu'ils soient réellement abandonnés, toutes les familles feront élever les leurs de cette manière, et il n'y aura pas de budget qui puisse résister à une pareille invasion. Et puis quelles seraient les relations de ces milliers de parents et d'enfants presque inconnus les uns aux autres. On ne trouverait ni amour chez les premiers, ni affection et respect chez les seconds ; ces sentiments naissent en partie des sacrifices accomplis et du dévouement de tous les jours. En dehors de cela il ne reste plus que des étrangers, la famille est détruite, et, au point de vue social, tous les efforts doivent tendre, au contraire, à la fortifier.

CHAPITRE VI

UN NOUVEAU PROJET DE LOI SUR LES ENFANTS ASSISTÉS.

TITRE 1er. — *Classification et admission des enfants assistés.*

Art. 1er. — Les enfants *assistés* dont la *tutelle* est confiée à la charité publique sont : les enfants trouvés, les abandonnés, les orphelins pauvres.

Art. 2. — Les enfants trouvés sont ceux qui, nés de père et mère inconnus, ont été trouvés dans un lieu quelconque et portés dans les hospices destinés à les recevoir.

Les enfants abandonnés sont ceux légitimes ou naturels qui, nés de père ou de mère connus, et d'abord élevés par eux, ou par d'autres personnes à leur décharge, en sont délaissés, sans qu'on sache ce que les pères et mères sont devenus, et sans qu'on puisse recourir à eux, *soit par suite de circonstances indépendantes de leur volonté, soit en raison d'un mauvais vouloir dûment constaté.*

Les orphelins sont ceux qui, n'ayant *plus* ni père ni mère, n'ont aucun moyen d'existence [1].

Art. 3. — Le mode d'admission par le tour est prohibé; néanmoins dans toute maternité ou service public d'accou-

---

[1] Cette classification est empruntée, pour ainsi dire textuellement, au décret du 19 janvier 1811; nous n'y avons fait que quelques modifications de détail afin de donner plus de précision aux termes employés. Ainsi, dans l'art. 1er, le mot *tutelle* remplace le mot *éducation*; dans l'art. 2, l'abandon effectué par les parents, et qui forme la majorité des admissions, est l'objet d'un paragraphe nouveau.

chement, la femme à terme qui ne veut pas se faire connaître peut être admise, à la seule et unique condition de remettre à la direction de l'établissement un pli cacheté contenant ses noms et adresses. Ce pli lui est rendu à sa sortie et ne doit être décacheté qu'en cas de décès.

Les enfants visés par les articles précédents peuvent être reçus dans tous les hospices ou hôpitaux, sur la présentation de leur acte de naissance et autres pièces justifiant, s'il y a lieu, qu'ils appartiennent à la catégorie des trouvés, des abandonnés ou des orphelins.

Lorsqu'il y a dans une même localité plusieurs établissements hospitaliers, l'un d'eux est seul désigné comme hospice dépositaire.

Si la personne qui présente l'enfant déclare ne pouvoir ou ne vouloir fournir aucune indication sur son origine, en dehors de celles contenues au bulletin de naissance, ce refus de renseignement est constaté, mais l'admission est toutefois prononcée.

Par exception, dans les villes ayant une population égale ou supérieure à cinq mille âmes, les sages-femmes ne peuvent présenter directement aucun enfant aux établissements hospitaliers et sont tenues de les remettre entre les mains des commissaires de police qui remplissent alors les formalités de l'admission [1].

---

[1] Nous ne reviendrons pas sur la question du tour et des admissions à bureau ouvert; quant au paragraphe relatif au secret des accouchements, c'est une idée empruntée aux règlements des hôpitaux de Rome, de Vienne et de Moscou, qui a été indiquée par M. Thulié dans son projet de loi soumis au Conseil général de la Seine en 1878.

Le règlement d'administration publique rendu en exécution de la loi devrait, du reste, préciser les points de détails et d'application journalière.

Nous avons expliqué également les motifs qui permettent de considérer les sages-femmes comme se livrant fréquemment à un odieux trafic et favorisant les abandons. Ce trafic étant plus difficile dans les petites localités, nous avons parlé seulement des villes de cinq mille âmes et au-dessus.

TITRE II. — *De la direction du service et de la tutelle des enfants.*

Art. 4. — Les conseils généraux statuent définitivement sur toutes les parties du service des enfants assistés, en se conformant aux dispositions de la présente loi.

Ils procèdent à l'égard des dons et legs faits au domaine spécial des enfants assistés et des acquisitions, ventes, échanges, actions à intenter ou à soutenir concernant ce domaine, dans les formes prévues pour les autres biens départementaux [1].

Art. 5. — Les enfants trouvés, abandonnés et orphelins admis dans les hospices à quelque titre et sous quelque dénomination que ce soit, seront, dans chaque département, placés sous la tutelle d'une *commission* spéciale qui désigne un de ses membres pour exercer, le cas advenant, les fonctions de tuteur, les autres membres formant le conseil de tutelle [2].

Art. 6. — Cette commission départementale est composée :

1° De deux conseillers généraux élus par le conseil général ;

2° D'un membre de chacune des commissions hospitalières existant dans le département, élu par ces commissions ;

3° D'un membre du bureau de bienfaisance du chef-lieu, élu par ses collègues ;

4° D'un employé supérieur de la préfecture nommé par le préfet, et qui remplit les fonctions de secrétaire avec voix délibérative. Dans le département de la Seine, le directeur de l'administration de l'Assistance publique exerce seul tous

---

[1] Cet article n'est que la consécration des lois des 18 juillet 1866 et 10 août 1871, sur les conseils généraux ; nous désirons que ces corps élus prennent la direction effective du service, les commissions tutrices restant agents d'exécution.

[2] Reproduction de l'art. 1er du 15 pluviôse an XIII, véritable charte des enfants assistés en France, et que nous avons fondue presque tout entière dans notre projet ; car cette loi est non seulement conçue dans un esprit excellent, mais elle a encore pour elle la sanction de l'expérience.

les droits de tutelle et autres attribués aux commissions instituées par la présente loi [1].

Art. 7. — Les commissions nomment annuellement leurs président et vice-président ; elles se renouvellent par quart chaque année, les membres sortants étant indéfiniment rééligibles.

Art. 8. — Les commissions tutrices sont assimilées aux commissions hospitalières, en ce qui concerne la révocation de leurs membres et leur dissolution totale.

En cas de dissolution, les nouvelles élections doivent avoir lieu dans le délai d'un mois.

Art. 9. — La tutelle des commissions départementales s'exerce sur les enfants trouvés, abandonnés et orphelins jusqu'à leur majorité, leur émancipation ou leur mariage.

Les commissions consentent seules au mariage de leurs pupilles, ainsi qu'aux engagements dans l'armée ou dans l'instruction.

Toutefois, même après la majorité, les anciens pupilles sont tenus jusqu'à 25 ans, vis-à-vis des commissions qui les ont élevés, aux obligations imposées par les articles 148 et 151 du code civil aux enfants âgés de moins de 25 ans, ayant leurs parents légitimes, et voulant contracter mariage.

Les commissions ont en outre la jouissance des droits attribués aux pères et mères en ce qui concerne la mise en correction et l'émancipation de leurs enfants mineurs.

L'émancipation est faite sur l'avis des membres de la commission par celui d'entre eux désigné comme tuteur et qui seul est tenu de comparaître à cet effet devant le juge de paix [2].

[1] A côté des membres des commissions administratives représentant l'élément charitable, il fallait donner une place au délégué du pouvoir central ; y appeler le préfet, c'était lui faire jouer un rôle prépondérant ou trop effacé. Le fonctionnaire qu'il désignera étant chargé de la rédaction des procès-verbaux, comme secrétaire avec voix délibérative, servira de lien entre la commission tutrice et la préfecture, il pourra présenter et défendre avec toute liberté les idées de son chef hiérarchique.

[2] La partie de l'article relative à l'émancipation, fait assez rare du reste, est empruntée à la loi de pluviôse an XIII. Quant aux autres

Art. 10. — Les commissions peuvent consentir à la tutelle officieuse sur leurs pupilles, conformément à l'art. 361 du code civil, et, en cas de nécessité, déléguer, par une simple délibération, l'exercice de la tutelle à la commission d'un autre département.

Art. 11. — La gestion de la fortune particulière des enfants assistés, quelle que soit son origine, appartient au tuteur et au conseil de tutelle. Le receveur de l'hospice dépositaire du chef-lieu remplit à cet égard les mêmes fonctions que pour les biens des hospices. Toutefois les biens des administrateurs tuteurs ne peuvent, à raison de leurs fonctions, être passibles d'aucune hypothèque. La garantie de la tutelle réside dans le cautionnement du receveur chargé de la manutention des deniers et de la gestion des biens; en cas d'émancipation, il remplit les fonctions de curateur.

Art. 12. — Les capitaux qui appartiennent ou échoient aux enfants admis dans les hospices sont placés de préférence dans les caisses d'épargne ou en rentes sur l'Etat, conformément aux dispositions arrêtées par la commission tutrice.

Art. 13. — Tout ou partie des revenus des biens ou capitaux appartenant aux enfants, à l'exception de ceux provenant de leur travail, peut être perçu jusqu'à la sortie de tutelle au profit du domaine départemental des enfants assistés, à titre d'indemnité des frais de leur nourriture et entretien.

dispositions, elles comblent certaines lacunes. Ainsi, le droit des commissions de consentir au mariage de leurs pupilles n'est pas indiqué nettement dans les lois existantes, nous avons tenu à ne laisser subsister aucun doute sur ce point.

Nous proposons même timidement une innovation. Tous ceux qui s'occupent, sur le vif, des enfants assistés sont frappés de ce fait que, le lendemain de la majorité, l'enfant que l'administration a élevé pendant 21 ans lui devient absolument étranger. Le compte de tutelle est rendu à un pupille impatient et ne trouvant, s'il n'a pu se créer une seconde famille auprès de ses nourriciers, personne pour s'occuper de lui. Nous voudrions une disposition l'obligeant jusqu'à 25 ans à ne pouvoir se marier sans entrer en relations avec ses anciens tuteurs, de manière à entretenir le plus longtemps possible une tutelle toute paternelle, aussi utile pour les garçons que pour les filles. C'est dans cet esprit que nous indiquons la réforme du § 3.

Art. 14. — Si l'enfant décède avant sa sortie de tutelle, son émancipation ou sa majorité, et qu'aucun héritier ne se présente, ses biens, quelle que soit leur origine, appartiennent en propriété au même domaine, lequel peut être envoyé en possession à la diligence du trésorier-payeur général du département et sur les conclusions du ministère public.

S'il se présente ensuite des héritiers, ils ne peuvent répéter les fruits que du jour de la demande[1].

Art. 15. — Les héritiers qui se présentent pour recueillir la succession d'un enfant décédé avant sa sortie de tutelle, son émancipation ou sa majorité, sont tenus d'indemniser le département des aliments fournis et dépenses faites par l'enfant décédé pendant le temps qu'il est resté à la charge de l'administration, sauf à faire entrer en compensation jusqu'à due concurrence les revenus perçus par le domaine départemental.

TITRE III. — *Du placement des enfants et de la surveillance.*

Art. 16. — Les enfants assistés, quel que soit leur âge, ne sont point |conservés dans les hospices où ils ont été déposés, excepté les cas de maladie ou accidents graves qui en empêchent le transport; ce premier asile ne devant être considéré que comme un dépôt, en attendant que ces enfants puissent être placés chez des nourrices ou mis en pension chez des particuliers[2].

Art. 17. — Les enfants placés dans les campagnes ne peuvent être ramenés dans les hospices, à moins qu'ils ne

---

[1] Ces règles si sages, sanctionnées par la pratique, appartiennent à la loi de pluviôse. Etant donné l'esprit élevé et généreux des membres des commissions hospitalières, il n'y a aucun inconvénient à laisser aux commissions départementales le pouvoir de faire rembourser partiellement aux pupilles leurs dépenses au moyen d'un prélèvement sur les revenus et jamais sur les capitaux.

[2] Si la loi de pluviôse an XIII doit servir de règle lorsqu'il s'agit de la tutelle, le décret du 30 ventôse an V (20 mars 1797) a tracé depuis quatre-vingt-dix ans l'ensemble des conditions de nature à assurer les meilleurs modes de placement pour les pupilles. Ce sont ces dispositions si excellentes que nous voudrions reproduire dans une loi.

soient estropiés ou attaqués de maladies particulières qui les excluent de la société, ou les rendent inhabiles à se livrer à des travaux qui exigent de la force et de l'adresse.

Art. 18. — Les conseils généraux arrêtent tous les cinq ans, sur la proposition des commissions départementales tutrices :

1° Le tarif des frais de séjour à rembourser aux hospices ou hôpitaux qui reçoivent des enfants assistés ;

2° Le tarif des mois de nourrice et pension. Ces mois de nourrice et de pension sont payables par trimestre jusqu'à la 13° année accomplie ;

3° La composition et la valeur des layettes et vêtures délivrées annuellement aux pupilles à la pension [1].

Art. 19. — Les nourrices qui justifient d'avoir traité avec humanité les enfants reçoivent, indépendamment des mois de nourrice, et pour les neuf premiers mois de la vie de ces élèves, une indemnité de 50 francs payable en une seule fois.

Les nourrices qui ont conservé des pupilles de la première année jusqu'à 13 ans accomplis et les ont préservés, jusqu'à cet âge, d'accidents provenant de défaut de soins, tout en leur facilitant les moyens d'acquérir l'instruction civique et religieuse, reçoivent une seconde indemnité de 100 francs [2].

---

[1] Depuis la loi du 28 mars 1882 sur l'instruction obligatoire, un grand nombre de conseils généraux ont prolongé la pension de 12 à 13 ans ; c'est cette situation qu'il faut sanctionner législativement. Elle est, du reste, tout à l'avantage des enfants obligés antérieurement de se suffire à eux-mêmes dès l'âge de 12 ans. Dans la commission de 1849 (p. 405), M. de Watteville disait :

« Je demande que les salaires des nourrices soient portés jusqu'à ce que l'enfant ait atteint sa quinzième année. Dans l'état actuel de la législation, qui fixe à 12 ans accomplis l'âge auquel cesse le payement du salaire, l'enfant se trouve délaissé à une époque de la vie où il a encore grand besoin de secours.

« La fixation des salaires pour les enfants trouvés au-dessus de 12 ans n'est point invention nouvelle. Sous Louis XV, par l'ordonnance du 7 janvier 1761, ce salaire était prolongé jusqu'à 15 ans pour les garçons et 16 ans pour les filles. »

[2] Nous avons augmenté les indemnités de ventôse an V (18 francs et

Art. 20. — A l'expiration de leur 13ᵉ année, les pupilles sont maintenus, autant que possible, dans l'agriculture, et il est passé avec les patrons, par les soins des commissions tutrices, des contrats d'apprentissage dont la durée ne peut dépasser cinq années. Les nourrices qui ont élevé jusqu'à 13 ans les enfants qui leur sont, confiés peuvent les conserver de préférence à tous autres en se chargeant de leur apprendre un métier ou de les appliquer à l'agriculture [1].

Art. 21. — Le choix des placements, la rédaction des contrats et la surveillance permanente des enfants assistés chez les nourrices ou les patrons, sont assurés au moyen d'inspecteurs et de sous-inspecteurs, s'il y a lieu, résidant dans les divers centres de placement ou au chef-lieu du département.

Les soins médicaux et la surveillance médicale sont confiés à des médecins chargés également d'une circonscription déterminée.

Ces inspecteurs et sous-inspecteurs sont nommés par le conseil général sur la présentation de la commission départementale de tutelle ; assimilés aux employés départementaux, ils restent soumis aux mêmes obligations en ce qui concerne la caisse des retraites. Les médecins, nommés de la même manière que les inspecteurs, reçoivent seulement des indemnités fixées par le conseil général et non susceptibles de retenues pour la caisse des retraites [2].

---

50 francs) en raison de la différence de la puissance du signe monétaire à la fin du siècle dernier et de nos jours.

L'art. 15 du même décret parle d'une troisième indemnité à accorder lors de la mise en apprentissage. Mais cette indemnité « destinée à être employée à procurer à ces enfants les vêtements qui leur sont nécessaires, » a perdu sa raison d'être depuis que tous les départements délivrent aux différents âges les vêtures indispensables.

[1] Reproduction presque textuelle du décret de ventôse an V (art. 14 et 15). En ce qui concerne la durée des contrats, le décret du 19 janvier 1811 contenait des dispositions absolument injustes et dues aux circonstances particulières de l'époque.

Il semble toutefois utile de limiter la durée des contrats d'apprentissage pouvant être consentis par les commissions tutrices.

[2] A l'heure actuelle, tout est confondu en province; suivant la re-

TITRE IV. — *Dispositions spéciales.*

Art. 22. — Le domicile de secours des enfants assistés mineurs, légitimes ou naturels, même non reconnus, est celui de leur mère au moment de leur naissance. Les rapatriements de département à département sont prohibés, excepté lorsqu'il s'agit d'orphelins, d'enfants légitimes, d'enfants de parents condamnés ou d'enfants envoyés d'office par la police ou les tribunaux par suite de l'inconduite notoire de leurs auteurs.

Les instances en rapatriement sont engagées par les commissions de tutelle les unes vis-à-vis des autres ; en cas de dissentiment, l'affaire est soumise à l'arbitrage du ministre de l'intérieur qui statue définitivement.

Art. 23. — Conformément à l'ordonnance royale du 28 juin 1833, les percepteurs et autres agents du ministère des finances effectuent, dans toutes les communes autres que les chefs-lieux des départements, le payement des mois de nourrice, pensions et indemnités dues aux nourrices, patrons, instituteurs et médecins, sur le vu d'un état ordonnancé et signé par le président de la commission tutrice, et une fois que l'existence ou le décès des enfants aura été certifié par les maires de leur résidence.

Au chef-lieu lesdits payements sont effectués par le receveur de l'hospice dépositaire.

Art. 24. — Les mois de nourrice et pensions des enfants assistés, les indemnités accordées aux patrons, sont incessi-

---

marque si juste du rapporteur du conseil général de la Seine en 1878, M. Thulié, il faut que l'*inspection inspecte et que l'administration administre*; or l'inspection appartient aux inspecteurs généraux du ministère de l'intérieur, et les commissions ont besoin, pour remplir utilement leur mission, *d'agents de surveillance* exécutant les instructions de la commission, visitant constamment les pupilles et rendant compte de leurs tournées.

En un mot, il faut, pour ce service, une tête doublée d'un cœur et d'un bras. Le conseil général est la tête, la commission le cœur et l'agent de surveillance le bras.

Quant aux médecins, leur rôle s'explique de lui-même.

bles et insaisissables. Les états d'émargement sur lesquels ils sont portés sont dispensés de tout timbre, ainsi que les états d'indemnités attribuées aux instituteurs et médecins.

Art. 25. — Les commissions de tutelle ont, sous le contre-seing du président ou du secrétaire de la commission, la correspondance en franchise entre elles et avec toutes les autorités religieuses, civiles et militaires des départements où sont placés leurs pupilles.

Le même privilège leur est accordé en ce qui concerne la correspondance avec les inspecteurs, sous-inspecteurs, médecins, nourrices et patrons.

Toute lettre adressée au président de la commission de tutelle est remise en franchise.

Le privilège mentionné ci-dessus pourrait, par délibération spéciale du conseil général, être demandé en faveur des inspecteurs et sous-inspecteurs ne résidant pas au chef-lieu du département [1].

TITRE V. — *De la remise des enfants.*

Art 26. — Les pères, mères, et les ascendants légitimes, qui réclament des enfants assistés, admis à quelque titre que ce soit, sont tenus d'établir leur qualité par la présentation d'actes de l'état civil ou d'actes de reconnaissance en due forme; ils doivent justifier en outre de leur moralité et de la possession de ressources suffisantes pour élever l'en-

---

[1] Les articles 22 à 25 renferment des dispositions diverses qu'il a paru utile de codifier. De plus, chaque année le service des enfants assistés nécessite l'emploi de sommes d'argent considérables en frais de correspondance. Déjà certains droits de franchise postale ont été accordés, il est bon de les étendre encore, car dans quel intérêt faire rentrer dans les caisses du trésor un argent provenant d'un budget alimenté presque uniquement par les contribuables.

Nous avons mis le contre-seing du président ou du secrétaire, parce que ce dernier, résidant forcément à la préfecture, sera plus à même que personne de contre-signer la correspondance. Il peut se présenter également des cas où les inspecteurs et sous-inspecteurs ne se trouvent pas au chef-lieu; le département de la Seine possède ainsi trente directeurs d'agence résidant au centre de leurs circonscriptions respectives dans les départements.

fant. Si la commission juge que l'enfant peut être rendu à ses parents, elle a le droit de les exonérer sur leur demande et, suivant les cas, de tout ou partie des frais occasionnés par le pupille. La remise définitive peut être faite seulement aux ascendants légitimes de tous les degrés, aux pères et mères naturels après reconnaissance.

Tout enfant confié à des parents autres que ceux désignés ci-dessus ou à des particuliers, ne l'est que sous la réserve de la tutelle de la commission [1].

TITRE VI. — *Des recettes et des dépenses du service.*

Art. 27. — Le budget du service des enfants assistés, bien que faisant partie du budget départemental au point de vue de la comptabilité, constitue un budget spécial avec des recettes distinctes des autres revenus départementaux ; il est voté à part par le conseil général.

Art. 28. — Le budget est dressé par le préfet du département conformément aux délibérations de la commission de tutelle.

Le préfet joint à l'appui de ce projet le rapport annexe adressé au conseil général par ladite commission, en l'accompagnant de ses propres observations s'il y a lieu [2].

Art. 29. — Les recettes du service des enfants assistés se composent :

1° Du produit des fondations, dons et legs spéciaux faits soit à un hospice, soit au département, au profit particulier des enfants assistés ;

2° Du produit des fondations, dons et legs, faits soit à un

---

[1] Cet article est la reproduction des règlements existants ; il nous a paru indispensable, cependant, d'en modifier légèrement la rédaction en vue de fortifier l'action des tuteurs légaux et de leur permettre de mieux résister à des réclamations mal fondées.

[2] Nous croyons utile d'établir un budget spécial ; à l'heure actuelle, les crédits des enfants assistés, en recettes et en dépenses, se trouvent fondus dans l'ensemble du budget, si bien que les recettes du service peuvent servir à tout autre usage qu'à améliorer le sort des enfants. Notre disposition augmenterait, certainement, le nombre des dons et legs.

hospice, soit au département, au profit du domaine des enfants assistés ;

3° Du produit des amendes de police correctionnelle recouvrées dans le département, déduction faite de la part attribuée aux agents de la force publique par les lois et règlements ;

4° Du contingent de l'État. Ce contingent, ouvert chaque année au budget du ministère de l'intérieur, est égal au montant des successions en déshérence recouvrées par l'État pendant l'exercice clos. Il est réparti entre les départements au prorata de leur population d'enfants à la pension arrêtée au 31 décembre ;

5° Du contingent des communes, égal au plus à la moitié des dépenses de toute nature, déduction faite des recettes prévues aux numéros 1, 2, et 3 du présent article;

6° De la part contributive du département égale à la différence existant entre les dépenses du service et les recettes mentionnées aux numéros 1 à 5 [1].

Art. 30. — Les dépenses du service des enfants assistés comprennent :

1° Les frais de toute nature occasionnés par le séjour des enfants dans les hospices ;

2° Le prix de pension, et les allocations réglementaires et exceptionnelles concernant les enfants placés à la campagne ou dans des établissements spéciaux ; les primes aux nourriciers et récompenses diverses ;

---

[1] Le n° 1 de l'article nous semble très important. Il est naturel que les revenus du domaine des enfants assistés diminuent les charges du budget ; mais lorsqu'un bienfaiteur donne ou lègue une somme pour un but déterminé : dots de mariage, d'apprentissage, etc., il a entendu évidemment être utile aux enfants et non au département.

Or, sans cette distinction, il arrive fatalement que plus on fait de fondations, moins le département alloue de crédits, et les enfants ne profitent pas suffisamment des libéralités ; c'est pour éviter cette injustice que nous avons voulu établir une séparation entre le don destiné aux enfants en général et tombant dans le domaine, et le don avec destination spéciale.

Ce mode de procéder ne peut qu'exciter les bienfaiteurs à s'occuper de cette classe si intéressante d'indigents.

3° Les dépenses d'instruction primaire et religieus3 ;

4° Les frais de déplacement, soit des nourrices, soit des enfants ;

5° Les registres, imprimés de toute nature, livrets et signes de reconnaissance établis par les règlements ;

6° Les frais de maladie et d'inhumation des enfants placés en nourrice ou en apprentissage ;

7° Les frais d'inspection et de surveillance.

Art. 31. — Il peut être ouvert, en outre, au budget des enfants assistés, un crédit destiné à accorder des secours temporaires à des femmes dignes d'intérêt, notamment à des mères naturelles, ayant un premier enfant, de manière à éviter l'abandon et à favoriser l'allaitement maternel.

Ces secours sont alloués par délibération de la commission tutrice. Les enfants ainsi secourus ne peuvent figurer à aucun titre au nombre des enfants trouvés, abandonnés et orphelins, et la commission tutrice n'a aucun droit de tutelle sur eux [1].

Art. 32. — Sont abrogés les décrets des 30 ventôse an V et 19 janvier 1811 ; les lois des 15 pluviôse an XIII et 5 mai 1869.

Sont abrogés également les lois et décrets, en ce qu'ils ont de contraire aux dispositions de la présente loi. La loi du 10 janvier 1849 est toutefois maintenue, le directeur de l'Assistance publique remplaçant complètement, dans le département de la Seine, les commissions tutrices, et jouissant seul des droits et attributions qui leur sont concédés.

---

[1] Les secours temporaires ont été absolument exagérés ; nous avons signalé les inconvénients graves de la manière de procéder de l'inspection départementale ; il nous a paru que la rédaction ci-dessus rendait à ce mode d'assistance le rang secondaire qu'il n'aurait jamais dû perdre.

CHAPITRE VII

UN NOUVEAU PROJET DE LOI SUR LES ENFANTS MORALEMENT ABANDONNÉS.

---

§ 1er. *Modifications des art. 335 et 66 du code pénal.*

En dehors de toute considération générale et sans revenir sur les principes que nous avons exposés, soit en discutant les articles de la loi votée par le Sénat, soit au chapitre v des présentes études, nous proposons d'insérer dans les articles 66 et 335 du code pénal, des règles qui nous paraissent pleinement suffire à protéger les enfants vagabonds ou appartenant à des parents indignes, tout en évitant les subtilités du projet de loi dont il s'agit.

On remarquera seulement la différence fondamentale qui existe entre la rédaction de l'art. 335 et celle de l'art. 66. Nous pensons que dans le cas particulier où la situation est assez grave pour motiver la déchéance de la puissance paternelle sur tout ou partie des enfants existants, ces enfants doivent être placés sous la protection des commissions départementales tutrices. Elles seules nous semblent assez fortes pour les protéger efficacement contre toute tentative ultérieure de leurs parents, parce qu'elles représentent l'action administrative. Il peut d'ailleurs y avoir parmi eux des nouveau-nés ou des enfants âgés de quelques années seulement.

S'agit-il au contraire des vagabonds, des indisciplinés de l'art. 66, dont les parents ont négligé l'éducation et qu'ils

46

refusent souvent de reprendre, le Président du tribunal peut les confier soit à un particulier, soit à une administration publique, soit à une association reconnue.

Cette distinction est fondamentale et nous servira à établir notre projet de loi relatif aux moralement abandonnés.

De la déchéance de la puissance paternelle et de la modification de l'art. 66 du Code pénal.

CODE PÉNAL, *art.* 335.

RÉDACTION ACTUELLE.	RÉDACTION PROPOSÉE.
Les coupables du délit mentionné au précédent article [1] seront interdits de toute tutelle ou curatelle et de toute participation aux conseils de famille, savoir : les individus auxquels s'applique le premier paragraphe de cet article pendant deux ans au moins et cinq ans au plus, et ceux dont il est parlé au second paragraphe. pendant dix ans au moins et vingt ans au plus. Si le délit a été commis par le père ou la mère, le coupable sera, de plus, privé des droits et avantages à lui accordés sur la personne et les biens de l'enfant par le code civil, liv. Ier, titre IX *de la puissance paternelle.* Dans tous les cas, les coupables pourront être mis, par l'arrêt ou le jugement, sous la surveillance de la haute police, en observant, pour la durée de la surveillance, ce qui vient d'être établi pour la durée de l'interdiction mentionnée au présent article.	Les coupables des délits mentionnés aux paragraphes 1 et 2 du précédent article seront interdits, leur vie durant, de toute tutelle ou curatelle, et de toute participation aux conseils de famille. Les pères et mères coupables des délits mentionnés aux dits paragraphes seront de droit, à la requête du ministère public, déchus de la puissance paternelle sur leurs enfants vivants. Si le tribunal ne juge pas qu'il y ait lieu à constitution d'une tutelle de droit commun, ces enfants seront placés dans le service des enfants assistés de leur département d'origine. Si le délit a été commis par le père ou la mère, le coupable sera de plus privé des droits et avantages à lui accordés sur la personne et les biens de l'enfant par le code civil (liv. Ier, titre IX *de la puissance paternelle*). Dans tous les cas . . . .

[1] Art. 334. Quiconque aura attenté aux mœurs, en excitant, favorisant ou facilitant habituellement la débauche ou la corruption de la jeunesse de l'un ou de l'autre sexe au-dessous de l'âge de 21 ans, sera puni d'un emprisonnement de 6 mois à 2 ans, et d'une amende de 50 à 500 francs ; si la prostitution ou la corruption a été excitée, favorisée ou facilitée par leurs pères, mères, tuteurs ou autres personnes chargées de leur surveillance, la peine sera de 2 ans à 5 ans d'emprisonnement et de 300 francs à 1000 francs d'amende.

. . . .

Toutes les fois que des pères ou mères seront condamnés à une peine afflictive et infamante pour coups, blessures, sévices sur la personne de leurs enfants, mauvais traitements pouvant compromettre leur santé ou leur existence, ou délit de mendicité prévu par la loi du 7 décembre 1874, le ministère public posera, subsidiairement, la question de déchéance de la puissance paternelle sur ces enfants, à perpétuité ou pour un temps déterminé.

Une fois que le tribunal aura prononcé, il sera pourvu à l'égard de ces enfants, ainsi qu'il est dit au paragraphe 2 du présent article.

Les parents déchus de la puissance paternelle pourront obtenir la réhabilitation en se conformant aux articles 619 et suivants du code d'instruction criminelle.

ART. 66 DU CODE PÉNAL.

RÉDACTION ACTUELLE.	RÉDACTION PROPOSÉE.
Lorsque l'accusé aura moins de 16 ans, s'il est décidé qu'il a agi sans discernement, il sera acquitté ; mais il sera, selon les circonstances, remis à ses parents, ou détenu, pendant tel nombre d'années que le jugement déterminera, et qui toutefois ne pourra excéder l'époque où il aura atteint sa 20e année.	Même rédaction.

Lorsque les antécédents de l'accusé le permettront et qu'il ne pourra pas néanmoins être remis à ses parents, une ordonnance de non-lieu sera rendue et, sur la requête du ministère public, le président du tribunal aura la faculté d'ordonner l'envoi du mineur dans le service des moralement abandonnés pour une période déterminée, en le confiant soit à un particulier, soit à une association de bienfaisance reconnue, soit à la commission tutrice des enfants assistés de son département d'origine, à condition que ces personnes, associations ou administrations consentiront par écrit à le recevoir.

Par le fait de cette ordonnance, les parents seront dessaisis des droits de garde, d'éducation, de placement en apprentissage, de consentement à l'engagement militaire ou à l'engagement décennal dans l'instruction, et de gestion du pécule.

Par analogie avec l'article 378 du code civil, il n'y aura de ce chef aucune écriture ou formalité judiciaire.

§ 2. Projet de loi.

TITRE I. — *Classification, admission des enfants moralement abandonnés.*

Art. 1er. — Les enfants moralement abandonnés, dont le patronage peut être confié à la charité publique ou privée, sont les enfants de 9 ans à 16 ans que leurs parents laissent volontairement, ou par suite de circonstances indépendantes de leur volonté, dans un état habituel de mendicité, de vagabondage ou de prostitution.

Art. 2. — L'admission d'un enfant dans le service des moralement abandonnés jusqu'à sa majorité ou pendant une période déterminée, comporte toujours la privation pour les parents ou tuteur des droits de garde, d'éducation, de mise en apprentissage, d'autorisation de consentir à l'engagement militaire ou à l'engagement décennal dans l'instruction publique et de gestion du pécule.

Art. 3. — Les enfants moralement abandonnés peuvent être placés sous le patronage de la commission départementale tutrice des enfants assistés, d'une association reconnue ou d'un particulier, de trois manières différentes :

1° Par le président du tribunal, en vertu de l'art. 66 (nouveau) du code pénal;

2° Par la libre volonté de leurs parents ou tuteur exprimée conformément aux prescriptions de la présente loi;

3° Sur la demande motivée des administrations ou des personnes les ayant antérieurement recueillis.

En tout état de cause, les particuliers doivent remplir les conditions imposées par les articles 4, 5 et 6 de la loi du 4 mars 1851 sur les contrats d'apprentissage.

Art. 4. — En dehors de l'action accordée au ministère public par l'art. 66 (nouveau) du code pénal pour les enfants traduits devant les tribunaux, tout agent de l'autorité publique qui rencontre sur la voie publique un mineur de 16 ans, de l'un ou de l'autre sexe, dans une des conditions énoncées à l'art. 1er, le défère au procureur de la république, qui agit, à son égard, conformément aux prescriptions de cet article 66.

Art. 5. — Lorsque les père, mère ou tuteur sont dans l'incapacité ou l'impossibilité constatée de remplir leurs devoirs de surveillance ou d'éducation envers leurs enfants ou pupilles mineurs de 9 à 16 ans, et que, trouvant les placements ordinaires insuffisants, ils désirent les faire entrer dans le service des moralement abandonnés, ils doivent remettre au juge de paix de leur domicile une déclaration par écrit des causes ou circonstances qui ne leur permettent pas l'accomplissement des devoirs sus-mentionnés, en y joignant la déclaration écrite par laquelle le représentant de la commission tutrice, d'une association reconnue, ou un particulier consent à se charger des mineurs soit gratuitement, soit moyennant une redevance déterminée.

Si le juge de paix reconnaît qu'il est conforme aux intérêts des enfants de donner suite à cette requête, il transmet dans les huit jours, avec son avis motivé, les pièces sus-visées au président du tribunal civil, qui agit alors en conformité de l'art. 66 (nouveau) du code pénal comme s'il était saisi par le parquet.

L'approbation du président valide immédiatement le dessaisissement consenti par les parents ou tuteur suivant les clauses et conditions contenues dans les pièces adressées au juge de paix et qui restent dans ses archives, à charge d'en délivrer gratuitement copie certifiée aux intéressés.

Art. 6. — La commission tutrice, l'association reconnue, le particulier qui recueille spontanément un mineur de 9 à 16 ans, non à titre d'enfant assisté s'il s'agit d'une commission tutrice, sans aucun autre droit que ceux résultant de contrats privés, peut, à toute époque de la minorité des pupilles, s'adresser au juge de paix du lieu où a été placé l'enfant, à l'effet d'obtenir son admission dans le service des moralement abandonnés.

Le juge de paix saisit dans le mois le président du tribunal, ainsi qu'il est dit à l'article précédent, et le président décide, s'il y a lieu, que la commission, l'association ou le particulier jouira sur cet enfant des droits spécifiés par la présente loi.

Ses ascendants, le tuteur ou la personne qui aura placé l'enfant, devront nécessairement être appelés à présenter, contradictoirement, les observations qu'ils jugeront utiles.

Art. 7. — Toutes les fois qu'un enfant est confié, conformément à la présente loi, à une association reconnue ou à un particulier devant exercer sur lui les droits de garde, d'éducation, de placement en apprentissage, etc., il est dans les huit jours donné par le président du tribunal avis de cette décision à la commission départementale, tutrice des enfants assistés du département dans lequel on se propose de faire élever ledit mineur.

· La commission peut faire visiter alors les enfants qui lui ont été signalés, soit dans les établissements, soit chez les particuliers, surveiller les soins moraux et matériels qui leur sont donnés et faire connaître à l'autorité judiciaire les contraventions ou abus constatés.

La commission peut aussi, sur requête motivée, provoquer de la part du président du tribunal civil un avertissement, une réprimande, le retrait des enfants et même saisir le parquet d'une demande de fermeture de l'établissement [1].

---

[1] Cet article n'est que la reproduction, à peu près textuelle, de l'amendement présenté en deuxième lecture par l'honorable M. Bé-

Art. 8. — Si l'enfant placé a des biens personnels dépassant 3,000 francs, il lui est constitué nécessairement une tutelle de droit commun pour la gestion de ces biens. Un représentant de la commission tutrice, de l'association reconnue, ou le particulier auquel est confié l'enfant, fait de droit partie de ce conseil de famille.

Au-dessous de 3,000 francs, les biens sont compris dans la dénomination générale de pécule ; et les enfants jouissent, pour la garantie de ce pécule, sur les biens propres de l'association reconnue, ou sur ceux du particulier qui les a recueillis, de l'hypothèque légale du mineur sur les biens de son tuteur.

Cette hypothèque, conformément à l'art. 2121 du code civil, existe en dehors de toute inscription, du jour même de la décision du président du tribunal comprenant ces enfants au nombre des moralement abandonnés.

En vertu de l'art. 11 de la loi sur les enfants assistés [1], les biens des membres de la commission départementale tutrice sont exempts de toute hypothèque, la garantie résidant dans le receveur de l'hospice dépositaire du chef-lieu.

Art. 9. — Les enfants moralement abandonnés doivent recevoir l'enseignement civique et religieux et être, suivant leur âge et leurs aptitudes, placés dans l'agriculture ou soumis à l'apprentissage d'un métier les mettant à même de gagner honorablement leur vie.

En cas de nécessité absolue, les personnes, associations, administrations qui ont recueilli ces enfants, peuvent les mettre à la disposition du procureur de la République, qui, après examen, requiert s'il y a lieu, du tribunal, leur envoi

renger sur l'art. 7, et dont le renvoi à la commission n'a été repoussé que par 152 voix sur 271 votants. Parmi les membres du Sénat acceptant le renvoi figurait, comme nous l'avons déjà dit, M. Jules Simon, membre de la commission. Avec son esprit large, toujours prêt à saisir les aspirations généreuses, M. Jules Simon avait adopté un amendement favorable à la bienfaisance privée, subordonnée complètement à l'administration dans le projet alors en discussion. (*Officiel* du 6 juillet 1883).

[1] Il s'agit toujours du projet nouveau.

dans une colonie pénitentiaire pour une durée déterminée ou jusqu'à leur majorité [1].

Art. 10. — Il ne peut être accordé sur les fonds publics, aux associations et au particulier ayant recueilli un enfant moralement abandonné et jouissant sur lui des droits conférés par la présente loi, aucune pension ou indemnité personnelle à ces enfants.

Quant aux dépenses résultant de l'entretien des pupilles confiés aux commissions départementales tutrices des enfants assistés, elles sont votées par les conseils généraux, et forment un article additionnel au budget spécial du service [2].

Art. 11. — Les parties intéressées peuvent toujours demander au tribunal civil de rapporter la décision qui place un enfant au nombre des moralement abandonnés, ces instances, et toutes celles relatives à l'exécution de la présente loi, jouissent du bénéfice de la loi du 30 janvier 1851 sur l'assistance judiciaire.

Art. 12. — La remise à ses parents d'un enfant compris au nombre des moralement abandonnés ne peut être prononcée que par décision du président du tribunal de la résidence de l'enfant.

La commission départementale, l'association reconnue, ou le particulier auquel l'enfant était confié, peut demander au tribunal l'annulation de cette décision dans la forme prévue par l'article précédent.

---

[1] Nous répétons encore ici que le but du service des moralement abandonnés n'est pas de mettre des enfants en correction. Ainsi que l'a si bien démontré à maintes reprises M. Ch. Lucas, il faut deux régimes complètement distincts, l'un approprié à l'enfant abandonné ou délaissé, l'autre à l'enfant coupable. Les moralement abandonnés qui ne sauraient pas mettre à profit les sacrifices consentis pour eux et auxquels ne conviendrait pas le travail en liberté, passeraient simplement de la première catégorie dans la seconde.

[2] La disposition du paragraphe 1er a pour but d'empêcher des abus; du moment qu'une association ou un particulier a réclamé les droits conférés par la loi, il ne doit pas recevoir une pension sur les fonds départementaux.

PIÈCES JUSTIFICATIVES

PIÈCES JUSTIFICATIVES

ANNEXE N° 1

Pièces relatives à l'exposition et à l'admission aux enfants trouvés de Jean le Rond surnommé d'Alembert.

On trouve dans la *Biographie universelle* de Michaud (nouvelle édition, tome I⁰ʳ, p. 385) les renseignements suivants concernant l'origine de d'Alembert.

« Alembert (Jean le Rond d') naquit à Paris, le 16 novembre 1717, et fut exposé sur les marches de Saint-Jean-le-Rond, église située près de Notre-Dame et détruite maintenant. L'existence de cet enfant parut si frêle que le commissaire de police qui le recueillit, au lieu de l'envoyer aux Enfants Trouvés, crut nécessaire de lui faire donner des soins particuliers, et le confia, dans cette vue, à la femme d'un pauvre vitrier. Peut-être avait-il déjà quelque instruction pour agir de la sorte; car, quoique les parents de d'Alembert ne se soient jamais fait connaître, peu de jours après sa naissance ils réparèrent l'abandon où ils l'avaient laissé.... » Mêmes détails dans le nouveau *Dictionnaire de la conversation et de la lecture* (2ᵉ édition, Didot, 1873, tome VIIᵉ, p. 104).

Ces récits, extraits de l'éloge de d'Alembert prononcé devant l'Académie des sciences par Condorcet, renferment, à côté de vérités, des points inexacts qu'il importe de rétablir.

D'Alembert a bien été abandonné sur les marches de l'église Jean-le-Rond, et le procès-verbal de l'exposition publié plus haut montre que des précautions particulières avaient été prises, car les pauvres êtres délaissés n'étaient jamais placés dans *une boëtte de bois*; on se contentait habituellement de les poser à terre ou sur un banc. Ceci dit, l'histoire du commissaire qui n'ose faire porter l'enfant à la maison de la Couche à cause de sa faiblesse est absolument fausse, ainsi que le constate le registre des admissions de l'année 1717; on lit en effet ce qui suit au f° 513 de ce registre sous le n° 1584 :

« Jean le Rond, nouveau-né, sur procès-verbal du commissaire Delamare du 16 novembre 1717, donné en nourrice à Anne Freyon, femme de Louis Lemaire, demeurant à Crémery :

Premier mois   5 l. pour le premier mois,
                 fini le 17 décembre 1717.

5 janvier 1718   2 l. 5 s. jusqu'au 1er janvier (1718) que l'enfant a
                 a été rendu à ses parents.

« Cet enfant a été rendu au sieur Molin, médecin ordinaire du roy, qui s'en est chargé par acte passé devant Brussel, notaire, le 1er janvier 1718. »

Il est donc établi : 1e que d'Alembert a été *déposé à la maison de la Couche et mis en nourrice en Picardie pendant six semaines ;* 2e que ses parents, ne voulant pas trahir leur incognito, choisirent pour le retirer le sieur Molin, Jacques, connu sous le nom de Dumoulin, un des plus célèbres praticiens de son temps.

Les biographes devront à l'avenir tenir compte de ces documents absolument authentiques et inédits, dont l'auteur du présent ouvrage a donné communication à l'Académie des sciences dans la séance du 8 juin 1885.

ANNEXE N° 2

PROCÈS-VERBAUX D'EXPOSITIONS ET D'ABANDONS.

PIÈCE n° 1.

PROCÈS-VERBAL MANUSCRIT D'EXPOSITION.

6 *janvier* 1667.

Du jeudy sixième janvier 1667,

Est venu en l'hostel de nous, Laurent Camyn, advocat en parlement, commissaire enquesteur, examinateur au Chastelet de Paris, Olivier Goislard, marchand de vin, lequel nous a apporté et mis es mains une requeste par luy présentée à Monsieur le lieutenant criminel, au bas de laquelle est son ordonnance en datte du jour d'hyer, portant que l'enfant qui a esté exposé au devant de la porte de son logis seroit porté à la Couche ordinaire et qu'il seroit plus ample informé de la ditte exposition. En conséquence et suivant laquelle ordonnance, avons fait porter ledit enfant, que nous avons recognu estre une fille, à la Couche ordinaire des Enfans Trouvez pour y estre ellevée à la manière accoustumée.

PIÈCE n° 2.

1er *janvier* 1692.

Du mardy 1er janvier 1692, neuf heures du soir.

Par devant nous, Nicolas de la Marre, conseiller du roy, commissaire au Chastelet de Paris, a esté amenée par une escouade du guet, commandé par Robin de Toot, caporal, une petite-fille, âgée de sept ans ou environ, qu'il nous a dit avoir retiré présentement d'entre les mains d'un soldat yvre qui l'ammenoit, l'ayant trouvé, à ce qu'il leur a dit, dans la rue, abandonnée devant la place Maubert, lequel soldat ils ont rencontré près la fontaine de Saint-Séverin, laquelle petite fille nous a dit se nommer Françoise Morlier, que son père, sapel François Morlier, garçon cordonnier, rue Mouffetard, qu'il y a quatre jours que sa mère la chassée et veult plus d'elle, et que depuis ce temps elle a couché chez des dames proche le pallais dont elle ne sait pas le nom, et que, le soir, en demandant l'aumône dans les ruës, un soldat la pris par la main et luy a dit d'aller avecq luy. Après laquelle déclaration, avons ladite petitte fille envoiée à la Couche des Enfans Trouvez.

PIÈCE n° 3.

3 *janvier* 1701.

De l'ordonnance de nous, Guillaume Thomin, conseiller du roy, commissaire au Chastelet de Paris, a esté porté à la Couche de cette ville une fille nommée Marianne Rousseau, âgée d'un mois, ainsy qu'il paraît par le billet qui a esté trouvé dans ses langes, laquelle a esté trouvée exposée dans l'allée du nommé Favetier, tailleur d'habits, rue des Sept-Voyes, pour y estre nourrie et allaitée jusqu'à ce qu'autrement par Monsieur le lieutenant général de police en ait esté ordonné.

Fait le trois janvier 1701.

Et sur le billet : « Demeuré annexé à la minute du présent procès-verbal, après avoir esté paraphé *ne varietur*. »

PIÈCE n° 4.

3 *janvier* 1702.

De l'ordonnance de nous, Nicolas Delamare, conseiller du roy, commissaire au Chastelet, a esté levé une fille nouvellement née, trouvée exposée dans l'allée de la maison du nommé Normant, demeurant rüe des Deux-Hermites, laquelle fille avons fait porter à la Couche des Enfans Trouvez pour y estre nourrie et allaitée, en la manière accoutumée, ce mardi, troisième jour du mois de janvier 1702, sept heures du matin.

PIÈCE n° 5.

ENFANT ENVOYÉ PAR L'HOTEL-DIEU.

1er janvier 1708.

La sœur supérieure des Enfans Trouvez recevra, s'il lui plaist, la nommée Jeanne-Anne Flamand, âgée de quatorze jours, dont la mère est morte à l'hostel-Dieu, par forme de despost pour estre représentée à Messieurs les commissaires.

Fait à l'hôtel-Dieu le premier janvier 1708.

Signé : LETOURNEUR.

PIÈCE n° 6.

FORMULE IMPRIMÉE.

1er juillet 1722.

De l'ordonnance de nous, Louis Regnard de Lussaing, conseiller du roy, commissaire enquesteur au examinateur au Chastelet de Paris, a esté levé un enfant. , ...

. . . . lequel, après perquisition exacte, nous avons fait porter en nostre hôtel et démailloter en notre présence et s'est trouvé estre. . . .

. . . . pourquoy n'ayant pu avoir connaissance ny certitude de son estat l'avons mis ès mains de. . . . .

pour estre porté à la couche des Enfants trouvéz et y estre élevé jusqu'à ce que par justice ayt esté autrement ordonné.

Fait et délivré par nous conseiller commissaire susdit en nostre hostel.

(Au point de vue de l'orthographe on peut remarquer dans ce modèle imprimé en 1722 le mot hôtel écrit : *hôtel* et *hostel.*)

PIÈCE n° 7.

AUTRE FORMULE IMPRIMÉE.

7 juillet 1724.

De l'ordonnance de nous Jean Hubert, conseiller du roi, commissaire enquesteur et examinateur au Chastelet de Paris et ancien préposé par la Police au quartier Saint-Jacques de la Boucherie, a été porté à la couche des enfants trouvez un enfant

âgé d'environ. . . . .

trouvé exposé rue. . . . .

sur le pas de la porte. . . . .

Dans les langes. . . . .

s'est trouvé un billet que nous avons paraphé *ne varietur* et joint au présent procès-verbal, pour y estre le dit enfant nourri et élevé en la manière accoutumée.

Fait et délivré ce

PIÈCE n° 8.

FORMULE IMPRIMÉE.

22 *novembre* 1725.

En nostre hostel et par devant nous Louis Regnard de Lussaing, conseiller du roy, commissaire enquesteur et examinateur au Chastelet de Paris, sont venus et comparus. . . . . . .

. . . .

qui ont apporté, un enfant qu'   ont trouvé exposé ruë sans avoir pu apprendre d'aucuns voisins de la dite maison à qui ils l'ont soigneusement demandé quel il peut estre et a qui il appartient; pourquoi ils nous l'ont apporté pour y estre par nous pourvu, ce qu'entendant nous leur avons donné acte de leur déclaration, et cependant ordonné par provision que ledit enfant sera porté à la couche des enfants trouvez pour y estre entretenu, nourri et allaité jusqu'à ce que par justice ait été autrement ordonné.

A l'effet de quoi ledit enfant est resté en mains de qui s'en est chargé pour et aux fins de nostre présente ordonnance.

Fait et donné par nous conseiller, commissaire susdit le jour et an que dessus.

PIÈCE n° 9.

ABANDON DIRECT ENTRE LES MAINS D'UN PROCUREUR FISCAL.

Pièce manuscrite, 22 *novembre* 1725.

Madame la supérieure de l'hôpital des enfans trouvez y recevra pauvre enfant exposé à la porte de l'hôpital de Pont-Chartrain pour y estre traitté et noury comme les autres pauvres enfans trouvez qui sont dans le dit hôpital.

Fait à Paris
Ce 22 novembre 1725.
Signé : JOLY DE FLEURY.

(Ces envois sont fréquents).

Joint un acte de baptême dudit enfant du 19 novembre 1725, paroisse Saint-Martin de Jouan, Pont-Chartrain, diocèse de Chartres. L'enfant exposé avait été levé par maître Guillaume Madeleine de la Valette, procureur fiscal du comté de Pont-Chartrain.

PIÈCE n° 10.

ENVOI DIRECT, PAR JOLY DE FLEURY, D'UN ENFANT ÉTRANGER A PARIS.

Pièce manuscrite, 22 novembre 1725.

Cejourd'huy, sur la réquisition de la nommée demeurante en ce lieu de Vaugirard, nous Nicolas Paumier, procureur fiscal, nous estant transporté en sa maison, elle nous a représenté un enfant mâle qu'elle nous a dit estre l'enfant de Nicolas   son gendre, et de Geneviève-Marie, sa femme, qu'ils ont abandonné, et comme elle ne sçait et ne peut découvrir leur demeure, ny en quel pays ils se sont retirés, estant d'ailleurs hors d'estat de le nourir, nous avons fait transporter ledit enfant à Paris pour estre remis et reçu sous le bon plaisir de madame la supérieure aux Enfans trouvés ou à l'hôpital général.

Donné à Vaugirard, lesdits jour et an que dessus.

Signé : PAUMIER.

PIÈCE n° 11.

Pièce imprimée. Année 1729.

De l'ordonnance de nous Sébastien-Paul de la Fosse, conseiller du roy, commissaire au Châtelet de Paris, préposé pour la police au quartier de la Cité, a été levé un . . . .
. . . .
nouvellement né, trouvé abandonné dans l'une des salles de l'Hôtel-Dieu, dans les langes d   quel s'est trouvé le billet attaché au présent procès-verbal qui dénote que ledit enfant est né et baptisé audit Hôtel-Dieu, le . . . .
sous le nom de . . . .

Lequel billet nous avons avec ledit enfant envoyé à la Couche publique des Enfans trouvez

Fait à Paris,
Ce   172   heure

PIÈCE n° 12.

Autre formule pour enfants venant de l'Hôtel-Dieu.

Année 1730, 1er juin. — (Pièce imprimée.)

De l'ordonnance de nous Guillaume Ysabeau, conseiller du roy, commissaire au Châtelet de Paris, a été levé un enfant nouvellement né trouvé dans la salle des accouchées de l'Hôtel-Dieu, lequel nous avons à l'instant envoyé à la crèche des Enfans trouvez pour y estre nourri et allaité en la manière accoutumée.
Fait et délibéré le

PIÈCE n° 13.

Apport direct d'un enfant par son père chez le commissaire enquêteur.

4 novembre 1790. — (Pièce imprimée).

De l'ordonnance de nous, commissaire, etc., il a été porté à la crèche des Enfants trouvés de cette ville, pour y être nourri et élevé en la manière accoutumée, un enfant du sexe féminin paraissant âgé de deux mois, qui a été apporté de la rue de Condé par M.   bourgeois, qui nous a déclaré que cet enfant est né de son légitime mariage avec   et a été baptisé le 7 septembre dernier à la paroisse Saint-Sulpice selon l'extrait baptistal ci-joint. Lequel enfant a été laissé à M. qui s'en est chargé à l'effet de ce que dessus.

PIÈCE n° 14.

12 décembre 1790. — (Entête imprimé). — Pièce manuscrite.

Comité permanent de la section des Thermes de Julien, séant aux Mathurins.

Commissaire de police.

Du 12 décembre 1790.

Madame la supérieure des Enfans trouvés voudra bien recevoir Marie-Louise   fille délaissée de   marchand, rue du Foin, et de Geneviève-Angélique   . Cette fille baptisée à Saint-Séverin le jour d'hyer suivant l'extrait baptistaire représenté et rendu.

Du tout a été dressé procès-verbal.

Signé : REGNAULD.

PIÈCE n° 15.

1ᵉʳ octobre 1793. — (Pièce imprimée).

Section de la Cité du   179   l'an   de la République
      heure   du

Soit porté à la crèche des Enfants trouvés de Paris pour y être
    élevé, un
apporté par
demeurant

Avec un acte de naissance   du   duquel il résulte
que cet   enfant est né   le   qu'il a pour
et pour prénom   ce   de

Fait par le commissaire de police de la section de la Cité les
our et an que dessus.

PIÈCE n° 16.

29 germinal an III. — (Pièce manuscrite.)

Section des gardes françaises. Police   (timbre rouge).

Le 29 germinal l'an trois de la République française une et indivisible, à deux heures de relevée,

Par devant nous Jean Conté, commissaire de police de la section des gardes françaises,

Est comparu la citoyenne Marie-Elisabeth   veuve de Jean Sigismond   ouvrière, demeurant rue Bétizy, n° 346, laquelle nous représente que son mari est décédé à l'hospice militaire de Nancy le deux germinal l'an deuxième, qu'elle a de son légitime mariage trois enfans, qu'elle est dans l'impossibilité de les élevés se trouvant dans ce moment cy sans moyens.

Demande que l'on lui place son fils Narcisse   âgé de sept mois et demie.

Et sur l'attestation des citoyens Nicolas Coquet, traiteur, demeurant rue Bétizy, même numérot et maison, et Jean-Louis Cauvin, limonadier, même rue n° 342. Lesquels nous attestent et déclarent bien connaître ladite veuve pour être dans l'impossibilité de pourvoir aux besoins de ses enfans.

En conséquance invitons les citoyens commissaires des établissements publics de prendre la demande de la déclarante en considération et de placer son fils Narcisse aux enfans de la Patrie, s'il y a lieu.

Fait en notre bureau de police les jour et an que dessus, et a la requérante et les témoins signé avec nous commissaire de police soussigné.

PIÈCE n° 17.

27 germinal an VII. — (Pièce manuscrite).

Résumé : Un enfant âgé d'environ dix-huit mois est abandonné dans une boutique d'épicier par une femme qui, après avoir acheté « une once de caffé et une once de cassonnade », a demandé qu'on lui garde un instant son fils le temps d'aller « à la boucherie retenir son tour ». Cet enfant est porté par l'épicier, le citoyen Dufour, au commissaire de police du quartier de l'Arsenal, dont le procès-verbal se termine de la manière suivante :

« En conséquence de tout ce que dessus, nous avons chargé le citoyen Nicolas Rollet, caporal de garde au poste de Birague, de conduire ledit enfant à l'hospice d'humanité des enfans naturels de la Patrie, le chargeant en outre de l'expédition du présent et de nous rapporter reçu du tout, afin de le joindre à la présente minute, ce qu'il a accepté et promis ; espérant que les citoyens directeurs dudit hospice voudront bien faire annexer ladite expédition à l'enregistrement dudit enfant en cas de réclamations par la suite, et avons signé avec lesdits citoyens Rollet et Dufour. »

PIÈCE n° 18.

25 floréal an V. — (Pièce manuscrite.)

Le 25 floréal an V de la République une et indivisible, à sept heures du matin, par devant nous Antoine Nicolas Legoy, commissaire de police de la division de l'Observatoire, est comparue la citoyenne Marie Lécuyer, veuve de Jean Chartel Dominique-Valentin, demeurant rue des Jardins, numéro quatre, division de l'Arsenal, laquelle nous a dit que le jour d'hier et au moment de l'arrivée du coche d'Auxerre, la vivandière de ce coche lui a remis deux enfans du sexe masculin agés d'environ quinze jours, pour les présenter et faire admettre à l'hospice des enfans de la Patrie, sis rue de la Bourbe, de notre division ; que le premier de ces enfans portait une notte qu'elle nous représente et sur laquelle est écrit : *Je certifie que l'enfant est baptisé et se nomme Hilaire à Sens*, et que le second portait une pareille notte qu'elle nous représente aussy et sur laquelle est écrit : *Je certifie que l'enfant est baptisé et nommé Jacques-Eugène à Sens.*

Qu'elle s'est rendue aux bureaux d'entrée de l'hospice des Enfans de la Patrie pour y remplir la commission dont elle était chargée et y faire admettre ces deux enfans, mais qu'on a refusé de les recevoir, attendu qu'elle n'exhibait pas d'acte qui constatât leur sexe et état civil et que les nottes attachées sur eux n'avaient aucun caractère légal; qu'il luy a été conseillé de se présenter devant nous pour du tout être dressé procès-verbal et suppléé au défaut des pièces voulues par la loi.

Pourquoi elle nous fait la présente déclaration qu'elle affirme sincère et véritable et qu'elle n'a signé ayant dit ne le sçavoir de ce enquise suivant la loy.

De laquelle déclaration avons donné acte à la comparante et attendu qu'il importe d'assurer l'existence et l'état civil des deux enfans présentés par elle et par nous reconnus être du sexe masculin, disons qu'ils seront admis à l'hospice des Enfans de la Patrie et qu'ils y seront inscrits, le premier sous les noms de Hilaire né à Sens; le second, sous ceux de Jacques-Eugène né à Sens. Disons que, conformément aux articles dix et onze de la loy du vingt septembre mil sept ce quatre-vingt-douze sur le mode de constater l'état civil des citoyens français, une expédition du présent sera transmise à l'officier municipal faisant fonctions d'officier public près le douzième arrondissement de Paris, pour à sa diligence être transcrit sur le registre double des actes de naissance au terme des articles précités.

Disons que les deux nottes trouvées sur ces enfans resteront annexées à la minutte des présentes, pour être représentées et servir de renseignemens s'il y a lieu.

Fait et rédigé en notre bureau, lesdits jour et an, signé à la minutte : Legoy, commissaire de police.

ANNEXE N° 3

ADMISSIONS A L'HOSPICE DES ENFANTS TROUVÉS DE PARIS DE 1640 A 1884.

ANNÉES	CHIFFRE DES ADMISSIONS	ANNÉES	CHIFFRE DES ADMISSIONS	ANNÉES	CHIFFRE DES ADMISSIONS	ANNÉES	CHIFFRE DES ADMISSIONS
1640	372	1686	1.147	1732	2.474	1778	6.688
1641	229	1687	1.147	1733	2.413	1779	6.644
1642	239	1688	1.216	1734	2.654	1780	5.568
1643	312	1689	1.245	1735	2.577	1781	5.608
1644	288	1690	1.504	1736	2.681	1782	5.444
1645	288	1691	1.720	1737	2.914	1783	5.715
1646	253	1692	1.971	1738	2.734	1784	5.609
1647	322	1693	2.894	1739	3.289	1785	5.918
1648	338	1694	3.788	1740	3.150	1786	5.824
1649	412	1695	1.767	1741	3.388	1787	5.912
1650	393	1696	1.244	1742	3.163	1788	5.822
1651	354	1697	2.419	1743	3.099	1789	5.719
1652	434	1698	1.845	1744	3.034	1790	5.842
1653	270	1699	1.998	1745	3.234	1791	5.140
1654	333	1700	1.733	1746	3.274	1792	4.934
1655	326	1701	1.931	1747	3.369	1793 / 7 m. 21 j.	} 3.129
1656	416	1702	1.644	1748	3.429	an II	3.637
1657	421	1703	1.511	1749	3.775	an III	3.935
1658	371	1704	1.712	1750	3.789	an IV	3.122
1659	365	1705	1.709	1751	3.783	an V	3.716
1660	491	1706	1.595	1752	4.127	an VI	3.513
1661	441	1707	1.742	1753	4.329	an VII	3.777
1662	406	1708	1.759	1754	4.231	an VIII	3.742
1663	446	1709	2.525	1755	4.275	an IX	3.646
1664	582	1710	1.698	1756	4.725	an X	4.248
1665	486	1711	1.638	1757	4.969	an XI	4.589
1666	485	1712	1.748	1758	5.082	an XII	4.250
1667	323	1713	1.737	1759	5.264	an XIII	4.057
1668	475	1714	1.721	1760	5.032	an XIV / 3 m. 10 j.	} 5.529
1669	430	1715	1.840	1761	5.418	1806	
1670	312	1716	1.778	1762	5.289	1807	4.238
1671	738	1717	1.749	1763	5.254	1808	4.302
1672	486	1718	1.754	1764	5.538	1809	4.556
1673	578	1719	1.735	1765	5.496	1810	4.502
1674	673	1720	1.441	1766	5.604	1811	5.152
1675	640	1721	1.317	1767	6.007	1812	5.394
1676	717	1722	1.857	1768	6.025	1813	5.000
1677	790	1723	1.980	1769	6.426	1814	5.137
1678	1.006	1724	2.095	1770	6.918	1815	5.080
1679	940	1725	2.260	1771	7.156	1816	5.080
1680	890	1726	2.466	1772	7.676	1817	5.467
1681	820	1727	2.302	1773	5 989	1818	4.779
1682	938	1728	2.166	1774	6.333	1819	5.057
1683	940	1729	2.335	1775	6.505	1820	5.101
1684	944	1730	2.401	1776	6.419		
1685	988	1731	2.539	1777	6.705		

ANNÉES	CHIFFRE DES ADMIS- SIONS	ANNÉES	CHIFFRE DES ADMIS- SIONS	ANNÉES	CHIFFRE DES ADMIS- SIONS	ANNÉES	CHIFFRE DES ADMIS- SIONS
1821	4.963	1838	3.207	1855	3.700	1872	3.551
1822	5.040	1839	3.354	1856	3.943	1873	3.336
1823	5.116	1840	3.628	1857	3.993	1874	3.146
1824	5.213	1841	3.698	1858	3.960	1875	2.338
1825	5.240	1842	4.095	1859	4.002	1876	2.260
1826	5.396	1843	4.178	1860	3.799	1877	2.320
1827	5.416	1844	4.223	1861	3.768	1878	2.760
1828	5.497	1845	4.296	1862	3.613	1879	2.774
1829	5.320	1846	4.260	1863	3.469	1880	2.730
1830	5.238	1847	4.554	1864	3.786	1881	2.834
1831	5.667	1848	4.597	1865	3.942	1882	2.746
1832	4.982	1849	3.674	1866	4.273	1883	3.151
1833	4.803	1850	3.952	1867	4.469	1884	3.128
1834	4.941	1851	3.940	1868	4.651		
1835	4.877	1852	3.303	1869	4.260		
1836	4.792	1853	3.380	1870	4.541		
1837	4.664	1854	3.441	1871	3.423		

ANNEXE N° 4

Tableau résumé des principales fondations faites en faveur des maisons de la Couche. Relevé rédigé vers 1840, à l'aide de documents disparus dans l'incendie de mai 1871, par un employé supérieur de l'administration des hôpitaux et hospices civils de Paris. (Archives de l'Assistance publique.)

1642	Louis XIII, roi de Fance.	Donation de 30.000 liv. de rente.
1643	Vignerod d'Aiguillon Marie.	Donation de 5.000 liv. de capital.
1646	Jumeau de Sainte-Croix André.	Donation à la charge de faire apprendre la méde- cine à trois pauvres en- fants trouvés.
1648	Delamet François et sa femme.	Donation de 300 liv. de rente.
1650	Bunetier fe née Berthin.	Legs de 20 liv. de rente.
1653	Courtin Jeanne.	Legs de 2.000 liv. aux dames qui ont soin des enfants trouvés.

1672	Belye (de la).	Legs de 1,200 liv. de capital.
1673	Maslon de Bercy.	Legs universel.
1674	Potier (V^e), née Lepère.	Legs de 2.000 liv. de capital.
1676	Béguin V^e, née d'Issy.	Legs de 10.000 l. de cap.
1676	Ollivier Henry.	Legs de 1.100 l. de cap.
1677	Labelye (de) Jean.	Legs universel.
1677	Guérapin de Vauréal (Antoine).	Donation de 20.000 liv. de capital.
1677	Gallois Philippe et sa femme.	Donation de 6.000 liv. de capital.
1678	Bricommet (de) née Anelot.	Donation de 6.000 l. de cap.
1678	Legoin de la Berchère, Denis.	Legs de 10.000 liv. de capital.
1679	Thierriat, Auger.	Legs de 20.000 liv. de cap.
1679	Germain (V^e), née Boitrolles.	Legs de 2.500 l. de cap.
1680	Teillois (du) Etienne.	Donation de 10.000 l. de cap.
1680	Cureau de la Chambre, née Duchesne.	Donation de 30.000 liv. de capital.
1682	Duval, Jean.	Legs de 50 liv. de rente.
1683	Michelon, Claude.	Legs de 1.000 l. de cap.
1685	Passart de Saint-Escobille, Alexandre.	Donation de 284 liv. 16 s. 8 d. de rente.
1686	Guillaume.	Legs de 40 liv. de capital.
1687	Bancèze, Antoine.	Legs de 1.500 liv. de cap.
1688	Orléans de Guise (d') Élisabeth.	Donation de 228 liv. de rente.
1688	Anonyme.	Donation de 500 liv. de cap.
1688	Passart de St-Escobille, Alex.	Donation de 14.500 liv. de capital, à la charge de construire un bâtiment à l'hôpital de la Pitié pour 300 jeunes filles.
1690	Nuguet.	Legs de 400 liv. de capital.
1690	Voyer de Pérenz.	Legs de 1.200 liv. de cap.
1691	Landais, Etienne.	Legs de 400 liv. de capital.
1697	Belim, Aimé.	Legs de 500 liv. de rente.
1697	Aubry, Michel.	Legs de 10.000 liv. de cap.
1697	Lebœuf, André-Jacques.	Donation de 200 liv. de rente pour mettre en apprentissage des enfants trouvés.
1697	Belin, Aimé.	Legs de 550 liv. de rente pour marier de pauvres garçons et filles.

1697	La même.	Legs de 550 liv. de rente à charge de services religieux.
1697	Delaisko, Claude.	Legs universel de 54 liv. à charge de services religieux.
1699	Lamothe (Vᵉ), née Fleuret.	Donation de 20.000 liv. de capital.
1699	Paparel, François.	Legs de 20.000 liv. de cap.
1699	Boucherat, Louis.	Legs de 2.000 liv. de capital.
1700	Lebœuf et sa femme.	Donation de 564 liv. 2 s. 8 d, de rente.
1701	Pagez, Jacques.	Legs universel.
1701	Lebœuf, André-Jacques.	Legs de 50 liv. de rente.
1702	Chardin, Augustin.	Legs de 200 liv. de capital.
1703	Hansart (de), Jean.	Donation de 240 liv. de rente.
1704	Carteron, Roch.	Legs de 600 liv. de capital.
1705	Jouan, Louis.	Legs universel pour 1/5.
1706	Allais, Nicolas.	Donation de 4.000 l. de r.
1707	Revol (de), René-Joseph.	Legs de 10.000 liv. de cap.
1707	Savone (de), Denis.	Donation de 500 liv. de cap.
1708	Rivière (de la), née Bonnet.	Legs de 20.000 liv. de cap.
1709	Vallot, Ferdinand.	Legs de 300 liv. de rente pour être distribuées chaque année à des enfants qui on le plus de dispositions pour les arts et métiers.
1709	Bertrand, Jacques.	Legs de 300 liv. de capital.
1710	Lepiège, Nicolas.	Legs de 1.000 liv. de cap.
1710	Vivion (Vᵛ), née Bertrand.	Legs de 60 liv. de capital.
1710	Leroix, Pierre.	Donation de 400 liv. de cap.
1711	Bernard, Jean-Baptiste.	Legs universel.
1712	Bailleul, née Dufresne.	Legs de 1.200 liv. de capital pour la dotation de 4 petites filles de l'hôpital.
1713	Pujade (Vᵉ de la), née Legendre.	Legs de 4.000 liv. de capital.
1713	Ménestrel de Germainville, Jacques.	Donation de 30.000 liv. de capital à la charge de donner chaque année 12 l. 10 s. à 4 pauvres aveugles mendiants des Quinze-Vingts.

1714	Boillelot, Pierre.	Legs de 10.000 liv. de cap.
1715	Rogier de Cavoys.	Legs universel.
1715	Lefébure (V°), née Legrand.	Legs de 40 liv. de rente.
1717	Buchère, Jean.	Legs de 150 liv.
1718	Anonyme.	Legs de 300 liv. pour faire apprendre un état à un enfant trouvé.
1718	Rolland, Barthélemy.	Legs de 40.000 liv. de cap.
1718	Lordelot, Bénigne.	Donation de 30 liv.
1718	Denis, Louis.	Legs de 36 liv. de rente.
1719	Parayre (V°), née Petit.	Legs universel.
1720	Anonyme.	Donation de 20.000 l. de cap.
1720	Helvétius, née Desgranges.	Donation de 80.000 l. de cap.
1720	Choquet, Louise.	Legs de 30 liv. de rente.
1721	Pinon de Villemain, Nicolas.	Legs de 10.000 liv. de cap.
1724	Delaunoy, Thomas.	Donation de 300 l. de rente.
1724	Rouquette de Ste-Croix, François.	Donation d'une maison sise à Paris.
1724	Tirel Delaunoy, Thomas.	Donation de 12.000 l. de cap.
1725	Goupy de Bécagne, François.	Donation de 40.000 liv. de capital.
1726	Dalenée (V°), née Hébert.	Legs de 30.000 liv. de cap.
1726	Fortia (de), Jacques.	Legs de 30.000 liv. de cap.
1727	Batelet, Jean.	Legs universel, à charge de fonder des manufactures pour faire travailler les pauvres enfants trouvés et placer des enfants en apprentissage.
1728	Babin, Mathieu.	Legs de 10,000 liv. de cap.
1729	Batelet, Jean-Baptiste.	Legs universel en faveur des enfants trouvés et, à défaut, de la maison de l'Oratoire, près des Missions.
1729	Guérapin de Vauréal, Michel-Antoine.	Legs de 30.000 liv. de cap.
1731	Lenoir, Claude.	Donation de 533 l. 6 s. 8 d. de rente.
1731	Suart, Anne.	Legs de 100 l. de rente.
1734	Belin, Jacques.	Legs de 200 liv. de capital.
1737	Carré de Montgeron, Louis-Basile.	Legs de 40.000 liv. de cap. dont le revenu sera employé chaque année à

		acheter des livres pour les enfants.
1738	Beaunier, Elisabeth.	Donation de 415 l. 10 s. 2 d. de rentes.
1739	Lemercier (V⁰), née Dubuc.	Legs de 60 l. de rentes.
1741	Buirette (V⁰), née Noirret.	Legs de 10.000 liv. de cap.
1741	Gustaunie (de la).	Legs de 600 liv. de capital.
1741	Legourt, Nicolas.	Legs de 50 liv. de rentes.
1742	Hardy, Jacques.	Legs de 800 liv. de cap.
1742	Vallée, Anne-Elisabeth.	Donation de 600 liv. de rente à la charge de mettre chaque année un enfant en apprentissage.
1743	Grouchy de Menul, Jean-Baptiste.	Legs de 100 liv. de rentes.
1744	Roy (V⁰), née Coignet.	Donation d'une maison sise à Paris.
1745	Frémont (de), Nicolas.	Legs de 300 liv. de capital.
1746	Delaquepierre (V⁰), née Courtelais.	Legs de 100 liv. de capital.
1749	Dauménil de Tremont.	Legs de 300 liv. de capital.
1749	Chupin, Nicolas-Augustin.	Legs de 300 liv. de capital.
1749	Desjardin, Jeanne-Marguerite.	Legs de 10.000 liv. de cap.
1751	Perrin de Tilleul.	Legs de 666 l. 12 s. 4 d. de capital.
1753	Poissant Claude.	Legs de 700 liv. de capital.
1753	Arrault.	Legs de 30.000 liv. de cap.
1755	Berny (de), née Rolland.	Legs de 300 liv. de capital.
1756	Delaunay, Nicolas et sa femme.	Legs de 525 liv. de rentes.
1786	Fournier (V⁰), née Chaperon.	Legs de 100 liv. de capital
1758	Bellecroix (de).	Donation de 100.000 l. à la charge de construire des pavillons dans l'hôpital des enfants trouvés. (Les pavillons sont construits, les noms des bienfaiteurs sont inscrits sur ces pavillons).
1759	Doublet.	Legs de 600 liv. de capital.
1762	Rollin, Jean.	Legs de 300 liv. de capital.
1762	Lordelot et sa femme.	Donation de 37 liv. 10 s. de rentes.

1764	Canus (V^e), née Valière de Beaulieu.	Legs de 600 liv. de capital.
1176	Letellier.	Legs universel.
1767	Carlin, Pierre.	Legs de 100 liv. de capital.
1768	Ledoutre.	Legs de 700 liv. de capital.
1770	Platrier, Louis-Claude.	Legs de 151 liv. 4 s. de rentes à la charge de placer des enfants de l'hôpital chez des laboureurs.
1771	Lucas (V^e), née Descobry.	Legs de 10.000 liv. de cap.
1771	Haudry (f^e), née Patineau.	Legs de 300 l. de rentes en nue propriété et de 50 l. de capital.
1774	Rolland de Frenneville.	Legs de 100 liv. de capital.
1774	Molé, Bernard.	Legs de 60.000 liv. de cap.
1777	Huot de Vauberay.	Legs de 600 liv. de capital.
1780	Lamy, Girard.	Donation de 20.000 liv. à charge de faire étudier un enfant trouvé dans un des collèges de Paris.
1780	Guillaume.	Donation de 320 l. de rentes.
1780	Devimes, née Lamarre.	Legs universel.
1783	Fauveau (V^e), née Béguin.	Legs de 300 liv. de capital.
1784	Reims, Marie-Angélique.	Legs de 800 liv. de capital.
1784	Chassaigne, Jacques.	Legs de 5.200 l. de rentes.
1785	Chalus de Verin.	Donation de 12.000 l. à charge de marier tous les ans une fille, enfant trouvé avec le revenu.
1785	Gauthier (V^e), née Evrard.	Legs de 300 liv. de capital.
1785	Beaumont, née Jarry.	Legs de 100 liv. de capital.
1786	Barbet, Alexandre.	Legs de 40.000 liv. de cap.

ANNEXE N° 5

NOTE SUR LA CHAPELLE DE L'HOPITAL DES ENFANTS TROUVÉS.

A l'origine les baptêmes avaient lieu généralement à l'église. Plus tard la maison de la Couche transférée parvis Notre-Dame eut sa chapelle, dont la première pierre fut posée en 1676.

On lit dans une délibération du 5 septembre 1684: « il a esté arresté qu'il n'y aura qu'un prestre avec M. Trinité (c'était le nom du chapelain) en la chapelle de la couche et qu'on y joindra un clerc pour ayder en la conduitte des enfans aux convoys; ledit sieur Trinité ayant promis de faire les baptêmes, les catéchismes, aux festes et dimanches, et prendre soin que l'instruction se fasse aux escolles. »

Le 3 août 1688 on bénit la chapelle qui a été agrandie.

Une nouvelle chapelle est construite en 1746 et la première pierre posée le 26 septembre, les curé et marguilliers de l'église Saint-Christophe « par délibération du 25 décembre 1746, réitérée par le concordat du 15 février 1747, donnèrent par aumône a l'hôpital des enfans trouvés les pierres et charpente qui proviendraient de la démolition de ladite église à l'exception des tombes, plomb et vitrage à la charge des frais d. de la d. démolition et aussy à la charge que les cendres et ossemens des deffunts enterrez dans ladite église de Saint-Christophe seront exhumez et inhumez dans le caveau de la nouvelle église des enfans trouvez pour y rester à perpetuité ».

Le dimanche 28 mars 1751 la bénédiction de cette chapelle fut faite par M. l'abbé de Coriolis, chanoine de l'église de Paris, vicaire général de Mgr l'archevêque, conseiller d'Etat et agent général du clergé.

Voici le procès-verbal de la pose de la première pierre.

Du lundi 26 septembre 1746.

« Les administrateurs de l'hôpital général de Paris et de celuy des enfans trouvés y uny, ayant consulté plusieurs médecins et chirurgiens, ont estés instruits que la maladie dont les enfants trouvés étoient attaqués provenoit du défaut d'air et de lieu pour loger le nombre des enfans exposez qui augmentoit tous les ans et qui depuis 1739 passoit celuy de trois mille par an. Le juste désir de conserver ces jeunes citoyens a fait prendre au bureau le party d'acquérir plusieurs maisons voisines pour procurer aux enfants trouvés de l'air et du logement et par là conserver leur santé et même leur vie.

Les maisons acquises ayant été démolies MM. les magistrats ont formé le projet de faire une place devant l'église de Notre-Dame et d'élargir les rues qui y conduisent pour en faciliter l'abord, dans le cas des cérémonies publiques. Dans ce projet la chapelle des enfans trouvés et leur ancien manoir se trouvaient supprimés, c'est ce qui a obligé de construire dans le nouveau bâtiment une chapelle pour remplacer celle qui devoit estre supprimée. Les administrateurs de l'hôpital des enfans trouvés ont été informés par une table en cuivre, qui leur a fait passer le monument de la piété de la reyne Marie-Thérèse d'Autriche, qui, en 1676, avait eu la bonté et la charité de poser la première pierre de l'ancienne chapelle des enfans trouvés. Cet exemple si honorable pour cet hôpital a donné de la confiance aux administrateurs et ils ont pris la liberté d'inviter la reyne a leur faire le mesme honneur en posant la première pierre de la nouvelle chapelle des enfans trouvés. La reyne, qui se livre avec zèle à toutes les actions de piété et de charité a accepté avec bonté la proposition ; mais sa santé ne luy ayant pas permis de faire elle mesme la cérémonie, Sa Majesté s'est fait représenter par Mme la duchesse de Luyne, sa dame d'honneur, et Sa Majesté a nommé trois dames de la cour pour accompagner Mme la duchesse de Luyne.

Ces dames sont arrivées vers midy dans le carrosse de la reyne, elles ont été reçues à la descente du carrosse par MM. les administrateurs qui ont été au-devant d'elles.

Mgr l'abbé d'Harcourt, doyen de l'Eglise de Paris, accompagné de plusieurs de MM. les chanoines, a bien voulu honorer de sa présence la cérémonie et donner dans cette occasion à l'hôpital des enfans trouvés une marque singulière de son affection et de sa bonté ; tous ces messieurs ont assisté à la cérémonie dans l'habit de chœur qu'ils portent les jours solennels ; M. l'abbé de Saint-Exupéry, chanoine de l'Eglise de Paris et grand vicaire pour les maisons de l'hôpital général, a contribué à la solennité de cette cérémonie en voulant bien la faire, il y fut suivi de tout le bas-chœur de l'église de Paris.

La pierre avait été préparée pour recevoir une plaque qui conservât aux siècles les plus reculés ce monument de la piété de la reyne, la médaille de la reyne est incrustée au haut de la plaque et on y a gravé une inscription très simple.....

Inscription gravée sur la médaille de la reyne :

Marie, princesse de Pologne, reyne de France et de Navarre, représentée par dame Marie Brulart, duchesse de Luyne, sa dame d'honneur, a posé la première pierre de cette chapelle, le lundy vingt-six septembre 1746, en présence de madame de Cambise, de Talerand et de Roquépine, nommées par la reyne pour assister à la cérémonie. »

ANNEXE N° 6

Alimentation artificielle des enfants trouvés. Extrait du rapport
de MM. les commissaires de la Faculté de médecine.

Doit-on supprimer les nourrices sédentaires à l'hôpital des enfants trouvés? Y a-t-il quelque inconvénient à cette suppression? Tel est l'état de la question proposée.

MM. les commissaires adoptent unanimement la résolution de supprimer les nourrices sédentaires à l'hôpital des enfants trouvés et approuvent les motifs qui ont conduit MM. les administrateurs à opérer cette suppression.

Loin de trouver aucun inconvénient à cette suppression projetée, ils n'y voient au contraire qu'un grand nombre d'avantages pourvu qu'on suive le régime prescrit par la délibération du 11 mai 1784 et les arrangements proposés à la fin du mémoire à consulter, sur lesquels néanmoins ils se permettent de faire les observations suivantes :

Art. 10. Ils désirent qu'au lieu de se servir des mêmes cuillers pour alimenter les enfans, quoiqu'il soit prescrit de les faire passer à l'eau chaude avant que de les faire servir à un autre individu, chaque enfant ait sa cuiller, son gobelet, son biberon, etc., sans pour cela négliger de tenir ces ustensiles dans le plus grand état de propreté.

Suivent des observations sur la disposition des salles, la ventilation des latrines. (*On doit établir des cuvettes dites demi-anglaises.*)

« Décret de la faculté de médecine de Paris. L'an 1788 le second jour du mois de may la faculté de médecine de Paris assemblée en ses écoles supérieures pour son *prima mensis* à cinq heures de relevée, ayant entendu la lecture du rapport de MM. les commissaires au sujet d'une question qui leur était proposée par MM. les administrateurs de l'hôpital des Enfants-trouvés, elle a été unanimement du même avis que MM. les commissaires et a statué que son doyen ferait passer sa réponse à MM. les administrateurs dudit hôpital et j'ai conclu avec elle ; signé Edme, Claude BOURRU *doyen.* »

Voir dans le même ordre d'idées : « Rapport sur les moyens d'élever les enfans trouvés, on y a joint des extraits de différents mémoires (avec une consultation de la faculté de médecine de Paris sur le même sujet). In 4°, Paris, 1780, 42 p. »

ANNEXE N° 7

CAUTIONS A FOURNIR POUR LES MENEURS.

Extrait des registres des délibérations du bureau de la Couche

Séance du 19 avril 1752.

« Ce jour le sieur Desvignes, marchand grainier à Paris, s'est présenté au bureau et a représenté qu'en l'année 1740 il s'est rendu caution envers le bureau du nommé Martin Thibault, laboureur et meneur des nourrices des enfans trouvés demeurant à Thory diocèse d'Amiens, des sommes et des hardes des enfants qui luy seroient confiez jusqu'à concurrence de *douze mille livres*, suivanacte passé devant M⁰ Sancerre et son confrère notaires à Paris le 2 may de la même année 1740, qu'ayant apris que le sieur Thibault était hors d'état par son grand âge et ses infirmités d'exercer la commission de meneur de nourrices il ne peut continuer d'être sa caution et suplie le bureau de vouloir bien l'en décharger. Le dit sieur Desvignes a en même temps représenté au bureau que le nommé Adrien Thibault âgé de 46 ans, fils du dit Martin, étably en la même paroisse de Thory est en état de remplir la commission de meneur au lieu et place de son père, que s'il plaisoit au bureau de donner son agrément au dit Adrien Thibault, pour cette commission il offroit de se rendre sa caution aux mêmes charges et conditions et pour la même somme de douze mille livres, portée en l'acte de cautionnement de Martin son père cy-dessus datté.

« Le sieur Desvignes retiré, la sœur supérieure a été priée d'entrer au bureau, ou estant, le bureau lui a fait part des représentations faites par le sieur Desvignes caution de maître Thibault meneur, et des raisons par lui alléguées pour ne plus continuer son cautionnement et d'en demander la décharge, a quoy la sœur supérieure a répondu quelle pouvoit assurer le bureau que depuis plusieurs années Martin Thibault meneur venoit rarement à Paris et que le petit nombre de nourrices de son département pour prendre des enfants étoit amené et conduit par Adrien Thibault son fils, qui exerce la commission pour le père âgé et infirme, que depuis que le dit Thibault fils fait la commission pour son père elle a remarqué qu'yl s'en est acquitté avec beaucoup de zèle et d'exactitude.

« Le bureau accepte se réservant de donner au dit sieur Desvignes la décharge par luy demandée du cautionnement de Thibault père, après l'examen qui sera fait des comptes que doit rendre au bureau le dit Martin Thibault des sommes et des enfants qui lui ont été confiés. »

ANNEXE N° 8

ACTES DE DÉCÈS DES ENFANTS TROUVÉS; OBLIGATIONS DE LA MAISON DE LA COUCHE. EN CE QUI CONCERNE LA DÉLIVRANCE DE CES ACTES.

Registres des délibérations du bureau de la Couche. Samedy 5 septembre 1711.

J'ay faist mention dans le présent registre pour servir cy-après de règlement, qu'ayant été envoyé de la maison de la Salpêtrière en celle de la Couche un enfant masle né en ladite maison de la Salpêtrière le 1er juillet 1700, fils de la nommée Marie Nicole de Villers, détenue en ladite maison, baptisé en l'église d'y celle le même jour, suivant le certificat de la sœur supérieure, de l'ordre de monsieur Collin du même jour, lequel enfant ayant été mis en nourrice, il est mort depuis le trentiesme septembre de l'année 1710; duquel décès plusieurs personnes étant venues a la Couche pour en avoir le certificat on leur a refusé, parce qu'il n'est point d'usage d'en donner aucun, mais d'autant que par raison de cet enfant il y a une instance aux requestres du Palais, et qu'il est intervenu une sentence qui a ordonné qu'il sera justifié du décès, cela m'a donné occasion de voir mercredy dernier, deux du présent mois de septembre, Mgr le procureur général pour savoir de quelle manière on debvroit se conduire en cette affaire, attendu que l'on menaçoit de faire compulser les registres de l'hopital. Auquel ayant faict rapport de ce que dessus, Mgr le procureur général a fait réponse que l'on ne devoit pas donner à la Couche de certificat du décès des enfants, mais seulement indiquer le lieu ou les enfants auroient été donnés en nourrice pour retirer par ceux qui peuvent y avoir intérest des certificats de mort et d'inhumations, dont ils feront comme ils jugeront bon estre.

Signé : DE PARIS,
administrateur.

ANNEXE N° 9

Visite des nourrices lors de leur arrivée à la Couche.

Délib. 25 juin 1681. « A esté]arresté qu'il ne sera donné aucun enfant aux nourrisses qu'elle n'ait esté visité par le chirurgien qui sera a ce commis. »

Déliber. du 11 décembre 1728. « Et comme il arrive que les meneurs amènent plusieurs nourrices à la fois la sœur aura grande attention de faire visiter ces nourrices pour voir si elles ont du lait pour quoy on ne saurait trop avoir de circonspection. »

Règlement de 1774 art. 1er, §. III (Code p. 364). « Nonobstant la représentation des certificats par les nourrices, leur lait sera visité et examiné le jour ou le lendemain de leur arrivée par des sœurs commises à cet effet ; et incontinent après cet examen les nourrices admises déposeront leurs certificats au bureau où ils seront enliassés et mis dans des cases distinguées par meneurs pour servir à l'enregistrement des nourrices au bureau. Et pour prévenir toute méprises de la part de celles qui auront été refusées la sœur qui aura examiné le lait mettra *son visa* au dos des certificats des nourrices approuvées. »

ANNEXE N° 10

Délibérations relatives aux vêtements accordés aux enfants trouvés, antérieurement au règlement de 1774.

Délibération du 25 avril 1674.

A esté arresté qu'il sera payé, outre les deux sols convenus pour la façon de chacune robbe des enfans trouvés faittes à la Salpetrière, il sera payé le fil et le galon séparément.

Délibération du 7 febvrier 1675.

Mme Baudouin a fait fournir ce matin aux services deux cents cinquante-trois pacquets de linge nécessaires pour les enfans en maillot, et c'est trouvé au magasin deux cent cinquante petites brassières pour en mettre une à chacun desdits maillots et encore il s'est trouvé audit magasin cinq cents langues d'estoffe de laine pour en mettre deux à chacun desdits pacquets, comme aussy deux cent cinquante couvertures de gros drapt gris qui est un pour chacun desdits pacquets; chacune desquelles il sera mis un bonnet de ceux qui sont audict magasin de la deslivrance desquels pacquets il en sera tenu registre.

Ledit jour, Mme Baudouin a délivré aux sœurs cent dix-neuf pacquets de toute sorte de linge pour les enfants du premier âge.

Ladite dame a esté prié d'achepter des draps pour achever de fournir les pacquets des 1568 chemises qui sont en ses mains.

Ladicte dame a esté priée d'achepter 600 *corps* pour lesdits enfans.

Délibération du 9 août 1702.

Ludit jour, en présence de Mme Voisin, supérieure de cette maison et plusieurs autres dames charitables.

Ayant esté proposé d'entrer dans le détail des hardes que l'on fournit aux nourrices de la campagne pour les enfans qu'on leur donne à nourrir, et de ce qu'elles coustent. Il s'est trouvé que le pacquet que l'on donne pour les enfans en maillot consistant en une couverture de laine, deux langes, l'un de laine, l'autre de couverture, deux langes picquez, six couches, quatre chemises en brassière, quatre tours de col, quatre béguins, quatre bandes, un bonnet, une brassière de drap revient à la somme d'onze livres dix-huit sols; il a esté arresté de l'advis desdites dames d'adjouster quatre cornettes à la fourniture cy-dessus, qui cousteront, vingt sols, ainsy le pacquet du maillot reviendra à l'advenir à 12 l. 18 s.

La vesture du premier âge, consistant en une robbe, une chemisette tricottée, un bonnet et des bas de laine, quatre chemises, des souliers, deux béguins, deux tours de col revient à six livres. 16 sols.

Il a esté arresté d'adjouter à l'advenir deux cornettes qui couteront dix sols et trois paires de chaussettes qui couteront six sols, ainsi la première vesture coutera sept l. 12 sol.

La deuxième vesture consistant en une robbe, un cotillon, un frizon, deux chemises, deux souliers, un bonnet, des bas, deux béguins, deux tours de col, revient et couste six livres un sol, 6 l. 1 sol.

La troisième vesture consistant en une robbe, un cotillon, un frizon, deux chemises, deux souliers, un bonnet, des bas, deux béguins, deux tours de col, couste six livres. Il a esté arresté d'y adjouter à l'advenir deux cornettes et deux paires de chaussettes, ce qui coustera quinze sols, ainsy une troisième vesture coutera 7 l. 7 s.

La quatrième vesture est du même prix que la troisième, à la réserve que la robbe couste cinq sols davantage, 7 l. 12 s.

Il a esté arresté sur ce pied de compter à l'advenir ces fournitures faittes ou à faire aux enfans de cet hopital autrement que l'on n'a fait jusqu'à présent.

Délibération du mercredy 9 juillet 1704.

Sur ce que la sœur Le Roy a représenté au bureau que depuis quelque temps Jaques Vautrain, md. cordonnier en vieux, demeurant sur le pont de l'Hostel-Dieu, avait discontinué la chaussure des enfans de cette maison, parce qu'il prétendoit que l'on luy devoit faire une augmentation à cause de la charté du cuir, elle se seroit informé de plusieurs autres cordonniers pour sçavoir s'ils vouloient entretenir la chaussure desdits enfans au mesmes priz qui avoit esté cy devant convenu avec ledit Vautrain, mais n'en ayant trouvé aucun, il a esté arresté d'envoyer chercher ledit Vautrain qui est venu et s'est engagé et a promis pendant six années consécutives, à commencer de cejourd'huy, d'entretenir les enfans de la Couche de chaussures, leur fournir les souliers dont ils auront besoin et les resemmeller lorsqu'il sera nécessaire, en sorte que lesdits enfans soient toujours bien chaussés, commodément et à sec, pour le priz en somme, sçavoir neuf livres pour chacune année pour chacun des enfans grands et moyens, et quatre livres pour chacun des enfans au dessous et jusqu'à l'âge de dix ans et a signé :

JACQUES VAUTRAIN.

Délibération du 15 avril 1711.

Sur ce que la sœur Guérin a représenté au bureau que le sieur Vautrain, avec qui on avait fait un marché pour l'entretien de chaussures des enfans de cette maison, ayant discontinué de servir avec la mesme fidélité que par le passé on avait esté obligé d'en prendre un autre nommé François Durand, demeurant au faubourg Saint-Antoine, qui a entrepris, depuis le 9 juillet de l'année dernière 1710, la chaussure des enfans à raison de six livres pour chacun des enfans tant grands que petits, mais sur ce qu'il a fait connaître que le dit marché lui estoit onéreux, il a esté arrêté et convenu avec lui qu'à commencer du 1er janvier de cette année il lui sera payé pour la chaussure de chacun enfant, tant grand que petit, la somme de 6 l. 10 s., et ce pendant 2 années qui finiront au dernier décembre 1712, en foy de quoi il a signé avec nous.

Délibération du 10 juillet 1752.

M. Ravault a dit que le sieur Garbe, maître cordonnier à Paris qui a gagné sa maitrise dans l'hôpital général et qui est étably rue de la Harpe, suplie le bureau de luy accorder la pratique de l'une des maisons des enfans-trouvés ou celle des enfan.. rouges.

Qu'yl paroit juste lorsque les gagnants maitrises de l'hôpital sont reçus maîtres et qu'yls s'établissent à Paris de leur donner a travailler pour les maisons de l'hôpital général surtout lorsqu'ils sont capables et en état de faire le service et qu'yls se sont bien comportés dans l'hôpital durant les 6 années de leur temps pour y gagner leur maitrise.

Délibération du 10 novembre 1752.

Le dit jour 10 novembre le bureau tenant, demoiselle Augustine Poullier fille majeure exerçant la profession de fabriquant de bas et de bonnets est entrée au bureau et a représenté que sa mère, veuve en première noce du sieur Poullier marchand bonnetier fabriquant, et en secondes du sieur Richard aussi marchand bonnetier fabriquant, qui depuis plus de 40 ans avait la pratique des deux maisons des enfans trouvés étant décédée depuis peu de jours, elle supplie le bureau de vouloir bien lui continuer cette pratique se soumettant de fournir les deux maisons avec la même exactitude et le même attachement qu'avait fait sa mère. La demoiselle Poullier retirée, sur les bons témoignages qui ont été rendus par les supérieures des deux maisons des enfants trouvés et par M. Duchesne économe des deux maisons tant de l'exactitude, fidélité et désintéressement avec lesquels la dame veuve Richard avoit toujours servy l'hospice que de la sagesse et capacité de la demoiselle Poullier sa fille, le bureau a accordé à ladite demoiselle Poullier la pratique des deux maisons des enfants trouvés pour les fournitures de bas et de bonnets nécessaires tant pour les enfants des deux maisons que pour ceux qui sont en nourrice et en sevrage à commencer de ce jour.

Délibération du 3 juin 1755.

M. Ravault commissaire de cette maison et de celle de la Salpêtrière a dit que les enfants qui naissent dans la maison de la

Salpêtrière et que leurs mères ne peuvent nourir sont envoyez dans celle des enfans trouvez pour y être nouris et élevez comme les autres enfans de leur âge. Que la maison de la Salpêtrière en envoyant ces enfans fournit à chacun une petite layette que l'on garde au enfans trouvez ce qui occasionne une dépense que la Salpêtrière n'est point en état de suporter à cause du grand nombre d'enfans qu'elle y envoye chaque année.

Que comme la maison des enfans trouvés fournit à chacun de ces enfans à leur arrivée la layette ordinaire de la maison et que icelle de la Salpêtrière luy devient inutile, il propose au bureau de faire rendre par les enfans trouvez à la maison de la Salpêtrière la layette qu'elle fournit à chacun des enfans qu'elle y envoye ce qui sera un soulagement pour la Salpêtrière et ne portera aucun préjudice à la maison des enfans trouvez.

Arrêté conforme.

ANNEXE N° 11

Visite des enfants trouvés dans leurs placements par les sœurs de la maison de la Couche.

PIÈCE N° I.
30 *juillet* 1670.

Sur se rosle les dames y trouveront, 1 le certificat du curé, 2 le jour que les sœurs ont visité les enfans en cette paroisse, 3 le nombre des enfans, 4 le nom et hameau de la nourice de chacun, 5 le jour, mois, et an qu'il a esté mis en nourisse, 6 certaines lettres qui marquent en particulier l'état présent de l'enfant. Et ceux que l'on a trouvé assés forts pour estre raportés à l'hospital.

Aux dames de la charité, sœurs Nicole Haran, Louise le Fenbar, Françoise Hugot.

Raport de la visite, état et nombre des enfans de l'hôpital, des enfants trouvés de Paris.

Nombre des enfans.

Dans l'hôpital.	180
En nourice au champ.	677

400 à 5 livres, scavoir par mois, et le reste en pension à 4 livres par mois.

L'on a trouvé tous les enfans des champs assez bien soignés, à la réserve de dix que l'on a au mesme temps ostés aux norisses qui les négligeoient, et donnés à d'aultres qui en auront plus de soing.

On remarque que du costé de Normandie ou il s'en est trouvé près de 400, sont beaucoup mieux nouris que ceux qui sont du costé de Picardie ou il s'en est trouvé environ 222.

Le reste est dans le voisinage de Paris, environ 24.

On a reçu depuis la visite commencée 65 enfans.

Remarques et fruicts de la visite.

1° . . . . a fait faire un faulx certificat de M. le viquaire de Sainte-Genneviève de Vernon ; et a receu treize mois de la pension d'un enfant qui estoit mort, quel remède.

2° MM. les curés et leurs vicaires ne veulent pas enterrer les enfans mors sans un certificat du curé qui les a baptisés, peut-être cela iroit-il à demander le payement des enterrements.

3. Plusieurs ne veulent pas signer les certificats des nourices leurs paroissienes, et ont néant moins signé sur le rosle de la visite, et cela dassés bonne grâce.

PIÈCE N° II.

Séance du 5 avril 1682.

Messieurs sont invités de s'informer s'il ne se peut point trouver deux femmes de charité auxquelles on donnera une rétribution honneste pour aller visiter les enfans qui sont en nourrice et ceux qui les connaîtront prendront la peine d'en donner advis au bureau.

PIÈCE N° III.

Séance du 13 mai 1693.

Sur l'avis donné au bureau de la nécessité qu'il y auroit de faire visiter les enfans chez leur nourisse afin de pourvoir aux négligences et inhumanitez qu'en souffrent les dits enfans et particulièrement les nourissons qui ont esté à *Riacan* (?) et autres bourgs du comté d'Eu. Le bureau a jugé a propos de donner comission à Anthoinette Pinar veuve, âgée de 52 ans, native d'Ecouaïs de visiter les dits enfans chez les nourisses et de les changer suivant le besoin par le conseil et de concert avec la sœur. Anne Jumel, supérieure des filles de la charité à Blangy et pour subvenir aux frais de voyage que la dite Pinar sera obligée de faire en sa visitte le bureau luy a accordé 40 livres par chacun enfant.

PIÈCE N° IV.

Séance du mercredi 31 octobre 1703.

Aujourd'huy la sœur Charlotte Prignet et la sœur Anne le Roux qui estoient parties le samedy 23 juillet de la présente année pour faire la visite des enfants en nourrice, sont revenues de ce voyage pour lequel elles ont dépensé tant pour le louage de deux chevaux leur nourriture et celle des hommes qui les ont conduit, que pour les certificats des enfants morts et autres frais par elles faicts pour retirer des mains des nourrices les paquets des enfans morts, la somme de quatre cent cinquante et une livres.

Elles ont retiré des mains des nourrices cent quatre-vingt-dix-neuf paquets d'enfants morts outre et non compris vingt-trois paquets quelles ont laissé entre les mains des dites nourrices qui sont venues prendre pareil nombre d'enfans au lieu et place de ceux qui estoient morts entre leurs mains.

Elles ont rapporté aussy quinze procès-verbaux de visittes scavoir:

Le 1er	de la Gabelle	de Péronne.
Le 2e	—	de Roye.
Le 3e	—	de Noyon en Compiègne.
Le 4e	—	de Mondidié.
Le 5e	—	d'Evreux.
Le 6e	—	de Gournay.
Le 7e	—	des Andelys en Gisors.
Le 8e	—	de Vernon.
Le 9e	—	de Louviers.
Le 10e	—	de Granvilles.
Le 11e	—	de Beauvais en Clermont.
Le 12e	—	de la ville d'Eu.
Le 13.	—	de Neufchatel.
Le 14.	—	d'Aumalle.
Le 15.	—	du Bourg d'Ault.

PIÈCE N° V.

Bureau de l'hôpital général.

Séance du 21 juillet 1703, tenue au palais archiépiscopal.
(Code de l'hôpital général, p. 338.)

L'attention continuelle que l'on a pour la conservation des

Enfants-Trouvés ayant fait juger nécessaire et important de continuer les visites qui se font de temps en temps des Enfans-Trouvés mis en nourrice à la campagne, tant pour s'assurer de l'état desdits enfans, que pour être informé du soin qu'en prennent les nourrices et de la santé desdits enfans.

Le Bureau a arrêté que ladite visite sera faite, et que messieurs les directeurs commettront pour la faire deux des sœurs de la charité, du nombre de celles chargées du soin de la maison de la couche des enfans trouvés, qui se transporteront sur les lieux, incessamment avec les ordres, pouvoirs et précautions nécessaires.

Suit la signature du greffier.

Texte de la commission donnée aux sœurs pour les visites.

Nous soussignés directeurs de l'hôpital général de cette ville de Paris et de celui des enfans trouvés qui y est uni, conformément à ce a été arrêté au bureau général dont l'extrait est ci-de   ns commis et commettons sœurs

filles de la charité, du nombre de celles chargées du soin de la maison de la Couche desdits enfans trouvés, pour se transporter incessamment, accompagnées de personnes vulgairement appelées meneurs ou meneuses de ces nourrices, dans les villes, bourgs, villages et hameaux, où lesdits enfans sont en nourrice, dans les provinces de Picardie, Normandie, et ailleurs, contenus dans les états qui leur en seront donnés, se faire représenter lesdits enfans par ceux qui en sont chargés, pour connaître s'ils sont en bon état, si les nourrices ont suffisamment du lait, si elles ont grand soin desdits enfans et les tiennent proprement, si elles conservent bien leurs hardes et les raccommodent lorsqu'il en ont besoin, se faire assister des chirurgiens et de sages-femmes si elles le jugent à propos, pour examiner et visiter lesdites nourrices et enfans ; retirer ceux desdits enfans qu'elles croiront de voir être changés ; retirer aussi leurs hardes, leur suppléer s'ils en ont besoin, pour remettre lesdits enfans et hardes entre les mains d'autres meilleures nourrices, aux prix et conditions ordinaires, et si pour retirer lesdits enfans et hardes il y avoit refus ou résistance de la part desdites nourrices, leurs maris ou autres, et que lesdites sœurs ne pussent s'en faire faire raison par elles-mêmes, requérir comme nous requérons, messieurs les juges et autres officiers de justice et de police des lieux, de les assister de leur autorité pour leur faire rendre justice ; lesdits hôpitaux étans sous la protection du roi qui les a fondés, et nous a établis pour les diriger et conserver ; requérir aussi messieurs les curés des lieux de leur délivrer charitablement et gratuitement les extraits de ceux desdits enfans qui seront morts et auront été enterrés dans leurs cimetières, afin que nous en puissions faire décharger les registres de leurs réceptions; nous espérons que lesdits sieurs curés, juges et autres officiers qui seront requis, voudront bien charitablement assister lesdites sœurs de leurs secours et protections dont nous les prions et en foi de quoi nous avons signé ces présentes et scellées, fait contre-signer par les greffiers du bureau, et sceller du scel dudit hôpital à Paris ce vingt-troisième jour de juillet 1703. (Suivent les signatures.)

PIÈCE N° VI.

Séance du 5 septembre 1705.

Deux sœurs parties le 3 septembre et revenues le 31 octobre ont dépensé 317 l. 11 s. visite de la province de Normandie.

Séance du 12 mai 1706.

Deux sœurs (visite de Picardie) du 12 mai au 25 juillet ont dépensé 289 l. 15 s. etc.

Séance du 12 octobre 1712.

La visite de la province de Picardie faite, par les sœurs Jeanne Raffron et Jeanne de Rieu est abrégée « en raison du danger qu'il y avoit sur les chemins à cause de la guerre. »

ANNEXE N° 12

Autorisations royales permettant à tout nourricier d'un enfant trouvé mâle de le présenter pour le tirage de la milice à la place d'un de ses fils ou parents.

Registre des délibérations du bureau de la maison de la Couche (registre de 1760 à 1770, f° 22 verso).

Mardy 28 avril 1761

M. Ravault, directeur et administrateur de l'hôpital général et de celui des enfans trouvés y uni a dit que le bureau de l'administration de l'hôpital général tenu à l'archevêché le 7 janvier

dernier avait approuvé par délibération du même jour le projet
d'un règlement proposé par la commission établie par l'administration pour aviser aux moyens de soulager l'hôpital et de diminuer
ses charges ; que ce règlement qui avoit pour objet les enfants
trouvés, d'en procurer la conservation et de les rendre utiles à
l'Etat, avoit été reçu favorablement des ministres et du public,
que le Roy avoit même eu la bonté d'en marquer sa satisfaction
en accordant aux chefs de famille qui se chargeront de l'éducation des enfants trouvés mâles, la liberté de dispenser
de tirer à la milice leurs enfants propres, frères ou neveux
vivants dans leur maison, ou à leur charge, et de faire admettre
à tirer au sort de la milice a leur lieu et place autant d'enfans
trouvés mâles qu'ils en auront élevés et qu'ils [auront d'enfans
propres, frères ou neveux dans le cas de tirer au sort, pourvus
que les enfants trouvés, que les chefs de famille présenteront
soient parvenus à l'âge de 16 ans et qu'ils ayent toutes les qualités nécessaires pour porter les armes.

Que M. le Duc de Choiseul, ministre et secrétaire d'Etat avoit
informé M. l'archevesque de Paris par sa lettre du 5 du présent
mois d'avril, que Sa Majesté avoit accordé cette grâce dans la vue
d'augmenter la population des provinces et de favoriser la culture des terres, avantages que doit procurer l'exécution du
règlement.

Que le ministre avoit joint à sa lettre, copie de celle qu'il avoit
écrite le même jour 5 de ce mois par ordre du Roy à MM. les
intendants des provinces pour les informer, que Sa Majesté avoit
accordé cette grâce non seulement par rapport aux enfants trouvés sortant de l'hôpital général de Paris, mais encore par rapport
à tous ceux, qui étant à la charge des autres hôpitaux, communautés ou seigneurs dans les provinces du Royaume auront été
confiés par eux à des chefs de famille sous les mêmes conditions.

Que cette bonté du Roy est une preuve bien certaine de la
protection que Sa Majesté accorde à l'exécution du règlement de
l'administration ; qu'il sagissoit d'en instruire le public, en faisant imprimer, pour joindre à la délibération et au règlement,
la lettre de M. le duc de Choiseuil à MM. les intendants des
provinces, ce ministre ayant bien voulu le permettre suivant sa
lettre du 17 avril à M. l'archevesque.

M. Ravault a ajouté qu'il s'agissoit aussi de la part du bureau
des enfants trouvés de s'occuper des moyens de faire exécuter le
règlement, et il a observé que par l'article 3 il a été arrêté qu'il seroit
payé par l'hôpital général à ceux qui se chargeront de l'éducation
des enfants trouvés depuis l'âge de 6 ans la somme de 40 livres par

an pour chaque garçon jusqu'à douze ans et 30 livres depuis douze ans jusqu'à quatorze accomplis ; et qu'à l'égard des filles il seroit aussi payé 40 livres par an pour chacun jusqu'à l'âge de 16 ans accomplis étant à présumer que les garçons parvenus à 14 ans et les filles à 16 seront alors en état d'être utiles à ceux qui s'en chargeront, qu'en ce cas il est de la justice du Bureau d'engager ceux qui s'en chargeront à leur donner des gages par an et une récompense proportionnée à leurs services lorsqu'ils sortiront de chez les bourgeois et les maîtres qui s'en chargeront, que par le même article 3 du règlement, il avoit aussi été arrêté que les enfants trouvés seroient confiés aux bourgeois, laboureurs, marchands, artisans et autres qui les demanderont pour les élever depuis l'âge de 6 ans jusqu'à l'âge de 25 ans accomplis.

Qu'il étoit nécessaire d'observer que le Roy en accordant à un chef de famille qui se chargera de l'éducation d'un enfant trouvé mâle la liberté de le présenter pour le tirage de la milice au lieu et place de son enfant propre, frère ou neveu, n'a eu en vue que les garçons qui auront été élevés dès leur bas âges sortant de sevrage par le chef de famille et qui seront parvenus par ses soins à l'âge de 16 ans avec toutes les qualités nécessaires pour porter les armes.

Qu'il est de la sagesse du Bureau de prendre les arrangements les mieux concertés, pour qu'il n'y ait point d'abus dans l'exercice de ce privilège ; ce qui arriveroit s'il avoit la complaisance de se prêter aux chefs de famille qui demanderoient ces enfants trouvés mâles de l'âge de douze à quatorze ans, afin de s'en servir pour procurer à son enfant propre, frère ou neveu approchant du même âge, l'exemption de la milice à l'âge prescrit par les ordonnances.

Que l'article 5 du règlement porte que ceux qui désireront se charger d'un ou plusieurs enfants trouvés seront tenus de s'adresser par eux ou leurs fondés de procuration spécialle, au Bureau des enfants trouvés à Paris et de justifier par le certificat de M. leur curé duëment légalisé, de leurs bonnes vie et mœurs et qu'ils sont en état de loger, nourrir et entretenir lesdits enfans, de leur aprendre ou faire aprendre un métier ou de les occupper à des ouvrages de campagne convenables à leur sexe et de leur donner une bonne éducation.

Que l'article 7 contient des dispositions relatives à celles du cinquième article.

Que le Bureau ayant étably des meneurs ou commissionnaires dans différentes provinces, principalement en Normandie, Picardie et en Bourgogne pour donner leurs soins aux enfants qui sont en nourice et au sevrage, veiller sur la conduite des nourices qui en sont chargées, de faire chez elles des visites tous les mois et d'en rendre compte à l'administration des enfants trouvés. Il paraîtroit convenable d'indiquer ces mêmes meneurs ou commissionnaires pour recevoir les soumissions de ceux qui voudroient se charger de l'éducation des enfants trouvés, mais qui n'ayant point de relations à Paris se trouveroient embarassés pour faire parvenir leur demande au Bureau ; la correspondance qui seroit établie avec ces mêmes meneurs leur en faciliteroit les moyens, et les meneurs auroient ordre d'informer exactement le Bureau des noms de ceux qui se présenteroient à cet effet, de leur état, profession, facultés et de leur bonne réputation, et le Bureau sur ces connaissances prendroit les délibérations nécessaires.

Qu'à l'égard des villes et des provinces où il n'y a point de meneurs établis pour les enfans trouvés il y a lieu d'espérer que MM. les intendants et MM. les subdélégués voudront bien accorder leurs bons offices pour le succès d'un règlement aussi intéressant pour le bien public.

M. Ravault a ajouté que Sa Majesté n'ayant accordé l'exemption que relativement aux enfans trouvés mâles, le Bureau pourroit craindre de trouver moins de facilité à placer les filles en ce qu'elles ne procureront point ce privilège, mais qu'elles peuvent être très utiles non seulement dans les campagnes pour les ouvrages des champs, convenables à leur sexe, mais même dans les villes et bourgs où il y a des manufactures établies ; que les entrepreneurs de ces manufactures retireroient des filles comme des garçons un secours nécessaire à leur commerce en les faisant travailler et ne faisant d'autre dépense pour ces enfans que la nourriture, entretien journalier et l'éducation ; jusqu'à ce que ces enfants étant instruits fussent en état de gagner par eux-mêmes la rétribution qu'exigeroit leur travail.

Que lorsqu'il se présentera de ces entrepreneurs pour se charger des enfants trouvés de l'un ou de l'autre sexe, le Bureau prendra avec eux les arrangements qui conviendront pour le bien et l'avantage de ces enfants (1).

(1) Voir les autres pièces relatives à cette affaire au Code de l'hôpital général, p. 343 et suivantes.

ANNEXE N° 13

Placement d'enfants dans des manufactures.

PIÈCE N° I.

Envoi d'enfants chez M. Moreau, directeur des fermes du roy. — Etablissement d'une école royale d'agriculture à la Rochette près Melun.

Lettre de M. Moreau en date du 30 juin 1765.

Melun, 30 *juin* 1765.

Monsieur,

J'ay différé de vous donner des nouvelles de nos petits cultiva-teurs, parce que je voulois pouvoir vous dire quelque chose de positif sur mon entreprise qui jusqu'à présent se soutient trèsbien ; ils sont fort contents et se portent à merveille , je n'ai point encore eu de malades. M. l'Intendant m'a fait l'honneur de venir dîner à la Rochette, il y a quinze jours ; il les a vus tous et a été très satisfait du détail de leurs occupations et de leur travail. Il y a lieu de croire que cet établissement-cy pourra nous mener à quelqu'autre encore plus interressant.

Les petits différents qui surviennent quelquefois entre ces enfans ne portent point, comme vous l'a dit M. de Boisemont, sur ce que les batards méprisent les enfans trouvés, mais en ce que les enfans de la maison du faubourg Saint-Antoine se croyent plus gros seigneurs que ceux de la Pitié où l'on ne met, disent-ils, que les méchants et les galleux ; je ne souffre pas ces petites discussions parce que toutes vérités ne sont pas bonnes à dire, mais dans le fait, je trouve beaucoup plus de douceur dans les enfans de la maison de Saint-Antoine, et j'en suis beaucoup plus content que de ceux de la Pitié....

PIÈCE N° II.

Délibération du 31 juillet 1786.

M. Magimel a dit que les entrepreneurs de la manufacture de tricot anglais établie dans l'ancien couvent des dames de Popincourt, ont eu l'honneur de s'adresser au bureau pour demande six enfants trouvés âgés de 14 à 16 ans, ayant fait leur première communion, de grandeur et de force raisonnable pour être employés aux métiers de cette fabrique.

Ils se proposent même d'en demander un plus grand nombre par la suite, mais comme avant que de statuer sur cette demande vous avez désiré connaître s'il en résulteroit un avantage réel pour les enfans confiés à vos soins et qu'elles seroient les conditions de cet arrangement, vous avez chargé M. de la Motte et moi de nous occuper de ce soin et de vous en rendre compte. Nous avons eu en conséquence différentes conférences avec les entrepreneurs, et d'après la certitude que nous avons acquise que cette proposition ne pourroit qu'être avantageuse aux enfans, nous avons réglé les conditions sous lesquelles ils leur seraient remis et qu'ils ont acceptées.

I° Seront tenus lesdits entrepreneurs de nourrir, loger, chauffer, éclairer et entretenir honnêtement les enfans qui leur seront confiés, lesquels, selon leurs désirs, ils conserveront jusqu'à l'âge de 25 ans.

2° S'engageront de veiller à ce qu'ils remplissent exactement leurs devoirs de religion.

3° Auront la plus grande attention à les loger dans un endroit salubre et spacieux.

4° Chargeront spécialement une personne de confiance de veiller tant à la propreté de leurs dortoirs qu'à ce qu'il ne s'y passe rien de contraire au bonnes mœurs.

5° Auront soin d'eux dans les maladies et leur fourniront dans l'intérieur de ladite manufacture tous les secours nécessaires temporels et spirituels.

6° Payeront lesdits entrepreneurs à la caisse de l'hôpital une somme de 60 livres pour chaque année, pour chacun desdits enfans qui leur ont été fournis et jusqu'à ce qu'ils aient 25 ans lesquelles sommes seront placées à leur profit au Mont-de-Piété pour le montant et les intérêts leur être remis lors de leur sortie de la manufacture.

7° Seront tenus de donner aux enfans, dès leur entrée, le vêtement entier qu'ils devront avoir pendant leur séjour dans la manufacture et de renouveller cedit vêtement de telle sorte que sans être neuf, ils puissent encore s'en servir lors de leurs sorties.

8° Si aucuns des enfans dont ils seront chargés montrent de l'indocilité ou de l'incapacité, les entrepreneurs seront tenus d'en prévenir le bureau dans les 6 premiers mois de leur entrée, qui les remplacera par d'autres, mais passé ce tems ils en seront plus reçus à proposer ladite substitution.

9° Sera loisible au bureau de députer au des directeurs pour visiter lesdits enfans comme aux entrepreneurs de requérir l'assistance et l'autorité du bureau pour réprimer des actes de licence outrée si aucuns se commettoient par lesdits enfans.

10° Ne pourront les entrepreneurs employer lesdits enfans à aucun autre service que celui qui a rapport aux ouvrages de la manufacture ou à la *fabriquation* des métiers si quelques uns d'entre eux montrent des dispositions pour ce genre d'ouvrage.

11° Seront au surplus messieurs les entrepreneurs invités de concourir ainsi qu'ils se le proposent par des gratifications au plus grand bien et avantage desdits enfans.

ANNEXE N° 14

RETRAITS D'ENFANTS TROUVÉS PAR DES PARENTS OU BIENFAITEURS.

PIÈCE N° 1.

Remise à des parents moyennant remboursement.

22 *mars* 1752.

Ce jour le bureau tenant s'est présenté Anne Le Roy, femme de François Le Cocq maître boulanger à Paris accompagnée de Dlle Marie-Madeleine Voillerot, maîtresse sage-femme, veuve de Louis Boudin laquel a représenté que le 27 aoust dernier elle est accouchée d'une fille qui a été baptisée le même jour en l'Eglise de Saint-Jean en Grève et nommée Estiennette. Que se trouvant alors hors d'état de nourir ladite Estiennette sa fille et de payer les mois de nouriture elle auroit prié ladite Vve Boudin qui l'avoit accouchée de la faire porter à l'hôpital des enfans trouvés ou elle a été receüe le même jour 27 aoust en vertu du procès-verbal et ordonnance de Me Regnaudet commissaire au Châtelet dudit jour, qu'ayant dissimulé a son mary et à leurs parents l'envoy qu'elle avoit fait de son enfant aux enfans trouvés ils sont tous dans la confiance que cet enfant est en nourrice aux environs de Paris; qui se trouvant aujourd'hui en état de le nourrir et élever, elle désiroit le retirer dudit hôpital des enfans trouvés et ayant apris par la recherche qu'elle a fait faire dans les registres dudit hôpital que ladite Estiennette Le Cocq sa fille est existante elle supplie le bureau de vouloir bien la luy faire rendre pour l'élever et luy donner une éducation convenable se soumettant de payer les dépenses que ledit hôpital a fait pour la nourriture et l'entretien de ladite fille depuis le 27 aoust dernier, jour de sa réception dudit hôpital et de décharger ledit hôpital de ladite fille. A l'instant ladite Anne Le Roy a représenté au bureau l'acte de célébration de son mariage avec François Le Cocq, maître boulanger de la paroisse Saint-Laurent, du 22 janvier 1746, l'extrait de baptême de ladite Estiennette Le Cocq leur fille de la paroisse de Saint-Jean en Grève du 27 aoust 1751, avec certificat de M. le curé de Saint Gervais sa paroisse du 9 du présent mois qui atteste qu'elle est en état de nourir et bien élever sa fille Estiennette Le Cocq.

La dite Anne Leroy, entendue ; la Dlle Vve Boudin sage-femme au présent a déclarée et attestée au bureau, que le 27 aoust dernier elle a accouchée ladite Anne Le Roy d'une fille qu'elle a fait baptiser en l'église de Saint-Jean en Grève le même jour sous le nom d'Estiennette, fille de François Le Cocq maître boulanger et Anne Le Roy sa femme qu'à la prière et réquisition de ladite femme Le Cocq elle a exposé le même jour 27 aoust, ladite fille chez Me. Regnaudet commissaire au Châtelet à l'effet d'avoir son ordonnance pour la faire recevoir aux enfans trouvez ou elle a été receue ledit jour 27 aoust dernier, laquelle connoit la femme Le Coq pour être en état d'élever son enfant et de luy donner une éducation convenable.

L'affaire mise en délibération, vu l'acte de célébration du mariage de Anne Le Roy avec François Le Coq maître Boulanger de la paroisse Saint-Laurent du 22 janvier 1746, l'extrait de baptême d'Estiennette Le Coq, leur fille de la paroisse de Saint-Jean en Grève du 27 aoust dernier, le certificat de M. le curé de Saint-Gervais sa paroisse du 9 de ce mois, vue aussi le procès-verbal de Me. Regnaudet, commissaire au Châtelet du même jour 27 aoust dernier, le registre dudit hôpital contenant la réception de ladite Estiennette Le Coq du même jour 27 aoust dernier et sur la déclaration et le témoignage de la Dlle Vve Boudin maîtresse sage-femme.

Le Bureau a arresté que ladite Estiennette Le Cocq sera rendüe à ladite Anne Le Roy femme de François Le Cocq ses père et mère en payant pour elle la dépense faitte par ledit hôpital pour la nouriture et l'entretien de ladite fille depuis le 27 aoust dernier jour de sa reception, ladite dépense a été arbitrée à la somme de soixante-six livres dix sols, y compris douze livres dix sols qu'elle a payée pour le droit de recherches et six livres pour les frais du retour de la province ou elle a été envoyé en nourrice. Et en faisant la soumission conjointement avec la Dlle Vve Boudin qui y consent, dans le registre dudit hôpital, d'élever ladite Estiennette Le Cocq dans la religion catholique, apostolique et romaine et de la représenter toutes les fois qu'elle et la Dlle Vve Boudin en seront requises par le bureau des enfans trouvés.

PIÈCE N° 2.

REMISE GRATUITE A DES PARENTS.

31 *juillet* 1759.

Le bureau tenant dans la maison du faubourg St-Antoine, le sieur Hélée, maître horloger et son épouse ont demandé à entrer au bureau, où étant ils ont représenté que l'extrême pauvreté dans laquelle ils s'étoient trouvés en l'année 1751, les avoit forcé d'envoyer aux enfans trouvés Félix Hélée leur fils, âgé alors de 16 mois, que depuis ils en avoient fait faire la recherche dans les registres du dit hôpital et avoient appris qu'il étoit existant; que se trouvant en état de le retirer pour l'élever chez eux, il leur étoit impossible de payer les mois de nourriture et de l'entretien de leur enfant pendant les huit années qu'il est dans la maison, c'est pourquoi ils avoient l'honneur de se présenter aujourd'hui au bureau pour obtenir de lui la remise de leur enfant et des frais de nourriture et d'entretien ; à l'instant les dits sieur et dame Hélée ont représenté un extrait de l'acte de célébration de leur mariage, l'extrait baptistaire du dit Félix Hélée et les certificats de vie, mœurs et religion, et se sont retirés.

Veu les actes ci-dessus indiquées, le registre de l'hôpital des enfans trouvés de l'année 1751 contenant la réception du dit Félix Hélée le 13 juillet de la même année 1751, enregistré sous le n° 2068; veu les certificats délivrés par M. le supérieur du séminaire de Saint-Magloire et par M. le curé de Saint-Eustache du 19 mai et premier du présent mois et ceux délivrés par les sieurs Laborde maître tailleur d'habit, Gosselin maître horloger et Me Morisset, greffier au Châtelet, du même jour 24 mars dernier qui attestent unanimement de la probité, vie, mœurs et religion du dit sieur et dame Hélée et de l'impossibilité où ils sont de payer au dit hôpital ce qu'il en a coûté pour la nourriture et l'entretien de leur enfant depuis sa réception jusqu'à ce jour. Veu aussi la délibération du bureau du 17 février 1674 prise pour la nommée Françoise Pochard élevée dans le dit hôpital, redemandée par son père et a lui rendue, l'affaire mise en délibération le bureau a arrêté que conformément à la délibération du

17 janvier 1674 le susdit Félix Hélée sera remis gratuitement aux dits sieurs et dame Hélée ses père et mère attendu leur pauvreté et sans tirer à conséquence, dont ils donneront une décharge par acte devant notaire suivant l'usage.

PIÈCE N° 3.

ENFANT RAMENÉ A PARIS ET RÉCLAMÉ PAR SES NOURRICIERS.

26 septembre 1758.

Le bureau tenant, Pierre Cormont manouvrier et habitant de la paroisse de Roye sur le Mast, diocèse de Beauvais étant ce jour à Paris a demandé a entrer au bureau, ou étant il a représenté qu'au mois d'avril 1751 le bureau lui avoit donné et à Anne Vitte sa femme, André Baltazard Philippe enfant de cette hôpital qu'ils ont nourri et élevé jusqu'à l'âge de 7 ans et qu'ils ont ramené au dit hôpital le 13 de ce mois conformément aux règlements; que n'ayant point d'enfans de leur mariage et ayant conçu pour celui-cy beaucoup de tendresse et d'amittié et voulant élever comme leur enfant, ils suplient le bureau de le leur faire remettre se soumettant de lui donner, à leur frais et dépens, une éducation convenable, de l'envoyer aux écolles pour y aprendre à lire et à écrire, de lui faire aprendre un métier lorsqu'il sera en âge afin qu'yl puisse gagner sa vie par lui-même, de le représenter toutes fois et quantes ils en seront requis et de donner dès a présent une somme de cent cinquante livres pour être remise audit enfant à sa majorité ou lors de son établissement, à la charge néant moins sous le bon plaisir du bureau que si le dit enfant venoit à décéder avant d'avoir atteint l'âge de dix ans, la dite somme de 150 livres lui seroit rendue, que cette clause soit, insérée dans l'acte qu'il offre de passer en lui remettant l'enfant; et à l'ynstant le dit Cormont a représenté un certificat qui luy a été délivré par le sieur curé de la susdite paroisse de Roye sur le Mast, en date du 19 de ce mois ; le dit Cormont retiré :

Veu le certificat délivré par M. le curé de la paroisse de Roye sur le Mast diocèse de Beauvais, du 19 de ce mois qui atteste des vies, mœurs, et religion de Pierre Cormont et Anne Vitte sa femme.

Le bureau a arrêté que le nommé André Baltazard Philippe enfant de cet hôpital âgé de 7 ans quils ont nouris et élevé jusqu'à cet âge et qu'ils ont ramené le 13 de ce mois conformément aux règlements sera rendu au dit Cormont à la charge par luy et Anne Vitte sa femme de l'élever dans la religion catholique, apostolique et romaine, de le nourir et entretenir de tous vestements nécessaires à leurs frais et dépens, de l'envoyer aux écolles pour y apprendre à lire et à écrire, de lui faire aprendre un métier lorsqu'il sera en âge afin qu'il puisse gagner sa vie par lui-même, de le représenter toutes fois et quantes il en sera ordonné par le bureau et encore sous la condition de remettre dans ce jour ez mains de M. Duchesne, receveur des enfans trouvés, la somme de cent cinquante livres offerte par le dit Cormont pour la dite somme être rendue par le dit hôpital au dit André Baltazard Philippe a sa majorité ou lors de son établissement, dont et de quoy il sera passé acte devant notaire suivant l'usage. Et sur la demande faite par le dit Cormont en restitution des dits 150 livres en cas de décéds du dit Philippe avant d'avoir atteint l'âge de dix ans, et que la clause en soit insérée dans l'acte qui sera fait de la remise de l'enfant. Le bureau a arrêté qu'il n'en sera fait aucune mention dans le dit acte se réservant à faire droit sur cette demande si le cas y échet.

Qu'il en sera usé de même à l'égard des enfans qui seront redemandés aux mêmes conditions par ceux et celles qui les auront nouris et élevez.

ANNEXE N° 15

Enfant trouvé dont Mme la présidente paie la pension à l'occasion de la naissance de son fils M. de Champlâtreux.
Registre des délibérations de la maison de la Couche.

Séance du lundy 10 mars 1760.

Le bureau tenant dans la maison de l'hôpital des Enfans rouges.

M. Ravault a dit que la mère supérieure de la maison des enfants trouvés de la couche en lui donnant avis de l'heureux accouchemeut de Mme la première présidente et de la naissance de M. son fils arrivée le jeudi six de ce mois entre huit et neuf heures du matin, elle lui avoit fait part des intentions de cette dame respectable et du vœu qu'elle avoit fait pendant sa grossesse que si Dieu lui donnoit un fils elle prendroit soin du premier enfant mâle qui seroit apporté dans la maison le même jour de son accouchement, qu'elle payeroit les mois de sa nourtrure et de son habillement pendant tout le temps qu'il sera en nourrice et qu'il restera dans la maison. Que le même jour de son accouchement elle lui avoit renouvellé ses intentions et l'avoit chargée de faire baptiser le premier enfant mâle qui seroit apporté dans la maison sous le nom de *Mathieu, François Edouard*, qui sont les noms qui ont été donnés à M. son fils a son baptème et qu'il fut tenu sur les fonds par deux pauvres à son choix.

Que le susdit enfant trouvé fut confié à une bonne nourrice le plus tôt qu'il seroit possible ; qu'il soit donné à la nourrice un prix au-dessus de celui que le bureau donne par mois pour la nourriture des enfants et une layette plus considérable en linge que celle que l'on donne ordinairement, ainsi que pour son habillement lorsqu'il sera en état d'être mis en robbe.

Que Mme la première présidente l'avoit aussi chargée de donner à la nourrice de cet enfant douze livres pour le premier mois de nouriture et avoit fixé le prix des autres mois de la première année a sept livres et ceux des autres années qu'il restera en sevrage à six livres ; qu'elle lui avoit promis de rembourser toute la dépense que la maison fera pour cet enfant

. . . .

il est fait mention de ces actes sur le registre et M. Ravault ajoute :

« L'on continuera dans la maison à faire des prières pour la conservation de M. et de Mme la première présidente, de M. de Champlâtreux leur fils et de toute la famille. »

ANNEXE N° 16

PROJET DE DÉCRET DU COMITÉ DE MENDICITÉ
SUR LE SERVICE DES ENFANTS ABANDONNÉS.
(4e rapport, p. 42, année 1790.)

Article premier. — Les enfans abandonnés seront portés à la maison commune de la municipalité, ou au lieu indiqué par elle.

Art. 2. — Les officiers municipaux pourvoiront sur le champ à leur nouriture.

Art. 3. — Le procureur de la commune, qui sera toujours curateur né des enfans abandonnés, fera inscrire sur un registre a cet effet, le nom de baptême de l'enfant, avec tous les renseignements qui pourront le faire reconnaître et assurer son état civil ; il fera mention du nom de la personne qui aura apporté l'enfant, si elle est connue, et la fera signer, si elle y consent.

Art. 4. — La municipalité rendra sur le champ compte au

directoire des districts du lieu où cet enfant sera placé, lui enverra un double du procès-verbal et en instruira le juge de paix du canton.

Art. 5. — Si l'enfant abandonné à domicile est reconnu par la clameur publique, fils légitime abandonné par ses père et mère, il sera fait par le juge de paix du canton information pour connaître s'il y a des parens connus dans le département; dans ce cas, cet officier public requerra verbalement ou par écrit la famille de l'enfant, de déclarer si elle peut et veut s'en charger gratuitement; dans le cas de refus elle choisira parmi elle un tuteur pour l'enfant, qui, agréé par le juge de paix, devra particulièrement veiller à ses intérêts, et l'enfant demeurera à la charge publique.

Art. 6. — Dans le cas où les enfans reconnus légitimes n'auroient pas de parens connus; ils seront, ainsi que ceux dont l'origine est ignorée, sous la surveillance immédiate des commissaires du roi du district et des juges de paix du canton où ils seront placés.

Art. 7. — Les chirurgiens des cantons seront chargés de visiter tous les enfants qui seront à la charge publique, et de donner à leur santé les soins nécessaires.

Art. 8. — Ils rendront compte tous les mois de la situation de ces enfants à la municipalité dans le ressort de laquelle ils seront et à l'agence de secours du district.

Art. 9. — Dans le cas de mort de l'un de ces enfans, l'extrait mortuaire sera remis à la municipalité; celle-ci en instuira le directoire du district, la municipalité du lieu où l'enfant aura été exposé et le juge de paix; le chirurgien de canton dans son compte du mois en informera l'agence de secours.

Art. 10. — Quand ces enfans seront sevrés, les directoires du district les donneront à des familles qui voudront s'en charger, et où il sera reconnu qu'ils pourront être mieux soignés.

En conséquence ces familles recevront par mois une somme déterminée, jusqu'à ce que ces enfans aient atteint l'âge de quatorze ans pour les filles et de quinze pour les garçons.

Art. 11. — Ces pensions, qui, pour la première année, ne pourront pas excéder 90 livres et les années suivantes 40 livres, seront tous les deux ans fixées par le département; le taux commun des journées de travail dans le département servira de base à cette fixation, les journées les plus fortes étant évaluées 20 sols.

Art. 12. — Les familles qui prendront la charge de ces enfans s'engageront à ne cesser leurs soins qu'en prévenant la municipalité du lieu trois mois d'avance.

Art. 13. — Sur l'avis qui en sera donné par la municipalité au directoire du district et par le chirurgien à l'agence des secours, le directoire donnera ordre pour qu'une nouvelle famille soit chargée de l'enfant.

Art. 14. — Les commissaires du roi du district et juge de paix du canton devront de leur côté, sur l'avis des municipalités et du chirurgien, pourvoir à mettre ces enfans en d'autres mains, s'ils jugent que ce changement puisse leur être avantageux.

Art. 15. — Ils pourvoiront également, ainsi qu'il sera dit pour les pauvres infirmes, au sort des enfans qui, par des infirmités habituelles, ne trouveroient pas des familles qui voulussent s'en charger.

Art. 16. — Les mêmes officiers chargés de la surveillance des enfans abandonnés devront, à ce titre, veiller à ce qu'ils profitent de l'instruction publique, à tous les moyens les plus propres d'assurer, par la suite, leur subsistance et d'en faire des citoyens bons et utiles à l'Etat ; ils les feront inscrire à l'âge requis sur le tableau civique.

Art. 17. — A l'âge de 18 ans, sur la permission des commissaires du roi et du juge de paix du canton, ces enfants seront libres de travailler à leur compte et de changer de maison de travail ; mais ils resteront sous la tutelle des officiers publics jusqu'à l'âge prescrit par la loi.

Art. 18. — Ceux-ci pourront placer dans les caisses nationales les deniers d'économie, de profit ou de succession de ces enfans, et seront tenus de les faire valoir le plus avantageusement qu'il leur sera possible, d'après les formes indiquées dans le cas de tutele.

Art. 19. — Le compte de tutele ne sera rendu que lorsque ces enfans auront atteint l'âge de majorité ou qu'ils se marieront.

Art. 20. — Si l'adoption est décrétée, le compte de la tutele sera rendu aux familles qui adopteront l'enfant.

Art. 21. — Les familles ou les individus qui se chargeront gratuitement d'enfans abandonnés, seront nominativement inscrits sur un registre particulier, qui sera rendu public tous les ans par la voie de l'impression.

Art. 22. — Les registres des districts et des municipalités destinés aux enfans abandonnés contiendront toutes les variations qu'ils auront éprouvées dans leur sort jusqu'à l'époque de leur majorité.

Art. 23. — L'enfant légitime ou illégitime, réclamé par sa mère ou ses parens, avec preuves suffisantes, leur sera rendu gratuitement, s'ils sont à la charge publique. Dans le cas contraire, ils seront tenus de payer la somme de 30 livres par chaque année que l'enfant sera resté à la charge du département.

Art. 24. — Les enfans abandonnés dans un département ne pourront être transportés dans un autre ; et ceux abandonnés hors du royaume ne pourront, à aucun titre, y être introduits sous les peines, pour les contrevenans, qui seront prononcées dans le code pénal de police.

Art. 25. — Les officiers publics, chargés de la surveillance des enfans abandonnés, en devront tous les six mois rendre un compte détaillé au directoire de leur district, et ceux-ci tous les ans aux administrateurs de département, à qui en appartient l'inspection et la surveillance première.

Art. 26. — Quant aux enfans en bas âge, tombant à la charge publique, il sera pourvu à leur sort par les officiers publics, comme pour les enfans abandonnés dont les parents seront reconnus.

Art. 27. — Quant aux enfans des pauvres dont l'entretien serait prouvé ne pouvoir être supporté par leurs parens, il y sera pourvu au sein de leur famille, sous la surveillance publique, par de modiques pensions, ainsi qu'il sera dit à l'article des pauvres valides.

FRANCE. — Admissions par département des enfants assistés de toutes catégories (1880-1884).

DÉPARTEMENTS	Enfants trouvés, abandonnés, orphelins.					Enfants secourus temporairement.				
	1880	1881	1882	1883	1884	1880	1881	1882	1883	1884
Aïn	72	70	86	79	113	267	326	322	315	372
Aisne	255	270	246	238	199	204	223	235	208	272
Allier	42	38	44	49	47	293	318	315	315	321
Alpes (Basses)	18	29	19	16	27	117	93	122	80	120
Alpes Hautes	13	22	23	35	25	25	94	77	110	56
Alpes-Maritimes	69	91	62	89	69	204	190	228	227	194
Ardèche	10	9	10	8	5	144	177	172	194	129
Ardennes	34	40	42	53	43	148	186	229	242	256
Ariège	29	11	9	18	12	196	186	156	198	194
Aube	100	85	67	67	74	145	145	179	162	151
Aude	63	76	41	45	41	173	186	178	143	186
Aveyron	30	45	57	43	31	209	226	228	192	186
Bouches-du-Rhône	716	684	717	623	667	538	568	733	751	771
Calvados	149	177	154	159	227	300	256	297	244	265
Cantal	26	26	27	16	24	293	319	301	247	167
Charente	104	106	98	100	88	96	87	111	104	139
Charente-Inférieure	54	61	57	76	63	187	164	158	131	213
Cher	32	74	76	87	112	232	286	212	284	283
Corrèze	17	17	10	24	23	161	165	161	186	171
Corse	76	49	37	48	48	50	44	62	51	49
Côte-d'Or	197	207	241	210	227	110	112	153	63	95
Côtes-du-Nord	119	114	106	124	118	196	200	191	238	266
Creuse	37	36	25	43	41	135	108	136	157	149
Dordogne	79	89	67	54	37	334	328	370	318	316
Doubs	88	59	67	92	116	84	126	171	185	266
Drôme	91	81	51	86	145	273	315	381	491	516
Eure	1	5	25	36	38	331	159	198	196	200

Eure-et-Loir	40	69	72	79	60	86	127	112	121	83
Finistère	104	122	117	93	77	151	188	199	210	237
Gard	67	29	20	26	42	133	156	144	120	84
Garonne (Haute)	83	54	73	78	93	283	268	258	253	250
Gers	30	23	31	39	42	121	131	110	122	116
Gironde	413	359	478	371	405	976	976	920	835	956
Hérault	14	24	15	32	32	213	228	204	201	200
Ille-et-Vilaine	41	38	39	77	86	250	249	251	245	270
Indre	15	14	32	40	39	146	203	217	269	280
Indre-et-Loire	32	39	37	38	40	213	206	201	212	219
Isère	37	27	27	24	24	483	501	536	549	591
Jura	31	38	81	80	52	162	173	182	195	149
Landes	24	28	15	27	17	176	178	174	197	165
Loir-et-Cher	33	38	33	40	38	194	181	197	249	218
Loire	71	63	80	87	98	532	567	546	600	654
Loire (Haute)	7	6	14	13	6	129	123	106	139	163
Loire-Inférieure	161	178	257	225	267	414	290	361	392	383
Loiret	92	88	108	113	81	261	266	305	274	279
Lot	29	28	33	30	21	73	105	97	66	81
Lot-et-Garonne	24	22	26	36	31	118	99	127	144	130
Lozère	13	21	20	16	17	105	121	128	110	120
Maine-et-Loire	86	73	53	93	96	262	235	300	252	259
Manche	68	61	76	72	72	207	305	305	278	278
Marne	91	113	149	153	107	156	158	203	204	191
Marne (Haute)	61	62	62	64	59	85	118	150	128	136
Mayenne	158	171	141	173	127	442	252	232	277	245
Meurthe-et-Moselle	163	174	210	196	206	398	259	192	193	153
Meuse	104	111	82	97	88	168	115	145	164	166
Morbihan	69	81	83	69	91	253	236	242	282	315
Nièvre	49	55	54	59	58	156	176	186	175	167
Nord	365	338	398	409	408	351	312	347	427	482
Oise	164	153	112	134	138	48	62	83	74	78
Orne	64	100	82	91	102	69	32	57	77	70
Pas-de-Calais	65	77	94	77	56	508	494	261	285	297
Puy-de-Dôme	93	99	91	81	92	156	166	186	151	136
Pyrénées (Basses)	49	51	57	78	68	167	153	159	154	183
Pyrénées (Hautes)	18	27	22	36	32	174	205	117	130	137
Pyrénées-Orientales	45	35	46	46	78	158	161	165	196	109
A reporter	5.644	5.764	5.914	6.010	6.106	14.426	14.359	14.781	14.977	15.280

DÉPARTEMENTS	Enfants trouvés, abandonnés, orphelins.					Enfants secourus temporairement.				
	1880	1881	1882	1883	1884	1880	1881	1882	1883	1884
Report	6.644	5.761	5.914	6.010	6.106	14.426	14.359	14.781	14.977	15.280
Rhône	258	222	254	236	327	1.402	1.608	1.721	1.542	1.616
Saône (Haute)	86	65	70	101	98	22	41	48	95	94
Saône-et-Loire	143	182	194	200	167	502	473	318	340	429
Sarthe	193	196	179	170	163	178	187	186	172	159
Savoie	20	20	18	17	24	120	165	114	148	218
Savoie (Haute)	47	18	35	33	22	136	126	210	203	166
Seine-et-Marne	62	81	66	83	74	125	94	149	210	233
Seine-et-Oise	184	153	176	170	313	244	141	228	311	338
Seine-Inférieure	497	470	562	608	625	372	261	341	306	355
Sèvres (Deux)	74	82	65	90	54	163	167	203	259	101
Somme	175	175	160	198	208	161	192	191	213	217
Tarn	17	13	8	16	12	114	138	113	83	101
Tarn-et-Garonne	25	16	17	43	42	46	39	47	46	48
Var	60	67	55	48	51	132	121	120	131	137
Vaucluse	42	46	51	32	59	170	165	128	137	114
Vendée	129	130	114	121	141	93	107	99	128	135
Vienne	51	70	54	53	59	206	202	226	235	218
Vienne (Haute)	176	133	142	140	129	227	183	228	230	265
Vosges	37	36	35	63	53	153	138	107	83	109
Yonne	69	91	9	87	104	257	319	331	313	386
Belfort	12	11	10	23	18	48	26	24	76	67
Alger	83	94	70	74	104	169	126	134	83	174
Constantine	31	45	44	41	33	26	21	17	54	25
Oran	11	30	55	75	67	128	187	223	342	327
Total	8.126	8.237	8.488	8.737	9.053	19.722	19.586	20.287	20.717	21.312
Seine	2.730	2.834	2.796	3.151	3.128	10.829	10.264	10.738	10.926	10.981
Total général	10.856	11.071	11.229	11.888	12.181	30.551	29.850	31.025	31.643	32.293

FRANCE. — Fondations existant au profit du service des enfants assistés (comptes de 1884).

DÉPARTEMENTS	MONTANT DES FONDATIONS.	DÉPARTEMENTS	MONTANT DES FONDATIONS.
Seine......	248.670 39	*Report*	347.864.42
Doubs	53.634.68	Ille-et-Vilaine.	303 »
Gironde... ....,	17.389.59	Jura...........	264 »
Savoie..........	11.200 »	Haute Savoie	210.45
Loire-Inférieure....	6.041.48	Eure-et-Loir	93 »
Rhône.................	3.994.60	Pas-de-Calais...	66 »
Meurthe-et-Moselle.... ...	3.794.25	Charente-Inférieure	63 »
Bouches-du-Rhône.	689.23	Vaucluse	55 »
Hérault...........	644.50	Somme........	52 »
Lot-et-Garonne.....	634.21	Marne............	43 »
Sarthe............	432.80	Loiret...................	41 »
Eure	418 »	Seine-et-Oise.............	24 »
Calvados.................	320.65	Total	349.078.87
A reporter..:.............	347.864.42		

FRANCE. — Statistique du service des enfants assistés et secourus pendant les années 1873-1884.

(Algérie et département de la Seine exceptés.)

ANNÉES.	Enfants trouvés, abandonnés et orphelins de 1 jour à 12 ou 13 ans.		ENFANTS secourus temporairement.	Dépenses faites pour les enfants.		TOTAL des dépenses.
	Existant au 1er janvier de chaque année.	Admis dans l'année.		Immatriculés.	Secourus.	
1873.....	44.045	8.577	26.020	5.247.228 fr.	2.440.621 fr.	7.687.849 fr.
1874.....	40.081	7.746	27.180	5.066.188	2.914.000	7.980.118
1875.....	39.153	6.716	28.708	5.053.145	2.811.873	7.865.018
1876.....	36.809	7.652	29.226	5.005.937	2.962.832	7.968.769
1877.....	36.482	7.675	30.058	5.115.778	3.108.796	8.224.574
1878.....	36.625	7.194	32.331	4.971.698	3.362.003	8.333.701
1879.....	33.981	8.115	31.983	5.506.126	3.143.501	8.649.627
1880.....	33.297	8.001	33.166	5.363.637	3.481.321	8.844.958
1881.....	33.430	8.068	34.971	5.236.412	3.653.143	8.889.555
1882.....	32.435	8.316	36.726	5.491.343	3.950.330	9.441.673
1883.....	31.303	8.547	36.755	5.563.500	3.954.200	9.517.700 *
1884.....	30.622	8.849	36.675	6.039.188	3.968.798	10.007.986

* Les chiffres de dépenses des années 1883 et 1884 sont ceux des budgets, mais ils ne diffèrent pas sensiblement de ceux des comptes.

FRANCE. — Statistique du service des enfants assistés et secourus dans le département de la Seine
pendant les années 1873-1884.

ANNÉES.	Enfants trouvés, abandonnés et orphelins de 1 jour à 12 ou 13 ans.		ENFANTS secourus temporairement pendant l'année.	Dépenses faites pour les enfants.		TOTAL des dépenses.
	Existant au 1er janvier de chaque année.	Admis dans l'année		Immatriculés.	Secourus.	
1873.....	16.590	3.336	7.600	3.292.815 fr.	551.673 fr.	3.844.488 fr.
1874.....	16.418	3.116	5.609	3.664.483	571.379	4.235.862
1875.....	16.297	2.338	7.900	3.509.435	357.218	3.866.653
1876.....	15.327	2.260	8.206	3.506.602	355.111	3.861.713
1877.....	14.765	2.320	15.512	4.387.236	589.472	4.976.708
1878.....	14.231	2.760	12.613	3.863.673	796.039	4.659.712
1879.....	16.925	2.774	11.354	3.845.458	692.125	4.537.583
1880.....	13.860	2.730	10.829	3.947.238	734.720	4.681.958
1881.....	13.726	2.834	11.264	4.051.583	770.416	4.821.999
1882.....	13.596	2.746	10.738	3.955.177	771.639	4.726.816
1883.....	14.878	3.151	10.926	4.503.737	771.791	5.275.528
1884.....	15.323	3.128	10.981	5.095.623	786.706	5.882.329

ANNEXE N° 21

FRANCE. — Enfants existants sur les contrôles du service des enfants assistés le 31 décembre 1884.

DÉPARTEMENTS	A la pension de 1 jour à 13 ans.	Hors pension de 13 à 21 ans.	Secours temporairement.	DÉPARTEMENTS	A la pension de 1 jour à 13 ans.	Hors pension de 13 à 21 ans.	Secours temporairement.
Ain	367	306	407	Lozère	84	52	234
Aisne	478	404	248	Maine-et-Loire	346	346	734
Allier	244	285	871	Manche	301	41	1.076
Alpes (Basses)	74	68	138	Marne	390	232	251
Alpes (Hautes)	94	55	92	Marne (Haute)	183	216	294
Alpes-Maritimes	337	218	454	Mayenne	621	441	768
Ardèche	67	82	294	Meurthe-et-Moselle	404	367	616
Ardennes	158	151	550	Meuse	292	391	335
Ariège	52	29	257	Morbihan	424	282	785
Aube	206	76	107	Nièvre	176	86	343
Aude	253	180	232	Nord	654	582	818
Aveyron	174	180	348	Oise	478	381	242
Bouches-du-Rhône	1.860	1.380	1.085	Orne	416	240	145
Calvados	719	406	600	Pas-de-Calais	283	223	590
Cantal	111	75	254	Puy-de-Dôme	540	285	582
Charente	674	314	287	Pyrénées (Basses)	253	209	412
Charente-Inférieure	278	183	417	Pyrénées (Hautes)	112	74	346
Cher	332	273	533	Pyrénées-Orientales	85	123	192

Corrèze...............	67	72	391	Rhône.....	1.864	2.213	2.125
Corse	431	254	120	Saône (Haute)...........	319	17;	172
Côte-d'Or....	761	467	132	Saône-et-Loire.........	928	623	636
Côtes-du-Nord	550	557	663	Sarthe...............	671	501	336
Creuse...............	218	131	426	Savoie...............	104	77	194
Dordogne............	507	383	779	Savoie (Haute)	169	178	336
Doubs................	262	244	448	Seine-et-Marne.........	306	204	490
Drôme	402	363	469	Seine-et-Oise	531	300	305
Eure	135	176	596	Seine-Inférieure.	1.780	1.479	531
Eure-et-Loir...........	227	95	266	Sèvres (Deux).........	360	177	260
Finistère.............	295	624	351	Somme................	533	363	188
Gard................	164	123	154	Tarn................	80	85	188
Garonne (Haute)........	265	228	381	Tarn-et-Garonne....	158	178	118
Gers................	166	161	265	Var	329	278	183
Gironde	1.243	532	1.129	Vaucluse	246	196	187
Hérault...............	97	105	424	Vendée...............	564	377	239
Ille-et-Vilaine	230	131	551	Vienne..............	353	459	885
Indre................	50	78	576	Vienne (Haute)... ...	451	304	623
Indre-et-Loire....	153	118	494	Vosges	137	354	269
Isère	231	250	402	Yonne................	301	196	422
Jura................	236	175	184	Belfort......	37	80	84
Landes...............	102	144	254	Alger................	372	408	14
Loir-et-Cher.........	247	269	531	Constantine..	136	199	25
Loire................	395	396	637	Oran....	59	114	371
Loire (Haute)............	64	82	237	Total.....	3..051	25.638	37.973
Loire-Inférieure........	646	390	849	Seine..... ..	16.127	10.159	(1)
Loiret...............	849	257	640				
Lot................	127	81	121	Total général.........	46.178	35.797	»
Lot-et-Garonne.........	103	94	315				

(1) On ne connaît pas le chiffre des restants, mais seulement celui des enfants ayant reçu des secours, 10.981.

TABLE DES MATIÈRES

LIVRE IIᵉ. — LES PREMIERS SIÈCLES
DE L'ÈRE CHRÉTIENNE.

LIVRE IIIᵉ. — LA FRANCE.

LIVRE IVe. — LES NATIONS

APPARTENANT A LA CIVILISATION CHRÉTIENNE.

LIVRE Vᵉ. — LES NATIONS

N'APPARTENANT PAS A LA CIVILISATION CHRÉTIENNE.

LIVRE VIᵉ. — CONCLUSIONS.

PIÈCES JUSTIFICATIVES

Paris. — Imprimerie F. LEVÉ, rue Cassette, 7.

BIBLIOTHEQUE   NATIONALE

SERVICE DES NOUVEAUX SUPPORTS

58, rue de Richelieu, 75084 PARIS CEDEX 02 Téléphone   266 62 62

Achevé de micrographier le :   13 / 12 / 1976

0   2   3   4   5   6   7   8   9   10   11   12   13 cm

Défauts constatés sur le document original

Contraste insuffisant ou différent, mauvaise qualité d'impression

Under-contrast or different, bad printing quality

Texte manquant ou pris dans la reliure; reliure trop serrée

Missing text or text caught in the book-binding; too tight book-binding

www.ingramcontent.com/pod-product-compliance
Lightning Source LLC
Chambersburg PA
CBHW060540280326
41932CB00011B/1350